배우 훈련
Actor Training

앨리슨 호지 편저
김민채 옮김

도서출판 ▮동인

일러두기

1. 주석의 내용은 되도록 영문 출처를 그대로 두되, 필요한 설명이 있는 경우에만 한글로 번역하였다.
2. 본문에서 인용한 책 중 한글 번역본이 있을 때는 옮긴이 주석을 통해 이의 출처를 밝힌다.
3. 이 책의 초판은 2000년 『20세기 배우 훈련Twentieth Century Actor Training』이라는 제목으로 간행되었으며, 이 책의 번역을 위해 2010년에 출판된 제 2판본 『배우 훈련Actor Training』을 사용하였다.

배우 훈련

소피Sophie와 해나Hannah에게

그리고 제니스 바턴Janice Barton, 타티아나 브리Tatiana Bre, 다니엘라 가르시아 카실다Daniela Garcia Casilda, 키아라 안나Chiara D'Anna, 루이스 갈로 무다라Luis Gallo Mudarra, 알레시아 콕칼리 Alexia Kokkali, 교제 세이너Göze Saner에게 감사하며,

이 책을 바친다.

무엇이 배우가 무대 위에 서기 위한 본질本質인가? 공연을 창조하고 완성시키는 필수 불가결한 요소가 무엇이고 어떻게 그것을 의식하고 있을 것인가?

몸과 마음의 관계에 대한 이해는 20세기 이후 연기 이론을 시스템화하려는 노력 아래 꾸준한 관심 대상이었다.

스타니슬랍스키Konstantin Stanislavski는 배우의 캐릭터 선택을 결정짓는 에너지의 존재를 일찍이 추측하며 '심리신체적psychophysical'이라는 말을 사용했다.

이 '에너지'의 물리적 실존은 또한 미카엘 체홉Michael Chekhov의 '발산radiation', 심리신체적 연습들psychophysical exercises, 그리고 '온몸의 건강한 . . . 진동을 꿰뚫기 위한' 심리적 제스처psychological gesture의 개념에 있어 핵심을 이루고 있다.[1]

메이어홀드Vsevolod Meyerhold가 스승이었던 스타니슬랍스키를 떠난 후 그의 심신 훈련 시스템을 탐구할 수 있었던 출발점도 심리와 신체의 관계를 이루는 방정식으로 신체적 접근을 통한 생체역학 시스템의 계발에 있다.

그로토프스키Jerzy Grotowski 역시 스타니슬랍스키의 신체적 행동 방법에 대한 좀 더 깊은 연구를 통해 배우들이 '어떻게' 하면 '충분히 유연하며 에너지가 통과할 수 있는 비어 있는 몸과 마음의 지각 상태를 실현할 수 있는지'에 대한 연구[2]를 위해 요가와 힌두 철학에서 실제적이며 이론적인 해답을 찾았다.

역자는 영국 엑시터 대학Exeter University 연극 실습 석사M.F.A in Theater Practice 과정을 통해 심리/신체 연기 접근법을 연구한 필립 자릴리Phillip Zarrilli[3]의 지도 아래 동양의 무술

---

1) Michael Chekhov, 1991, On the Techniques of Acting. New York: Harper Perennial, p.43.
2) Jerzy Grotowski, 1995, "From the Theatre Company to Art as Vehicle," in At Work with Grotowski on Physical Actions, edited by Thomas Richards. London: Routledge, p.115-135.

과 명상법－중국의 태극권, 인도의 하타 요가, 그리고 요가와 밀접한 관련이 있는 인도의 전통 무술인 칼라리파야투[4] －을 통해 배우의 심신을 준비하고 활성화시키는 훈련과 이의 공연에의 적용을 경험할 수 있었다.

스타니슬랍스키가 배우 훈련의 필요성을 인식한 순간부터 오늘날에 이르기까지 이 책에 소개된 전문가들은 각자가 추구하는 연극 미학을 바탕으로 이를 실현시키기 위한 배우 훈련을 발전시켜왔다고 할 수 있다. 이들 훈련과 리허설에서 찾아볼 수 있는 공통된 특성 중 하나는 일련의 신체적 행동으로 이루어진 악보에 따른 즉흥을 강조한다고 할 수 있는데 여기서 중요한 것이 배우들의 몸과 마음의 상태를 안/밖으로부터 생겨나는 충동과 자극들에 민감해질 수 있도록 조절하는 능력이다. 이는 단순히 그날의 컨디션을 점검하는 것이 아니라 그 컨디션이 준비된 상태일 수 있도록 호흡과 몸의 상태를 반복적으로 훈련하는 것을 통해 얻어질 수 있다는 점에서 필립 자릴리의 심신 훈련법과 그 원리를 같이한다.

한스 레만Hans-Thies Lehmann이 1970년대 이후 다양한 스크립트의 발전과 즉흥 퍼포먼스의 출연 이후 중심을 관통하는 스토리나 플롯, 캐릭터 또는 주제들이 더 이상 연극적 이벤트의 중심이 될 수 없다고 지적하듯이[5] 현시대의 공연물은 텍스트가 무대화된다기보다 그와 동등하게 몸의 움직임, 음악, 비주얼 등 모든 요소가 극을 이끄는 중심이 될 수 있다고 할 수 있다. 다시 말해 극의 플롯이나 캐릭터 개인보다는 다양한 대안의 "미적 논리"들이 무대 위 행위의 형태와 구조 그리고 공연의 과업을 결정짓는다는 것이다. 그러므로 19세기 자연주의 극이나 사실적 드라마트루기 안에서 '심리'가 차지했던 중요성이나 관습적인 텍스트의 분석 또는 사실주의적 연기 접근 방법은 포스트 드라마 연극에서는 적절하지 않을 수 있다.[6]

---

3) 필립 자릴리는 아시아 무술과 명상을 통해 심신 과정으로 배우 훈련을 연구하고 계발시킨 연출가로, 개인 스튜디오(C.V.N. 칼라리 스튜디오)를 웨일즈에서 운영하고 있으며 전 세계에서 워크숍을 열고 공연을 올리고 있다. 그가 참여한 워크숍 및 연극 축제로는 그리스 국립극장, 연극 훈련 이니셔티브(영국), 타이난-젠 극단(대만), TTRP(싱가포르), 가르지에니체(폴란드), 파스파르투(네덜란드) 등이며 로스앤젤레스(2000), 오스트리아(2001), 아일랜드(2004), 미국(2006)에서 사무엘 베케트의 희곡들을 무대화하여 '최고 여배우상'과 '용기 있는 작품상'을 수상하기도 했다. 최근 연출작으로는 <Cozy>(웨일즈, 2016), <Told by the Wind>(영국, 2016), <The 9 Fridas>(홍콩, 2016)이 있으며, 2017년에는 코스타리카(2월)와 노르웨이(3월)에서 베게트 작품을 연출할 예정이다. 자세한 정보는 www.phillipzarrilli.com에서 찾아볼 수 있다. 저서로는 *Psychophysical Acting, Acting (re)considered, When the body becomes all eyes, Asian Martial Arts in Actor Training* 등이 있다.
4) 인도 남부의 전통무술로 그 형태와 수련은 요가에 기초를 두고 있으며 카타칼리 공연자들은 칼라리파야투 수련을 함께 한다.
5) Lehmann, Hans-Thies, 2006, Postdramatic Theatre, translated by Karen Jürs-Munby. London: Routhledge, p.26-27
6) Phillip Zarrilli 2009 Psychophysical Acting. Oxon, USA and Canada: Routhledge, p.7.

연기에 대한 다양한 접근 가능성에 대한 개인적인 호기심은 영국과 싱가포르에서 〈4시 48분 싸이코시스4.48 Psychosis by Sarah Kane〉[7])와 〈그녀의 삶에 대한 시도들Attempts on Her Life by Martin Crimp〉[8])과 같은 영국 현대 작가의 작품에 참여하면서 좀 더 구체화될 수 있었는데, 종래의 '드라마틱'한 극이나 '포스트 드라마틱'한 극 안에서 '심리적'인 측면은 제외되는 것이 아니라, 오히려 요구된 때에 배우로서 작업의 한 面을 전략적으로 보여줄 수 있는 개념이 될 수 있음을 깨달은 것이다.[9]) 이에 대한 좀 더 자세한 설명은 한국예술종합학교 연극원에서 발행하는 2007년 『연극포럼』에 실린 역자의 연극 실습 석사M.F.A in Theater Practice 논문 요약본을 참고하기 바란다.

전문가들이 이야기하는 훈련의 목적과 공연의 결과물들을 부분적으로 이해할 수 있다는 것은 현재에 경험하는 배우 훈련이 앞서 실험한 고민들의 농축된 결과물이기 때문일 것이다. 그러므로 역자가 그러했듯 다양한 미학이 공존하는 21세기 공연예술 환경에 놓인 배우들에게 문득 생기는 호기심과 질문들을 역사적으로 어떻게 실험되었는지 확인하는 데에 이 책이 도움이 될 것이라 기대한다.

끝으로 이 연기 이론서의 번역은 전공 이외에 더 많은 전문성이 필요로 함을 절실히 깨닫는 작업이었다. 부족함에 대한 변명의 글이 될 옮긴이의 글은 이 정도로 생략한다.

그러나 이 책이 나오기까지 용기를 북돋아 주신 분들은 감히 줄이거나 뺄 수 없다.

몇 년이 걸릴지 모르고 시작한 번역 작업이 책으로 나올 수 있었던 것은 출판을 응낙해 주신 도서출판 동인의 이성모 대표님의 넉넉한 기다림 덕택이다.

부모님, 도움을 주신 김동완, 양동탁, 최정선, 이미지, 그리고 윤경숙, 마지막으로 사랑하는 윤도준, 지민, 서진에게 감사하며.

2017년 3월
옮긴이 김민채

---

7) 필립 자릴리의 연출로 2005년 Exeter Rouboroug Studio, 2008년 한국예술종합학교 연극원 상자무대2에서 의사와 환자(Doctor and Patient) 역으로 참여함.
8) 2007년 싱가포르 TTRP(Theater Training Research Programme)의 초청으로 말레이시아, 인디아, 미국, 스페인, 아일랜드 등에서 참여한 배우들과 함께 싱가포르 국립극장(Esplanade Theatre)에서 댄서, 아나운서(Dancer, TV presenter) 역으로 참여함.
9) 공연 참여에 대한 자세한 경험은 또한 필립 자릴리의 저서 2009 *Psychophysical Acting*. Oxon, USA and Canada: Routhledge. Part III Production case studies의 심리신체연기접근법의 무대화에 관한 글에서 찾아볼 수 있다.

차례

들어가며

　이 책의 재판再版은 원본에서 대폭 확장된 형태로, 8명의 실습가들: 미셸 생 드니Michel Saint-Denis, 마리아 크네벨Maria Knebel, 자크 르콕Jacques Lecoq, 필립 골리에Philippe Gaulier, 모니카 빠뉴Monika Pagneux, 아리안 므누슈킨Ariane Mnouchkine, 앤 보가트Anne Bogart 그리고 아우구스또 보알Augusto Boal의 작업에 관한 6개의 새로운 에세이를 포함하고 있다. 덧붙여 몇 개의 장章들은 개정되었다. 또한 참고문헌과 새로운 사진들이 추가되었다.

　21세기의 관점에서, 본제목이었던 『20세기 배우 훈련Twentieth Century Actor Training』은 더 이상 적합하지 않은 듯 보인다. 이 책에 포함된 상당수의 연출가와 트레이너들은 앞으로도 전 세계적으로 선두에 선 전문인으로 평가될 것이기 때문이다. 게다가 20세기를 통틀어 발전된 많은 시스템들과 메소드들, 초안들은 21세기 전문적인 훈련의 초석으로 남아 있다. 따라서 책의 제목을 간단히 『배우 훈련Actor Training』으로 개제改題하였다.

서문

『배우 훈련』은 현대 서구 연극의 제작에서 가장 중요한 발전을 소개하는 에세이들의 묶음이다. 유럽과 북미에서 배우의 훈련은 오랜 역사를 가지고 있으나 일본의 노 연극, 발리의 댄스 드라마 그리고 인도의 카타칼리와 같은 동양의 시스템화 된 훈련 전통과는 다른 형태였다. 유럽과 북미에서 배우 훈련에 관한 첫 시스템은 20세기 초에 부상했으며 연출가 콘스탄틴 스타니슬랍스키Konstantin Stanislavsky가 훈련한 테크닉의 도입을 통해 배우의 창의력, 영감과 재능을 활용할 필요성을 감지했다. 1906년, 자신의 연기가 진부하다고 느낀 스타니슬랍스키는 '어두운 방에 잠복해서 끊임없이 담배를 피우며 20년 동안 기록한 노트들로 둘러싸여 . . . 그는 공식적으로 실제적인 연기 '시스템'을 정리하고자 쉽지 않은 자기탐구를 시도했다'(Merlin 2003: 19). 그는 모스크바예술극장 및 관련된 스튜디오에서의 작업을 통해 훈련 시스템을 끊임없이 계발했으며 자신의 생각들을 영어로 번역하여 후세에 중대한 영향을 끼친 텍스트들, 『배우 수업An Actor Prepares』(1936), 『성격 구축Building a Character』 (1949), 그리고 『역할 창조Creating a Role』(1961)를 출판하였다.[1]

스타니슬랍스키와 그를 따르던 이들의 작업에 비추어, 배우 훈련은 북미와 유럽 연극에서 대표 작품들을 이끌어온 주요 전문가들과 함께 20세기 연극 혁신에 있어 중심이 되었다.

이 에세이 모음집은 유럽 배우 훈련의 초기 개척자 5인에 대한 탐구로 시작한다: 스타니슬랍스키Stanislavsky, 브세볼로드 메이어홀드Vsevolod Meyerhold, 미카엘 체홉Michael Chekhov, 자크 코포Jacques Copeau와 그의 조카 미셸 생 드니Michel Saint-Denis가 그들이다. 이들의 영향은 이후 러시아에서 스타니슬랍스키와 체홉의 유산을 발전시킨 마리아 크네벨Maria

Knebel과 1930년대 독일에서 이미 서사 연기이론을 규정한 베르톨트 브레히트Bertolt Brecht 의 작업에서 찾아볼 수 있다. 또한 영국에서 조안 리틀우드Joan Littlewood의 획기적인 앙상 블 작업과 북미에서 메소드 연기의 주창자들—리 스트라스버그Lee Strasberg, 스텔라 애들 러Stella Adler, 샌포드 마이즈너Sanford Meisner—의 연극과 영화를 위한 배우 형성 과정에 영 향을 끼쳤다.

계속해서 미국에서는 조셉 체이킨Joseph Chaikin의 실험적 탐구, 예지 그로토프스키Jerzy Grotowski와 유제니오 바르바Eugenio Barba, 그리고 브워지미에쉬 스타니에프스키Włodzimierz Staniewski의 심도 깊은 연구 과정들을 포함한 20세기 후반의 훈련 실습들을 모색한다. 자크 르콕Jacques Lecoq, 모니카 빠뉴Monika Pagneux, 그리고 필립 골리에Phillippe Gaulier, 이 세 명 의 연기 교사들은 서로 상관된 신체 중심의 교육학을 발전시켰으며, 독립된 장章에서 이를 다루고 있다. 두 세기에 걸쳐 다작을 연출한 피터 브룩Peter Brook과 아리안 므누슈킨Ariane Mnouchkine은 배우의 앙상블 훈련을 통해 혁신적 공연들을 창조해낸 연출가들로 논의되고 있다. 미국으로 돌아와서 앤 보가트Anne Bogart의 이종문화에 걸친 훈련에의 접근법은 일본 과 북미 메소드들에 대한 그녀의 동조와 지지를 들여다봄으로써 분석되었다. 마지막으로 배우들과 일반인들에게 사회적 정치적 변화를 위한 근간으로 연극을 사용하는 브라질 출 신의 연출가인 아우구스또 보알Augusto Boal의 작업이 그의 급진적인 연기 접근법을 소개하 며 평가되었다.

그동안 이러한 인물들에 대하여 개별적으로 다룬 저술들이 많이 있었지만, 이 책에서 는 스타니슬랍스키의 선구자적인 고찰 이후에 나타난 연기 훈련법의 발전의 맥락을 각 인 물들의 작업에서 핵심적인 요소들을 요약하고, 계속해서 그들 공연의 근본 원칙과 특유한 연습들을 통해 이루어진 탐구와 실험, 그리고 마지막으로 제작 활동을 통해 드러난 연극미 학manifestation을 좇아서 폭넓게 다루고자 한다.

초기 이론의 영향Early Theoretical Influences

20세기 초 배우 훈련의 이론적 뿌리는 부분적으로 19세기 초 프랑스로 거슬러 올라갈 수 있다. 1830년에 초판된 드니 디드로Denis Diderot의 『배우의 역설Le Paradoxe sur le comedien』 은 배우의 창조과정의 본질에 대한 끊임없는 논쟁을 서구 유럽에서 일으켰다. 디드로는 동 시대의 연기에 대하여 유물론자적 분석을 통해 연기의 본질적인 역설을 드러냈다. 즉 그는 배우가 '진짜real' 느낌을 경험하는 것처럼 보이지만 사실은 그 반대가 더 진실에 가깝다는 점을 주장했다. 그의 견해에 따르면 배우는 공연에서 감정을 기계적으로 재생시킬 수 있어야 하며, 기술적 조절과 감성적 몰입을 피할 수 있는 능력을 가져야 한다.

그러나 죠셉 로취Joseph Roach가 『배우의 열정The Player's Passion』에서 밝혔듯이 연기에 관한 디드로의 생각은 이보다 더 심오하게 읽혀질 필요가 있다. 디드로는 공연 중 배우의 본능과 거대한 복합성, 밀접한 개인적 과정들에 대해 점점 더 깊이 깨닫게 되었으며, 인간 신체의 심리신체적인 면에 대한 더 깊은 연구조사를 통해서 '정서 기억, 상상력, 창조적 무의식, 군중 속의 고독, 캐릭터의 신체, 역할의 조직과 즉흥성'을 예견했다는 것을 보여준다 (Roach 1985: 117).[2]

스타니슬랍스키의 이론적 연구에는 디드로의 글들이 포함되어 있었을 것으로 보인다. 또한, 감정은 반드시 신체적인 결과를 가져온다고 주장한 프랑스 심리학자 테오드르 리보 Theodule Ribot의 제안과 같이 심리와 신체의 불가분성에 대한 과학적 신념이 커지면서 이러한 주장은 스타니슬랍스키의 흥미를 끌었다. 카르닉Carnicke이 스타니슬랍스키 시스템에 대해 쓴 글(본서의 1장)에서 지적한 것처럼 스타니슬랍스키의 다음과 같은 주장은 리보의 신념을 반영하고 있다. '모든 행동에는 뭔가 심리적인 것이 있고, 모든 심리적인 것에는 뭔가 신체적인 것이 있다'(Stanislavskii 1989: 258). 심리적인 것과 신체적인 것, 이 둘에 대한 강조는 몸과 마음의 역동적 상호작용과 관련된 이론이 배우 훈련에 있어서 탐구와 해석의 지속적인 과제가 되어왔기에 중요하다.

스타니슬랍스키의 심리신체적 접근은 통합된 '성격묘사'를 이루기 위해 역할에 대한 배우의 깊은 몰입을 강조하였다. 배우 '자신'과 작품에 묘사된 인물은 역할 형성을 위한 배우 '내면의 삶'의 창조적 긴장으로 생각되었다. 샤론 카르닉은 여기에서 스타니슬랍스키의 훈련의 핵심이 되는 기준을 구분한다: 자신self에 대한 배우의 작업과 역할character에 대한 배우의 작업이 그것이다. 훈련에 대한 이러한 이중 접근은 이후 많은 메소드들의 특징이 되기도 하는데 이는 자신, 무의식, 역할에 대한 개념과 표현의 본성에 대한 그들의 추측을 다각화시키기도 했다.

모스크바 예술극장에서 스타니슬랍스키와 함께 훈련했던 브세볼로드 메이어홀드 Vsevolod Meyerhold는 훈련의 대안 시스템을 제안한 첫 번째 개척자 중 한사람이었다. 그는 스타니슬랍스키의 지향점이 의식을 통한 무의식에 도달하려는 심리학psychology에 있다고 보았다. 반대로, 메이어홀드의 생각은 좀 더 사회학적−연극적 이벤트에서 배우와 관객과의 관계에 중점을 둔−이었다. 메이어홀드는 관객을 적극적으로 인정하는 대중극으로 눈을 돌려, 배우 개인의 정서적 묘사를 넘어 공연이 꿈꾸는 이상으로 관객을 참여시켜 연극을 혁명적 문화의 힘으로 변형시키고자 하였다.

메이어홀드는 반환상주의 연극의 기본 요소를 제스처, 마스크 그리고 움직임으로 정의하였다. 메이어홀드의 생체역학을 설명하는 데 있어 로버트 리치Robert Leach는 배우는 '역할과 함께 정의'되지 않으며 '신체적 형성'으로 결정된다고 언급한다. 즉 심리적 인물화의 완전한 실현에 거주하기보다 사회적 패러다임 또는 '형태type'를 구현한다는 것이다. 관객은 배우의 자가-성찰적, '구현된' 경험을 통해 나타내진 캐릭터-타입과 배우 둘 다를 인식할 수 있을 것이다. 에리카 피셔-리히테Erika Fischer-Lichte가 관찰한 바에 따르면:

> 개인 영혼의 자연스러운 신호로써 표현되기에 제한적이었던 인간의 몸은 이제, 크게 다른 현상과 조건들, 과정들을 표현하고 나타내기 위한 대단히 적합한 연극적 기호 시스템이 되었다. (Fischer-Lichte 2002: 298)

스타니슬라프스키와 메이어홀드의 이론적 위치는 배우 훈련의 중앙 데이터베이스 중 하나의 파라미터(매개변수)를 규정짓기 위해 다소 극단적으로 단순화하여, 그러나 유용하게 정반대의 위치로-'심리학적' 접근 대 '사회적' 접근-특정 지을 수 있다. 하지만 실습에 있어서는 두 개척자들을 명확히 탐구하는 에세이에서 보이듯 스타니슬랍스키와 메이어홀드 두 사람 모두 배우를 훈련하기 위한 좀 더 복합적이고 폭넓은 접근법들로 진전시켰음에는 분명하다.

아시아의 영향Asian Influences

상당수의 초기 서구 전문가들은 그들의 훈련 메소드에 아시아의 테크닉들을 포함시켰다. 샤론 카르닉은 개정된 그녀의 에세이를 통해 일찍이 1911년에 요가로부터 영향을 받은 스타니슬랍스키의 배우에 대한 전체론적 관점을 강조한 반면, 로버트 리치는 메이어홀드의 캐릭터와 관련한 실험들과 형식이 대부분 일본과 중국의 공연 전통들에서 차용한 것임을 언급한다. 1935년 모스크바를 방문할 당시, 브레히트는 서사극 이론을 형성하는데 도움을 준 베이징 오페라의 배우들의 소외 효과에 깊이 감명 받은 바 있다. 이후 리틀우드, 브룩 그리고 므누슈킨과 같은 연극인들 역시 훈련뿐만 아니라 그들의 비-자연주의적인 제작들을 통해 아시아 공연 테크닉들과의 결합을 탐구하였다.[3]

불가피하게도, 아시아의 배우 훈련 전통들은 이국적인 상태로 존재하거나 서구 전문가들에 의해 극단적으로 단순화시켜 도용되는 위험을 무릅써야 했다. 리사 월포드Lisa Wolford는 12장에서 아시아의 연극 실습들을 배우들이 '적절하게 성문화된 훈련으로의 시도'라기보다 '엄격한 작업 윤리의 한 모델'로 바라봐야 한다고 결론 내린 그로토프스키의 접근법에 대해 설명하고 있다. 그러나 이후 연극인들은 구체적인 의도들을 가지고 문화 상호주의 활동들을 진행해왔다. 스타니에프스키Staniewski에 따르면 전통 테크닉들은 모방되어서는 안된다. 대신에 그는 토착 실습들과의 조우遭遇를 통해 가르지에니체Gardzienice 본연의 소리와 신체 테크닉들과의 조응照應을 모색했다. 앤 보가트Anne Bogart의 작업에서, 엄격한 훈련과 성문화된 형식은 일본 연출가인 스즈키 타다시Tadashi Suzuki와 시티 극단Siti theatre을 공동 설립함으로써 수용되었다. 시티 극단의 배우들은 훈련의 이종문화간의 접근을 바라보는 북미의 '관점'과 함께 스즈키의 메소드를 받아들였다. 유제니오 바르바Eugenio Barba는 하나의 형식과 깊이 관련짓기보다, 동양의 테크닉들을 인류학적인 단계에서 접근하였으며 배우의 '전-표현적pre-expressive' 공연 테크닉의 원천에 관한 그의 연구를 통해 성문화되어 있는 광범위한 공연 형식의 근본 원리들을 분석하였다.

앙토냉 아르또Antonin Artaud

프랑스의 배우이자 연출가, 시인인 앙토냉 아르또(1896-1948)의 글은 20세기 후반에 여러 가지 면에서 중요한 기준을 제공하였다. 그의 독창적인 평론집 『연극과 그 이중The Theatre and its Double』(1970)은 1958년에 영어로 처음 출판되었다. 그는 서구 연극의 합리적이면서 환원주의적(다양한 현상을 기본적인 하나의 원리나 요인으로 설명하려는 경향: 역주)인 경향들에 대해 철저히 거부하였다. 그가 요구한 연극은 궁극적으로 관객 안에 내재된 치유적 감성therapeutic emotion을 불러일으킬 수 있는 의식意識의 비언어적 요소를 경축慶祝하는 연극이었다. '연극은 그 자신의 언어를 되찾을 때까지 연극이 지니고 있는 특수한 행위의 힘을 회복할 수 없다'라는 것이 아르또의 열정적인 믿음이었다(Artaud 1970: 68).

그 결과 아르또는 '세속적인 심리적 탈진에서 연극을 구출하기 위해서는 말과 제스처로써 구체화된 형이상학적 표현을 창조해야한다'고 생각하였다(Artaud 1970: 69). 그로토프스키가 지적한 대로 아르또는 '구체적인 테크닉을 남겨 놓지 않았으며 방법도 보여주지 않았다. 그는 비전과 은유만을 남겨놓았다'(Grotowski 1969: 86). 그러나 이러한 그의 비전과 은유들은 많은 이들에게 영감을 제공하였다. 특히 '잔혹연극Theatre of Cruelty'이 주제였던 1964년 시즌(공연기간)의 로열 셰익스피어 극단Royal Shakespeare Company의 배우들과 피터 브룩에게서 그러한 점들을 뚜렷이 찾아볼 수 있다.

연출가와 배우The Director and the Actor

현대 연극에서 연출의 등장은 연극 제작과정에 지각변동을 일으켰다. 19세기 배우 겸 매니저의 이중적인 기능을 벗어나 연극제작의 과정이 더욱 정교해지면서 현대 연출가에게 전문가로서의 지위를 넘겨주었다. 당연히 연출의 출현은 배우 작업의 본질本質에 대해서, 특히 시스템과 훈련법을 발전시켜 나가는 작업에 있어서 객관적으로 검토할 수 있는 기회를 더욱 확대시켜주었다. 두 번째로, 기본적으로 연출가는 연기의 중심 주제인 배우 자신과 배우의 역할 사이의 긴장을 중재하고 협상하는데 도움을 주었다.

결과적으로, 연출가들은 연극제작에 활성화된 역할을 위해 배우를 통합시키는 수단으로 훈련을 활용해왔다. 연출과 매우 긴밀한 협력관계를 가진 몇몇의 연기자들은 새로운 연기 미학의 구현에 있어서 중심적인 역할을 해왔다. 그로토프스키의 〈가난한 연극Poor Theatre〉의 리처드 시에슬락Ryszard Cieslak이 그 한 예이다. 〈불굴의 왕자The Constant Prince〉 공연에서 역할을 발전시키기 위해 친밀하게 준비 작업을 함께 한 그로토프스키는 '몇 달 동안 시에슬락은 나와 단둘이 작업했다'고 인정한 바 있다(Richards 1995: 122).

텍스트의 해설자에서 공동-안출자co-deviser로의 배우의 역할의 변화는 1960년대 아방가르드 예술가들이 현존과 재현, 배우와 극적인 캐릭터 사이의 역동적 위치를 탐구하면서 더욱 명확해졌으며, 공연을 위한 텍스트는 종종 배우의 작업과정에서 나온 재료로 채워졌다. 죠셉 체이킨Joseph Chaikin의 오픈 시어터Open Theater는 이처럼 공동작업과 개인적 작업이 융합된 본보기이다. 체이킨은 말하기를, '때로는 다른 사람들과의 작업에 있어서 공동의 노력이 너무나 강렬했기 때문에 끝내는 어떤 것이 나의 것이고 어떤 것이 상대의 작업이었는지 말할 수 없었다'(Chaikin 1972: xi).

공동작업의 모델로 놀이와 즉흥은 자크 르콕Jacques Lecoq, 필립 골리에Philippe Gaulier 그리고 모니카 빠뉴Monika Pagneux의 신체 연극을 위한 훈련에서 중심 요소가 되었다. 특히 르콕의 '주간 독자 과정autocours'의 개념은 독립된 창안 과정에서 앙상블의 중요성과 배우의 신체성의 의미를 강조하며 공동-창조자로서의 배우를 고무시켰다. 20세기 후반에 들어서면서 유제니오 바르바Eugenio Barba와 앤 보가트Anne Bogart의 훈련에서 신체적 악보의 작성physical scoring과 구성 작업이 프로토콜protocols(규약과 의례: 역주)이 되면서 연출가의 가이드와 함께 혹은 없이 하는 배우의 연극제작 기술들이 공식화되며 확산되었음을 입증했다.

배우의 현존現存The Actor's Presence

실시간에서 관객과의 만남, 즉 배우의 현존은 라이브 공연에서 높이 평가되는 개념이다. 제인 구달Jane Goodall은 이에 대한 정의를 두 가지로 구분하여 설명한 바 있는데, 첫째 배우에 의해 밖으로 방사되는 본질적, 신비적, 근본적인 내면의 힘으로써의 현존, 그리고 두 번째로 배우가 훈련을 통해 습득할 수 있는 기량과 기술을 통해 만들어진 현존이 있다 (Goodall 2008: 8).

또한 피셔-리히테Erika Fischer-Lichte는 배우의 현상적 신체phenomenal body의 타고난 '순수한 현존'과 '관객이 반응하는 특정한 기술과 실습의 숙달'을 통해 '공간과 관객의 주의를 지배하는' 배우의 적극적 능력을 구별한다(Fischer-Lichte 2008: 96).

현존의 개념은 여러 연극인들의 훈련 메소드에서 관객과의 적극적 관계에 대한 탐구를 통해 활성화되었다. 이 복잡한 과정의 열쇠는 에너지와 힘의 원천으로써 현재의 순간에 주목하는 배우의 집중에 초점이 맞추어져 왔다. 스타니슬랍스키는 이를 일찍이 연기를 '경험하는 것'이라고 언급하며 인식했다. 르콕은 놀이의 즉흥성을 통한 배우의 활동적인 반응을 장려하였고 마이즈너는 '행위의 진실성'을 강조하였으며, 그로토프스키는 '살아 있는 충동들의 싸이클'에 초점을 두었으며 브룩은 그가 '투명성transparency'이라고 칭한 배우의 '개방성과 직접성'의 상태를 추구하였다.

현존에 대한 다양한 정의가 존재하는 가운데, 배우 훈련의 대부분의 형태들이 배우의 몸/의식 과 에너지 교류의 조합에 의해 실현 가능한 현상이라는 점에서 이해되고 있다. 예를 들면 이안 왓슨Ian Watson은 현존에 관한 바르바의 연구를 그의 동양 테크닉에 관한 연극 인류학적 분석을 통해 설명하고 있다. 바르바는 주요한 원천에 대해 두 가지로 밝히고 있는데, '배우의 일상생활의 행위[모방이나 습관]로부터 탈피하기 위해 고안된 신체적으로 습득된 테크닉들의 사용, 그리고 공연 중의 에너지의 사용을 지배하는 원칙들의 기호화'가 그것이다.

도린다 헐튼Dorinda Hulton은 '현존'의 정의를 체이킨의 소리와 움직임을 위한 연습에 빗대어 설명한다. 이러한 맥락에서 그녀는 배우의 현존이 자기 자신self의 존재에만 유일하게 관련된 것이 아니라 오히려 상상 속의 이미지를 신체적으로 구체화하는 과정에서 더 드러난다고 규정하였다. 배우의 의식은 이 상호작용의 과제에 전적으로 몰입한다. 배우가 무대 위에서 주어진 순간에 전적으로 집중하였을 때,

> 마음속에 생겨나는 형식과 이미지를 보고 들으면서 순간순간에 몸과 마음 사이의 특수한 균형의 전이轉移 혹은 몸과 마음의 대화를 허용할 때에 비로소 하나의 논리적인 움직임이 생기고 . . . 관객은 [배우의] '현존'을 느낄 수 있는 것이다. (p. 161)

상호 보강Cross Fertilisation

이후 연극 개척자들 간에 이루어진 상호 보강cross fertilisation의 실상은 단순하지 않다. 대다수의 경우 서로의 시스템 안에서 훈련을 받았다. 메이어홀드와 더불어 체홉Chekhov과 크네벨Knebel은 처음에는 모스크바 예술극장에서 스타니슬랍스키의 배우로서 활동했다. 이후 둘은 자신들만의 독특한 방법을 발전시키는 단계로 나아갔다. 체홉은 전前 연출가의 생각을 일정 부분 유지했지만 이 중 대부분을 재해석하고 변형시켰다. 특히 슈타이너Steiner의 인지학anthroposophy을 고려하여 배우와 그들의 감정 사이의 거리를 두는 것의 중요성에 대한 신념을 확고히 했다. 크네벨은 체홉과 함께 연기를, 스타니슬랍스키와는 행동분석을 공부하였으며, 주립 어린이 극장에서 예술 감독으로서, 그리고 1948년부터 1985년 사망할 때까지 연극 예술 주립 학교GITIS의 연기교사로서 이 둘의 작업을 적용시키기도 했다.

존 루들린John Rudlin은 미셸 생드니Michel Saint-Denis, 장 다스떼Jean Daste 그리고 에티엔 드크루Etienne Decroux와 같이 자크 코포와 함께 훈련했던 사람들, 그리고 장 루이 바로Jean-Louis Barrault, 자크 르콕Jacques Lecoq, 아리안 므누슈킨Ariane Mnouchkine 등 그에게서 영향을 받은 사람들을 통하여 코포가 남긴 막대한 유산에 대하여 자세히 기술하고 있다. 코포의 생각은 그의 조카인 미셸 생 드니에 의해 더욱 발전했으며, 제인 볼드윈Jane Baldwin은 영국과 프랑스, 캐나다와 미국에서 연극 학교의 설립을 위한 그의 공적을 추적한다.

브레히트의 반-환상주의 연기 테크닉은 메이어홀드와 흥미로운 유사점을 가지고 있다. 20세기 후반에 서구 연극에 끼친 그의 영향은 막대하며 그의 테크닉들은 리틀우드, 브룩, 체히킨과 므누슈킨에서 보알에 이르기까지 광범위한 개척자들을 탄생시켰다.

물론 몇몇 연극인들은 불가피하게 기존 방법의 요소들을 재해석했다. 가장 명백한 예는 메소드Method일 것이다. 정서를 드러내는 것과 관련된 스타니슬랍스키 시스템과의 관계, 그리고 가장 대표적인 세 명-스트라스버그Strasberg, 애들러Adler, 그리고 마이즈너Meisner -에 의해 이루어진 재해석의 대조를 통해 이를 잘 알 수 있다. 조안 리틀우드Joan Littlewood 역시 스타니슬랍스키의 접근법을 끌어들였지만, 그것을 루돌프 라반Rudolf Laban의 움직임 훈련(또한 어느 정도까지, 메이어홀드의 생체역학)과 융합시켰다. 따라서 그녀는 스타니슬랍스키를 재해석했다기보다는 완전히 다른 움직임 훈련 시스템과 함께 병합시킨 것이다. 어떤 연극인들은 이들의 훈련제도를 거부하기도 했다. 체이킨Chaikin은 한때 메소드 배우였으나 그 자신만의 시스템을 체계화하기 이전에 그가 독단적인 가설이라고 여기며 안타까워한 스타니슬랍스키 시스템의 원칙들을 기꺼이 던져버렸다.

놀랍게도 이러한 상호 영향의 흐름 속에서, 협동 작업은 후기 연극인들 사이에서 지배적인 특성이 되었다. 예를 들어 브룩, 바르바, 스타니에프스키, 체이킨은 모두 각각 다른 상황 속에서 그로토프스키와 함께 작업을 했다. 바르바와 스타니에프스키는 그로토프스키의 실험 극장Laboratory Theatre에 적극적으로 참여했으며, 체이킨과 브룩은 그들의 배우에게 그로토프스키의 훈련 테크닉을 소개하기 위하여 그를 초대했다. 그러나 체이킨은 '그의 영감과 절박한 성실성은 나와 다른 사람들에게 영향을 주었지만 . . . 그러나 우리는 다른 길을 걷고 있다'고 지적했다(Chaikin 1972: xi).

신체 연극 훈련가들 중, 골리에와 빠뉴는 자신들의 수업을 이끌기 전에 르콕의 학교에서 가르침을 받았으며 각각 배우의 신체적 표현성에 다른 주안점을 두었다. 빠뉴는 피터 브룩의 움직임 연출자로 활동했으며 자신의 수업을 위해 영향력 있는 이스라엘 움직임 선생인 모쉐 펠덴크라이스Moshe Feldenkrais와 초기 현대 무용가인 마리 위그만Mary Wigman의 작업을 끌어들였다. 므누슈킨 또한 르콕과 함께 훈련했으며 그녀의 마스크, 즉흥 그리고 신체 작업에 그가 막대한 영향을 끼쳤다고 인정한 바 있다.

시스템들 또는 원칙들Systems or Principles

20세기 서구 배우 훈련에 대한 방법론의 접근은 대략 두 개의 중요한 질문을 둘러싼 논쟁으로 귀결된다. 첫 번째는 배우 훈련의 완전한 방법을 엮어 유일하고 보편적인 시스템을 만들 수 있는가 하는 점이다. 이것은 스타니슬랍스키의 애초 계획이었다. 그러나 카르닉이 강조한 것처럼 시스템System은 궁극적으로 배우에게 하나가 아닌 여러 가지 방법들을 제시한다. '한 가지 방법을 선택할 때 각각의 배우는 시스템을 재발명하면서 자신의 것으로 만들어야 한다.' 스타니슬랍스키의 바람은 '시스템이 하나의 지침이자 안내일 뿐 철학이 아니라는 것이다'(pp. 33-4).

두 번째는 하나의 연기 시스템에 있는 근본 테크닉들이 모든 연극 양식의 창조에 적용될 수 있는가하는 점이다. 이것 또한 스타니슬랍스키의 신념이었다. 그러나 몇몇의 연극인들은 특히 심리적 사실주의에 거리를 두고자 할 때나 기존의 텍스트를 해석할 경우에 그의 시스템이 가진 한계를 발견했다.

메이어홀드는 자연주의 연극의 심리학적 가정假定에 반대하였다. 그 역시 자신의 생체역학 훈련 안에서 지속적이고 강렬한 신체 훈련을 통하여 연극의 모든 스타일과 맞물릴 수 있는 하나의 방법론을 찾고자 하였다. 그러면서 배우가 가진 신체적, 공간적, 음률적 용어vocabulary의 범위를 넓힐 수 있는 보다 효율적이고 명확한 표현법을 찾고자 하였다. 이후의 연극인들은 보편적으로 적용할 수 있는 완전한 방법이라는 어떠한 개념도 거부하였다. 예를 들면 체이킨은 생각하기를,

시스템은 기초적인 계획으로써 동료들의 관심을 끌기 위한 규칙들일 뿐이다. 우리는 서로에게서 실마리들을 얻을 수 있다. 그러나 서로를 발견하고 그 과정을 모방하지 않는 한, 우리가 가진 문화와 감각과 미학이 우리를 전혀 새로운 표현으로 인도할 것이다. 미학이 시스템을 개조하는 것이다. (Chaikin 1972: 21)

궁극적으로 연극인들은 자신들이 받은 훈련의 영역 속에서 포괄적인 시스템이라는 개념은 의도적으로 피하고 연기훈련의 근본적인 원칙만을 확인하였다. 이러한 원칙들은 자신들 나름대로의 배우 훈련 테크닉을 통하여 분명해졌으며 그들이 가진 명확한 윤리적인 입장을 뒷받침해주고 있으나 하나의 '시스템'을 이루지는 않았다. 코포는 무대 위에서의 성실성을 추구하면서 '배우 자신 안의 연극적 원칙dramatic principle in oneself'을 이해해야 한다고 말한다. 브레이트의 배우는 연극에서 사회를 움직이는 권력에 대한 질문을 하지 않은 채 단순히 사회현상의 움직임만을 관찰해서는 안 된다. 스트라스버그는 배우를 '자신으로부터 창작할 수 있는 개성을 가진 사람'으로 그리고 있는데 이것을 이루기 위하여 배우는 '무의식과 잠재의식에 다가갈 수 있도록' 준비되어져야 한다고 말한다(Strasberg 1965; 82). 므누슈킨은 '집단 창조성을 가지고 있는 공동체와 지역사회로의 헌신'을 제기한다(Miller 2007: 105).

하지만 이러한 훈련 원리들이 발전해오는 동안에도 원칙들이 가진 독자적이고 본질적인 특성은 계속해서 후대의 작업에 영향을 끼치고 있다. 이는 이러한 원칙의 어떤 부분은 그 뿌리를 초월할 수 있는 근본적인 것으로써 현대 배우 훈련에 있어서 중요한 개념의 모체가 된다고 볼 수 있다. 이 책에 포함된 에세이들은 이러한 핵심적인 개념을 모아 놓은 것이다.

2009년 7월 앨리슨 호지Alison Hodge

노트

1 첫 번째 출판에 관한 복잡한 역사는 샤론 카르닉(Sharon Carnicke)이 쓴 장(章)에서 살펴볼 수 있다. 배우수업과 성격구축은 장 베네디티(Jean Benedetti)에 의해 편역되어 *An Actor's Work: a student's diary, Routledge* (2008)로 출판되었다.

2 로취(Roach)는 배우에 관한 역설이 『생리학의 기초』(*Eléments de physiologie*), 『달랑베르의 꿈』(*Le Rêve de d'Alembert*)과 같은 그 시기 디드로의 다른 작업들과 함께 밀접하게 다뤄졌음을 지적하고 있다. 각각은 인간의 신체를 중심 주제로, '세 폭짜리 그림과 같이 해석되는 것이 유용할 것이다...'(Roach 1993: 129).

3 예를 들면 피터 브룩은 파리에 연극 연구를 위한 국제 센터를 설립하여 다양한 프로젝트와 아시아의 훈련 테크닉을 결합시켰다. 아리안 므누슈킨은 셰익스피어의 <리처드 2세>(*Richard II*)(1981) 공연에서 전사(戰士) 역할에 대한 해석의 일환으로 몇 개의(가부키, 노(能) 그리고 발리 댄스) 공연형식에서 영감을 얻었다.

참고문헌

Artaud, A. (1970) *The Theatre and its Double*, trans. V. Corti, London: Calder and Boyars.

Barba, E. (1979) *The Floating Islands: Reflections with Odin Teatret*, trans. J. Barba, F. Perdheihan, J.C. Robesch, S. Shapiro, J. Varley, Denmark: Thomsens Boytrykheri.

Chaikin, J. (1972) *The Presence of the Actor*, New York: Atheneum.

Cole, T. and Chinoy, H. Krich (1970) *Actors on Acting, The Theories, Techniques, and Practices of the World's Great Actors, Told in Their Own Words*, New York: Three Rivers Press.

Diderot, D. (1883) *The Paradox of Acting*, trans. Walter Herries Pollock, London: Chatto Windus.

Fischer-Lichte, E. (2002) *History of European Drama and Theatre*, London and New York: Routledge.

____ (2008) *The Transformative Power of Performance*, London and New York: Routledge.

Goodall, J. (2008) *Stage Presence*, London and New York: Routledge.

Grotowski, J. (1969) *Towards a Poor Theatre*, trans. M. Buszewicz and J. Barba, ed. E. Barba, London: Methuen.

Merlin, B. (2003) *Konstantin Stanislavsky*, London and New York: Routledge.

Miller, J.G. (2007) *Ariane Mnouchkine*, London and New York: Routledge.

Nemirovitch-Dantchenko [sic], V. (1937) *My Life in the Russian Theatre*, trans. John Cournos, London: Geoffrey Bles.

Ribot, T. (1987) *The Psychology of Emotions*, London: Walter Scoot Ltd.

Richards, T. (1995) *At Work with Grotowski on Physical Action*, London: Routledge.

Roach, J. (1993) *The Player's Passion, Studies in the Science of Acting*, The University of Michigan Press.

Schmidt, P. (1996) *Meyerhold at Work*, trans. P. Schmidt, I. Levin, V. McGee, New York and London: Applause.

Stanislavski, C. (1980) *An Actor Prepares*, trans. E. Hapgood, London: Methuen.

____ (1983) *Building a Character*, trans. E. Hapgood, London: Methuen.

____ (1983) *Creating a Role*, trans. E. Hapgood, London: Methuen.

Stanislavski, K. (2008) *An Actor's Work: A Student's Diary*, trans. and ed. J Benedetti, London and New York: Routledge.

Stanislavski, K.S. (1989) *Sobranie Sochinenii*, vol. 2 [*An Actor's Work on Himself, Part 1*], Moscow: Iskusstvo.

Strasberg, L. (1965) *Strasberg at the Actor's Studio: Tape-Recorded Sessioins*, ed. R. Hethmon, New York: Theatre Communications Group.

Zarrilli, P. (1965) *Acting (Re)Considered, Theories and Practices*, London and New York: Routledge.

Zeami, M. (1984) *On the Art of No Drama: The Major Treatises of Zeami*, trans. J. Thomas Rimer, Y. Masakazu, Princeton, N.J.: Princeton University Press.

Chapter 1

스타니슬랍스키 시스템: 배우로 가는 길
STANISLAVSKY'S SYSTEM: PATHWAYS FOR THE ACTOR

● ● ● **샤론 마리 카르닉**Sharon Marie Carnicke

우리는 일반적으로 스타니슬랍스키 시스템이 20세기 무대 위 심리적 사실주의에 심취한 것과 연관된 것으로 알고 있다. 그러나 그의 인생 행보와 작업을 구체적으로 들여다보면 오히려 21세기 배우들에게 중요한 영향을 끼치고 있다는 것을 알 수 있다. 그는 현재 많은 연기 학교의 커리큘럼을 차지하고 있는 요가수업에 이미 오랫동안 깊은 관심을 가졌으며, 심리학을 바라보는 전체론적 관점을 바탕으로 연기에 영향을 끼치는 획기적인 인지 과학적 발견도 예상했다(Blair 2008). 이 장에서는 배우 훈련에 관한 스타니슬랍스키의 통찰이 20세기 당시 관점보다 어떻게 더 넓은 시각 위에 기초하고 있으며 결코 단순하지 않으며 탄력적인지에 관해 살펴보고자 한다.

생애와 경력Life and Career

1863년 태어난 스타니슬랍스키는 19세기에서 20세기로의 전환기를 살며 격심한 과학적, 사회적 변화를 목격한다. 러시아에 살면서 유럽과 아시아, 양쪽 모두의 전통예술을 경험했으며, 1938년 죽기 전까지 19세기 연극의 사실주의의 멸망과 모더니즘의 사실주의에의 거부,

군주제에서 공산주의로 옮겨간 러시아의 정치적 이행과 같은 커다란 변혁들을 목도했다. 처음 두 가지 변혁이 그의 삶을 형성하며 그를 유명하게 만든 반면 마지막은 부유했던 그를 가난하게 만들었으며, 근대 연극을 구체화시킨 예술가로부터 정치적 압력에 의해 좌지우지되는 희생자로 변모시켰다. '실질적으로, 내 일생동안 많은 변화가 일어났다'고 그는 기록했다. '그리고 이것은 나의 생각의 뿌리를 변화시키는 과정이었다'(Stanislavskii 1988b: 3).

스타니슬랍스키는 정기적으로 연극, 서커스, 발레 그리고 오페라를 관람했으며 그의 아버지가 1877년 가족 소유의 영지에 완벽한 시설을 갖춘 극장을 지어 줄만큼 러시아의 부유한 제조업계 집안에서 태어나 특권계층으로 어린 시절을 보냈다. 이곳에서 그는 청소년기 연극적 열정을 맘껏 펼쳤으며 소유한 재산을 배우와 연출가로 성장하는 데 사용했다. 공산주의 혁명기에 이르기까지 그는 자신의 가장 장래성 있는 예술적 실험에 돈을 쏟아 부었다: 1888년 비평가들이 극찬한 연극 단체인 예술문학회the Society of Art and Literature를 설립했고, 1912년에는 배우 훈련을 위한 시스템 계발을 위해 첫 번째 스튜디오의 문을 열게 된다.

33세가 될 때까지 그는 오로지 아마추어로서 연기와 연출 작업을 하였는데 19세기 초 러시아에서는 많은 배우들이 농노 신분이었으며 주인의 명령에 따라 무대에 등장하곤 했다. 농노제의 폐지에도 불구하고 배우들은 하층 시민계급으로 간주되었다. 따라서 알렉세예프 Alekseev 가문은 연극을 사랑했을지언정 사회적으로 궁핍한 연극인을 향한 자녀들의 열망을 환영할 수는 없었다. 비평가들 또한 예술문학회의 칭찬할 만한 공연에 새겨진 있는 익명의 'K. A-v'에게 찬사를 보내며 예의를 지켰다. 1884년, 콘스탄틴 알렉세예프Konstantin Alekseev는 가족들 몰래 스타니슬랍스키Stanislavsky라는 예명으로 연기를 시작했다.[1]

1897년 모스크바 예술극장Moscow Art Theatre이 설립되면서 스타니슬랍스키는 전문 연극인으로 탈바꿈했다. 작가이자 연극 교육자였던 블라디미르 네미로비치단첸코Vladimir Nemirovich-Danchenko는 '연극에 있어서 극play을 재건하기 위한' 이상적 시도의 일환 (Nemirovitch-Dantchenko [sic] 1937: 68)으로 이 범상치 않은 아마추어를 공동 연출가로 선택한다. 모스크바의 한 레스토랑에서 이루어진 그들의 첫 만남은 18시간 동안 이어졌으며 그들의 대화는 사실적 무대 위에서 유럽의 최신작을 올려놓을 극장의 설립과, 연기의 새로운 척도를 가져올 준비에 시동을 걸었다.

이들의 노력이 가져온 새로운 시도의 혁명적 자극을 이해하기 위해서는 1896년 알렉산더 제국극장Imperial Aleksandrinsky Theatre에서 상연된 체홉의 〈갈매기〉와 그로부터 2년 후 모스크바 예술 극장에서 제작된 공연을 비교해 살펴볼 필요가 있다. 첫 번째 공연은 19세기의 관습에 의존한 것으로, 유명한 희극 배우를 위한 자선공연이었으며 스타를 주연으로 기용했다. 배우들은 몇 번의 리허설을 위해 만났을 뿐 역할은 개개인의 역량에 달려 있었다. 무대 세트는 창고에 보존되어 있던 기존의 대도구들이 사용되었다. 단첸코는 첫 공연의 신화적인 실패에도 불구하고 〈갈매기〉에 대하여 '그 나름대로의' 성공은 거두었다고 말했다(Nemirovitch-Dantchenko [sic] 1937: 63).

그림 1.1 콘스탄틴 스타니슬랍스키(1922)

이는 알렉산더 제국극장의 공연물이 체홉의 20세기 혁명적 드라마를 연기하고 무대화하는데 있어 그 연극적 혁신을 살리지 못한 채 전형적인 19세기 유행을 관객에게 향응하는데 그쳤음을 의미한다. 이와는 대조적으로 모스크바 예술극장에서 이루어진 공연은 80시간 동안 33번의 리허설을 거치면서 스타 배우 없이 배우들의 앙상블을 이루고자 시도했다. 무대세트, 의상, 소품들과 음향(귀뚜라미 소리와 개 짖는 소리도 포함되어)은 극의 의도를 일관성 있게 살릴 수 있도록 세심하게 디자인되었다. 3번의 드레스 리허설을 진행했음에도 불구하고 스타니슬랍스키는 1989년 〈갈매기〉 공연이 충분히 연습되지 않았다고 생각했다 (Benedetti 1990: 82).

그림 1.2 체홉의 〈바냐 아저씨〉(*Uncle Vanya*, 1899)에서 아스트로프(Astrov) 역의 스타니슬랍스키

　　이 공연을 통해 스타니슬랍스키는 체홉을 가장 잘 이해하는 연출가로 알려지게 되었고 모스크바 예술극장은 20세기 연극사에서 중요한 위치를 차지하게 된다.[2] 이후부터 스타니슬랍스키와 모스크바 예술극장의 이름은 서로 뗄 수 없는 관계가 되었다. 체홉의 주요 작품의 상연(1898-1904), 고리끼의 〈밑바닥에서*The Lower Depths*〉(1902), 입센의 〈민중의 적*An Enemy of the People*〉(1900), 그리고 그리보에도프의 〈지혜의 슬픔*Woe from Wit*〉(1906)에서 까다로운 늙은이 파무소브Famusov 역할을 통해 스타니슬랍스키는 뛰어난 사실주의 연출가이자 천부적인 캐릭터 배우로서의 명성을 쌓아갔다. 극장이 사실주의 연극의 선도자로서 자리매김하자마자 상징주의 작가와 극화주의theatrialist, 劇化 연출가들은 재현적 연극에 대해 반기를 들었다. 상징주의자들은 추상적이고 영적인 시적 표현을 창조함으로써 실제 삶을 모방하는 환영의 한계를 극복하고자 하였다. 극화주의자들은 마치 추상화 화가들이 보는 이의 관심을 화폭과 그림물감으로 유도한 것처럼, 관객에게 공연의 관례와 세트와 의상에 대

하여 인식하도록 유도하기를 즐겼다. 이들은 모두 비사실적 연극 형태를 육성했다. 비록 스타니슬랍스키가 1907년과 1908년,[3] 상징주의극으로 새로운 스타일의 제작을 다뤘지만 이러한 노력은 모스크바 예술극장에 거의 흔적을 남기지 못했으며 극장은 여전히 사실주의의 보루로 남아 있었다.

하지만 그는 좀 더 폭넓게 탐구하고자 했다. 그는 일생동안 상징주의, 시, 오페라, 서구의 심리학, 요가 그리고 동양의 심리/신체의 연속성에 관한 개념, 모던 댄스, 그리고 예술과 문학의 비평 경향에 대하여 꾸준히 실험해왔다. 다시 말해 그는 연기와 드라마의 본질을 비춰줄 모든 것을 받아들였다. 역설적이게도 모스크바예술극장을 통하여 심리적 사실주의자의 대명사로 그의 명성이 커지면서 이는 다른 쪽으로 향하던 그의 탐구 가능성의 날개를 잘라버린 꼴이 되었다. 그의 실험은 배우들에게 기이하게 비춰졌고, 단첸코는 스타니슬랍스키의 광범위한 열정이 극장의 존속에 위협으로 작용할 것이라고 판단했다(2005: 294). 단첸코는 날카로운 사업가의 시각으로 극장이 초기의 사실주의 스타일의 성공과 더불어 이를 계속해서 발전시켜나가기를 주장했다. 결과적으로 스타니슬랍스키는 주 무대에서가 아니라 독립적인 지원을 받는 부설 스튜디오로 그의 실험을 옮겨 진행할 수밖에 없었다.

적절한 예로 스타니슬랍스키의 시스템을 들 수 있다. 스타니슬랍스키는 20세기 최초로 배우 훈련을 시스템화 한 인물이지만 그의 이러한 작업은 대부분 모스크바 예술극장 바깥에서 이루어졌다. 1906년 〈민중의 적An Enemy of the People〉의 스토크만 박사Dr. Stockmann를 연기할 때 말을 더듬거리기 시작했을 때부터 연기에 있어서 '문법'을 계발시키기 시작했으며, 이 새로운 아이디어와 테크닉을 1909년 뚜르게네프의 〈시골에서의 한 달A Month in the Country〉을 위한 리허설에 도입했다. 배우들의 긴장을 덜어주기 위해 단첸코의 리허설 참여를 금지하였음에도 불구하고, 스타니슬랍스키는 이런 '기이한' 연습 없이도 체홉 공연의 성황으로 유명해진 배우들의 원성을 들어야 했다. 1911년에 좌절 속에서 안타까워하며 그는 그의 시스템을 극장의 공식 연기 메소드로 받아들이지 않을 경우 직위를 사임하겠다고 공표했고, 단첸코는 마지못해 이를 받아들였다. 1년 후, 기존의 연기술에 익숙한 배우들은 여전히 새로운 메소드에 대해 회의적이었고, 스타니슬랍스키는 마침내 예술극장에서 독립하여 좀 더 열의를 가지고 실험할 배우들과 작업하기 위해 제1 스튜디오를 창립한다.

1917년 볼셰비키 혁명은 러시아를 혼란에 빠뜨렸다. 내전은 1921년까지 이어졌고 식량과 생필품은 부족했으며 인플레이션은 루블화를 휴지조각에 불과하게 만들었다. 격변의 시기는 또한 스타니슬랍스키가 가졌던 부와 명예를 앗아갔다. 소비에트 정부는 그의 가문 소유의 저택과 공장을 몰수했으며 그는 살기 위해 남아 있는 소유물들을 팔아 생계를 유지했다. '나의 삶은 완전히 바뀌었다. 나는 프롤레타리아가 되었다'(Stanislavskii 1999: 18). 아들이 결핵에 걸렸을 때 치료비조차 낼 수 없었다(Stanislavskii 1999: 110). 1920년 추방의 위기에 몰린 그는 대중계몽을 위한 인민위원이자 작가로서 레닌에 의해 새로 임명된 아나톨리 루나차르스키Anatoly Lunacharsky에게 도움의 손길을 요청하게 된다. 루나차르스키는 그를 대신해 스타니슬랍스키가 '마지막 남은 바지 한 벌을 팔기 직전'이라고 강조하면서 그의 구제를 탄원하였다(Hecht 1989: 2). 정부는 태도를 바꾸어 스타니슬랍스키에게 리허설을 위한 두 개의 방이 딸린 간소한 집을 배분했다.[4]

모스크바 예술극장 또한 혁명 이후 가난에 허덕이고 있었다. 이 시기에 극장은 유지를 위해 150억 루블이 필요했으나 예매수입은 고작 6억 루블에 불과했다(Benedetti 1990: 250). 좀 더 많은 티켓 수익이나 국가보조금이 없이는 극장이 살아남을 길은 없었다. 극장이 1917년에서 1922년 동안 제작한 신규 레퍼토리는 바이런 작 〈카인Cain〉 하나였다. 재정결핍으로 인해 세트를 디자인에 따라 제작할 수 없었으므로 스타니슬랍스키는 단순한 블랙 장막으로 배경을 처리하고자 했지만 무대 전체를 둘러쌀 벨벳조차 구할 수 없었다(Benedetti 1990: 244).

스타니슬랍스키와 모스크바 극장은 재정적 생존을 위해 서방국가들, 특히 미국으로 관심을 돌렸다. 1924년 스타니슬랍스키는 단첸코에게 침통한 심정으로 다음과 같은 서신을 썼다. '미국만이 우리가 기댈 수 있는 지원금의 유일한 원천이며 유일한 관객입니다'(Stanislavskii 1999: 138). 그리하여 극장은 둘로 나뉘었다. 스타니슬랍스키는 가장 유명한 배우들을 데리고 유럽과 미국 투어를 이끌었으며 단첸코는 모스크바의 극장을 맡았다. 투어는 2년 동안 이어졌고(1922-24), 침착하게 생존을 위해 몸부림치는 극장을 위한 자금을 만드는데 주력했으나 결과적으로 남은 것은 명성뿐이었다.

재능 있는 많은 모스크바 배우들은 새로운 소비에트 연합에서의 힘든 삶으로 돌아가기보다는 그들의 유명세를 서방국가에서 배우, 연출가 또는 선생으로 일하기 위해 사용했다. 이러한 망명자(그들 중에는 리차드 볼레슬라브스키Richard Boleslavsky, 마리아 오펜스카야Maria Ouspenskaya, 미카엘 체홉Michael Chekhov 등이 있었다)들은 배우 훈련에 관한 스타니슬랍스키의 생각을 보급시켰으며 시스템이 러시아의 국경을 넘어 밖으로 뻗어나가는데 한몫했다.

순회공연 기간 중에 스타니슬랍스키는 개인적인 수입을 위해 집필에 의지했으며『나의 예술인생My Life in Art』과『배우 수업An Actor Prepares』을 미국에서 영어로 출판했다(영어는 그가 말할 수도 읽을 수도 없는 언어였다). 이는 국제적인 저작권을 갖기 위해서였는데, 당시 소비에트 연방은 국제 저작권 동의에 협약하지 않은 상태였기 때문에 러시아어판 출간은 그의 권리를 보호해줄 수 없었다(Carnicke 2008:80). 때문에 해외에서의 출판 결정은 시스템을 전 세계로 확산시키는데 더 할 나위 없는 밑바탕이 되었다.

모스크바로 돌아온 스타니슬랍스키와 그의 극단은 소비에트 연합이 단행한 예술에 대한 검열이 날로 심해져가는 상황과 마주쳤으며 소비에트 당국은 사실주의야말로 다른 어떤 형태나 추상예술보다 훌륭하며, 물리적이고 물질적인 세계가 영적이고 초자연적인 것보다 우위라고 보았다. 단첸코는 이 불길한 추세를 예측했다. 소비에트 정권에서 사실주의의 중요성을 간파한 그는 모스크바 예술극장에서 가장 오래되고 사실주의적인 공연을 서방으로 보낸다(Carnicke 2008: 27-39). 반대로, 스타니슬랍스키는 이러한 혁명 후의 새로운 법칙을 이해하는 데 어려움을 겪었다. 배타적인 공산당원인 관객들 앞에서 상연한 1928년 모스크바 예술극장 30주년 기념공연에서 그는 초기 사업 자금을 위해 부유한 자본주의자들을 칭송하면서(Stanislavskii 1994: 297) 자신의 정치적 이해의 결핍을 드러내고 만 것이다. 온갖 비난이 언론을 뒤덮었으며 급작스런 심근경색마저 그의 배우인생을 위협했다(Autant-Mathieu 2003: 73). 그가 사망하기까지, 스타니슬랍스키는 자신과는 급진적이게 다른 태도를 고수한 '완전히 새로운 사람'들로 구성된 수수께끼 같은 사회를 이해하는데 고군분투 해야만 했다(Stanislavskii 1999: 656).

1934년 사회주의적 사실주의가 유일한 합법적 예술형식이 되면서 정부의 통제는 극단의 목을 죄는 상황에 이르렀다. 소비에트는 정치적 이유로 스타니슬랍스키 역시 위원으로 임명하였으며 그의 실험적 관심은 의도적으로 무시한 채 1930년대의 언론들은 오직 그의 초기 작업에만 몰두하는 조건으로 그를 연극계의 사회주의적 리얼리즘의 대표주자로 찬양했다. 1932년 정권이 국립연극학회를 위해 정치적으로 합당한 커리큘럼의 기준을 만들기로 결정했을 때, 스타니슬랍스키가 집필하던 연기 안내서들은 이후 국가사업이 되었으며, 소비에트 공산주의는 그의 책들을 마르크스 유물론과 일치할 수 있도록 검열하고 편집했다(Carnicke 2008: 94-109). 한마디로 말하면 검열을 통해 스타니슬랍스키가 소비에트 러시아에서 출판한 모든 것에 대해 수정을 가한 것이다. 1991년 구소련의 몰락에 이르러서야 꽁꽁 숨겨왔던 기록들이 들춰지며 이러한 검열의 증거가 드러나기 시작했다.5

그러나 스타니슬랍스키 개인은 대중에게 알려진 이미지와는 부합되지 않았으며 그의 시스템 또한 공식 커리큘럼 이상의 내용을 포함하고 있었다. 과대 광고된 그의 초기의 심리적 사실주의 작업 외에도 그는 요가와 상징주의, 드라마와 액션의 형식구조에 대해 당시 정치적으로 올바르지 못한 방향으로 연구를 지속시켜 나갔다. 그는 말하기를 '인간의 삶은 매우 심오하며 극히 복잡하고 다면적이다. 이를 충분히 표현하기 위해서는 무한한, 아직 발견되지 않은 '－주의들isms'을 필요로 한다'(Stanislavskii 1989: 458)고 설명했다. 이러한 이유로 그는 과거 자신의 제자이자 극화주의 연출가인 메이어홀드를 지지했는데, 이 시기는 메이어홀드와 같은 예술가들이 스탈린으로부터 중노동과 처형을 선고받던 때였다. 더구나 그는 예술극장의 진부한 선도적 레퍼토리를 과감히 비난하기도 했다.

사회주의적 사실주의자로서의 그의 대중 이미지를 유지하기 위해 정권은 진실을 숨길 수밖에 없었다. 스타니슬랍스키는 스탈린이 만든 소비에트 시민들을 위한 '격리와 보존' 정책에 따라 그의 생애 마지막 4년을 국내 유형流刑의 신분으로 마감했다. 노쇠하고 병든 스타니슬랍스키의 격리를 언론이 설명하기는 비교적 쉬웠다. 1934년에서 1938년까지 그는 의사를 만나보기 위한 짧은 외출을 했을 뿐이다. 간호사나 측근 동료들(감시자들)은 밖의 세계에서 그에게 전달되는 모든 정보들을 감시했다(Smeliansky 1991: 9). 그의 국제적인 명성이 없었다면 아마도 1934년 스탈린이 부과한 국내 유형보다 더 혹독한 고난이 그에게 가해졌을 것이다.

아이러니컬하게도 스타니슬랍스키는 그의 가장 비사실주의적인 작업을 이 시기에 파고들었다. 사적인 자신의 공간에서 오페라와 셰익스피어의 작품들, 배우들의 즉흥을 통해 구성된 새로운 희곡들과 몰리에르의 〈따르튀프Tartuffe〉를 실험했다. 편파적인 대중적 이미지에도 불구하고 그의 시스템은 정치적 경계의 선을 벗어난 포괄적이고 다원적인 연기접근방법을 구성하고 있다.

시스템The System

스타니슬랍스키의 이름은 서구 연극 담론 어디에나 등장하게 되는데, 이는 일생동안 연기 실습을 시스템화 하려는 그의 끊임없는 열정에 기인한다. 그는 말하길 '나는 모든 예술분야의 대가들이 그들의 예술을 시도하고 체계화하기 위해 기록할 필요가 있다고 믿는다'(Filippov 1977: 58). 그는 14살부터 그가 관람하거나 참여한 공연에 대해 자세하게 기록하기 시작했다. 그의 업적은 자서전과 3개의 연기지침서 초안들, 출판되지 않은 무수한 노트들에 이르렀는데, 그는 그의 시스템과 책들이 결코 완성되었다고 생각하지 않았다; 이것은 연극 고유의 소통의 힘에 대한 생생하고 실험적 탐구인 채로 남아 있다. 그의 죽음에 가까워서야 『나의 예술 인생My Life in Art』과 『배우 자신을 위한 작업An Actor's Work on Himself』 또는 서구에서 일반적으로 『배우 수업An Actor Prepares』이라고 알려진 책에 대한 출판을 허

락했을 뿐이다.[6]

　'체계화'를 위한 그의 노력은 쉽지 않았다. 연기는 자전거를 타는 것과 마찬가지로 설명하기보다 직접 해보는 것이 쉽다. 교과서보다는 교실에서 직접 수업을 통해서 얻는 것이 연기를 배우는 데 있어서 효과적임은 말할 것도 없다. 이러한 어려움을 극복하기 위해, 스타니슬랍스키는 그의 지침서를 마치 '소설 속의 시스템'처럼 쓰기로 했다(Stanislavskii 1999: 99). 그는 연기의 과정을 설명하려 하기보다 묘사하기 위해 가상의 교실을 만들어낸다. 그는 연기를 잘 하기 위해 애쓰는 학생들과 그들을 돕고자 애쓰는 교사 캐릭터를 등장시킨다. 스타니슬랍스키는 그의 등장인물들을 계속해서 다양한 환경에 처하게 만들며 연기가 무엇인지에 관한 그들의 끊임없는 탐구에 도전하게 한다. 계속되는 소크라테스식의 대화에서, 그들은 연기의 신비를 탐험하고 서로의 다양한 관점에 대해 논쟁을 벌이며, 때로는 그들의 고집스러운 예술에 관한 분명한 이해를 위해 돌파구를 찾기도 한다.

그림 1.3 고리끼(Gorky)의 〈밑바닥에서〉(*The Lower Depths*, 1902)에서 사틴(Satin) 역의 스타니슬랍스키

스타니슬랍스키의 저서와 원고들에 나타난 연기에 대한 생각들은 종합적으로 살펴보면 서로 밀접하게 연관되어 있으며 연기에 대한 끊임없는 가정과 질문들로 이루어져 있다. 그의 모든 연기 훈련과 테크닉 그리고 관심 역시 이러한 본질에서 벗어나지 않는다.

이러한 그의 견해 중 첫 번째이자 전반적으로 깔려 있는 바탕은 몸과 마음이 연속적인 신체 심리적 상태를 대표한다는 그의 전체론적인 믿음에 있다. 이는 감정은 신체적 결과를 동반한다고 믿었던 프랑스 심리학자 테오듈 리보Théodule Ribot로부터 영향을 받은 것으로, 스타니슬랍스키는 신체와 정신을 분리하는 서구 개념을 거부했다. '육체와 이탈된 감정이라는 것은 존재하지 않는다'(Ribot1897: 95)라는 리보의 주장을 반영하면서, 그는 모든 신체적인 행동에는 심리적인 요인이 존재하고 심리적인 것에는 신체적 요인이 존재한다고 주장했다(Stanislavskii 1989:258).

전체론적인 시스템에서, 스타니슬랍스키는 육체성을 영적 세계로의 문턱으로 이해하는 요가를 받아들임으로써 영혼과 정신의 관계를 연결했다. 그는 '몸과 마음의 유기적 연결'은 강력한 힘을 가지며, 의도적 호흡은 육체뿐만 아니라 '영혼의 삶까지도 일깨운다'라고 주장했다(Stanislavskii 1989: 349). 1911년 그는 가족들과 함께 연기에 대한 최근의 생각을 논하는 도중 요가를 처음 접하게 된다. 아들의 가정교사였던 젊은 의과대학생이 스타니슬랍스키의 의견 뒤에 숨어 있는 요가에 관한 그의 흥미를 읽어내고, 라마차라카Ramacharaka의 저서인『하타 요가Hatha Yoga』를 읽어볼 것을 권한 것이다(Vinogradskaia 2003: 294).[7] 서구 심리학을 명쾌하게 탐구했던 것과 마찬가지로 스타니슬랍스키는 라마차라카의 실습과 이미지, 용어들과 생각들을 차용했다.

많은 비평가와 연기교사들은 이 연쇄적인 심리 신체적 요소들 중 오직 한 가지에 비중을 두곤 한다. 미국에서는 정서와 관련된 스타니슬랍스키의 작업이 프로이트 심리학에 심취해 있던 미국인들에게 인기를 끌었다. 반면 소련에서 신체를 중심으로 한 그의 작업은 마르크스의 물질주의와 잘 들어맞았다. 이 분기점에서 시스템은 오해를 불러일으켰다(Carnicke 2008: 162-64,185-89). 그에게 있어서 정신과 영혼은 언제나 신체로 인해 물들어지고 또 그 반대로도 가능한 것이었다. 그가 죽기 석 달 전에야 비로소 그는 그의 제자들에게 '배우에게는 다양한 길이 주어져야 한다. 그 중 하나가 [신체적] 행동이다. 그러나 또 다른 길도 있다. 감정을 먼저 환기시킨 후 행동으로 갈 수도 있다'고 충고하고 있다(Stanislavskii 2000: 498).

그의 첫 번째 전제에 따르면 신체적 긴장은 창조의 가장 큰 적으로써 단순히 몸을 마비시키고 형태를 찌그러트리는 것뿐만 아니라 공상과 집중하기를 방해한다고 생각했다. 공연은 신체적 이완상태를 유지하는 것이 요구되며, 이는 배우가 필요한 것을 필요한 때에 성취하기 위한 근육의 충분한 긴장을 위해서도 필요하다. 스타니슬랍스키는 배우들의 이러한 이완을 위해 요가 호흡법을 제안한다. 덧붙여 이완의 진행과정을 가르쳤는데 이는 둘의 차이를 경험하기 위해 근육을 차례로 수축하고 이완해 보는 것을 통해서이다.

시스템에서 나타나는 그의 두 번째 가정은 성공적인 연기는 관객의 존재라는 바탕 위에서 펼쳐지는 창조적 움직임 그 자체라는 그의 신념을 포함한다. 그는 무대 위 순간적인 직접성과 배우의 현존을 역설하면서 무대 위에서 기교적인 억양과 몸짓에 의해 인물을 나타내야 한다는 19세기 전통에 반론을 세웠다. 스타니슬랍스키의 배우들은 충분한 연습을 했다하더라도 공연하는 동안 역동적이며 즉흥성을 잃지 않는다. 그는 이러한 연기 형태를 그의 연극에서 계발되고 그의 학교에서 숙달되어진 '경험하고 있는experiencing 연기'라고 표현했다(Stanislavskii 1989: 59). 이는 의사소통은 지식이 아닌 경험을 나누는 것이라는 소설가 레오 톨스토이Leo Tolstoy의 말을 차용한 것이다(Tolstoi 1964: 85-86; Carnicke 2008: 113-47).

스타니슬랍스키는 '경험하고 있는'의 상태를 좀 더 친숙하게 연관 짓는다; 영감inspiration, 창조적 상태creative mood, 잠재의식subconscious의 활성화' 등이 그것이다. 그는 이것을 한 순간에 충만히 살아 있는 상태sensation of existing fully와 비교하는데─그가 말하는 'I am'(요가에서 차용한)과 서양 배우들이 일반적으로 부르는 '순간에서 순간으로moment-to-moment'에 비유하여 설명한다. 즉 배우가 역할에 사로잡혀 있는 상태를 말하는 것으로 '행복한' 그러나 도달하기 '드문' 상태라고 설명한다(Stanislavskii 1993: 363). 러시아 단어에서는 여러 가지 다른 뉘앙스가 존재하는데, '경험하는 것to experience', '느끼는 것to feel', '인지하는 것to become aware', '겪는 것to go through', '사는 것to live through' 등이 그것이다(Carnicke 2008: 132-33).

이 두 번째 전제를 좇아 그는 전체 시스템을 '살아 있는 경험experiencing'을 위한 테크닉으로 고안한다. 이론적인 입장에서 볼 때, 시스템은 배우에게 필요한 인간의 창조성의 원리를 종합하고 성문화한 것이라고 볼 수 있다. 그는 배우가 스스로 '유기적 창조력'의 '자연법칙'들로 이루어진 다양한 삶의 원리들과 작업할 때야말로 이상적인 창조의 상태가 될 수 있다고 믿었다(Stanislavskii 1988b: 495). 실제적인 측면에서 시스템은 배우의 몸과 마음을 '경험하는' 상태로 북돋아주기 위한 구체적인 테크닉들을 제시한다고 볼 수 있다. 그는 이러한 '배우 자신으로서의 감각sense of self'이 역할을 위한 토양을 제공한다고 믿었다(Stanislavskii 1989: 95, 265). 배우 자신으로서의 감각이란 무대 위에서 존재하는 배우와 역할 안에서 존재하는 배우가 교차로 동시에 조망되어야 하는 상태를 의미한다(Carnicke 2008: 142-44). 이는

'무대 위에서 온전한' '내적으로' 집중되어 있으며 '밖'으로는 배우의 신체적 현존現存과 '창의력'을 나타내는 상태이다.

　시스템에서 발췌한 다음의 훈련들은[8] 스타니슬랍스키가 가졌던 광범위한 관심의 범위를 드러내고 있다. 이는 두 개의 큰 그룹으로 나누는데, 하나는 올바른 '자신에 대한 감각'을 일깨워 배우를 '살아 있는 경험'의 상태로 이끌기 위한 테크닉이고, 다른 하나는 텍스트를 통하여 성공적인 역할 창조하는데 이르는 방법이다.

그룹 I GROUP I

배우는 집중concentration, 상상imagination 그리고 소통communication의 테크닉들의 활용을 습득하여 극예술에서 활용되는 배우 자신에 대한 감각sense of self을 발전시킨다.

　아래 여러 훈련은 요가에 관한 그의 관심으로부터 파생되었다.

집중Concentration

스타니슬랍스키는 무대 위에서 몸과 마음의 완전한 집중을 요구한다. 그는 이것을 군중속의 고독public solitude이라는 심리 신체적 상태로 불렀다. 이 상태에서 배우들은 희곡의 세계에만 관심을 집중시키며 마치 군중 속에서 혼자인 것처럼 행동한다. 그는 이 몰입된 상태의 중요성을 설명하기 위해 사람들로 붐비는 성벽둘레를 한 방울도 흘리지 않고 우유 주전자를 나르는 이에게 대신大臣의 자리를 주겠다고 한 인도의 마하라자maharaja 왕 전설에 빗대어 가르치곤 했다(Stanislavskii 1989:164).

1　심리 신체적 집중은 관찰을 통한 감각의 일깨움에서부터 출발한다(Stanislavskii 1990: 400).

보기Sight

- 30초 동안 사물 또는 사람을 본다, 눈길을 돌리고 그것에 대하여 정확히 묘사한다.
- 거울 엑서사이즈: 파트너가 서로를 보고 거울처럼 상대의 이미지를 따라 반사한다. 리더가 움직이면 즉시 시작되어 관찰자로 하여금 누가 리더이고 누가 따라 하는 사람인지 구별할 수 없을 정도로 이미지가 정확히 따라올 수 있도록 한다.

듣기|Hearing

- 눈을 감고 이완하며 방을 둘러싸고 있는 소리를 듣는다. 건물 전체로 영역을 확장한다. 거리로부터 들려오는 소리에까지 주의를 넓힌다. 눈을 뜨고, 들었던 소리에 대해 가능한 정확히 묘사한다.

만지기|Touch

- 눈을 감는다. 누군가가 물체를 건네줄 것이다. 그것을 만지기만 해서 조사하라. 물체를 돌려주고, 눈을 뜬 다음 가능한 정확히 묘사한다.

냄새 맡기|Smell

- 눈을 감고, 이완된 상태에서 방안에서 맡을 수 있는 냄새에 집중한다. 눈을 뜨고 맡았던 냄새를 정확하게 떠올린다.
- 자신에게 익숙한 냄새들을 상상으로 재현한다: 바다, 핫 초코, 장미.

맛보기|Taste

- 지금 입안에서 어떤 맛이 나는지 다른 사람에게 묘사한다.
- 익숙한 맛들을 상상으로 재현한다: 레몬, 식초, 설탕.

정서|Affect

5가지 신체적 감각 이외에, 스타니슬랍스키는 6번째, 정서emotion를 덧붙인다. 러시아 말로 'feeling'은 감정과 신체적 감각에 동등하게 들어맞는 말이다. 정서와 다른 감각과의 관계를 설명하기 위해 스타니슬랍스키는 두 개의 일화를 예로 든다. 그 중 첫 번째는 바다가 내려다보이는 절벽에서 멈춘 두 여행자 이야기이다. 성난 바다를 내려다보며 한 여행자는 거의 익사할 뻔했던 자신의 자세한 기억들, '어떻게, 어디서, 왜'를 떠올린다. 다른 한 명도 같은 사건을 떠올리지만 시간의 흔적으로 상세한 기억은 없다. 첫 번째 사람만이 배우에게 유용한 고도로 날카로워진 정서적 감각(정서적 기억emotional memory)을 보여준다. 두 번째 이야기는 익숙한 폴카polka를 듣는 두 남자에 관한 것이다. 그들은 폴카를 전에 어디에서 들었는지 기억하려 한다. 한 명이 나머지 한 명과 기둥 옆에 나란히 앉아 있었던 것을 떠올린다.

'우리는 생선을 먹고 있었지', 그는 친구에게 주위에 감돌던 향수 냄새를 상기시킨다. 갑자기 폴카의 기억은 생선과 향수 향과 함께 그들을 술에 취해 말다툼하던 그날 밤으로 데려다 놓는다(Stanislavskii1989: 284 - 85).[9] 스타니슬랍스키는 배우들이 다른 감각들을 훈련시키는 것과 마찬가지로 정서적 기억도 훈련을 통해 민감하게 반응할 수 있어야 한다고 주장한다.

- 광범위한 독서를 한다(신문, 소설, 인쇄된 것이면 무엇이든). 박물관, 콘서트, 전시회장에 방문한다. 다시 말해 폭넓고 자유로운 교육을 통해, 세상에 대한 경험과 타인에 대해 가질 수 있는 감정의 폭을 확장한다(Stanislavskii 1989: 316).
- 가장 최근에 동틀 녘 해변 가에 앉아 있었을 때의 분위기를 상기한다(Stanislavskii 1990: 502).
- 기쁨, 슬픔, 황홀했던, 혹은 다른 어떤 감정이나 분위기의 순간들을 상기한다(Stanislavskii 1990: 502).

2 스타니슬랍스키는 더 나아가 다양한 크기의 주의력의 범위circles of attention를 통해 집중력을 훈련시킨다. 그는 무대 위의 초점focus(생물 또는 무생물, 눈에 보이는 것이든 상상이든)을 주의력의 대상이라고 불렀다. 배우는 한정된 영역 안에 있는 대상에만 자신의 주의력을 제한하도록 배운다. 가상의 교실에서 그는 학생들에게 이러한 초점을 이해시키기 위해 빛의 원형(조명이 비추는 공간)을 사용한다. 우선 그는 테이블 위의 몇 개의 물체들만을 스포트라이트로 비추는 작은 주의력의 범위를 훈련시킨다. 그러고 나서 테이블 주위, 의자들과 근처의 소파까지 빛을 넓혀서 약간 더 큰 주의력의 범위를 훈련시킨다. 마지막으로 마침내 무대 전체를 비추어 넓은 범위의 주의력을 훈련시킨다(Stanislavskii 1989: 158 - 63).[10]

- 작은 원 안을 걸으면서 어떤 대상들이 그 안에 있는지 주의 깊게 관찰한다. 약간 더 큰 범위로 걷는 영역을 넓히고, 자신의 주의력의 범위 안으로 새로운 대상들을 추가한다. 마지막으로 방 전체로 영역을 넓혀 걸으면서 걷는 장소마다 있는 대상을 주의력의 범위에 포함시킨다.
- 고요히 앉아서, 머릿속으로 자기 주위에 작은 원을 그리고 그 안에 포함되어 있는 대상들을 관찰하라; 주의력의 범위를 약간 더 큰 크기로 확대한다. 방 전체로 범위를 확대하고 가능한 한 최대로 주의력의 범위를 넓힌다.

- 공연할 때는 그 장면에 필요한 모든 대상을 포함할 수 있는 주의력의 범위를 정한다. 만약 주의가 산만해지기 시작하면, 집중력을 되살리기 위해 작은 범위에서부터 다시 시작한다.

상상 Imagination

시스템은 등장인물의 세계를 상세하게 가시화하며 극중 사건에 대한 공상과 환상을 불러일으키기 위해 가상의 공간을 실제처럼 다루는 배우의 능력을 높이 평가한다. 스타니슬랍스키는 배우는 마음의 눈에 이미지를 가지지 않고서 대사를 해서는 안 되며 공연의 모든 역할과 함께할 이미지의 일련의 영화 슬라이드filmstrip(즉, 자신의 연기를 상상 속에서 영화로 보는 듯이: 역주)를 계발하도록 가르쳤다(Stanislavskii 1989: 130). 이러한 시각화는 상상력을 북돋는다.

1   상상을 위한 훈련은 내면의 눈inner vision을 단련하는 것에서부터 출발한다.

시각화 Visualisation

- 눈을 감고 자신이 나무라고 상상하라. 어떤 종류의 나무인지(잎의 모양과 색을 본다), 얼마나 오래됐는지(줄기의 두께와 가지의 높이)를 결정한다. 그리고 어디서 자라는지 마음속으로 그려본다. 그 다음에 나무의 삶 중 특정한 한 순간을 떠올리고 그 순간을 상상하라. 날씨는 어땠는가? 시간은? 어떤 것을 보고, 듣고, 느꼈는가? 어느 날 어떤 사건(역사적 전쟁이나 연인들의 밀회와 같은)이 자신의 큰 가지 아래에서 일어났는가? 가능한 자세하고 상세하게 열거해 본다(Stanislavskii1989: 133–36).
- 무작위로 단어 몇 개를 선택한다. 모든 단어를 써서 하나의 조화된 그림을 상상하라 (Stanislavskii 1990: 400).
- 익숙한 사건(연기수업, 공놀이, 콘서트)을 하나 골라서 점진적으로 그것이 일어나는 환경을 바꿔본다. 시간, 날씨, 참여자의 수. 각 변화를 정당화할 수 있는 설명을 찾고 얼마나 사건이 다양하게 펼쳐질 수 있는지 상상해 본다(Stanislavskii 1990: 400).

2   스타니슬랍스키는 만약 내가magic if를 사용하여 상상력 훈련을 확장시킨다. 그는 '만약 이랬더라면' 놀이를 같이 즐겼던 6살 조카로부터 이를 발전시켰다(Stanislavskii 1989: 119).

만약에 내가The magic if

- 주의 대상들과의 관계를 변화시켜보기 위해 여러 대상들에 '만약 이랬더라면'을 적용해 본다. 물 컵의 물에 독이 들어 있다면? 만약 이 유리 재떨이가 개구리라면? 만약 이 책이 폭탄이라면?(Stanislavskii 1989: 99-100).
- 한 대상과의 관계를 계속해서 바꿔보라: 내 책, 도서관에서 빌린 책, 어머니의 책 (Stanislavskii 1990: 401).

소통Communication

스타니슬랍스키에 따르면 상대배우들과 관객과 배우 사이의 상호작용이 없이는 연극이 존 재할 수 없다. 말은 이러한 소통의 한 방편이지만, 대화는 전체 의사소통의 일부분을 나타 낸다. 대사들 사이에 감춰진 것을 서브텍스트subtext라고 하는데, 배역이 생각하거나 느끼 지만 말로 하지 않거나, 할 수 없는 것들을 가리킨다. 배우들은 말한 것과 행동한 것 사이 의 불일치를 알아채거나 터무니없는 화제의 바뀜을 인식함으로써 이러한 서브텍스트를 추 론한다. 배우들은 비언어적 수단(몸짓, 눈짓, 억양과 말의 쉼)을 통하여 서브텍스트를 전달 한다. 요가의 영향을 받아 스타니슬랍스키는 의사소통을 마치 초자연적 라디오 전파를 빗 댄 에너지광선rays of energy을 주고받는 것으로 상상한다. 우리의 호흡이 이러한 광선과 접 촉하게 한다. 모든 날숨과 함께 우리는 광선을 내뿜으며, 들숨을 통해서 에너지를 몸속으로 받아들인다(Stanislavskii 1986: 220-21).

1 비언어적 표현을 제어하기 위해서, 스타니슬랍스키는 의사소통을 운송하는 에너지의 광선을 인지하고 조종하도록 가르친다.[11]

에너지 광선Rays of energy

- 눈을 감고 이완한 상태에서 몸을 통하여 호흡이 움직이는 것을 느껴라. 따뜻한 태양빛처 럼 노란색을 띠며 당신에게 활력을 주는 호흡을 시각화한다. 숨을 들이쉴 때, 빛이 머리 꼭대기부터 발가락까지 이동하는 것을 본다. 숨을 내쉴 때는 그 반대 방향으로 한다.
- 눈을 감고 이완한 상태에서 몸을 통하여 호흡이 움직이는 것을 느껴라. 숨을 들이쉬면서 방안으로부터 에너지를 들이 마시고 내쉴 때는 가장 먼 구석까지 에너지를 내보낸다.

- 무리로부터 떨어져 손바닥을 바깥으로 향하도록 하고 선다. 에너지를 손으로부터 방안의 누군가에게 보내보라. 방안의 누군가가 그것을 느끼는가?
- 한 배우가 등 뒤에 일렬로 선다. 뒤에 있는 사람은 단순한 수행이 될 만한 것(문 열기, 앉기, 악수하기) 하나에 집중한 후 앞에 있는 사람이 그 명령을 실행하도록 에너지를 보낸다.

2   스타니슬랍스키는 자연스런 침묵의 순간을 포함한 즉흥을 통해 배우들이 비언어적 의사소통을 군더더기 없이 하도록 가르친다.

침묵의 즉흥Improvisations on silent moments

- 도서관에서, A는 유명배우를 닮은 B와 인사하고 싶다, B는 방해받고 싶지 않다.
- 심각한 논쟁 이후, A와 B는 침묵에 빠졌다; A는 화해하고 싶어 하지만, 그렇게 말하고 싶지 않다.
- 눈 먼 사람이 집에 있는데, 도둑이 들어온다.
- A는 B를 만나고 싶어 공원 벤치에 앉아 있는데, C가 같은 벤치에 신문을 읽기 위해 막 앉았다. A는 C가 떠나기를 원한다.
- 치과 병원 대기실을 재현한다.
- 기차 승강장을 재현한다(Stanislavskii 1990: 404).

3   배우는 비언어의 의미를 확고히 다진 후에 의사소통의 수단으로써 언어를 결합시킨다. 스타니슬랍스키는 친숙한 상황 아래 배우가 자신의 말을 사용해 즉흥을 하도록 요구한다.

말을 사용하는 즉흥Improvisations using words

- 미술 전시회, 몇 명의 방문객과 한 명의 그림상art dealer.
- 할인점. 몇 명의 고객과 한 명의 점원.
- A는 B를 기다리고 있는데, C가 대신 왔다.
- A는 B에게 돈을 빌리기 위해 방문한다. B는 거절한다.
- 근무하는 날: 사장, 비서, 관리인(Stanislavskii 1990: 405-7)

그룹 II Group II

시스템은 배우가 다양한 방법으로 역할에 대한 작업을 하도록 돕는다. 어떤 이들은 상상과 지성, 즉 정서적 인식affective cognition과 행동의 악보 작성scoring of actions을 가지고 시작하고, 어떤 이들은 신체화, 즉 신체적 행동 방법the method of physical actions과 행동분석active analysis에 의존한다. 하지만 모두가 연습에 앞서 주의 깊게 작품을 읽는 것을 전제로 한다. 스타니슬랍스키는 그의 가상의 제자들이 『오셀로Othello』를 전차나 버스 안에서 혹은 자신의 역할의 부분만을 읽거나 예전에 보았던 작품을 떠올리는 것으로 작품을 '읽었다'라고 말했을 때 이들을 질책한다. '인물과의 첫 만남은 창조적인 작업의 첫 단계이다'(Stanislavskii 1991: 279). 나아가 그는 이를 연인과의 첫 만남으로 비유하는데, 이 만남에서 작가는 배우를 유혹한다. 연습은 그들을 더욱 가까이 만들고, 결혼에 이르게 한다. 결과적으로 관계는 인물character이라는 새 생명을 탄생시킨다(Stanislavskii 1989: 456–66).

정서적 인식(또는 인식적 분석)Affective cognition (also called cognitive analysis)

작품 분석 기술은 두 부분으로 구성된다. 우선, 배역들이 모여서 극 중 요소들에 관해 토의하고 테이블 회의에서 역사적 세부사항들을 논의한다(이 작업은 지적 능력이 요구됨으로 '인식cognition'이라 칭한다). 그 다음, 배우들은 개인적으로 자신이 맡은 인물의 삶의 특정한 순간들을 시각화하는 작업을 하는데, 상상을 통해 배역과 공감을 하게 된다(시각화는 정서를 불러일으킨다. 그러므로 '정서적affective' 반응이 뒤따른다). 이러한 상상은 배역에 드러난 요소들과 세부사항을 전체로 통합시킨다. 스타니슬랍스키가 파무소브Famusov(그리도예도프Griboedov의 〈지혜의 슬픔Woe from Wit〉)를 연기할 때 사용한 테크닉으로, 그는 마음속으로 파무소브의 집에 있는 자신을 본다. 그 안에 있는 여러 방들을 걷고, 앉아서 공부하고, 깃털 이불을 덮고 자며, 나선형 계단을 오르고 있는 자신을 본다. 즉 스타니슬랍스키는 역할 안의 자신에 대한 '영상 슬라이드'filmstrip을 창조한다(Stanislavskii 1991: 69–74).

정서적 인식의 과정The process of affective cognition

- 인물의 삶을 조명하기 위하여 극의 모든 세부사항을 분석한다.
- 극의 사회적 역사적 배경을 조사한다.
- 집안을 걸어 다니고, 먹고, 일하고, 잠자고, 사교 활동을 하는 자신의 역할의 일상을 그

려본다. 작품 분석과 조사에 의해 밝혀진 세부사항들을 통합하라.

행동의 악보 만들기|The scoring of actions

스타니슬랍스키는 행동action이 연극을 다른 예술로부터 차별화한다고 믿었으며, 그 증거로 비극을 '행동의 모방'이라고 했던 아리스토텔레스의 정의를 인용한다. 그는 또한 드라마 drama의 어원을 그리스어, dran, '하다to do'에서 기원을 찾는다(Stanislavskii 1989: 88). '무대 위의 사람은 행동한다－다른 어떤 것보다 우월한－이러한 행동은 그들의 내면의 슬픔, 기쁨, 관계들을 포함한 무대 위의 인간의 삶에 대한 모든 것을 드러낸다'(Stanislavskii 1923: 165).

그림 1.4 체홉의 〈벚꽃동산〉(*The Cherry Orchard*, 1904)에서 가예프(Gaev) 역의 스타니슬랍스키, 아냐(Anya) 역의 그의 부인 마리나 릴리나(Maria Lilina)

시스템에서 행동은 대본과 공연의 주어진 상황에 의해 캐릭터가 대면하는 문제를 해결하기 위해서 행하는 것을 말한다. 그러므로 행동은 적을 설득하기 위해, 성공의 사다리에 오르기 위해, 아버지의 죽음에 복수하기 위해 무언가를 추구한다. 행동은 '정신적'/'내적' 그리고 '신체적'/'외적' 둘 다를 포괄한 능동사로 표현된다. 즉 행동은 반드시 상황에 따른 관계에 적절해야 한다. 무엇보다도 스타니슬랍스키는 극을 드러내는 사건들로 구성된 행동 actions과, 장면들의 전후관계를 만들어내는 행위activities(먹기, 집 청소, 옷 입기)를 구별한다. 예를 들어 셰익스피어의 맥베스[12] 3막 4장에서 맥베스 부인은 남편의 연회를 '접대한다'(그녀의 행위activity), 그리고 동시에 뱅쿼Banquo의 망령을 본 남편의 미친 행동을 '감춘다'(그녀의 행동action)(Shakespeare 1974: 1326–27).

총체적으로 보면, 모든 장면의 행동들은 오르간의 악보처럼 극의 줄거리를 말해준다. 배우들은 리허설을 통해 공연 동안 길잡이가 될 자신의 행동의 악보scores of actions를 창조하면서 행동들의 순서를 써 나간다. 각 행동은 '논리적으로' 전후의 맥락을 '이어가야' 한다. 무엇보다도 각 배우는 연극이 관객에게 전달하고자 하는 전체적인 의미를 만들어 내기 위하여 모든 캐릭터들의 행동을 연결시킬 수 있는, 통일된 줄기를 찾아야 한다. 스타니슬랍스키는 이 통일하는 힘을 행동의 관통선through action이라고 불렀다. 맥베스 부인은 마녀들에 대한 믿음, 왕비가 되려는 야망, 던컨을 살해한 부도덕을 눈감아주려는 수완으로 설명될 수 있는 이러한 관통된 행동을 통해 제어할 수 없는 것들을 제어하려고 노력했을 것이다. 같은 맥락에서, 제어 불가능한 것을 제어할 수 없기 때문에 이러한 터무니없는 행동은 논리적으로 그녀를 몰락과 자살에 이르게 한다. 스타니슬랍스키는 학생들에게 역할을 통합하는 요소들을 너무 성급하게 규정짓지 말라고 경고한다. 종종 배우는 마지막 연습이나 심지어는 공연에 이르러서야 행동의 관통선을 찾는다.

1 행동actions과 행위activities을 구별하고 이들의 수행을 익히는 것부터 시작한다.

행동 엑서사이즈Exercises on actions

- 자세를 취한다. 관찰자들은 당신의 자세에서 표현된 능동사를 선택한다. 이제, 그 동사를 사용하여 장면을 즉흥해 본다.

- 능동사를 선택하고 그 상황을 바꾸면서 그것을 수행한다. 앉기 쉬기 위해, 숨기 위해, 옆방에서 무슨 일이 일어났는지 잘 듣기 위해, 독서를 위해; 방안으로 들어오기 친한 친구를 방문하기 위해, 애인을 만나기 위해, 면접을 보기 위해; 악수하기 화해하기 위해, 환

대하기 위해, 유명한 캐스팅 에이전트를 만나기 위해

- 다양한 행동을 위해 주의 집중의 대상을 바꾼다. 배우자를, 친구를, 당신의 아이를 기다리기, 당신이 누군지 결정하고(배우자, 애인, 스파이, 변호사), 그리고 쓰는 대상을 결정하여(애인, 고객, 적敵, 보스, 부모님) 손 편지 쓰기(Stanislavskii 1990: 402, 408-9, 411).

2   행동을 찾아내는 과정은 극을 부분으로 나누는 것에서부터 시작하는데, 스타니슬랍스키는 이러한 단위를 'bits'라고 불렀으며 이는 나중에 사람들에 의해 구어체로 'beat'라고 불리게 되었다.[13] 각각의 비트bit는 하나의 액션을 구현하고 장면이 바뀔 때마다 시작되며, 극작가의 대본 구성과 일치하는 것은 아니다. 각 비트에서 배우는 주어진 환경을 조사하고, 상황 안의 인물을 형용사로 묘사한다. 예를 들어 맥베스의 연회 장면에서 남편이 공석에서 미친 듯한 행동을 하자 맥베스 부인은 '당황하게' 된다(Shakespeare1974: 1326-27). 여기서 우리는 스타니슬랍스키가 주어진 상황에 대한 정의를 극 안의 모든 세부사항뿐 아니라 역사적, 사회적 조사, 그리고 연출과 무대디자이너가 결정한 모든 것을 포함시키고 있다는 점에 주목하여야 한다. 인물의 상황은 그러므로 액션, 즉 행동으로 풀 수밖에 없는 문제를 야기하며 서술된다.[14] 배우는 다음에 정의된 문제를 해결하기 위해 인물이 필요한 것이 무엇인지 결정한다. 그러므로 극의 각 부분을 이루는 특정한 행동을 자연스럽게 도출해낸다. 그녀의 '당황스러움'을 처리하기 위해 맥베스 부인은 남편의 행동을 '감춘다'. 스타니슬랍스키는 또한 행동을 찾기 위해 만약에 내가를 사용하도록 권유한다. '만약에 내가 그 장면의 상황에 놓여 진다면 어떻게 할까? 동사로 표현되는 대답은 행동으로 도출된다(Stanislavskii 1989: 96-97).[15]

공연 중에 배우는 요구된 행동의 수행에 집중해야 하며, 인물의 감정은 행동의 자연적인 결과로 생겨난다. 오직 행동에 집중함으로써, 그 부수적인 결과로 인물의 정서적 삶에 다가가게 된다. 스타니슬랍스키는 '만약 우리의 준비 작업이 옳았다면, 결과는 저절로 해결될 것이다.'라고 설명하며, 배우가 행동 자체보다 결과를 미리 걱정하는 흔한 실수에 대해 경고하였다(Stanislavskii 1989: 212-14).

행동을 찾는 과정The process of identifying an action

- 당신이 작업하는 장면 안에서 하나의 비트를 뽑아낸다. 당신이 정확히 한 토막을 찾았는지 확인한다.

- 캐릭터가 처한 상황을 형용사로 묘사한다.
- 그리고 자신에게 물어본다. '내가 만약 이러한 상황이라면 무엇을 할까?'에 공연 장면에 부합하는 능동사로 대답한다.

신체적 행동법The method of physical actions

이러한 리허설 테크닉은 인물의 정서적인 삶은 때로는 내면적인 작업보다 역할에 대한 신체적 접근에 의해 좀 더 쉽게 다가갈 수 있으며, 또한 공연에 적용될 수 있다는 것에 전제한다. 배우는 장면의 내적 목적이 있는 행동을 수행하기 위해 필요한 신체적 행동의 논리적 순서를 발견하고 이를 연기한다. 스타니슬랍스키는 푸슈킨Pushkin의 〈모차르트와 살리에리Mozart and Salieri〉에서 살리에리 역을 맡은 배우가 연속적 행동에 의해 모차르트를 살해하는 것을 하나의 예로 든다: 우선 포도주 잔을 고른 다음, 포도주를 따른다, 그리고 독을 한 방울 떨어뜨리고 난 후에 그의 라이벌에게 잔을 건네준다(Stanislavskii 1989: 217). 이러한 신체적 행동은 대본을 통해서 배우에게 가장 잘 제시된다. 연회장면에서 맥베스 부인은 몇 가지 전략적 움직임들을 통해 망령을 본 남편의 발작을 '감추는' 신체적 행동을 수행한다. 우선 놀란 손님들을 앉히고, 그녀의 남편이 괜찮다고 안심시킨다('앉으세요, 존경하는 여러분. 영주님께서는 가끔 저러신 답니다'). 그리고 나서 그녀는 남편을 따로 데려가서 아이에게 하듯 꾸짖으며 채신없는 짓을 하지 말라고 면박을 한다('바보 같은 소리 집어치워요! 그건 당신 두려움이 그려낸 허상이에요'). 그리고는 남편을 테이블로 다시 데리고 온다('친애하는 영주여, 당신의 훌륭한 친구들이 당신을 필요로 해요'). 마지막으로 그녀는 손님들에게 주의를 돌려 다시 한 번 처음처럼 안심시킨다('훌륭한 귀족들이여, 그냥 습관적인 것일 뿐이에요'). 이 전략적인 일련의 신체적 행동들은 그녀가 '감출' 수 있도록 돕는다 (Shakespeare 1974:1326-27).

스타니슬랍스키는 신체적 행동의 순서를 악보score로 일컫는다. 그는 극 전체를 통한 심리 신체적 행동들의 순서를 같은 단어로 언급했는데 이를 혼동해서는 안 된다. 신체적 행동의 악보The score of physical actions는 배우가 장면에 필요하다고 확인된 심리 신체적 행동에 다가가기 위한 많은 전략들과 외부적 움직임을 포함한다. 행동의 순서의 악보score of actions는 더 큰 의미로 극의 처음부터 끝까지 캐릭터가 수행하는 목적에 부합하는 모든 내적인 행동들을 보여준다.

배우는 신체적 악보를 말없이 수행하며 이를 시험해보는데 스타니슬랍스키는 이를 침묵의 에튀드the silent étude라고 칭했다. 이러한 즉흥을 통해 배우는 작품의 부분을 완전하게 연기하며 환경과 행위들을 구축하고 일련의 신체적 행동들을 수행하며 마침내 심리 신체적 행동psychophysical action을 완성한다. 일반적인 리허설과 달리 배우들은 대사 없이 이러한 즉흥을 한다. 이러한 비언어 연기는 장면을 신체화 하는데 도움을 준다. 배우는 팬터마임을 피하면서 대사가 있는 공연으로 전환될 수 있는 블로킹과 합리적인 제스처를 사용한다. 배우가 침묵의 에튀드를 통하여 장면의 주요 요소들과 성공적으로 소통한다면, 그들은 공연에 필요한 유용한 악보를 찾은 것이다(Kovshov 1983: 108-28; Knebel' 1971: 72-75).[16]

신체적 행동법의 단계Steps in the method of physical actions

- 비트bit에서 인물의 내적, 의도적 행동을 찾는다.
- 이 행동을 수행하기 위한 신체적 행위들을 열거하여 악보를 만든다.
- 대사 없이 비트를 연기하면서 침묵의 에튀드를 사용해 악보를 시험해본다.

스타니슬랍스키의 방법론을 마르크스의 유물론으로 적용하려 했던 공산주의자들은 그의 신체적 행동법의 실험이 유용함을 발견하고 이를 바탕으로 다음과 같은 정치적 스토리를 지어낸다: 스타니슬랍스키의 초기 작업에서는 정도를 벗어날 정도로 감정과 정신에 강조를 하였지만, 점차 성숙함에 따라 이러한 황당한 생각들을 거부했다는 것이다. 그리하여 그의 말년에 드디어 연기의 과학적, 물질적 기초를 발견했으며, 마침내 신체적 행동법을 만들었다는 식의 이야기이다(6장 참조; Carnicke 2008: 185-89). 아! 이처럼 진실과 더 멀어질 수도 없을 것이다. 그의 행동분석법이 증명하듯 스타니슬랍스키는 그의 마지막 순간까지 전체론적 관점을 유지했다.

행동분석Active analysis

스타니슬랍스키는 1934-1938년 사이 그의 집에서 이루어진 워크숍을 통해 생애 마지막이자 가장 독특한 리허설 테크닉을 만들어냈다. 그의 행동분석의 기초는 러시아 형식주의자들의 비평으로부터 가져와 연극에 적용시킨 것으로 연극은 '행동의 조직들structures of action'을 기호화한 것이라는 문학적 가정 위에 근거한 것이다. 그러므로 그는 은유적으로 '역할과 공연의 해부학', 역할의 '골격', 그것의 '동맥, 신경, 맥박'이라는 표현을 사용한다(Stanislavskii 1991: 58, 131, 64, 135). 그의 마지막 제자 중 한 명이 이러한 전제를 알맞게 표현했다.

'예술의 관념은 단지 언어에만 담겨 있는 것이 아니라, 그 구조와 예술매체의 특수성에

도 담겨있다'(Kovshov 1983: 45).[17]

행동분석에서, 배우는 대사를 외우기 전에 극의 해부도를 이해한다. 그렇게 함으로써, 그들은 음악가들이 악보를 읽는 것처럼 잠재적 공연을 암시하는 도표를 보듯 극을 읽어 내려간다. 스타니슬랍스키는 배우들이 공연을 위해 따라가는 이러한 도표를 사실들facts이라고 불렀는데 이러한 사실들은 대본에서 쉽게 드러난다. 덩컨을 살해한 후 맥베스 부인은 (2막, 2장) '내 손이 물들었다'고 말하는데, 이를 통해 우리는 그녀의 손이 피범벅이 되었음을 알 수 있다. 그러나 한편 사실들은 또한 정교한 문학적 관찰들을 수반할 수 있다. 같은 대사에서 그녀는 구두점이 없고 완결되지 않은 짧은 대사 '헉! 문을 두드려/ 잠옷을 입으세요, 만일 불려나갈 경우/ 경비병들에게 의심받으면 안 되니까 정신을 차리세?/ 그렇게 맥없이 멍청하게 서 계시지만 말고'(Shakespeare 1974: 1320)를 외친다. 이러한 리듬은 그녀가 살해를 저지른 방으로부터 정신없이 도망쳐 나와 호흡이 가쁘다는 것을 말해준다. 이 테크닉은 배우로 하여금 대사를 언어학적 의미로써만 볼 것이 아니라 장면의 행동과 인물의 성격을 드러내는 양식으로써 문학적 이미지와 리듬으로 인식해야 함을 가르친다.

장면의 '사실들'은 결론 이전에 인물들 사이에서 일어나는 사건에 암호화 되어 있다. 각각의 사건들에서, 배우들은 장면이 진전될 수 있도록 자극하는 행동과 장면이 진전되는 것을 방해하는 대항행동counteraction을 찾는다. 행동이 대행행동과 만나면 갈등conflict이 생긴다. 따라서 배우들은 상황과 상반되는 문제들을 찾아야만 한다. 맥베스 1막 7장을 예로 들어보자. 남편과 부인 사이의 장면은 맥베스가 왕위를 차지하기 위해 왕을 살해하려는 결심이 흔들리기 시작할 때 발생한다. 중요한 사건은 맥베스 부인이 남편을 일을 그대로 실행하도록 설득하는 데에서 일어난다. 맥베스의 '싫다'라고 말하는 행동은 부인의 '실행하라'고 설득하는 대항행동과 충돌한다. 맥베스가 장면을 시작하고 맥베스 부인의 저항을 통하여 장면이 진행하면서 사건이 발생한다. 맥베스 부인은 자신에 대한 맥베스의 사랑이 변덕스럽다며 비난하고 맥베스를 겁쟁이라고 놀리며 마지막으로 그의 남성성性을 공격하기도 하는 등 여러 가지 다양하고 적극적인 전략을 사용한다. 그녀의 언어적 이미지는 빈정거림과 조롱, 도전을 그린다. 이러한 그녀의 최후의 방법은 그의 위치를 나약하게 만들었다. 더한 저항 대신, 그는 그녀에게 '만약 우리가 실패한다면? 이라고 묻는다(Shakespeare 1974: 1318). 맥베스의 행동이 부인에 의해 수정되어지는 이 순간이 결국 사건의 발생을 위한 길을 닦는 역전의 전환점이 된 것이다.

대본은 사건의 연속을 통하여 그 골격을 드러내며 이를 통해 스토리가 풀려나간다. 각 사건은 대본 안에서의 순서와 기능에 따라 각각 그 중요성이 달라진다. 극을 시작하는 사건은 자극을 주는 사건inciting event이고, 행동의 관통선이 해결되는 사건은 정점에 이른 사건climactic event이다. 그 이외의 사건들은 스토리나 그 스토리 안의 부플롯subplot의 상대적인 중요성에 따라서 주된 사건일 수도 있고 부수적인 사건일 수도 있다(Kovshov 1983: 84-95; Knebel' 1971: 57-62).

스타니슬랍스키는 행동의 분석이 단순히 지적인 연습과는 거리가 멀다고 말한다. 그는 배우가 극의 구조를 토론이 아닌 그들의 발을 움직이면서 찾기를 바란다. 분석은 '실행적'이다. 왜냐하면 배우들은 어떻게 인물들이 서로 관계하고 있는지 즉흥을 통해 이해하고 실험하기 때문이다. 이러한 연습은 미래의 공연을 위한 연속적인 밑그림을 그려내며, 각각의 밑그림은 대본을 구현하고 현실화하는데 전보다 나은 것을 제공해 나간다(Knebel' 1971: 52). '극을 분석하기 위한 최상의 방법은 주어진 상황에서 움직여 보는 것이다'(Stanislavskii 1991: 332-33).

행동분석의 과정The process of active analysis

- 극을 꼼꼼히 읽고 장면 안의 사실들을 판단한다. 극을 이끄는 행동과 다이내믹을 창조하는 대항행동을 정하고, 스타일, 각 인물의 언어가 말하는 리듬과 이미지를 관찰한다.
- 당신의 언어를 이용해서 장면을 연기해본다. 기억나는 어떤 '사건들'과 부합해본다(침묵의 에튀드를 이용해 행동과 저항 행동, 사건의 이해를 시험해볼 수도 있다).
- 장면을 다시 읽고, 당신의 즉흥에서 일어난 것과 비교해본다. 당신은 장면의 기본적 다이내믹과 순서를 간직하고 있었는가? 어떠한 이미지, 스타일, 리듬을 유지할 수 있었고 또 잊은 것들은 무엇인가? 사건은 일어났는가?
- 즉흥을 반복하고, 또 반복해서 텍스트와 비교해본다. 장면을 기억하지 않고 당신이 할 수 있는 만큼 장면과 가까워 질 수 있도록 반복을 계속한다. 매번 쓰인 대사, 어구, 이미지를 이용해 장면의 독특하고 고유한 무언가를 첨가해 본다.
- 이제 공연을 위해 장면을 기억한다.

스타니슬랍스키는 언제나 배우들이 정신적, 지적, 정서적, 영적 그리고 신체적인 자신의 능력을 동등하게 사용하기를 바랐으며, 행동분석 방법에서의 즉흥과 읽기는 번갈아가며 배우들로 하여금 이러한 전체론적인 작업을 정확히 수행할 수 있도록 도왔다.

스타니슬랍스키는 시스템을 사용하지 않고 체홉의 희곡을 상연했다. 사실적 환상을 창조하기 위해 그는 외부적 요소들을 엄격히 통제했다. 실제의 손잡이가 달린 문이 있는 3차원적 방과 역사적 고증을 거친 소품과 의상들은 당시 기술로는 가장 현실과 가깝게 재현되었다. 또한 블로킹blocking은 확실한 공간을 나누어 입체화하는데 도움을 주었다. 예를 들면 〈갈매기〉(1898) 공연의 1막에서, 스타니슬랍스키는 소린이 벤치에서 관객을 등지고 앉게 했으며 이를 통해 보이지 않는 '제 4의 벽'을 만들어 관객으로 하여금 엿듣는 사람으로서의 자신의 역할을 깨닫게 하였다(Stanislavskii 1981: 61). 초기 모스크바 예술극장의 공연은 독일 마이닝겐의 공작Germany's Duke Georg of Saxe-Meiningen(그럴듯한 군중장면을 위해 배우들로 이루어진 앙상블과 원근법을 사용)과 프랑스의 앙드레 앙투완André Antoine(무대에서 3차원의 실내 장식과 제4의 벽이라는 신조어를 창조함)과 같은 유럽연출가로부터 가장 최신의 사실주의 테크닉을 차용했다. 다시 말해 스타니슬랍스키는 당대의 연극 미학적 혁명에 발맞추어 유럽에서 이미 통용되고 있는 방법을 사용한 것이다. 체홉의 작품에 대한 그의 프로덕션 진행노트에는 놀랍게도 그의 기술적 접근인 내적 행동과 서브텍스트는 드러나 있지 않으며 다만 관례적인 움직임과 제스처, 미장센mise en scene들만이 기술되어 있다.

　더욱이 이러한 초기 공연에서 모스크바 예술극장은 배우들의 앙상블을 연마할 목적으로 당시 러시아 무대의 추세였던 스타 시스템을 거부했다. '하찮은 배역은 없다, 하찮은 배우만이 있을 뿐이다.' 스타니슬랍스키가 자주 인용하는 금언을 바탕으로, 예술극장의 앙상블은 그 시기 다른 프로덕션과 차이를 두고 있었다. 그러나 체홉의 프로덕션 진행노트는 우리에게 얼마나 앙상블이 다듬어 졌는지에 대해 오직 작은 부분만을 엿볼 수 있게 한다. 음향효과야말로 리허설 중 배우에 대한 스타니슬랍스키의 태도를 가장 잘 보여준다. 그는 〈벚꽃동산〉 1막의 끝맺음에서 '양치기는 파이프를 연주하고, 말의 히잉 울음소리, 소의 울음소리, 양의 매매 울음소리'와 같은 과다한 음향 사용으로 마무리한다(Stanislavskii 1983: 337). 체홉을 포함한 그의 비평가들은 이러한 세세함이 극을 난잡하게 한다고 불평했지만[18] 스타니슬랍스키는 배우의 영감을 위해 우선적으로 음향을 집어넣었다. 그는 배우들이 극 환경의 사실성을 믿으면 믿을수록 더 연기를 잘 할 수 있다고 믿었다. 그래서 모든 공연의 디테일 중 음향이 특정한 '분위기'를 만들며 배우들의 상상을 자극한다고 생각했다. 같은 의미에서, 스타니슬랍스키는 배우들에게 공연이 시작되기 두 달 전부터 분장과 의상을 사용하게 했다(Nemirovitch-Dantchenko [sic] 1937: 100).

    1907과 1908년, 상징주의극을 올릴 당시에 스타니슬랍스키는 외부적 디테일로부터 극과 인물의 내부적 세계로 연출적 관심을 돌렸다(Soloveva 1988: 51). 투르게네프Turgenev의 〈시골에서의 한 달A Month inthe Country〉(1909)을 준비할 당시 그는 처음으로 초기 시스템을 사용하며 이러한 변화를 구체화했다.

    이 러시아 고전은 아들의 가정교사와 그를 향한 절망적인 사랑에 빠진 어머니이자 아내인 나탈리아 페트로브나Natalia Petrovna의 이야기를 극화한 것이다. 29살이 되어서야 처음으로 사랑을 느끼게 되는 한 유부녀의 이야기에 감동을 받아 스타니슬랍스키는 이 작품을 선택하게 된다(Soloveva 1988: 62). 그는 대본의 중심을 이루는 갈등, 즉 사랑이 없는 결혼을 강요하는 전통적인 관습에 의해서 좌절된 나탈리아의 불륜적인 열정을 표현하기 위해 공연에서 극 창조의 모든 요소를 동원했다. 단순하면서도 기하학적으로 대칭적인 무대세트가 그녀를 둘러싼 환경이 주는 조용한 억압을 묘사했다. 베수비오Vesuvius(활화산)의 분출과 바다의 폭풍을 그린 벽의 그림은 그녀의 내면의 혼돈을 암시했다. 그의 프로덕션 진행 노트에서, 스타니슬랍스키는 나탈리아의 상황을 다음과 같이 묘사하고 있다. '그녀의 전 일생은 코르셋을 입고 있다'(Chevrel 1979: 282). 그의 이러한 표현은 문학적이고 은유적이다. 스타니슬랍스키는 젊고 자유분방한 에너지를 지닌 가정교사를 나탈리아의 숨 막히는 객실에 불어온 신선한 공기와 같이 보았으며 공연은 시각적이고 해석적인 요소들을 매우 유기적으로 구현했다. 이러한 표현의 경제성은 스타니슬랍스키가 상징주의들로부터 배운 것임을

그림 1.5 투르게네프(Turgenev)의 〈시골에서의 한 달〉(A Month in the Country, 1909). 미하일(Mikhailo Raikitin) 역의 스타니슬랍스키, 나탈리아(Natalya Petrovna) 역의 올가 크니페르(Olga Knipper)

명백히 드러내준다. 체홉이 자신의 희곡이 연출되기를 바랐던 방향으로 투르게네프의 작품이 연출된 것이다.

체홉 공연에서의 정교한 블로킹과는 정반대로, 스타니슬랍스키는 이 작품에서 제스처와 움직임을 최소한으로 줄였다. 투르게네프의 대본에서 그는 몸의 움직임보다는 대부분의 대사에 마음의 상태를 기술했다. 또한 긴 독백을 생략함으로써 서브텍스트를 더욱 풍부하게 했다. 나탈리아 대사 하나를 인용하면서, 그는 공연을 통해 인물 사이의 '눈에 보이지 않는 섬세한 레이스 세공과 같은 영혼의 속삭임'이 드러나기를 의도했다고 기록하고 있다(Soloveva 1988: 50). 배우들과의 작업은 명백히 그러한 것을 목적으로 하고 있었다. 〈시골에서의 한 달〉을 위한 연습은 테이블에 둘러앉아 두 달 동안 대사 속에 숨겨진 뉘앙스를 의논하는 데에서 시작했다. '서서 움직이면서부터', 스타니슬랍스키는 감정과 집중, 그리고 소통에 관한 일련의 훈련들을 이끌었다. 이러한 리허설에서 배우들은 기억된 감정, 한 감정에서 다른 감정으로의 변화, 그리고 표현의 간결함에 대해 탐구했으며 다음 날은 주의 집중의 범위를 시험했다. 오직 눈으로 주고받는 대화와 제스처 없이 말하기, 말없이 장면 연기하기(침묵의 에튀드)와 같은 연습들은 시스템의 내적 테크닉들을 예견하게 해준다.

투르게네프 대본은 또한 시스템에서 행동에 관한 강조를 예측하는데, 스타니슬랍스키는 모든 대사에 능동의 동사를 부여한다. 1막에서, 가정교사가 들어올 때 나탈리아는 그를 유심히 '관찰하고observe', 아들을 '쓰다듬으며pets', '장난을 건다flirts'(Stanislavskii 1988a: 385). 많은 장면에서 스타니슬랍스키는 행위들과 행동들을 구별한다. 막이 올라가며 나탈리아와 그녀의 정부가 될 라끼찐Rakitin은 엉뚱한 대화를 계속한다(행위). 그러나 나탈리아에게 감추어진 가정교사를 향한 열중과 라끼찐의 불운한 연애관심은 대사 아래에 숨겨진 서브 텍스트적 行動을 구성한다. 스타니슬랍스키는 '그녀는 [내적으로] 집중하기 때문에, 외부적으로 산만하게 보인다'라고 설명한다(Stanislavskii 1988a: 377). 그녀의 외부적 산만함은 (라끼찐이 큰 소리로 책을 읽거나 그의 이웃에 관한 그의 재잘거림을 듣는 것) 그녀의 실제 관심(가정교사에 대한 기대감과 그녀의 삶에 대한 실망감)과는 상반되고 있다. 그녀는 라끼찐에게 '레이스를 어떻게 만드는지 본적이 있나요?'라는 질문으로 그의 이야기를 방해함으로써 무심코 스스로를 드러낸다. 그녀는 레이스 세공자들에 대해 '질식할 것 같은 공간에서, 아무도 자신의 위치에서 움직이지 않아. . . . 레이스―아름답지. 그러나 무더운 날에는 신선한 물을 마시는 게 훨씬 낫지'라고 속으로 상상하고 있는 것이다. 그녀의 한마디는 라끼찐이 그동안의 재잘거림을 중단하고 그들 사이에 진정한 대화의 순간을 가질 수 있도록 그를 흔들어 깨운다. 공연에서 라끼찐은 관객과 함께 나탈리아가 그녀 자신에 대하여 이야기하고 있음을 알게 된다(Stanislavskii 1988a: 382-83).

스타니슬랍스키의 마지막 공연인 몰리에르Molière의 〈타르튀프Tartuffe〉는 그의 사후인 1939년 12월 주연 배우였던 미하일 케드로브Mikhail Kedrov의 연출로 올려졌다. 미하일은 이후 '신체적 행동의 방법'(6장 참조)의 소비에트 버전으로 이 작품을 올리기도 했다. 스타니슬랍스키는 1936년 3월에서 1938년 4월까지 작품의 리허설을 집에서 진행했다. 작품에 대한 그의 선택은 분명했다. 잘 믿는 오르공Orgon을 속이는 교활한 종교적 위선자의 이야기인 타르튀프는 운문verse으로 이루어져 있었으며 체홉의 작품과는 대단히 동떨어져 있었다. 비록 심리적 사실주의가 스타니슬랍스키가 가장 유명해진 하나의 스타일이긴 했지만 그는 어떠한 특정 스타일에 묶이는 것을 거부했다. 그래서 그는 최후 4년 동안 시스템이 보편적으로 적용되도록 받아들여질 수 있게 전념했으며, 시詩적인 17세기 고전 코미디를 선택함으로써, 자신의 테크닉이 광범위하게 적용될 수 있음을 증명하고자 했다.

스타니슬랍스키는 이 공연에서 새로운 테크닉을 탐구했다. 그는 정서적 인지를 위한 기나긴'테이블 토론'이 배우들을 '복잡한 머리와 빈 가슴'(Stanislavskii 1991: 325-26)으로 남겨지게 하는 것을 목격하고 상상을 현실적으로 구현해야 할 필요 자체를 제거해 버리기 위해 '감정의 분석analysis of feelings'을 '행동의 분석active analysis'으로 대체한다. 처음부터 배우는 움직이면서 리허설을 시작한다. 그는 배우들에게 리허설 공간을 오르공의 집으로 바꿔서 생각하도록 요구하며 리허설을 시작했다. 배우들은 각 방의 위치를 정하고 식사하거나 잠을 자기 위해서 어떤 자리가 더 좋을지에 대하여 끊임없이 토론했다(Stanislavskii 1991: 69-74). 즉 집합적 판타지가 개인적인 상상을 대신했으며 이러한 초기 작업은 연극에 좀 더 생생한 현실감을 부여했다. 이때부터 '여기, 오늘, 지금here, today, now'이라는 개념이 스타니슬랍스키의 글 전반에 적지 않은 영향을 끼치게 되었다(Stanislavskii 1991: 331).

리허설 과정에서의 기록을 살펴보면 스타니슬랍스키가 대본의 '해부학적 구성anatomy'을 확인하기 위하여 대본을 잘게 쪼개고 있음을 볼 수 있다. 그는 배우들을 두 무리로 나누었는데, 하나는 타르튀프(그리고 그를 졸졸 따라다니는 오르공)가 이끌고, 다른 하나는 타르튀프의 속임수를 꿰뚫어 보는 사람들(오르공의 아내, 그의 딸, 매부, 그리고 영리한 하인)로 구성하였다. 두 집단의 갈등을 일으키는 문제들이 선택되고 이는 행동과 대항행동의 실마리를 제공하였다. 이후 그는 극을 12개의 비트bit로 나누고, 각 비트는 싸움을 드러내는 갈등으로 구성되어 있음을 명시했다. 그는 '타르튀프의 압박에 대한 저항', '하인의 반박', '타르튀프의 딸과의 결혼 약속에 대한 오르공의 반전' 등으로 이를 규정했다(Stroeva 1977: 374). 이러한 전쟁용어 같은 은유들은 갈등이 드라마의 본질임을 드러낸다.

즉흥 또한 연극을 역동적인 구조로 재창조했다. 초기 연습에서, 스타니슬랍스키는 극의 줄거리적 관점—오르공의 가족이 어떻게 식사를 하고, 카드놀이를 하고, 타르튀프와 오르공의 첫 만남은 어떠했을지—에서도 즉흥을 장려했다. 이러한 사건들이 실제 극에서 발생되지 않더라도, 즉흥은 정황과 환경을 구축할 수 있게 해준다. 연습이 진행됨에 따라 스타니슬랍스키는 실제 행동분석을 위해 몰리에르의 정확한 극 구조로 집중의 방향을 바꾸었다. 배우들은 행동과 대항행동, 그리고 사건들을 발견하기 위해 각 장면을 자기 것으로 바꾸어나간다. 그 과정에서 배우들은 이미지, 스타일, 리듬, 대사들을 포함한 텍스트와 좀 더 가까워진다. 스타니슬랍스키와 함께 작업했던 한 배우는 다음과 같이 회상한다. '우리는 대본이 불가피하게 필요해지는 단계까지 이러한 리허설 작업을 계속했다. 즉흥을 통해 작가의 생각과 말이 가지고 있는 풍부한 표현과 실현을 발견했다.' 더욱이 이러한 과정은 '우리의 내적 필요성이 커짐에 따라 점차적으로, 스스로 일어났다'(Toporkov 2002: 197-98).

스타니슬랍스키의 배우 훈련을 위한 시스템이 끝까지 실험적이며 줄기찬 연구의 상태였던 것과 마찬가지로, 그의 리허설 방법 또한 배우와 역할과의 관계를 정립하기 위한 최상의 방법을 찾기 위해 끊임없이 변화를 거듭해 왔다. 체홉과의 초기 작업—연출가로서 공연의 외부적인 면을 통제했던—으로부터 스타니슬랍스키는 무언의 대화가 이루어지는 내적인 세계로 그의 관심을 옮겼다. 극적 분석의 독특한 과정을 통한 배우와 대본의 연결이 그의 마지막 실험이었다.

결론Conclusion

일생을 통해서 스타니슬랍스키는 창조성을 뒷받침하는 3가지 근본 원동력이 있다고 믿었다. '지성mind'(분석과 이해를 위한), '의지will'(예술적 통제를 위한) 그리고 '감성feeling'(자신이 창조할 인물에 대해 열정적이고 흥미 있는 관계를 길러내기 위한)이 그것이다. 스타니슬랍스키는 교실이나 리허설 장소에서 수시로 이러한 세 요인 중 하나에 초점을 맞추었다. 그러나 궁극적으로는 동력들이 단단한 '매듭' 혹은 '묶음'처럼 각각으로 분리될 수 없을 만큼 유기적으로 긴밀하게 연결되어 있다고 보았다(Stanislavskii 1989: 395, 417). 훌륭한 배우는 어떠한 경로를 통해서든 지성, 의지, 감성이 함께 만들어내는 흡족한 공연의 경지에 도달한다. 그는 '자연의 창조는 참으로 오묘하다!', '그 안의 모든 것이 얽히고설키고 서로 북돋고 있구나!'라고 쓰고 있다. 마치 악보를 이루고 있는 '하모니'와 같이, 하나의 잘못된 음이 불협화음을 이루듯 모든 시스템의 요소는 함께 작동이 되어야 한다(Stanislavskii 1991: 314).

시스템의 테크닉들은 배우가 성공적인 공연을 향해 노력하도록 여러 방법을 제시한다. 길을 선택함에 있어, 배우는 시스템을 재발견하고 자기화한다. 이러한 해석과 적용이야말로 스타니슬랍스키가 배우들을 격려하며 바랬던 바이다. 그는 오히려 하나의 정확한 길만 주장하는 독단적인 연기교사를 몹시 싫어했다.

그의 말년에는 제자들에게 다음과 같이 충고하고 있다.

> 시스템은 길잡이입니다. 열어서 읽으세요. 시스템은 안내서이지, 철학은 아닙니다.
> 시스템이 철학이 되는 순간, 시스템은 쓸모없는 것이 됩니다.
> 시스템을 집에서 시험해보세요, 그러나 무대에서는 잊어버리세요.
> 당신은 시스템을 연기할 수는 없습니다.
> 시스템은 없습니다. 오로지 자연의 섭리만이 있을 뿐입니다.
> 일생을 통한 내 관심사는 어떻게 하면 소위 '시스템'에 더 가까이 다가가서, 자연의 창조성과 가까워질 수 있을까 하는 것이었습니다. (Stanislavskii 1990: 371)

20세기 이후 배우 훈련의 역사는 스타니슬랍스키의 안내에 따라 영감을 받은 공연자들이 배우의 유일무이한 창조성을 위한 다양한 길을 모색하는 줄기찬 탐구여행이라고 볼 수 있을 것이다.

┃ 노트

1 스타니슬랍스키는 그가 가장 좋아하는 폴란드 출신 발레리나 이름을 사용했다. 비밀리에 제작한 공연에서 그는 미래의 아내를 만나게 되는데 그녀 역시 마리아 릴리나(Maria Lilina)라는 가명으로 연기를 하고 있었다.
2 모스크바 예술극장의 로고로 '갈매기'를 채택했음은 당연한 일이다.
3 작품들로는 함순(Hamsun)의 <삶의 드라마>(*The Drama of Life*), 안드레예프(Adreev)의 <인간의 삶>(*The Life of Man*), 메테르링크(Maeterlinck)의 <파랑새>(*The Blue Bird*)가 있다.
4 이 집은 이후 모스크바 박물관의 일부가 되었다.
5 불행히도, 그의 저서(*My Life in Art, An Actor's Work on Himself, Parts I and II, An Actor's Work on the Role*)들은 전 세계 어느 언어를 막론하고 검열의 흔적을 피할 수 없을 것이다. 그러나 누군가는 러시아 독자들이 그러했듯 스타니슬랍스키가 내재된 의미를 보는 것과 마찬가지의 방법으로 검열을 넘어선 이해를 구할 수 있을 것이다. 소비에트 검열제도에 관해서는 책 *Stanislavsky in Focus* (2008)의 6장을 참고하기 바란다.
6 2008년까지, 스타니슬랍스키의 지침서는 햅굿(Elizabeth Reynolds Hapgood)에 의해 축약된 영어편집본으로 존재했다: 『배우수업』(*An Actor Prepares*, 1936), 『성격 구축』(*Building a Character*, 1949), 『역할창조』(*Creating A Role*, 1961). 게다가, 이 버전들은 세계 각국의 언어로 번역되어 출판되었다. 결과적으로, 그녀의 번역과 축약판이 러시아 밖의 전문가들과 학자들에게 시스템을 이해하는데 엄청난 영향을 주었다(Carnicke

2008: chapter 5). 장 베네디티(Jean Benedetti)의 『배우 자신을 위한 작업 I, II』의 번역본[『배우를 위한 작업』(*An Actor's Work*, Routledge, 2008)]은 햅굿의 헤게모니를 깨뜨리고 독자들에게 영어본과는 또 다른 스타니슬랍스키를 마주할 수 있는 기회를 제공한다. 시스템과 훈련들에 관한 나의 분석은 스타니슬랍스키의 *The Collected Works*(Sobranie sochinenii [*The Collected Works*], Moscow, 1988-99)에서의 노트와 초고, 그리고 러시아어로 된 지침서에 기초하고 있다. 또한 모스크바 예술극장의 샘 트시코트스키(Sam Tsikhotsky)가 1978년 뉴욕 액터스 스튜디오(the Actors Studio)에 머물렀을 때, 모스크바 예술극장 학교(Moscow Art Theatre School)와 러시아 연극 아카데미(Russian Academy of Theatrical Arts)에서 이루어진 수업에서 조연출과 통역가로서 참여한 나의 작업들을 기초로 한 것이다.

7   라마차라카는 윌리엄 월커 아킨슨(William Walker Atkinson, 1862-1932)의 필명이었다. 그는 미국 변호사로, 12권의 시리즈(Carnicke 2008: chapter 9 and White 2006)로 동양의 형이상학을 소개하였다. 라마차라카의 작업은 1910년 러시아어로 번역되었고 스타니슬랍스키도 그 중 몇 권을 소장하고 있었다.

8   훈련들의 분류는 나의 생각이다. 훈련에 쓰인 모든 인용은 스타니슬랍스키가 출판한 연기 서적이나 최근 출판된 훈련노트(Stanislavskii 1990)로부터 각색한 것이다.

9   스타니슬랍스키는 리보(Ribot)(1897: 152-53)로부터 이 일화를 차용한다. 메소드 연기(The Method)는 이러한 모델을 그 유명한 정서적 기억(affective memory)을 위한 훈련으로 탈바꿈 시켰지만, 스타니슬랍스키는 리보가 계발해 낸 감정의 회상의 범위 안에서 이를 예로 드는 정도로만 사용했다.

10 듣기를 위한 훈련에서 또한 '주의력의 범위'(circles of attention)를 사용할 수 있는 배우의 능력을 추정하고 있다.

11 나는 모스크바 러시아 연극예술 아카데미(Moscow's Russian Academy of Theatrical Arts)(예전에는 GITIS였던)에서 다음과 같은 훈련들을 접했다. 1989.

12 맥베스에서 인용한 예들은 모두 나의 생각이다.

13 'Beats'라는 용어는 러시아에서 망명한 연기교사가 영어를 러시아 억양으로 발음했을 때 목걸이의 '구슬'처럼 하나의 줄로 꿰어진 대본의 '토막(bits)'의 의미에서 연상되어 생겨난 것으로 추측된다.

14 러시아 용어인 'zadacha'는 초기 영어 번역본에서 엘리자베스(Elizabeth Reynolds Hapgood)에 의해 '목적(objective)'으로, 장(Jean Benedetti)에 의해 '문제(problem)' 혹은 '과제(task)'로 번역된다. 스타니슬랍스키는 배우의 'zadacha'를 아이가 산수 문제를 푸는 것과 비교하며 이 용어를 설명한다(Stanislavskii 1989: 212). 그러므로 나는 좀 더 정확한 번역으로써 '문제'를 선택하기로 한다.

15 리 스트라스버그는 이러한 공식화(formulation)를 거부하며 박탄코프(Evgeny Vakhtangov)의 수정: '캐릭터의 방식으로 행동하기 위해 나, 즉 배우에게 어떻게 동기를 부여할 수 있을까?'에 대해 그의 견해를 적용한다. '대체(substitution)' 라고 부른 이 질문은 배우로 하여금 대본의 환경을 배우 자신의 환경으로 대신하도록 만든다(Strasberg 1987: 85-86).

16 나는 수석교사인 나탈리아(Natalia Zvereva)와 연출가인 레오니드(Leonid Kheifetz)가 파리의 국제 심포지엄인 'Le Siècle Stanislavski'(Centre Georges Pompidou, 2-6 November 1988), 그리고 1989-1990년 사이 모스크바에 있는 교육기관인 러시아 연극 아카데미(Russian Academy of Theatrical Arts(이전 GITIS))에서 침묵의 에튀드(silent etudes)와 행동분석 방법의 다른 면들을 지도하는 것을 관찰했다.

17 그룹 시어터(Group Theater)에서 사용한 '척추'(spine)라는 용어 역시 스타니슬랍스키가 사용한 은유를 반영한다.

18 이에 대한 앙갚음으로, 체홉은 스타니슬랍스키에게 다음 희곡의 첫 대사를 다음과 같이 쓰겠다고 협박했다. '이 조용함, 얼마나 좋으냐 새, 강아지, 올빼미, 시계, 딸랑거리는 종소리도 안 들리고, 심지어 귀뚜라미 소리 하나 안 들린다'(Chekhov in Benedetti 1990: 135).

ˡ 참고문헌

All translation from Russian sources are the author's unless otherwise indicated.

Autant-Mathieu, Marie Christine (2003) 'Stalin and the Moscow Art Theatre', *Slavic and East*

European Performance 28 (3): 70-85.

Benedetti, Jean (1990) *Stanislavski: A Biography*, New York: Routledge.

Blair, Rhonda (2008) *The Actor, Image, and Action: Acting and Cognitive Neuroscience*, London: Routledge.

Carnicke, Sharon Marie (2008) Stanislavsky in Focus: *An Acting Master for the Twenty First Century*, 2nd Edition, London: Routledge.

Chevrel, Claudine Amiard (1979) *Le Théâtre Artistique de Moscow* (1898-1917) [The Moscow Art Theatre], Paris: Editions du CNRS.

Filippov, Boris (1977) *Actors Without Make-Up*, trans. Kathelene Cook, Moscow: Progress Publishers.

Hecht, Leo (1989) 'Stanislavsky's Trips to the United States', pater for the American Association of Teachers of Slavic and East European Language, Washington, DC.

Knebel', M.O. (1971) *O tom, chto mne kazhetsia osobenno vazhnym* [*What Seems Most Important to Me*], Moscow: Iskusstvo.

Kovshov, N. (1983) *Uroki M.N. Kedrova* [*The Classes of M.N. Kedrow*], Moscow: Iskusstvo.

Nemirovitch-Dantchenko [sic], Vladimir (1937) *My Life in the Russian Theatre*, trans. John Cournos, London: Geoffrey Bles.

Nemirovitch-Dantchenko, V.I. (2005) *Pis'ma O.S. Bokshanskoi*, vol. 2 [letters to his secretary], Moscow: Moskovskii khudozhestvennyi teatr.

Ribot, Théodule (1987) *The Psychology of Emotions*, London: Walter Scott, Ltd.

Shakespeare, William (1974) *The Riverside Shakespeare*, Boston, MA: Houghton Mifflin Co.

Smeliansky, Anatoly (1991) 'The Last Decade: Stanislavsky and Stalinism', *Theater*, 12, 2:7-13.

Soloveva, I.N. (1988) 'Puti iskanii' ['Experimental Paths'], in K.S. Stanislavskii, *Rezhisserskie ekzempliary K.S. Stanislavskogo*, vol. 5 [directing plans], Moscow: Iskusstvo.

Stanislavskii, K.S. (1923) Untitled draft typescript, Bancroft Library, University of California, Berkeley.

___ (1981) *Rezhisserskie ekzempliary K.S. Stanislavskogo*, vol. 2. [directing plans], Moscow: Iskusstvo.

___ (1983) *Rezhisserskie ekzempliary K.S. Stanislavskogo*, vol. 3. [directing plans], Moscow: Iskusstvo.

___ (1986) *Iz zapisnykh knizhek* [*From the Artistic Notebooks*], vol. 2, Moscow: VTO.

___ (1988a) *Rezhisserskie ekzempliary K.S. Stanislavskogo*, vol. 5. [directing plans], Moscow: Iskusstvo.

___ (1988b) *Sobranie sochinenii*, vol. 1 [*My Life in Art*], Moscow: Iskusstvo.

___ (1989) *Sobranie sochinenii*, vol. 2 [*An Actor's Work on Himself, Part I*], Moscow: Iskusstvo.

___ (1990) *Sobranie sochinenii*, vol. 3 [*An Actor's Work on Himself, Part II* and notes on exercises], Moscow: Iskusstvo.

___ (1991) *Sobranie sochinenii*, vol. 4 [*An Actor's Work on Role* and *From the Artistic Notebooks*], Moscow: Iskusstvo.

___ (1993) *Sobranie sochinenii*, vol. 5, part 2 [*From the Artistic Notebooks*], Moscow: Iskusstvo.

___ (1994) *Sobranie sochinenii*, vol. 6 [*Essays, Speeches, Memoirs, Artistic Notebooks*], Moscow: Iskusstvo.

___ (1999) *Sobranie sochinenii*, vol. 9 [letters], Moscow: Iskusstvo.

___ (2000) *Stanislavskii repetiruet: Zapisi I stenogrammy repeticii* [*Stanislavsky Rehearses: Notes and Transcripts*], ed. I. Vinogradskaia, Moscow: Moskovskii khudozhestvennyi teatr.

Strasberg, Lee (1987) *A Dream of Passion: The Development of the Method*, Boston, MA: Little, Brown and Company.

Stroeva, M.N. (1977) *Rezhisserskie iskaniia Stanislavskogo: 1917-1938* [*The Directiorial Experiments of Stanislavsky*], Moscow: Nauka.

Tolstoi, L.N. (1964) 'Chto takoe iskusstvo?' ['What is Art?', written in 1897] in *Sobranie sochinenii*, vol. 15. Moscow: Khudozhestvennaia literatura.

Toporkov, V.O. (2002) *K.S. Stanislavskii na repetitsii* [*Stanislavski in Rehearsal*], Moscow: AST Press, Skd.

Vinogradskaia, I. (ed.) (2003) *Zhizn'i tvorchestvo K. S. Stanislavskogo: Letopis'* [*The Life and Work of K.S. Stanislavsky: A Chronology*], vol. 2, Moscow: Moskovskii khudozhestvennyi teatr.

White, R. Andrew (2006) 'Stanislavsky and Ramacharaka: The Influence of Yoga and Turn-of-the-Century Occultism on the System,' *Theatre Survey*, 47 (1): 73-92.

Chapter 2

메이어홀드와 생체역학
MEYERHOLD AND BIOMECHANICS

● ● ● **로버트 리치**Robert Leach

> 훈련! 훈련! 훈련! 하지만 그것이 정신이 아닌 몸만을 위한 훈련이라면, 그만두어라! 움직이는 법만 알고 생각할 줄 모르는 배우는 아무 소용이 없다.[1]

메이어홀드는 연극을 위해 그가 일생 동안 추구해왔던 탐구의 길로 배우들이 동참할 수 있도록 두뇌와 신체를 훈련하는데 노력을 기울였다. 이 탐구는 연극에서 일상적인 삶의 겉모습을 무대 위에서 복사하려는 것이 아닌 '극적theatrical'인 연극성을 추구하려는 것이었다. 하지만 역사적 사건들은 그를 잔인할 정도로 침묵하게 만들었으며 뜻하지 않게 그의 스승이자, 개념적 라이벌이었던 스타니슬랍스키를 도와주는 형태로 변모하게 했다. 결국 그가 이룬 탐구의 중요성은 21세기가 된 이후에도 좀처럼 알려지거나 인정받지 못했다. 메이어홀드와 동시대의 사람들은 그가 공연에 관해 가졌던 생각들과 배우 훈련에 대하여 가졌던 발상들이 스타니슬랍스키에 못지않았다고 믿었다. 대부분의 학자들, 특히 1955년 메이어홀드의 '사회복귀' 이후 그의 작업을 논의해온 서구학자들은 실질적으로 그의 교육학적 중요성을 과소평가 해온 경향이 있다.[2] 그러나 암흑기가 지나고 그의 사상은 제자들에 의해 보존되었으며 그의 제자들의 제자들은 이제 왕성하게 이를 널리 공유하고 있다. 그리하여 아마도 이제는, 배우 훈련에 대한 메이어홀드의 업적이 새롭게 평가될 시점이 도래한 것이다.

1902년 9월 메이어홀드는 새로운 연극회the Comrades of the New Drama라는 자신의 극단을 창설했으며, 이때 그의 나이는 28세였다. 그는 1905년에는 모스크바 포바르스카야Povarskaya 가에 위치한 스타니슬랍스키의 제 1스튜디오Theater Studio 1에서, 이후 1906년부터 1908년까지는 상트페테르부르크의 베라 코미샤르셰프스카야의 드라마 극장Vera Komissarzhevskaya's Dramatic Theater에서, 그리고 1913년에서 1917년까지는 상트페테르부르크의 보로딘스카야Borodinskaya 가에 있던 자신의 스튜디오에서 당시의 주류적인 연극작품을 제작하는 한편, 자신의 실험적인 교육 작업 또한 진행하였다. 볼셰비키 혁명 이후 그는 페트로그라드(러시아 St Petersburg의 옛 이름: 역주)에서 무대를 위한 교육과정을 계발했으나 제대로 운영되지 못했다. 이후 1921년, 메이어홀드의 프리 워크숍Meyerhold Free Workshop이 모스크바에 창설되었고, 이것은 곧 메이어홀드 극장이 현실화된 1923년에 프로그램으로 자리잡게 된다. 이후 1938년 극장의 해산까지 메이어홀드 연극 학교Meyerhold Theatre school는 상당한 수의 배우들을 성실히 지도했다.

메이어홀드는 열정적으로 제자들을 지도했다. 그의 스타 졸업생 중 한 명이었던 이레스트 가린Erast Garin은 스승이 학생들을 관찰하고 있는 모습을 다음과 같이 묘사했다:

> 그는 녹색 군용 코트를 어깨에 걸친 채 스튜디오 입구에 나타나곤 했다 (중략) 스튜디오 내부는 제대로 난방이 된 적이 없었지만, 우리는 젊었고 언제나 혈기왕성하게 훈련에 참여하고 있었으므로 개의치 않았다. 메이어홀드는 둥그런 타일로 만들어진 스토브 근처에 앉아 담배를 피우면서 마치 우리들 하나하나를 연구하고 있는 듯이 지켜보았다.[3]

메이어홀드의 배우 경력은 모스크바 예술극장의 창립 멤버로 시작되었다. 당시 모든 무대연기는 정당화되거나 혹은 동기에 의해 뒷받침되어야 했으며, 각각의 등장인물들은 '목적'을 가져야 한다는 스타니슬랍스키의 지론이 작업방법에 이미 등장했지만 아직 대본 분석의 방법론인 이른바 '테이블 작업'을 발전시키기 전이었다. 메이어홀드는 삶 그대로의 자연주의를 위한 모스크바 예술극장의 모색을 끈질기게 반대했음에도 불구하고 언제나 이러한 스타니슬랍스키의 원칙을 지키고 있었다. 세기의 전환기인 당시에는 상징주의가 아방가르드 문학과 예술을 지배하고 있었는데 특히 러시아의 경우 더욱 그러했다. 메이어홀드는 상징주의 희곡을 무대화하기 위한 양식화된 방법을 찾고 있었다. 하지만 1906년 알렉산드르 블록Alexander Blok의 〈발라간칙The Fairground Booth〉이라는 작품의 제작에서 그는 상징주의 무대를 완전히 파괴해 버렸다. 이 공연에서 꿈꾸는 신비주의자들과 사랑에 도취된 연인들은 구식의 마스크, 즉 할리퀸Harlequin, 콜럼바인Columbine과 피에로Pierrot 등의 가면을 썼으며 또한 그들의 넘치는 감정은 코미디아델라르테Commedia dell'arte의 연극적 놀이theatrical game에 의해서 말끔히 씻겨 버렸다. 할리퀸이 '창문으로 뛰어 나간다. 창문을 통해서 보였던 바깥 풍경이 종이에 그려진 그림이었음이 드러난다. 종이가 찢어지고 할리퀸은 공백 속으로 공중제비를 돈다.' 잠시 후 극도로 화가 치민 '원작자author'가 콜럼바인, 피에로의 손을 맞잡자 '모든 배경막이 말아 올라가 사라져버린다'.[4]

그림 2.1 생체역학: 척추(등) 위 자세(The Stance on the Back)(상대의 등위로 뛰어오르며 무게중심 옮기기: 역주)

이 작업은 연극에서의 신비주의에 대한 메이어홀드의 거부를 알리는 첫 작업이었다. 이레스트 가린이 후에 기술한 바에 따르면 메이어홀드의 '출발점'은 '배우 예술로 관객을 경탄시키는 주술적 기운aura을 씻어내는 작업으로 발전했다'.[5] 이것은 곧 코미디아델라르테를 통하여 예술적 원칙으로써의 그로테스크grotesque를 발견하도록 이끄는데, 그것은 공존할 수 없는 것처럼 여겨지던 사건들matters과 행동들actions, 그리고 사상들ideas을 한데 결합한 것이었다. 보로딘스카야 거리Borodinskaya Street에 있던 자신의 스튜디오에서 그는 '대퍼투토 박사Doctor Dapertutto'라는 익명으로 일련의 실험을 수행했는데 그것은 캐릭터와 행동의 상호작용에 관한 것으로 그는 여기서 이탈리아의 르네상스뿐만 아니라 18, 19세기의 프랑스와 셰익스피어 시대의 영국 그리고 중국과 일본 등의 다양한 시대적, 이국적 맥락에서도 찾아볼 수 있었던 것들을 실험했다. 이 작업은 배우 훈련과 실험적 공연을 의도적으로 결합한 것이었다.

메이어홀드의 이러한 생각은 그가 1917년 혁명 직후 페트로그라드에서 리오니드 비비안Leonid Vivien과 함께 했던 무대 워크숍의 강의 계획서에 잘 요약되어 있다.[6] 그러나 배우 훈련과 관련된 그의 실제작업은 그가 모스크바로 온 후에야 지속되었으며 첫 번째 작업은 1921년 프리 워크숍Free Workshop에서였고 그 후에는 그의 극장에 부속된 학교에서 계속되었다. 그의 시스템이 한층 조직화되고 이론적으로 입증할 수 있는 발판이 마련되었을 때 그는 여기에 전형적인 소비에트적 명칭인 '생체역학biomechanics'이라는, 그리 걸맞지 않지는 않은 이름을 붙였다. 이러한 명칭은 그의 시스템과 신체 공학과의 관련성을 암시하는 것이었다. 그 후 20년 간 메이어홀드는 생체역학 시스템을 적용하고 개선하면서 이를 널리 퍼뜨리고 계속해서 제자들과 함께 시범을 보였다. 그러나 1938년 스탈린의 독재로 그의 극장 문이 닫혔다. 1939년 그는 체포되었으며 이듬해 1940년 감옥에서 법의 이름으로 모살당했다. 스타니슬랍스키의 이론이 미국과 러시아에서 대단한 칭송과 지지를 받고 있던 그때, 그의 업적과 작업은 기록에서 지워졌고 연극에 관한 그의 신념은 망각 속에 잊혀졌다. 그 후 15년 간 그는 전혀 존재하지 않았던 인물이 되었다. 1955년 그가 공식적으로 복귀된 이래 그의 성과는 재발견되기 시작했으며 세상에 알려지게 되었다. 공산주의 시기동안 처음에는 조심스럽게, 그리고는 보다 공공연하게 이러한 작업이 이루어졌으며 20세기 말 경에는 무대예술에 있어 불후의 거장 중 한 사람으로서의 그의 진정한 지위가 다시금 정당하게 논의되기 시작했다.

메이어홀드가 스타니슬랍스키와의 결별 이래로(그러나 그에 대한 따뜻한 존경심은 간직하고 있었다) 끊임없이 제기한 질문은 과연 연극theatre에 있어서 '극적theatrical 본질이란 무엇인가?'하는 문제였다. 그것은 마치 칸딘스키가 회화painting에서의 본질painterly을 추구한 것이나 러시아 형식주의자들의 논쟁에서 등장한 '문학의 본질이란 무엇인가' 하는 동시대적 질문들에 비견될 만한 것이었다. 이러한 질문들은 당대 예술계에 있어서 절실하면서도 호소력을 가진 고민들이었다. 스타니슬랍스키의 시스템은 초창기에는 무대 행동을 '실생활'처럼 보이게 하기 위한 것에 뿌리를 두고 있었기 때문에 스타니슬랍스키에게 있어 소위 '극적인 것theatricality'은 부정적인 개념이었다. 하지만 메이어홀드는 모든 스타일에 적용될 수 있는 시스템을 만들고자 했다(그는 자연주의마저도 포괄할 수 있는 시스템을 원했다. 비록 그가 자연주의를 극적으로는 부당한 것으로 여겼지만 예를 들어 그에게 있어 체홉의 작품이 가진 호소력은 '삶에 대한 진실truth to life'에 있는 것이 아니었다). 메이어홀드가 배우에게 강력하게 요구했던 과제는 그가 흥미를 가졌던 소극과 비극, 멜로드라마, 팬터마임,

그리고 서커스 스타일의 촌극 등을 공연하기 위해 필요한 엄격하고 오랜 기간의 훈련이었다. 그는 이어서 '배우는 마치 바이올리니스트가 하듯 7년에서 9년 정도는 학습을 해야 한다. 3년 내지 4년 만에 배우가 되는 건 어림도 없다'[7]라고 덧붙였다.

메이어홀드는 '모든 예술은 그 자신의 재료로 구성되는 유기적 조직체이다. 재료를 잘 조직화하기 위해 배우는 다양한 테크닉의 광대한 저장고가 되어야 한다.' 왜냐하면 배우는 다른 예술가와는 달리, '그 자신이 재료이자 조직자organiser이기 때문이다'[8]라고 주장했다. 메이어홀드는 이를 다음과 같이 산술적으로 공식화했다:

$$N = A1 + A2$$

(여기서 N은 배우를, A1은 재료의 조직자를, A2는 재료를 말한다.) 따라서 배우는 움직이는 동시에 생각할 수 있어야 한다.

하지만 도대체 무엇을 혹은 어떻게 생각해야 한단 말인가? 배우는 캐릭터가 무얼 느끼는지 궁금해 하거나 혹은 인물의 욕구를 파악하려 하면서 자신을 캐릭터와 동일화해서는 안 된다. 오히려 배우의 두뇌는 그 순간의 신체적 동작을 방정식physical formulation으로 만드는 데 사용되어야 한다. 메이어홀드와 작업한 유명배우 중 하나였던 이고리 린스키Igor Ilyinsky는 다음과 같이 쓰고 있다. '신체적 동작의 공식이 올바르다면 장면의 기초인 언어의 억양과 감정 역시 올바르게 될 것이다. 왜냐하면 그것들은 무대 공간 안의 관계 속에서 배우의 신체적 자세와 위치에 의해 결정되기 때문이다.'[9] 메이어홀드의 자랑스러운 수제자인 영화감독 세르게이 아이젠슈타인Sergei Eisenstein은 '감정의 파장은 공간-조형적 배치의 결과로, 그것은 재료(즉 배우의 A2 요소)에 대한 처리의 질감quality과 조정의 결과로 불러일으켜지는 것이다'라고 동의했다.[10]

그러므로 메이어홀드에게 '배우 훈련'이라는 것은 공간 속에 몸에 대한 광범위한 이해, 또는 그가 말하듯 '무대 위 극적 움직임scenic movement'에 대한 전념을 의미했다. 〈발라간칙 The Fairground Booth〉의 작업과 더불어 '무대 위 극적 움직임scenic movement' 수업에서는 코미디아델라르테의 '연극적 놀이'에 가깝게 접근했다. '배우는 연기하기 위해 느낄 필요가 없으며 오로지 연희演戲 놀이, play하기만 하면 된다'고 메이어홀드는 주장했다(1913년).[11] 따라서 배우는 놀고 있는 어린이와 유사하다. 아이들에게 있어서 놀이는 사실적인 것이지만 그것은 스타니슬랍스키적 '연극'상의 캐릭터의 목적을 추구하는 게 아니라 행동의 신체적 움직임을 재창조하는 것이다. 아이들에게 있어서 무언가를 이해한다는 것은, 그것이 감정의 이해를 포함한다 할지라도 무언가의 행함을 통해 가능한 것이다. 러시아 생체역학의 대가들과의 훈련을 이후 실습으로 발전시킨 영국 배우 조나단 피치스Jonathan Pitches는 '생체역학을 실제적으로 경험한다는 것은 그것을 이해한다는 것이다. . . . 나는 작고 세세한 부분을 감지할 수 있는 감각을 연마하였다. 나는 각 액션의 리드미컬한 패턴에서 어떤 발이 배우의 몸을 이끄는지, 배우의 체중이 어느 곳에 위치하는지를 인지했다'[12]고 언급했다.

1910년 페테르부르크에 있는 스튜디오에서 그는 지치지 않는 열정으로 깊이 있는 몇 가지 실험을 이어나갔다. 코미디아델라르테에 관한 실험을 시작으로 힘과 박력이 '놀이' 자체에만 있는 것이 아니라 캐릭터 각자의 움직임과 제스처 패턴에서 기인한 전통적인 캐릭터인 판탈로네, 컬럼바인 등의 마스크에 내재되어 있음을 발견했다. 이 캐릭터들은 문자 그대로 가면들이었다. 배우는 자신의 얼굴을 가리는 가면을 쓰는데, 이는 부분적으로는 관객의 관심을 캐릭터들의 특유한 움직임에 집중시키려는 의도 때문이기도 했지만, 한편으로는 가면이 순간적으로 스쳐 지나가는 공연자의 감정을 덮어버리며 오히려 특정한 몸놀림이나 정신적, 영적 상태의 전형화 된 표현을 가능하게 해주기 때문이었다.

코미디아델라르테에 관한 연구는 광대와 인형puppet 그리고 꼭두각시marionette에 대한 보다 깊이 있는 탐구와 또한 유럽과 극동지역의 연극적 전통의 모색으로 이어졌다. 이는 다시 일련의 낯설고 절충적인 훈련들과 실제적인 연기 작업으로 이어졌는데, 이를 통해 매우 흥미롭고 중요한 것들이 드러났다. 예를 들어 무대와 프로시니엄 또는 앞 무대의 연관성이 검토되었고, 동양적 개념인 '자기관찰self-admiration'(자기 자신을 관찰하고 검열할 수 있는 배우의 예술성)이 도입되기도 했고 배우들이 강렬한 순간에 기합을 넣거나 악을 쓰면서 흥분이 충족됨을 발견하기도 하였다. 실용적인 필요보다는 장식적인 치장으로써 의상을 탐구하였고 모자는 단순히 머리에 얹어놓는 것이 아닌 쓰고 벗으면서 재주를 부릴 수 있는 재료로 연구되었다. 탬버린이나 꽃 등의 소도구는 손의 확장물이 되었을 때 비로소 의미를 가졌다(그것은 손끝의 뻗침이며 따라서 몸 전체의 연장延長이다. 이는 온 몸에 메아리치는 총체적인 존재로서 중요하다). 스크린 같은 대도구 또한 다양하게 사용되었다. 등·퇴장로 역시 놀이하듯이 탐구되었다. 이러한 모든 것들은 메이어홀드의 배우들에게 누구도 따라올 수 없는 탁월한 기술적 연기 장치들을 이용한 광범위한 활용의 기회를 제공했으며 이것은 단지 그들이 과거 연극적 스타일에서 취한 레크리에이션이라기보다 동시대적 연극 무대를 구성하는 무기고armoury 안의 무기, 수단들을 의미했다.

메이어홀드의 '극적 움직임'은 그의 전 생애(볼셰비키 혁명 이전까지)를 통한 무대 위의 실험들을 망라했으며 그로테스크한 '다양한 대위법polyphony'을 무대에 창조했다. 이러한 시도는 리듬이라는 개념에 초점을 맞췄다고 말할 수 있는데 이 리듬은 시간적인 것뿐만 아니라 공간적인 것을 포괄한다. 그의 제자 배우들은 육체적 민첩성과 다른 배우들에 대한 신체적 반응능력을 계발하기 위해 많은 즉흥훈련을 하였으며(공간적 리듬), 그러고 나서 그가 '음악성musicality'이라고 부르는 것을 계발하였다(시간적 리듬). 그러므로 배우들은 움직이는 동안 허밍(소리내기)를 하거나 혹은 말이나 대화를 악보처럼 처리하도록 요구받았다. 리듬에 대한 이러한 관심은 움직임이 공간적으로 혹은 시간적으로 깨어지는 매우 의미 깊은 표현의 순간인 포즈pause나 '실루엣silhouette'에서 합류되었다.

메이어홀드 공연에서 남아 있는 많은 사진들은 영화의 정지 화면still frame에 상응하는 회화적 구도를 보여주는데 그 회화적 구도 안에서 장면의 생동감은 공연자의 신체적 자세와 공간의 상호 연관성을 통해 반영된다. 이것은 브레히트의 몸의 움직임을 이용한 중단 혹은 방해gestic interruption와 크게 다르지 않지만 메이어홀드의 경우 바깥세계의 사회 정치적 구조보다는 자기 지시적self-referential이며 앞으로 전개될 장면의 움직임과 관련되어 출발하는 점이 다르다고 할 수 있을 것이다. 20년 후 메이어홀드가 그라드고프Gladkov에게 말하기를, '텍스트에 내재되어 있는 템포가 빠르면 빠를수록, 하나의 리듬에서 다른 리듬으로, 하나의 마디가 다른 마디로 전환되는 지점은 더욱 확실하게 드러나야 한다. 그렇지 않으면 동기는 온데간데없고 살아 숨 쉬는 뜻은 사라진다.'[13]

보로딘스카야 거리에 있던 스튜디오에서의 작업에서 그는 그가 '관통 리듬through rhythm'이라고 불렀던 것에 대한 고민이 실제로 그가 때때로 발표하고 자주 실험했던 즉흥 팬터마임에서 쉽게 해소될 수 있음을 발견했다. 그가 스튜디오에서 계발한 특정 학습 반복 사이클specific learning cycle은 훈련으로부터 출발했으며 이는 종종 '에튀드études'로 발전했다. 이의 목적은 주로 배우의 능력을 계발하고, 더 나아가서 하나의 마무리된 소품으로 일반 관객도 즐길 수 있는 팬터마임이 되도록 확장하는 것이었다. 그의 제자들에 의해 만들어진 대부분의 작품들은 이를 실현해냈다.[14] 또 다른 예로는 중국 전통 경극 속의 '블랙 코미디'의 즉흥극을 들 수 있는데, 그것은 눈부시게 환한 무대 위에서 마치 캄캄한 어둠 속에 있는 듯 배우들이 도둑고양이들처럼 서로를 피하여 살금살금 기어 다니는 것을 말한다. 또 하나의 예는 그들을 방문한 이탈리아의 미래주의자 필립포 마리네티Filippo Marinetti에게 보여주었던 3분짜리 〈안토니와 클레오파트라Antony and Cleopatra〉의 에튀드였다.

프리 워크숍Free Meyerhold Workshop과 모스크바에 있는 메이어홀드 극장에 부설된 자신의 학교를 설립했을 당시 그의 '다양한 대위법polyphony'과 여러 가지 끝없는 실험들이 더욱 뚜렷한 초점이 생기면서 모아지기 시작하였다. 이러한 작업들로 새로운 사회적 인식 역시 뚜렷해졌으며, 메이어홀드의 학생들은 자신들의 작업을 대외적으로 전달해야 하는 사회적인 책임감을 요구받기 시작했다. 그리하여 메이어홀드의 역할 창조에 관한 생각에 있어서 그는 전통적인 가면의 개념에 의존하는 대신 배우의 '배우가 해야 할 역할들set roles'에 속하는 '엠플로이emploi'라는 개념을 발전시켰는데 그것은 마스크를 '삶 그 자체'로 일컫는 새로운 방법과 관련지으며 그 의미를 확장시킨 것이라 볼 수 있다.[15] 어떠한 주어진 순간에도, 메이어홀드의 배우들은 관객에게 극화된 마스크를 보여주도록 요구받았다. 그러나 구성 또는 줄거리가 발전함에 따라 캐릭터에게는 새로운 가면이 요구되며 그들의 '배우가 해야 할 역할들set roles'과 결과적으로 그들의 '엠플로이emploi'(무엇을 하는가? 그리고 어떻게 행동하는가?) 역시 변화된다.

햄릿을 예로 들어보자. 그가 기도하고 있는 클로디어스를 발견했을 때, 그의 주어진 역할은 복수였다. 그러나 다음 순간 그의 어머니의 침실에서, 그의 마스크는 반항적인 자식의 모습이다. 그러므로 캐릭터 창조는 더 이상 단순한 팬터마임의 구조가 아니라 햄릿에서처럼 우리의 삶의 경험과 같은 것이 된다. 우리는 변한다. 다시 말해 우리는 나이가 몇 살이든 간에 우리가 부모님과 함께 있을 때는 아이처럼 행동한다. 그리고 적어도 어느 정도까지는 은행지배인을 향해서는 사정을 하소연하는 탄원자처럼, 술집에서 친구들에게는 좋은 녀석으로, 그리고 상사에게는 성실한 일꾼처럼 행동한다.

그림 2.2 생체역학: 상대의 가슴으로 뛰어오르기(The Leap to the Chest)

배우에게 주어진 역할은 공연이 진행되는 동안 계속 변하기 때문에 메이어홀드의 공연에 사용되는 모든 요소들은 일관된 관통선을 갖는 대신 그로테스크하고 역설적이면서도 서로 밀접한 관계를 가진다. 그 창작요소들은 행동the action을 극화劇化하였으며 감정표현의 매개자가 되었다. 그래서 그것들은 효과적으로 행동적 기능요소action-functions가 되었다. 그러므로 배우의 '엠플로이emploi'—즉, 배우가 어떻게 역할을 표현하는가—는 단순히 심리적 또는 공연의 스타일적인 특성도 아니며 이 두 요소 모두의 영향을 받게 된다. 바꿔 말하면 이것은 공연의 특정한 순간에 구체적 이미지를 그리는 추진력을 드러내며 구체적 동기(스타니슬랍스키의 용어로는 목적)와 역할 간 관계의 상황, 둘 모두를 극화시키는 것이다.

이는 메이어홀드로 하여금 보로딘스카야 거리의 자신의 스튜디오에서 엑서사이즈-에튀드-팬터마임의 교육 과정을 엑서사이즈-에튀드-액팅의 순서로 발전시키도록 했다. 말하자면 이러한 좀 더 발전된 인식과 유연성은 그의 작업을 일반 관객에게 개방될 수 있도록 모든 종류의 연기에 더 쉬운 활용을 가능하게 해주었다. 그러나 이것은 현재에 와서는 생체역학이라고 불리는, 초기 메이어홀드의 '무대 위 극적 움직임scenic movement'에 여전히 의거하고 있었다. 일린스키Ilyinsky가 생체역학 연기훈련에 대해 생생하고 정확하게 묘사한 바에 의하면

한 배우가 일광욕을 하고 있는 다른 배우의 몸을 붙잡아서 어깨 위로 척 올린 후 걸어가 툭 떨어뜨린다. 그는 원반을 던지는 동작을 하고 나서 그 가상의 궤적을 눈으로 좇는다. 그가 그의 파트너의 얼굴을 찰싹 때리고 한 대를 되받아 맞는다. 그가 상대방의 가슴에 뛰어올라가고 상대방이 그의 가슴으로 뛰어오른다. 그가 상대 어깨에 뛰어 올라가자 그의 파트너는 그를 짊어진 채로 달린다. 어떤 훈련은 아주 단순하다. 상대방의 손을 잡아 그의 팔을 끌어당긴다. 그 다음에 살짝 밀쳐냈다가 그의 목을 잡는다. . . . 비록 우리가 때때로 이러한 훈련에 대한 시범을 보여주기는 하지만 우리는 그것들을 무대에 그대로 올려놓을 필요는 없었다. 그것들은 우리에게 의식에 의해 뒷받침된 무대 위에서의 움직임의 감각을 심어주었다. 훈련은 짐네스틱gymnastic과 3차원적 감각plastic, 아크로바틱acrobatic을 아우르는 것이었다. 그것들은 학생들에게 '정확히 볼 수 있는 눈'을 발전시키게 해주며 의미를 부여하고 상대방과의 조화를 이루기 위하여 움직임을 계산할 수 있게 했다. 그리고 . . . 이러한 훈련들은 무대공간에서 배우들이 훨씬 더 자유롭게, 그리고 더 효과적으로 표현할 수 있도록 도왔다.[16]

그림 2.3 생체역학: 단도로 찌르기(The Stab with the Dagger)

위에서 말한 '정확히 볼 수 있는 눈'은 위에서 언급했듯이 '자기 관찰self-admiration' 또는 '자기 인식self-awareness'을 의미한다. 메이어홀드의 연극에서 배우들은 그의 몸, 제스처, 움직임이 내포하는 모든 것에 민감하게 반응해야 했다. 말하자면 그들은 내부에 모든 창작과정을 비춰줄 거울 하나를 세우는 것이 필요하다.

생체역학은 단순한 '끼 부리기'가 아니다. 생체역학에서는 1) 균형(신체적 조절) 2) 리듬에 대한 공간적, 시간적 인식 3) 상대역, 관객, 그리고 외부로부터의 자극－특히 관찰하고 듣고 반응하는 능력을 통한－에 대한 반응이 배우에게 요구되며 이것들을 훈련한다. 조나단 피치스Jonathan Pitches의 경험을 이해하기 위해서는 잠시 멈춰서 이를 살펴보는 것이 도움이 될 것이다. '돌 던지기'라는 에튀드에서 그의 경험에 따르면,

이 에튀드에 쓰러지기, 뛰기, 달리기와 같은 커다란 몸의 움직임이 도입되면서 신체적 토대가 더욱 견고해졌으며, 이러한 움직임을 할 때는 새로운 무게중심을 찾을 때까지

먼저 배우의 몸이 원래 갖고 있는 중력중심에서 벗어나야만 한다. 이 에튀드는 몸의 무게를 왼쪽에서 오른쪽으로, 하체에서 상체로 계속해서 옮기도록 요구했다. 상형문자 적인 신체 형태가 에튀드 전반에 도입되면서 특히 그 훈련에 포함된 뛰기를 통하여 배우의 균형이 더욱 많이 발달되었다.

피치스는 또한 생체역학 훈련이 공간에 대한 인식과 앙상블을 발전시키는 것을 목격했는데 다름 아닌,

> 집단적이고 협동적인 행동을 강조하는 작업을 통하여 생체역학은 다음과 같이 주장한다. 앙상블의 각 요소는 각 배우가 무대 위에서의 신체적 개체로서 가진 독특한 개성을 유지하면서 강한 집중의 초점을 서로 나누는 지점에서 통합되어 나온다는 것을 발견하였다. 배우는 각각의 행동에 있는 적절한 리듬과 숙련된 기술을 습득하지 않는 한 계속할 수 없으며, 앙상블 작업은 겸손함을 기른다는 공동의 목적을 얻기에 매우 효과적이다.[17]

이것들은 광대한 의미에서의 주장들이지만, 메이어홀드의 몇몇 훈련과 에튀드를 세밀하게 검토해보고 그것들을 공연에 연관지어봄으로써 우리는 그러한 주장들을 충분히 정당화시켜 볼 수 있을 것이다.

아마도 가장 기초적이고 단순한 엑서사이즈는 1미터 정도의 빗자루 손잡이나 나뭇조각을 가지고 하는 막대기를 이용한 훈련일 것이다. 다리를 30센티미터 정도 벌리고 무릎을 살짝 구부리고 서서, 한 손으로 막대기 하반부의 4분의 3되는 지점을 잡는다. 추진력을 얻기 위해 무릎을 구부렸다가 일어나고 일어나면서 막대기가 공중에서 원을 그리며 회전할 수 있도록 편하게 던진다. 막대기의 반대편 끝에서 눈을 떼지 말고 그 끝이 손으로 떨어지도록 한다. 잡아채지는 마라. 되풀이한다. 이 과정을 여러 번 계속 반복하라. 이제 막대기를 두 바퀴 회전하게 던져서 던졌던 끝을 잡는다. 한 바퀴 회전하게 던져서 다른 손으로 잡는다. 두 바퀴를 회전하게 던진다. 세 바퀴. 네 바퀴. 항상 무릎을 구부렸다가 펴면서 던진다. 이 훈련은 가능한 한 이완된 상태에서 수행되어야 한다. 쉽게, 가볍게.

이제 막대를 수직으로 하여 가운데를 잡는다. 한 손에서 다른 손으로 던진다. 손등이 위를 향하게 하고 수평이 되도록 잡는다. 무릎을 구부렸다가 펴는데, 펼 때 손을 올리면서 막대가 손에서 벗어날 수 있도록 손가락을 편다. 손을 아래로 가져가서 여전히 손등을 위

로 한 채 막대를 잡는다. 한 손으로 놓고 다른 손으로 잡는 것을 반복한다. 막대를 한 손에서 다른 손으로 한쪽 다리 밑에서 던진다. 다음엔 다른 쪽 다리 밑에서 던진다. 등 뒤에서, 한 손에서 다른 손으로 옮긴다.

손을 펴고 손바닥 위에 막대를 놓는다. 위로 던진다. 손을 오므리지 않고 받는다. 손을 오므리지 않고 다른 손으로 받는다. 막대가 공중에 있을 때 손을 바꾸어 손등이나 손목 등으로 다시 위로 '친다bat.' 그리고 다시 펼쳐진 손바닥으로 잡는다. 검지와 중지 위에 막대를 놓는다. 균형을 잡는다. 검지를 위로 밀어서 중지와 넷째 손가락으로 잡는다. 중지를 위로 밀어서 넷째와 새끼손가락으로 잡는다. 검지부터 다시 시작해서 막대를 뱅글뱅글 돌릴 수 있을 때까지 계속한다.

막대가 완전히 정지할 수 있도록 손바닥 위에서 균형을 잡는다. 손등으로 균형을 잡는다. 한 손가락 위에서 균형을 잡는다. 손목 위에서, 팔꿈치 위에서, 어깨 위에서. 발로, 무릎으로, 목 뒤로, 이마로 균형을 잡는다. 시선은 막대의 끝에 고정시킨다. 이 훈련의 목표는

그림 2.4 액션에 나타난 생체역학: 〈D.E.〉(1924)(from the collection of Robert Leach)

언제나 막대가 완전히 흔들리지 않게 정지시키는 데 있다. 막대로 하는 훈련은 무궁무진한데, 위에서 말한 간단한 시작이 훈련의 풍부한 가능성을 보여준다. 한 손에서 다른 손으로 두 개의 막대를 다양한 방법으로 던지는 훈련 역시 효율적이다. 두 다리로 단단히 자리 잡고 막대가 부드럽고 가볍게 느껴지도록 집중한다. 절대로 잡아채지 말고 막대를 손 위에 떨어지게 한다. 특히 당신이 막대의 균형을 잡았을 때, 그 막대는 당신 자신의 균형을 말하는 것이고, 당신과 일치되는 것이다. 막대가 조금이라도 움직인다면 당신 자신의 중력 중심을 찾지 못했다는 것을 보여준다.

다음의 생체역학 훈련과 에튀드는 더 복잡하고 더 엄격하지만, 각각은 여기서 기술된 종류의 효과를 만들어내기 위해 주의 깊게 계산된 것들이다. 첫 훈련은 닥틸Dactyl이라고 하는데, 배우가 신체적, 정신적으로 준비된 상태로 들어가기 위해 고안된 일련의 움직임들이다. 하나의 '닥틸dactyl'은 긴 박자와 두 개의 짧은 박자장단, 長短短로 이루어진 리드미컬한 음보verse foot를 가지며 이것은 엑서사이스에 그대로 반영된다.

닥틸The Dactyl

서기: 긴장 없이 편하게 똑바로 서서 30센티미터 정도 다리를 벌리고 팔을 양쪽으로 가볍게 내리고 머리는 똑바로 세운 채 얼굴은 앞을 향하여 선다. 엑서사이스를 하면서 쉬지 말고, 전체적으로 아래에 나누어 놓은 일곱 항목을 부드럽게 이어서 움직인다. 엑서사이스의 템포는 변할 수도 있지만 처음에는 아주 천천히 이완된 상태로 시작하여 각 지점을 부드럽게 연결한 후 4번 다음부터는 긴장을 팽팽히 하여, 4번에서 6번까지 점점 가속을 붙여서 한다.

1   양팔을 몸 앞에서 뒤로 넓은 포물선을 그리면서 움직인다. 이때 무릎은 굽히고 상반신을 앞으로 기울여 머리도 역시 앞으로 기울어지도록 한다.
2   양팔을 굽히지 않고 앞쪽으로 흔들어서 머리 위로 쭉 뻗는다. 이때 무릎을 펴고 발은 바닥에 단단히 붙인다.
3   팔꿈치를 굽힌 채 양팔을 가슴 앞으로 가져온다. 상반신을 앞으로 기울이고 머리가 앞으로 기울어지기 시작한다.
4   양손을 단전 부분까지 내리면서 힘차게 손뼉을 친다.
5   손뼉을 치고 나서 곧바로 몸의 일부분을 다시 펴고, 팔꿈치를 굽히고, 양손을 가슴높이

로 들어 올리고 고개를 반듯이 든다.

6 바로 몸을 다시 굽히고 고개를 숙이고는 팔꿈치는 펴서 양손을 다시 내리고 단전 근처
   에서 다시 힘차게 손뼉을 친다. 그 결과는 서로 이어지는 두 개의 빠르고 강한 박수다.

7 긴장을 풀고 처음의 자세로 선다.

그림 2.5 메이어홀드 엑서사이즈: 닥틸(The Dactyl)

이 준비 운동은 제자 배우들에 의해 종종 다른 엑서사이스가 끝날 때 행해진다. 이 엑서사
이스에서 척추를 '열어' 주고 '닫아' 주기 위해서 반드시 척추를 펴고 구부려야만 하는데 이
는 신체적으로 기민하고 잘 반응할 수 있도록 하기 위해서이다. 이레스트Erast Garin는 양손
의 움직임이 '몸통으로 동력을 옮기면서 온 몸에 유연성을 가져오게 된다'고 설명했다.[18]

   '무릎 꿇고 있는 파트너를 발로 밀기', '돌 던지기', '단도로 찌르기', '활쏘기' 등의 훈련은
후에 에튀드로 발전하고 공연화 되었는데, 이 모든 훈련은 메이어홀드가 인가認可한 기록으
로 1920년대 당시의 필름에 잘 보존되어 있다. 이외에도 '가슴 위로 뛰어오르기', '뺨때리기',
'무게를 떨어뜨리기', '파트너의 등 위로 뛰어오르기' 등이 있다. 메이어홀드 자신은 특별한

시리즈를 만들지 않았고 필요한 경우가 있을 때마다 이것들을 이용했다. 레빈스키Alexei Levinsky와 같은 현대 연극인은 생체역학 훈련에서정말 필요한 것은 다섯 개뿐이라고 주장한다: '돌 던지기', '뺨때리기', '가슴 위로 뛰어 오르기', '활쏘기'와 '단도로 찌르기'가 그것이다.

그의 말이 맞다 하더라도 레빈스키가 말하는 '활쏘기'[19]와 1920년대의 메이어홀드 배우가 했던 같은 훈련을 비교해보면 레빈스키의 훈련이 훨씬 더 복잡한 구조를 갖고 있다는 것을 알 수 있다. 아래에 자세히 설명하겠지만 레빈스키의 것을 분석해보면 스물여덟 개의 따로 떨어진 토막이 있고, 그 토막 사이사이이마다 휴지pause가 있다는 걸 알 수 있다. 메이어홀드의 지도 아래 이루어진 초기 훈련의 기록을 살펴보면 거기에는 단지 열여덟 개의 뚜렷한 움직임의 단위가 있을 뿐이며 이 중에 몇몇은 휴지 없이 이어지기도 한다. 게다가 레빈스키의 공연은 움직임 하나하나가 계산되어 있으면서 그 움직임이 천천히 신중하게 이루어지고 있다는 것이 뚜렷이 보이며 훈련은 시종 똑같은 템포로 진행되었다. 메이어홀드의 배우는 템포를 종종 바꾸면서 때로는 빠르게presto 또는 느리게largo 움직인다.

이것은 레빈스키의 작업을 비난하고자 하는 말은 아니다. 오히려 이를 통해 훈련이 사람들마다 다를 수 있다는 것, 그리고 훈련이 어떻게 발전될 수 있는지를 알 수 있다. 레빈스키는 1930년쯤 메이어홀드 연극학교를 다녔던 미하일 쿠스토프Mikhail Kustov에게서 훈련을 배웠으며, 따라서 레빈스키가 만들어낸 훈련은 초기 것보다 더 '발전된' 것일 가능성이 있다.

'가슴 위로 뛰어오르기' 훈련은 메이어홀드가 제자들을 즐겁게 해 주었던 연습 중에 하나였다. '가슴 위로 뛰어오르기' 훈련은 가장 단순한 버전을 통해 정확히 그 명칭이 말하는 그대로라는 것을 알 수 있다. 제자 배우는 두발을 앞뒤로 단단히 버티고 서서 두 번째 제자 배우를 맞이할 준비를 한다. 그러면 그 두 번째 제자 배우는 상대를 향해 곧바로 뛰어올라 상대의 가슴 위로 무릎을 대고 한 팔로 상대의 목을 감는다. 서있던 사람은 한팔(혹은 양팔)을 뛰어오른 파트너의 무릎 뒤쪽으로 감싼다. 뛰어오르는 사람이 서있는 사람에게 신경 쓰지 않고 뛰어오르는 데만 집중한다면 훈련은 그리 어렵지 않다.

이것은 메이어홀드가 자랑하는 에튀드로 발전했다. 메이어홀드는 '단도로 찌르기'에 바탕을 두고 멜로드라마의 축소모형을 만들었는데 이는 그가 자신의 제자들이 훈련한 것은 무엇이든지 '극화theatricalise'된 공연물로 만드는데 얼마나 열성적이었는지를 보여준다. 이레스트Erast Garin는 회상하기를,

메이어홀드는 아주 건장하게 생긴 학생 한사람을 선택해서, 뒤편에 있는 테이블을 움

켜쥐면서 어떻게 굳건히 자신의 몸을 잡아두며 동시에 자신의 몸을 서있는 학생에게로 분리해 나누어 줄 수 있는지를 직접 보여주었다. 그리고 나서 그는 학생 위로 기어 올라가는 팬터마임을 연기했는데 그가 학생의 가슴으로 뛰어올랐을 때 그의 오른쪽 무릎은 학생의 갈비뼈로 향하고 있었다. 그의 왼손은 상대의 목을 감고 오른손으로는 벨트에서 상상의 단도를 꺼내 들어 단숨에 상대의 목을 찔렀다. 그리고는 뛰어내렸다. 부상자는 마룻바닥으로 쓰러지고 공격한 사람은 서서히 몸을 바로잡았다.[20]

이 훈련은 메이어홀드의 1922년 작품, 크롬랑크Fernand Crommelynck 작 〈꼴불견 의처증 남자The Magnanimous Cuckold〉에서 쿠퍼Cooper가 문으로 달려 들어와 생각지도 못하고 있었던 브루노Bruno의 가슴 위로 뛰어오르는 똑같은 동작으로 공연에 적용되었다. 더 흥미로운 것은 이것이 에튀드로 구성되어 1947년 아이젠슈타인의 연출로 짧은 무용극이 볼쇼이 발레 단원들에 의해 공연되었다는 것이다. 작품의 제목은 〈마지막 대화The Last Conversation〉였다. 이 춤은 이 영화인의 마지막 창작으로 비제Bizet의 〈카르멘Carmen〉의 마지막 사건에 바탕을 둔 것이었다. 이 공연에서 부정한 여주인공은 칼에 찔리는 것으로 끝나는 꿈같은 장면에서 살해당한다. 아이젠슈타인은 메이어홀드의 에튀드를 단순하게 재연한 것이 아니라 자신만의 새로운 버전으로 만들었는데, 당시는 메이어홀드의 이름이 소련USSR에서 말소되어 있었을 뿐만 아니라 그에 대한 어떠한 언급도 위험에 처할 수 있는 시기였다. 아이젠슈타인은 누구도 예상 못했던 감동적인 마지막 순간을 창조하며 어떤 의미에서 스승과의 이별을 받아들이는 동시에, 가슴 아프지만 불가피한 절연을 표했다. 이 안무는 메이어홀드의 창작품이 가진 다양한 가능성과 지속적인 잠재력을 생생하게 증언하고 있다고 할 수 있다.[21]

'활쏘기' 엑서사이스는 생체역학에서 가장 잘 알려진 것 중의 하나지만 '가슴으로 뛰어오르기'보다는 무대에 옮기기에 쉽지 않다. 1920년대 메이어홀드 학교의 제자 배우들은 처음에 이 훈련을 단순화된 행태로 배웠다.

왼손에 활을 들고 걸어가는 듯 마임을 하는데, 이는 왼쪽 어깨에서부터 움직임이 시작된다. 학생이 과녁을 발견하면 멈춰 서서 무게를 양발에 균등하게 나눈다. 오른손은 포물선을 그리면서 그의 등에 있는 화살통에서 상상의 화살을 꺼내기 위하여 뒤로 움직인다. 손의 움직임은 그의 신체 전체에 전달되며 체중은 뒤에 있는 다리로 옮겨진다. 손은 화살을 찾고 그것을 활로 가져온다. 다시 체중이 앞다리 쪽으로 옮겨온다. 화살이 과녁의 목표를 겨냥한다. 상상의 활이 당겨지고 체중은 다시 뒷다리로 옮겨간다. 화살이 시위에서 떠나가고 학생은 번쩍 뛰어오르면서 소리를 지르는 것으로 훈련을 끝맺는다.[22]

나중에 그들은 완성된 버전의 훈련을 발견한다(하지만 그것 역시도 위에 언급한 레빈스키의 것보다는 짧다). 훈련은 닥틸Dactyl로 시작하고 끝을 맺었다.

활쏘기|Shooting from the Bow

서기: 닥틸에서와 같은 자세로 선다(위 그림 참고).

1   팔을 허리 양옆에 두고, 오른쪽 발가락과 왼쪽 발뒤꿈치로 서서 왼쪽으로 천천히 돈다.
2   무릎을 굽혔다 펴면서, 재빨리 왼쪽 손으로 왼쪽 어깨를 친다. 완전히 왼팔을 굽혔다가, 아래로 뻗어 손가락으로 바닥을 가리킨다(바닥에 있는 상상의 활을 향하여).

멈춘다(pause).

3   팔은 양옆에, 몸통은 수직으로 똑바로 세우고, 천천히 무릎을 굽힌다.
4   왼손을 재빨리 바닥으로 움직인다. (상상의 활을 집어 들기 위하여) 몸통의 무게를 느끼며, 몸통을 바닥과 평행으로 만든다. 오른팔은 수직으로 뻗어 올리고, 다리는 굽히고, 무게중심은 왼쪽다리에 둔다.

멈춘다.

5   3번의 자세로 돌아간다.
6   천천히 일어서며, 양쪽 발에 무게 중심을 고르게 두고, 팔은 몸통 양옆에 두고, 척추를 곧게 편다.
7   천천히 왼팔을 굽혀 왼쪽 어깨를 터치한 후 앞으로 쭉 내민다. 손은 수직으로 세운다. 무게중심은 오른발에 둔다.

멈춘다.

8   오른팔로 바닥에 평행하게 커다랗게 포물선을 그리며, 왼쪽 엉덩이의 허리띠로부터 상
    상의 화살을 잡아당긴다. 왼팔은 어깨 쪽으로 굽히고, 무게중심은 왼발로 옮겨가고, 몸
    통은 왼쪽으로 돌아간다.

9   오른팔은 머리 위 수직으로 뻗고, 왼팔은 앞으로 뻗고, 손끝은 위로 향하게 하여, 몸통
    은 왼쪽으로 기울이고, 머리는 반쯤 떨어뜨리면서, 무게중심은 왼발에 두고, 오른발은
    발끝으로 서서, 오른다리를 구부리고, 왼다리는 곧게 편다.

10 오른팔을 재빨리 구부려, 오른쪽 엉덩이에 댔다가, 위를 향해 수직으로 다시 뻗어 올린다.
    몸통은 왼쪽으로 구부려 바닥과 평행이 되게 하고, 왼팔은 내뻗은 채 그대로 유지한다.

멈춘다.

11 오른팔을 포물선을 그리며 뒤로 넘겨 수평이 되게 하면서, 재빨리 무게중심을 오른발
    로 옮긴다. 몸통은 수직으로 곧게 서고, 머리도 든다. 왼팔은 그대로 뻗은 채 놔둔다.

멈춘다.

12 천천히 오른팔을 머리 위로 크게 포물선을 그리면서 넘겨 왼팔 곁으로 가져오면서, 동
    시에 왼팔도 굽혀 손이 거의 어깨에 닿게 한다. 체중은 왼발로 옮겨진다.

13 무게중심은 계속 왼발에 둔 채, 오른 팔로 '활을 잡아당기고', 왼팔은 수평으로 쭉 뻗는다.

14 12번 자세로 돌아간다.

15 재빨리 몸통을 오른쪽으로 회전시켜 굽힌다. 무게중심은 오른발에 둔다. 두 팔은 수직
    으로 바닥을 향해 늘어뜨린다. (마치 오른발에 활을 쏘는 것처럼) 몸통은 오른쪽으로
    굽히고, 머리도 아래로 떨어뜨린다.

멈춘다.

16 재빨리 몸통을 왼쪽으로 틀며 일어난다. 두 팔을 들어올리고, 머리도 들어올리고, 무게
    중심은 왼발에 두고, 등은 뒤로 아치를 그린다.

그림 2.6 메이어홀드 엑서사이즈: 활쏘기(Shooting from the Bow)

멈춘다.

17 무릎을 굽히고, 재빨리 펴며 뛰어오른다. 왼발, 그리고 오른발. 동시에 오른팔을 재빨리
    아래로 끌어당겨 수직으로 내린다. 목은 쭉 펴고 척추도 곧게 한다. 마지막으로 무게중
    심은 두 발에 고르게 두고 뛰어오른 후 두발은 바닥에 단단하게 붙이고 선다.
18 천천히 왼팔을 몸통 옆으로 가져온다. 연습 시작할 때처럼 얼굴을 정면 향하여 선다.

    이 연습은 사냥꾼이 들짐승에게 활을 쏘는 '사냥'이라는 에튀드로 이어졌다. 실제 사냥
은 사냥을 하는 개인과 잡히는 동물에 따라 다양한 형태를 지닐 수 있다. 메이어홀드는 동

물들을 연구하기 위해 오후시간에 학생들을 동물원에 데려가곤 했다. 거기서 본 동물들은 이 에튀드의 모델들로 쓰였다. '활쏘기Shooting from the Bow'는 그 자체로 가장 확장된 형태에 있어서 거의 하나의 에튀드였기 때문에, '사냥'은 하나의 팬터마임에 가깝다. 훈련받은 학생들이 이를 공연하는 것을 관찰하는 것은 분명히 교육적 가치가 있다. 왜냐하면 그것이 좀 더 발전된 단계에 이르면 보로딘스카야 거리의 스튜디오에서 대중에게 공개될 공연과 연관된 즉흥이 가능해지기 때문이다. 그러나 모스크바에서의 혁명 이후, 이 작업은 1922년 아이젠슈타인이 조연출로 참가했던 〈따렐낀의 죽음The Death of Tarelkin〉에서 경찰이 따렐낀을 쫓는 눈부신 추격 장면을 포함해서 몇몇 공연의 장면에 영향을 주었다. 아마도 가장 주목할 만한 것은, 세르게이 뜨레챠코프Sergei Tretyakov가 1923년 초연한 〈거꾸로 뒤집힌 세상 The World Turned Upside Down〉의 네 번째 에피소드에 '사냥'을 적용한 것을 들 수 있다. 요리사를 연기하며 이를 소위 광대와 같은 인물로 창조한 이레스트 가린Erast Garin도 이 극에 참여했다.

하얀 재킷과 모자를 쓰고, 손에는 커다란 식칼을 들고, 나는 냄비에 넣을 살아 있는 수탉을 쫓아야 했다. 내가 비틀대며 넘어지면 수탉은 내 손아귀에서 도망쳐 날아갔다. (우리는 닭을 길고 검은 줄에 매어 놓았는데 수탉이 자신의 역할을 어떻게 발전시킬지 아무도 믿을 수가 없었기 때문이었다.) 그리고 다시 익살스런 즉흥으로 가득 찬 추격 장면이 시작됐다. 어느 날 가득 찬 객석 무대 오른쪽 첫 줄에 메이어홀드가 앉아 있는 것을 보았다. 관객들은 내가 수탉을 잡으려고 쫓는 것을 즐기고 있었다. 수탉은 무대조명에 눈이 멀어, 주위를 두리번거리며 멈춰 서 있었다. 나는 수탉을 잡으려고 줄을 세게 당겼다. 그런데 수탉은 미친 듯 퍼덕대더니 내 손아귀를 빠져나가 객석으로 날아가 버렸다. 줄이 끊어졌던 것이다. 창피하고, 비참했다. . . . 갑자기 메이어홀드가 단호한 결의의 표정을 하고 대포알이 대포에서 튀어나오듯 의자에서 뛰어올라 공중에서 닭을 붙잡아 겨드랑이 밑에 척 끼더니 약간의 어려움은 있었지만, 무대보조처럼 차분하게 객석을 가로질러 무대로 와서 수탉을 내게 넘겨주었다. 나는 그것을 팔 밑에 끼고 터지는 갈채를 받으며 잽싸게 퇴장했다![23]

재미있고, 유쾌하기까지 한 이 이야기는 배우에게 생체역학이 지닌 진짜 가치의 일부분만을 보여줄 뿐이다. 조나단 피처스는 다음과 같이 평가하고 있다:

처음에는 고골의 텍스트를 연습하는 것과 이 워크숍이 대체 어떻게 연관되는지 상상할 수도 없었다. 나는 일정이 급해지면, 이 생체역학 훈련 따위의 '사치'는 집어 치우고, 모든 연습시간이 텍스트에 의거해 동선을 짜는 데 쓰일 것이라고 내심 믿고 있었다. 하지만 이러한 나의 생각은 완전히 잘못된 것이었다. 에튀드의 언어가 스스로 구축되어 가면서, 생체역학은 점점 더 헤아릴 수 없이 소중한 것이 되어갔다. 집중과 앙상블, 리듬에 대한 이해와 제스처를 통한 표현능력에 있어서의 훈련의 효과를 그냥 놓쳐버린다는 것은 너무나도 큰 손실이었다. 공연을 시작하는 주까지 통틀어 4개월 동안, 우리는 두 시간의 워크숍을 계속하는 수밖에 없었다.[24]

평가에서도 보이듯 메이어홀드의 생체역학이야말로, 연극에서의 '극적 본질'이 무엇인지를 파헤쳤으며 또한 이 자체가 스스로 어떻게 진실해질 수 있는가를 실제로 밝혀주었다. 러시아 비평가인 니콜라이 페소친스키Nikolai Pesochinsky는 그의 생체역학이 사실상 스타니슬랍스키의 시스템을 넘어서는 것일 수도 있다고 보았다. '생체역학으로 훈련된 배우의 저력 속에는 일상적 삶의 모방뿐만 아니라, 그것의 잠재적 이미지와의 연결, 은유를 구체화시키는 길로 나아가는 방법까지도 숨 쉬고 있다.'[25] 피치스Pitches에게는 메이어홀드의 생체역학 작업이란 '메이어홀드적 그로테스크를 통해 배우의 몸 그 자체가 가지고 있는 신체적 본질을 무대 위에서 생소하고 낯설게 만듦으로써, 공연에 있어 어떻게 매순간 연극적 잠재력을 극대화시킬'[26] 수 있는지를 보여준 것이었다. 스타니슬랍스키와 스트라스버그Strasberg 그리고 그의 추종자들로 대표되는 자연주의적 연기스타일이 지배적이던 시기에 메이어홀드의 방법은 다소 엉뚱하게 보였기 때문에, 생체역학이 가진 한없는 잠재적 가능성은 오랫동안 묻혀왔다. 새 천년에는 아마도 그 숨겨져 있던 가능성이 분명하게 되살아날 것이다.

| 노트

1   Gladkov, Aleksandr (1997) *Meyerhold Speaks, Meyerhold Rehearses,* Amsterdam: Harwood Academic Publishers, p. 104.
2   그의 가장 중요한 작업을 설명한 책(영어본)은 아래와 같다.
    : Braun, Edward (1995) *Meyerhold: a Revolution in Theatre,* London: Methuen; Hoover, Marjorie (1974) *Meyerhold - The Art of Conscious Theater,* Boston, MA: University of Massachusetts Press; Leach, Robert (1989) *Vsevolod Meyerhold,* Cambridge: Cambridge University Press; Rudnitsky, Konstantin (1981) *Meyerhold the Director,* Ann Arbor: Ardis.
3   Garin, Erast (1974) S *Meierkhol'dom,* Moscow: Iskusstvo, p. 34.
4   Reeve, F.D. (ed. and trans.) (1973) *Twentieth Century Russian Plays,* New York: Norton, pp. 174, 175.

5 Garin, Erast, op. cit., p. 30.

6 기본 강의계획서의 내용은 다음의 책을 참고하기 바란다. Leach, Robert, op. cit., pp. 50-51,

7 Gladkov, Aleksandr, op. cit., p. 108.

8 Meyerhold, Vsevolod, Biomechanics course notes, 1921-22, quoted in Titova, G.V. (1995) *Tvorcheskii teatr i teatral'nyi konstrukivism*, St Petersburg: MKR, p. 198.

9 Ilyinsky, Igor (1961) *Sam o sebe*, Moscow: Iskusstvo, p. 154.

10 Eisenstein, S.M., Notes from a lecture by V.E. Meyerhold, 1921-22, quoted in Bushueva, Svetlana (ed.) (1992) *Russkoe akterskoe iskusstvo XX veka*, St Petersburg: Russian Institute of History of the Arts, p. 141.

11 Verigina, Vera, in Valenti, M.A. (ed.) (1967) *Vstrechi s Meierkhol'dom*, Moscow: VTO, p. 57.

12 Pitches, Jonathan (1997) 'The Actor's Perspective', in Shrubsall, Anthony and Pitches, Jonathan, 'Two Perspectives on the Phenomenon of Biomechanics in Contemporary Performance', *Studies in Theatre Production 16*, December, p. 101.

13 Gladkov, Aleksandr, op. cit., p. 104.

14 한 예로, 1915년 2월 12일의 작품의 프로그램은 다음의 책에 소개되어 있다.
   Leach, Robert, op. cit., pp. 48-49.

15 1922년 생체역학 수업에서 이러한 '주어진 역할들'(set roles)에 관한 리스트는 다음의 책에 출판되어 있다.
   Leach, Robert, op. cit., p. 75.

16 Ilyinsky, Igor, op. cit., p. 155.

17 Pitches, Jonathan, op. cit., pp. 105, 119.

18 Garin, Erast, op. cit., p. 35.

19 레빈스키(Levinsky)의 작업은 다음의 기록 보관소에서 찾아볼 수 있을 것이다.
   Arts Archive, the Third Archive, video number 10, *Meyerhold's Biomechanics: A Workshop*, Arts Documentation Unit, Exeter, 1997.

20 Garin, Erast, op. cit., p. 36.

21 짧은 발레공연인 <마지막 대화>(*The Last Conversation*)는 셀리 배인즈(Sally Banes)에 의해 재구성되었는데 공연 영상은 위스콘신 대학의 연극, 무용학과(the Department of Theatre and Dance Studies at the University of Wisconsin-Madison, USA.)에서 찾아볼 수 있다.

22 Garin, Erast, op. cit., p. 36.

23 Valenti, M.A., op. cit., p. 310.

24 Pitches, Jonathan, op. cit., p. 103.

25 Bushueva, Svetlana, op. cit., p. 104.

26 Pitches, Jonathan, op. cit., p. 125.

| 참고문헌

Benedetti, Jean (1988) *Stanislavsky: A Biography*, London: Methuen.

Bergen, Ronald (1997) *Sergei Eisenstein: A Life in Conflict*, London: Little, Brown.

Braun, Edward (ed.) (1969) *Meyerhold on Theatre*, London: Eyre Methuen.

___ (1995) *Meyerhold: a Revolution in Theatre*, London: Methuen.

Bushueva, S.K. (1992) *Russkoe akterskoe iskusstvo XX veka*, St Petersburg: Ministerstvo Kul'tury Rossii.

Eisenstein, Sergei (1985) *Immoral Memories*, London: Peter Owen.

Garin, Erast (1974) *S Meierkhol'dom*, Moscow: Iskusstvo.

Gladkov, Aleksandr (1997) *Meyerhold Speaks, Meyerhold Rehearses*, Amsterdam: Harwood.

Gourfinkel, Nina (1963) *Vsevolod Meyerhold —Le théâtre théâtral*, Paris: Gallimard.

Hoover, Marjorie (1974) *Meyerhold −The Art of Conscious Theater*, Boston, MA: University of Massachusetts Press.

Ilyinsky, Igor (1961) *Sam o sebe*, Moscow: Iskusstvo.

Kleberg, Lars (1993) *Theatre as Action*, London: Macmillan.

Leach, Rober (1989) *Vsevold Meyerhold*, Cambridge: Cambridge University Press.

___ (1994) *Revolutionary Theatre*, London: Routledge.

___ (2003) *Stanislavsky and Meyerhold*, Bern: Peter Lang AG.

Meyerhold, V.E. (1968) *Stat'i, pis'ma, rechi, besedy*, 2 vols, Moscow: Iskusstvo.

___ (1976) *Perepiska 1896-1939*, Moscow: Iskusstvo.

Mikhailova, Alla et al (1995) *Meierkhol'd I khuzozhniki*, Moscow: Galart.

Pesochinsky, Nikolai V. et al (1997) *Meierkhol'd v Russkoi teatral'noi kritike*, Moscow: Artist, Rezhisser, Teatr.

Picon-Vallin, Beatrice (1990) *Meyerhold*, Paris: CNRS.

Pitches, Jonathan (2003) *Vsevolod Meyerhold*, London: Routledge.

Rudnitsky, Konstantin (1981) *Meyerhold the Director*, Ann Arbor: Ardis.

Schmidt, Paul (ed.) (1980) *Meyerhold at Work*, Austin, TX: University of Texas Press.

Sherel', A.A. (1992) *Meierkhol'dovskii sbornik*, 2 vols, Moscow: Komissiya po tvorcheskomu naslediya V.E.Meierkhol'da.

Sitkovetska, M.M. (1993) *Meierkhol'd repetiruet*, 2 vols, Moscow: Artist, Rezhisser, Teatr.

Titova, G.B. (1995) *Tvorcheskii teatr I teatral'nyi konstuktivizm*, St Petersburg: Ministerstvo Kul'tury Rossii.

Valenti, M.A. (ed.) (1967) *Vstrechi s Meierkhol'dom*. Moscow: VTO.

van Gyseghem, Andre (1943) *Theatre in Soviet Russia*, London: Faber and Faber.

Zolotnitskii, David (1976) *Zori teatral'nogo oktyabrya*, Leningrad: Iskusstvo.

Chapter 3

자크 코포: 성실함에 대한 탐구
JACQUES COPEAU: THE QUEST FOR SINCERITY

● ● ● **존 루들린**John Rudlin

배경The Context

자크 코포는 비교적 늦은 나이에 직업적 연극세계에 입문했다. 그가 도스토에프스키의 카라마조프의 형제들을 처음 연출했을 때가 32살이었으며 그로부터 채 2년이 되지 않아 앞길이 비교적 탄탄한 문학인으로서의 직업을 포기하고 험난하고 모험으로 가득 찬 연극인으로서의 길을 선택했다. 1913년, 자신이 설립하고 수석편집자로 일했던 누벨 르뷔 프랑세스Nouvelle Revue Francais에 있는 친구들의 도움으로 그는 세느강 왼편에 뷔유 콜롱비에 Vieux Colombier 극장을 세웠다. 그 건물은 극장을 세우기 전에는 아떼네 생 제르맹l'Athenee St-Germain이라 불리는 다목적 홀이었다. 코포는 심사숙고한 후 건물이 자리 잡은 거리의 이름을 따서 이름을 붙이고 건물에 요란하게 달려 있던 장식물들과 금박을 입힌 조각상, 그리고 프로시니엄 아치마저 없애버리고 군더더기 없는 간결한 극장을 만들었다.

이러한 mise a nu(벌거벗기다: 역주)는 그가 극장을 설립했을 당시의 프랑스 연극의 모든 양상에 대한 그의 전형적인 접근방식을 보여준다. 그는 8년 동안 몇몇 파리의 잡지에 드라마 비평을 하면서 누구보다도 다양하게 많은 프랑스 연극을 관찰하였다. 그는 연극평을 쓸 때마다 스타시스템과 이의 뿌리가 된 영리위주 상업 연극의 악영향에 대하여 지적했다. 그러나 그러한 비평은 별로 영향력을 미치지 못했고, 그는 이제는 치유하기 위한 작업이 필요한 시기라고 생각했다. 그는 스스로에게 부여한 책무를 '연극적 혁신Dramatic Renovation'이라고 부르며 마치 회화의 복원 작업처럼 겹겹이 덧그려진 두터운 색칠을 벗겨내고자 하였다. 그러한 작업을 통하여 이를테면, 두터운 색칠 밑에 감춰져 있던 과장되게 장식되지 않은 본래 빛깔의 몰리에르 작품을 드러내고자 한 것이다.

> 내가 전통을 파괴하려 한다는 말을 종종 듣는다. 사실은 그 반대이다. 나는 300년 동안이나 [꼬메디아 프랑세즈Comedie-Francaise]의 관료 배우들이 덮어 씌워놓은 속박에서 작품들을 해방시켜 줌으로써 진정한 전통에 보다 더 근접할 방법을 찾고 있다. 진정한 전통은 원작 바로 그것이다.[1]

코포는 이런 점에서 근대 이전에 살았던 탈근대주의자pre-modern post-modernist라고 할 수 있다. 그는 소위 '-주의'라고 하는 예술 사조나 장르 혹은 예술운동, 문화혁명 따위를 믿지 않았으며, 되찾고 재생가능하며 재발견되는 존재로써의 연극이라는 매체를 믿었다. 그는 오래된 것에 대한 골동품 수집가로서의 흥미를 보였다기보다 연극이 퇴폐함 속에 빠졌으며 더 이상 새로운 작품을 보여줄 단단한 기반을 제공할 수 없다고 생각했다. 소설과 희곡 사이에서 고민에 빠져 있던 그의 문학 동료들은 코포가 다양한 연극 장르를 통해 그들의 에세이를 위한 급진적이면서도 근본적인 출구를 제공할 것이라고 희망했다. 실제로 코포는 작업 진행과정에서 대본을 존중하는 옹호자로 꼽히고는 했다. 코포의 몇몇 초기 연출작들이 보여주는 무대 세상은 거의 무대 독회와 같았다. 그는 자신이 허세 짙은 서투른 연기cabotinage라고 부른, 배우의 진실성 없는 감정의 표현이나 19세기의 진부한 습관적 기교의 잡다한 전시보다는 오히려 성실한 무대 독회적인 것이 낫다고 생각했다.

> 이 풍토병적 현상은 연극 세계에 국한된 것이 아니라 동시대 사회 전체에 걸친 불성실과 허위라는 질병이다. 이러한 풍토병에 걸린 자는 진짜일 수도 없고 진정한 의미에서의 인간일 수도 없다. 그는 믿을 수 없으며 부자연스럽다. 나는 기형이 너무나 심하여 설명조차 필요치 않은 소위 스타라 불리는 그런 불쌍한 괴물들에 대해서만 얘기하는 것이 아니다. 나는 모든 배우들과 그들 중에서도 스스로를 가장 미미한 존재로 여기고 있는 배우들에 대해서까지도 말하고 있는 것이며 배우의 눈에 띄지 않을 정도의 작은 몸짓, 개성의 완벽한 기계화, 심원한 지성과 진정한 영성의 결여에 대해 이야기하고 있는 것이다.[2]

그러나 배우의 나쁜 습관을 제거하기보다는 벽에 묻은 묵은 때를 벗겨내는 것이 훨씬 더 쉬웠다. 그는 단원들을 신중히 선택했고 그렇게 모집된 배우들을 그의 고향집이 있는 센에 마른Seine et Marne의 라 페르떼 수 자르La Ferté-sous-Jarre라는 작은 촌락 근처에 있는 르 리몽Le limon이라는 곳으로 데리고 갔다. 이렇게 배우들을 도시에서 시골로 데리고 가는 움직임을 그는 '탈도시화de-urbanise'라고 불렀다. 그곳에서 리듬감 있는 훈련에 기반한 몸 풀기, 즉독sight-reading, 수영, 펜싱, 그리고 구기종목과 같은 스포츠들을 야외 들판에서 규칙적으로 연습했다. 이러한 자연 환경 속에서 코포는 그의 배우 훈련을 통해 자연스러운 순수함, 순간적인 자발성, 충동에 따른 몸짓의 진정함, 능숙하게 읽혀지는 대본 그리고 통일된 극적 목적으로 이끄는 집단적 유희 감각을 이루기를 바랐다. 첫 번째 합숙기간이 끝나갈 무렵, 이 준비 작업은 분명한 성과를 거두었다: 파리에서 비유 콜롱비에Vieux Colombier 극장의 〈십이야Twelfth Night〉 공연에 들어가기 위해 줄을 서는 관객들로 장사진을 이룬 것이다. 1917년 전쟁 기간 중 문을 닫은 파리의 극장에서 코포는 회상하기를,

일반적으로 모든 것에 대해서 무덤덤한 파리에서 1913년 10월 19일부터 1914년 5월까지의 8개월 동안 어떻게 나는 전적으로 프랑스를 포함한 외국의 고전, 그리고 현 시대에 있어서도 가장 대담한 작품으로만 구성된 레퍼토리를 점점 늘어나는 관객들을 대상으로 성공시킬 수 있었을까? 이는 순수한 영혼과 심성이 때 묻지 않은 동료들과 함께 작업한 결과이다.[3]

아쉽게도, 전쟁에서 영영 돌아오지 못한 사람들과 본성을 숨겼던 사람들, 그리고 극단을 떠난 사람들 때문에 코포와 그의 동료들의 성공은 오래 지속되지 못했다. 6년 후인 1923년 그의 조연출이었던 미셸 생 드니Michael Saint-Denis에게 코포는 연습이 끝난 후 다음과 같이 말했다.

오늘 그들을 보았니? 나는 항상 그들이 뭘 할지 미리 알 수 있어. 그들은 그들 자신으로부터 벗어나지 못해. 단지 자기 자신만을 사랑하지. 모든 것을 자신의 습관이나 클리쉐 (cliche, 진부한 표현), 그리고 모르면서도 아는 척하는 연기의 수준으로 축소시켜 버리지. 그들은 아무것도 연구하지 않아. 그것은 전적으로 모방에 대한 또 하나의 얄팍한 모방에 지나지 않아.[4]

그림 3.1 코포: 리몽(Le limon)에 있는 정원에서의 체조 수업 (사진: Marie Hélène Dasté collection)

그럼에도 불구하고 코포는 결코 배우들을 싫어하지 않았다. 사실 그 자신이 배우였다. 그는 몰리에르나 스타니슬랍스키, 앙뚜안느와 같은 그가 공경하는 거장들의 작업을 따라함으로써 연출가로서 배우가 가진 '안에서 밖으로'와 '밖에서 안으로'의 어려움을 인식할 수 있었다. 그는 연기의 저변에 깔려 있는 원초적인 문제를 '피가 얼어붙는 현상'으로 표현하곤 했다.

배우는 그의 팔에게 '자, 팔아, 지금이야, 쭉 뻗고, 그리고 몸짓을 하자' 라고 말한다. 그러나 팔은 나무처럼 뻣뻣하게 굳어 있다. 피는 더 이상 흐르지 않고, 근육은 움직이지 않는다. 몸은 자기 내부에서 투쟁하고 있다. 이것은 아찔한 순간이다. 배우의 세계 밖에 있는 사람들에게 이러한 이야기는 허무맹랑한 말이나 시처럼 들릴 수도 있다. 그러나 우리는 알고 있다. 왜냐하면 무대에 선다는 것이 무엇을 의미하는지 자주 경험해 왔기 때문에, 이를테면 지금 하고 있는 행위가 하려고 했던 것이 아니라는 것을, 팔을 다르게 움직이고자 했었다는 것을, 그리고 그 자리에 막대기처럼 서 있기보다는 편안하고 따뜻하게 관객에게 다가가려고 했었다는 것을 알고 있다.[5]

그러나 코포의 관점에서 보면 그러한 마비보다 더욱 나쁜 것은 데이빗 게릭David Garrick과 같은 배우의 지나친 적응능력이었다. 게릭은 파리에 있는 화실에 방문했을 때 아무런 감정을 느끼지 않는 것 같으면서도 그의 얼굴 위에 수많은 감정의 선들이 스쳐 지나가게 하여 디드로Diderot를 포함한 여러 친구들을 즐겁게 했다. 디드로의 『배우에 관한 역설Paradoxe sur le Comédien』이라는 책의 서문에서 코포는 다음과 같이 썼다.

> 배우가 . . . 자신의 가공할 성실함을 그가 아닌 것이 되기 위하여 적용한다. 즉 그는 그가 느끼지 못하는 것을 표현하기 위해서라기보다는 그가 꾸며낸 것을 느끼기 위하여 그 성실함을 사용하는 것이다.
>
> 철학자 햄릿을 곤혹스럽게 만든 것은 지옥으로부터 찾아와 그를 섬뜩하게 만드는 유령이 아니라 인간 본연의 기능을 환상적으로 악용하는, 참을 수 없는 여흥이다.
>
> 배우는 그의 영혼을 잃어버리는 위험을 무릅쓴다. 배우는 연기할 때 지나치게 흥분하고 쉽게 도취되면서, 가상으로 만들어진 격한 느낌에 의해서 스스로 마음에 상처를 받으면서, 인위적인 습관에 의해 왜곡되면서, 절대적 진실 앞에 스스로가 걸맞지 않게 느낀다. 총체적 의미로써의 배우라는 존재는 인간세계에 대하여 이상한 관계를 표상하는 초현실적 상처stigmata를 가지고 있다. 그가 우리들 세상으로 돌아올 때 그는 마치 다른 세계에서 온 것처럼 보인다.
>
> 배우라는 직업은 그 사람을 빗나간 존재로 만드는 경향이 있다. 이것은 그 자신을 버리고 가상의 삶을 살도록 만드는 직업적 천성의 결과이다. 이리하여 사람들은 배우라는 직업을 경멸하고 그 직업이 위험하고 비도덕적이라고 생각하며 그것이 가진 신비성 때문에 비난한다. 가장 관대한 사회에서조차 사라지지 않고 있는 이러한 위선주의적 입장은 뿌리 깊게 박힌 관념을 반영하고 있다. 즉 그것은 배우가 무언가 금지된 것을 하고 있다는 것이다. 배우는 인간의 본성을 가지고 놀고 있으며 그것을 노리개로 삼아 장난을 치고 있다는 것이다.[6]

코포는 통속극boulevards과 꼬메디 프랑세스Comedié Française(예술학교가 부수적으로 제공한 기관이며 비유 콜롱비에 연극 학교가 열기 전까지는 프랑스에서 유일하게 배우 수업을 받을 수 있는 곳이었다)를 지배하고 있는 풍토병적 현상에 대한 해독제로써 그의 배우들에게 개인적 성실함을 지속적으로 요구했다. 그는 가끔 리허설이 끝난 후 무대에서 목수들이 작업하는 것을 지켜보기 위해 남아 있곤 했다. 목수들의 작업은 그 과정의 목적이 분명했고 리듬감이 있었으며 언제나 성실했다. 반면에 리허설 중의 배우들의 행동은 부자연스럽고 억지스러웠으며 장인정신의 전통이 보이지 않았다.

1917년부터 1919년 사이 코포는 뉴욕에서 그의 극단 동료 중 몇몇을 다시 모을 수 있었다. 제1차 세계대전이 끝난 후 1920년 파리에서 비유 콜롱비에 극장을 다시 열었지만 그는 별로 내키지 않아했다. 당시에 그는 프랑스 사람들이 말하는 '수레를 소 앞에 둔다'는 표현처럼 연극적 혁신을 위한 그의 탐구에서 자신이 타협을 해왔다는 사실을 너무나 잘 자각하고 있었다. 리허설 동안에 기성 배우들과 치료 작업을 하는 것보다는 풍토병적 현상이 몸에 뿌리 깊게 배어들기 전에 성실성이라는 어려운 과제가 자리 잡을 수 있도록 부속학교에서의 준비 작업이 더 필요한 일이었다. 가능한 한 가장 어린 나이의 배우들을 훈련(혹은 재훈련)하기보다는 교육할 수 있는 격리된 교육 장소가 필요했던 것이다. 그러한 연극인들은 스타시스템에서 필요한 자기중심주의로부터 자유로울 수 있으며 공동 실습기간을 통해 생성된 앙상블에 대한 성실성을 가질 수 있을 것이다. 코포는 이러한 정신적 통일과 테크닉의 공유화를 '콰이어Choeur'라고 불렀는데 이는 대략 '합창대Choir'와 '합창Chorus'의 의미로 번역될 수 있다. 그러나 그는 연극적 혁신이라는 과제를 해나가기 위해 학교보다 비유 콜롱비에 극장의 개관을 우선순위로 두지 않을 수 없었다.

1915년 비유 콜롱비에 극장이 문을 닫았을 때, 그는 베니스에 있는 에드워드 고든 크레이크Edward Gordon Craig의 학교(역시 전쟁 동안 문을 닫았다)를 방문하고 다음과 같이 기록했다.

학교를 세우는데 있어 크레이그는 내가 느끼던 필요성과는 다른 것을 느끼고 있었으며 같은 목표를 추구하지도 않는다. 심지어 긴급하게 해결해야 할 목표도 없다. 그는 연극 연출가가 아니다. 레퍼토리의 요구조건을 충족시킬 배우들의 극단을 구성하려고 하지도 않는다. 그는 배우에게 관심이 없으며 오직 '초 인형Über-Marionette' 이론만이 그의 관심사이다.7

크레이그는 적어도 연극예술에 있어 새롭게 태어날 수 있는 기간인 10~15년 동안 교육을 위해 대중으로부터 극장 문을 닫을 수 없다면 파리의 예술극장Théâtre des Arts in Paris 연출 자리를 거절하겠다고 한 자신의 일화를 코포에게 말해주었다.

내가 왜 크레이그의 충고를 따르지 않고 극장을 열기 전에 학교를 열지 않았는지 물을 수도 있다. 나에게는 그렇게 할 만한 권위도 수단도 없었기 때문에 그렇게 할 수도 없었고 그렇게 하지 않은 것이다. 만약 1913년 10월 학교 설립을 제안했다면 아무도 내 말에 귀를 기울이지 않았을 것이다. . . . 물론 크레이그는 논리적이었다. 그러나 만약 내가 그렇게 논리적이었다면 나는 잊혀진 상태로 있어야 했을 것이다. 난 무엇보다도 나의 연극이념이 존속해야 한다는 것을 절실히 확신했다. 내가 가진 유토피아적 연극 이념을 대중이 낯설어 하지 않도록 해야 했다. 대부분 경험이 없던 극단의 배우들이 나의 지도 아래 1년간의 공동 작업을 통하여 무엇을 해낼 수 있을지 증명해야 했다. 그리하여 나는 삶의 현실이 요구하는 것들을 양보함으로써 작업을 시작했던 것이 사실이다. 그러나 이는 무지로부터 생긴 것이 아니라 신중함으로부터 생긴 결과이다. . . . 학교나 극장에 대한 개념은 사실상 같은 것이다. 난 처음부터 그런 생각을 가지고 있었으며 그것은 나의 『연극 혁신의 시도An Attempt at Dramatic Renovation』에 잘 기술되어 있다.[8]

비유 콜롱비에 연극학교는 1920년 12월과 1921년 6월 사이에 초기 시험기간을 거치고 이보다 앞서 프랑스와 미국에서 짧은 기간 동안의 여러 실험이 있은 후 1921년 12월 정식으로 개교했다. 학교의 대표는 소설가이자 극작가인 쥘 로맹Jules Romains이였고, 전임교사는 그 시점까지 극단의 여주인공을 맡던 배우이자 코포의 조수였으며 친구이자 연인이었던 수잔 빙Suzanne Bing이었다. 코포 자신은 일반인을 위한 반半공개강좌를 할 때를 제외하고는 학교에 거의 나오지 않았으나 빙과의 협조를 통해 진행과정을 감시하며 조정, 관리할 수 있었다. 1922년 그는 스스로 학교의 대표직을 맡게 되었지만 혹독한 제작과 공연 스케줄로 인하여 학교에서는 거의 볼 수가 없었다. 학교에는 세 단계의 레벨이 있었고, 시간이 지날수록 '기초 반apprentice group'이 점점 더 코포의 삶을 지배하기 시작했다. 기초반은 최소한 3년의 실습 기간을 거쳐야 했으며 처음에는 14세에서 20세까지의 남녀 6명으로 이루어져 있었다.[9] 이 시기의 마지막에는 새롭고, 더욱 젊은 그룹으로 시작하는 것이 목표가 되었다. 핵심 과목은 수잔 빙이 담당한 '연극적 직감Dramatic Instinct'이라는 과목이었다. 코포가 그녀에게 준 유일한 짧은 지시사항은 그녀 자신의 본능에 따르되 3년이 되기 전에는 학생들이 대사를 하지 못하게 하라는 것이었다. 1923년 말 그는 프로젝트에 관해 다음과 같이 요약했다.

1학년 때에는 특히 기초적인 개념을 습득하는데 집중한다. 2학년 때는 일반적 종합적 문화의 발전사와 직업과 관련된 문화발전사를 공부하며 3학년 때는 특별한 능력이나 개인적 적성에 집중한다. 공연을 위한 작업은 이때 처음 시작한다.

교육은 신체 교육(음악적, 체조, 아크로바틱, 춤, 게임을 통한 체력과 기술의 강화)으로 시작하여 무대 미술 일반(설계, 모형제작, 응용미술, 의상, 소품), 노래 부르기(합창과 독창 둘 다), 극적 표현을 위한 훈련(가면작업, 신체적인 게임, 골상학, 모방)으로 발전하여 즉흥연기(입체적인 감각과 대사를 이용하여)와 화술, 낭독을 공부한 뒤 일반 교육과 연극이론(극적표현의 법칙, 연극사의 황금기에 대한 공부, 무대 미술과 그 기술에 관한 학습)에 이르게 된다.

궁극적으로 자유 극free play은 창조자로서 그리고 작업자로서 그들의 재주에 따라서 작은 규모의 공연을 만들 수 있도록 맡겨졌다. 공동생활과 작업에서 개인적인 능력에 따른 전문성을 배제하지 않음으로써 사실상의 작은 단체가 재빨리 만들어졌다. . . . 그 단체는 건전한 이념과 단단한 직업적 작업 기반, 탁월한 공동체의식, 자급자족의 능력을 갖춘 단체였다.[10]

'작은 규모의 공연'이 어떻게 이루어졌는지 예를 들어보자. '리더 따라 하기Follow My Leader'라는 게임이 발전하면서, 가면을 쓴 학생들은 리더가 하는 행위를 꼭 되풀이해야 하는 것은 아니지만 앞서 한 사람의 표현의 핵심을 찾아 이를 표현한다. 때로는 아무런 주제가 주어지지 않은 때도 있었으나 처음 추상적인 즉흥을 하면서 직관적인 발견이 이루어졌으며 그 때문에 빨래터에서 일하는 마을 아낙네들의 수다와 같이 단순한 상황으로 이끌어지기도 했다. 그 중에 하나는 귀향하는 배를 환영하기 위하여 군중이 모여든 상황이었다. 모든 작품 중에서도 이 작품이 보여준 가능성의 질적 우수성은 그로 하여금 앞으로 학교에 시간을 쏟아야 할 것인지 아니면 극장 운영에 전념해야 할 것인지에 대한 딜레마를 더욱 절실하게 만들었다.

학생들은 무대 앞쪽으로 다가선다. 그들은 가면을 썼음에도 불구하고 폭풍우가 몰아치는 바다를 뚫어지게 살펴보고 있는 바닷가 어촌 사람들의 모습을 만들어 낸다. 그들의 몸은 그들 자신의 감성과 더불어 휘몰아치는 파도의(에 시달리는 배의) 움직임에 따라 미묘한 푸가fuga적 급변을 창조해낸다. 쪽배가 노를 저으며 가까이 온다. 그것은 두 명의 배우가 리듬감을 가지고 줄기차게 다가오면서 만들어낸다. 그들은 배에서 내려 앞 무대에 연결된 계단 위로 뛰어오른다. 그들은 익사한 동료들의 소식을 가져온다. 그 소식은 그룹(어촌 사람들) 전체의 모습을 바꾼다. 장면은 어부의 오두막 집안으로 전환된다. 아내와 아이들은 남편을 기다린다. 동료 선원들이 비극적인 소식을 가지고 들어선다.[11]

이 작은 무리의 미래는 어떻게 되었을까? 그 후 1년이 지나면서 몇몇은 비유 콜롱비에 극단에 들어갔을지도 모른다. 다른 이들은 제 갈 길을 가야 했을지도 모른다. 점차적으로 그들이 가진 집단적 경험의 강도는 분산되고 희미해졌을 것이다. 코포는 연습 중에 매일 '배우의 문제'라는 것과 씨름해야만 했었을 것이다. 1924년 5월 15일, 기초반 학생들의 첫 번째 반¥공개 작품 발표회가 있은 2주 후 코포는 지금까지도 종종 비난받고 있으며 그다지 칭찬받지 못할 놀라운 일을 저지르고 만다. 그는 그 동안의 성공이 이룩한, 앞날이 탄탄히 보장된 비유 콜롱비에 극장의 문을 닫아버렸다. 직감에 따른 결정이었으며 앞으로의 계획은 아무것도 없었다.

> 1913년 이래로 우리는 '시민 연극'을 거부하면서 이미 허위와 거짓에 오염된 소위 '아방가르드' 연극 또한 받아들이지 않기로 결심했었고 아무런 진전 없이 제자리걸음 하는데 지쳐갔으며 많은 시간이 흘렀음에도 불구하고 무언가 값진 것을 만들어내지 못했다는 것을 시인하게 되었다. 1924년 말, 우리는 모든 것을 모험하기로 결정했다. 우리는 우리 자신이 오랜 시간동안 정의하고 이해하고자 노력했던 이 '혁신'이 최소한 우리 자신에게 무언가 의미가 있기를 바랐다. 우리는 처음부터 다시 시작했다. 우리가 알던 것들을 재검토하기 위해서, 알지 못했던 것들을 좀 더 배우기 위해서, 어렴풋이 느끼던 것들을 실험하기 위해서 뒤돌아보았으며 우리 자신의 뚜렷한 소명의식 없이 진전하는 것도 하지 말아야 하며 진실하지 못한 그 무언가를 그나마 겸허하고 순수하게 쌓아 올리는 것도 그만두어야 한다.[12]

그해 9월 그는 기초반과 극단에서 데려온 4명의 직업배우, 그들의 가족 그리고 그 지역에 사는 2명의 연극인, 1명의 기술자, 그리고 시인과 함께 버건디Burgundy의 중심에 있는 본Beaune에서 10킬로미터 떨어진 샤또 드 몽트뢰유Chateau de Morteuil에 자리 잡았다.

그 '성chateau'은 그저 습한 분지에 위치한 커다랗게 떡 버티고 서있는 농가일 뿐이었다. 건물 안은 더러웠고, 전기도 없었으며 난로들도 쓸모가 없었다. 그 때 코포는 원인불명의 질병의 초기 증상으로 심신이 지쳐 있었다. 그러나 거기에는 그의 가구와 도서관, 가족과 일가친척들, 비유 콜롱비에 극장 창고에 쌓여 있던 의상들, 그리고 연극의 새로운 세계를 발견하기 위하여 함께 모험을 할 들뜬 동아리 패들이 있었다. '나의 처지는 마치 나의 나약한 몰골을 걱정스레 쳐다보는 젊은 얼굴들의 무리에 둘러싸인 방주 안의 늙은 노아와 같았다.'13

11월 4일 널리 알려져 있듯이 안주인(Le Patron 코포를 일컬음: 역주)은 앞으로의 작업을 설명하기 위하여 그들을 한데 모았다. 그 중 한 사람이 그가 한 말을 받아 적어두었다.

> 그는 왜 그가 이곳에 왔어야 했는지 그리고 이를 위해서 모든 것을 포기해야만했던 이유를 설명했다. 그는 이것이 그분 생애의 마지막 기회로 여긴다고 말했으며 우리가 이렇게 모이게 된 것에 대한 우리 자신의 책임감을 깨달아야 한다고 말했다. 그 책임감은 작업에 대한 태도를 비롯해 자존심을 가진 생활 방식에 있어서 완벽주의자적 태도를 가졌을 때 나타난다고 말했다. 그는 예술가의 도덕성과 그 뜨거운 큰 뜻을 이루기 위하여 필요한 자기관리를 특히 강조했다. 그는 이 집단에 오도록 누구에게도 강요하지 않았다. 우리 모두는 자원했고 우리는 제자로서 이곳의 빈곤한 여건을 받아들여야 한다. 우리 개인으로서의 개성을 지운다는 것은 말도 안 되며 오히려 그 개성을 닦고 관리하면서 보존하여야 한다. 우리는 타인을 존경하고 간섭하지 않으며 경의를 표해야 하고 성실함, 박애, 지성과 훌륭한 유머를 가질 필요가 있다. 그 자신은 전혀 잘못이 없는 사람은 아니지만, 결코 불공평하다는 것을 알면서도 불공평한 짓을 하지는 않을 것이다, 우리는 결코 그를 지루하게 하지 않을 것이다. 그가 우리에게 쏟은 힘은 고스란히 그에게 돌아갈 것이다. 그는 이러한 일반적 원칙들이 학교와 숙소의 단체생활을 위한 규칙에 어떻게 실제적으로 적용될 것인지에 대해 설명을 계속했다. 이러한 원칙들이 지켜져야만 그는 작업을 할 수 있을 것이라고 말했다. 왜냐하면 자유는 규율과 이의 준수로부터 오기 때문이다.14

가족공동체와 작업 생활을 그렇게 용기 있게 한데 뒤섞은 것, 즉 생활과 작업, 연극에 있어서 앙상블을 이루고자 하는 키부츠스타일kibbutzim-style(이스라엘 생활공동체: 역주)의 시도에 경의를 표할만 하다. 그러나 이러한 높은 도덕적 기풍은 코포 자신이 가톨릭 신앙을 거의 얀센파Jansenist 수준에서 다시 신봉하기 시작한 것의 반영이라고 할 수 있다. 불행하게도 그의 영적인 위기는 여전히 심각해지고 있었으며 습기로 가득 찬 성chateau은 건강에 그닥 좋지 않았고 이 계획을 뒷받침하기로 되어 있던 기금은 현실화되지 못했다. 5개월 뒤인

1925년 2월, 이러한 위기가 가장 절망적인 상태에 이르자 코포는 그 공동체를 해산했다. 그럼에도 불구하고, 몇몇 배우들은 자비로 계속 남아 있기를 제안했으며 코포의 친척이 속해있던 기초반의 몇 학생들과 함께 단체를 만들어 버건디 읍내와 마을에서 공연하기도 했다. 그러나 이 단체는 훈련 집단으로서 가끔씩 공연을 하는 학교가 아니었다. 그럼에도 불구하고, 안주인(Le Patron, 코포를 일컬음: 역주)은 점차 그들의 작업에 끌려 들어가기 시작했다. 그해 6월 연기, 연출, 그리고 극작 등의 활동 전반에 관하여 고삐를 잡게 되었고 그러면서 수잔 빙과 장 다스떼Jean Dasteé와 같은 다른 사람들이 훈련 프로그램에 전반적인 책임을 지게 되었다. 안주인Le Patron의 이름(코포)을 그 지역 사투리로 발음한 레 코피오Les Copiaus로 이름 지어진 이 단체가 안개 잦은 골짜기로부터 페르낭 베르줄레스Pernand-Vergelesses 근처 마을의 양지 바른 언덕 위에 지어진 커다란 집으로 옮기게 되면서 보다 행복하고 밝은 분위기가 생성됐다. 코포의 기술에 따르면 코피오의 새로워진 정신은 '연극적 직감'이라는 교육에서 자라난 것이며 그 '연극적 직감'은 다음에 기초하고 있었다.

각 전문분야의 원칙에 대한 의식적 고찰과 연극적 창조 요소에 대한 개별적 성찰에 계속적으로 기반을 둔 철학에서 태어난다. 선생들은 학생이 마음 속 가장 깊은 곳에서의 발견을 할 수 있도록 이끌어주는데 그러한 발견은 어떠한 테크닉을 체득하는 데 있어서도 반드시 필요한 것이다. 그들이 자기 자신에게 다짐한 과제는 아무 것도 피하지 않는 것, 결코 아는 척 하지 않는 것, 그들이 개인적으로 확신을 가지고 생각하거나 표현할 수 없는 것은 아예 표현하지 않거나 생각도 하지 않는 것이어야 한다. 그들은 자신 안의 원칙을 찾는데 온 정성을 다해야 하며 연극적 법칙과 그것에 대한 필요성의 감각을 직접적인 경험으로써 자신의 몸과 가슴과, 그리고 마음에 뿌리박도록 전념해야 한다. 이를 통해 그들은 인위적이거나 문학적 태도가 아닌, 때 묻지 않은 지점으로 되돌아가고, 모방하는 습관이나 주워 모은 능숙함으로 인하여 왜곡된 것이 없는 세상에서 오염되지 않은 지점으로 돌아가게 된다. . . . 그곳이 바로 그들이 서 있어야 할 곳이며 그 위치에서 그들은 더 이상 바랄 것이 없다. 그들은 자신들의 능력을 흐뭇해하기보다는 항상 시작점에 서 있다. 내가 보기에 이것이 가장 긍정적인 성취이다.[15]

그들은 몰리에르의 소극들과 코포가 번안한 골도니Goldoni와 루에다Lope de Rueda의 작품을 공연하였다. 또한 자신들 나름대로의 원작들을 발전시켜 나갔는데 그들이 전에 고안했던 코미디아델라르테의 새로운 가면에 점점 더 의존했다. 처음에는 지방의 축제와 장터에서 공연하였으나 점차적으로 전국적이고 국제적인 명성을 이루어갔다. 아마도 〈환영L'Illusion〉이 이들의 대표적인 작품이었는데, 비록 외면상으로는 코포가 코르네이유Corneille와 페르난도 드 로하스Fernando de Rojas의 원작을 개작한 것이지만 많은 부분이 그들의 즉흥작품으로부터 골라낸 재료들로 만들어져 있었다. 대본은 비록 이상적이기는 하지만 순진하고 개인적인 그리고 집단적 삶을 재현함으로써 곧 공연 스타일에까지 스며들었다는 것을 드러내주었다. 프롤로그에서 거의 자기 자신과 같은 '배우' 역을 연기한 코포는 '피가 얼어붙는 현상'에 대하여 골몰하고 있는데 이때 수잔 빙이 연기하는 '여배우'가 등장한다.

> 여배우: 만약 우리가 지나치게 오랫동안 말없이 서 있다면, 만약 우리의 생각을 너무 오랫동안 되새기고 있다면 언젠가는 환상을 창조할 힘을 계속해서 보존할 수 있을까요? 난 그저 여배우일 뿐이에요. 난 현실에 대해서는 별 관심이 없어요. 난 나 자신을 그다지 좋아하지도 않아요. 난 나의 모든 것으로부터 침범당하고 싶지 않아요. 나의 열정, 나의 욕망, 나의 질투, 나의 기만. 나에게 희극을 돌려줘요. 그 희극의 불꽃이 내 안의 모든 것들을 태워버리고 날 정화할 수 있도록.
>
> (마지막 대사에 메이엔Maiéne[코포의 딸, 마리에-헬레네Marie-Héelèene]가 등장한다.)

> 배우: 난 무언가 만들어내려고 애쓰고 있었는데 . . . 연기의 양식, 주눅 들어 꼼짝 못하는 움직임, 젊은 얼굴들, 사랑과 음악, 그리고 바로 당신을 위하여 내가 당신을 사랑하듯이 당신으로 하여금 날 사랑하게 만들어 줄 시적인 정서가 넘쳐흐르는 캐릭터. 하지만 난 그저 어둠침침한 이미지에 사로잡혀 시달리고 있지요. . . .
>
> (메이엔이 '배우'에게 다가간다.)

메이엔: 아빠.
배우: (그녀에게 키스하며) 잘 잤니?
미셸[생 드니Michael Saint-Denis, 코포의 조카]: (등장하며) 안녕히 주무셨어요?
배우: 너는?
빌라르[장 빌라르Jean Villard, 비유 콜롱비에의 배우]: (등장하며) 준비되셨습니까, 배우님? 젊은이들이 기다리고 있습니다.

배우: 이 젊은이들이 나한테서 뭘 원하는 거지?

메이엔: 저희와 같이 어울리시기를.

여배우: 희극을 위하여 사는 배우들은 자유롭고 가난하며 희극 연기를 위하여 필요한 테크닉을 아침부터 저녁까지 밀가루를 스스로의 손으로 반죽하듯 빚어가는 거지.

배우: 나의 젊은 동료들이여, 나의 젊은 친구들이여, 무대 위에서 매일매일 세상을 창조하는 데 필요한, 그러나 창조되자마자 그 순간 산산조각으로 깨어지는 세상을 현실 위에 놓기 위해 필요한 용기를 나에게 돌려 줄 수 있는가? 당신들은 체력과 지속성, 그리고 성자 같은 겸손함을 가지게 될 것인가? . . . 난 나의 희망을 접었다. 나의 기억은 사라져 버렸다. 가장 사랑스러운 기억마저도 . . . 당신들은 왜 5월의 정원에 날아드는 새처럼 나의 머리 속을 헤엄치게 만드는가?[16]

프롤로그가 끝난 뒤 쁘띠뜨 삐에르Petit Pierre—코미디아델라테의 페드롤리노/페에로Pedrolino/Pierrot로부터 변형된 캐릭터—라는 이름을 가진 젊은이가 그의 늙은 아버지의 격노로부터 도망치기 위하여 극단에 입단하는 것으로 극이 시작된다. 이 연극은 즉흥이므로 따라서 외워야 할 대사가 없기 때문에 일단 무대에 올라서면 그는 곧장 어울릴 수 있다. 하지만 그의 아버지가 객석에 있다. 사실상 그 아버지는 그들의 유일한 관객이다. 아버지는 자신의 아들이 칼릭스트Calixte라는 역할로 멜리베Melibée라는 여자와 사랑에 빠지고 그녀를 얻게 되는 (초자연적인 도움을 받아서!) 것을 보게 된다. 이 모든 것이 멜리베의 아버지인 플리베르Plébère가 없을 때 이루어진다. 그녀의 아버지가 돌아오자 아버지/관객은 떠나버리고 배우들은 공연을 멈추고 플롯의 진행에 대하여 논쟁을 벌인다. 그들은 플리베르가 칼릭스트를 전통적인 고리타분한 방식으로 다루어야 한다고 결정한다. 떠났다고 생각했던 그 젊은이의 아버지가 무대로 뛰어올라와 여자의 아버지인 플리베르에게 부모의 바람직하지 않은 엄격함에 대하여 설교를 함으로써 다시 (공연의) 환상이 시작된다. 아버지와 아들은 화해를 하고 집으로 돌아간다. 배우들은 자신들의 물건을 챙겨서 손수레에 싣고 코피오Copiaus 극단의 주제가를 부르며 퇴장한다.

이 작품의 분위기는 거의 농담에 가깝지만 그것은 배우들 자신이 경험하지 않은 정서는 표현하지 않고자 하는 바람을 보여주는 것이다. 이후 코포(플리베르)는 장 다스떼Jean Daste(쁘띠뜨 삐에르)가 자신의 딸, 메이엔(칼릭스트)에게 했던 구혼에 대해 자세히 언급한다. 이러한 현실과 환상의 결합이 성실함의 탐구에 대한 궁극적 해결책이었을까? 코포는 이 '순수한 연극pure theatre' 작품을 드라마나 희극이라고 부르지 않고 연극 게임이라고 불렀다. 런던의 ≪더 타임즈_The Times_≫는 다음과 같이 쓰고 있다.

> 그들을 보고 있으면 진실로 이 집단이 연극의 유아기(혹은 그들에게 있어서의 제2의 유아기)를 재발견하기 위하여 골몰하고 있는 공동체라는 라는 것을 느끼게 될 것이다. 그것은 오래도록 끈끈하게 추구하면 쉽사리 지루해지는 약간 빗나간 탐험이지만 우리가 '순수한 연극pure theater'을 가져야만 한다면 그것은 이 페르낭 베르줄레스 Pernand-Vergelesses의 품위와 세련됨 속에서 찾아볼 수 있을 것이다.[17]

이 날카로운 평가는 코포의 생애에 있어서 연극과의 또 하나의 결별을 예고하고 있다. 그 탐구는 '끈끈한 추구'가 아니었다. 코피오 극단을 일 년 중 2/3동안 훈련시키고자 했던 그의 바람과, 새로 받게 된 칭찬과 명성을 활용하여 될 수 있는 대로 많은 공연을 하고자 했던 극단의 바람 사이에 존재하던 긴장은 견딜 수 없이 심각해졌다. 비유 콜롱비에와 연극학교에 대하여 가지고 있던 이상과 꿈을 더 이상 타협하지 않고 코포는 1929년 6월 그는 돌연히 극단과 결별했다. 코피오 극단은 미셀 생 드니Michael Saint-Denis가 이끌면서 15인 극단La Compagnie des Quinze로 이름을 바꿨으며 1930년대 중반까지 대단한 성공을 거두며 유럽 전역을 돌며 순회공연을 다녔다. 코포는 만년에 프리랜서 연출 겸 작가, 존경받는 지식인으로서 활동하며 더 이상 배우 훈련에 손을 대지 않았다.

훈련The Training

자기 자신 안에 있는 극적 원리들을 발견하는 것, 지적 제약 없이 무구한 것들을 받아들이는 것, 감정적 충동에 대한 진정한 몸짓을 발전시키는 시킨다는 것—기초반 배우들이 성실함을 유지하면서도 그들의 '피가 얼어붙는 현상'을 해소하기 위해 코포는 어떤 시도를 했을까? 아래는 코포가 사용하고, 수잔 빙과 코포에게서 가르침을 받은 제자들에 의해 사용된 방법에 대한 몇몇 기술들이다.

그림 3.2 〈환상〉(*L'Illusion*)에서 블리베르(Plébère) 역의 자크 코포

호흡과 대본Breath and Text

호흡은 원칙적으로 자연스러운 현상이고 삶을 유지하는 활동이기 때문에 코포에게는 거짓 없는 몸짓과 그에 조화되는 목소리에 대한 추구에 있어 가장 중요한 원동력이었다. 불수의 적으로 일어나는 행위를 의식적 통제가 가능한 행위로 변환하는 것은 '가공할 성실함'에 대한 하나의 해답을 제시한다.

호흡은 모든 것을 통제한다.

호흡이 뒷받침되지 않는 목소리는 흐릿해지며, 깨지고 비참하게 된다. 그 목소리는 물에 빠진 사람같이 허우적거린다. 호흡이 뒷받침되지 않는 목소리는 대본에 의해 맥없이 끌려간다. 그러한 목소리는 대본을 지배하지도 못하며 대본의 의미를 명확히 전달하지도 못한다. 우리의 감수성이 어떠한 방향으로든 움직일 수 있도록 뒷받침해주는 것이 바로 호흡이다. 자연스러운 웃음과 진심에서 우러나는 감정은 호흡에 의존한다. 배우의 현존에 무게를 실어주는 고결함과 권위는 호흡에서 나온다. 부적절한 호흡은 혼란을 만든다. 활기찬 호흡은 자유를 가져다준다.

크게 소리 내어 읽는 것은 끊임없는 호흡의 뒷받침을 요구한다. 무엇보다도 먼저, 하나의 대본이 계속적인 전환을 요구할 때, 즉 하나의 톤에서 다른 톤으로, 하나의 움직임에서 다른 움직임으로, 하나의 캐릭터에서 다른 캐릭터, 다른 나이, 다른 성sex으로 계속적인 전환을 대본이 요구할 때 특히 그렇다.

배우는 끊임없이 자기 자신을 놓쳐서는 안 되며 자신이 성실함의 주인이 되어야 하고, 태도와 음조, 자세와 리듬을 끊임없이 변화시켜야 하며, 대본에 휘말리도록 놔두어서는 안 된다. 말하자면 배우는 극작가의 (체조)선수이다.

호흡은 예술가의 최상의 가치 중 하나인 가벼움lightness을 가능하게 해준다. 심지어 발작적인 상황일지라도 배우는 자신의 힘의 끝까지 가서는 안 된다. 만약 배우가 원한다면 더 멀리 갈 수 있을 거라는 가능성이 보일 수 있도록 조금의 여유를 남겨둬라. 거기에는 취향에 의해 지배되고 가벼움에 의해 가능해지는 무언가 특출함과 경의가 있다.

이러한 가벼움 안에서 마음과 눈이 항상 혀보다 앞서야 하기 때문에 텍스트를 겉핥기로 훑어보는 능력이 있을 수 있다. 이러한 경우 훈련된 독자는 대본을 잘 암기하고 있다는 인상을 준다.

그러나 대본을 암기하고 있는 것이 아니다. 암기한다는 것은 물론 너무나 쉬운 일이다. 그리고 그것은 덜 효과적인 것이다ー바로 그 순간을 이해하고, 방금 발견하여 여전히 자신의 입 안의 생생한 많은 것들을 마치 외운 듯이 말할 수 있어야 한다.[18]

르 리몽Le Limon의 정원에서 '탈도시화'를 위한 그의 첫 번째 시도가 이루어지는 동안, 우리가 살펴보았듯이 코포는 리허설 전에 하는 매일의 몸 풀기에서 대본으로부터 움직임을 분리시켰다. 거의 두 시간 가까이 소리 내어 즉독sight-reading하는데 전념했다. 그 자신이 대중에게 인기 있는 낭독자였던 코포는 후기 학교들에서의 작업에서 이러한 훈련으로 자꾸 되돌아갔다. 그는 때때로 두 명의 배우를 희곡이 아닌 문학작품을 가지고 따로 정원 내의 다른 곳으로 보내어 한 사람은 읽고 다른 사람은 듣게 하였다. 이 연습은 듣는 사람으로 하여금 개인적 목적(다음 차례를 놓치지 않으려는)으로 듣게끔 하는 것뿐만 아니라 다른 사람의 실수로부터 그들이 배울 수 있는 비평적 능력을 발전시키기 위한 것이었다. 읽는 사람은 빈틈없는 집중을 유지한 채 자연스레 재빠른 속도로 거의 매순간 실제로 목소리를 내며 읽고 있는 대사의 다음 대사를 미리 눈으로 읽는다. 이 훈련을 통하여 자신이 갖고 있는 습관적인 어법과 억양을 수정하는 데 도움을 받게 된다. 그리고 이 연습에 참여한 모두에게는 머지않아 두 사람이 서로의 역할을 바꾸게 된다는 약간 불편한 느낌이 생긴다. 또한 적절한 텍스트의 선택은 두 사람 모두에게 문화적 감수성의 영역을 확장시킨다.

텍스트를 소리 내서 크게 읽는 우리의 단계별 연습은 처음에는 정확한 발성 발음을 하면서 동시에 지적 유연성을 증가시키고자하는 이중의 목표를 추구한다. 그러나 텍스트를 잘 읽기 위해서는 화법과 자기 목소리의 고저에 주의를 기울이면서도, 텍스트를 재빠르게 이해하고 자신을 정확하게 표현하기 위하여 끊임없는 정신적 집중, 즉 '자기 자신을 자제력 없이 함부로 가도록 내버려두지' 않는 것이 필요하다. 따라서 배우들은 이미 기존에 만들어진 억양으로 빠지려는 자신의 자연스러운 경향들을 피할 수 있으며, 또한 그들이 항상 가지게 되는 어려움들, 예를 들면 굼뜨거나, 대본이 가지고 있는 참뜻 속으로 파고들지 못하는 게으름, 그로 인하여 배우들이 모든 대사의 뜻은 연출이 첫 리허설에서 미리 잘 깨물어서 배우들에게 먹여주는 것이라고 기대하는 것을 피할 수 있다. . . .

아는 척하지 않으면서 때 묻지 않은 즉독은 역할에 대한 건전한 해석을 위한 열린 기초가 된다.[19]

순수한 육체적 훈련Natural Gymnastics

코포는 마음과 목소리의 상호작용을 '육체적 훈련'과 관련지어 언급하면서 문학인으로서 즉독의 구술훈련(그리고 청각훈련)의 효과에 대해 너무나 잘 알고 있었다. 사이트 리딩에는 신체적 보완이 필요했다. 그는 이러한 격차를 해소하기 위하여 리몽Le Limon에서 언어 훈련과 신체 훈련 간의 균형을 맞추고자 시도했다. 앞서 지적한 바와 같이 매일 팔다리를 리듬에 맞추어 푸는 준비운동은 배우들 중 한 사람인 로저 칼Roger Karl이 지도했고 스포츠 활동이 장려되었다. 그러나 코포가 궁극적으로 신체적 훈련에서 추구한 것은 단지 건전한 신체, 균형, 통제와 신체적 자신감을 바람직한 수준으로 끌어올리기 위해서뿐만 아니라, 그것이 배우의 도구로써의 신체가 총체적인 발전을 이루는데 있어서 필요한 요소이기 때문이었다. 코포는 1915년 자크 달크로즈Jacques Dalcroze를 만난 후 달크로즈의 유리드믹스eurythmics 시스템을 도입하려고 시도하였다. 그러나 1921년 세 명의 다른 선생을 통한 실험에서 그는 유리드믹스가 '다른 언어이자, 하나의 특성으로써, 따라서 하나의 변형이며, 유리드믹스는 신체에 대한 자아 심취(우상숭배)를 가져 온다'[20]라는 결론을 내렸다. 마침내 비유 콜롱비에 학교는, 극적인 행위보다는 오히려 스포츠를 위한 유연성과 체력을 우선으로 발전시키기 위해 고안된 조지 하버트Georges Héebert의 '순수한 육체적 훈련natural gymnastics'를 채택했다. 그러나 장 도시Jean Dorcy[21]의 덕분으로 그 방법은 점차적으로 연기를 공부하는 학생들의 필요에 알맞게 조정되었다.

처음에 이러한 훈련은 출석이 좋지 않았으며 훈련 그 자체도 뚜렷한 테크닉이 없었다. 노시Jean Dorcy는 결국 학생들이 단지 뜀뛰기만 하는 것에 불만을 가진 채 프로그램을 확장하는 것에 최선을 다했다. 하버트Herbert의 전임강사였던 엠 무안M. Moine이 클래스에 부재했을 때, 도시는 클래스의 지도자로서 학생 각자가 나름대로 잘하던 운동들보다 더 많은 다른 것을 하도록 시켰다. 이 훈련들 중에는 행진, 장애물 뛰어 넘기, 평행봉 등이 있었다. 일주일에 한 번씩 생 클루St. Cloud에서 하는 야외수업은 좀 더 다양하고 혹독했는데, 조깅, 높게 뛰는 경기, 팔굽혀펴기, 메디신 볼medicine ball 던지기, 장애물 코스, 군대에서의 지구력 훈련들과 심지어 공중 그네 훈련 등이 포함되어 있었다.[22]

1923년 11월 작업이 다시 시작되었을 때, 주로 도시Jean Dorcy가 단체와 함께 작업하였다. 모든 참여자들은 '단단한 장애물들과의 작업들을 통해 얻어지는, 효과적으로 이완된 몸의 조성과 움직임', 민첩성과 유연성, 균형감들을 경험하게 되었다.[23] 이후 버건디Burgundy에서 조련지도의 역할을 떠맡은 사람은 장 다스테Jean Dastée였는데 후에 다스테의 계승자인 자크 르콕Jacque Lecoq도 파리에 있는 그의 학교에서 하버트의 방법을 사용하였다. '끌어당기기, 밀기, 기어오르기, 걷기, 달리기, 뛰기, 들기, 운반하기, 공격하기, 방어하기, 수영하기와 같은 움직임들은 감정이 새겨진 예민한 몸속에서 생체적 회로를 통하여 그 감정의 뿌리를 찾아낸다.'[24]

르콕은 전문적으로 운동을 했던 사람으로서, 아마도 코포가 그 방법을 통하여 추구하던 것보다 더 광범위한 가능성이 있음을 주장하고 있다.

음악은 코포에게 있어서 신비스러운 것이었으며, 그러기에 그는 끊임없이 배우 훈련에 음악적인 것을 끌어들이려고 노력했다. 비유 콜롱비에 학교 학생들은 합창과 독창, 악보 읽기와 각자가 선택한 악기의 기본을 배웠다. 그러나 코포는 수업의 어느 부분도 섬처럼 고립되어 전문화되는 것을 원하지 않았으며 음악이 움직임 학습들과 결합되도록 시도하였다. 이는 주로 마드모아젤 랑발Mlle Lamballe[25]의 무용 수업을 통해 이루어졌다. 이 수업은 11월 말에 시작되었고, 어느 정도 드문드문 진행되었다. 랑발은 학생들과 고전 발레 자세와 훈련들, 파 드브레pas de bourree, 소 뒤 샤saut du chat, 슬라이드slides, 주테jetes같은 스텝들과 미뉴에트minuet, 가보트gavotte와 같은 춤들을 가지고 작업했다. 그러한 무용 개념을 극적 표현에 적응시키는 임무를 맡은 사람은 언제나처럼 수잔 빙Suzanne Bing이었다. 그녀는 발레 수업 직후에 종종 '신체 음악Musique Corporelle'이라는 수업을 가지면서 시간, 지속성(시간적), 공간, 형태, 힘, 속도, 부피, 강도와 무게 같은 개념들을 가지고 토론하고 작업하였다.[26]

빙Bing은 호흡하는 것과 숨을 특정 길이의 시간동안 지속적으로 채우는 것에 초점을 두는 것으로 작업을 시작했다. 그 다음 단계로 그녀는 움직임을 첨가했는데 그 움직임은 동일한 지속 기간 안에 끝마쳐져야 했다. 이러한 단순한 훈련들은 박자에 따른 움직임들로 발전되어갔다. 거기에는 마임 연기 또는 즉흥 대화로 시간의 경과를 메워야 하는 좀 더 복잡한 과제가 수반되었다. 그리고 나서 그녀는 학생들에게 몸짓이 가진 감정의 질적 강도와 그것을 준비하는 시간과의 관계를 분석, 탐구하게 했다. 이러한 분석과 탐구는 처음에는 호흡으로, 그 다음에는 신체의 여러 부위를 사용하는 움직임으로 진행되며 상상력이 강조되었고 전체적인 훈련의 진행에 있어 일관성과 지속성이 있어야 했다. 이와 같은 몸짓을 발전시키는 방법은 움직임 앙상블과 계속되는 움직임의 시퀀스들로 이어졌다. 그 후에 그들은 모두 규정된 시간의 길이동안 함께 행동을 하는데 있어 본능적으로 움직일 수 있도록 '리더 따라 하기Follow my Leader'를 연습했다.

빙Bing의 훈련들 중에 하나는 행동을 시작하고 그 다음에 짧은 동작으로 그 행동을 중단시키는 것이 있다. 그리고 나서 학생들은 서로 다른 두개의 템포를 병렬시키는 훈련을 했는데 팔은 일정한 박자를 유지하고 발은 한 소절에 하나의 원을 그리면서 걷는다. 그러는 동안 음악 대신에 목소리로 자기 자신들을 반주한다. 서로 다른 템포를 설명하는 예는 일상생활에서 쉽게 찾아볼 수 있다. 재봉틀의 빠르게 탁탁 치는 템포와, 승강기의 느리게 지속하는 템포가 있다. 매 학기 초기에 그림, 운문과 산문, 건축과 음악에서 구체적으로 잘 나타나 있는 규칙적인 간격에 근거를 둔 리듬들이 소개되었다. 기초반 학생들은 처음에는 서로 다른 리듬으로 손뼉을 치고, 그러다가 서로를 모방하고 복합적인 리듬을 만들었다. 그 다음에는 손뼉 치기가 단순한 감탄사, 예를 들면 '아!'로 대체되었다. 다음으로 그들은 단순하고 명쾌한 리듬을 가진 음악을 사용해 음악 수수께끼를 하며 그 음악이 무엇이었는지 추측해내야만 했다. 그들은 질적 밀도와 음의 길이, 침묵의 효과에 대하여 토론하며 각각의 효과를 구체적으로 보여줄 수 있는 리듬의 예들을 만들어냈다.

여러 팀으로 나누어진 그룹 작곡들은 처음에는 침묵 속에서 이루어졌으며 이후 피아노 음악이 추가되었는데 이 훈련은 극적인 내용보다는 공간 안에서의 입체적인 조형성을 강조하는 훈련이었다. 이어서 그 훈련이 가진 에너지의 역동성dynamic에 관한 연구가 이루어졌는데, 예를 들면 공간 안에서 큰 소리와 부드러운 소리를 시각화하는 것이다. 결국 이러한 훈련들은 무용을 창작하는데 사용되었다. 또한 '공간을 차지하는 것'에 대한 훈련들은 소리의 확장과 개인과 그룹의 모양새에 관한 탐구에 있어 중요한 요소였다. 나중에 그들은 둥글게 둘러서서 일정한 패턴에 따라 공을 던지면서 리듬에 대한 개념을 강화시키는 훈련을 했는데 이는 외적으로 주어지는 특정 자극(리듬으로 이루어진)을 즉각적으로 받아들이면서 행동화하기 위한 훈련이었다. 그리고 나서 간략한 대사로 돌아와 구절 끊기와 그에 따른 침묵의 길이pause의 사용을 통해 달라지는 의미의 전달에 대하여 분석하였다. 실제적인 적용에서 있어서 그들은 말, 동작, 음악으로 이루어진 세 가지 유형의 구절을 가지고 구절, 악센트, 휴지silence, 대조를 각각 분리하면서 여러 가지 다른 방법들에 관하여 이야기했다. 동작 구절에서 사용되는 요소들로는 신체의 다른 부분들을 사용한 방향, 무게, 지속, 높이의 변화들이 있었다. 구절과 문장을 탐구하는 공간상에서의 복합적 훈련은 세 개의 그룹으로 나누어져 실행되었다. 첫 번째 그룹은 우선 달리고 나서 미리 정해진 위치에 멈춰섰다. 두 번째 그룹은 그것을 보완하는 위치에 서고 세 번째 그룹은 그 전체적인 모양을 완성했다. 그러고 나서 그들은 눈을 감고 같은 훈련을 시도했다.

이렇게 해서 빙은 학생들이 그들 자신의 작업에 적용할 수 있는 일반적인 캐릭터의 스타일을 발견하는 것을 돕기 위해 특정한 스타일의 움직임인 발레를 이용했다. 빙Bing은 라반Laban과 현대 무용이 추구하는 바를 어느 정도 되새기게 하는 접근법을 이용하면서, 분석과 놀이, 둘 모두를 강조했다. 때때로 피아노 음악으로 거울게임 또는 문을 여는 마임과 같은 훈련들을 반주하면서 훈련을 북돋워주었다. 학생들은 음악에 따라 안무가 된 동작과 무용과 신체 마임과 같이 음악 없이 내적 리듬 따라 행해지는 움직임 사이의 차이점을 발견했다. 음악은 그들의 동작을 더 순수하고 추상적인 것으로 만들어 주는 반면 연극적인 면을 불분명하게 만들었다. 빙은 때때로 학생들이 순수한 동작에 집중하는 능력이 부족하다는 점과 이야깃거리를 만들려고 하는 그들의 고집스러움 때문에 당혹스러워했다. 학생들은 때로 그녀가 제시한 목적을 파악하지 못했으며 그 목적의 추상적 개념을 충분히 실험하지도 못했다. 빙은 코포가 이따금 참석할 때마다 학생들이 얼어붙는 것을 보았다. 또 다른 동혈현상－육체적으로 꽁꽁 얼어붙어 움직이지 못하는 상태－의 재현이었다![27]

중립상태Neutrality

'**표현의 출발점.** 평안한 상태, 차분한 상태, 이완된 또는 긴장되지 않은 상태, 침묵 또는 간소함의 상태'

> 침묵과 차분함에서의 출발. 그것이 첫 번째 출발점이다. 배우는 침묵하고, 듣고, 반응하고, 움직이지 않고, 몸짓을 시작하고, 그것을 발전시키며, 그러다가 다시 정지와 침묵 속으로 되돌아가는 법을 알아야 한다. 이러한 행위들이 내포하는 전全음정과 반半음정을 구사하면서.[28]

이러한 중립의 상태는 무성적인(거세된) 상태와 같은 부정적인 것으로 해석되어서는 안 된다. 그것은 단순히 '자신을 준비된 상태로 만드는 것'(준비를 위한 이완Décontraction préalable)을 의미한다.

오늘날 이완에 대하여는 1920년대보다 더 알려져 있기에 코포의 훈련 목록을 제시하는 것은 학술적인 관심정도를 끄는 것이 전부일 것이다. 나는 개인적으로 그가 오늘날 작업을 했다면 요가나 태극권이 연기자에게 형식적 흔적을 남기지 않는다는 전제 하에서 아마도 이들의 원리를 차용했을 것이라고 확신한다. 코포의 학생들은 온몸을 가능한 한 최대로 이완시킨 다음에[예를 들어 이러한 상태에서는 상동성근(phasic muscles 척추동물의 골격근 중 생리학적 수축 속도가 빠른 것: 역주)이 수의근(voluntary muscles 의지에 따라 움직일 수 있는 근육: 역주)으로부터 불필요한 뒷받침을 받지 않는데], 자신의 신체의 각 부분의 에너지를 분리하는 것을 배웠다. 그리고 나서 그렇게 분리된 하나의 신체 부위가 극적 상황에서 요구되는 고유한 표현을 이끌도록 장려되었다.[29] 예를 들어 등back은 놀람, 불안, 상처로부터 온 슬픔, 분노, 후회, 배짱, 희망의 되찾음 등을 표현하는데 사용되었다. 단순히 신체 부위의 하나로, 얼굴은 감정의 미묘한 음영을 표현하는 도구로 사용된다. 기초반의 한 학생이 이러한 훈련을 하면 나머지 학생들은 그 표현에 대해서 추측하면서 이름을 붙였다. 이러한 훈련들은 게릭David Garrick이 파티에서 여흥으로 보여준 장난을 본 따고자 하는 것이 아니다. 표현들의 사이사이에서 중립상태로 되돌아오는 것이 다음 감정으로의 변환을 진실하게 만들고, 진전시키는 데 있어서 결정적인 것으로 여겨졌기 때문이다. 침묵의 즉흥 안에서 이루어진 이러한 일련의 연습이 끝난 후 코포는 다음과 같은 결론을 내렸다.

> 배우의 연기에는 두 가지 종류의 표현이 있다. 고의적이고 거짓되며 보여주기 위하여 과장된 비연속적 표현과, 실제 삶의 참모습과 그것이 가진 힘이 뒷받침하는 겸손함과 내적 진실함의 느낌을 주는 연속적 표현이 바로 그것이다. 지속성과 서두르지 않는 것은 박력 있고 성실한 연희의 필요조건이다.[30]

느린 움직임slow motion은 이후로 훈련에 포함되기 시작했다. 언제나 그렇듯이 훈련의 세부적인 테크닉을 계발한 사람은 빙Bing이었다. 그녀는 신체적으로 효과적 이완 상태를 이룬다음, 다음과 같은 정신적 상황을 이루도록 제안하였다. 우선 표현하고자 하는 아이디어를 미리 형상화 한다. 그리고는 자극에 대하여 곧바로 순응하지 말고 미결의 상태로 열어놓는다. 그 다음 단계로 수행, 즉 미리 형상화해놓은 표현하고자 하는 아이디어를 완전히 신체적 행위로 구상화한다. 마지막으로 중립상태로 복귀한다.

중립상태를 발견하는데 도움이 되기 위하여 장 다스테Jean Dasté나 자크 르콕Jacque Lecoqe 등 여러 사람들은 중립가면을 발전시켰는데 이는 다음에 기술될 코포의 귀족가면 noble mask으로부터 나온 생각이다. 때때로 '공연에 쓸 중립가면 몇 개만 빌려 주세요'라고 나를 찾아오는 학생들이 있다. 중립가면의 총체적인 목적은 그것들이 전혀 표현적이지 않으며 따라서 공연에서는 적용성이 없다는 것이다. 가면은 중립상태의 이해를 깊이 있게 하는 도구일 뿐 그 자체는 단지 하나의 바탕이며 따라서 전체적인 극적 표현을 위한 일부로 보여 지지 않는다. 이러한 중요한 사실을 오해하는 경향은 왜 코포가 그의 극장에 소속되면서도 자주적으로 운영되는 학교를 원했는지를 정확히 말해주고 있다.

귀족가면The Noble Mask

코포가 크레이그를 방문했을 당시 그는 배우의 훈련과 궁극적으로는 공연에서 가면의 잠재력을 깨닫게 되었다. 가면은 학생들과의 작업 중 뜻하지 않게 나타났는데 비유 콜롱비에 극장에서 한 장면을 리허설하고 있을 때-한 여배우가 장면 속에서 계속해서 육체적으로 꽁꽁 얼어붙어 움직이지 못하는 상태-문자 그대로 동혈상태에 놓여 있었기 때문에 코포는 거의 단념할 지경에 이르렀다. 코포는 그의 손수건을 꺼내어 그녀의 얼굴을 가려주었는데 이때, 그녀의 몸의 긴장이 즉각적으로 풀리면서 표현력이 풍부한 도구로 변하는 것을 목격한 것이다. 이제까지는 그녀의 얼굴만이 온갖 노력을 하고 있었던 것이 드러난 순간이었다. 이 실험은 즉시 학교에 적용되었으며, 천 조각뿐만 아니라 스타킹도 사용하게 되었다. 장 다스테Jean Dasté는 후에 말하기를,

> 얼굴에 가면이 씌워지거나 가려졌을 때, 그 사람은 덜 소심하게 되고 자유로워짐을 느끼며 좀 더 과감해지고 불성실한 행위를 즉시 드러내게 된다. . . . 가면은 제스처를 단순화하고 확장시키며 무엇인가가 그 사람이 표현하고 있는 느낌을 극한까지 몰고 가게 한다.[31]

이리하여 중립성을 위한 작업을 도와줄 수 있는 매우 귀중한 도구가 발견된 셈이다. 궁극적으로는 학생들이 자신의 얼굴 모형을 토대로 한 자신만의 귀족가면을 만들었으며 개개인의 특징을 제거하고 얼굴 모습을 균일하게하기 위해서 진흙으로 형상화 하였다. 18세기 귀족들이 밖으로 나들이 할 때 남들이 알아보지 못하도록 쓰고 다녔던 표정 없는 가면, 코포는 이 중립가면들을 귀족가면이라고 불렀다. 중립상태를 방해하지 않고 오히려 강화하기 위해 가면 착용의 의식이 계발되었다.[32]

(a) 의자의 등에 기대지 않고 의자 중앙에 반듯이 앉는다. 완벽한 균형이 이루어지도록 다리의 간격을 유지한다. 발은 땅에 평평하게 놓는다.

(b) 왼쪽 팔을 앞으로 어깨 높이의 수평이 되도록 뻗는다. 그 팔로 가면의 고무 끈을 잡고 가면을 든다. 또한 오른손을 뻗어 엄지손가락으로 턱을 받치고 집게손가락으로 입의 벌어진 부분을 잡는다.

(c) 고무 끈을 머리의 윗부분까지 당기고 가면을 이마에 갖다 댄다.

(d) 가면을 서서히 내려서 얼굴을 덮는다.

(e) 동시에 숨을 들이쉬고 눈을 감고 가면과 얼굴이 하나가 된다.

이 모든 과정 동안 오로지 손과 팔만 움직인다. 손과 팔은 가면을 얼굴에 고정시키고

머리카락을 정리하고 고무 끈이 적절하게 조정되었는지를 확인하기 위한 작은 동작들을 수행하여 가면이 얼굴에 잘 부착되고 느슨함이 없도록 해야 한다.[33]

(f) 동시에, 숨을 쉬고 손을 허벅지 위에 놓는다. 팔꿈치와 팔을 몸통에 붙이고 손가락은 무릎까지 닿지 않게 한다.

(g) 눈을 뜨고 숨을 들이쉬고 나서 눈을 감고 숨을 내쉬면서 머리를 앞으로 숙인다. 머리를 숙이면서 등을 조금 동그랗게 만든다. 이 단계에서 팔과 손, 몸통과 머리는 철저하게 이완되어 있어야 한다.

(h) 바로 이 시점, 이 자세에서 있을 때 마음의 비움이 일어난다. 만일 도움이 된다면 필요한 대로 속으로 반복하거나 입 밖으로 발음하라. (2, 5, 10, 25초 동안) '난 아무 생각도 안하고 있다. 난 아무 생각도 안하고 있다' 만약 신경이 예민해졌거나 혹은 심상의 고동이 너무 강하여 '난 아무 생각도 안하고 있다'가 효과가 없다면 거무스름한 회색, 강철, 샤프란, 파란색, 혹은 눈 안에 생기는 다른 그늘에 집중하고 그것을 생각 안에서 무한정 확대해 보라. 거의 언제나 이러한 그늘들이 의식 속의 생각을 지워 나갈 것이다.

(i) 숨을 들이쉬면서 곧추 앉고 나서 숨을 내쉬면서 눈을 떠라.

이제 가면을 쓴 배우는 충분히 마음이 가다듬어져서 캐릭터와 목적, 그리고 생각이 그의 내면에서 생동하게 된다. 배우는 이제 극적으로 놀이를 할 수 있는 준비상태가 돼 있다.

배우가 앉아 있지 않고 서 있다 하더라고 아무것도 변하지 않는다. 그러나 (h 항을 볼 것) 등을 둥글게 굽혀서는 안 된다. 머리의 무게가 몸통을 앞으로 당기기 때문이다. 이러한 모든 단계는 초보자들을 위한 것이다. 뒤에 테크닉이 변할 수도 있지만 위에서 언급한 이러한 과정들을 소홀히 해서는 안 된다.[34]

일단 학생들이 귀족가면을 쓰게 되면 처음에는 매우 단순한 과제를 탐구하도록 하는데 모두 동시에 작업하지만 서로 관여하지 않는다. 리더가 단어나 구절을 불러주면 학생들은 그에 대한 충동을 미리 형성하고 그것을 잠시 미결의 상태로 열어놓은 다음, 가면이 '공격'할 수 있도록 하는데 이러한 단어나 구절을 표현할 수 있다고 직관적으로 느껴지는 육체적 자세를 만들기 위해 느리게 움직인다. 그리고 나서 그들은 그 자세로부터 받은 인상을 확실히 느낄 수 있도록 짧은 순간동안 그 자세를 유지한 후 효과적 이완의 중립자세로 돌아간다.

첫 번째 훈련들은 오감五感을 계발, 발전시키기 위해 조직된 연구과제들로 이루어져 있었다. 학생들은 가면을 통해 가상의 물체를 다루도록 하는데 그 물체의 무게, 무늬, 모양, 기능을 상세히 검토하면서 그 가상의 물체를 가능한 한 구체적이고 또렷하게 만든다. 그 다음으로 그들은 피로, 더위나 추위 같은 육체적인 감각을 경험해야 한다. 그러고 나서 그들에게서 오감 중의 하나, 예를 들어 청각을 제거하는 훈련을 통하여 그들에게 오감을 좀 더 철저히 연구하게 한다. 다음으로 물체를 던지고, 들어 올리고, 당기는 단순한 육체적 행위를 연구하게 하며 마지막으로 단순한 감정들을 신체적으로 표현하도록 과제가 주어진다.

훈련의 두 번째 과정에서는 첫 번째 훈련들에서 얻은 요소들을 융합하는 것이 필요하다. 예를 들어 단순한 감정이 단순한 육체적 행위와 연합되거나 가상의 물체를 다루면서 오감 중 하나의 감각의 기능을 탐색한다. 세 번째 훈련 과정에서는 학생들에게 생명이 없는 물체를 신체적으로 재현하는 과제가 주어진다. 그 후에는 마지막으로 가장 어려운 과제가 주어지는데, 즉 '영광'이나 '힘'과 같은 도덕적이며 추상적인 관념을 신체적으로 구현하는 훈련이다.[35]

이러한 침묵 속에서 이루어지는 훈련으로부터 학생들은 가면을 쓰고서 비언어적 음성을 탐구하는 과제로 진전된다. 여기에서 목소리는 '대화나 노래에 사용되는 그 소리가 아니라 말하자면 모든 원시적 소리를 망라한 서정적 감성에서 오는 소리들이 쓰이는 것이며 . . . 처음에는 이러한 소리가 전통적 스페인 춤의 캐스터네츠와 같은 아라베스크와 같다.'[36] 이러한 소리들은 뒤에 실제 말의 모든 어법과 억양을 가진 횡설수설한 언어gibberish language의 요소를 가진－그러나 신체적인 즉흥이 말이 주동이 되는 즉흥으로 바뀌어서는 안 되는－'grummelot(의성어의 흐름: 역주)'으로 발전하였다.

코포는 즉각적 자발성을 공동 창작의 또 다른 열쇠라고 인식했다. 그는 이를 위하여 미리 생각할 시간을 주지 않고 '파리Paris!', '폭풍!', '목적!' 등의 단어들을 소리쳐 던져냈다. (가면을 벗은) 학생들은 생각할 겨를도 없이 '즉시 하나 혹은 여러 개의 몸짓으로 또는 존재하는 상태로 혹은 연결되는 움직임들로써 반응해야만 했다.'[37]

그림 3.3 〈스카팽의 간계〉(*Fourberies de Scapin*), 상 쉴피스 광장(Place Saint-Sulpice), 파리(1922)
스카팽 역의 조지 비트레이(Georges Vitray)와 히아신스(Hyacinthe) 역의 수잔 빙(Suzanne Bing)
(사진: Marie-Hélène Dasté collection)

유희와 게임Play and Games

즉각적 자발성에 기초한 이러한 훈련들은 여러 가지를 고려할 여지가 있는 코포의 교육적
실천의 마지막 영역으로 필자를 이끌었다. 이는 사실 맨 처음에 논의되었어야 했을지도 모
른다. 왜냐하면 그것들이 없었다면 기초반 학생들의 작업을 이끌어준 열의와 표현의 자유
가 가득한 정신을 이해할 수 없기 때문이다. 학교 설립의 취지를 밝힌 첫 번째 초안에서
그는 다음과 같이 쓰고 있다.

아이들이 어느 정도 의식적으로 모든 인간의 행위와 감정을 모방하는 것은 놀이를 통
해서이다. 놀이는 그들에게는 예술적 표현을 향한 자연스러운 길을 열어주며 우리에게
는 가장 진실한 형태의 반응으로 가득 찬 살아 있는 저장고가 되어주는 것이다. 우리는
놀이를 통해서 제도가 아닌 교육적 경험을 형성하기를 기대한다. 우리는 아이들을 특
별히 왜곡시키지 않고, 아이들이 제공한 방법을 통하여, 아이들 자신이 가장 손쉽게 다
가갈 수 있는 방법으로, 즉 놀이를 통하여, 놀이 안에서, 게임 안에서 아이들을 계발시
키는 방법을 찾는다. 이러한 방법을 통하여 아이들은 의식하지 못한 채 서서히 훈련하
며 인간됨이 나아진다.

그는 놀이본능이 자연스럽게 드러나는 아주 어린 아이들과 함께 작업하는 것은 불가능했기 때문에 청소년들과 작업해야만 했으며 따라서 그들에게 마법의 정원으로 들어갈 수 있게 하는 문, 즉 어린 시절로 돌아가는 통로를 다시 열어주려고 노력했다. 그가 이 열쇠를 건네준 사람은 이번에도 역시 수잔 빙Suzanne Bing이었다. 비유 콜롱비에 극단이 뉴욕에 머물던 1917년에서 1919년 사이 그녀는 초등학교 아이들의 창의적 표현과 선택의 자유를 계발하기 위해 최신 교육이론을 바탕으로 아이들의 학교The Children's school에서 수업을 했다. 그곳에서 그녀는 특히 동물 모방을 기초로 하는 게임을 사용했으며 후에 비유 콜롱비에 학교의 모든 레벨의 학생들이 별다른 수정 없이 같은 수업을 받았다. 오늘날에는 교실이나 여러 다른 곳에서 연극 게임을 사용하는 것에 관한 많은 책들이 있으며 이러한 연극 게임은 아우구스토 보알Augusto Boal의 작업에 이르러서는 정치적이며 치유적인 목적으로 사용되기까지 한다. 그러한 나름대로의 자유로운 변용에 비해 빙Bing의 실제적 훈련목록은 비교적 단순해 보일 수도 있다. 여기서 짚고 넘어가야 할 중요한 점은 코포가 아이들의 놀이 그 자체가 지닌 원초적 요소play a priori 그 이상은 아무것도 바라지 않았다는 점이다.

놀고 있는 아이들을 관찰해보면 그들은 우리에게 많은 것을 가르쳐 주고 있다. 그들에게서 배워라. 아무것도 강요하지 마라. 그들로부터 아무것도 빼앗아서는 안 된다. 그들이 알아차리지 못하게 그들의 발전을 도와주어야 한다. 이 모든 것은 설명하기가 쉽지 않다. 아직도 실험적인 상태이고 절대적으로 강압적인 것은 아니기 때문이다. 삶과 사람 사이의 접촉 속에서 영감을 얻어야 한다. 무한한 가능성이 있다. 참고 견디는 노력은 이미 시작되었다. 단지 매개체medium로써만이 아닌, 모든 극적 영감의 원천으로써 배우를 기르는 것을 궁극적인 목표로 하여라.[38]

1917년 코포는 위와 같이 말했다. 그는 비유 콜롱비에 학교에서부터 코피오 시기에 이르기까지 상상력이 풍부한 놀이가 작업을 구성하는 문화적 분위기를 창조하도록 노력했으며 그 분위기는 그가 약속한 바와 같이 '제작에 참여하는 모든 사람들이 창조자로서, 작업자로서 그들 자신의 능력에 완전히 맡겨지는 소규모의 연극 제작으로 이어졌다.'[39]

그러나 그는 놀게 두기laissier jouer를 믿었음에도 불구하고 자신이 참여하지 않은 상태에서 이러한 창작 행위들이 이루어지는 것을 차마 방관할 수 없었다. 빙은 그를 대신하여 그러한 창작행위를 지도, 감독할 수 있었으나 마지막에 가서는 코포 역시 수잔이 떠나는 것을 만류하지 않았다. 1929년 그녀와 코피오 극단은 그들 나름대로의 계획을 추진하기 시작했다. 이제 극단은 코포의 책임 밖에 놓여 졌으며 그는 이를 받아들였다. 코포는 자신의 작업이 항상 배우 훈련을 위한 가변적인 준비단계라고 믿었는데 이것은 계시적이라기보다 그저 예언적인 것이라고 말할 수도 있을 것이다. 이러한 그의 작업 철학은 아마도 그에게 너무 빨리 앞날이 다가왔거나 혹은 환멸을 즐기는 괴팍한 기질 때문이거나 아니면 자신이 계발하는데 큰 역할을 했던 영역에 대하여 오히려 남이 권리를 요구하게 놔두는 것을 좋아했기 때문일 수도 있다.

그의 배우 중에서 찰스 덜린Charles Dullin과 루이 쥬베Louis Jouvet는 20세기 초반(1, 2차 대전 사이) 프랑스에서 가장 영향력 있는 연출가들로 성장했다. 그의 제자 중에서 장 다스테Jean Dastée는 코미디 드 상 에티엔 Comedie de St. Etienne의 연출로 작업하면서 연극의 탈중앙집권화를 선도했으며, 미셸 생드니Michael Saint-Denis는 교육 활동을 계속하여 런던 연극 스튜디오London Theatre Studio, 올드빅 연극 학교Old Vic School, 캐나다 국립연극학교 National Theatre School of Canada, 그리고 뉴욕 줄리아드 스쿨 연극과Drama Division of Juillard School를 설립했다. 또 다른 스타 제자 중의 하나인 에티엔 드크루Etienne Decroux는 현대 신체 마임의 대부가 되었다. 그러나 코포의 진정한 유산은 놀이성을 연극에 되돌려주었다는 것이며 성실함의 추구를 연기의 개념 속에서 바랐다는 점이다. 이러한 그의 쉴 틈 없는 꿈의 씨앗은 그와 수잔 빙이 창조한 수없이 많은 연극적 훈련과 그 변형을 통하여 최근 전 세계에 널리 퍼져 있다.

노트

1 From 'Comment mettre Molière en scène', interview in *Lecture pour tous*, January 1922; translated in *Copeau, Texts on Theatre* (1990), edited and translated by John Rudlin and Norman Paul, London: Routledge, p. 145.
2 From an address to the Washington Square Players, New York, 20 April 1917, Rudlin and Paul, op. cit., p. 253.
3 *Vanity Fair*, April 1917, p. 49.
4 Michel Saint-Denis (1982) *Training for the Theatre*, New York: Theatre Arts, London: Heinemann, p. 31.
5 Lee Strasberg (1965) *Strasberg at the Actors Studio*, ed. Robert H. Hethmon, New York: Viking Press (quoted in T. Cole and H.K. Chinoy (eds) (1970) *Actors on Acting*, New York: Crown, p. 624.
6 From *Réflexions d'un comédiensur le Paradoxe de Diderot*, Plon, 1929, translated in Rudlin and Paul, op. cit., pp. 72-73.
7 From 'L'Ecole du Vieux Colombier', unpublished notebook, translated in Rudlin and Paul, op. cit., p. 21.
8 From an unpublished notebook 'L'École du Vieux Colombier No. 2', 1915-20, translated in Rudlin

and Paul, op. cit., p. 28. 'An Attempt at Dramatic Renovation'은 비유 콜롱비에를 위한 1913년 코포의 성명서 'Un Essai de Rénovation Dramatique'의 올바른 영어본이다.

9 1922-23년 사이 12개의 그룹이 생성됐다가 이후 1923-24년 사이 다시 9개로 줄었다.

10 From: 'L'Ecole du Vieux Colombier', in the Vieux Colombier programme for *La Locandiera*, January 1924, translated in Rudlin and Paul, op. cit., pp. 46-47.

11 Waldo Frank (1925) 'Copeau Begins Again', *Theatre Arts Magazine*, IX (September), pp. 585-90.

12 From an open letter to the Swiss press, May 1928, translated in Rudlin and Paul, op. cit., pp. 168-70.

13 Copeau (1931) *Souvenirs du Vieux Colombier*, Nouvelles Editions Latines, Paris, p. 106.

14 These notes are taken from *Le Journal de Bord des Copiaus* (1974), Paris: Gontard, pp. 45-46.

15 Letter to the Swiss press, op. cit.

16 Translated from the manuscript in the *Fonds Copeau* of the Bibliothèque de l'Arsenal, Paris, in Rudlin and Paul, op. cit., pp. 172-76.

17 30 November 1928.

18 Copeau, quoted in 'Copeaul' Eveilleur', ed. Pavis and Thomasseau (1995) *Buffoneries* 34: 15-16, no source given.

19 From Copeau's first plan for the Vieux Colombier School, 1916.

20 Undated notes in Copeau's Journal, translated in Rudlin and Paul, op. cit., p. 67.

21 장 도시(Jean Dorcy)는 그의 나의 20대 중반에 배우로 활동했으며, 이후 비유 콜롱비에 학교(Vieux Colombier School)의 다른 분과에 소속된 댄스 문화 학교(Danse et Culture School)를 설립하였다. 마르셀 마르소(Marcel Marceau)가 그의 제자였다.

22 Barbara Anne Kusler (1974) 'Jacques Copeau's Theatre School, 1920-29', Doctoral thesis, University of Wisconsin, p. 133.

23 Livre de bord, quoted Kusler, op. cit., p. 144.

24 Jacques Lecoq (1997) *Le Corps Poétique*, Paris: Actes Sud, p. 82.

25 랑발(Lucienne Lamvalle)은 오페라 발레 극단에서 1923년 그녀의 첫 수업을 시작했다. 그녀가 했던 역할로는 발레공연 <잠자는 숲속의 미녀>(*Sleeping Beauty*)에서 코펠리아(Coppelia) 역이 있다. 파리를 비롯한 투어 공연 중 그녀의 테크닉은 <로미오와 줄리엣>(*Romeo and Juliet*)에서 시용되었으며 이후 파리 오페라극단에서 교육을 계속한다.

26 이 주 단위의 수업은 1921년 11월부터 1922년 6월까지 이어졌다.

27 이 부분을 위해 나는 바바라의 책(Barbara Anne Kusler, op. cit., pp. 132-33.)에서 도움을 얻었다. 그녀는 차례로 빙(Bing)과 마리아(Marie-Hélène Copeau)에 의해 기록된 수업을 바탕으로 설명을 계속했는데, 이것은 나의 글쓰기 시점에서는 이용 불가능한 것이었다.

28 *Notes sur le Métier d'un Comédien*, notes taken from the diary and writings of *Jacques Copeau* by Marie-Hélène Dasté (Paris: Michel Brient, 1955, p. 47), translated in John Rudlin (1986) Jacques Copeau, Cambridge, p. 46.

29 이 '분리'의 개념은 이후 코포의 제자인 에티엔 드크루(Etienne Decroux)에 의해 더욱 발전하였다.

30 Rudlin, op. cit.

31 Jean Dasté, from an article for the programme of the *Cahiers de la Maison de la Culture de Grenoble*, 3 November 1945, translated Rudlin and Paul, op. cit., p. 236.

32 이 표현에 사용된 프랑스 단어인 'chausser'는 신발을 '신다'라는 의미이다. 하나의 영단어로는 정확히 맞는 해석이 어려우므로 보통 '가면을 신다(쓰다)'의 번역을 적용한다. 이것은 나에게 말굽과 편자의 이미지를 연상시킨다.

33 A conflation of notes by Jean Dorcy and Jan Doat, as suggested by Sears Eldredge (1975) 'Masks: Their Use and Effectiveness in Actor Training Programs', Doctoral thesis, University of Michigan, 1975, p. 179.

34 Jean Dorcy (1975) *The Mime*, trans. Speller and Marceau, London: White Lion, pp. 108-9.

35 *Précis* from Jan Doat (1944) *L'Expression Corporelle du Comédien*, Paris: Bordas, pp. 53-55.

36 Waldo Frank (1925) 'Copeau Begins Again', *Theatre Arts Magazine*, IX (September), pp. 585-90.

37 Letter from Marie-Hélène Dasté to Barbara Anne Kusler, December 1973.

38 From Copeau's notes for his third lecture (given in French) at The Little Theatre, New York, 'L'Ecole du Vieux Colombier', 19 March 1917, translated in Rudlin and Paul, op. cit., p. 12.

39 See note 10.

∣ 참고문헌

Borgal. Clément (1960) *Jacques Copeau*, Paris: l'Arche.

Doisy, Marcel (1954) *Jacques Copeau ou l'Absolu dans l'Art*, Paris: Le Cercle du Livre.

Evans, Mark (2006) *Jacques Copeau*, London and New York: Routledge.

Frank, Waldo (1918) *The Art of the Vieux Colombier*, Paris, New York: Editions de la NRF: reprinted in his Salvos, New York: Boni and Liveright, 1924.

Kurtz, Maurice (1950) *Jacques Copeau, Biographie d'un Théâtre*, Paris: Nagel.

Lerminier, Georges (1953) *Jacques Copeau, le Réformateur*, Paris: PLF.

Levaux, Léopold (1933) *Jacques Copeau*, Louvain-Paris: Rex.

Paul, Norman H. (1979) *Bibliographie Jacques Copeau*, Société des Belles Lettres, Université de Beaune.

Pavis, Patrice and Thomasseau, Jean-Marie (eds) (1955) 'Copeau l'Eveilleur', *Buffoneries* 34: 15-16.

Rudlin, John (1986) *Jacques Copeau*, Cambridge: Cambridge University Press.

Anthologies, catalogues

Jacques Copeau et le Vieux Colombier (1963) Catalogue for exhibition at Bibliothèque Nationale.

Bing, S., Copeau, J. and Chancerel, L. (1974) *Le Journal de bord des Copiaus*, ed. Denis Gontard, paris.

Cabanis, A. (ed.) (1976) *Registres II. Molière*, Paris: Gallimard.

Dasté, Marie-Hélène and Maistre Saint-Denis, Suzanne (eds) (1979) *Registres I. Appels*, Paris: Gallimard.

___ (1979) *Registres III. Les Registres du Vieux Colombier I.* Paris: Gallimard.

___ (1984) *Registres IV. Les Registres du Vieux Colombier II, America*, Paris: Gallimard.

___ (1979) *Registres V. Les Registres du Vieux Colombier III.* 1919-1924, Paris: Gallimard.

Rudlin, John and Paul, Norman H. (eds and trans) (1990) *Jacques Copeau, Texts on Theatre*, London and New York: Routledge.

Chapter 4

미카엘 체홉과 연기 테크닉:
'돈키호테가 삶에 대해 진실했는가?'
MICHAEL CHEKHOV ON THE TECHNIQUE OF ACTING:
'WAS DON QUIXOTE TRUE TO LIFE?'

● ● ● **프랑 체임벌린**Franc Chamberlain

배경The Context

미카엘 체홉(1891–1955)은 탁월한 연기자이자 유럽적 전통에서 연기교육에 관한 최고의 방법론을 저술한 작가로서 20세기 연극에 있어서 핵심적인 위치를 차지하고 있다. 그가 무대 위에서 자신을 변신시키는 능력에 대해서는 스타니슬랍스키Stanislavsky, 박탄코 프Vakhtangov, 라인하르트 Reinhardt, 메이어홀드Meyerhold와 같은 많은 동시대의 중요한 연출가들로부터 찬양받았다. 그가 내놓은 연기에 관한 실제적인 제안들은 그의 저서를 비롯해 러시아, 리투아니아, 네덜란드, 덴마크, 독일, 영국과 미국 등 세계 각국에 있는 학교를 통하여 무수한 배우들에게 영감을 주고 있다.

네미로비치-단첸코Nemirovich-Danchenko와 함께 스타니슬랍스키가 모스크바 예술극장 MAT을 설립하여 안톤 체홉Anton Chekhov의 〈갈매기The Seagull〉를 첫 작품으로 상연한 1898 년, 안톤 체홉의 조카인 미카엘 체홉은 겨우 7살이었다. 메이어홀드Vsevolod Meyerhold는 같은 해에 기록된 그의 일기에 MAT의 배우들과 안톤 체홉 사이에 있었던 대화를 기록하고 있다. 〈갈매기〉 공연에서 무대 환경을 좀 더 '사실적'으로 만들기 위해서 시골 전원의 소리들을 무대 밖에서 음향효과로 사용한다는 계획을 들은 극작가는 웃으면서 연극은 예술이며 그러한 것들을 덧붙이는 것은 불필요한 군더더기라는 자신의 견해를 분명히 하였다.[2] 이 시기의 스타니슬랍스키의 접근법은 무대 위에서 삶의 모방을 가능한 한 상세히 창조하려는 것이었다.

이와 대조적으로, 메테를링크Maeterlinck와 브류소프Bryusov의 상징주의 연극과 그 이론에 자극을 받은 메이어홀드는 자연주의적 세부 묘사를 뛰어넘어 '분위기atmosphere' 또는 '심상mood'를 강조하는 양식화된 연극에 흥미를 가졌다. 메이어홀드에게 있어서 분위기는 배우에 의해서 창조되는 것이었다. 비록 그는 스타니슬랍스키의 자연주의적 공연 가치에 관하여 석연치 않아 하면서도, MAT의 배우들이 〈갈매기〉에서 적절한 심상에서 오는 분위기를 자아냈다고 느꼈다. 창조적 예술가로서의 배우의 중요성은 브류소프에 의해서 강조되었는데, 그는 이러한 창조성을 관객이 이해할 수 있는 방법으로 배우가 만들어 낼 수 있게 도와주는 것이 극예술에 요구되는 과제라고 주장했다. 이러한 상징주의의 영향 아래서 10여 년 동안을 작업하면서 메이어홀드는 메테를링크Maeterlinck의 작품 몇 개를 공연했는데, 그 공연에서 그는 '내적 경험의 외적 표출'을 위하여 움직임을 '조형적 음악plastic music'으로 사용할 수 있는 테크닉을 탐구했다.[3]

배우의 창조성을 강조하는 새로운 연기 접근법을 찾으려는 연구는 유럽전역에서 이루어졌다. 심지어 배우에 대한 공격으로 유명한 크레이그조차 배우들은 그들의 예술에 새 생명을 불어넣기 위한 '연기의 새로운 형식을 . . . 창조'해야 한다고 주장했다.[4] 스타니슬랍스키는 끊임없이 배우의 고질화된 습관을 깨고 연기를 창조적 예술로 발전시키고자 노력했다. 그러나 1904년과 1908년, 메테를링크 작품의 공연을 실패하고 동시에 메이어홀드와 크레이그에 의해 제안된 해결책을 거부하면서, 스타니슬랍스키는 1912년 레오폴드Leopold Sulerzhitsky의 감독 하에 실험적인 제1스튜디오를 설립하면서 새로운 방향을 찾게 된다.

미카엘 체홉의 방법론에 있어서 중요한 요소가 되는 분위기, 배우의 창조성, 내적 경험의 신체화 그리고 스타일에 대한 논점 등의 주제들은 1912년 이전에 그가 MAT에 가입한 10년이 넘는 기간 동안을 아우르는 연극적 환경의 주된 특징들이다. 제1스튜디오에 있던 체홉은 레오폴드의 지도하에 그의 테크닉을 발전시켰는데 레오폴드는 이완, 집중, 순진함naïveté, 상상력, 대화, 정서기억 같은 스타니슬랍스키 메소드의 기본적인 요소들을 교육했다. 체홉은 결국 스타니슬랍스키의 기억에 대한 강조는 거부했지만 다소 변형된 형태로 스튜디오 작업의 다른 면들을 자신의 방법론 안으로 받아들였다.

1912년에서 1918년 동안 체홉은 스타니슬랍스키 및 극단의 몇몇 단원과 가끔 마찰을 빚기는 했지만 여러 역할에서 재능 있는 배우라는 평판을 쌓아갔다. 그가 가진 문제점 중 하나는 배우로서 그가 가지는 창조성의 표현이었던 것으로 보인다. 그가 했던 초기 MAT 작업 중 〈상상병 환자*Le malade imaginaire*〉 공연에서 스타니슬랍스키는 체홉이 주어진 역할을 가지고 지나치게 놀이를 하고 있다고 비판했으며, 어느 날은 다른 단원들이 보는 앞에서 '우리 극단의 궤양'5이라며 꾸짖었다. 그러나 그가 처음으로 비평가들의 관심을 끌었던 볼레슬라브스키Boleslavsky 제작의 〈굿 호프의 좌초*The Wreck of The Good Hope*〉(1913) 공연에서 그는 코베Kobe라는 단역을 '전형적인 어리석은 어부'에서 '성실하고 섬뜩한 진리의 추구자'6로 바꿔버렸다. 그의 역할에 대한 해석이 작가의 의도에 맞지 않다고 비판받자 그는 자신이 대본과 작가를 뛰어넘어 진짜 캐릭터를 찾아냈다며 자신의 창조적 개성creative individuality을 주장했다.

1919년 제1스튜디오에서의 성공에도 불구하고 그의 사생활은 걷잡을 수 없이 무너지고 있었다. 그는 심각할 정도로 술을 많이 마셨다. 2년여의 기간 동안 부인은 떠나버렸고 딸을 데려갔으며, 그의 사촌인 블라디미르 체홉Vladimir Chekhov은 스스로 목숨을 끊었고 그의 어머니마저 세상을 떠났다. 그는 연기를 할 수 없었다. 공연 도중에 사라져 버린 적도 있었다. 자신의 극한 상태를 영혼의 위기라고 파악한 체홉은 루돌프 스타이너Rudolf Steiner의 인지과학, 즉 일종의 영적 과학을 연구하기 시작했는데, 스타이너Steiner는 또한 앙드레이 벨리Andrei Bely와 바실리 칸딘스키Wassily Kandinsky를 비롯한 수많은 러시아 예술가들의 흥미를 끌었다. 스타이너는 키에르케고르Kierkegaard와 그에 앞선 다른 이들과 마찬가지로 우리가 보통 인지하는 일상생활의 자아everyday self와 창조적인 고양된 자아higher ego를 구별했다. 인지과학은 체홉이 개인적인 문제들로부터 거리를 두고 그 자신을 '술에 절어 있는 이기주의자'로 보는 것으로부터 다른 관점을 가질 수 있도록 도왔다.7 그는 자기-탐닉적이고 자기-파괴적인 성향으로부터 벗어날 수 있는 방법으로써 스타이너의 가르침을 홀린 듯이 공부하기 시작했다. 스타이너의 이론은 체홉의 개인적 신념에 토대를 제공했으며 그의 배우 이론에 중요한 영향을 끼쳤다.

체홉이 스타니슬랍스키가 개인적 경험과 감정을 사용하는 것에 대해서 강하게 저항하게 된 것은 1918년 이후인데, 그는 그러한 것이 사실상 배우의 창조성을 열어주는 것이 아니라 일상의 습관으로 배우를 묶어놓는다고 주장했다. 더 나아가 체홉은 배우의 감정이 아닌 캐릭터의 감정에 초점을 맞춰야 한다고 주장했다. 즉 '내가 어떻게 느끼는가?'가 아닌 '캐릭터가 무엇을 느끼는가?'를 강조했으며 이를 통해 캐릭터를 배우의 그릇personality 안으로 축소시키지 않고 배우를 캐릭터로 변형시킬 수 있다고 주장했다. 예를 들면 아이가 아픈 장면에서 스타니슬랍스키의 배우는 아이에 집중할 것이며 '배우 안에 존재하는 캐릭터에 의해서 보이는 것만' 보게 될 것이다.[8] 그에 반해 체홉의 배우는 캐릭터에 집중할 것이며 캐릭터가 그 아이에 어떻게 반응하는지를 관찰할 것이다. 체홉은 스타이너가 말한 고양된 자아를 '우리의 모든 창조적 과정 뒤에 숨은 예술가'[9]라고 해석하면서 자신의 접근법에 있어서 핵심적인 것으로 믿었다. 그는 궁극적으로 배우의 작업을 돕는 고양된 자아를 위한 민감함의 네 가지의 방법에 대해 인식하게 되었다. (1) 이것은 각기 다른 배우가 왜 같은 역할을 다르게 연기하는가를 설명해 주고 배우가 대본을 뛰어 넘도록 도와주는 배우의 '창조적 개성'의 원천이다. (2) 그것으로 인하여 연극에서 '선'과 '악'의 갈등을 배우가 느낄 수 있게 해 주는 윤리적 감각을 가지게 된다. (3) 공연에서 연극에 대한 관객의 시점에 대하여 민감하게 될 수 있도록 해준다. (4) '좁고 이기적인 자아'에 자유를 부여하여 배우의 작업에 거리 두기, 연민, 유머감각을 불어넣어 준다.[10]

체홉은 또한 유리드미eurythmy와 보이지 않는 제스처로써의 화술에 관한 이론을 통해 움직임과 화술에 스타이너의 탐구를 끌어들였는데 그 두 가지는 모두 체홉의 연기체계에 일부분이 되었다.[11] MAT에서의 영향과 배우 예술에 대한 그 자신의 고찰에 스타이너의 논리가 덧붙여지자 체홉은 스타니슬랍스키의 제도와는 확연히 구별되는, 논리적 일관성을 가진 배우 훈련체계를 세우기 시작했다. 비록 소수만이 참여하고 재정적인 이유로 문을 닫기도 했지만 체홉은 1918년과 1921년 사이에 그의 새로운 관심의 가능성을 탐색해보고자 그의 아파트에서 워크숍을 열었다. 병에서 회복된 후 그는 1921년부터 1927년까지 배우로서 눈부신 발전을 하게 되며 제1스튜디오(1924년 제2모스크바 예술극장이 된다)와 MAT의 수많은 중요 배역을 소화해 내며 비범한 재능을 확증하게 된다.

제1스튜디오 시절 체홉은 에브게니 박탄코프Evgeny Vakhtangov와 깊은 우정을 쌓게 되는데 박탄코프는 처음에는 스타니슬랍스키의 정서 기억이라는 개념에 사로잡혀 있었지만 결국에는 스타니슬랍스키와 메이어홀드의 생각을 융합할 것을 주장하며 이를 '환상적 사실주의 fantastic realism'라고 불렀다. 박탄코프는 스타니슬랍스키가 자연주의에 너무 얽매여서 연극에서의 극적 본질을 상실한 반면, 메이어홀드는 양식화된 신체성에 너무 매혹되어 느낌의 중요성을 무시했다고 느끼고 '생생하고' '극적인' 연극을 창조하기 위해서는 두 가지 접근법이 모두 필요하다고 보았다.[12] 체홉의 성공적인 연기 중 하나는 1921년 제1스튜디오에서 박탄코프 연출로 스트린드베리Strindberg 작 〈에릭 14세Erik XIV〉에서 주연을 맡았을 때를 꼽을 수 있다.

〈에릭 14세〉는 어느 나약하고 미친 16세기 스웨덴 왕의 이야기로 귀족들을 감옥에 가

두고 살해했으며 남동생이 이끄는 반역자들에 의해 왕위를 빼앗기고 동생의 정부와 결혼한 후 해외로 달아나려 한다. 스트린드베리는 에릭 왕을 스웨덴 판 햄릿으로 보았다. 체홉이 보여준 〈에릭 14세〉는 내적 갈등으로 가득 차 있었는데 이는 신체와 목소리의 역학관계에서 보이는 날카로운 대조를 통해 드러났다. 캐릭터의 나약함을 재현할 수 있는 신체적인 방법을 찾던 중 체홉은 박탄코프로부터 영감을 얻었는데 박탄코프는 에릭왕을 그 자신이 항상 빠져나오려고 하는 원 안에 갇힌 인물로 보여 주었다. 에릭은 희망을 품고서 손을 원 '저 쪽'으로 뻗어보지만, 아무것도 찾지 못하고 좌절 속에 그저 두 손을 덜렁 내려 떨어뜨릴 뿐이다. 체홉은 '에릭'이라는 캐릭터가 가지는 본질이 박탄코프의 제스처에 의해서 표현되었다고 느꼈다. 그 순간부터 그는 연극 전체에서 모든 순간에서 적절한 뉘앙스를 가지고 연기하는데 어려움이 없었다고 주장했다.[13] 이렇게 캐릭터의 정수를 하나의 신체동작 안에 압축하는 것이 체홉이 말하는 심리적 제스처psychological gesture의 모형이라고 보며, 그는 고골Gogol의 〈감찰관The Government Inspector〉을 MAT에서 스타니슬랍스키와 함께 작업했을 때의 경험을 또 다른 예로 들고 있다.

그림 4.1 MAT에서 공연한 스트린드베리 작의 〈에릭 14세〉(Erik XIV, 1922)에서 에릭 왕 역의 체홉. 박탄고프 연출(Source: Dartington Hall Trust Archive)

체홉이 스타니슬랍스키와 함께 연습하고 있을 때 연출이 클리에스타코프Khlestakov 역에 대해 제안을 하고 있던 상황이었다. '스타니슬랍스키는 갑자기 손과 팔을 던져버릴 듯한 가볍고 빠른 움직임을 하면서 동시에 손가락, 팔꿈치, 심지어 어깨까지 흔들었다'.[14] 다시한 번, 그는 이러한 압축을 통해 역할의 전체를 이해하게 되었다. 이 두 가지 사건은 우리에게 하나의 몸짓으로 역할의 본질을 표현한다는 생각이 스타니슬랍스키나 박탄코프에게는 이미 익숙한 것이었으며, 그러한 맥락 속의 개념이 원래 체홉의 생각은 아니었다는 점을 보여준다. 그럼에도 불구하고 체홉은 심리적 제스처라는 개념을 발전시킨 장본인이며 캐릭터에 다가갈 때 분석적이기보다는 직관적인 연기훈련의 중요한 요소로써 이를 발전시켰다.

감상에 젖은 에릭왕과는 대조적으로 〈감찰관〉에서 체홉이 연기한 클리에스타코프는 가볍고 장난기가 넘치는 캐릭터였다. 비평가들은 클리에스타코프가 시장의 집에서 환상적인 거짓말을 즉흥 연기하는 장면에서 어안이 벙벙해졌는데 왜냐하면 체홉은 그것을 매일 밤 다르게 연기했기 때문이다. 고양된 자아로의 확장은 스타니슬랍스키가 추구하던 창조성과 자발성을 통해 접근하는 방법을 의미하며 창조적인 정신 상태로 접근하는 대안적 접근법을 제공했다. 체홉의 문제점은 창조적인 에너지의 고삐가 풀렸을 때이다. 배우는 절제의 한계를 넘어서기 쉬우며 따라서 공연의 바탕이 되는 윤리적 약속이 안전하게 지켜질 수 있는 방법을 계발할 필요가 있었다.[15] 체홉은 공연시점에 가서는 장면의 기본적인 모양새를 유지할 수 있었지만 연습 초기에는 사과를 가지고 하는 즉흥연기에 너무 몰두해서 결국 스타니슬랍스키가 정지시키기 전까지 장면의 목적이나 다른 배우들에 대한 접촉을 잃어버리고 말았다. 주어진 범위 안에서 즉흥을 하는 능력은 체홉이 그의 가르침을 통해 계발시키기를 원했던 배우 훈련의 또 다른 영역이었다.[16]

1922년 박탄코프가 죽자 체홉은 제1스튜디오의 연출직을 맡게 되는데 이 스튜디오는 1924년에 제2모스크바 예술극장이 된다. 그는 가르치고 연출하는 것뿐만 아니라 연기도 계속 했으며, 1924~25년 시즌에 비평으로부터 찬사를 받은 〈햄릿〉에서 연출과 햄릿 역을 담당하게 된다. 〈햄릿〉에서 체홉이 받은 찬사에도 불구하고 제2 모스크바 예술극장에서는 혁명이 주제가 되는 연극을 제작하지 않는다는 우려가 감돌았다. 1927년 실험적인 예술에 대해 스탈린은 압박을 가하기 시작했고 체홉은 부패를 조장하는 신비론자이자, 사상적으로 나약한 배우라는 누명을 써야 했다. 소련에서 인지과학은 금지되었고 체홉은 곧 체포될 위기에 처했다. 체홉은 1928년 러시아를 떠났고 그의 업적은 소련연방에서는 1969년에 연극학교의 정규 교과과정으로 편입될 때까지 빛을 보지 못했다(마리아 크네벨Maria Knebel에 의해 그의 작업 몇몇이 전승되기는 했다).

1928년 막스 라인하르트Max Reinhardt의 초청을 받아들여 체홉은 베를린으로 이주했다. 같은 시기에 그는 인지과학에 대한 공부를 계속했고 하비마Habima에서 〈십이야Twelfth Night〉를 연출했다. 체홉은 라인하르트의 극단에서 그리 행복한 시간을 보내지는 못했지만 〈예술가들Artists〉에서 스키드Skid의 역할을 하면서 고양된 자아에 대한 강력한 체험을 하게 된다. 그는 캐릭터를 마치 관객이나 다른 배우의 관점에서 보듯 바라보았으며 바로 스키드가 체홉에게 어떻게 앉고 움직이고 말하는지를 지시하고 있었다.[17] 1929년 공연 뒤에 스타니슬랍스키와 만난 자리에서 체홉은 상상력의 중요성을 주장하면서 스타니슬랍스키의 정서 기억이 가지는 위험성에 대해서 공격했다.[18] 1941년의 강의에서 그는 이러한 비판을 반복하면서 분리된 의식의 중요성을 강조했다.

> 우리가 역할에 완전히 사로잡혀 상대역을 거의 죽일 뻔 하거나 의자를 부수거나 하는 행위를 할 때 우리는 자유로운 것이 아니며, 이는 예술이 아니라 그저 히스테리를 부리는 것입니다. 러시아에서 한때 우리는 연기를 할 때는 다른 모든 것을 잊어야 한다고 생각했습니다. 물론, 그것은 잘못된 것이었습니다. 우리 중 몇몇은 느낌으로 가득 차서 연기를 하면서도 상대역과 농담을 나눌 수 있을 때에야 진정한 연기가 가능하다는 것을 깨닫게 되었습니다―다시 말해 두 개의 의식을 가지고 있을 때 말입니다.[19]

그러나 체홉이 이러한 강의를 하던 시기에는 이미 스타니슬랍스키도 그의 저서에서 배우의 이중 의식의 중요성에 대해서 언급하던 때였다. 하지만 이는 그가 죽고 나서 8년이 지난 1946년이 되어서야 영어로 출판되었다.[20] 정서 기억에 관한 비판을 계속하면서도, 체홉은 1955년 강의에서 스타니슬랍스키는 이를 오직 리허설에서 사용하였으며 무대 위에서 사용하기 위함은 아니었다고 인정한다.[21]

1931년에 체홉은 파리로 옮겨 죠젯 보너Georgette Boner와 함께 또 다른 스튜디오를 설립하지만 여러 가지 어려움에 봉착했다. 체홉은 파리에 있는 러시아 이민자 공동체에게 도움을 청했지만 결국 실망을 금치 못하게 된다. 또한 톨스토이의 동화 〈성이 깨어난다The Castle Awakens〉를 각색하여 공연하면서 유리드미와 스타이너의 다른 개념들을 적용시켰으나 상업적으로는 실패하고 만다. 1932년과 1933년 당시에는 독립국이던 라트비아와 리투아니아에서 작업을 했으나 리가Riga에서 바그너Wagner의 〈파리지팔Parsifal〉을 연출할 당시 심장마비로 작업이 중단됐으며 회복할 즈음에는 정국불안으로 파리로 되돌아오게 된다.

1934년과 35년 체홉은 러시아에서 망명한 배우들과 함께 극단을 만들어 7개의 연극과 안톤 체홉의 소설들을 각색한 작품을 가지고 미국에서 순회공연을 가졌다. 그는 또한 스텔라 애들러Stella Adler의 초청으로 그룹 시어터Group Theatre에서 시범 강연을 하며 배우가 캐릭터에 접근할 때는 캐릭터가 기반을 두고 있는 원형을 먼저 찾아내야 한다고 제안했다. 그는 캐릭터의 중심과 상상의 신체에 대한 그의 이론을 개괄적으로 설명하고 연기자의 분위기personal atmosphere에 대한 개념을 논의하였다.[22]

체홉은 뉴욕에서 베이트리스 스트레이트Beatrice Straight와 디에드르 허스트 듀 프레이Dierdre Hurst du Prey를 만났으며 이들은 체홉을 데본Devon에 있는 다팅턴 홀Dartington Hall에 위치한 실험 공동체로 초청했다. 체홉은 이를 받아들였고 1936년 다팅톤에 체홉 연극 스튜디오가 세워졌다. 거기에서는 아무런 상업적 압박이 없었고 자신의 훈련체계를 자유롭게 발전시킬 수 있었기 때문에 체홉에게는 그 곳에의 모든 배려가 이상적이었다. 체홉은 집중력, 상상력, 유리드미, 발성과 화술(스타이너의 이론에 바탕한), 음악작곡이 포함된 3년 과정을 계획했다. 민속 설화가 상상을 자유롭게 해 주는 수단으로 학습되었고 학생들은 짧은 장면과 즉흥연기로 시작해서 점차 길고 더 어려운 작품으로 옮겨가도록 했다. 이 시기에 그의 체계에 있어서 주요 요소들이 자리를 잡았다. 상상력imagination과 집중concentration, 고양된 자아higher ego, 분위기와 개성atmospheres and qualities, 중심centres, 상상의 신체imaginary bodies, 방사radiance와 양식style 등이 그것이다. 또한 나중에 '4형제Four Brothers'로 알려진 가벼운 느낌feeling of ease(스타니슬랍스키의 '이완relaxation'을 대신하는), 형태form, 미beauty, 전체the whole에 초점을 맞춘 일련의 훈련을 덧붙였다.

체홉은 다른 이들이 탐낼 만한 위치에 있었지만 1939년 독일에서 일어난 전쟁으로 인하여 다시 한 번 자리를 옮겨야만 했다. 그는 많은 학생을 데리고 코네티켓Connecticut 주의 릿지필드Ridgefield로 옮겨갔다. 그러나 데본에 있을 때에 비해 심한 재정적인 압박이 있었으며 그는 충분히 훈련하기도 전에 공연을 올려야 했다. 〈악령The Possessed〉(1399)과 같은 초기 공연들은 좋은 평가를 받지 못했지만[23] 체홉 스튜디오의 〈십이야Twelfth Night〉는 1941년 브로드웨이에서 긍정적인 평가를 받았다. 체홉은 이 시기에 1920년대 이후로 가졌던 심리적 제스처psychological gesture에 대한 개념들을 명확하게 만들기 시작했다. 전쟁으로 그의 작업은 다시 중단되었고, 1942년 징병으로 인하여 스튜디오는 문을 닫게 된다. 1943년 체홉은 LA로 옮기고 나서 할리우드에서 영화경력을 쌓기 시작하는데 히치콕 감독의 〈스펠바운드Spellbound〉(1945)에 출연하여 아카데미상 후보에 오르기도 했다. 하지만 그의 영화경력은 1948년에 찾아 온 심장마비로 중단되었고 1954년에 두 번째 심장마비로 완전히 영화를 접어야 했다. LA에 있는 동안 그는 계속해서 연기를 가르쳤는데 학생 중에는 잭 팰런스Jack Palance, 말라 파워스Mala Powers, 마릴린 먼로Marilyn Monroe, 앤서니 퀸Anthony Quinn 등이 있었다. 그는 개인적으로나 재정적으로, 또한 정치적인 어려움 등으로 끊임없이 제약을 받았으며 1955년 64세의 나이로 LA에서 심장마비로 사망했다.

이론과 실제Theory and Practice

1942년 체홉은 『배우에게To The Actor』라는 제목으로 배우를 위한 그의 방법론을 완성했지만 이는 1953년이 되어서야 매우 축약된 형태로 출판되었다.[24] 1991년 새롭게 출판된 『테크닉 연기On The Technique of Acting』을 통해 체홉의 원고가 복원되었다. 그리고 2002년, 1953년 버전이 1946년 러시아어 버전에서 발췌된 심리적 제스처에 관한 자료가 덧붙여지며 재

그림 4.2 달팅턴 스튜디오에서 학생들과 함께 있는 체홉 (사진: Fritz Henle)
(Source: Dartington Hall Trust Archive, courtesy of the Fritz Henle Estate)

출판되었다.[25] 현재까지 체홉의 주요 연기 테크닉을 모두 포함한 100가지가 넘는 훈련들이 출판되었다. 아래의 목록이 완벽한 것은 아니다. 하지만 체홉이 죽기 전까지 새로운 훈련을 고안해 냈듯이, 연기 테크닉에 대한 기본적 원칙들은 개별적 창조성만큼이나 다양한 변형과 창조를 가능하게 해줄 것이다. 다음은 그 중에서 소수의 핵심 요소와 훈련에 초점을 맞춘 것으로 체홉 작업의 기본적인 '맛보기'를 제공할 것이다.

상상력과 집중력Imagination and Concentration

체홉은 평생 동안 상상력에 대해 심취했다. 그는 모든 예술가들이 창작 작업 과정에서 나타나는 것뿐만 아니라, 최면이나 꿈속에서 떠오르는 이미지를 가지고 훈련된 방식에 의해 작업할 수 있는 능력이 필요하다고 느꼈다. 체홉이 최면적인 이미지hypnagogic images에 매혹된 점은 그것들이 예술가 자신의 의식적 방해 없이 이미지 그 자체가 스스로 변형한다는 것이었다. 무대에 상상의 세계를 가져오고 생명을 불어넣기 위해서 배우가 해야 할 일은 수동적인 몽상가가 되는 것이 아니라 상상의 충동이 일어나고 그것이 진행, 발전하는 과정에서 적극적인 참여자가 되는 것이다. 이를 위하여 배우는 예술적 구성에 대한 감각을 계발해야 하며 이는 과거의 '위대한 작품'들을 연구하고 그 작품의 특정한 부분들을 상상을 통하여 바꾸어 놓음으로써 계발할 수 있다. 모나리자의 미소가 좀 더 밝았더라면? 햄릿이 클라우디우스가 기도하는 동안에 죽었다면? 이러한 질문에 답하면서 배우는 극적 짜임새의 원칙에 대한 감각을 계발하기 시작할 것이며 그러한 이해를 바탕으로 적절한 선택을 할 수 있게 될 것이다. 동시에 이러한 질문들은 '구애 받지 않는 상상력의 움직임flexibility of images'에 대한 인식을 계발하는 데 도움이 된다. 동화나 꿈속에서와 같은 변신(개구리가 왕자로, 홍학이 코끼리로)을 상상하면서 그 변신의 과정에 세심한 주의를 통해 배우는 집중력과 상상력으로 작업할 수 있는 능력을 기르게 될 것이다. 배우는 또한 이미지가 스스로 자유로이 변할 수 있도록 해야 하며 그 이미지가 무의식 속에 잠길 수 있도록 허락하고, 변화를 통해 자신에게로 돌아왔을 때는 이를 서슴없이 받아들여야 한다. 상상 속 세계의 독립성을 인식하고 받아들임으로써 배우는 일상적 자아의 테두리를 무디게 만들고 '고양된 자아와 맞서기' 시작한다.[26] 이를 통해 배우는 스타니슬랍스키의 '삶에 충실한 접근법true to life approach'으로부터 벗어날 수 있다. 체홉은 다음과 같이 지적했다. '만약 캐릭터의 심리나 내적 상태가 사실적이지 않다면 어떻게 해야 하는가? 돈키호테가 삶에 대해 진실했는가?'[27]

궁극적으로 배우는 이러한 이미지들을 신체적으로 구체화시키기 시작해야 하며 체홉은 '정도의 차이가 있기는 하지만 신체의 저항으로 인하여 상상력의 움직임에 제약을 받는 어려움이 생긴다'[28]고 지적하며 잘 계발되고 자유로운 상상력 외에도 내적 자극에 민감한 신체를 배우에게 요구했다. 체홉은 신체의 유연성과 반응성을 높이기 위한 수많은 유용한 훈련을 제안하면서 집중, 분위기, 상상력 훈련 또한 이러한 민감성을 키우는 과정을 도와줄 것이라고 말했다.

분위기|Atmosphere

비록 메이어홀드Meyerhold나 브류소프Bryusov가 20세기 초에 분위기의 중요성에 대해서 논의하기는 했지만 체홉은 그러한 생각을 이론과 실제에 있어서 다른 누구보다 심도 있게 발전시켰으며, 그의 테크닉에 있어서 중요한 요소 중에 하나가 되었다.

　분위기는 지배적인 톤, 즉 여러 가지 요소 중에서도 장소나 관계 또는 그림이 가지는 무드라고 볼 수 있다. 예를 들면 낡고 폐허가 된 성은 정신없이 바쁜 응급병동과는 다른 분위기를 가지며 각각의 분위기는 그것과 관련된 개개인에게 다른 영향을 미친다. 체홉은 다음과 같은 예를 사용했다. 길을 걷다가 자동차 사고가 발생하여 사람이 많이 모인 장면과 마주쳤다. 우리는 무엇이 일어났는지 정확히 인식하기 전에 분위기를 먼저 알게 될 것이다. 장면 안에 있는 개인들은 상황에 대해서 각각의 반응을 하겠지만 외적 현상으로서 전체적으로 경험되어지는 지배적인 분위기가 있을 것이다. 이러한 관점에서 체홉은 분위기를 '객관적objective'으로 보았다.

　좀 더 정통적인 스타니슬랍스키적인 접근법에 따르면 배우는 전에 경험했던 자동차 사고나 아니면 그와 유사한 상황에서 느꼈던 자신의 감정적 반응에 집중해야 할 것이다. 배우의 감정에 다가서는 접근법 중에서 덜 직접적인 방법으로 신체적 행동physical actions에 관한 스타니슬랍스키의 후기 작업에서조차 배우의 질문은 다음과 같았을 것이다. '내가 저 상황이라면 무엇을 할 것인가?'[29] 체홉은 상황의 전체적인 톤을 불러일으키는 것에 대해서 강조하면서 분위기를 음악에서의 조musical key에 상응하는 것으로 보았다. 이러한 분위기에 대한 민감함과 그것을 무대 위에서 창조하는 능력은 체홉의 배우에게 있어서 관건이 되는 테크닉이며 이를 통하여 배우와 관객을 융합시키게 된다.

　체홉은 연극에서 장면을 통해서 읽고 전체적인 분위기의 감각을 익히고 그것에 맞추어 행동하고 말하는 캐릭터를 상상함으로써 배우의 상상 안에서 분위기를 창조하는 훈련을 장려했다. 단지 한 번만 할 것이 아니라 내적 연기과정이 충족될 때까지 계속해서 반복하고 그리고 나서 분위기를 바꿀 것을 제안했다. 다음의 훈련은 감정적 분위기에 초점을 맞춘 것으로 스타니슬랍스키의 정서적 기억affective memory에 대한 체홉의 대안이다.

공기가 빛이나 먼지, 향기, 연기, 안개로 가득 차 있다고 상상하는 것처럼 당신을 둘러싸고 있는 공기가 당신이 선택한 분위기로 가득 차 있다고 상상한다. '공기가 어떻게 무서움, 즐거움, 연약함, 공포로 가득 찰 수 있지?'라고 스스로에게 물어서는 안 된다. 당신은 실제로 그것을 시도해 보아야 한다. 당신은 노력하자마자 이것이 얼마나 간단한지 알게 될 것이다. 당신이 배워야 하는 것은 지금 당신을 감싸고 있는 상상의 분위기를 유지하는 것이다. 집중을 발달시키는 것이 주로 도움이 된다. . . . 이 훈련을 하면서 어떤 특별한 환경이나 분위기를 정당화하는 사건을 상상할 필요는 없다. 그것은 그저 당신의 주의를 산만하게 하고 훈련을 쓸데없이 복잡하게 만들 뿐이다.

시간이 흘러 당신을 둘러싼 분위기를 상상하고 유지할 수 있다는 확신이 생기면 다음 단계로 넘어가라. 외적으로 상상한 분위기에 당신의 내적 반응을 연결시켜 보라. 뭔가 느끼려고 스스로를 강요하지 말고 그저 반응을 인식하라. 훈련의 초반부를 조심스럽고 끈기 있게 했다면 자연스럽게 반응은 나올 것이다. 만약 반응이 자유롭게 자라도록 내버려두지 않고 성급하게 자신에게 반응을 강요한다면 전체적인 훈련의 가치는 사라질 것이다. 처음에는 아마 시간이 걸리겠지만 얼마 지나지 않아 분위기를 창조하고 그에 반응하는 과정이 순간적으로 일어날 것이다. 점점 분위기는 당신의 감정 영역 깊숙한 곳으로 관통해 들어갈 것이다.[30]

그 다음 단계는 분위기에 맞춰서 말하고 움직이는 것과 분위기에 의해서 자극받은 내적인 삶을 다시 공간에 방사하는 것이다. 그리하여 분위기와 내적인 반응을 둘 다 확장하는 일종의 피드백 회로를 설치하는 것이다.

배우가 일단 분위기를 만드는 기본적 기술을 계발했다면 그것을 변형하거나 깨뜨리면서 탐구할 수 있다. 체홉에 따르면 같은 공간에 두 개의 강력한 분위기가 존재할 수 없다. 언제나 하나만이 지배적인 분위기가 된다. 만약 흥겨운 분위기에 둘러싸인 광대 무리가 앞에서 언급한 자동차 사고 현장과 만났다면 둘 중 하나의 분위기는 바뀌어야 한다.

4형제 The Four Brothers

4형제라고 알려진 훈련은 체홉 테크닉의 모든 작업과 관련된 특질에 초점을 맞추고 있기 때문에 매우 중요하다. 바로 가벼움ease, 전체whole, 형태form, 미beauty에 대한 감각들이다.

가벼움의 감각은 상황이나 주제가 아무리 무겁더라도 모든 동작을 쉽고 가볍게 수행하는 것을 의미한다. 이것은 스타니슬랍스키의 이완에 해당하는 훈련이며 체홉은 이것이 유머 감각으로 이어질 수 있을 뿐만 아니라 예술의 결정적인 핵심으로 보았다.[31] 전체에 대한 감각은 모든 행동, 모든 무대 행위, 모든 대사가 아무리 미세하더라도 명확하게 정의된 처음, 중간, 끝이 있다는 인식을 필요로 한다. 형태에 대한 느낌은 미학적 관점으로 자신의 행동을 이해하고 그 공간에서 만들어진 형태와 그 형태의 타당성을 인식하게 된다. 미에 대한 감각은 작업에서 깊은 만족감을 느끼게 하는 내적 감각이며 '자랑하며 드러내 보이기'와는 구별된다. 체홉은 깊은 집중 속에서 작업을 하면서도 물 흐르듯 아무 군더더기 없이 육체적 작업을 수행하는 사람을 예로 들고 있다. 이러한 각각의 감각은 작업에 있어서 미학적인 거리감을 키워주며 배우로 하여금 안으로부터 보다는 밖으로부터의 시점을 갖도록 해 준다.

그림 4.3 달팅턴 홀 가든에서 체홉의 '가벼움' 엑서사이즈(1936) (사진: Fritz Helnle)
(Source: Dartington Hall Trust Archive, courtesy of the Fritz Henle Estate)

심리적 제스처The Psychological Gesture

심리적 제스처PG는 캐릭터의 주된 욕망을 직관적으로 파악하여 전체적 캐릭터의 핵심적 형상physical form을 표현하는 방법이다. 배우에게 날카로운 통찰력은 제공할 수 있지만 그것을 신체적으로 구체화하는 수단을 제공하지 못하는 분석적 접근에 대하여 체홉은 PG를 그 해결방법으로 제시한다. PG는 아마도 20세기 배우 훈련에 대한 체홉의 가장 독창적인 공헌이라고 할 수 있다. 스타이너Steiner의 작업을 기반으로 해서 체홉은 우리가 심리적 과정에 대해서 말할 때 종종 몸짓의 언어를 사용한다는 점에 주목했다. 예를 들어 '걱정이 짙어지다grow pensive'나 '결론을 끌어내다draw conclusions', '생각을 파악하다grasp ideas'라고 사용한다. 체홉은 앞서 말한 문구들이 그러한 순간에 '실존하고 있는 제스처를 만들어낸다'[32]고 제시할 수도 있으며 만일 필요하다면 우리가 그러한 신체적 제스처를 만들 수 있도록 자극할 수 있다고 생각했다. 다음의 훈련은 언어에 초점을 맞춘 것이 아닌 캐릭터의 목적(스타니슬랍스키적인 관점에서)을 상상력과 직관을 통해 찾는 것에 초점이 맞추어져 있다. 그럼에도 불구하고 일단 심리적 제스처가 눈으로 보이지 않더라도 캐릭터는 여전히 그에 맞추어 말할 것이며 이러한 현상은 제스처가 말 속으로 녹아든다는 스타이너의 사고와 연관을 맺고 있다.

Exercise 2

당신 자신을 위한 역할을 선택하지 말고 앞에서 이미 이야기했듯이 작품 하나를 상상해본다. 연극의 사건과 캐릭터가 당신을 위하여 생생하게 살아 있는 공연을 보여줄 때까지 계속 상상한다. 그렇게 하면서 중요하거나 뜻이 깊다고 생각되는 순간에 관심을 집중한다. 선택한 캐릭터가 가장 핵심적으로 나타나는 순간에 그 캐릭터에 집중한다. 이 캐릭터에게 상상 속에서 당신의 눈앞에서 연기하도록 요구하고 그가 연기하는 가장 세부적인 부분까지 꼼꼼히 따라간다. 동시에 캐릭터가 목표하는 것을 보려고 노력한다. 캐릭터가 원하는 것, 바라는 것은 무엇인가? 동시에 그렇게 하면서 논리적으로 판단하려고 하지 말고 당신의 마음의 눈앞에 떠오르는 이미지에 의지하여 가능한 한 명확하고 생생하게 캐릭터의 바로 그 '무엇what'으로 파고들어라. 캐릭터가 뭘 하고 있는지 헤아리기 시작하자마자 그에 대한 가장 단순한 PG가 무엇인지 찾아본다. 당신은 신체적으로 PG 훈련을 하면서 동시에 자신의 이미지를 보아야 한다.

PG가 가져야 하는 단순성과 표현성을 연습을 통해 발전시킨다. 상상의 캐릭터가 당신을 위해 PG를 하게끔 요구하지는 말라. 그것은 소용이 없다. 캐릭터는 대본에 의해서만 움직여야 한다. 예를 들어 막이 올라갔을 때 햄릿은 왕좌가 있는 공식 알현실에서 꼼짝 않고 앉아 있을 수 있다. 이는 당신의 상상이다. 그러나 햄릿의 PG는 양 팔과 손을 이용하여 위로부터 아래방향, 즉 땅을 향하여 움직이는 크고 느리며 무거운 움직임일 것이다. 당신은 햄릿의 삶에 있어서의 그 순간에 가지는 어둡고 우울한 분위기를 위하여 이 동작을 찾을 수 있다. 그리고 이 동작은 당신이 당신의 이미지를 보면서 실제로 해 봐야만 하는 동작이다. 그러고 나서 이제 PG는 그 상태 그대로 당신 마음속에 두고 햄릿처럼 말하고 행동해 보라.

PG와 연기를 교대로 해 본다. 연기의 내적 상태나 움직임 뒤에 연기의 본질로써 표현적이고 단순한 PG가 숨어 있음이 명백히 증명될 때까지 교대하면서 계속 반복한다. . . . PG는 마음의 눈앞에 나타날 것이고 연습을 충분히 하고 난 후에는 당신이 연기하고 있는 동안 항상 일종의 영감으로 남아 있을 것이다.[33]

PG가 관객에게 보여야 되는지 아닌지에 대해서는 약간의 혼돈이 있다. 여기의 예에서는 보여주지 않기를 제안한다. 그러나 이 장의 앞부분에서 체홉은 보이지 않는(잠재적인) 제스처뿐만 아니라 보이는(실제적인) 제스처를 이야기할 때도 PG라는 용어를 사용하고 있다.[34] 어쨌든 PG는 배우의 내면의 삶에 영향을 주고 있다.

역할 전체를 위해 찾아진 PG 외에도, 체홉은 역할의 각각의 순간들, 각 장면, 화술들, 그리고 분위기의 악보score를 위해서도 사용하기를 제안한다.[35]

공연 속으로Into Production

체홉은 연극적 스타일의 다양성을 주장했으며 그가 참여했던 작품의 다양성—모스크바에서부터 할리우드까지—은 그의 테크닉이 적용될 수 있는 폭넓은 가능성을 보여준다. 연극이든 영화든, 각 프로젝트는 그에 맞는 '특수한 테크닉'이 요구되지만 '일반적 테크닉'의 근본적 원칙은 유지되어야 할 것이다.

연출가로서의 체홉에 관해 가장 손쉽게 구할 수 있는 자료는 1946년 액터스 랩Actors Lab에서 작업한 〈감찰관The Government Inspector〉으로, 찰스 레오나드Charles Leonard의 자료 『연출과 극작가에게Michael Chekhov's To the Director and Playwright』를 통해 그 내용이 출판되었다. 이는 체홉의 연출적 접근법에 대하여 이해를 늘리는데 특별히 도움이 되는 것은 아니다. 체홉이 그의 시스템으로 훈련하지도 못했으며 훈련받을 시간도 없는 배우들과 작업했다는 것 역시 문제의 원인 중 하나였다. 『배우에게To The Actor』에서 〈리어왕King Lear〉을 예로 사용하고 있는 '공연의 구성Composition of performance'에 관한 장章이 체홉의 연출작과 직접적으로 관련이 있는지는 확실하지 않다. 사실은 관련이 없을 것으로 보인다. 왜냐하면 그가 셰익스피어의 연극들이 시대에 걸맞은 '추진력driving force'을 얻기 위해서는 짧게 줄여지고 재구성되어야 한다고 논의하면서도 어떻게 그렇게 할 수 있는지에 대해서는 전혀 언급하고 있지 않기 때문이다.36 하지만 『연출과 극작가에게』와 『배우에게』의 자료는 주된 클라이맥스와 부수적 클라이맥스를 위해서 대본이 어떻게 검토되어져야 하는지에 대한 체홉의 생각을 보여준다.

이 자료에서 체홉은 하나의 토막은 갈등이 생겨나고 전개되고 매듭지어지는 3중 구조를 가져야 하며 시작할 때의 핵심요소가 끝에는 반대로 바뀌어야 된다고 시사했다. 갈등의 세 가지 주요 토막들은 각각 최대의 긴장 순간(주된 클라이맥스)과 긴장이 약한 많은 순간(부수적인 클라이맥스)들이 내재되어야 한다. 체홉은 훈련에서 계발된 '예술적 직관artistic intuition'을 통해 이러한 클라이맥스들을 발견해야 한다고 믿었다.

이러한 핵심적 순간의 행동을 위한 테두리와, 에너지의 리드미컬한 흐름에 대한 명확한 감각은 어떠한 연기의 토막을 구성하든지 간에 매우 중요하다. 클라이맥스와 부수적 클라이맥스 외에도 '강세accents'라고 알려진 좀 더 작은 중요한 순간들이 있다. 이것들은 변환의 충동을 제공하거나 과거나 미래의 사건을 명확하게 하는 대사나 행위를 뜻한다. 반복의 사용 역시 토막의 구조에서 이러한 역할을 수행하는 또 하나의 요소이다. 공연의 어떠한 부분이라도 변화 없이 반복하는지 아니면 변화되고서 반복하는지에 따라서 각각의 반복은 관객의 인식에 다른 영향을 미친다.

구조에 대한 이러한 강조는 대부분의 체홉의 작업에서 보다 더 추상적이고 분석적인 듯한데, 비록 유용한 지침을 제공하고는 있지만 그의 연기이론의 본론에 덧붙여진 그저 부가적인 생각일수도 있다. 1991년 초판된 체홉의 소책자에 쓰인 '창조적 과정의 4단계The four stage of the creative process'라고 이름 붙여진 장에서는 훈련과 공연의 관계에 대하여 좀 더 명확하게 설명하고 있다. 〈감찰관〉이나 〈리어왕〉에 관한 글과는 달리 어떤 특정 공연이나 작품에 대한 언급은 없고 체홉이 그리고 있는 이상적인 작업진행과정만이 소개된다. 이 진행 과정에서의 첫 번째 열쇠는 배우와 연출가가 체홉의 테크닉 안에서 훈련되어져야 한다는 것과 작업에 있어서의 테크닉 용어가 공유될 수 있어야 한다는 점이다.

체홉은 4단계에 대한 이해가 우발적 행위에 대한 노예적 예속, 독존적 분위기, 좌절감,

그리고 신경불안정한 초조함으로부터 배우를 자유롭게 해주고 나아가 '자신감'을 일으킬 것이라고 주장했다.[37] 그는 기초적인 패턴의 중요성에 대해 주장했으나 순간순간 일어나야 할 것을 지시하지는 않았다. '연습 때는 언제라도 작업을 심화하는데 필요하다면 적합한 과정을 거쳐야만 한다.'[38]

공연과정의 첫 번째 단계는 배우가 대본을 읽고 연극의 전체적인 분위기atmosphere에 대한 감각을 얻는 시작 지점이다. 체홉은 이 단계를 '음악적musical'으로 묘사하면서, 마치 먼 거리에서 어렴풋이 들려오는 음악을 듣고 있다가 점차로 그것이 가지고 있는 여러 가지 양상을 구별해내는 행위로 비유했다. 이 시점에서 중요한 것은 비록 캐스팅이 정해져 있지만, 배우가 자기 자신의 역할에만 집중하지 말고 전체 작품을 고려해야 한다는 점이다. 전체적 분위기에 덧붙여, 배우는 작품의 스타일과 선과 악의 역동적 갈등, 그리고 작품의 사회적 중요성에 대한 이해를 가져야 한다. 이러한 작업은 배우의 상상력으로 이루어지며 체홉은 배우가 이러한 방법론을 보다 '더 성실하게' 수행하면 할수록, 결과가 '더욱 성공적'[39]일 것이라고 말했다. 연극의 전체적 분위기에 들어가기 위해서 배우들은 다양한 이미지들이 방해를 받지 않고 떠오를 수 있도록 상상력을 자유롭게 작동하면서 대본을 반복해서 읽어야만 한다. 체홉은 배우에게 이 준비단계에 있어서의 작업과정을 일기에 기록하라고 제안한다. 이는 배우 자신에게 가장 선명하게 와 닿는 그림vision을 말과 이미지로 기록하는 것이다. 이 단계가 발전됨에 따라 배우는 주어진 캐릭터에 좀 더 초점을 맞추기 시작하겠지만 여전히 작품 전체에 대한 감각은 유지하고 있어야 한다.

두 번째 단계는 배우가 이미지를 의식적으로 분석, 조직하는 것과 연출가와 배우들 사이의 협동 작업을 위한 대화를 함께 하기 시작하는 과정이다. 첫 번째 단계를 거친 배우들은 대본에 익숙해져 있을 뿐만 아니라, 캐릭터를 위한 그들의 상상력을 맘껏 발휘해 왔으므로 상상력을 통해 이루어진 그림을 연출과 함께 서로 토의할 단계에 이르렀다. 연출가는 작품에 대한 전체적 책임을 가지고 있지만 제작에 참여한 모든 사람들의 창조성이 존중되어야 한다는 점이 중요하다. 체홉은 연출가를 창의적 예술가로서 인식했지만 결코 배우의 창조성이 가진 중요성을 버리지 않았다. 이 단계에서 배우들은 주어진 캐릭터를 위해 심리적 제스처를 보여주고 그 심리적 제스처를 가지고 움직이면서 대화를 시작할 수 있다. 작품 속의 각 장면들은 편안함, 형식, 스타일, 분위기 등 여러 관점에서 연구된다.

이러한 처음 두 단계에서 창작을 위한 재료와 개념들이 생겨나고 작업 관계가 발달한다. 세 번째, 가장 긴 이 단계는 통합의 단계인데 작업이 좀 더 구체화되기 시작한다. 체홉에게 있어 이 단계에서 작업이 진행되기 위한 가장 좋은 방법은 대본에 있는 짧은 순간들을 가지고 모든 캐릭터들의 연쇄적인 결합을 창조하는 것이다. 연출가는 [그] 배우들에게 다음과 같이 물을 수도 있다. 이러이러한 순간에 당신 캐릭터의 팔과 손과 어깨와 발은 어떻게 보이는가? 그 캐릭터는 다른 순간에 어떻게 걷고 앉고 달리는가? 어떻게 들어오고 나가고 듣고 보는가? 다른 캐릭터로부터 받은 다른 인상에 어떻게 반응하는가? 어떠한 분위기에 감싸였을 때 어떻게 행동하는가?[40]

배우는 연출에게 자신의 대답을 연기perform하고 연출은 피드백과 다른 제안들을 제공하며 공동 작업이 진행된다. 이러한 대화를 통한 접근은 체홉 자신의 작업에서 보여주었듯이 연출이 연기 과정에 대한 테크닉과 이해를 가질 수 있도록 훈련이 전제되어야만 도움이 된다. 체홉은 연출이 배우에게 요구하는 것을 전달하는 최선의 방법은 연출자가 직접 연기로 보여주는 것이라고 제안한 적이 있었는데 만약 제대로 적절하게 훈련을 받아 온 배우라면 그 연출가의 시범에서 '내적 본질을 납득'하여 '단순히 외적으로 연출의 시범을 모방하지는 않을 것'[41]이라고 믿었다.

그림 4.4 모스크바 예술 극장에서 공연한 셰익스피어의 〈십이야〉(*Twelfth Night*)에서 말볼리오(Malvolio) 역의 체홉
(Source: Dartington Hall Trust Archive)

세 번째 단계는 공연의 틀 속에서의 리허설 단계이며 이 단계에서는 장면을 반복하는 것과 연기의 전체적 구성을 발전시키는 것이 겹쳐서 진행된다. 체홉은 작품의 각 부분들이 각기 다른 '밑바탕'에 의해서 탐구되어야 한다고 제안했는데 이것은 극 중에서 연속되는 토막들이 연습 테크닉의 다른 측면에 초점을 두면서 탐구되어야 한다는 것을 의미한다.

네 번째이자 마지막 단계는 리허설을 마무리 짓는 과정으로 영감inspiration과 분리된 의식divided consciousness의 단계이다. 체홉이 기술한 것에 따르면 이 지점에서 대본과 앙상블, 배우-연출의 관계에 대한 의문은 뒤에 남겨둔 채 주로 배우 개인에 대하여 초점을 맞춘다. 만약 배우가 과정을 통해서 성실하게 작업을 해 왔다면 바로 이 지점에서 배우는 캐릭터와 거리를 두고서 창조된 캐릭터를 미적 대상으로써 이해하고 즐기고 평가할 수 있게 된다. 체홉은 이 부분에서 루돌프 스타이너Rudolf Steiner를 인용하고 있다. '배우는 역할에 홀려서는 안 된다. 배우는 역할을 대면하여 그의 역할이 객관화되어야 한다. 그는 역할을 그 자신의 창조물로서 경험한다.'42

체홉이 그의 글에서 창작과정에 대해 매우 상세하고 다양한 연습들과 함께 제시하고 있는 해결책은 연기 예술을 이해하기 쉽게 해주는 실제적이며 경험적인 접근법이다. 체홉에게 있어 배우가 가장 걱정할 필요가 없는 것은 재능에 관한 문제이다.

배우는 재능에 대해서 걱정할 필요가 없으며 그보다는 테크닉의 부족, 훈련의 부족, 창작 과정에 대한 이해의 부족을 걱정해야 한다. 재능은 예술가가 쓸데없는 문제들을 도려내자마자 그 즉시 피어날 것이다.43

감사의 말Acknowledgements

1994년 서섹스Sussex의 에머슨 대학Emerson College에서 있었던 제3차 미카엘 체홉 국제워크숍은 나에게 놀라운 경험이었으며, 나에게 도움을 주었던 모든 이들에게 이루 말할 수 없는 감사를 표하고자 한다. 나는 워크숍에 참가한 체홉의 제자들이 베풀어준 관대함에 큰 도움을 받았는데 그들은 내 작업을 검토해주었으며 그들과의 대화를 통하여 많은 일화와 추억들을 들을 수 있었다. 말라 파워스Mala Powers, 잭콜빈Jack Colvin, 디에드르 허스트 듀 프레이Deirdre Hurst du Prey, 마리-루테일러Mary-Lou Taylor, 허드 해드필드Hurd Hadfield, 포드 레이니Ford Rainey, 조애나 멀린Joanna Merlin, 폴 로저스Paul Rogers, 데프니 필즈Daphne Field 에게 많은 빚을 지고 있음을 이 자리를 통해 밝힌다. 동시에 안드레이 키릴로프Andrei Kirillov 교수와 마리나 이바노바Marina Ivanova 교수는 체홉의 삶과 러시아에서의 작업에 대한 깊은 지식을 가지고 있었고 토론에 있어 많은 자극을 주었다. 이 과제를 수행함에 있어 나로 하여금 돌이킬 수 없는 실수를 범하지 않았기를 바란다.

덧붙여, 검토 과정에서 논평과 제안을 해준 조애나 멀린Joanna Merlin, 사라 케인Sarah Kane, 조나단 피처스Jonathan Pitches, 마틴 샤프Martin Sharp, 앤드류 화이트Andrew White, 제리 다부Jerri Daboo에게도 감사를 표한다.

인용문은 아래의 책으로부터 발췌되었다.

노트

1 이것은 개인적인 의견이지만 역시 리차드 혼비(Richard Hornby)나 유제니오 바르바(Eugenio Barba)와 같은 다양한 연극인들의 의견이기도 하다. 『배우에게』(*To the Actor*), Chekhov (2002) pp. xi-xxiv의 최신 개정판에서 시몬 칼로(Simon Callow)의 서문을 참조하기 바란다. 2000년에 이 책이 출판된 이후 미카엘 체홉에 대한 관심이 급격히 높아졌으며, 실습 자체에 관한 자료들과 함께 기본 및 부수적 자료들을 볼 수 있게 되었다. 그러나 나는 이후 특별히 수정을 가하지는 않았다.

2 Vsevolod Meyerhold (1969) 'The Naturalistic Theatre and the Theatre of Mood' in Braun(ed.) (1969) *Meyerhold on Theatre*, p. 30.

3 Vsevolod Meyerhold (1969) 'The Naturalistic Theatre and the Theatre of Mood' in Braun(ed.) (1969) *Meyerhold on Theatre*, p. 30.

4 Craig (2009) *On the Art of the Theatre*, p. 30.

5 Reported by Chekhov biographer Professor Marina Ivanova at the 3rd Michael Chekhov International Workshop (MCIW), Emerson College, 1994.

6 Gordon (1987), p. 119.

7 Gordon (1987), p. 124.

8 Michael Chekhov 'The Teachings of the Great Russian Directors' in Leonard (1984), p. 51.

9 Chekhov (1991) *On the Technique of Acting*, p. 16.

10 Chekhov (1991) *On the Technique of Acting*, p. 24.

11 달크로(Dalcroze)의 유리드믹스(Eurhythmics)와는 다른 유리드미(Eurythmy)는 '움직임의 화술을 해석하는 어려운 과제'로 설명되곤 했다(Raffeet al., 1974, p. 14). 이는 움직임을 통한 텍스트의 해석을 의미하는 것이 아니라 이미 육체성(physical qualities)을 가진 소리에 대한 개념에 기초한 것이다. 유리드미가 율동적인 운동으로써 춤의 한 형태를 가지는 반면 스타이너는 배우의 작업에서는 이러한 움직임들을 내면화함으로써 제스처가 '언어를 상기시키는' 작업이 되며 이는 '화술의 특성을 바뀌게 한다' 라고 보았다. 이러한 개념과 스타니슬랍스키의 '목적(objective)'의 개념의 조화가 체홉의 '심리적 제스처'의 테크닉을 이끌었다고 할 수 있다.

12 Vakhtangov (1922) 'Fantastic Realism', in Cole and Chinoy (1963), pp. 185-91.

13 Chekhov (1991) *On the Technique of Acting*, p. 89.

14 Chekhov (1991) *On the Technique of Acting*, p. 89.

15 Chekhov (2002) *To The Actor*, p. 88. 이러한 생각은 그의 책 『테크닉 연기』(*On the Technique of Acting*)

의 '창조적 개인'(Creative Individuality) 부분에서 빠져있다.

16 Deirdre Hurst du Prey (1983) 'Working with Chekhov', *The Drama Review*, 27(3): 89.

17 Gordon (1987), p. 148.

18 Gordon (1987), p. 149.

19 Chekhov (1985) *Lessons for the Professional Actor*, p. 102.

20 스타니슬랍스키는 성격구축(Building a Character (1979), p. 21)에서 이러한 경험을 실명사(positive term)로 언급한다. 그러나 이 책은 체홉이 그의 경험을 스타니슬랍스키와 논의한 후에 집필되었다. 체홉이 이중 의식에 대한 개념을 스키드(Skid)역에서 처음 경험한 것처럼 보이지만, 이는 디드로(Diderot) 이후 서구 배우 트레이닝에서 계속 논의되어왔다. 배우예술에 관한 코클랭(Coquelin)의 생각은 세기 초부터 논의되어 왔고 어빙(Irving)과 메이어홀드(Meyerhold)에 의해 명확하게 언급되기도 했다. 아래 책을 참조하기 바란다.
    Chapter Eight of Hornby's (1992) *The End of Acting*, Copeau 'An Actor's Thoughts on Diderot's Paradoxe' in Rudlin and Paul (eds) (1990) *Copeau: Texts on Theatre*, pp. 72-78; and Leach (1997) 'When He Touches Your Heart . . . - The Revolutionary Theatre of Vsevolod Meyerhold and the Development of Michael Chekhov', *Contemporary Theatre Review*, 7(Part 1): 67-83.

21 Powers (2004) *Michael Chekhov: On Theatre and the Art of Acting*.

22 Gordon (1987), pp. 155-59. Powers (2004) *Michael Chekhov: On Theatre and the Art of Acting*.

23 See my discussion of the critical reception of *The Possessed* in Chamberlain (2004), pp. 83-104.

24 1942년 체홉의 텍스트는 출판사로부터 거절되었다. 그는 영어로 된 그의 저서에 자신감이 없었으며 이를 러시아어로 번역했다. 이후 그는 이를 영어로 재번역 하였으나 다시 거절당했다. 1952년 체홉은 찰스 레오나드(Charles Leonard)에게 원고를 맡겼고 그의 편집본이 1953년 영어로 출판되었다. 레오나드의 편집본을 통해 체홉의 작업은 유명해졌다. TDR(The Drama Review)는 체홉을 위한 특별호를 창간하였고(1983), 이후 1985년 디에드로(Deirdre Hurst du Prey)가 1941년에 이루어졌던 체홉의 '전문배우를 위한 강의'에 관한 기록을 출판하면서 체홉에 대한 관심은 재차 빛을 발하였다. 1991년 말라 파워스(Mala Powers 체홉의 학생이었으며 체홉의 유산 집행인이었던)는 체홉의 1942년 원고를 재편집 하였으며 이것이 바로 하퍼 콜린스(HarperCollins)가 출판한 『테크닉 연기』(*On the Technique of Acting*)이다.

25 이 덧붙여진 자료는 안드레이(Andrei Malaev-Babel)에 의해 해설 및 번역되었고 주요 텍스트에 부록으로 첨가되었다 Chekhov (2002) *To the Actor* pp. 183-215.

26 Chekhov (1991) *On the Technique of Acting*, p. 15. See my discussion of the critical reception of *The Possessed* in Chamberlain (2004), pp. 83-104.

27 Chekhov in Leonard, 1984, p. 38.

28 Chekhov (2002) *To The Actor*, p. 2.

29 Benedetti (1988) *Stanislavski: A Biography*, p. 338.

30 Chekhov (1991) *On the Technique of Acting*, pp. 32-33; see also Chekhov (2002) *To the Actor*, p.56.

31 Chekhov (1991) *On the Technique of Acting*, p. 48; see also Chekhov (2002) *To the Actor*, pp. 13-14.

32 Chekhov (1991) *On the Technique of Acting*, p. 59.

33 Chekhov (1991) *On the Technique of Acting*, pp. 64-65.

34 Chekhov (1991) *On the Technique of Acting*, p. 60.

35 See Chekhov (2002) *To the Actor* pp. 186-208.

36 Chekhov (2002) *To The Actor*, p. 93.

37 Chekhov (1991) *On the Technique of Acting*, p. 146.

38 Chekhov (1991) On the Technique of Acting, p. 151.

39 Chekhov (1991) *On the Technique of Acting*, p. 147.

40 Chekhov (1991) *On the Technique of Acting*, p. 151.

41 Chekhov (1991) *On the Technique of Acting*, p. 154.

42 Chekhov (1991) *On the Technique of Acting*, p. 155.

43 Chekhov (1991) *On the Technique of Acting*, p. 155.

참고문헌

Ashperger, Cynthia (2008) *The Rhythm of Space and the Sound of Time: Michael Chekhov's Acting Technique in the 21st Century*, New York/Amsterdam: Editions Rodopi.

Barba, Eugenio (1995) *The Paper Canoe: A Guide to Theatre Anthropology*, London: Routledge.

Benedetti, Jean (1988) *Stanislavski: A Biography*, London: Methuen.

Black, Lendley (1987) *Mikhail Chekhov as Actor, Director, and Teacher*, Ann Arbor, MI: UMI Research Press.

Braun, Edward (ed.) (1969) *Meyerhold on Theatre*, London: Eyre Methuen.

Bridgmont, Peter (1992) *Liberation of the Actor*. London: Temple Lodge.

Chamberlain, Franc (2004) *Michael Chekhov*. London: Routledge.

Chekhov, Michael (1985) *Lessons for the Professional Actor*, New York: PAJ Books.

____ (1988) 'The Golden Age of the Russian Theatre', *Alarums and Excursions* 2, Los Angels.

____ (1991) *On the Technique of Acting*, New York: Harper Perennial.

____ (2000) *Lessons for Teachers of his Acting Techinque*, (transcribed and ed. Deidre Hurst du Prey), Ottawa: Dovehouse.

____ (2002) *To the Actor*, London: Routledge.

____ (2005) *The Path of the Actor*, ed. Andrei Kirillov and Bella Merlin, London: Routledge.

____ and Gromov, Viktor (1995) 'The Castle Awakens', trans. from the German Mel Gordon, *Performing Arts Journal*, 17 (1): 113-20.

Cole, Toby and Chinoy, Helen Krich (eds) (1963) *Directors on Directing: A Source Book of the Modern Theatre*, New York: Bobbs-Merrill Company.

Craig, E.G. (2009) *On the Art of the Theatre*, London: Routledge.

Daboo, Jerri (2007) 'Michael Chekhov and the Embodied Imagination: Higher Self and Nonself', *Studies in Theatre and Performance*, 27(3): 261-73.

Gordon, Mel (1987) *The Stanislavsky Technique: Russia*. A Workbook for Actors, New York: Applause Books.

____ (1995) 'The Castle Awakens: Mikhail Chekhov's 1931 Occult Fantasy', *Performing Arts Journal*, 17(1): 110-12.

Green, Michael (1986) *The Russian Symbolist Theatre: An Anthology of Plays and Critical Texts*, Ann Arbor, MI: Ardis.

Hornby, Richard (1992) *The End of Acting: A Radical View*, New York: Applause.

Innes, Christopher (1998) *Edward Gordon Craig: A Vision of the Theatre*, Amsterdam: Harwood Academic Press.

Kirillov, Andrei (1994) 'Michael Chekhov—Problems of Study', *Eye of the World* 1, St Petersburg.

____ (2006) 'Michael Chekhov and the Search for the "Ideal" Theatre', *New Theatre Quarterly*, 22(3): 227-34.

Leach, Robert (1997) 'When He Touches Your Heart . . . —The Revolutionary Theatre of Vsevolod Meyerhold and the Development of Michael Chekhov', *Contemporary Theatre Review*, 7(1): 67-83.

Leonard, Charles (1984) *Michael Chekhov's To the Director and Playwright*, New York: Limelight Editions.

Marowitz, Charles (2004) *The Other Chekhov: A Biography of Michael Chekhov, the Legendary Actor, Director and Theorist*, New York: Applause Books.

Meerzon, charles (2005) *The Path of a Character: Michael Chekhov's Inspired Acting and Theatre Semiotics*, Frankfurt-am-Main: Peter Lang.

Meyer, Michael (1987) *Strindberg*, Oxford: Oxford University Press.

Nietzsche, Friedrich (1993) *The Birth of Tragedy*, London: Penguin Classics.

Pitches, Jonathan (2006) *Science and the Stanislavsky Tradition of Acting*. London: Routledge.

____ (2007) 'Towards a Platonic Paradigm of Performer Training: Michael Chekhov and Anatoly

Vasiliev', *Contemporary Theatre Review*, 17(1): 28-40.

Raffe, Marjorie, Harwood, Cecil and Lundgren, Marguerite (1974) *Eurythmy and the Impulse of Dance*, London: Rudolf Steiner Press.

Rudlin, John and Paul, Norman H. (eds) (1990) *Copeau: Texts on Theatre*, London: Routledge.

Schopenhauer, Arthur (1966) *The World As Will and Representation*, Vol.2, trans. E.F.J. Payne, New York: Dover.

Senelick, Laurence (1981) *Russian Dramatic Theory form Pushkin to the Symbolists*, Austin, TX: University of Texas Press.

Stanislavsky, Constantin (1979) *Building a Character*, London: Eyre Methuen.

Steiner, Rudolf (1960) *Speech and Drama*, London: Rudolf Steiner Press.

____ (1964) *Knowledge of the Higher Worlds and its Attainment*, California: Health Research.

____ (1987) *Secrets of the Threshold*, London: Rodolf Steiner Press.

Vakhtangov, Eugene (1922) 'Fantastic Realism', in Cole and Chinoy (eds) *Directors on Directing: A Source Book of the Modern Theatre*, New York: Bobbs-Merrill Company. pp. 185-91.

Zarrilli, Phillip B. (ed.) (1995) *Acting (Re)Considered*, London: Routledge.

Zinder, David (2002) *Body−Voice−Imagination: A Training for the Actor*, New York, NY: Theatre Arts/Routledge.

Journal

The Drama Review (1983), 27(3), is an issue devoted to Michael Chekhov's career and legacy.

Video

Mason, Felicity (1993) *The Training Sessions of Michael Chekhov*, Exeter: Arts Documentation Unit.

Merlin, Joanna (2000) *Michael Chekhov's Psychological Gesture*, Exeter: Arts Documentation Unit.

Michael Chekhov Association (2007) *Master Classes in the Michael Chekhov Technique* (3 DVDs), London: Routledge.

Sharp, Martin (2002) *Michael Chekhov: The Dartington Years*, Hove: Palomino Films.

Audio

Grove, Eddy (1992) *The Nature and Significance of Michael Chekhov's Contribution to the Theory and Technique of Acting*, New York: Eddy Grove.

Powers, Mala (2004) *Michael Chekhov: On Theatre and the Art of Acting−A Guide to Discovery with Exercises* (4CDs), New York: Applause.

Websites

The Michael Chekhov Association (MICHA): In the US: www.michaelchekhov.org; in the UK: www.michaelchekhov.org.uk

The Michael Chekhov Studio: www.michaelchekhovstudio.org

The Michael Chekhov Acting Studio: www.michaelchekhovactingstudio.com

Lisa Dalton's Michael Chekhov Connection: www.chekhov.net

Daniele Legler's: www.chekhovactorstraining.com

Michael Chekhov Europe: www.michaelchekhoveurope.eu/

Chapter 5

미셸 생 드니: 완전한 배우를 위한 훈련
MICHEL SAINT-DENIS: TRAINING THE COMPLETE ACTOR

● ● ● 제인 볼드원Jane Baldwin

배경The Context

미셸 생 드니(1897-1971)는 그의 십대 소년시절부터 연극을 향한 사랑에 빠져 죽음에 이르기까지 그 신념에 충실했다. 세계 1, 2차 대전 기간의 군복무기간을 제외하고 생 드니의 전 생애는 연극인으로서 다면적 작업에 푹 빠져 있었다고 해도 과언이 아니다. 오늘날 그가 함께 교육했던 학교들과 두 개의 저서 『스타일의 재발견Theatre: The Rediscovery of Style』과 『배우 훈련Training for the Theatre』을 통해 연극 훈련에 관한 그의 공헌이 가장 잘 기억되고 있다. 훈련에 관한 그의 접근방법은 동시대의 것과 달랐다. 이는 연기, 연출, 디자인, 희곡작법, 그리고 무대 감독 등 세부 분야의 훈련의 계발을 목표로 삼았으며 그가 남긴 유산 중 일부는 각 분야의 교육 패러다임에 널리 흡수되어 받아들여지고 있다.

전문가로서 그의 삶은 계속해서 반복되는 출발 혹은 시작으로 특징지을 수 있다. 그는 종종 그의 생애가 5년 주기로 나뉜다고 언급하곤 했는데 전쟁, 경제, 질병 등의 주위 환경들은 그가 의도한 바를 채우는데 방해가 되기도 했지만 반복되는 변화에는 긍정적인 면도 있었다. 각 시기마다 그는 다른 학원을 설립했으며 종전의 경험을 토대로 새로운 깨달음을 더할 수 있었고 그의 작업을 언제나 새롭게 유지시켰다.

20세기 초 연기에 관한 발견들 중 두 가지 가닥은 그의 가르침에 있어 중심을 이루고 있는데, 하나는 몸이 풍성한 표현적 악기로 거듭날 수 있는 신체적 접근과 또 한 가지는 사실적 성격구축으로 정의될 수 있는 내부적 접근이 그것이다. 이 둘은 함께 학생을 전인술 人적인 배우로 이끌었다. 그에게 영향을 주었던 주요 인물은 그의 삼촌인 자크 코포Jacques Copeau였으며, 스타니슬랍스키Konstantin Stanislavsky 역시 어느 정도까지 그에게 영향을 끼쳤다고 할 수 있다. 생 드니의 교육 근본은 모두를 아우르지만, 모호한 개념의 스타일이었다고 할 수 있다. 그의 학생들에게 스타일이란 신체적, 목소리의, 지적, 상상적 그리고 드라마의 모든 형태를 건드릴 수 있는 감정적 기술의 습득을 나타낸다.

연극인으로서의 그의 출발은 1920년 자크 코포Jacque Copeau의 파리 예술 극장인 비유 콜롱비에Vieux Colombier 극장의 견습생 시절로 거슬러 올라간다(출처: Saint-Denis, 날짜가 적혀 있지 않은 미 출판 다이어리노트). 사무총장으로서 그는 리허설을 돕는 일과 무대 감독 일을 시작했다. 1922년, 그는 코포의 〈십이야Twelfth Night〉에서 큐리오Curio 역으로 데뷔했으며 그 다음 해, 그는 〈아말과 왕의 편지Amahl ou la lettre du roi〉를 비유 콜롱비에 학생들과 함께 무대에 올렸다. 코포와 함께 했던 이 기간은 생 드니의 예술적 발전에 있어 중요한 시기였다. 그의 삼촌은 생 드니의 연극적 이상을 고취시켰으며, 그에게 예시를 보이며 연극 작업을 가르치고 자신의 이상과 목표, 의문과 실험의 결과들을 공유했다. 생 드니는 코포로부터 훈련의 중요성을 배웠으며, 어느 정도까지는 시스템화했던 그의 논점들을 자유롭게 받아들였다. 프랑스 독립 초기 기간 동안 그는 거의 코포의 작업을 고수하고 있었고 동시에, 예를 들면 즉흥과 함께 발전시키는 자신만의 작업을 계발하려고 노력했다. 이후 그의 전문인으로서의 삶의 대부분을 보냈던(1935-52) 런던에서 그는 지적 예술적 자유를 얻었다. '왜냐하면 거기에서 나는 나의 스승인 코포와 많은 친구들로부터 수만 마일 떨어져 온전히 혼자라는 것을 알고 있었기 때문이다'(출처: 생 드니, 다이어리노트). 그는 전문 연극인으로서 학생들에게 재현이 아닌 개혁을 위해 훈련시켰으며, 교육학적으로 그리고 전문적으로 코포와는 다른 레퍼토리를 계발했다. 또한 탁월함과 훌륭함을 추구하며 영국의 최고의 배우들과 함께 작업하였다.

코피오The Copiaus

그의 연극 일생 중 다음 단계(1924-29)는 버건디Burgundy에 자리 잡은 코포의 제자들로 구성된 극단 코피오The Copiaus에서 배우, 선생, 극작가, 그리고 연출자로서 활동한 시기였다. 수잔 빙Suzanne Bing을 비롯해 오거스트 보베리오Auguste Boverio, 장 빌라르Jean Villard와 같은 배우들과 후에 프랑스 연극계에서 이름을 떨친 마리-헬레네 코포Marie-Hélène Copeau와 그녀의 장래 남편인 장 다스테Jean Dasté, 에티엔 드크루Étienne Decroux, 장 도르씨Jean Dorcy, 그리고 아만 매스트르Aman Maistre과 같은 제자들이 함께 했다. 비록 버건디에서의 실험은 코포의 비전으로부터 시작되었지만, 그는 양면적이고 모호한 태도를 취하는 리더였다. 생 드니는 그 공백을 채우며 연출가와 교육자로서의 토대를 마련했다. 코피오극단의 공통된 목표는 생 드니가 연기, 드라마투르기, 배경도법scenography에 있어서 '스타일의 재발견'이라고 부르는 것을 통해 연극을 재개再開하는 것이었다. 이들은 가장 중요한 시기 즉 고대 그리스, 중세시대, 이탈리아와 영국의 르네상스 대중극, 제임스 1세 시대 영국, 그리고 17세기 프랑스 시대에서 부터 뚜껑을 열어, 이들의 훈련을 배우고 습관의 부착물을 제거하는 것을 통해 연극을 다시 한 번 그 중심에 세우기를 제안했다. 이를 위한 방법은 연구를 통한 실습이었으며 주된 영감의 원천은 코미디아델라르테였는데, 그들 역시 대중극에 활기를 불어넣기를 갈망했기 때문이다.

수업은 공식과 비공식으로 나뉘었다. 특정 분야에 숙련된 개인들이 다른 이들을 가르쳤다. 수업 내용은 주로 체조, 움직임, 음악, 마임, 마스크 작업, 마스크 모델링, 그리고 생 드니가 가르친 즉흥으로 이루어졌다. 훈련은 자체적으로 또는 협력적으로 이루어졌다. 배우는 인물을 마음속으로 상상하고 개인적으로 계발시켜 그룹의 제안이나 비평을 듣기위해 시연했으며, 한편으로는 공연자가 그룹 즉흥을 위한 아이디어를 가지고 와서 연구하고 함께 리허설하기도 했다. 그룹은 개개의 멤버들에게 지지를 보내거나 비판하기도 했으며 결국 이러한 친밀한 협동 작업은 강력한 앙상블을 이루어냈다.

즉흥은 두 가지의 중요한 집중을 요한다. 특별한 가면을 사용한 코믹한 캐릭터의 계발과, 극으로 발전할 수 있는 테마, 주제가 그것이다. 테마는 광범위했으며 때로는 익살스럽고 때로는 비극적이었다. 한편, 캐릭터들의 선택에 있어서는 버건디Burgundy 관객들이 쉽게 구분할 수 있는 지역의 특성이 함께 주입되었다. 모든 경우에서 극단은 마임과, 리듬, 소리, 그리고 음악을 이용해 그 주제를 재현할 수 있는 방법을 탐구했다. 말 대신에, 그들은 때때로 톤과 억양의 패턴으로 의사소통을 하는 그룸메로테이지grummelotage라고 부르는 발명된 언어를 사용했다. 코피오의 현존 기간 동안 공연자들은 7개의 원작들을 내놓았는데 이것은 연극 게임, 즉흥, 그리고 계속된 연구에서 발전된 형태였다.[1] 시간이 지나면서, 생 드니는 배우이자 가수, 뮤지션이었던 장 빌라르Jean Villard와 극작 작업을 하면서 시나리오에 대사를 더하기 시작했다. 좀 더 다듬어진 작품들은 프랑스 동부 마을과 도시를 비롯해 스위스, 벨기에, 룩셈부르크, 그리고 네덜란드로 투어를 떠나기도 했다.

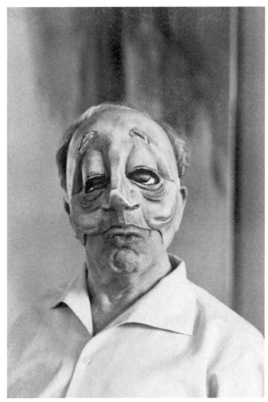

그림 5.1 줄리아드(Juilliard)에서의 마스크 워크숍, 생 드니(1968)
(photographer: Robert Gold)

　　1928년 완성된 〈도시와 전원의 춤Danse de la ville et des champs〉의 탄생은 이들 메소드
의 전형을 보여준다. 이것은 1년 전 버건디의 시골에서 공개 시연한 〈봄Le Printemps〉을 위
한 연습작품에서 출발한 것인데, 그 호응에 힘입어 극단이 전全 작품으로 발전시킨 것이다.
장 빌라르가 음악을 작곡했으며 플루트와 아코디언 그리고 퍼커션 악기가 오케스트라용으
로 편집되었다. 생 드니는 그 시적 특성을 살려 최소한의 텍스트를 집필했다(Vincent, 1928).
지역의 관객들을 위해 극 구성은 단순하고 소박했으며 도시의 유혹에 대항하는 시골생활
의 풍요로운 매력을 이끌어냈다. 이야기는 버건디의 한 소작농이 시골생활을 버리고 도시
로 떠났다가 환상이 깨지고 고향과 사랑하는 사람을 위해 귀향하는 모험을 담고 있다. 코
피오의 비非사실주의적 미학에 따라 주인공인 프랑수와François는 심리적으로 계발된 형태의
캐릭터와는 거리가 멀었다. 다른 공연자들과 마찬가지로, 캐릭터는 마스크를 쓰고 신체적
표현으로부터 연기를 발전시켰다.
　　상투적인 줄거리와 달리, 연출작업mise en scéne은 혁신적이고 독창적이었다. 소리와 움

직임의 장면에서 배우들은 살아 있는 배경이 되었으며, 작가인 레옹 샹스헬Léon Chancerel (Chancerel 1930)과 연출의 지시에 따라 '행위'가 '기호signs'가 되어 소통하였다. 9명의 배우들은 다양한 캐릭터를 연기했으며 또한 신체로 적합한 환경을 만들었다. 빈 무대 위에서 제스처와 '몸의 진동'(ibid.)을 통해 양 끝에 위치한 두 그룹은 자연의 순환을 창조했다. 식물과 초목의 탄생 직전, 예를 들면 땅으로부터 피어남 등을 표현했다―이는 다음 세대의 연기 전공자들에게는 잘 알려진 연습으로 일반적으로 추상적으로 실행된다.[2] 새의 지저귐, 바람, 태풍, 천둥이 공연자들에 의해 창조됐다. 도시는 산업 기계로 묘사되었으며 기어, 레버 그리고 다른 움직임(역시 지금의 학생들에게는 익숙한 연습들이다)의 역할을 한 배우들이 얽혀서 움직인다. 앞서 본 바와 같이, 코피오는 음악적 파노라마, 종소리, 사이렌, 경적, 그리고 리드미컬한 쿵쾅거림 등을 표현했다. 극단은 움직임과 함께 가능한 한 대사 없이 소리에 대해 의미를 창주해보는 시도를 통해 극을 만들었으며, 이러한 '훈련'들은 공연하는 데 있어 그들의 독창성과 극적 진실성을 드러내는 데 깜짝 놀랄만한 역할을 해냈다. 〈도시와 전원의 춤La Danse de la ville et des champs〉은 '노能, 예배의식의 드라마, 신성한 의례의 축하'를 연상시켰다'(ibid.).

그들의 성공에도 불구하고, 코피오 단원 중 특히, 생 드니는 이러한 작업에 만족하지 못했다. 코피오는 신체연극과 결합되어 있었으나, 좀 더 풍부하고 모양새가 갖추어진 텍스트를 사용했더라면 아마도 더 높은 단계의 표현을 위한 협동 작업이 가능했을 것이다.

1929년 봄, 코피오는 극단을 향한 코포의 무관심과 때로는 냉담함, 버건디에서 가능성이 한계에 도달했다는 생 드니의 믿음, 그리고 배우들의 야망과 갈등 등의 다양한 이유로 해산되고 만다. 버건디에서의 경험은 생 드니가 이후 설립한 학교의 모델을 구축하는데 큰 영향을 미쳤는데 그는 체조, 즉흥 그리고 마스크를 훈련의 도구로 채택했으며 앙상블 작업을 중요하게 여기며 끊임없는 연구, 그리고 통합적 접근을 적용했다.

15인 극단La Compagnie des Quinze

1년 후 파리에서 생 드니는 코피오에서 최고의 배우 15명으로 이루어진 15인 극단을 조직했다. 그는 재능 있는 학생들을 위한 훈련 프로그램과 전문 공연자들로 이루어진 실험 극단을 결합하기를 바라며 새로운 극단에 대한 꿈을 키웠다. 코피오에서와 같이 이들은 공동 창작을 탐구했으며 이번에는 작가인 앙드레 오베André Obey가 함께 참여했다.

힘을 모아 그들은 시대와 연극적 스타일을 넘나드는 6개의 극을 만들었다: 〈노아Noé〉

(1931), 〈루크레티우스의 모독Le Viol de Lucrèce〉(1931), 〈마른의 전투La Bataille de la Marne〉
(1931), 〈루아르Loire〉(1932), 〈비너스와 아도니스Vénus et Adonis〉(1932), 그리고 〈돈 주앙Don
Juan〉(1934)이 그것이다. 〈마른의 전투〉, 〈루아르〉와 같은 작품은 즉흥으로부터 출발해서
완성되었고 다른 작품들은 생 드니가 코피오 시절부터 가지고 있던 아이디어로부터 발전
되었다. 〈노아〉는 중세 신비극으로부터 출발했고, 〈루크레티우스의 모독〉은 셰익스피어의
시와 일본의 노에서 영감을 얻었다. 〈비너스와 아도니스〉 또한 셰익스피어의 시로부터 가
져온 익살극이었다. 〈마른의 전투〉는 제 1차 대전의 역사에 기초하고 있으며, 〈루아르〉는
본래 시간을 초월한 우화적인 시극詩劇이었다. 〈돈 주앙〉은 몰리에르를 비롯한 바로크 시대
스페인 극작가 티르소 데 몰리나Tirso de Molina를 되짚는 작업이었다.

　　각각의 프로덕션은 생 드니가 자신의 생애를 통해 계발하고 개선하고자 했던 스타일에
대한 관점을 형성하는데 도움을 주었다. 오비와의 작업에서 그는 연극의 주된 창조적 주체
로서 배우보다는 극작을 고려하기 시작했는데 결과적으로 여타의 실습가들, 즉 연출, 배우,
디자이너의 책임은 연극의 스타일을 결정짓는 열쇠를 쥐고 있는 텍스트를 위해 존재한다
고 믿게 되었다. 오비의 극은 서정적이고 움직임에 기초하고 있었지만, 다양한 시대와 장르
를 탐구하면서 또 다른 접근방법들이 요구되었다. 생 드니의 배우들은 가능한 충분하게 연
극의 내용을 분석했다. 그들은 극 속 문화가 가진 관습, 태도, 신체적 특징, 예술, 음악, 그
리고 의복을 연구하여 결과물을 리허설 장소에서 시연했다.

　　오비의 존재는 작가 권위의 크나큰 상승으로 인해 어느 정도까지는 그룹의 작업방식이
바뀌는데 영향을 끼쳤다. 15인 극단의 평등주의 원칙에도 불구하고 극작가는 2번째로 중요
한 인물이 되었다. 그럼에도 즉흥은 리허설에 있어 가장 중요한 부분으로 자리 잡았고, 캐
릭터들은 신체를 위한 훈련으로부터 탄생했으며, 마스크가 사용되었고, 작품의 합창적인
성격이 마찬가지로 강조되었다. 또한 작가가 쓴 텍스트와 더불어 코러스의 말들이 더욱 부
각되기 시작했다. 고대 그리스의 합창단 리더는 현대의 해설자 형태로써 하나 혹은 두 명
의 배우의 긴 독백과 함께 재탄생했으며 나머지 코러스는 마임과 소리를 위해 사용되었다.

　　〈마른의 전투〉에서 볼 수 있듯이 오비와 생 드니는 코피오의 상징주의적 전통[3]을 계속
이어갔다.[4] 코피오에서의 이전 훈련과 세계 1차 대전 참전 경험(오비와 생 드니는 모두 군
인의 신분으로 제1차 대전에 참전했다)에 기초하여 작품은 두 가지 세계를 보여주고 있다.
첫 번째는 전투중인 군인과 고통 받는 시민을 그린 전쟁 중인 프랑스, 두 번째는 두 명의
캐릭터와 해설자들로 상징되는 정신적이고 영원한 존재인 프랑스이다. 마리 헬렌 다스테
Marie-Hélène Dasté가 가면을 쓰고 연기한 아름다운 여인으로 묘사된 프랑스는 그녀의 상실

에 슬퍼하고, 군대를 집회하며, 질병과 죽음을 위로하고, 침략자로부터 도망치거나 일터에 남겨진 소작농 여인들을 위로한다. 마스크를 쓰지 않은 오구스트 보베리오Auguste Boverio가 연기한 메신저The Messenger는 3가지 망토로 그 구분을 나타내며 운반원, 군인 그리고 소작농 등 프랑스의 전통적인 인물들을 나타낸다. 그의 극중 역할은 전쟁을 묘사하고 여성과 남성의 코러스를 마임을 통해 나타내며 그녀의 하인으로서 프랑스와 교류하는 것이었다.

생 드니의 미장센은 단순한 소품과 무대장치 및 효과, 그리고 15인의 배우를 이용해 전투와 침략자, 그리고 거대 이주민으로 완비된 전쟁의 공포를 그려내는 데 있어 두드러진 능력을 보여주었다. 장면의 배경 디자인은 흑백의 세계, 즉 잿빛 갈색 천이 벽면을 장식했고 벌거벗은 플랫폼들이 배우들에게 연기할 수 있는 여러 평면을 제공하면서 비스듬히 놓였다. 무대 뒤에서 들려오는 음악–비흐의 합창곡은 독일군을, 샹송곡 〈나의 금발의 여인 옆에서Auprès de ma blonde〉은 프랑스군을 위한 음향으로 사용되었고 총소리는 전쟁이 임박했음을 알렸다. 이전의 연출가였던 앙드레 앙투완André Antoine을 비롯한 비평가들은 이러한 춤과 같은 마임과 시적인 드라마의 구술이 아이스킬로스Aeschylus의 〈페르시아인The Persians〉을 연상시킨다고 하였고, 다른 이들은 이들의 스타일화 된 특징이 그 감정의 진위에 대해 논쟁할 여지가 있다고 비판했다(Marshall 1957: 64).

15인 극단은 새로운 발견에도 불구하고(혹은 이 때문에), 그들의 작품은 파리의 관객에게 많은 호응을 얻지는 못했다. 극단을 유지하려는 노력은 재정적인 어려움을 낳았다. 아마도 경제적 안정에 가장 큰 장애가 된 것은 새로운 작품을 만들어내는 일이었을 것이다. 오비는 새로운 작품을 위한 소재를 충분히 제공하지 못했고 다른 극작가들도 각자 한 가지 이상의 텍스트를 쓰지 못했다. 작품들은 파리에서 초연하고 이후 동부 프랑스의 도시, 벨기에, 스위스, 스페인 그리고 가장 빈번하게 런던에서 단기간 머물며 순회공연으로 올려졌다. 파리 외부에서 15인 극단의 공연은 광범위하게 칭송받았으며 런던이 그 주된 장소였다고 할 수 있을 것이다. 생 드니는 그의 아방가르드 연극적 접근법에 매료된 젊고 진취적인 영국 연극인들과 교류했는데 이들은 신체연극, 강력한 앙상블, 그리고 연기의 정직함 등 종전에 경험할 수 없었던 조합에 깊이 감동 받았다. 작업의 기반을 프랑스에서 영국으로 옮기는 어려운 결정은 계속된 투어와 충분하지 않은 자금, 그리고 배우들의 탈퇴 등 15인 극단에서의 문제들로 좀 더 쉬워졌다. 그는 타이론 거스리Tyrone Guthrie의 제안을 받아들여 런던의 연극 학교로 돌아왔고, 이곳에서 트레이닝에 관한 그의 아이디어를 도입할 수 있었으며 향후 영국 연극계에 큰 영향을 미쳤다.[5]

런던으로의 이동은 생 드니의 전문인으로서의 삶에 큰 변화를 가져왔다. 그는 연기하기를 중단했다. 관습적이지 않은 연극학교와 연계한 실험극단의 조직 운영은 체계적이지 않은 채로 남아 있었지만 그럼에도 불구하고 대게 그가 참여한 학교는 최고의 교육기관으로 자리 잡았다. 연출을 계속하며 종종 획기적인 작품을 만날 때마다 교육자로서의 명성을 얻었으며 국제적으로 주목 받기 시작했다. 생 드니는 연극의 모든 측면을 다루는 총괄적인 트레이닝을 위해 5개의 드라마 스쿨을 세우게 된다. 런던 연극 스튜디오London Theatre Studio, 올드 빅 연극학교Old Vic School, 스타라스부르 고등연극예술학교Strasbourg's École supérieure d'art dramatique, 캐나다 국립연극학교National Theatre School of Canada, 그리고 줄리아드 스쿨 연극과Juilliard Drama Division가 그곳이다. 그는 1962년부터 1965년까지 로열 셰익스피어 컴퍼니Royal Shakespeare Company에서 배우를 위한 훈련 프로그램을 고안하였으며, 여타 교육기관을 위한 커리큘럼에 관한 고문으로 활동했다.

런던 연극스튜디오London Theatre Studio

그리하여, 1938년 생 드니가 런던 드라마 스튜디오LTS를 창립할 당시, 그는 지난 10년 동안 공동 연출가로서 배운 모든 것을 적용시켰다. LTS는 코피오와 15인 극단과 거의 유사한 방식으로 운영되었다. 즉 수장을 둔 공동의 기업이었다고 할 수 있다. 생 드니가 참여한 첫 번째 공식 학교로, 이후 학교들보다는 좀 더 많은 실험정신을 지니고 있었다. 아이디어들을 시도하여 대부분 받아들여지고 몇몇은 버려졌다. 예를 들면 새로운 기술을 배우거나 기존의 것을 개선시키고자 하는 전문 배우들을 위한 수업은 로렌스 올리비에Laurence Olivier와 알렉 기네스Alec Guinness를 포함한 16명의 프로 배우들의 관심을 끌었다. 그들의 존재는 어린 학생들의 작업에 또 다른 강도를 더했지만 이 수업은 궁극적으로 비현실적임이 증명되었다.

LTS는 생 드니의 특별한 관심대상이었는데 왜냐하면 그가 이전의 교육 경험을 이종 문화에 맞게 조정하며 훈련기관에 그의 아이디어를 형성시킨 가장 공들인 학교였기 때문이다. 그는 런던에서 만난 조지 드바인 George Devine[6]과 15인 극단에 참여했던 배우 마리우스 고링Marius Goring[7]과 함께 커리큘럼을 세우는데 6개월을 보냈다. 촉망 받는 연극개혁가들로 굳게 단결된 구성원들 중 드바인과 고링은 영국 연극의 구체적인 결점을 의식하고 있었으며 파리에서 채용된 수리아 마지토Suria Magito[8]를 제외하고 교수진은 위와 같은 인맥들로 꾸려졌다.

LTS의 커리큘럼을 위한 준비의 일환으로 생 드니는 극장을 방문하기 시작했다. 1930년 영국 연극은 유럽대륙에서 발생한 혁명적 움직임의 영향이 채 미치지 못한 채 보수적으로 남아 있었다. 웨스트엔드West End는 생 드니가 당시 거부했던 시대에 뒤떨어진 우스꽝스러운 작품을 선보이기 시작했다. 몇몇 용기 있는 예술 작품도 있었지만 대부분 허둥대다가 실패했다. 괄목할만한 예외로 영국 고전의 고향인 올드 빅 시어터Old Vic Theatre가 있었고, 주로 셰익스피어 작품들이 주를 이루었다. 이곳에서 생 드니는 패기 애시크로프트Peggy Ashcroft, 이디스 애번스Edith Evans, 존 길구드John Gielgud, 찰스 로튼Charles Laughton, 그리고 로렌스 올리비에Laurence Olivier 등과 같은 배우들의 역량을 발견했으며, 셰익스피어 작품 공연의 문제점들 또한 이해하기 시작했다. 뿌리 깊은 영국 연극의 선두적인 보드빌 예능을 사랑한 팬 중의 한사람으로, 생 드니는 그들의 정기적인 작품들과 코피오의 코믹한 즉흥 캐릭터들 간의 유사점이 학생들을 훈련시키는데 활용될 수 있을 것이라고 믿고 신체 코미디를 위한 공통의 언어를 교수진과 학생들에게 제공해줄 수 있을 것이라고 확신했다. 1936년 여름 그는 존 길구드를 기용해 영국에서 제작한 오비Obey의 〈노아Noah〉를 연출했다. 긍정적인 평가에도 불구하고, 생 드니는 15인 극단에서 보았던 열의, 창의력, 신체적 능력이 부족한 배우들의 연기에 만족할 수 없었다. 이러한 결여는 '영국 연극에 무언가를 기여해야만 한다'는 그의 생각을 더욱 확고히 만들었다(Saint-Denis 1982: 43).

생 드니는 유기적이고 통합된 연기 접근에 대해 생각을 같이 하는 재능 있는 연극인들을 한데 모았다. LTS에서, 학생들은 연극 전체에 사용하기에 앞서 기술의 툴tool을 계발했다. 그들은 어려운 텍스트와 작업하기 이전에 움직임에서 특정한 능숙함을 먼저 습득했고, 셰익스피어 이전에 시詩와 함께 훈련했으며 역할을 맡기 이전에 화술 수업을 들었다. 이는 전형적인 영국 드라마 학교의 단편적인 방법들과는 다른 급진적인 출발이었다. 교수들은 각 분야의 지도가 서로 연결되어질 수 있도록 긴밀하게 협력했다. 예를 들어 학생들이 '작품의 이해' 수업에서 셰익스피어 작품을 다루고 있다면 그들의 움직임 선생은 엘리자베스 시대의 춤에 초점을 맞추어 수업을 진행하였다. 연극 역사 수업에서는 극장들과 연극, 그 시대의 문화에 대해 토론하였으며 음악 수업에서는 그 시대의 노래를 가르쳤다. 하나의 교육과정 중 어려움이 발견되면 곧바로 문제제기를 하고 두 번째 과정에서는 수정되었다. 정해진 교수진 미팅에서는 학생 개개인의 과정과 문제들 그리고 지도의 개선 방법에 대해 논의하였다. 졸업년도에 각 집단은 극단을 이루어 그 결실을 대중 앞에서 선보였다. 생 드

니의 후기 학교에서는 각 클래스에 상징적 번호를 붙임으로써 그룹의 독자성에 더욱 초점을 두었다.[9]

생 드니가 참여한 여타의 학교들과 마찬가지로 LTS는 디자이너와 테크니션, 무대 감독, 그리고 연출(LTS에서는 연출법이 가장 기초수업으로 남아 있다) 분야를 위한 각각의 프로그램을 가지고 있었다. 여기에 소속된 학생들은 연극사, 원문 수업textual study과 같은 테크닉과 관련이 없는 수업에 참석했다. 수업 활동의 통합은 그 해의 학생들이 각 단계에서 참여하는 제작 수업에서 이루어졌다. 배우들은 교수의 지도 아래 의상을 제작하고, 세트를 만들며 무대 감독의 어시스턴트로 참여했다. 테크니션 전공 학생들은 작은 역할이나 예비 역할로 참여했다.

연기 수업에서 학생들은 엄격한 움직임 코스를 이수했고 무언과 구두口頭-말을 사용하는-즉흥과 캐릭터(혹은 코믹) 그리고 비극(혹은 중립의) 마스크, 음악, 노래 등을 공부했다. 프로 배우들을 위한 수업에 처음으로 마스크를 소개한 사람은 생 드니였다. 캐릭터 및 비극 마스크는 별개의 수업이었으며 생 드니가 비극 마스크를, 그리고 조지 드바인George Devine이 캐릭터 마스크를 담당했다. 드바인 역시 생 드니로부터 마스크 기술을 배웠다. 비극 마스크는 처음에는 오랜 훈련기간이 요구되고 심리적으로 스트레스가 많은 수업이었다. 반대로, 이해하기 쉬운 캐릭터 마스크는 학생들을 해방시키며 때로는 거의 즉흥에 가까운 수업이었다. 즉흥은 개인의 간단한 과제에서 좀 더 복잡한 훈련까지 다양한 형식을 채용했고-혼자 혹은 파트너와 함께 이루어진-공연을 위한 그룹 시나리오가 되기까지 충분히 발전시켰다. 생 드니는 또한 침묵에 기초한 즉흥과 구두의 그룹 즉흥(상급반)을 가르쳤다. 즉흥과 마스크 실습을 통해, 학생들은 즉흥성과 테크닉이 서로 배타적이지 않다는 것을 배울 수 있었다.

LTS가 가진 수많은 목적들 가운데 가장 중요한 목표는 텍스트를 기반으로 한 전문 연극의 기준을 한층 높여 '현대 연극을 뒷받침 하는 것'(Saint-Denis 1982: 47)이었다. 따라서 기존의 드라마틱한 문학을 해석하는데 강조를 두었으며 보컬 연구, 보이스 프로덕션의 구성, 발음, 그리고 화술이 움직임과 함께 중요시되었다. 세 개의 훈련들(소리, 화술, 움직임)은 각기 다른 지도자 밑에서 생 드니의 철학과 때로는 중복되면서 그러나, 구별된 채로 교육되었다.

드라마투르기에 대한 생 드니의 집중은 그를 교육자와 연출가로서 새로운 분야로 이끌었다. 그는 1922년 파리에서 공연한 모스크바 예술극장의 〈벚꽃동산The Cherry Orchard〉, 〈밑바닥에서The Lower Depths〉, 그리고 〈카라마조프의 형제들The Brothers Karamazov〉의 작품들을 세심히 관찰한 후 스타니슬랍스키의 발견에 개인적인 견해를 포함시켰다. 이 시기에 생 드니는 스타니슬랍스키와 만나 이야기를 나누었으며 1936년, LTS 설립 첫해에 엘리자베스 헵굿Elizabeth Hapgood의 『배우 수업An Actor Prepares』의 영어 번역본이 출판되었다. 이 교재를 가지고 생 드니는 그가 자연주의와 세심하게 구별한 사실주의를 탐구하기 시작했다. 생 드니는 자연주의를 앙드레 앙투완André Antoine이 강조한 19세기 '연출적 과잉'과 결부시키며, 이는 과도하게 완벽한 디테일과 주로 '표면적이고, 사실적인 작은 극들'(Baldwin 2003: 120)로 구성된 레퍼토리에 잘못 역점을 두었다고 생각했다. 그에게 사실주의란 체홉의 작업에서 예를 들었듯이 '본성, 인생의 의미, 겉모습 이면에 무엇이 일어나는지(Saint-Denis 2008: 51)'를 표현하기 위해 바깥 표면 아래를 철저히 탐구하는 극이다(Saint-Denis 2008: 51).

생 드니와 마찬가지로, 스타니슬랍스키 또한 교육을 위한 도구로써 즉흥을 사용하였다. 그러나 생 드니는 배우가 장면을 연기함에 있어서 즉흥적으로 하는 것은 반대했는데 왜냐하면 이는 텍스트의 중요성을 깎아 내릴 수 있기 때문이다. 덧붙여서 생 드니는 스타니슬랍스키의 즉흥 작업이 너무 사실적이고 내부적이며 적당한 거리를 두는 것이 부족하다고 느꼈다. 그는 배우들이 스타니슬랍스키가 습득한 '무의식적 힘을 진동시킬 수 있는 실제적인 지식'(Saint-Denis 1959: 26)으로써 심리적 테크닉을 통해 훈련했다는 점을 알게 되었는데, 여전히 배우는 '동시대의 주관적인 진실과 텍스트가 가져다주는 객관적 특성 사이에서 균형을 찾을 수 있어야한다'고 생각했다(Saint-Denis 2008: 114). 이러한 두 개의 다른 가치 사이에서 균형을 이루는 것이 그의 가르침의 열쇠였다. 주관성이 결여되면 공연은 차갑고 동떨어진다. 객관성이 없으면 배우는 자제력과 관객에 대한 인식을 잃어버리고 만다.

생 드니는 고전 연극에서 찾을 수 있는 기초지식을 통해서 배우들에게 어떠한 스타일에도 적용되는 도구들을 제공할 수 있다고 믿었다. 어떻게 하면 스타니슬랍스키의 이론이 오직 사실주의에만 국한되지 않고 고전에 적용될 수 있을지가 그의 계속되는 물음이었는데 왜냐하면 생 드니는 '모든 시대와 모든 국가의 고전극'을 공연할 수 있는 연극인들을 계발시키려는 의도를 가지고 있었기 때문이다(Forsyth undated). 대답은 스타니슬랍스키의 커리큘럼을 통한 신체적 행동법physical actions의 흡수와 생 드니의 신념, 즉 교육 방법으로 양립될 수 있는 '밖으로부터 안outside-in'의 접근방법에서 찾을 수 있었다.[10] 배우는 텍스트에서 신체적 행동법을 찾고 침묵의 에튀드silent études를 통해 이들을 탐구하며, 궁극적으로 다시 텍스트와 결합한다.[11]

해설자와 즉흥연기자The interpreter and the improviser

극작가가 연극의 근본적 창조자라는 생 드니의 굳은 믿음에도 불구하고, 그는 배우를 두 개의 카테고리로 나누었는데 해설자(해석배우)와 즉흥연기자(즉흥배우)가 그것이다. 즉흥연기자는 드물긴 했지만, 텍스트 없이 배우의 해설적 재능과 작가적 상상력을 발휘하며 서커스나 보드빌 공연에서 찾아볼 수 있는 연기자이다. 비록 몇몇의 학생들만이 이러한 창조적인 단계에 이른다 하더라도, 생 드니는 '배우, 즉 창조자actor/creator로서의 경험'(Saint-Denis 2008: 114)을 하게 함으로써 학생들의 독창성을 장려하고자 노력하였다.

학교들The Other Schools

LTS는 제 2차 대전의 여파로 문을 닫게 되었다. 그러나 1947년 올드 빅 시어터의 예술 감독인 로렌스 올리비에Laurence Olivier는 올드 빅 스쿨의 부속 교육기관의 설립을 위해 생 드니를 초청했다.[12] 생 드니가 일으킨 근본적인 교육학적 변화는 유망 있는 졸업생들로 이루어진 아동 극단의 투어를 조직하는 것으로, 학생들과 함께 공동 창작을 할 작가와, 연출 프로그램, 그리고 3명의 새로운 교수진, 즉 움직임 수업을 위해 리츠 피스크Litz Pisk, 보이스 수업을 위해 제니 슈트라서Jani Strasser, 그리고 화술을 위해 매리언 왓슨Marion (Mamie) Watson을 포함시킨 것이었다. 슈트라서가 지도한 노래를 이용한 수업은 생 드니가 가졌던 연극에 있어서 합창 앙상블의 기능에 대한 믿음에 부합되는 것이었다. 슈트라서가 소리의 이완을 위해 발성연습에 신체적 훈련을 사용할 때 피스크는 움직임과 발성 훈련을 결합했다. 수업은 즉흥적인 소리내기에서부터 출발해 단어를 삽입하는 단계를 거쳐 마침내 텍스트로 이어졌다.

올드 빅 연극학교는 눈부신 성과가 있었음에도 불구하고 1952년 학교 이사회에 의해 문을 닫을 수밖에 없었다. 근본적인 문제는 내부적 분란과 경쟁의식, 그리고 운영자와 이사회 구성원들과의 갈등이었다.[13] 생 드니는 실업자가 되었다. 그는 프랑스의 전후 연극의 분권화를 위한 스트라스부르의 고등연극예술학교Strasbourg's École supérieure d'art dramatique의 계발 제안을 받아들였으며 지역 연극 부문을 떠맡았다. 생 드니는 학교를 위해 프랑스어 레퍼토리들을 받아들이는데 역점을 두었다. 코미디의 부활은 몰리에르로 대체되었고, 모던 드라마를 위해 지로두Giraudoux와 아누이Anouilh가 포함됐다. 셰익스피어를 대체할 프랑스 작품이 없었으므로 이는 번역본을 사용했다. 스트라스부르에서 처음으로, 그는 2년에서 3년으로 훈련기간을 늘릴 수 있었다. 그는 1952년부터 뇌출혈이 발병한 1957년까지 스트라스부르에 머물렀다.

　일부 회복이 된 이후, 그는 록펠러Rockefeller 재단의 줄리아드 스쿨 연극과의 설립을 위해 교수단 구성에 관한 감독과 커리큘럼 제작을 맡아 학부에 임명되었다. 이 학교는 떠오르는 지역 연극에 소속된 고전 레퍼토리를 위한 새로운 배우의 계발을 목적으로 하고 있었으므로, 흔히 하는 메소드American Method 훈련과는 다른 대안이 필요했다. 10년의 준비기간 동안 생 드니의 건강은 악화되어갔다. 1968년 학과가 문을 열었을 때, 그는 다시 뇌출혈이 발병하기 전까지 한 학기를 가르쳤다. 아내 수리아Suria는 학교가 생 드니의 커리큘럼에 따라 운영될 수 있도록 감독역할을 수행했다. 일반적인 미국 관습에 맞게 4년의 학위기간으로 개정도 이루어졌다.

　1950년대 후반, 캐나다 공무원들과 연극인들 또한 생 드니에게 이중 언어 국립 연극학교bilingual National Theatre School의 계발을 위해 대표직을 맡아줄 것을 제안하였다. 프랑스와 영국 연극에 있어서의 그의 전문지식은 한 지붕 아래에서 언어에 의해 둘로 나뉘는 드라마 학교를 세우는데 매우 귀중했다. 생 드니가 몬트리올과 뉴욕을 오가며 3년간의 집중적인 준비기간을 가진 이후 학교는 1960년 문을 열었다. 문화적 차이는 이 작업에서도 나타났다. 영국 쪽은 좀 더 보수적이고 언어를 기초로 했으며, 영국 고전을 고집하는 경향이 있었다. 프랑스 쪽은 좀 더 창의적이고, 움직임을 기초로 했으며 퀘벡의 문화 발전에 공헌했다. 다른 차이점으로는 프랑스의 4년과는 다른 영국의 3년의 학위기간이었다. 융통성이 있는 생 드니의 이론은 수정을 거쳐 이 교육기관에 충실히 남아 있다.

훈련Exercises

연기를 하는데 있어 배우들은 자신으로부터 출발해야 한다. 이는 훈련의 개별화를 뒷받침하는 근거가 된다. 이를 인식하고 있었음에도 불구하고 생 드니에게 있어서 연기의 본질은 변형transformation에 있었다. 학생이자 배우가 몇 개의 움직임 기술과 어느 정도의 자신감을 계발시켰다면 마스크야말로 이상적인 학습도구가 된다. 마스크는 숨기지 않고, 변형시킨다. 이것은 학생들의 '집중, 자의식의 제거, 내부의 감각을 강화시키고 외부의 연극적 표현을 극대화 시키는 신체적 힘을 계발시킨다'(Saint-Denis 2008: 176). 캐릭터와 중립의 마스크는 의도intention와 행동action, 감정feeling의 명확함을 강조한다. 특별히 정면의 중립 마스크는 배우로 하여금 자신의 얼굴과 소리가 가진 보통의 표현성을 벗어나 오직 몸을 사용하여 소통하도록 만든다.

에티엔 드크루Étienne Decroux와 자크 르콕Jacques Lecoq의 실습이 바로 이 점에서 상응된다. 코피오 극단에서의 발견된 것들을 드크루를 포함한 이 세 명의 예술가의 접근방법에서 그 뿌리를 찾을 수 있다는 점을 감안해보면 이것은 지극히 당연한 일이다. 드크루는 코피오의 초기 멤버였다. 르콕은 장 다스테의 제자였으며 코피오의 멤버이자 15인 극단에 속하기도 했다. 중립과 캐릭터 마스크 분야에서 유달리 생 드니와 가장 큰 유사점을 가진 훈련을 지도한 인물은 르콕 이었다. 르콕은 특히 애벌레 가면과 빨간코 가면을 덧붙였는데 애벌레(유충) 가면은 크고 정면을 향한 가면이었으며 인간의 형상을 암시하는 추상적인 가면이었다. 이러한 구체성의 결여는 학생과 배우들을 좀 더 실험적인 분야로 이끌었다. 빨간코는 가장 단순한 형태의 마스크로써 배우 내면의 어릿광대의 모습을 노출시키는 역할을 했다. 생 드니의 훈련의 목적은 달랐다. 그는 더 이상 완벽한 프로 배우를 창조하는데 있어 '전문가'를 추구하지 않았다. 그러므로 마스크는 그 자체로 목적이 되기보다는 목적을 달성하기 위해 부족함을 채우는 훈련수단이었다. 극단들은 생 드니의 제자들에 의해 창설되어진 것이었으며, 르콕은 더 나아가 그들의 가르침에 있어 차이에 대해 설명하기도 했다. 맨체스터 로열 익스체인지The Manchester Royal Exchange는 전통적인 관객-배우간의 관계의 장벽을 없애고, 지역 연극을 창조하며 '세계적이고 영구적인'(Fraser 1998: 43) 작품을 제작하기 위해 올드 빅Old Vic 학생들에 의해 설립된 단체였다. 이 극단은 배우 중심의 고전에 강조를 둔 레퍼토리와 함께 새로운 극작가들을 양성하는 워크숍이 열리는 원형극장이었다. 반대로, 르콕의 제자들은 움직임과 공동창작에 기반을 둔 컴플리시떼Theatre de Complicité 극단(영국), 그리고 델라르테Dell'Arte 극단(미국)을 창설하여 활동하였다. 창작극과 관련한 생 드니의 작업에도 불구하고, 그의 제자 중 누구도 비슷한 형태의 극단을 설립하여 활동한 사람은 없었다는 점은 아이러니하다.

중립 마스크Neutral mask

중립 마스크가 비극의 주제들과 관련이 있는 이유 중 하나는 그리스 비극에 뿌리를 두고 있기 때문이다.[14] 런던 연극 스튜디오LTS에서 디자인 학부의 모틀리Motley[15]는 생 드니의 설명에 따라 8개의 색깔 마스크를 계발했다. 이는 4개의 여성과 4개의 남성 가면으로 인간 발달의 4단계의 전형, 즉 아동기, 청년기, 성년기, 노년기를 나타낸다. 이 가면들은 생 드니 학교들에서 아직도 쓰이고 있는 마스크의 원형으로, 모습(외관)은 표현되고 있지만 감정은 없다. 마스크에 삶과 감정을 채우는 것은 배우의 몫이다. 배우가 확신을 가진 채 마스크에게 생기를 불어넣고 있다면, 마치 자신의 얼굴 표현과 같이 드러날 것이다. 목적은 3부분으로 나뉜다: 상투적 매너리즘을 뿌리 뽑기 위해, 학생의 창조적 충동을 이끌고 계발시키기 위해, 그리고 그들에게 고전 혹은 생 드니가 '거대한 스타일big style'이라고 불렀던 역할을 가르치기 위해서이다. 자연스레 중립 마스크는 배우들로 하여금 고도의 감정적 순간과 접촉하게 한다. 이것은 큰 움직임을 요구하므로 미세한 제스처들은 읽히지 않을 것이다.

자의식self-consciousness을 줄이고 제거하기 위해서 (자기 인식self-awareness과는 다른), 생 드니는 정면으로 맞서야 한다고 주장했다. 즉흥 혹은 마스크 수업에서 학생들은 마치 '벌거벗은' 상태나 마찬가지이다(Saint-Denis 2008: 91). LTS와 올드 빅 연극학교에서, 남성과 여성 학생들은 똑같이 그다지 어울리지 않은 마치 오래된 수영복과 같은 훈련복을 착용했다. 요즘의 학생들은 레오타드나 몸에 꽉 끼는 옷들을 입는다. 그러나 복장의 기능은 여전히 학생들로 하여금 자신의 몸을 이루는 선과 공간, 스토리텔링의 가능성과의 관계를 인식하기 위해 본질을 제외한 모든 것을 벗겨내는 데 있다. 배우의 과제는 소통을 위해 나의 몸을 어떻게 사용할 수 있을까?에 놓여 있다.

중립 마스크는 흥분을 불러일으키지만, 거의 제의에 가까운 침착함을 요구한다. 움직임은 신중해야 한다. 고개를 아주 작게 돌리는 움직임까지 중요하다. 학생들은 한동안 가면들을 바라보다가 8개 중 하나를 선택하고, 마침내 가면을 쓰고 고개를 올리거나 내려 본다. 그들은 마스크 안에서 혹은 마스크에 의해 살기 시작한다. 학생은 중립 마스크를 쓰는 동안 거울을 보는 것이 금지되어 있으며 마스크 외형에 대한 기억을 간직한다. 이유는 만약 배우가 중립 마스크를 쓴 자신을 본다면, 이러한 비인격화된 특징들에 당황하게 될 것이며 자신이 느낀 것을 연기하기보다 외부의 시선을 기초로 인물화 할 것이기 때문이다. 마스크에 의한 나이의 구분은 극의 캐릭터와 줄거리에 유사하게, 상황에 최대한 맞게 배우의 움직임에 영향을 준다.

선생은 첫 번째 훈련을 위해 간단한 과제를 부여한다. 예를 들면 나이 든 여성 가면을 쓴 학생이 편지를 읽기 시작한다.[16] 이와 같은 훈련은 감성적으로 충만해질 수 있다. 다음 번에 그녀는 이것을 연기한다. 학생은 편지에서 나쁜 소식을 발견한다. 무슨 소식일까? 아마도 부모의 죽음? 배우는 편지가 환기시키는 '무성역無聲域, zone of silence'을 어떻게 이야기할 것인가? 제스처와 움직임을 사용하면서, 그녀는 그저 보여주기 위한 것이 아닌 내면의 진실로부터 발생되는 감정을 관객과 연결시켜야 한다. 메소드the Method의 언어를 빌리자면 '내비치는 것indicating'은 용납되지 않는다. 동시에 메소드the Method에서 요구되는 은밀한 심리적 사실주의는 가면 뒤에서 전혀 소용이 없다. 중립 마스크의 역설은 배우로 하여금 관객과 객관적인 견지에 서있게 하면서 동시에 주관적인 세계에 몰두하게 한다는 데에 있다. 선생은 질문을 통해서 학생들로 하여금 좀 더 깊은 영역을 탐구하도록 진행시킬 수 있다.

아동기의 마스크를 쓴 남자 배우가 같은 즉흥을 한다면 어떻게 될까? 제스처와 걷기, 템포에 어떻게 영향을 미칠까? 두 번째 학생이 이를 시도한다. 마스크를 바꾸는 것은 접근에 있어 변화를 요구한다.

다음 단계에서, 선생은 몇 가지의 행동들과 함께 좀 더 복잡한 훈련들을 제안한다. 학생들의 상상이 발달함에 따라 그들은 훈련과 에튀드études 그리고 좀 더 긴 시나리오와 좀 더 정교화 된 이야기들을 창조할 책임을 맡는다. 마지막 단계에서 학생들은 이상적으로 몇 가지의 변형을 포함하여 두 사람으로 이루어진 즉흥을 만들고 연습한다.

시나리오나 에튀드는 원시적인 두려움, 신화들, 공상, 이솝 우화들에서 얻을 수 있다. 마스크 캐릭터는 비통해하는 어머니, 젊은 연인, 광대, 왕, 배신당한 아이 등의 원형이 된다. 어린 시절의 마스크가 괴물을 만나는 꿈으로 에튀드 하나를 구성할 수 있는데, 이것은 공격, 싸움, 이후 아이가 이기거나 혹은 패배하는 결말로 이루어진 세 가지 행동들로 나누어 질 수 있다. 또는 한 예로, 나이 지긋한 여성이 침대에서부터 나오려고 분투하는 상황이다. 여배우는 그녀의 어려움, 공포, 일어나는 것에 대한 분투와 체념의 발견을 연기한다. 교수는 학생들로 하여금 그들의 변화를 분명하게 할 것을 독려한다.

두 사람 시나리오의 전형적인 예로는 오랫동안 보지 못했던 연인이나 적이 만나는 상황을 들 수 있다. 다양한 극적 가능성들에 관한 배우들의 실험을 과제로 주고 수업시간에 그 결과를 공유한다. 또 다른 전형적인 시나리오는 두 남자의 탈옥기이다. 붙잡히지 않기 위해 한 명이 떨어지고 다친다. 다른 한 사람은 그를 도울 것인가? 혹은 버리고 갈 것인가? 다양한 나이대의 마스크로 이루어진 시나리오들은 또 다른 가능성들을 제안한다. 좀 더 창조적인 학생들은 각각의 마스크로 시간의 흐름을 표현하는 시나리오를 상상한다.

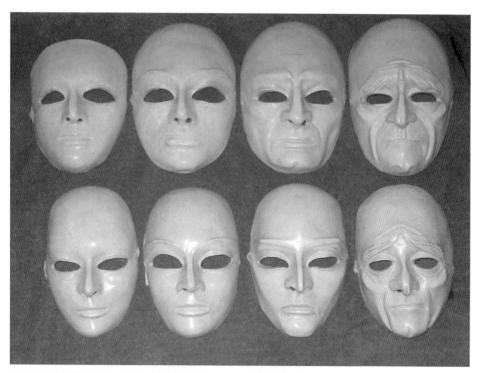

그림 5.2 중립 혹은 '귀족' 마스크: 4개의 남성(위) 그리고 4개의 여성(아래)
왼쪽에서 오른쪽: 인생의 4단계-아동기, 청년기, 성인기 그리고 노년기 (photographer: Lawrence Baldwin)

캐릭터 마스크Character Mask

코미디아델라르테에서 영감을 얻은 캐릭터 마스크는 소극笑劇 캐릭터들과 신체 코미디에 주력하였다. 중립 마스크가 전설적인 전형들을 경험하게 했다면, 캐릭터 마스크는 학생들을 보통의 현실에 단단히 밀착된 동시대의 정형화된 인물로 이끌었다. 중립 마스크와 마찬가지로 학생들은 상상과 재능, 그리고 습득한 기술을 통해 각자 마스크의 타입을 개인화한다. LTS에서 모틀리는 또한 할로윈과 같은 반半마스크를 만들었는데, 이 24개의 마스크는 이후에 조금 덜 괴기한 모습으로 발전했다. 중립 마스크와는 달리, 캐릭터 마스크에서는 학생들이 소도구, 의상 그리고 몇 개의 세트를 사용하도록 했다. 학생들은 코믹한 즉흥을 위해 그들만의 대화를 조작한다. 두 수업의 목적이 학생과 배우들을 자유롭게 하는데 있었지만, 결과는 캐릭터 마스크 수업에서 좀 더 쉽게 드러났다. 중립 마스크가 엄격하고 제의적이었다면 캐릭터 마스크는 감각적이고 외설적이며, 한 가지의 표현 뒤에 숨은 광범위한 접근성을 드러냈다.

수업의 밝은 분위기에도 불구하고 학생에게는 중립 마스크에서와 마찬가지로 코믹한 작업을 하는데 있어서 목표의 진지함이 요구되었다. 수업은 가면을 고르는 것에서부터 시작한다. 학생들은 적당한 것을 찾기 전에 몇 개의 가면을 실험해볼 것이다. 다음은 의상과 소도구들이다. 의상을 입은 후 가면을 쓴 학생들은 거울을 보면서 그들의 이미지가 제안하는 캐릭터를 관찰한다. 생 드니의 경험에 따르면, 거울에 비춰지는 코믹한 마스크에 압도되지 않은 채 학생들은 좀 더 독창적인 캐릭터들을 창조해냈다. 상상컨대, 반半마스크는 학생들이 여전히 자신의 얼굴을 인식할 수 있기 때문에 각자 다른 반응을 이끌었을 것이다.

그 후에 학생들은 교실 안을 걸으면서 동시에 그들의 정체성을 시험해보기 위해 목소리를 실험하기 시작한다. 이 캐릭터는 어떻게 서고, 걷고, 앉고 말할 것인가? 아직은 서로에게 반응할 시간은 아니다. 캐릭터와 중립 마스크를 쓴 캐릭터는 배우들의 연기를 '기본'으로 되돌아오게 만든다. 당신은 누구인가? 어디에 있는가? 무엇을 하고 있는가? 중립 마스크의 초기 단계에서처럼, 선생은 주위 환경을 제공한다. 그러나 주위 환경은 즉흥이 진행됨에 따라 재빠른 적응(빠른 박자를 이용한 캐릭터 마스크 수업의 유용한 교육 전략)을 요구하며 바뀔 수도 있다. 학생들은 말하는 것 보다 움직임이 선행되도록 주의해야 하며 절대수다를 위한 말하기를 해서는 안 된다. 캐릭터 마스크에서의 움직임과 제스처가 중립 마스크에서 보다 제한될 때, 그들의 역할이 언어적인 면보다 중요해진다.

캐릭터의 뼈대를 구축하기 위해 선생은 몇 가지 질문을 던진다. '당신은 어디에 살고 있습니까? 직업은 무엇입니까?' 배우는 캐릭터가 구축됨에 따라 질문에 대답한다. 생 드니는 '익살극은 보통 평범한 사람들과 관련이 있다'고 주장했다(Saint-Denis 2008: 182). 그리고 자주, 이들의 캐릭터는 사회적 계층의 밑바닥에서부터 생성된다. 학생들의 캐릭터는 보통 인생의 게임에서 실패한 자들이다―부랑자, 탄압받는 알코올 중독자, 버려진 자, 빈곤한 어머니, 버릇없는 녀석 등이다. 이들 아웃사이더의 계층은 그들을 경멸하는 사회를 풍자할 일종의 자격이 주어진다.

세 명의 배우가 캐릭터 마스크 즉흥의 첫 단계에서 갈등을 대비하기에 이상적인 숫자이다. 캐릭터가 이야기를 대체하면서 즉흥은 평범한 상황에서 일어난다. 세 사람이 치과에 남겨진다던지, 슈퍼마켓이나 버스 정류소에서 줄을 서고 있다. 점점 능숙해지면서 즉흥이 그들의 방식대로 시나리오가 충분히 발달하면, 좀 더 많은 학생들이 참여한다. 작업은 코피오 극단 시절의 공동 창작을 환기시키며 점점 더 자율적으로 발전해 간다.

세 자매The Three Sisters

공동 창작의 기간이 지난 후, 특히 영국 트레이닝 훈련 프로그램에서 생 드니가 교육적 연구를 통해 계발한 새로운 기술들은 주목할 만하다. 교육을 향한 노력이 지배적이 되자 전문 연출가로서의 결과물들은 쇠퇴하기 시작했다. 학교야말로 그가 끊임없이 갈망하던 실험 극장을 대신했다. 그리스, 셰익스피어, 그리고 체홉의 작품들과 함께 한 그의 첫 번째 연출작의 상연은 런던 연극 스튜디오LTS에서 이루어졌다. 〈멕베드Macbeth〉(1937)와 〈엘렉트라Electra〉(1951)와 같은 전문적인 제작은 이러한 초기의 노력에서부터 출발한 것이었다. 제작에 참여하면서 생 드니는 수업에서 이들을 더욱 연구했으며 전문적이고 학문적인 둘의 공생관계는 그의 삶에서 양쪽을 모두 풍성하게 했다.

이러한 교육 과정의 마지막에 LTS 학생들은 2주 동안 대중 앞에서 그들의 작업을 시연했다. 공연은 몇 개 연극 스터디의 연구결과로 구성되었으며 생 드니와 다른 교수진들이 연출을 맡았다. 1937년 LTS의 첫 번째 시연은[17] 〈맥베스Macbeth〉의 한 장면과 짧은 코미디아와 같은 소극인 〈유디트Judith〉, 〈세 자매The Three Sisters〉의 서막序幕(생 드니 연출)으로 이루어졌다. 이 공연들은 신문 평론 란에 비평이 실렸으며 연극계에서 유명해졌다. 이후 존 길구드John Gielgud가 〈세 자매〉를 관람하고 4개로 이루어진 극장의 시즌 중 하나를 위해 생 드니에게 연출을 부탁하게 된다.

그림 5.3 존 길구드의 런던 퀸스 극장(Queen's Theater) 시즌을 위한 체홉(Chekhov)의 〈세 자매〉(The Three Sisters), 런던(1938) (Source: Michel Saint-Denis website)

이로써 생 드니는 사실주의 연출가로서 데뷔를 하게 되는데 이것은 마스크 없이 연출한 그의 첫 번째 작품이었다. 작품에서 뱅쿠오Banquo와 마녀들은 아주 기본적인 마스크를 쓰고 있었으며, 주인공인 올리비에Laurance Olivier는 양식화된 분장을 하고 있었다. 이러한 혼합은 〈에드몬톤의 마녀The Witch of Edmonton〉와도 딱 들어맞았다. 그러나 생 드니는 자신의 모험이 사실주의 탐구를 위한 재료가 되길 바랐다. LTS에서의 학기 말 공연이었던 〈세 자매〉는 그가 스타니슬랍스키의 『배우 수업』에 관한 그의 연구와 '진실탐구를 위한 열정'(Saint-Denis 1952: 928)에 감흥 받았던 〈벚꽃동산〉에 대한 생생한 기억을 바탕으로 준비한 작품이었다. 생 드니는 또한 탁월한 배역진과 함께 했다: 베르쉬닌 역에 존 길구드John Gielgud, 뚜젠바흐 역에 마이클 레드그레이브Michael Redgrave, 쏠료늬이 역에 글렌 바이암 쇼Glen Byam Shaw, 올가 역에 그웬 프랑손 데이비스Gwen Frangcon-Davies, 마샤 역에 캐롤 구드너Carol Goodner, 이리나 역에 페기 애쉬크로프트Peggy Ashcroft, 안드레이 역에 조지 드 바인George Devine, 끌리긴 역에 리온 쿼터메인Leon Quartermaine, 나타샤 역에 안젤라 배델리 Angela Baddeley, 그리고 페도찍 역에 알렉 기네스Alec Guinness가 참여했다. 몇몇의 LTS의 학생들은 단역을 맡았다. 배우들 대부분은 이전에 함께 작업해왔으며, 몇몇은 끈끈한 앙상블을 위해 생 드니의 지도 아래 연기한 경험이 있었다.

〈세 자매〉는 영국에서 제작한 생 드니의 5번째 작품18이었으며 길구드의 후원으로 처음으로 오랜 리허설 기간을 가질 수 있었다. 생 드니가 필요하다고 생각한 2개월의 리허설 기간−1930년대 영국 연극계에서는 들어본 적이 없었던−에 대해 배우들은 그 시간을 무엇을 하며 보낼지에 대해 우려했다. 생 드니의 대부분의 연습들은 급진적인 것처럼 보이는 그의 과정들을 달가워하지 않을, 즉 텍스트를 바탕으로 하는 연출자들에게 이제는 표준으로 자리 잡았다. 극의 스타일과 상관없이 특정한 측면은 고정되었다. 첫 주에서 둘째 주까지 생 드니의 해설을 덧붙인 대본의 테이블 작업이 연이은 토론과 함께 통독通讀으로 이어졌다(보통은 사실주의 작품은 좀 더 긴 테이블 작업을 요한다). 배우들의 과제는 언어, 리듬, 의미, 내용들과 함께 텍스트와 익숙해지는 것이었다.

연습은 연출과 배우들이 등장인물의 성격묘사를 위해 각각의 장면을 감정과 분위기, 관계를 탐구하며 찬찬히 이어졌다. 생 드니는 배우들로 하여금 너무 빨리 확고한 결정을 하는 것을 피하며 실험을 계속하기를 권유했다. 그리고 나서 이전의 실습에서 탈피한 동선을 그렸다. 리허설은 '종이 위에 이미 준비되어 있는 모든 움직임과 사건들'(Hayman 1971: 112)과 함께 시작된다는 그의 명성에도 불구하고, 그는 사실주의 극에 재량의 자유를 허용했는데, 왜냐하면 무대는 덜 복잡했으며 덜 형식적(형식이 전혀 없지는 않지만)이었기 때문이다. 결과적으로 그는 등퇴장과 주요한 순간들의 윤곽을 그리고 리허설 기간 동안 세부사항들을 덧붙였다(Saint-Denis, 'Way to Conduct Rehearsals'). 그는 남아 있는 블로킹이나 각 움직임의 동기들을 찾는 작업을 배우들과 같이하며 앙상블의 한 일원으로 함께 참여했다. 배우들은 '마치 집에 있는 것과 같이 무대세팅에서 친숙하게 사는 것'(ibid)에 익숙해졌다ー특히 〈세 자매〉에서는 집을 향한 인물들 간의 관계와 감정이 작품의 중요한 포인트가 된다. 마침내, 프로조로브의 방은 캐릭터와 일치했다. 평론은 극의 초반에 배우들이 각자의 방으로 사라져서 무대 위에 5개의 안락의자가 남겨져 있는 순간을 그리며 삶이 그대로 불어넣어져 '숨을 쉬는 것 같다'(Agate 1939: 72-73)고 논평했다. 또 하나의 예로는ー아마도 스타니슬랍스키의 테크닉의 영향이거나 또한 〈마른의 전투La Bataille de la Marne〉를 연상시키는ー'벽을 통해 들리는 웅얼거림, 초인종이나 썰매소리 그리고 군인들, 카니발에서 흥청거리는 소리 등이 관객에게 들릴 수 있도록 하는 것'(Marshall 1938)을 통해 인물들의 분위기를 반영하며 마치 무대 밖 삶의 존재를 맴돌게 한 점을 들 수 있다.

감각의 기억을 사용한 스타니슬랍스키의 훈련 형식을 생 드니는 리허설에서 즉흥으로 사용했다. 상당 부분이 감정과 분위기와 관련이 있었다. 예를 들면 극단은 계절의 변화에 반응하는 인물들을 드러내기 위해 몇 시간 동안 그 방법을 계발하는데 사용했다. 이러한 효과는 비평가들의 눈을 피할 수 없었다. 트루윈J.C. Trewin은 '우리는 떨어지는 낙엽 장면을 보며 크게 감명을 받았다'(Trewin 1960: 119)고 논평했다. 페기 애쉬크로프트Peggy Ashcroft는 프랑손 데이비스Frangcon-Davies가 모기를 잡기 위해 손바닥을 마주쳤던 기억을 떠올렸다. 대부분 인물화를 위한 새로운 접근법이었으며, 모든 배우에게 해당되지는 않았다고 하더라도, 이 경험들은 그들에게 매우 고무적이었다(Gielgud 1963: 91).

종종 끊임없이 계속되는 우울함으로 여겨지는 체홉의 극에서 생 드니는 연민을 자아내는 힘과 코미디를 함께 담아냈다. 스타니슬랍스키를 읽은 후 그의 계율을 투젠바흐라는 인물에 적용하고자 노력했던 마이클 레드그레이브Michael Redgrave는 코미디의 요소를 찾는데 어려움을 겪었다. 그는 투젠바흐의 대사를 툭툭 던지는 대신 이해시키려고만 한다는 생 드니의 지적을 듣고서야 비로소 역할을 연기하는데 필요한 열쇠를 찾기 시작했다. 생 드니는 비록 배우와 연출자가 텍스트를 바탕으로 작업할지라도, 체홉(서브 텍스트의 달인인)의 작품에서 대사는 너무 진지하게 다뤄져서는 안 되며, 그렇지 않으면 김빠지고 지루해지는 결과를 낳을 것이라고 주장했다. 캐릭터의 발전과 리허설이 강화될수록 생 드니가 '온실효과'라고 부른 지점에 도달하게 된다(Saint-Denis, 'Way to Conduct Rehearsals'). 이제는 연출가에게 덜 의존하게 되고 배우들은 런 스루run-through를 시작하며 마침내 손에서 대본을 놓는다. 테크니컬 리허설과 드레스 리허설 직전까지 리듬, 템포 그리고 지루함과 과장된 연기를 피하면서 '가벼운 기분lightness of mood'(ibid)을 위해 연습한다.

생 드니는 연출에 대한 전체적인 발상concept을 버리지 않고 그것을 적용했다. 그는 미장센mise en scène을 '하나의 안무, 즉 극의 해석이 표현의 구체성을 가질 때, 3차원의 공간에서 언어와 움직임이 일치할 수 있는 일종의 안무. . .'라고 생각했다(Saint-Denis 1949). 세 자매를 위한 생 드니의 미장센은 15인 극단에서와 마찬가지로 움직임과 몸의 위치에 관한 세심한 주의를 기울이는 것이었으며, 다만 차이점은 〈세 자매〉에서는 신체적인 작업이 좀 더 미묘하고 '자연스러웠다'는 것이다. 〈세 자매〉는 화려한 스타 캐스트로 이루어졌음에도 불구하고 15인 극단에서 차용한 '협동 작업'의 방법을 취했다. 연기는 '다정하고 마치 한 줄기 빛이 지나가는 것과 같은 섬세함'으로 갈채를 받았으며 체홉의 사실적 표면의 이면을 시詩적으로 드러냈다는 극찬을 들었다. 길구드Gielgud는 '국내에서 제작한 체홉 작품 중 최고였다'(Brandreth 1984: 71)는 찬사와 함께 이 '멋진' 경험을 회상했다.

| 노트

1   다른 작품들은 주로 자크 코포(Jacques Copeau)가 각색한 중세와 르네상스 작품들이었으며, 종종 프랑스 고전을 준비하기도 했다.
2   이러한 상상 훈련은 종종 이완과 집중 그리고 몸의 스트레칭을 위해 강사가 설명하는 순서에 따라 이루어진다. 학생들은 움츠리고 있는 상태에서 씨앗으로, 그리고 서서히 비와 바람, 태양에 반응하는 성숙한 나무가 되는 과정으로 움직인다.
3   1914년 마른의 전투는 프랑스 군대 역사의 전환점으로 기록된다. 파리의 침공으로 인해 군 당국은 파리의 택시 기사들에게 수천 명의 병력을 운송하기 위해 병력을 운전석 앞쪽에 태울 것을 명령한다.
4   코포이나 15인 극단이 상징주의 운동의 모든 요소를 좇지 않은 반면, 그들은 내면 혹은 '영혼'의 세계를 탐미하던 자연주의를 거부함으로써 상징주의자였다고 할 수 있다. 그들의 작품들은 원형들, 이미지들, 그리고 상징들을 탐구했다.
5   1,300파운드에 달하는 거스리(Tyran Guthrie)의 착수금 이후 다른 이들의 기부가 계속 이루어졌다.
6   배우였던 조지 드바인(George Devine)은 이후 연출가가 되었으며 '작가들의 극장'(writers' theatre)이라고 알려진 로얄 코트(Royal Court)에 위치한 잉글리쉬 스테이지 컴퍼니(English Stage Company)를 창설한다.
7   고전 배우였던 마리우스 고링(Marius Goring)은 이후 영화와 텔레비전에서 활약하게 된다.
8   마지토(Magito)는 파리에서 활동한 러시아인 움직임 전문가이자 댄서였다. 그녀의 연극적 특징은 생 드니와 일치하는 점이 있었다. 그녀는 1960년 생 드니와 결혼했다.
9   올드 빅에서 시작 반은 Group One, the second, Group Two 등으로 불렸다. 학교가 성장함에 따라 이러한 구별은 과거, 현재 그리고 미래를 이어주는 연결고리로 발전했다. 예를 들어 줄리아드의 2008년 9월 시작 반은 드라마 학과 나이인 Group Forty-one이었다.
10 Pierre Lefèvre, interview with author, 13 January 1989. 르페브르(Pierre Lefèvre)는 생 드니의 친구이자 제자였으며 생 드니가 참여한 학교들에서 마스크 수업을 가르쳤다. 그는 또한 스트라스부르에서 생 드니가 떠난 후 학교를 맡아 운영했다.
11 See Carnicke in Chapter 1.

12 통째로 올드 빅 센터(Old Vic Centre)라고 불릴 예정이었던 이곳은 생 드니를 학장으로 하여 실험 연극과 영 빅(Young Vic), 즉 아동 연극 학교를 포함시킬 계획이었다. 실험 극장은 결국 설립되지 못했다.

13 이 사건에 대한 자세한 역사적 배경은 나의 책 *Michel Saint-Denis and the Shaping of the Modern Actor* 과 어빙 워들(Irving Wardle)의 *The Theatres of George Devine*, London: Eyre Methuen,1978.의 책에 자세히 기술되어 있다.

14 Lefèvre, interview with author, 13 January 1989. 자크 르콕(Jaques Lecoq)은 이와 관련해 비극에 대해 논하고 있다 *Le Corps Poétique* (Actes Sud, 1997), 135-45.

15 모틀리(Motley)는 20세기 중반에 성공한 3인조 여성 디자이너(Margaret Harris, Sophie Harris, Elizabeth Montgomery) 그룹이다.

16 마스크는 인물의 성별을 창조한다. 그러나 생 드니의 생전에는 남성이 여성의 마스크를 쓰거나 혹은 그 반대로 하는 일은 좀처럼 드물었을 것이다.

17 런던 연극 스튜디오(London Theater Studio)는 2년으로 이루어진 프로그램이었지만, 수업을 듣기 위한 교육 과정(coursework)은 짧았다. 그 이유는 학교의 개교가 늦어졌기 때문이다.

18 처음 두 작품은 1935년 15인 극단의 <노아>(*Noah*)와 <씨 뿌리는 사람>(*Sowers of the Grain*)의 번역극이었 다. 1936년에는 에디스 에반스(Edith Evans)와 함께한 <에드몬톤의 마녀>(*The Witch of Edmonto*), 1937 년에는 로렌스 올리비에(Laurence Olivier)와 함께한 <맥베스>(*Macbeth*)가 있었다. 두 작품 모두 마스크 작 업과 결합하여 올드 빅 시어터(Old Vic Theatre)에서 상연한 작품들이다.

| 참고문헌

Agate, James (1939) *The Amazing Theatre*, London: George C. Harrap & Co., Ltd.

Antoine, André (undated) *L'Information.*

Aykroyd, Phyllis (1935) *The Dramatic Art of La Compagnie des Quinze*, London: Eric Partridge.

Baldwin, Jane (2003) *Michael Saint-Denis and the Shaping of the Modern Actor*, Westport, CT: Greenwood Press.

Brandreth, Gyles (1984) *John Gielgud: A Celebration*, Boston: Little & Brown Co.

Chancerel, Léon (1930) *article in Jeux, Tréteaux, et Personnages*, 15 October.

Delpit, Louise (1939) 'Les Dernières épigones de Jacques Copeau', *Smith College Studies in Modern Languages*, 21: 44-63.

Forsyth, James (undated) 'The Old Vic Theatre School', filmstrip, British Council.

Fraser, Davis (1998) *Words and Pictures: The Royal Exchange Theatre Company*, Manchester: Royal Exchange Theatre Company Ltd.

Gielgud, John (1963) *Stage Directions*, London: Heinemann.

Gontard, Denis (ed.) (1974) *Le Journal de bord des Copiaus 1924-1929*, Paris: Éditions Seghers.

Hayman, Ronald (1971) *John Gielgud*, New York: Random House.

Kusler, Babara-Anne (1974) 'Jacques Copeau's Theatre School: L'École du Vieux-Colombier', dissertation, University of Wisconsin.

Lecoq, Jacques, Carasso J.G. and Lallias J.C. (1997) *Le Corps poétique: Un enseignement de la création théâtrale*, Actes Sud.

Marshall, Norman (1957) *The Producer and the Play*, London: Macdonald.

____ (1938) *News Chronicle*, 1 February.

Rudlin, John (1986) *Jacques Copeau*, London and New York: Cambridge University Press.

Saint-Denis, Michel (1949) 'Music in the Theatre', unpublished lecture notes at Bryanston Music School.

____ (1952) 'Naturalism in the Theatre', *The Listener*, 4 December.

____ (1959) 'Stanislavsky and the Teaching of Dramatic Art', *World Theatre*, 8, Spring: 23-29.

____ (1982) *Training for the Theatre*, ed. Suria Magito Saint-Denis, New York: Theatre Arts Books.

____ (2008) *Theatre: The Rediscovery of Style and Other Writings*, ed. Jane Baldwin, London and New York: Routledge.

____ (undated) Unpublished Diary Notes.

____ (undated) 'Way to Conduct Rehearsals of Plays of Different Styles', Lectures Notes, Old Vic School.

Trewin, J.C. (1960) *The Turbulent Thirties: A Further Decade of the Theatre*, London: Macdonald.

Vincent (1928) *Comoedia*, 18 June, Lausanne.

Chapter 6

크네벨 테크닉: 행동분석 방법
THE KNEBEL TECHNIQUE: ACTIVE ANALYSIS IN PRACTICE[1]

● ● ● **샤론 마리 카르닉**Sharon Marie Carnicke

마리아 오시포브나 크네벨 Maria Osipovna Knebel, 1898-1985은 단언컨대 구 소련시대 연극계에서 가장 중요한 인물이다. 그녀는 모스크바 예술 극장Moscow Art Theatre에서 세 명의 주요 인물들―설립자인 스타니슬랍스키Konstantin Stanislavsky와 네미로비치 단첸코Vladimir Nemirovich-Danchenko 그리고 뛰어난 배우 미카엘 체홉Michael Chekhov―과 함께 연기와 연출을 공부했다. 이들의 작업을 통합해 보면, 크네벨이야말로 명성 있는 극단의 전통을 기반으로 최고의 전문가들의 이론과 실제를 모아 분산시키는 프리즘 역할을 한다는 것을 알 수 있다. 연출가이자 선생으로서, 크네벨은 1957년 혁신적인 현대 극장을 설립한 배우 올레크 예프레모프Oleg Efremov, 1960년대 러시아 드라마에 새로운 활기를 불어넣었던 극작가 빅토르 로조프Victor Rozov, 러시아 현대 연출 중 가장 국제적 명성이 있는 아나톨리 바실리에브Anatoly Vasiliev와 같은 연출가와 함께 그녀의 연극인생의 비약을 시작했다. 그녀가 없었더라면 러시아 연극 예술은 더더욱 빈곤했을 것이다. 모스크바 예술 극장 100주년을 기념하며 바실리에브는 그녀의 연극유산을 예지 그로토프스키Jerzy Grotowski와 유리 류비모프Yury Liubimov와 나란히 두었다(Smeliansky 1999: 215).

일생동안 그녀는 스타니슬랍스키의 마지막 리허설 테크닉인 행동분석Active Analysis을 옹호했는데 이는 배우들로 하여금 즉흥을 이용하여 극 속 갈등의 매개체인 행동action과 대항행동counteraction의 탐구를 통해 극을 구현하는 방법이다(1장 & Carnicke 2008 참조). 극 텍스트의 면밀한 검토는 즉흥 작업을 수반한다. 극작가의 말이 어떻게 극적인 스타일을 창조하는가? 인물들은 왜 이러한 말들을 하는가? 질문의 대답은 즉흥을 통해 찾을 수 있으며, 즉흥은 차례대로 또 다른 질문을 유발시킨다.

크네벨은 스타니슬랍스키의 행동분석을 온전하게 자신의 임무로 받아들였다. 그녀는 미카엘 체홉으로부터 상상을 통한 즉흥을 믿는 법을, 네비로비치 단첸코에게서 마치 시를 읽는 것처럼 희곡을 읽어나가는 법을 배웠다. '나는 행동분석 방법이야말로 배우의 즉흥적 성질을 강화시키고, 배우의 개성을 드러내며, 문학적 작업을 잠시 중단하고 이 즉 멋진 상상으로 인물들을 채우는 방법이라는 것을 알고 있다'(Knebel 1967:485). 그러므로 1940년과 1950년대 스탈린주의자들의 금지령에도 불구하고, 행동분석은 그녀의 주요한 '예술 행로'가 되었다(ibid.). 그녀는 연출과 수업을 위해 이를 사용하였고 자신의 책을 통해서도 소개했다. 이를 통해 크네벨은 스타니슬랍스키의 마지막 작업의 존속을 유지했을 뿐만 아니라, 러시아 연극에 새로운 활력을 불어넣었다.

게다가 행동분석을 대표한 이러한 노력들은 스타니슬랍스키의 생각이 포스트모던 세계에서 우리에게 어떻게 울려 퍼질 수 있는지를 입증해주었다. 물리학에서 벡터vector의 개념과 마찬가지로 행동분석은 배우에게 대항행동과의 갈등에 역학적인 힘을 제시한다. 이론가 파비스Patrice Pavis(2003)는 '벡터화vectorization'의 예술로써의 공연을 바라보며 이러한 기본이론을 지지하고 있다.

하지만 모스크바 예술극장과 크네벨을 동일시한다면 그녀에게 모진 결과를 초래하게 될 것이다. 1930년대에 그녀는 메이어홀드Vsevolod Meyerhold의 그늘 아래 연출을 시작했다. 1950년대에, 모스크바의 중앙 어린이 극장Central Children's Theatre에서 그녀와 함께 작업한 프로 배우들은 다양한 스타일의 레퍼토리를 공연하였다: 셰익스피어와 몰리에르, 그리보예도프Griboedov와 같은 고전, 그리고 당대의 화제작들, 전통적으로 짜인 아동극들, 그리고 극단의 즉흥으로부터 고안한 이솝 우화 등이다. 그녀에게 있어 연극적 스타일은 표현의 수단이지 미학적 프로그램이 아니었다. 1960년대에 러시아 연출가 아돌프 샤피로Adolf Shapiro가 크네벨의 수업을 듣기 위해 찾아갔을 때 그는 보통 스타니슬랍스키하면 연상되는 '심리적'인 방법을 찾고자 기대했으나 대신 '충분치 않게 생생하고 . . . , 지루하기까지 한' 접근법으로, 크네벨의 가르침은 '기대하지 않게 나를 평생 포로로 만들었다'(Shapiro 1999: 133-35)고 회상했다.

현대 러시아 연극에서 그녀의 구심점 역할에도 불구하고, 서양에서는 그녀의 명성이 거의 알려지지 않았다. 몇 가지 이유가 이러한 상대적 무명無名을 설명할 수 있을 것이다. 첫 번째로, 그녀의 연출 이력은 시기상 좋지 않았다. 이 시기는 소비에트 연극이 여단 'brigades'이라고 불리는 연출가 팀을 만들어서 특별할 것 없는 선전宣傳극을 무대에 올리는 시기였다(Vladimirova 1991: 12). 그러므로 프로그램에 인쇄된 긴 목록에서 그녀의 이름은 빠지기 십상이었다. 이후 그녀는 소비에트 관객들이 재능 있는 새로운 연출가(대부분 그녀의 제자들이었던)의 가치를 알기 시작하던 바로 그 순간에 연출을 그만두었다. 두 번째는 그녀의 작업 시기가 여성의 공헌을 종종 과소평가 하는 남성 우위의 사회였다는 점이다. 언론은 관례대로 그녀의 성공을 배우나 디자이너들의 재능으로 돌리곤 했다. 크네벨은 '여성 연출가가 된다는 것은 쉽지 않다'고 인정한다(1976: 248). 사실 이는 그녀가 매일 마주하는 적내감의 선후 사정을 축소해서 말한 것이다. 모스크바 예술극장의 연출가인 바실리 샤노브스키Vasily Sakhnovsky가 '여성 연출가는 여자가 아니다'라고 선언했을 때, 이는 그 시대 대다수의 의견을 표명한 것이나 다름없다(Liadov 1998: 31). 세 번째로, 자신들의 이름으로 상표화했던 서양의 연기 선생들(즉 스트라스버그Strasberg, 애들러Adler, 마이즈너Meisner와 처벅 chubbuck 테그닉들)과는 달리, 소비에트의 선생들은 그들이 가르치는 것이 무엇이든 '스타

그림 6.1 모스크바 예술 극장(Moscow Art Theatre)에서 공연한 체홉(Chekhov)의 〈벚꽃 동산〉(*The Cherry Orchard*)에서 샤를로따(Charlotta) 역의 크네벨

니슬랍스키 시스템'이라고 불렀다는 점이다. 이러한 문화적 배경은 행동분석을 향한 크네벨의 헌신과 결부되어 배우 훈련에 있어서 그녀가 이룩한 혁신들을 효과적으로 감추어 버렸다.

이 장을 통해 나는 크네벨의 유일한 공헌을 그녀의 스승들로부터 구별하여 연극 역사에서 올바른 위치를 세우고자 한다. 또한 그녀가 작업했던 어려운 문화적 상황을 살펴보고 그녀의 가르침의 기본적인 교리를 요약하며 두 개의 성공적인 그녀의 연출작을 소개하고자 한다.

소비에트 체제 아래 연극 인생A Soviet Life in the Theatre

폭풍우 같은 정치적 역사에 맞서 크네벨은 자신의 예술적 진실성을 자국의 풍부한 문화를 바탕으로 서서히 발전시켜나갔다. 러시아 제정군주제 아래에 '행복한 부르주아'라고 부른 (Liadov 1998: 60) 그녀의 어린 시절은 그녀가 지나는 곳마다 '문화의 향기'를 퍼트릴 수 있도록 지적으로 충만하게 성장할 교육적 환경을 제공했다(Shapiro 1999: 135). 이후의 삶에서 그녀는 소련의 한 시민으로서 자신의 이상에 대척하는 정치적 압박과 마주하며 이의 공격을 피하기 위해 영리한 방법을 찾아냄으로써 불굴의 의지를 발전시키고 독립된 심장을 지켜냈다. 그녀의 동료 중 한 사람은 '냉철한 이상주의'로 인해 '크네벨은 살아남았다'라고 덧붙였다(Liadov 1998: 9).

마리아 크네벨은 모스크바에서 1898년 5월 19일 그녀에게 예술과 문학에 대한 사랑을 심어주었던 유태인 집안에서 태어났다. 그녀의 아버지인 이오시프 니콜라예비치 크네벨 Iosif Nikolaevich Knebel은 갈리시아Galicia에서 온 무일푼의 이민자였으며, 그녀가 태어날 즈음에는 예술과 아동용 도서 분야의 탁월한 출판인으로 자리 잡았다. 주위에는 언제나 예술가, 학자들 그리고 작가들이 있었고 그들 중에는 저명한 레오 톨스토이Leo Tolstoy도 있었다. 소련 후반기 제자들에게 그녀가 살아 있는 역사라고 여겨지는 것이 당연했다! 학생 중 한 명은 '그녀는 안톤 파블로비치 체홉Anton Pavlovich Chekhov이 생존해 있을 때의 사람이다'라며 감탄했다(Kheifets 2001: 155).

매주 일요일, 마리아의 아버지는 러시아 예술의 보고寶庫인 트레차코프 미술관 Tretyakovsky Gallery으로 세 아이들을 데리고 가 자신이 계발한 수수께끼 게임을 함께 했다. 그림 하나를 골라서 다 같이 이야기를 만들고 그들 앞에 있는 그림으로 이야기가 끝마칠 수 있도록 상상하는 게임이다. 자세한 관찰만이 게임의 규칙이었다. 이야기를 위해 아이들은 그림 속 인물들의 자세와 풍경, 그리고 화가가 선택한 색깔과 붓놀림, 그리고 구성을 고려해야만 했다(Knebel 1967: 12–13). 아버지와의 게임을 통해 크네벨은 이후 그녀의 연출작업과 수업에 영향을 미치게 될 시각적 상상에 친숙해지게 되었다.

연기를 시작한 19살부터 1985년 6월 1일 사망(87세)에 이르기까지 그녀의 생애는 6년을 주기로 이루어진 완벽한 소비에트 연방 시기에 걸쳐 있다. 거의 70년에 가까운 기간의 정치적 격동기에 이루어진 정부의 공산주의 실험은 그녀의 성년기의 모든 단계에 영향을 끼쳤다.

1917년 볼셰비키 혁명의 해에 마리아는 진로를 고민하는 젊은 청소년이었다. 예리하고 분석적인 정신과 체스에서의 뛰어난 전략적 기술을 가진 그녀는 수학을 공부하기로 마음 먹었다. 그녀가 연기에 열정적으로 빠져있을 때 아버지는 달가워하지 않았다. 그녀는 수줍음이 많았으며 키가 작았다. 더구나 그녀의 아버지는 딸이 배우를 할 만큼 충분히 예쁘다고 생각하지 않았다. 어느 날 저녁, 반 친구는 그녀를 유명배우인 미카엘 체홉Michael Chekhov이 세운 연기 스튜디오로 데리고 간다. 신경쇠약으로 고통 받던 체홉이 고향에 문을 연 이곳은 그가 교육을 결심하고 세운 곳으로 체홉은 크네벨의 능력에 깊은 감명을 받고 그와 함께 할 수 있도록 설득했다. 크네벨이 외모 때문에 연기를 하지 않겠다고 말했을 때, 체홉은 그녀가 좋은 역할을 찾을 것이라고 확언했다(Knebel 1967: 56). 그리하여 1918년부터 체홉이 무대로 돌아간 시기인 1921년까지 크네벨은 미카엘 체홉과 함께 공부했으며 체홉은 연극적 즉흥을 통해 그녀의 상상을 창조적으로 발전시킬 수 있도록 가르쳤다.

크네벨은 이후 모스크바 예술극장에서 운영하는 제 2스튜디오에 등록하여 이 시기에 스타니슬랍스키가 계발했던 논리적이고 순차적인 시스템과 체홉의 상상 훈련을 결합시켰다(Knebel 1967: 144). 1922년 아직 학생일 때에, 그녀는 헨릭 입센의 〈민중의 적Henrik Ibsen's An Enemy of the People〉에서 스타니슬랍스키의 아들 중 1인으로 첫 공연을 올리게 된다. 12월에 그녀는 제 2스튜디오의 전문 극단의 멤버가 되었고 그녀의 아버지는 그녀의 직업 선택에 드디어 박수를 보냈다(Knebel 1967: 154). 2년 후에 제2스튜디오가 모극단과 합병을 하자 그녀는 모스크바 예술극장으로 합류해서 1950년까지 공연에 참여했다. 미카엘 체홉의 예견대로, 그녀는 이들 중 인물을 연기하는데 가장 탁월했다: 알렉산더 오스트로프스키 Alexander Ostrovsky의 〈폭풍The Storm〉에서 미친 여자, 쉴러Johann Schiller의 〈도적들The Robbers〉에서 난쟁이(그녀가 고안한 말 못하는 역할), 안톤 체홉Anton Chekhov의 〈벚꽃동산 The Cherry Orchard〉에서 샤를로따, 모리스 메테를링크Maurice Maeterlinck의 〈파랑새The

Bluebird〉에서 코흘쩍이 역 등이 있다.

이 10년의 기간 동안 크네벨은 1917년 볼셰비키 혁명이 전제군주 세력과 공산주의 세력 사이의 참혹한 내전으로 변해가는 것을 목격했다. 이오시프 크네벨의 출판 회사가 몰수당하자 가족은 벌거벗고 굶주렸으며, 감자 껍질로 만든 빵을 먹고 오래된 커피 찌꺼기를 재사용하며 연명했다(Knebel 1967: 27). 마리아는 트레차코프 미술관으로 돌아와 가이드로서 부업을 하기 시작했다(Liadov 1998: 80).

1924년 레닌의 사망 이후, 스탈린은 5개년 계획을 통해 방대한 농업국을 물리적 힘을 동원하여 산업화하기 시작했다. 1929년, 이 계획의 일환으로 크네벨 가족 소유의 아파트는 공동 사용을 목적으로 징발되었다. 갑자기 가족의 주거공간에 낯선 사람들이 배정되었고, 마리아와 그녀의 새로운 남편은 방 하나의 공간에서 살게 되었다. 1932년 그녀의 이혼은 사생활과는 거리가 먼 비좁고 답답한 생활의 결과일 것이다(Liadov 1998: 81).

이보다 더한 것은 시민을 상대로 한 피로 얼룩진 이념 전쟁이었다. 스탈린은 그의 정치 이념을 달가워하지 않는 듯 보이는 모든 사람을 추방하고 가뒀으며, 처형시켰다. 한 줄의 통계가 그가 행한 테러의 규모를 가장 잘 표현해준다: 1938년 12월 스탈린은 3,167명의 사형 집행에 사인했다(Ermolaev 1997: 51).

크네벨은 소비에트 연방의 이러한 청렴함의 대가를 냉철하게 체감했다. 1928년 영혼에 대한 믿음이 불법이라는 이유로 그녀의 첫 번째 연기 스승에게 체포영장이 발부되었다. 미카엘 체홉이 러시아를 떠난 이후 소비에트 감시 아래 그의 이름이 언급되는 것조차 금지되었다. 그러나 크네벨은 신뢰하는 학생들과 함께 그에 관한 이야기를 들려주기 위해 비밀리에 교실에서 사라지곤 했다. 1938년까지 소비에트 선동은 그녀의 두 번째 스승인 스타니슬랍스키를 난공불락의 사회주의 리얼리즘의 대표 아이콘으로 탈바꿈시켰다. 크네벨은 스타니슬랍스키의 신성한 시스템이 다차원성多次元性으로 인해 피 흘리는 것을 보았다(1장 & Carnicke 2008 참조). 그러나 크네벨은 이러한 시기에서도 시스템의 모든 복잡한 특성을 계속해서 사용했으며 1960년대까지, 스탈린주의 아래 시스템에 행해진 모든 것에 대해서 스승의 실제 작업을 '천박'하게 하는 일이라고 부르짖으며 강력히 맞섰다(Knebel 1971: 109).

1940년 반 유대주의 캠페인기간 동안 크네벨의 오빠인 니콜라이가 인민의 적으로 지목되자 스탈린의 공포 정치로 인해 그녀의 가족 역시 추방당했다. 니콜라이는 어머니와 두 자매가 보는 앞에서 체포되었다(Liadov 1998: 88-90). 크네벨 역시 극장에서 위험인물로 낙인 찍혔으며 옛 제자는 '모스크바 예술극장의 복도에서 사람들은 그녀와 마주치기를 꺼렸다'고 회상했다(Liadov 1998: 100).

1950년 크네벨은 예술에 관한 스탈린주의 정책의 피해자가 되었는데, 모스크바 예술극장의 새로운 예술 감독으로 미하일 케드로프Mikhail Nikolaevich Kedrov, 1893-1972가 지명되면서 갑자기 해고를 당한 것이다. 1949년 시즌의 막바지에 극장 관리자는 신임 예술 감독이 오직 자신의 '제자들'이라고 여기는 자들하고만 작업할 것이라고 그녀에게 귀띔해주었다 (Knebel 1967: 477). 크네벨이 케드로프와 동년배였고 사실상 그와 비슷한 연극적 경험을 가지고 있었기 때문에 그녀는 이 말을 농담으로 받아들였다. 그러나 그녀가 1950년 시즌을 위해 극장에 도착했을 때 급여는 중단되었으며 〈벚꽃동산〉을 포함해 그녀가 정기적으로 참여한 작품들이 레퍼토리에서 제외된 것을 알게 되었다. 크네벨에 대한 케드로프의 조치는 예술극장에 만연했던 반페미니즘과 소비에트 연방의 반유태주의와 일치해 있었지만 케드로프 역시 스탈린의 예술 정책들에 응소하고 있었다. 그러나 그녀의 정치적 해고를 납득하기 위해서는 크네벨의 예술적 비전의 발자취를 주의 깊게 살펴볼 필요가 있다.

1930년대 초까지 역할이 제한되어 작품에 참여하지 않은 시기에 그녀는 모스크바의 작은 실험 극장에서 연출을 시작했다. 1934년 메이어홀드의 혁명 극단Vsevolod Meyerhold's Theatre of the Revolution의 한 그룹이 전기에너지원Electric Energy Institute에서 그녀가 첫 작품을 발표할 수 있도록 도왔다. 1935년부터 1941년까지 그녀는 예르몰로바 스튜디오 시어터 Ermolova Studio Theatre에서 작업하며 종종 메이어홀드 극단의 주요 멤버와 공동 연출을 했다. 이러한 작업은 그녀에게 다양한 연극 스타일을 소화시킬 재능을 계발시켰으며 이후 제자들에게 광범위한 예술적 감각을 받아들이고 장려할 토대를 제공했다.

1936년까지 그녀가 예르몰로바에서 연출작업과 모스크바 예술극장에서 배우로서의 책무를 번갈아 가며 고투하고 있던 중 스타니슬랍스키로부터 뜻밖에 부름을 받게 된다. 이 시기에 그는 사실상 병마에 시달리며, 원로old man, 元老(스타니슬랍스키를 일컬음: 역주)의 연극적 실험에 대한 대중의 관심을 뿌리 뽑기 위한 스탈린의 야욕으로 인해 세상으로부터 분리된 채 고립되어 있었다(1장 & Carnicke 2008 참조). 그러나 엄선된 몇몇의 배우들과 그의 집에서 하는 작업은 허락되어 있었다. 스타니슬랍스키는 작업의 조력자로서 크네벨을 초대했다. 즉 그녀는 그의 오페라-드라마틱 스튜디오Opera-Dramatic Studio에 참여하게 되고 여기서 행동분석Active Analysis을 접하게 된다. 그녀는 바로 이를 연출에 적용하기 시작했다. 이후 2년 동안 스타니슬랍스키는 그녀의 연출 노트를 검토하며 그녀로 하여금 좀 더 대담하게 그의 마지막 테크닉을 사용할 수 있도록 독려했다(Knebel 1967: 264-84).

처음에 그녀는 단지 행동분석을 좀 더 전통적인 메소드와 함께 사용했으나 1940년 예르몰로바에서 공연한 셰익스피어 희극 〈뜻대로 하세요Shakespeare's As You Like It〉의 공동 연출을 위해 그녀는 작품 전체를 아우르는 구상에서부터 이를 사용했다. 공동연출자는 그녀가 모스크바 예술극장의 배우 중 최고라고 칭송하던 니콜라이 흐멜레프Nikolai Khmelev였다(Knebel 1966: 140). 그들은 당시의 관례대로 작업을 둘로 나누었다: 크네벨은 배우들의 역할 창조를 도왔고 흐멜레프는 극을 무대에 올리는 것을 담당했다. 처음에는 그녀의 새로운 리허설 과정에 대해 회의적이었으나 결과를 보고난 이후 흐멜레프는 완전히 매료되었다(Knebel 1967: 345). 1942년 네미로비치 단첸코Nemirovich-Danchenko가 그녀에게 공동 연출을 제안했을 때 그녀는 행동분석을 모스크바 예술극장의 무대 중심으로 끌어들였다. 1954년 행동분석에 관한 박사논문과 함께 그녀는 이 방법에 있어 거의 완벽한 대변인이 되었으며 20세기 후반에는 러시아에서 스타니슬랍스키의 마지막 실험을 가장 명백하게 목격한 인물로 인정받았다.

케드로프 역시 오페라 드라마틱 스튜디오에서의 작업을 도왔으며, 1938년 스타니슬랍스키의 죽음에 이르러서는 그 자신이 스타니슬랍스키의 합당한 승계자라고 선포하며 스승의 집에서 이루어진 프로젝트 중 하나인 몰리에르의 〈따르튀프Tartuffe〉를 대중공연으로 올렸다. 이후 케드로프가 모스크바 예술극장의 예술 감독으로 임명되었을 때, 같은 경험을 한 크네벨과 그녀의 행동분석에 대한 옹호는 케드로프 자신의 주장에 위협으로 작용했다.

스튜디오에서 일어난 일들에 대해 종종 그와 다르게 말하는 크네벨의 이론뿐만 아니라, 그녀의 버전은 두 가지 점에서 소비에트 사상과는 맞지 않았다. 첫째, '행동action'과 충돌하는 '대항행동counteraction'은 행동분석에서 그 중심을 이룬다. 그러나 2차 대전 전후 예술 정책은 그 자체로 체제번복의 갈등요소를 지니고 있었다. 소비에트 예술가들은 당시 사회를 계급 간 갈등의 성공적인 초월로 그리도록 명령 받았으며 비평가를 비롯한 작가들과 연출가들은 무갈등이론無葛藤理論, 즉 소비에트 연방은 이른바 완벽한 사회이며 갈등은 존재할 수 없다는 이론에 대응했다. 오직 더 나은 것과 최고의 것 사이의 경쟁만이 드라마 작업에 적합하다는 것이다(see Bown 1998: 221-301). 둘째, 행동분석은 공연에서 정신과 몸, 그리고 영혼의 긴밀한 상호작용을 바탕으로 한다. 다시 말해, 행동분석은 스타니슬랍스키의 심신테크닉 모두를 수용한다. 크네벨은 학생들에게 작가의 말을 구현하는데 있어서 영혼에서 손끝까지 이르는 예술적 존재의 모든 측면을 사용하도록 가르쳤다. 영적 차원의 수용뿐 아니라 리허설 과정에서 사용하는 '행동action'을 통한 몸과 '분석analysis'을 통한 '정신mind'으로 배우의 전체론적 사용을 강조하는 크네벨의 용어 역시 마르크스주의 철학의 무신론과 대립했다.

정치적으로 올바른 케드로프의 버전에 따르면, 스타니슬랍스키의 이론은 연기에 있어 충분한 과학적 입증이 이루어졌으며, 신체적 행동들의 논리적 연속을 강조하고 갈등을 중요시 하지 않았다. 이 버전이 공산주의 목적론과 마르크스주의 유물론에 적합했다. 그의 이야기는, 그러므로 당시의 취지에 좀 더 잘 부응했다. 케드로프는 자신의 버전을 '신체적 행동의 방법Method of Physical Actions'이라고 부르며 공식 규정했다.[2]

극장에서의 갑작스러운 해고에도 불구하고 그녀는 행동분석을 포기하지 않았다. 그녀는 '지식을 향한 비밀스러운 숭배'를 지키기로 맹세했다(Knebel 1968: 46). 그리고 그녀는 아동 극장에서 이를 위한 안식처를 발견하게 된다. 1940년대 어린 관객들을 위한 극장은 소비에트 연방의 충분한 보조금을 지원받으며 훈련된 성인 배우와 연출가들 그리고 전문 스태프들과 함께 작업할 수 있는 안정된 기관으로 자리 잡았다. 이러한 극장들은 때로는 판타지물을 공연하며 엄격한 사회주의 리얼리즘으로부터 도피할 수 있었는데 그 이유는 관객이 동화를 기대하는 어린이들이었기 때문이다. 러시아의 연극학자 아나톨리 스멜리안스키Anatoly Smeliansky는 암흑기에 '예술의 불꽃은 . . . 다양한 연극적 지하묘지catacombs에서', 아동극뿐만 아니라 '스탈린의 죽음 이후에 즉시 러시아 연극이 부활할 수 있는 곳곳에 살아 있었다'(1999: 5-6)고 관철한다. 모스크바 중앙 어린이 극장Moscow's Central Children's Theatre은 크네벨의 작업 이후로 많은 혁신적인 연극 연출가들을 배출했다.

그녀는 중앙 어린이 극장에서 1950년에 연출을 시작했고 1955년에 극장의 예술 감독이 되었다. 그녀의 리허설 방법은 물론 행동분석이었는데 이를 이용해 '독특한 정직함'을 특색으로 하는 프로덕션으로 성장시켰다. 그녀는 아이들이 상냥하고 순수한 존재들이라고 생각하는 소설 같은 생각을 거부했다. '무갈등론이 팽배한 시기에 또 다른 아동 연극계에게 회자될 생색내는 듯한 겸손을 늘어놓지 않고서, 나는 위대한 예술의 언어로 아이들과 대화하기 위해 분투했다'(Knebel 1967: 484). 크네벨은 그리보예도프 Griboedov의 『지혜의 슬픔Woe from Wit』(1951)과 몰리에르의 『부르주아 귀족Bourgeois Gentilhomme』(1954)과 같은 고전과 고골의 『죽은 혼Dead Souls』(1952) 그리고 디킨스Dickens의 『올리버 트위스트Oliver Twist』(1956)와 같은 소설을 각색한 공연, 『곱사등이 망아지The Little Humpbacked Horse』(1952), 『마술 꽃The Magic Blossom』(1958)과 같은 동화, 그리고 니키타 흐루시초프Nikita Khrushchev의 논란 많은 농업 개혁을 다룬 『우리 셋은 미개척지로 갔다We Three Went to the Virgin Lands』(1955)를 통해 당대 이슈들을 바탕으로 한 현대극을 공연하기도 했다.

그녀는 훌륭한 배우를 비롯해 혁신적인 연출가들과 대담하고 젊은 극작가들을 채용했다. 이곳에 몸담았던 근무자 명단은 이후 20세기의 소비에트 연극계의 명사 인명록과 다름이 없다. 의심할 여지없이 크네벨의 소박해 보이는 아동 사업은 모스크바에서 가장 인기 있는 극단으로 발전했다. 1958년, 작품을 통해 그녀는 러시아 공화국USSR의 국립 아티스트라는 칭호를 얻었다.

스탈린의 공포정치가 희미해지고 흐루시초프Khrushchev가 예술을 해방시키기 시작하자 크네벨은 가르치는 일을 전업으로 하였다. 그녀는 1936년 스타니슬랍스키의 감독 하에 배우 그룹을 지도하는 일을 도우면서 교육하기 시작했으며, 1943년 네미로비치 단첸코는 모스크바 예술극장에 새로 창설된 스튜디오 학교에 연기 교수로 그녀의 이름을 추가했다. 1948년 그녀는 마음이 맞는 연출가였던 알렉세이 포포프Aleksei Dmitrievich Popov (1892–1961)와 함께 전설적인 교육 동반자 관계를 형성한다. 포포프가 자신의 연출 분야 시도를 위해 크네벨에게 도전했던 1934년에 두 사람은 처음 만나게 된다. 여러 해 동안 그들은 몇 개의 프로덕션을 공동 연출하였고 러시아 국립연극대학GITIS에서 공동 강의를 맡기도 했으며, 연극 미학에 대해 열정적인 토론을 하기도 했다(Knebel 1967: 289–91). 1961년 그녀는 GITIS의 연출 프로그램의 의장직을 위해 중앙 어린이 극장을 떠났다.

그녀는 가르치는 동시에 저술을 계속했다. 1985년 그녀는 6권의 책과 그녀의 스승들과 그들의 교육에 관한 100편이 넘는 논문을 발표했다. 생애 마지막에는 미하일 고르바초프 Mikhail Gorbachev의 정치적 개혁(글라스노스트glasnost)에 따라 그녀가 오래도록 희망했던, 즉 그녀의 첫 스승의 이름과 메소드를 조국으로 가져오는 위험을 감행토록 허락 받는다. 그녀는 미카엘 체홉에 관한 첫 번째 러시아어본 출판(1986)을 위해 세계에 흩어져 있었던 그의 집필들을 모았다. 아쉽게도 두 개의 모음집으로 엮인 이 책의 출판을 보지 못하고 그녀는 생을 마감했다.

1930년에서 1950년대까지 그녀가 배우로서 또 연출가로서 살아갈 수 있도록 힘이 된 '냉철한 이상주의sober idealism'(Liadov 1998: 9)는 교사와 작가로서의 그녀의 삶 역시 지탱해 주었다고 할 수 있다. GITIS의 의장으로 임명이 된 60대에 이르러서야 그녀는 처음으로 공산당의 일원이 되었는데 그녀는 사실상 새로운 직업에 대한 정치적 자격증이 필요했던 것이다. 동료의 말에 따르면, '공산당원이 된다는 것은 학교의 통행 허가증이나 합법 거주 자격과 마찬가지로 마치 충성의 증명처럼 필요했다'(Liadov 1998: 55). 작가로서 크네벨은 소비에트 감시의 엄중함을 이해하고 있었다. 그러므로 원칙을 저버리지 않는 선에서 그녀는 마르크스 철학을 조심스레 인용하며, 자신의 일탈적 생각들이 감시의 눈을 피해 통과할 수 있도록 사회주의 리얼리즘의 미사여구들을 채용했다.[3] 그녀는 독자들로 하여금 당시 소비에트 문화 속에서 관례가 되어버린 반체제의 빈정거림을 파악해 검열된 행간을 읽기 바랐다(Carnicke 2008: Chapter 6). 80대에 이르러 공산군Red Army으로부터 상을 수여했을 때 그녀는(책에 썼듯이) 감사의 말과 함께 진실을 표현하기 위해 분투하였다고 전한다. 상을 받아 들이면서 그녀는 공산군에게보다 그녀의 스승들께 감사를 표했다(Liadov 1998: 8).

죽음이 임박한 순간까지도 집필을 계속했듯이 교육 또한 마지막까지 멈추지 않은 그녀의 임무였다. 제자들은 그녀가 더 이상 계단을 오를 수 없게 되자 3층 GITIS의 교실까지 그녀를 옮겨 이동시키며 수업에 참여했다. 당시 학생이었던 연출가 레오니드 카이페츠 Leonid Kheifets의 이야기를 통해 생애 마지막까지 숨 쉬던 그녀의 살아 있는 정신을 느낄 수 있다. 그는 우연히 그녀의 소매에 난 작은 구멍을 발견했다. 다음 수업에서 그녀는 우아한 옷으로 치장하고 프랑스 향수를 뿌리고서는 '옷장을 좀 보충했지'라고 말하며 그를 장난기 있게 쳐다보았다. 그녀의 나이 80세였다(Kheifets 2001: 156–57). 전 생애를 통틀어 학생 개개인의 재능과 취향을 지지하는 그녀의 아량은 80세의 나이에도 불구하고 그녀를 '구식'이 아닌 같은 세대의 동료로 여겨지게 했다(Liadov 1998: 43).

크네벨 테크닉The Knebel Technique

크네벨은 자신이 모스크바 예술극장의 전통으로부터 경험한 연극적 원리들의 통합을 통해 그녀만의 유일한 접근법을 고안했다.

미카엘 체홉으로부터 그녀는 연기예술이 상당히 즉흥적인 작업이며 배우의 상상과 분리될 수 없음을 배웠다. 체홉은 어떠한 공연이던지, 혹은 대본이 매우 세심하게 쓰여 있다고 할지라도 배우는 여전히 역할에 대한 즉흥적 접근을 유지할 수 있다고 가르쳤다. 크네벨은 이를 '심리적 즉흥 상태improvisatory state of mind'라고 불렀다. 1921년에서 1922년 사이, 그녀는 스타니슬랍스키가 연출한 고골의 〈검찰관Gogol's The Inspector General〉을 관람하면서 흘레스따꼬프Khlestakov 역을 연기한 체홉이 매 회마다 텍스트나 블로킹을 바꾸지 않고 새로운 무언가를 계속해서 첨가하는 것을 목격했다. 그녀는 체홉을 '즉흥의 천재'였다고 결론지었다(Knebel 1995a: 28). '그의 예술작업에 숨겨진 비밀은,' 그녀가 관찰하기를, '그리고, 사실은 창작 뒤에 숨어 있는 가장 중요한 열쇠는 배우의 역할에 대한 심리적 즉흥 상태이다'(Knebel 1995b: 17). 더욱이 그녀는 이러한 상태는 배우의 상상에서부터 일어난다는 것을 알고 있었다. 요약하면, 체홉은 크네벨에게 그녀의 상상력을 해방시키는 것뿐만 아니라, 배우의 공상fantasy을 통해 대본이 가지고 있는 행동의 제약과 철저히 연출된 프로덕션들 안에서 어떻게 창조성을 촉발시키는지를 이해시켰던 것이다.

제 2스튜디오에서 크네벨은 스타니슬랍스키 훈련 프로그램에 체홉의 가르침을 포함시켰다.[4] 그녀는 점차적으로 준비 훈련을 통해 역할 창조에 대한 집중 작업으로 진전시켰으며 이후 오페라 드라마틱 스튜디오에서의 작업을 통해 스타니슬랍스키로부터 어떻게 그녀가 가진 체홉의 관점을 행동분석을 통한 텍스트 리허설로 적용시킬 수 있는지 직접 배울 수 있었다. 그녀는 '최고의 극적 재료의 단단한 뼈대 위에서 배우의 몸과 마음의 즉흥적 상태를 창조'하기 위해 디자인한 스타니슬랍스키의 마지막 연극 실험을 분명히 목격했다(Knebel 1967: 276). 공연에 관한 체홉과 스타니슬랍스키의 통찰을 통해 그녀가 발견한 시너지를 고려해볼 때, 그녀가 실습에서 그 중심을 행동분석의 적용에 두는 것은 놀랍지 않은가?

마지막으로, 극작으로부터 싹튼 연극적 감수성을 지닌 네미로비치 단첸코로부터 크네벨은 위대한 문학을 읽는 것이 어떻게 배우의 상상력을 증대시키는지를 터득했다. 더욱이 그녀는 연기와 집필 과정 사이를 잇는 중요한 연결고리를 직관하며, 행동분석을 이용한 리허설이 진행됨에 따라 배우들이 글쓰기 과정을 스스로 개괄하는 것을 지켜보았다. 장면을 뒷받침하고 있는 행동과 대항행동의 다이내믹한 구조를 즉흥을 통해 경험해봄으로써, 배우는 극작가의 말이 필요해짐을 발견하게 된다. 그 효과로 그들은 매 공연마다 극을 새로이 써간다. 크네벨이 배우들에게 즉흥을 통해 공연을 '그리고draft' 또 '다시 그린다re-draft'(Knebel 1971: 53)라고 설명할 때, 이는 그녀의 테크닉 언어가 가진 깊은 통찰을 드러내고 있는 것이다. 단첸코와 스타니슬랍스키가 서로 소원해졌다고 하더라도(Carnicke 2008), 그들이 갖고 있던 바람은 크네벨을 통해 회복되었다. '나의 작업에서, 결코 스타니슬랍스키와 네미로비치 단첸코를 따로 떼어낼 수 없다' 그리고 '그들의 가르침이 쌓여갈수록 서로는 더욱더 연관되어졌다'(Knebel 1967: 485).

이러한 영향들을 통합함으로써 그녀는 카리스마 있는 연출자이자 정당한 자격을 갖춘 교육자로 거듭났다. 크네벨이 만약 서양에 살았더라면 우리는 의심 없이 그녀의 유일한 접근법을 '크네벨 테크닉'이라고 불렀을 것이다. 하지만 그녀는 소비에트 시민으로서 공식적으로 허가된 커리큘럼만을 수업할 수 있었다. 그러므로 러시아에서 그녀의 이름은 당연히 스타니슬랍스키와 떼어놓을 수 없다. 이러한 연관성은 그에 관한 많은 저술과 용의주도한 시스템의 묘사를 통해 이루어낸 것이었다. 혁신적인 연출가인 아나톨리 에프로스Anatoly Efros는 자신의 경험을 회상하기를, '스타니슬랍스키의 시스템을 몇 해 동안 공부했지만 나는 마리아 오시포브나 크네벨과 만난 이후에야 실습에서 메소드의 의미를 이해할 수 있었다'(Efros 1993: 139). 그는 재능이 없는 여타의 선생들과 그녀를 구분하면서 러시아의 공통된 정서를 상기시킨다.

그러나 '크네벨 테크닉'을 찾아보기란 그다지 어렵지 않다. 사용 가능한 매뉴얼이자 완벽히 개인적인 그녀의 책 『교육학으로 쓴 시*The Poetry of Pedagogy*』(1976)를 한번 보는 것만으로도 가능하다. 많은 요청에도 불구하고 그녀는 자신만의 메소드를 저술하는 것을 오래도록 거절해왔다. 그녀의 관점에서 볼 때 가르치는 것은 연기만큼이나 즉흥성이 필요한 일로써 마치 수은mercury처럼 매우 가변적이어야 한다. 마침내 그녀가 출판을 동의했을 때, 그녀는 이를 통해 실제적인 정보보다 좀 더 많은 것을 제공할 수 있어야 한다고 느꼈다. 책은 커리큘럼의 진행방식, 다양하고 많은 훈련들 그리고 행동분석의 사용에 관해 설명하고 있지만 또한 학생들이 작업을 진행함에 있어서 서로, 또는 그녀와 함께 소통하는 순간들을 빼놓지 않았다. 덧붙여 예술로써 연극과, 직업으로써 이를 추구하는 도전에 관한 철학적 사색을 엿볼 수 있게 함으로써 그녀는 다른 선생들과는 구별된, 또 다른 종류의 정보를 제공한다. 그녀의 실습에 대한 간략한 개요를 아래에 서술하고자 한다.

커리큘럼The Curriculum

크네벨은 '원칙적'으로 자신이 아닌, 배우들을 통해서 관객들에게 "이야기하는" 연출가들과의 작업으로 가장 잘 알려져 있다(Knebel' 1976: 50). 결과적으로, 그녀에게 있어 연출가는 '배우를 이해하고 연기의 법칙, 성질, 그리고 그것의 복잡한 특성 등을 알고 있어야 한다' (Knebel 1976: 53). 또한 '연출가는 배우에게 필요한 모든 기술들이 마찬가지로 필요하기 때문에'(Knebel 1976: 56) 연출을 위한 그녀의 커리큘럼은 배우에게도 적용된다.[5]

파트 I: 연기의 기본Part I: Fundamentals of Acting

처음 2년간의 프로그램은 스타니슬랍스키 시스템과 매우 유사한데, 미카엘 체홉과 네미로비치 단첸코의 개입이 눈에 띈다(1장 참고).

1   그녀는 스타니슬랍스키의 '초-초목적super-superobjective(또는 super-supertask)의 개념을 질문하는 것으로부터 출발한다. 왜냐하면 '이 공연을 오늘날 왜 하는가?' 라는 하나의 기본적인 질문에 답하지 못한다면 이는 가치 없는 연극 작업이 되고 말 것이기 때문이다(Knebel 1976: 41).

2   이후 그녀는 '관찰observation'과 '집중concentration'에 관한 기술을 계발하는데 공을 들인

다. 특히 배우의 '집중의 대상'이 어떻게 동시에 '밖'(물질적, 신체적)과 '안'(정신적, 심리적)일 수 있는지에 초점을 맞춘다. 뿐만 아니라 주어진 장면에서 학생들에게 많은 곳에 집중을 기울이도록 가르치면서 이러한 '집중의 대상'들 가운데 하나의 '주요 대상'을 고를 것을 요구한다. 이것은 네미로비치 단첸코의 '공연 중 모든 장면에는 배우의 집중을 다루는 여러 부수적 대상과 구별될 수 있는 하나의 '주요 대상'이 있다'는 개념에서부터 차용된 것이다. 학생들에게 '주요 대상'을 구별시킴으로써 주어진 장면에서 가장 중요한 것을 구분하도록 돕고 그리하여 극적 스토리들을 깨끗하고 분명하게 말할 수 있도록 훈련시킨다(Knebel 1976: 350).

3 그녀의 '소통'을 위한 훈련들은 서로 교감할 때 눈에 보이지 않지만 감지할 수 있는 에너지를 주고받는다는 추정에 기초한다. 스타니슬랍스키와 미카엘 체홉은 이러한 '발산 radiation'의 개념을 아주 효과적으로 사용했다. 사실, 우리는 크네벨의 가르침 덕분에 에너지 선rays에 관한 이들의 훈련들을 알게 되었었다. 파트너끼리 공을 던지며 대사를 주고받는 훈련 또한 사용한다. 던져지는 공의 다양한 방법을 통해 학생들로 하여금 그들 사이의 다이내믹한 대화를 신체적으로 감지할 수 있게 한다. 이것은 미카엘 체홉으로부터 배운 훈련이다(Knebel 1976: 157-58).

4 마지막으로, 그녀는 스타니슬랍스키로부터 배운 '템포-리듬'의 주제로 방향을 돌린다. 그녀가 발견한 연극예술의 최고의 수단은 '서로 다른 지속기간durations과 충돌impacts의 순간을 구성하는 것'이다. 그러므로 공연은 언제나 '시간의 리듬'을 조율해야 한다(Knebel 1976: 102). 시간에 대한 관점의 변화가 어떻게 다른 감성의 느낌들을 일깨우는지 경험하기 위해서, 그녀는 다른 속도와 다양한 리듬을 이용하여 단순한 행동들(머리 빗기, 코트의 단추를 채우기 등)을 수행토록 한다(Knebel 1976: 103).

위의 익숙한 훈련들에 덧붙여 크네벨은 그녀만의 특별한 강조점들을 더하는데 이 중 가장 중요한 두 가지는 시각적 상상visual imagination과 심신의 감성psychophysical sensibility을 포함한다.

1 '시각적 집중에 관한 우리 작업의 모든 단계에는 그림에 대한 연구를 포함한다. 시각예술에 관한 공부가 우리의 직업을 위한 필수 불가결한 조건임을 믿게 하는데 나는 어떠한 노력과 시간도 아끼지 않을 것이다'(Knebel 1976: 77). 간단히 말해 연기 기술을 훈련하기 위해 그녀는 광범위한 시각 예술을 사용한다. 사실 그녀의 훈련 중 몇 가지는 트레

차코프 미술관에서 아버지와 함께 발명한 게임을 상기시킨다. 다음의 몇 가지 예들을 살펴보자.

- 지역 미술관을 방문해서 연구할 그림 하나를 고른 후, 상세하게 관찰한다. 수업에서, 반 친구가 당신의 자세한 설명을 따라 그림을 상상할 수 있도록 묘사한다(Knebel 1976: 56). 이 훈련은 관찰의 힘, 관찰한 것을 기억하는 능력, 그리고 부재한 대상을 떠올리는 능력을 길러준다.

- 이제 교실에서 가상의 미술관으로 방향을 돌려, 그룹을 이뤄 즉흥을 하면서, 예를 들어 루브르Louvre 박물관을 연상한다. 자신 또는 반 친구들과 함께 상상한 미술관 벽에 걸려 있는 그림들을 수업에서 서로 공유한다. 미술관을 함께 걸으며 다양한 그림들을 보면서 논의하기 위해 멈춰 선다. 이를 통해 기억하는 능력과 당신과 반 친구들이 이전에 했던 상상 작업을 재창조하는 능력을 연습할 수 있다(Knebel 1976: 165).

- 초상화 하나를 선택하고 인물의 자세 또는 크네벨이 칭한 '몸의 미장센mise en scène [blocking] of the body'을 관찰한다(Knebel 1976: 81). 관찰을 이용해 인물의 직업과 일반적인 심리 그리고 좀 더 자세하게 초상화에 표현된 순간의 기분과 신체적 상태를 추측해본다. 수업에서, 자신의 몸을 이용해 초상화를 표현한다(Knebel 1976: 80-82). 이 훈련은 여러모로 인물화 하는 기술을 발달시킨다. 신체적 자세가 제시하는 내면의 삶을 이해함으로써, 학생들은 네미로비치 단첸코가 이야기했던 인물이 발전하기 위한 '씨앗seed'에 관한 정보를 얻을 수 있다. 크네벨은 또한 미카엘 체홉의 가르침을 인용하기를, '사람들의 심리적 중심들centres'은 몸의 다양한 영역에서 발견될 수 있으며 배우는 이를 통해 인물이 가진 '가상의 몸들imaginary bodies'을 생각해낼 수 있다. 한 벌의 옷을 입는 것과 같이 다음 단계로 이어지는 것이다'(Knebel 1976: 220-22).

- 창문으로 가서 초상화를 보았을 때와 마찬가지로 행인을 세심히 관찰한다. 돌아와서 직접 행인이 되어본다(Knebel 1976: 216-18). 관찰이 행해진 후 시간의 제한이 있다는 것을 기억하라. 그리고 방금 본 것을 그대로 재현하는 능력이 필요하다는 것을 기억하라. 연기 수업의 연장선상에서 연출수업을 할 경우, 그녀는 학생들의 풍부한 시각적 상상을 위해 계속해서 그림을 이용한다. 예를 들면 어린 연출가들에게 복잡한 그림 속에 숨겨진 이야기를 밝혀내고 수업에서 즉흥을 통해 상연하도록 한다. 훈련은 배우들이 그림의 이미지를 재현했을 때 비로소 끝난다(Knebel 1976: 28).

2 스타니슬랍스키나 체홉과 마찬가지로, 크네벨은 배우의 심신 테크닉을 몸body, 마음 mind, 그리고 영혼soul의 총체적인 사용으로 정의한다. 그러나 이를 위해 그녀는 스승들의 가르침에서 더 나아가 연기의 본질적인 복잡성으로 되돌아온다. 크네벨은 복잡성을 받아들이는 예술가의 진정한 가치를 꿰뚫으며 종종 지나치게 단순화하는 경향을 가진 '현대 연극 실습'을 비판한다. '때로 . . . 우리는 복잡한 것을 묵살한다,' 그리고 이러한 묵살은 왜곡을 가져온다. '단순화를 위한 생략은 복잡함의 진실한 능력을 잃게 만든다'(Knebel 1995a: 22). 크네벨은 연기에 관한 체홉의 영혼(정신)적 아이디어에 관한 금지령이나 스타니슬랍스키 시스템의 소비에트화에서 나타난 환원주의적 과정을 지적하며 그 책임을 따져 묻는다. 수업에서 그녀는 하나의 기술 이상을 요구하는 모든 훈련들을 명확히 함으로써 전체론적인 실습을 육성한다.

- 네미로비치 단첸코의 '내면의 독백(학생들에게 인물의 대사를 유발하는 특정한 생각을 자아내도록 하는)'을 가르치면서 크네벨은 학생들로 하여금 캐릭터의 생각을 다수의 극적 사건들과 연결 짓도록 한다: 극의 '주어진 상황', 인물의 사고 과정에서 나타나는 신체적 상태, 장면의 '템포-리듬' 등이다. '사람의 꼬리를 물고 이어지는 생각'은 '언제나 차례로 신체적 특징과 행동방식에 영향을 주는 일련의 전체 사건들에 달려 있다'(Knebel 1976: 149).
- 단순한 행위(단추 달기, 식탁 차리기, 머리 빗기 등)를 하고, 이 행위가 파트너를 향한 특정한 태도(분노, 무시, 조종하고픈 욕망, 피하고 싶은 욕망 등)를 감추는 마스크가 되게 하라. 한 명의 파트너가 이 행위를 수행할 때, 다른 파트너는 골똘하게 이를 보고 듣는다. 배우들이 그들의 작업(그들의 의도를 방해하거나 혹은 돕는)으로부터 자연스럽게 떠오르는 많은 생각들에 주목할 때, 각각 계속되는 경험들은 복잡한 내면의 독백을 형성한다. 이 훈련은 배우로 하여금 주의집중과 내면의 독백 사이를 연결시키게 하고, 그럼으로써 겉으로 보기에 단순한 업무가 어떻게 상호작용의 복잡한 상태를 촉발시킬 수 있는지를 이해하게 된다(Knebel 1976: 126-27).
- 크네벨은 초급반 학생들에게 스타니슬랍스키가 고안한 복잡한 '적응adaptation' 테크닉을 소개한다. 이는 배우들로 하여금 특정한 정신과 신체적 적응으로 인물의 행동 또는 개인적 성격을 연기 파트너와 관객에게 좀 더 분명히 표현할 수 있게 하는 기술이다(Carnicke 2008: 213). 이를 통해 일반적으로 이러한 개념을 상급반 학생들에게만 가르치는 당시의 보편적인 선입견에 대항한다. '학생들이 처음부터 이러한 개념

에 대해 생각해야 합니까?' 그녀는 스스로 묻고 대답한다. '정확히 그렇습니다. 왜냐하면 학생들은 반드시 스타니슬랍스키의 복잡성을 처음부터 이해하고 있어야하기 때문입니다'(Knebel 1976: 118).

파트 II: 배우와 연출가를 위한 행동분석Part II: Active Analysis for Actors and Directors

크네벨의 커리큘럼에서 마지막 두 해 동안 학생들은 연기의 기본요소들을 극의 행동분석으로 적용시킨다(1장 & Carnicke 2008: chapter 10 참조). 이러한 별개의 테크닉을 통해 크네벨은 삶을 비추고 재형성하는 예술의 다양한 방법을 가르친다. 그녀는 예술이 단지 현실과 단순한 관계만을 갖고 있다는 배우 및 연출가들의 거만한 추측에 대해 경고하기를,

> 녹예술은 단순히 삶을 복제하지 않습니다. 즉 예술은 그 자체의 형식, 선과 색, 그리고 생각을 창조합니다. . . . 재능 있는 사람은 삶을 예술로 복제하지 않고, 한결 같이 새로운 무엇을 창조하기 위해 이를 자신의 생각과 감정들, 고통, 그리고 꿈에 관한 시련의 장으로 만들어 갑니다(Knebel 1976: 209-10).

뿐만 아니라 다양한 극적 장르와 스타일에서 행동분석을 사용함으로써, 그녀는 더욱 풍부한 극적 형식의 가능성들을 증명했다.

이 단계에서 크네벨은 학생들이 전형적인 혹은 선험적인 관습적 기대에 그들이 미칠 수 있을지 미리 예상하거나 걱정하는 일이 없어야 한다고 주장한다. 그녀의 수업에서, 예를 들면 캐스팅은 어느 형식에도 구애 받지 않는다. 남성이 여성을 연기할 수도 있고 여성이 남성을 연기할 수도 있다. 즉 인물에 대응할 수만 있다면 남녀노소를 불문하고 누구나 이를 연기할 수 있다. 크네벨은 오직 학생들이 공연을 통해 어떻게 인간의 경험을 빚어내고, 생각들과 소통하며 이야기 할 수 있을 것인가에 집중하기를 원한다. 이러한 공공연한 비전문가적인 접근법을 통해 그녀의 학생들은 일반적인 연극적 규범들을 받아들이는 것으로부터 자유로울 수 있었다. 그녀의 많은 제자들이 전혀 새로운 예술 장르를 개척할 수 있었던 것은 지극히 당연한 일이다!

마지막 두 해의 훈련 동안 배우와 연출가를 위한 커리큘럼은 나눠지기 시작한다. 배우들은 파트너들과의 협동 작업을 통해 인물들의 범위를 창조하는 것을 배운다. 이제 광범위하게 다양한 극으로부터의 발췌를 적극적으로 분석함으로써 새로운 역할을 만들어가기 시

작한다. 반대로, 연출가들은 전체 스토리들을 어떻게 이야기할 것인가를 위해 완성된 극을 가지고 작업한다. 종전에는 연출가들이 자신들의 작업을 이루는 주된 수단을 이해하기 위해서 연기를 배웠다면, 이제는 배우의 작업을 돕기 위해 공연 스킬들을 사용한다. '오케스트라 안에서 각각의 악기를 듣고 전체에서 어떻게 배치해야 할지를 아는 음악 지휘자와 같이'(Knebel 1976: 53), 연출가들은 이제 '각 배우들과의 창조 작업에서 거리를 두고 관객의 눈으로 보는' 법을 배운다(Knebel 1976: 50).

행동분석은 실습을 통해 두 개의 서로 연관된 과정으로 구성된다. 첫 번째는 극의 객관적인 '사실들의 확인'을 수반한다. 이는 역사적 조사과정과 다이내믹한 구조를 위한 각 장면의 세밀한 읽기가 포함된다. 나중 항목에는 행동분석의 진정한 의미가 들어 있다. 즉 어떻게 장면의 주된 '사건'이 몰아닥친 '행동'과 그에 저항하는 '대항행동' 간의 충돌로 인해 만들어지는지 배우들이 밝혀내는 과정이기 때문이다. 그러나 크네벨은 이를 위해 이야기 story나 '주어진 환경given circumstances' 이상을 고려해야 한다고 충고한다. 또한 인물이 어떻게 말하고 있는지, 어떠한 스타일의 언어를 작가가 사용하는지, 그리고 텍스트에서 어떠한 구체적 말들이 상상을 불러일으킬 수 있는지에 대한 세심한 고려가 필요하다(Knebel 1976: 332-36). 뿐만 아니라 객관적 검토는 학생들의 주관적 반응들을 묵살하는 의미가 아니다. 오히려 이 과정을 통해 학생들은 객관성과 개인적 열정 사이의 균형을 무너뜨리기 시작한다. '사실은 이 테크닉에 숨겨진 비밀은 모든 연출가들로 하여금 예술가로서 그들에게 가장 재미있고 의미 있는 과정을 이끌게 한다는 점에 있다'(Knebel 1976: 310).

두 번째 과정은 '에튀드études'(연극 용어로는 '즉흥'과 가까운)와 연관되어 있는데, 이를 통해 배우들은 극에 대한 발견과 가설을 시험해본다. 장면을 외우기 전에 배우들은 그들이 기대하는 '사건'이 정말로 일어날지 보기 위하여 다이내믹한 구조 안에서 '행동'과 '대항행동'을 즉흥을 통해 실험해본다. 그들의 '에튀드'에서 때로는 다른 말로 바꾸어 표현해보고, 침묵 속에서 움직여보거나 때로는 그들이 기억하는 텍스트의 몇 단어들을 사용하기도 한다. 만약 즉흥이 '사건'을 낳지 않는다면, 사건들을 재시험해보고 또 다른 '에튀드'를 시도한다. '사건'이 일어날 때, 배우는 사실들을 재시험해봄으로써 이를 더욱 정제精製, refine한다. 텍스트와 즉흥 사이를 왔다 갔다 하는 움직임의 반복은 작가의 말, 리듬, 이미지, 스타일이 자신들의 작업으로부터 싹틀 때까지 계속 된다. '에튀드'는 '학생들을 대담하게 만들고 구체적 행동을 사용하게 하며, 갑작스럽고 기대하지 않은 반응들을 기꺼이 받아들이게 한다. 진정한 메소드는 공연 중 배우의 즉흥 상태에 반응한다'(Knebel 1976: 344).

종합해보면 행동분석에서 이 둘의 떨어질 수 없는 과정은 연기예술의 전체론적 본성을 두드린다. 배우가 읽기reading에서 즉흥으로 옮겨갈 때, 그리고 즉흥에서 다시 읽기로 돌아올 때, 그의 몸과 마음, 감정과 영혼이 참여하게 된다. 장면의 역동성을 지적, 육체적 그리고 감성적으로 이해할 때만 비로소 텍스트를 암기한다. 하지만 이 시점에서, 배우들은 종종 텍스트가 이미 그들 안에 존재하고 있음을 발견한다.

연출가들은 행동분석을 통해 극의 다양한 '사건들'이 다른 것과 비교해 강도나 중요성 면에서 어떻게 구별되는지에 관해 정의를 내리면서 극의 전체적인 형태를 찾는다. 다시 말해 그들은 극이 어떻게 이야기를 하고 있는지에 관하여 시험한다. 이야기를 선동(조장)하는 사건을 정의하고 '부수적인 사건'에서 '주요 사건'을 구분하며 어떻게 다양한 인물들이 같은 사건을 다르게 해석하고 같은 '주어진 환경' 아래에서 다른 '행동'을 선택하는지 밝혀낸다. '사건의 연속은 극의 복잡성과 관점을 이끄는 자석'으로 작용한다(Knebel 1976: 303).

그녀의 커리큘럼은 작가와 전체 GITIS 교수진 앞에서 선보이는 새로운 공연으로 마무리된다.

공연에서의 행동분석Active Analysis in Production

마술 꽃The Magic Blossom

몇 가지 예외가 있었지만 크네벨은 그녀의 모든 프로덕션에 행동분석을 사용하였으며, 중앙 어린이 극장에서 역시 자신이 선호하는 테크닉을 사용해 새로운 희곡을 창작했다. 1952년 표트르 에르쇼프Pyotr Ershov가 1834년에 완성한 장편 동화시詩를 기반으로 한 〈곱사등이 망아지The Little Humpbacked Horse〉라는 작품에서 크네벨은 작가인 말리에프스키P.G. Malierevsky의 각색 작업을 돕기 위해 극단의 '에튀드'를 사용했다(Knebel 1967: 500–508). 1958년 크네벨은 더 나아가서 공식적인 대본이 전혀 없었던 중국의 동화인 「마술 꽃The Magic Blossom」을 각색한다. '만약 행동분석이 고전과 소비에트 연극들을 분석하는 데 있어 연극과 배우에게 도움이 되었다면, 또한 곱사등이 망아지를 위해 우리에게 뿐만 아니라 작가에게도 작품의 심리적 발전 과정과 갈등을 제련하는데 도움이 되었다면, 전체 극을 창조하는 데에 왜 쓰이지 못하겠는가?(Knebel 1967: 508).

매 리허설 후 크네벨과 조연출은 그날의 즉흥으로부터 출발한 대사들을 기록했을 것이다. 게다가 크네벨은 극단의 작업을 위해 중국의 연극 무용 전문가를 고용했다. 배우들은 새로운 신체적 언어를 배우면서 그들의 에튀드에 이 스타일을 접목시켰다. '동화의 정수精

髓 essence에 이르자, 우리는 좀 더 대담하고 좀 더 다양한 표현 방식들을 시도했다'(Knebel 1967: 509). 그러한 결과로 언어, 춤, 그리고 팬터마임이 독특한 조화를 이루는 공연이 탄생했다. 비평가 파벨 마르코프Pavel Markov는 '극적 양식화가 동화적 현실이 되었다'라고 평했다(Vladimirova 1991: 133).

그림 6.2 〈마술 꽃〉(*The Magic Blossom*), 중앙 어린이 극장(Central Children's Theatre), 모스크바

벚꽃동산The Cherry Orchard

1965년에 올린 안톤 체홉의 고전은 그녀의 프로덕션 중 가장 괄목할 만한 작품이다. 이 극은 그녀에게 큰 의미가 되었는데, 4년 전 그녀의 연출직 퇴임에도 불구하고 소비에트 군軍 극장Theatre of the Soviet Army에서의 공연을 위해 말년에 동료 교사의 아들인 안드레이 포포프Andrey Popov의 초청을 받아들이지 않을 수 없었다. 더욱이 더블린에 있는 애비 극장 Abbey Theatre의 1968년 작품의 연출을 위해 초청을 받았을 때(처음이자 마지막으로 국외 여행이 그녀에게 허락된 경우이다), 그녀는 아일랜드 출신 배우들과 1965년의 이 프로덕션을 머지않아 재공연 할 뻔했다(Knebel 1969).

중요한 기억들이 이 극을 통해 한데로 뭉쳐 융합되어 있었다. 첫 번째, 10살의 나이의 크네벨은 모스크바 예술극장에서 스타니슬랍스키의 공연을 본 후 눈물을 흘렸다. 첫 공연이 있었던 1904년 이래 쭉 극장에 자리를 지키고 있던 좌석 안내원은 그녀에게 '울지 마세요! 안톤은 이 극을 코미디라고 불렀답니다'(Knebel 1967: 207-8)라며 위로했다. 그녀는 회상하기를, '그러나 그것은 슬픔의 눈물이 아니었다. 예술의 존재가 어린아이였던 나의 영혼까지 울렸다'(Ryzhova 1967: 64).

두 번째, 1934년 극단의 멤버로서 크네벨은, 여타의 배우라면 희망 배역을 위해 극단의 공동 설립자를 고려한 장면을 준비했을 오디션에서 범상치 않은 결정으로 이 기회를 활용했다. 샤를로따Charlotta 역을 위한 오디션을 보기로 결정한 것이다. 그러나 이 기이한 가정교사는 극 전체에 걸쳐 등장하기 때문에 벚꽃동산에서 역할을 위한 별개의 장면을 찾는다는 것은 불가능했다. 크네벨은 대신 샤를로따라는 인물의 '씨앗(본질)'을 준비했으며 오디션에서 마술 쇼를 공연했다. 스타니슬랍스키는 크네벨의 공연에 매혹되어 오디션 중 가예프(Gaev 극에서 그의 역할)로 등장해 샤를로따에게 극 속의 정치에 관한 논쟁이나 그녀의 삶에 대해 질문하기 시작했다. 갑자기 가예프는 그가 좋아하는 당구 게임으로 샤를로따를 초대했다(Knebel 1967: 261). 오디션은 게임을 끝마치고서야 종료되었다. 크네벨은 배역을 따내고 극장에서 해고되기 전까지 거의 20년 동안 다른 사람과 '비교가 불가능한' 샤를로따 역을 연기해냈다(Rozov 1977: 60). 실제로 모스크바 예술극장에서 그녀의 마지막 모습은 '샤를로따'였다. '[스타니슬랍스키의] 프로덕션은 내 마음 속뿐만 아니라 나의 근육 하나하나에 깊숙이 뿌리박혀 있다'(Knebel 1967: 569).

그러나 벚꽃동산을 재공연함에 있어서, 그녀는 기존의 프로덕션을 똑같이 올리고 싶어 하지 않았다. 크네벨은 동시대인들에게 그녀가 극에서 인식했던 부활의 과정에 대해 말해주고 싶어 했다:

무한히 사랑하는 대상을 잃어버리는 것에 대한 의미를 체홉은 잘 이해하고 있었다. . . . . 우리는 저마다의 '벚꽃동산'을 이미 잃어버렸고, 또 곧 잃어버릴 것이다. 우리는 각자 그것을 지키려고 노력할 것이다. 그리고 [상실의. . .] 순간에 우리는 마치 모든 것을 잃어버린 듯 보인다. 그러나 이 순간은 우리가 잃은 것보다 천 배는 더욱 풍부한 삶이 우리 앞에 펼쳐 있다는 것을 깨닫는 시점이기도 하다. (Knebel 1967: 570)

그림 6.3 GITIS에서 크네벨

모스크바 예술극장으로부터의 해고는 그녀에게 잃어버린 '벚꽃동산'과 같았다. 그리고 그녀의 첫 번째 극단으로 되돌아와서야 그녀는 중앙 어린이 극장에서 예술가로서 자신의 목소리를 찾을 수 있었다. 〈벚꽃동산〉을 공연할 즈음 집필된 그녀의 자서전에서 크네벨은 자신의 경험을 다음과 같이 묘사한다.

> 매우 천천히 그리고 점진적으로, 나에게 가장 중요했던 것은 모스크바 예술극장의 담벼락이 아니라 내가 그들로부터 가져온 것이라는 것을 깨달았다. 내 집을 잃자, 나는 내 자신에게서 그것을 발견했다. . . . 나의 영혼과 나의 전 존재와 함께 이를 이해한 후에야, 나는 비로소 자유를 느꼈고 작업을 시작할 수 있었다. (Knebel 1967: 484)

디자이너였던 유리 피메노프Yury Pimenov의 도움으로, 크네벨은 자서전적인 통찰을 바탕으로 환영의 세트로부터 벗어나 극의 현장과 체홉의 문학적 풍경에서 착안한 프로젝트 이미지의 만화경을 이용해 벚꽃나무와 집의 벽들을 대체했다(Loehlin 2007: 149).

크네벨은 또한 극중 미망인이자 지주인 류보브 라네프스카야Lyubov Ranevskaya를 프로덕션의 구심점이 될 수 있도록 위치시켰다. 러시아 연극 비평가인 콘스탄틴 러드니츠키Konstantin Rudnitsky는 이에 대해 '귀족적이며 순수하고, 강하고 고집이 센, 존경스럽지만 결점을 가진 라네프스카야 부인을 보았다'고 평했다(Rudnitskii 1974: 143). 크네벨은 이러한 인물화를 통해 마치 그녀 자신을 그린 듯 보인다. 그녀 역시 집을 잃었을 뿐만 아니라, 또한 복잡한 인물이었다. 연극 사학자인 조이아 블라디미로프Zoia Vladimirova는 묘사하기를, '그녀가 가진 크나큰 아량에도 불구하고, 누구도 그녀를 온화한 천사였다고 말하지 못할 것이다. 그녀는 굽힐 줄 모르는 신념에 대해서만은 날카롭고 냉소적이다.' 그러나 명예에 있어서, 그녀는 적들을 탓하지 않았다. 그녀는 단순히 앞으로 나아갔다. 왜냐하면 '이것을 극복할 수 있다면, 특히 가해자나 피해자에게 동등하게 무언가를 창조해 보일 수 있다면, 원한을 갖거나 혹은 유감을 키우는 것이 바보 같은 짓'이라는 것을 알고 있었기 때문이다 (Vladmirova 1991: 20). 요컨대, 크네벨은 그녀의 벗꽃동산에 이러한 복잡한 감성을 쏟아 부었으며 더불어 삶의 어려움을 극복하는 법에 대한 낙관적 충고를 제안하고 있다.

결론Conclusion

이제는 서방 국가에서 스타니슬랍스키 이후 러시아 연극에서 가장 영향력 있는 목소리를 발견할 차례이다.

단지 힘든 시기 거쳐 자신의 소명을 충실히 다한 존경스러운 연극 예술가로서의 본보기일 뿐만 아니라, 20세기에 들어와 이후 세기 말까지의 연극 역사 발전의 산 증인으로, 그녀는 세계적으로 명성 있는 모스크바 예술극장의 전통과 역사에 대해 알려지지 않은 많은 이야기들을 들려줄 수 있다. 그녀를 통해서, 배우와 연출가들은 미카엘 체홉이 그의 교육에서 어떻게 연극의 전체론적 접근을 구축하였는지를 살필 수 있으며, 실제로는 스타니슬랍스키와 그리 멀리 떨어지지 않았었음을 명백히 목도할 수 있다. 뿐만 아니라 크네벨을 통해 우리는 스타니슬랍스키가 미카엘 체홉과 함께 연극의 초월적 힘에 대해 깊이 심봉했으며, 체홉과 마찬가지로, 소비에트에 의해 이 믿음이 비참히 잠식되었던 사실도 확인할 수 있다. 크네벨을 통해, 우리는 또한 간과해왔던 네미로비치 단첸코의 배우에 관한 작업과 그 유효성을 깨달을 수 있다. 단첸코와 스타니슬랍스키가 각자 다른 예술적 취향과 성향으로 알려졌다고 하더라도 크네벨은 스타니슬랍스키 시스템의 중요한 요소(내면의 독백과 같은)가 네미로비치 단첸코와 함께 시작되었다는 것을 보여주었다.

그러나 크네벨 테크닉에서 무엇보다 나에게 울림을 주는 것은 나의 수업에서 배우들이 자신들의 작업 환경으로 쉽게 이를 적용시키는 것을 확인하는 순간이다. 현실과의 복잡한 관계에 관한 그녀의 관점은 예술가들로 하여금 다양한 연극 스타일을 위해 다채로운 그녀의 도구들을 사용하도록 장려한다. 그녀가 수업에서 했던 혁신적이고, 비-전통적인 캐스팅은 성性이나 인종에 관한 고정된 배역을 무너뜨리는 표본이 된다. 그리고 무엇보다도 행동 분석의 가르침은 다양한 공연매체(무대, 영화, 텔레비전 그리고 인터넷)를 넘나드는 배우와 연출가들에게 유용하고 가치 있는 수단들을 제공한다. 크네벨은 우리가 선호하는 어떠한 예술장르이든 우리가 선택하는 어떠한 분야에서건 연기는 21세기에 들어와 소중히 여겨져야 할 필수적이고 중요한 예술 형식임을 상기시킨다.

노트

1   연구는 부분적으로 다음과 같은 기관의 후원을 통해 이루어졌다.
    The American Society for Theatre Research, the US National Endowment for the Humanities, the Fund for Advancing Scholarship in the Humanities and Social Sciences (University of Southern California).

2   케드로프는 그의 저서 'To Preserve the Legacy of Stanislavsky Means to Develop It' (1956)를 위해 미출판 원고에서 용어들을 인용했다. 이후 이 원고는 K.S. Stanislavskii, 'O fizicheskikh deistviiakh: iz neo-publikovannykh materialov' ['On Physical Actions: From Unpublished Materials']이라는 제목으로 발표되었다(*Teatr* in September 1950, No. 11, 48-52). 1961년 엘리자베스 레이놀드 햅굿(Elizabeth Reynolds Hapgood)은 『역할창조』(*Creating a Role*) Constantin Stanislavski, (New York: Theatre Arts Books)의 출판을 위해 이 원고의 부분을 번역하여 사용하였다. 신체적 행동의 방법(The Method of Physical Actions)과 행동분석(Active Analysis)의 차이점에 관해서는 1장을 참고하기 바란다.

3   크네벨 저서의 프랑스어 요약본(Knebel 2006)에서, 아나톨리 바실리에브(Anatoly Vasiliev)는 소비에트 감시를 피하기 위해 어쩔 수 없이 크네벨이 양보한 내용들을 삭제했다.

4   크네벨이 체홉과 공부할 당시는 체홉이 아직 배우 훈련을 위한 시스템화 된 접근법을 계발하기 전이었다. 그가 러시아에서 떠난 이후 이의 계발이 가능했을 것이다.

5   소비에트 연방 붕괴 이후, GITIS는 Russian Academy of Theatre Arts(RATI)로 개명했으나, 크네벨이 계발한 커리큘럼(배우와 연출가를 위한 훈련의 밀접한 관계를 포함함)은 여전히 교육되고 있다.

참고문헌

I use Library of Congress transliteration in the references and bibliography, but anglicise Russian names in the chapter's text. All translations are my own, unless otherwise specified.

Brown, Mattew Cullern (1998) 'Conflictlessness', in *Socialist Realist Painting*, New Haven: Yale University Press: 221-301.

Carnicke, Sharon Marie (2008) *Stanislavsky in Focus: An Acting Master for the Twenty-First Century*, second edition, London: Routledge.

Efros, Anatolii (1933) *Repetitsiia — liubow' moia* [*Rehearsals — My Passion*], Moscow: Panos.

Ermolaew, Herman (1997) *Censorship in Soviet Literature: 1917-1991*, New York: Rowman and Littlefield Publishers, Inc.

Kedrov, M.N. (1956) 'Khranit' nasledie Stanislavskogo — eto znachit razvivat' ego' ['To Preserve the Legacy of Stanislavsky Means to Develop It'], *Ezhegodnik MkhAT-a: 1951-1952* [*The Yearbook of The Moscow Art Theatre: 1951-2*], Moscow: MKhAT: 99-116.

Kheifets, Leonid (2001) *Prizvanie [My Calling]*, Moscow: GITIS.

Knebel, M.O. (1954) *Slovo O Tvorchestve Aktera [The Word in the Actor's Creativity]* Moscow: VTO. This edition was republished by GITIS in Moscow in 2009.

____ (1995a) 'Mikhail Chekhov ob iskusstve aktera' ['Michael Chekhov about the Actor's Art'], in M.A. Chekhov, *Literaturnoe nasledie [Literary Heritage]*, ed. M.O Knebel', Vol. II, second edition, Moscow: Iskusstvo: 5-30.

____ (1995b) 'O Mikhaile Chekhove i ego tvorcheskom nasledii' ['About Michael Chekhov and his Artistic Heritage'], in M.A. Chekhov, *Literaturnoe nasledie [Literary Heritage]*, ed. M.O Knebel', Vol. I, second edition, Moscow: Iskusstvo: 9-33.

____ (1966) *Shkola Rezhissury Nemirovicha-Danchenko [The Directing School of Nemirovich-Danchenko]*, Moscow: Iskusstvo.

____ (1967) *Vsia Zhizn' [All of Life]*, Moscow: VTO.

____ (1968) 'Vysokaia Prostota' ['Superior Simplicity'], *Teatr*, 9: 46-49.

____ (1969) 'Vyshnevyi sad v Irlandii' ['The Cherry Orchard in Ireland'], *Teatr*, 5: 158-66.

____ (1971) *O Tom, Chto Mne Kazhetsia Osobenno Vazhnym [That Which Seems Most Important to Me]*, Moscow: Iskusstvo.

____ (1976) *Poeziia Pedagogiki [The Poetry of Pedagogy]*, Moscow: VTO.

____ (2006) *L'Analyse-Action [Active Analysis]*, ed. Anatoli Vassiliev, Paris: Actes Sud-Papiers.

Liadov, V.I. (ed.) (1998) *O M. O. Knebel' [About M. O. Knebel]*, Moscow: no publisher.

Loehlin, James N. (2007) *Chekhov: The Cherry Orchard*, Cambridge: Cambridge University Press.

Pavis, Patrice (2003) *Analysing Performance*, trans. David Williams, Ann Arbor: University of Michigan Press.

Rozov, Viktor (1977) 'Rezhisser, kotorogo ia liubliu' ['A Director Whom I Love'], *Avrora [Aurora]*, 1: 60-66.

Rudnitskii, K. (1974) *Spektakli raznykh let [Productions from Various Years]*, Moscow: Iskusstvo.

Ryzhova, Valentina Fedorovna (1967) *Put' k spektakliu [The Path toward Productions]*, Moscow: Iskusstvo: 56-92.

Shapiro, Adol'f (1999) *Kak zakryvalsia zanaves* [How the Curtain Opens], Moscow: Novoe literaturnoe obozrenie.

Smeliansky, Anatoly (1999) *The Russian Theatre After Stalin*, trans. Patrick Miles, Cambridge: Cambridge University Press.

Vladimirova, Z.V. (1991) *M. O. Knebel'*, Moscow: Iskusstvo.

Chapter 7

브레히트와 배우 훈련: 누구를 위하여 연기하는가?
BRECHT AND ACTOR TRAINING: ON WHOSE BEHALF DO WE ACT?

● ● ● **피터 톰슨**Peter Thomson

배경The Context

브레히트는 프란츠 페르디난드Franz Ferdinand 대공이 저 멀리 사라예보에서 암살될 당시 아우크스부르크Augsburg에서 부모와 함께 살고 있는 16살 소년이었다. 그리고 이석연치 않은 암살에 의해 발생한 전쟁은 그가 20살이 되던 해 끝이 났다. 1914년 소란스럽고 격정적인 청년이었던 브레히트는 1918년에는 분노하는 젊은이로 성장했다. 분노는 그의 연극인으로서의 생애를 자세히 고찰할 때 언제나 고려해야 할 특성이다. 그의 분노는 사회운동과 정치적 원동력을 제공하였으며, 연기에 대한 브레히트의 접근은 세상을 바꾸려는 그의 정치적 활동과 동떨어져 생각할 수 없다. 그의 정치적 활동은 궁극적으로는 마르크스주의에서 이론적인 합리성을 찾았지만, 그 시작은 모순에 대한 충동에서 비롯되었다. 중산계급이 사는 전통적 청교도 지역인 아우크스부르크에서 관례적으로 평범한 기독교인으로서의 교육을 받으며 자라난 브레히트는 전투적인 실용주의적 입장에 서서 삶과 맞서게 된다.

만약 우리가 사실 그대로를 말하는 것이 허용되지 못한다면, 그 누가 감히 교리문답

속에 진실이라는 것들을 집어넣겠는가? (Brecht 1976b: 16)

이것은 그의 지저분한 리넨 셔츠와 더욱 더러운 그의 말투를 걱정하던 어머니에게 삐딱하게 대꾸한, 브레히트가 20번째 생일이 막 지나고 얼마 되지 않아서 쓴 시의 한 구절이다. 이때는 브레히트가 아우크스부르크에서 벗어나 바바리아Bavaria의 문화적 수도이자 열띤 분위기의 도시 뮌헨으로 떠나야 할 시기였다. 1918년 11월 휴전 협정이 이뤄진 다음달에, 그는 아우크스부르크와 뮌헨을 정기적으로 여행했으며 이 시기에 자신의 문학적 발판을 마련하였다. 이 시기는 바바리아의 정치적 혼란이 극심한 시기였으며 브레히트는 이러한 분위기에 휘말려 들어갔다.

바바리아의 왕은 독일의 카이저Kaiser보다 하루 앞서 퇴위했으며, 바바리아와 프러시아Prussia의 연대를 끊기 위해 지적 사회주의자 커트 아이즈너Kurt Eisner의 주동으로 일어난 혁명은 새로운 정부를 수립하게 되었다. 아이즈너가 바바리아에 시도한 새로운 체제는 한편으로는 국수 반동세력, 다른 한편으로는 좌파 당원들에 의해 좌절되었다. 그는 너무 급진적이었다. 아니, 그는 충분히 급진적이지 못했다. 1919년 2월 21일, 베른에서 재구성된 제2차 인터내셔널Second International에서의 강연을 마친 후, 그는 우익 청년의 총에 맞아 살해된다. 터무니없는 복수 과정 속에서 아이즈너의 대리인 역시 바바리아 의회의 개회식에서 공산주의 노동자에 의해 총격을 받고 중상을 입는다. 계속되는 무질서 속에서 뮌헨은 사회주의 소비에트의 울타리 안에 있었으나 이 소비에트는 좀 더 잘 조직된 공산주의자파派에 의해 쫓겨나게 된다. 예상되었던 바와 같이, 공산주의의 위협은 오랜 분열에 시달렸던 게르만 국가의 힘을 반혁명 움직임으로 치닫게 하였다. 군대가 뮌헨을 향하여 진군하였고, 5월 초에 즈음하여 바바리아의 정치적 모험은 끝이 난다. 결정적인 군사진격이 아우크스부르크에서 시작된 것이다.

브레히트는 아이즈너의 사민당social democrats의 적극적인 지지자 혹은 소비에트의 동반자로 알려져 있지만, 출판된 그의 서간에서는 전술한 사건들에 대해 전반적으로 침묵으로 일관하고 있다. 그가 가진 가장 중요한 측면은, 돈키호테 식의 영웅주의와 독일 표현주의의 과도한 인간고취에 대한 평생에 걸친 회의주의였다. 독일 표현주의 희곡의 대표주자인 에른스트 톨러Ernst Toller는 뮌헨 소비에트 지도자 중의 하나였다. 정치사를 되새기는 자서전적인 회고록에서 그는 평화를 갈구하던 바바리아의 평민들이 갑자기 자신들이 권력을 가졌음을 발견하였는데, '그들이 과연 힘을 유지하는 법을 배웠을까?'(Toller 1934: 133)라고 쓰고 있다. 그들은 결국 그러지 못했으며 이들의 실패는 브레히트로 하여금 효과적인 정치적 또는 연극적 혁명은 반드시 이성과 과학적 원칙을 통해 이뤄야한다는 성숙된 확신에 이르게 했다. 톨러와 브레히트는 약간 다른 방식이긴 하지만, 그들이 도덕적 모순이라고 간주하는 것에 대하여 규명하고자 하는 같은 맥락에 서 있었다. 톨러는 이를 다음과 같이 표현하였다. 즉 '인간이란 별로 어려움 없이 선해질 수 있다. 허나 악함 속에서 즐거움을 느낀다'(Toller 1934: 26). 한편 브레히트는 이에 관해 다음과 같은 짧은 시를 썼다.

> 내 벽에 걸린 일본 조각품
> 사악한 악마의 가면, 금박으로 장식되어 있다
> 가슴 아프게 지켜보는 나
> 툭 튀어나온 이마의 핏줄, 역력하구나
> 악하고자 함이 참 힘들다는 것이. (Brecht 1976b: 383)

그들 각자의 삶을 되돌아 볼 때, 많은 사람들은 톨러를 천국에서 보는 것도 놀랍겠지만 브레히트를 천국에서 볼 수 있다는 것에 더욱 놀라워할 것이다. 그러나 두 사람의 작업에 있어 근본적인 질문은 톨러가 그의 삼촌이 죽은 후 그 자신에게 던졌던 질문 한 가지이다. '선한 사람이란 무엇인가?'(Toller 1934: 8). 갈릴레오Galileo는 선인이었나? 그루샤Grusha는? 또는 샨티Shen Te는? 또는 벙어리 카트린느Kattrin는? 혹은 〈조치The Measures Taken〉에서 젊은 동지는 선인인가? 어떻게 선善한가? 젊은 시절부터 브레히트는 분개하는 습성을 가지고 있었다. 그 정치적 핵심은 당연한 것은 아무것도 없다는 확신이었다. 궁극적으로 우리는, 무의식적으로 바뀔 수 없다고 가정한 것은 바꾸려고 바랄 수 없다. 친숙한 것에 대한 반전의 가능성을 계발하는 것이 브레히트적인 선善을 무대에 구현하는데 있어서 이정표가 될 수 있을 것이다. 또한 이는 당연히 브레히트적 연기에 접근하는 이정표이기도 할 것이다. 우리는 이 책과 이 장의 맥락 속에서, 연기를 잘 하는 것과 좋은 연기자와의 차이를 확실히 인식해야 한다. 연극에만 국한된 것은 어떤 것이라도 브레히트에게 별 흥미가 없었으며 인류에게도 그다지 도움이 되지 못한다고 그는 보았다. 브레히트는 〈코카서스의 백묵원The Caucasian Chalk〉의 첫 장면에서 땅의 소유권에 대한 논란에서 보여주듯이 세상은 그에 합당한 사람들에게 귀속되어야 한다고 생각했다. 그의 도덕적 체계 속에서 선은 절대로 효율성과 분리될 수 없다.

브레히트는 작가로 독일 연극계에 입문했으며, 주로 그가 쓴 희곡의 제작과정에 개입하기 위하여 실제 작업에 관여하게 되었다. 그는 아무런 극적 훈련도 받지 못했으며 당시 독일에는 체계화된 배우 훈련의 전통도 존재하지 않았다. 그가 마주쳤을 연기 스타일은 마틴 에슬린Martin Esslin이 열띤 논조로 말했듯이 '분명치 않은 분노와 통제되지 않는 으르렁거림의 격발, 그리고 히스테리컬한 분출의 탐닉에 의한 극도로 확대된 감정을 추구'하는 연기 술이었다(Esslin 1970: 88). 계속해서 에슬린은 '소리의 과잉 탐닉과 발작적인 가슴치기'라고 묘사하고 있다. 에슬린은 구 독일 궁정연극의 과잉한 연기 스타일, 즉 전쟁 전 저명한 배우들의 격찬을 받은 공연을 여전히 찾아볼 수 있으며 신표현주의 드라마의 황홀한 수사학에서 다시 보이는 포장된 연기 스타일을 염두에 두면서 쓰고 있는 것이다.

그러나 이러한 거창한 열변조의 연기 방법만이 젊은 브레히트가 모델로 쓸 수 있는 유일한 본보기는 아니었다. 독일의 자연주의의 뛰어난 대표적 인물인 오토 브람Otto Brahm은 1912년에 세상을 떠났지만, 삶의 진실을 강조했던 그의 연기방법론은 함께 사라지지 않았다. 게르하르트 하웁트만Gerhart Hauptmann의 자연주의 드라마를 보고난 젊은 시절의 브레히트는 마음 속 깊이 느끼는 바가 있어 그의 드라마에 대한 열렬한 추종자가 되었다. 1914년 11월 10일 가장 먼저 출간된 그의 편지에서 그는 '매일의 해프닝을 영혼의 절정으로 이끄는 하웁트만의 예술'을 찬양하였으며 졸라Zola를 하나의 모델로 제시했는데 그 이유는 '인간의 영혼은 아직 탐구되지 않았기 때문이다'(Brecht 1990: 20).

공연에 관한 브레히트의 개념 발전에 있어서 많은 영향을 끼친 것은 대체적으로 세련cool된, 카바레의 재현적presentational 스타일이었다. 이것은 프랑크 베데킨트Frank Wedekind의 작품에서 이미 볼 수 있었던 것들이었다. 베데킨트는 1918년 자신이 죽는 마지막 순간까지 희곡과 그의 카바레에서의 상연을 결합한 형태를 보여주었다. 브레히트는 베데킨트의 마지막 출연작을 공연하는 뮌헨의 바에 있었으며, 그 자신이 가끔씩 카바레 공연을 하면서 베데킨트를 모방하는 한편, 이러한 경험을 통하여 스스로 관객에 대한 감각을 예민하게 다듬게 되었다는 점에서 베데킨트를 추앙하였다. 에슬린은 편파적이고 단호한 기사를 통해 브레히트의 연기접근방식은 그동안의 독일 연기술에 합당했으나 그 외에 특별한 점은 없다고 서술했다. 에슬린의 주장은 흔치 않게 풍요로운 예술적 전통을 지닌 독일에서 브레히트가 경험한 연극적 체험의 다양한 범위를 무시하는 것이다.

전문 배우들과의 작업을 하기 전에, 브레히트는 막스 라인하르트Max Reinhardt를 비롯한 다른 베를린 연출가들의 리허설 작업과정을 관찰하였다. 1921년 11월 라인하르트는 스트린드베리Strindberg의 〈몽환극A Dream Play〉을 연출하기 위해 오케스트라 편곡작업을 하고 있었다. 결과물은 매우 인위적이긴 했으나 분명히 '발작적인 가슴치기' 수준은 아니었다. 브레히트는 라인하르트의 완전하고 순수한 취향을 공유하기에는 이미 충분히 독단적이고 비판적이었으며, 아직 배우의 연기술을 찬양할 만큼의 의식이 미흡했다. 이는 1922년 봄, 그가 베를린의 젊은 무대 융 부헨Junge Bühne을 새로이 편성하기 위해 자신의 친구 아르놀트 브로넨Arnolt Bronnen의 작품 〈부친살해Vatermord〉를 위한 연출자로 초대되었을 때 자명해졌다. 연기에 대해 가차 없는 그의 혹평은 한 여배우를 울게 만들고 베테랑이었던 하인리히 조오지Heinrich George를 연습장에서 나가게 만들었다. 결국 브레히트는 연출직에서 밀려나고 좀 더 외교적인 베를톨드 비에르텔Berthold Viertel이 그 자리를 대신하게 되었다. 이러한 경험으로 인하여 뮌헨으로 돌아온 그는 그의 희곡들이 처음 공연되었을 때 리허설 과정에서 독단적이지 않으면서도 배우들에게 도움을 줄 수 있는 좀 더 현명한 연출이 되었다. 이시기에 그는 〈한밤의 북소리Drums in the Night〉(뮌헨, 9월, 1922), 〈정글에서In the Jungle〉(뮌헨, 5월, 1923), 그리고 〈바알Baal〉(라이프치히, 12월, 1923)을 연출하였다.

1923년 독일의 인플레이션은 극심했으며, 뮌헨 시민의 불만은 나치라는 불길한 급진주의자들을 출현시키게 했다. 〈정글에서〉의 오프닝은 소극장 카머슈필레Kammerspiele에서 국수주의자들이 관객석에 최루 가스를 분사할 빌미를 제공했다. 극은 극장 레퍼토리에서 제외되었으며 드라마 트루기였던 제이콥 가이스Jacob Geis은 해고되었다. 이러한 사건들은 브레히트와 함께 뮌헨에 살고 있던 한 인물에게 자극제로 작용해 1923년 11월 8일, 전설적인 영웅 필드 마샬 루덴도르프Field Marshal Ludendorff의 지지를 받은 히틀러가 뮌헨을 장악하려 했다. 브레히트는 그 시기에 아마도 라이프치히에서 바알을 위한 리허설에 참여하고 있었을 것이다. 그리고 다른 국민들과 마찬가지로 히틀러가 약간은 우스꽝스러운 인물임을 발견했다. 그의 정치적 관심은 1923년 급진적 행동주의자였던 헬레네 바이겔Helene Weigel을 만나고 난 후 막시즘Karl Marx으로 돌아섰는데, 이미 오래전부터 점증하고 있던 뮌헨의 파시즘적 분위기와 공개적으로 대립하면서 공산주의자로서의 전체적인 독학과정을 밟아가고 있었다. 1924년 9월 그는 바바리아를 떠나 베를린으로 향했다. 그러나 〈에드워드 2세의 삶 The Life of Edward II of England〉의 연출을 통해 뮌헨 소극장에 적지 않은 발자취를 남기고 떠났다.

브레히트는 크리스토프 말로Christopher Marlowe의 원작이 서사적인 원동력을 지니며 심리적 요소가 간결하다는 점을 존경했으며, 특히 포이히트방거Lion Feuchtwanger와 함께 각색 작업을 하면서 자신만의 독특하면서 직관적인 시적 목소리를 담아내고자 하였다. 그는 대본작업에 있어서 수정이나 각색에 거리낌이 없었으며 아마도 처음으로 배우들과 자신감을 가지고 작업할 수 있는 계기가 되었다. 베른하르트Bernhard Reich는 〈에드워드 2세〉에서 군인들이 명예롭게 개버스턴Gaveston을 처형해야 한다는 브레히트의 결정에 대하여 다음과 같이 회상한다. '브레히트는 군인들이 교수형을 반복적으로 실행해야하며 숙련된 전문가들처럼 할 것을 집요하게 요구했다. 관객들은 동료의 목에 밧줄이 감기는 것을 보고 쾌감을 느끼도록 해야만 했다'(Völker 1979: 72). 당대 연극 비평가였던 허버트Herbert Ihering의 말을 빌면 그 결과는 가히 혁명적이었다. '배우들은 그들이 무엇을 하는지 알고 있어야만 했다. 그는 계속해서 제스처를 단순하게 할 것을 요구했으며 간결하고 차분하게 말하도록 하였다. 어떠한 감정적 눈속임도 허용되지 않았다. 이러한 방법을 통하여 객관적인 서사극 스타일이 완성되었다'(Völker 1979: 72).

브레히트는 히틀러 정권의 권력이 그를 몰아낸 1933년 늦은 2월까지 베를린 연극계에서 활발히 활동했다. 그러나 그의 연극 활동은 언제나 압력에 시달려 순탄하지 못했다. 공연들이 개막되는 밤마다 공연의 이념들이 불가피하게 갈등을 불러일으켜 급박한 상황을 만들었으며, 독일이 파시즘으로 치달을수록 브레히트의 주요한 연극적 관심사는 미학적인 것보다는 정치적인 것이 되어갔다. 배우 훈련에 관한 책을 접할 수 있었던 기회가 브레히트에게 주어진 것은 망명생활의 지루함 속에 찾아왔으며, 그 이론들을 직접 실천해볼 수 있었던 기간도 그의 생의 막바지라고 할 수 있는 베를리너앙상블에 국한된 것이었다. 쿠르트 바일Kurt Weill과의 협동작업의 결과는 음악극의 역사에서 매우 중요한 부분을 차지한다. 그러나 이는 〈에드워드 2세〉를 준비하면서 이룩한 연기에 대한 발견에 비하면 아무것도 아니다. 무대에 서 있는 어느 순간이라도 노래를 시작할 수 있는 준비 상태를 유지할 수 있어야 하지만, 그 목적을 위한 리허설 시스템이 구축된 것은 아니었다. 그와 바일이 함께한 교육극Lehrstück 프로젝트의 목표는 역사적으로는 권력을 갖지 못했으나 이는 이념적으로 깨우친 전후 독일의 노동자들이라는 새로운 관객에게 다가가는 일이었다. 이들과 만남을 계속할 수 없었던 것이 그가 추방생활에서 느꼈던 가장 뼈아픈 괴로움 중 하나였다.

그의 망명 생활은 덴마크, 스웨덴, 핀란드 그리고 미국에서의 생활을 포함해서 15년 이상 이어졌다. 모든 외국어에 이방인으로서 연극계로 접근하고자 했던 그의 시도는 좌절로 이어졌다. 연기에 관한 그의 개념은 종종 그의 작업일지나 추방된 동지들과의 대화에서 종종 찾아볼 수 있다. 그 중 가장 공을 들인 저술로는 『놋쇠사기The Messingkauf Dialogues』(1937-40)와 『연극을 위한 작은 지침서A Short Organum for the Theatre』(1948)가 있다. 브레히트의 연기 훈련에 대한 접근법의 최종적 정립은 이러한 자료들과, 동베를린에서 그가 1949년에 설립한 극단의 연습 기록을 통해 가장 정확하게 유추해낼 수 있다.

그러나 우리는 브레히트가 끊임없이 수정하고 조정하지 않으면 못 배기는 사람이었다는 점을 기억해야 한다. 그의 기술이나 출판된 저서들은 모두 자신이 직면한 급박한 상황에 대한 반응으로 쓰인 것이다. 모순과 변증법의 지지자였으며 대립과 갈등을 적극 주장하는 인물이었다는 점을 생각해보면 그에게서 보이는 일련의 불일치와 모순들은 그리 놀랄 만한 일이 아니다. 그에게 있어서 확고부동하고 영구적인 선언문과 같은 것은 존재하지 않는다. 브레히트의 진실은 유효성에 있다. 다시 말해 어떠한 생각이든, 또는 어슴푸레한 생각은 무엇을 구체적으로 하는가를 통하여 표현된다. 이러한 의미에서 가장 중요한 기록은 『놋쇠사기』나 『연극을 위한 작은 지침서』가 아닌 『연극작업Theaterarbeit』(1952)이라고 할 수 있다. '가지각색의 사람들에 의해 엄청나게 혼합된 에세이들'(Willett 1964: 239)로 구성된 이 책은 연극 역사에서 새로운 무언가를 담고 있었다. 극장 설립 이후 2년간의 기록을 시도한 것이 그것이다. 독일어를 이해하지 못하는 사람을 위해 찍은 많은 리허설 사진들이 브레히트식의 연기에 대해 설명하고 있다. 『연극작업』은 이론이 제대로 성립되기 위해 실제적 작업 과정이 필요하다는 점을 증명한다.

훈련Exercises

브레히트에게 있어 연기 훈련은 현재를 포함한 역사에 대한 학습이 선행되어야 한다. 역사에 대한 연구는 대부분 연구자에게 놀라운 결과를 가져온다. 우리는 이전에 당연하다고 받아들였던 역사적 사건의 발단들을 재평가 할 수 있는 상세한 요소들을 발견하게 된다. 브레히트는 배우들에게 극에 대한 첫인상이나 자신이 맡은 역할로부터 받은 첫인상을 나중에 다시 볼 수 있도록 기록하기를 제안했는데, 이는 리허설이 반복되면서 처음에는 놀라웠던 경계선들이 어떻게 평평하게 되어버릴지 알고 있기 때문이었다. 베를리너 앙상블의 연출 연구생들이 리허설을 지켜보도록 초대되어 동의할 수 없는 모든 것을 기록하도록 권유 받았을 때, 이는 그들로 하여금 무언가를 이루기 위해서 하나 이외의 많은 방법이 있다는 것을 인지시키기 위해서였다. 캐릭터의 언행에 더 이상 놀라지 않는 배우들은 브레히트의 배우가 아니다. 그에게 있어 이것은 심리적 문제라기보다는 역사적인 문제이다. 갈릴레이가 자신의 의견을 철회한 사실 자체가 역사적으로 그 철회를 불가피하게 만들지는 않는다. 삶이 연장된다고 해서 노후의 삶을 보다 잘 보살펴 준다는 보장은 없다. 극작가로서, 그리고 제작행위의 참여자로서 브레히트가 끊임없이 추구한 과제는 기정사실들을 해체하고 그 필요성을 따져 묻는 것이다. 여기서 뜻 깊게 받아들여야 할 것은 그가 연극제작의 협동 작업에 있어서 탐구심이 가득 찬 배우들을 신뢰하고 인정하기 시작했다는 점이다. 베를리너앙상블Berliner Ensemble을 방문한 피터 브룩Peter Brook이 가장 감명 깊게 느낀 점이 바로 그것이었다.

그림 7.1 하인리히 폰 클라이스트(Heinrich von Kleist)의 〈깨어진 항아리〉(*The Broken Jug*)에서 레진 루츠(Regine Lutz)의 연기를 연출하는 브레히트 (Source: Photo Hainer Hill by kind permission of the Bertolt Brecht Archive)

브레히트는 연극적 창작행위에 있어서, '자신이 기여한 가치를 판단할 수 있는 능력을 지닌 지적인 배우'라는 개념을 가져왔다. 정치적으로 무지한 자신을 자랑스럽게 여기면서 연극을 상아탑으로 보는 많은 배우들이 존재했었고 여전히 존재한다. 브레히트에게 있어서, 그런 배우는 성숙한 극단에서 존재할 가치가 없다. 연극을 지원하는 공동체에 속한 배우는 그 자신의 직업적 능력에 충실한 만큼 바깥 세상에 대해서도 충실하여야 한다. (Brook 1972: 85-86)

다음은 브레히트가 그의 시 '관찰의 기술에 대하여 덴마크 노동계급에게 보내는 연설문 Speech to Danish Working-Class Actors on the Art of Observation에서 발췌한 것이다.

관찰하기 위해서
비교하는 법을 배워야 한다. 비교하기 위해서
반드시 관찰해야한다. 관찰이라는 수단을 통해서
지식이 도출된다. 그런 반면, 지식은
관찰을 위해 필요하다. (Brecht 1976b: 233-38)

위와 같은 역설적 순환은 연기에 대한 브레히트의 생각에 있어서 전형적인 것이다. 질문의 대답은 또 다른 질문이 된다. 의문의 끝이 의문이다. 그러나 배우들은 그들이 보지 않은 것에 대해 질문할 수 없다. 그들은 충분한 의문이 들 때까지 정확하게 사물을 보아야 한다.

물음표는 브레히트의 관찰에 있어 출발점이다. 그는 유명한 에세이 「거리극The Street Scene」(Willett 1964: 121-28)에서 구경꾼들이 거리에서 일어난 사고에 대해 묘사하는 방식에서 배우들이 무엇을 배울 수 있을 지에 대해 묻는다. 이 구경꾼은 '무엇'에만 그치지 않고 사건이 '왜', '어떻게' 일어났는지까지 관심을 가지고 있다. 우리가 그를 주위 깊게 관찰하고 듣는다면, 그 사건이 반드시 일어나야 했던 것은 아니라는 점을 알게 될 것이다. 우리는 현재의 제도 아래 놓인 인간의 상호 작용에 관심을 갖게 될 것이다. 브레히트가 남긴 기록 중에는 연기 학교를 위한 24가지 훈련의 기본구조가 무작위로 기록된 목록이 있다. 이것은 언제 쓰였는지 알 수 없게 기록되어 있다(Willett 1964: 129). '거리의 사건'은 22번째이며 거기에는 수수께끼 같은 주석이 달려 있다. '정당하다고 인정되는 모방 또는 재현의 한계를 내려놓기'가 그것이다.

브레히트는 무작위로 사용되는 연습을 원하지 않았다. 이것은 관찰을 넘어선 현재와 역사를 연결하는 비판적 접근으로써 사회적 기능을 드러내는 것이었으며, 무비판적인 모방은 정당성이 인정되지 않았다. 『억척어멈과 그 자식들Mother Courage』에서 스위스 치즈 Swiss Cheese와 카트린Kattrin의 죽음은 결국, 거리 위의 사고였으며, 그러한 죽음들은 모방과 함께 설명되어야만 한다. 브레히트의 리스트에서 첫 번째 4개의 훈련은 비록 각각의 방식에 있어서 교묘하게 질문하는 방식이기는 하지만 관찰에 대하여 직접적인 설명을 더해준다.

1   구경꾼들의 태도를 포함한 마법의 속임수
2   여자들: 린넨 천을 접고 치우기. 남자들도 똑같이.
3   남자들: 흡연자의 다양한 태도를 취하기. 여자들도 똑같이.
4   실타래를 갖고 노는 고양이

우리는 마술사에게 이렇게 묻는다. 어떻게 그렇게 했나요? 그러나 왜 어떤 구경꾼들은 놀라고 다른 이들은 별로 경이로워하지 않는가? 여자들과 남자들은 다르게 행동하는가? 왜? 린넨을 접는 것은 여자들의 몫인가? 누가 정하는가? 담배를 피우는 행위가 어떻게 사회적 계급을 드러내는가? 사람들은 어떻게 노는가? 고양이가 우리와 놀 때, 고양이는 사실 우리와 놀지 않고 있다는 것을 우리가 어떻게 알 수 있는가? 사회적 관찰은 역시 물음표로 끝을 맺게 된다.

브레히트가 제시한 대부분의 훈련은 배우들과 함께 하는 작업과 관계가 있으며, 그것은 놀라운 일이 아니다.

관찰을 통해 야기되는 질문은 대체적으로 사회 전체를 위하여 제기된다. 이미지는 상호의존적이다. 이는 그의 글 『연극을 위한 짧은 오르가눔Short Organum』에 명확히 기술되어 있다.

학습 과정은 상호 작용하는 것이어야 하며 배우들은 다른 배우들과 함께 학습되어야 하고 다른 배우들이 각자의 캐릭터를 발전시키면서 동시에 자기의 캐릭터를 발전시켜야 한다. 사회의 최소 단위는 한 사람이 아니라 두 사람이기 때문이다. 인생에 있어서도 우리는 서로 발전한다. (Willett 1964: 197)

브레히트가 게스투스Gestus라고 불렀을법한 에피소드의 사회적 중심은 무대 위의 모든 캐릭터의 배열에 의존한다. 베를리너 앙상블의 리허설 기간 동안 배우들은 캐릭터가 어디에 위치해 있고 또한 자신들의 캐릭터를 향해 배우가 어떤 태도로 서 있는지에 대해 질문을 받았다. 그러한 질문은 텍스트의 총체성과 그 드라마트루기에 대한 치밀한 관심을 요구한다. 이에 대한 그의 인식은 '스타니슬랍스키에 관한 노트'에 잘 표현되어 있다. '연출할 때 스타니슬랍스키는 우선 배우의 입장에 선다. 내가 연출할 때는, 나는 우선 극작가의 입장에 선다'(Brecht 1964: 165). 앙상블에서 그가 했던 훈련들은 리허설 중인 희곡과 직접적으로 연관되어 있기는 했지만, 반드시 공연될 희곡에 국한된 것은 아니었다. 만약 배우들이 관객으로 하여금 익숙한 것을 낯설게 보도록 만드는 방식으로 작업을 하고자 한다면, 익숙한 대본을 배우들에게 이채롭게 만드는 것이 도움이 될 것이다.

브레히트가 조르지오 스트레흘러Giorgio Strehler에게 희극적 효과를 위하여 비극적 장면의 리허설을 추천한 것은 이러한 정신에 입각한 것이다(Mitter 1992: 57). 텍스트를 부정해 보면서 배우들은 새로운 직관을 얻게 된다. 이러한 모순은 스타니슬랍스키가 말한 서브텍스트(내재된 의미)에 다가가기 위함이 아니라 밖으로 나가 그 변형을 아우를 수 있는 메타텍스트로 둘러싸기 위해서 고안된 것이다. 1939년 스웨덴 학생들과의 작업을 염두에 두고 기술한 배우를 위한 몇 개의 연습과제(Brecht 1976a: 339–55)에서 그는 시대착오적으로 잘못 다루어진 고전, 즉『맥베스』,『햄릿』그리고『로미오와 줄리엣』에서 간과했던 최하층민의 삶이 처해있는 곤경을 조명했다. 그 희곡들에서는 놓치고 있지만 엄연히 사회적인 질서 속에서 존재하고 있는 것이 무엇인가에 대하여 관심을 집중했으며, 배우들이 자신들이 연기하고 있는 캐릭터에 대하여 비판적인 태도를 발전시킬 수 있도록 했다. 따라서 은유적인 언어로 표현하면 배우들이 이중 대리인double agent이 되었다고 할 수 있는데, 배우들은 가끔 스스로를 고용하기도 하고, 캐릭터에 의해 고용되기도 했다.

이런 은유는 조셉 체이킨Joseph Chaikin의 말이다. 그는 자신이 완벽한 브레히트식의 배우라고 인정한 에케하르트Ekkehard Schall의 연기를 묘사하기 위해 이런 표현을 썼다. '나는 그가 그런 이름을 가진 캐릭터라고 믿지 않는다. 뿐만 아니라 "그 자신을 연기하고 있다"고 믿지도 않는다. 그는 두 세계에 스며들어 있는 이중 대리인처럼 연기했다'(Chaikin 1991: 16). 이러한 이중 대리는 브레히트의 소위 '격하게 흥분한 상태에서의 훈련'이라는 것 중 하나를 통하여 효과적으로 시험해 볼 수 있다.

'상황: 두 여자가 침착하게 린넨 천을 접는다. 그들은 남편을 위해 거칠고 질투심 많은 언쟁을 벌이는 척 한다. 남편들은 옆방에 있다'(Willett 1964: 129).

정돈된 행동과 무질서한 언쟁 사이의 명백한 불균형은 배우들에게 조절의 필요성을 느끼게 하며, 동시에 매우 일상적이면서 평범한 린넨을 접고 언쟁하는 행동이 전혀 새롭게 보이게 한다. 이러한 모순된 병렬 배치는 생소화(낯설게 하기)의 전형적 수단이다. 이들은 우리가 거의 발견하지 못했던 친근한 것들을 낯설게 한다. 브레히트의 배우는 지극히 평범한 것을 포함한 모든 종류의 인간의 행동이 나타내는 사회적 의미에 대한 관심을 늦추지 말아야 한다.

'나는 감정을 연기하지 않는다.'라고 에케하르트는 설명한다. '나는 행동함으로써 그것을 표현할 뿐이다'(Honneger and Schechter 1986: 35).

여기에는 왜곡의 위험이 있다. 자주 거론되고 가끔씩은 자신에 의해서 말해졌음에도 불구하고, 만년의 브레히트는 감정뿐만 아니라 심리적인 연구를 거부하지 않았다. 앙상블의 대표적 멤버였던 안겔리카Angelika Hurwicz는 브레히트가 '삶의 진실에 대한 확신과 역할의 재현에 있어서 격앙된 상태를 목표로 하는 연극 연습에 반감을 가졌다'는 말을 부정했다. '사실 브레히트는 그것을 필수적인 선결 과제로 간주했다'라고 회고한다(Witt 1974: 132). 린넨 천 접기 연습의 후반부에서 브레히트는 '심각해지기' 게임을 제안한다(Willett 1964: 129). 브레히트는 스타니슬랍스키의 방법론으로부터의 완전히 이탈한 것이 아니라 선별적으로 이탈한 것이었다. 리허설의 첫 번째 단계에서, 배우들은 자신의 캐릭터를 잘 알아야 하며 두 번째에서는 감정 이입이 되어야 하고, '그러고 나서 세 번째에서는 사회적 관점에 서서 캐릭터를 바깥에서 보도록 노력해야 한다'(Brecht 1964: 159).

3인칭 훈련은 두 번째에서 세 번째 단계로 변화하는 과정에 속한다. 베를린 앙상블의 〈억척어멈〉의 첫날 공연이 다가오는 시점에 쓰인 일지에서의 암시적인 기록이 이를 설명한다.

> 나는 10분 동안 11막에서 처음으로 서사시 연습을 했다. 뮬러Gerda müller와 던스커스 Dunskus는 소작농으로써 카톨릭에 대항하는 어떤 행동도 할 수 없다고 단정하고 있었다. 나는 그들에게 말끝마다 '라고 그는 말했다', '라고 그녀가 말했다'를 덧붙이기를 요구했다. 갑자기 장면은 명확해졌고 뮬러는 현실감을 되찾았다. (Brecht 1993: 405)

이것은 감정이입을 가로막기 위한 연습이 아니라 배우의 감정이 캐릭터의 것과 일치할 필요가 없다는 것을 보여주기 위함이다. 여기서 이중 대리인의 의미는 굉장히 복잡하지만, 배우의 시점은 관객과 함께 있다. 배우는 관객들을 모순의 세계로 초대하기 위하여 캐릭터의 행위를 유심히 관찰하면서 그 행위를 관객에게 제시하는 것이다. 만약 행동을 지배하는 것이 인간의 본성이 아니라 환경이라면, 관객들과 배우들은 환경을 변화시키고자 협력해야 할 것이다.

브레히트의 배우가 환경에서 행위의 근거를 찾는 반면, 스타니슬랍스키의 배우가 캐릭터 안에서 행위의 근거를 찾는다는 것은 일반적인 사실이다. 리허설의 목표는 행동을 개인의 심리 속에 끼워 넣는 것이 아니라, 그것을 집단의 사회적 행동 속에 위치시키는 것이다. 관객에게서 일어나는 결과는 정신 분석이 아니라 도덕적 토론이어야 한다. 훈련의 마지막 부분을 위한 은유로 다중의 문multiple door을 들 수 있다. 여러 개의 문 중 오직 하나의 문만 통과할 수 있지만, 반면 당신은 어떠한 문으로도 갈 수 있다. 여기에서의 과제는 보는 이들로 하여금 당신이 택할 수 있었던 많은 선택이 있었다는 것을 보여주는 방식으로 당신의 선택을 보여주는 것이다.

> 배우가 하지 않은 일은 어떠한 것이라도 그가 한 것에 포함되어지고 보존되어져야 한다. 이러한 방법으로 모든 대사와 제스처는 하나의 결정을 의미한다. 캐릭터는 관찰 속에 머무르고, 시험 당한다. 이러한 과정의 기술적 용어가 "not . . . but"을 '확립'하는 것이다. (Willett 1964: 137)

브레히트는 이 훈련에 대한 목록을 남기지는 않았지만, 문맥에 따라 적용될 수 있다는 것을 알고 있었다. 그는 억척어멈에서 보인 헬레네 바이겔Helene Weigel의 마지막 순간을 그 예로 들고 있다. 장례식을 위해 돈을 지불하면서까지, 바이겔은 억척어멈의 캐릭터에 대한 마지막 힌트를 주고 있다. 그녀는 가죽 가방에서 몇 개의 동전을 찾아 하나는 다시 가방 속에 넣고 나머지를 소작농에게 건네준다(Brecht 1972: 383). 만약 배우가 선택한 행동이 선택 가능한 유일한 행동이 아니었다는 것을 보여줄 수만 있다면, 관객들은 또 다른 변화를 선택할 수 있다는 것을 알게 되어 자극을 받게 될 것이다.

'not . . . but' 훈련의 목적은 'why'뿐만 아니라 'why not'을 묻기 위한 훈련이며 브레히트의 배우들은 항상 관객들에게 의도를 가지고 있었다.

작품Production

존 푸에지John Fuegi는 1954년 10월 7일 〈코카서스의 백묵원The Caucasian Chalk Circle〉의 오프닝 전까지 베를리너 앙상블 단원들이 600시간의 리허설을 진행했다는 것을 계산해 냈다

(Fuegi 1987: 161). 이것은 대략의 계산이지만, 작업이 완전히 구성될 때까지 얼마나 많은 연습 시간이 필요한지를 말해 준다. 주어진 시간동안 브레히트는 앞서 언급했던 모든 요소들을 실험했다.

1   메타텍스트metatext로 가기 위한 부정
2   유효성에 입각한 선善의 정의
3   어느 때고 노래 부를 수 있는 배우의 스타일
4   캐릭터를 둘러싼 이야기의 선후 관계와 사회적 배경
5   현재를 역사화 하는 것을 포함한 역사를 통한 접근
6   의문을 통한 날카로운 관찰
7   사회적 게스투스Gestus를 전달하기 위한 공동 작업
8   배우와 캐릭터의 이중대리
9   3인칭으로 말하기 (때로는 지시문을 직접 말함으로써 이 부분의 효과를 확대함)
10 'not . . . but'을 확립하기

베를리너 앙상블과 함께 한 브레히트의 주요 작품인 〈억척어멈Mother Courage〉(1949)과 〈코카서스 백묵원Caucasian Chalk Circle〉(1954)은 각각 피터 톰슨Peter Thomson (Thomson 1997)과 존 푸에지John Fuegi (Fuegi 1987)에 의해 보다 자세하게 묘사되고 있다. 여기에서는 브레히트가 연극을 만드는데 있어서 사용했던 광범위한 언어들에 대하여 설명하는 것이 좀 더 적합할 것으로 보인다.

　　이 책에서 소개한 다양한 모습 중에서, 그의 가장 주요한 모습은 극작가였다. 그는 또한 시인이었으며 능숙한 문장가였다. 언어는 그에게 가장 중요했는데, 즉 의미에 맞는 소리와 소리에 맞는 의미를 찾는 것이 그에게는 중요한 문제였다. 그는 아마도 리허설에서 배우들에게 제스처에 관해 질문하는 것만큼 문장에 관해서도 질문을 던지기를 원했던 것으로 보인다. 어떤 쪽이든, 의문하기의 목표는 효율성이다. 부분적으로 남아 있는 기록에서 브레히트의 질문 목록을 찾아볼 수 있다.

1   누가 그 문장을 사용하는가?
2   누가 그 문장을 사용하도록 요구받는가?
3   그 문장은 무엇을 요구하는가?

4 그 문장에 상응하는 실제적인 행동은 무엇인가?

5 어떤 종류의 문장이 그 문장으로부터 도출되는가? 어떤 문장들이 그 문장을 받쳐주는가?

6 어떤 상황에서, 누구에 의해서 말해지는가? (Willett 1964: 106)

브레히트의 리허설 분위기가 엄숙했다는 것은 오해다. 대게는 긴장하지 않고 개방적이었다. 브레히트의 방침은, 전통적인 연극 연습의 형태처럼 간섭을 할 수 있음에도 불구하고, 침묵을 유지함으로써 배우를 자극시켜 제안을 하도록 하는 것이다. 한스 분거Hans Bunge는 브레히트를 연출가라기보다 극작가로 기억한다. '항상 그(극작가로서의 자신을 뜻한다)가 말하는 것에만 의지하여 연기해서는 안 된다'(Fuegi 1987: 148). 배우가 다른 대안과 마주친다면 텍스트는 수정될 수 있다. 물론 이러한 변화나 수정은 출판을 위해 생략된 적도 있었다. 앙상블은 텍스트의 반복이 아닌 공연의 창작에 공동으로 참여했으며 브레히트는 그 창작이 명확하기를 기대했다. 희곡은 누구를 위해 사용되는가? 희곡에 상응하는 실제적인 행동은 무엇인가? 이것은 메타텍스트의 문제이며, 오직 공연만이 그것을 해명할 수 있다. 쇼미트 미터Shomit Mitter가 '브레히트의 연극을 특징짓는 텍스트와 주석 사이의 충돌'(Mitter 1992: 46)이라고 말한 것이 무대 위에서 일어났던 것이다.

투쟁의 흔적은 브레히트의 모든 생각 속에 존재한다. 그의 창작 에너지는 언제나 부정(반대하는 것)에 의해 고무되었다. 그의 초기작 〈바알Baal〉은 한스 요스트Hanns Johst의 〈고독한 사람Der Einsame〉의 영웅적 환상에 대항하고자 하는 마음과 대항희곡conuter-play, Gegenstücke에 대한 충동에 의해서 쓰인 작품이다. 따라서 당연히, 브레히트가 배우들과 함께 한 작업은 기존의 연습에 반하는 측면을 가지고 있다. 그는 기존 레퍼토리의 공연이 전통 공연양식을 주장하면서 관객을 수동적으로 만들고 사회적(기존의 상태status quo)를 강요한다고 믿었으며, 따라서 이들 모두를 바꾸고자 했다.

눈에 보이게 된 것은 또한 정복할 수 있다는 브레히트의 믿음은 의심의 여지가 없었다. 그는 아리스토텔레스 식의 희곡을 가지고 스타니슬랍스키 방식으로 공연화 할 경우 관객을 나약하게 만든다는 확고부동한 신념을 가지고 있었다. 게스투스Gestus의 개념은 연민pathos에 대항하는 개념이 되었으며, 브레히트의 실습을 시스템화 해보려는 이들에게 유감이긴 하지만, 브레히트 자신은 이 단어를 너무나 여러 가지 문맥에서 사용했다. 브레히트를 대신해 이 용어를 정의해보려는 시도들 중 가장 단순 명료한 것이 미터의 정의일 것이다. 그의 제안에 따르면 게스투스는 '내용content과 견해opinion를 내적으로 얽어매는 혼합적인 용어이다'(Mitter 1992: 48).

이러한 공식화의 문제점은 배우의 총체적 기여를 암묵적으로 과소평가하게 된다는 점이다. 최근에 들어서 배우의 입장에서 바라본 게스투스를 보다 깊이 연구한 메그 문포드Meg Mumford는 게스투스가 스타니슬랍스키에 대한 근본적인 대항이라고 제안했다. 그녀에 따르면, 게스투스는 '인간 정체성과 상호작용의 경제·사회적인 구조를 미적인 제스처로 표현한 것이고, 배우의 신체적이고 지적인 작업을 통하여 그 궁극적인 표현을 하게 되는' 무엇이다 (Mumford 1997: xviii). 이해하기 쉽지 않을 수도 있겠지만, 게스투스가 브레히트의 배우 트레이닝과 그의 공연의 성격을 정의하는데 중요한 개념임을 부인할 수는 없을 것이다. 기호학이 연극비평과 공연이론의 초점이 되기 이전에, 게스투스는 베를리너 앙상블의 작업을 이끌었다. 적어도 사회정치학적인 관점에서 게스투스는 배우의 준비 작업을 위한 기호학적 원칙에의 가장 정교하게 적용된 형태이다. 베를린에서 브레히트와 같이 작업했던 칼 웨버Carl Weber는 배우 개인에 대하여 가지는 관련성을 다음과 같이 회고한다.

> 게스투스는 캐릭터의 역사와 사회적 위치에 의해 결정되어졌다. 그리고 브레히트는 배우들이 각 역할에서 드러나는 모든 행동과 대사에서 발견되는 모순들에게 세심한 주위를 기울임으로써 게스투스를 발전시키도록 가르쳤다. . . . 이것은 매우 추상적으로 들릴지 모르지만, 그것은 리허설에서 가장 실제적이면서 심지어 즐거운 방식을 통하여 이루어졌다. (Thomson and Sacks 1994: 182)

아무리 작은 부분일지라도, 각각의 배우가 말한 것과 행동한 것을 해부하는 것이 리허설의 주된 일이었다. 이러한 점에서, 게스투스는 사회적 역사에 적용을 위한 정확한 진단서이다. 실제 제작에 응용될 때의 목적은 관객이 캐릭터의 행동뿐만이 아니라 그 행동의 근원을 읽어내고 그러한 것들을 자신의 삶에 적용할 수 있도록 이야기를 명확하게 만드는데 있다. 문포드는 '브레히트 연극 속에서 배우는 개인의 내적인 삶이 아닌 그들의 게스투스에 초점을 맞춘다'(Mumford 1997: 156)라고 말했다. 각각의 작업에 대한 노트에서, 브레히트는 종종 배우들이 어떻게 게스투스를 구현했는지에 대해 기록한다. 예를 들어 〈억척어멈〉의 4막에서 '위대한 항복의 노래'가 끝난 후, 바이겔은 억척어멈의 타락을 보여주기도 하고, 혹은 부정하기도 한다.

> 바이겔의 표정은 지혜와 심지어 고귀함으로 희미하게 빛났다. 그리고 이것은 훌륭했다. 왜냐하면 부패는 그녀가 속한 계급에 있는 사람들처럼 심한 것이 아니었고, 그녀 자신

은 이런 약점을 이해하며, 이것이 오히려 그녀를 화나게 한다는 것을 보여줌으로써 적어도 그것에 초연해하고 있었다. (Brecht 1972: 362)

브레히트의 배우는 캐릭터 이상을 재현한다. 배우가 방음 유리벽 뒤에 있다 하더라도 관객들은 희곡의 스토리와 의미를 모두 이해할 수 있다는 것이 브레히트의 주장이었다. 어떤 의미에서 그는 의상과 소품 그리고 배우들의 배열로 의미를 그리는 회화적인 연출가였다고 할 수 있다. 〈어머니The Mother〉나 〈억척어멈〉의 기록사진에서, 투쟁의 맥락들은 케테 콜비츠Kathe Kollwitz의 목판화가 보여주는 황량함으로 표현되면서 간결하게 잘 요약되어 있다.

베를리너 앙상블에서 연출가, 디자이너, 그리고 배우와의 관계는 가히 혁신적이었다. 이는 크리스토퍼 보우Christopher Baugh (Thomson and Sacks 1994: 235-53)에 의해 훌륭히 묘사되고 있으며, 특별히 이 장에서 다루는 주된 내용은 아니지만 배우들은 장면의 한 부분으로써 자신들을 잘 시각화 할 수 있어야 했으며, 카스파 네어Caspar Neher와 칼 폰 아펜Karl von Appen이 브레히트의 공연 제작에 결정적인 공헌을 한 멤버였다는 점은 중요하다. 〈억척어멈〉의 리허설 동안 네어의 부재는 큰 근심거리가 되었다. 리허설에 앞서 장면을 스케치하는 관행을 시작시킨 것이 바로 네어였다. 다음 장면의 연결을 암시하면서 무대 위의 캐릭터들을 어떻게 배치하고 공연 중 어디에 집중해야 하는지가 연구의 중심 과제였다. 리허설동안 이러한 무대 스케치가 시험되고 부정되고, 다시 확정되는 과정이 반복되었다. 장면을 보다 사실성에 근접하도록 하는 게스투스가 언제나 주된 탐구 목표였다. 베를리너 앙상블의 제작에서 모든 가변적인 에피소드의 중심에는 언제나 의미를 지닌 장면 만들기 signifying tableau가 있었다. 그러나 모순의 정신이 심지어 여기에서도 작용했다는 사실을 잊지 말아야 한다. 방음벽 이미지의 존재에도 불구하고 시각화를 우선시되기보다는 언어에 대한 세밀한 주의집중이 우선시되었다. 우리는 브레히트가 극작가였다는 사실을 잊어서는 안 된다. 그는 자신의 산문 작품 〈Me-Ti〉[묵자(墨子): 역쥐에서 독창적인 업적인 3인칭화를 요약하면서, 다음과 같이 쓰고 있다.

그는 스타일적이면서 동시에 자연스러운 언어형태를 만들었다. 그는 문장의 근저根底에 깔려 있는 태도에 주의를 기울이면서 이것을 이루어냈다. 그는 오로지 문장 속에 태도를 결합시켰으며, 항상 문장을 통해 태도가 보일 수 있다고 생각했다. 이러한 종류의 언어를 그는 'gestic'이라고 이름 지었는데 왜냐하면 그것은 그저 사람들의 제스처를 표

현한 것이기 때문이다. (Morley 1977: 120)

이 글은 브레히트의 연기에 대한 간단한 안내서이므로, '문장을 이루는 태도에 대한 집중'
과 '사람들의 제스처를 표현한 것'에 대하여 깊이 있는 논의를 하기는 어려울 것으로 보인
다.

│ 참고문헌

Brecht, B. (1964) 'Notes on Stanislavski', *Tulane Drama Review*, 9(2): 157-66.

____ (1972) *Collected Plays*, vol.5, New York: Vintage Books.

____ (1976a) *Collected Plays*, vol.6, New York: Vintage Books.

____ (1976b) *Poems 1913-1956*, London: Eyre Methuen.

____ (1990) *Letters 1913-1956*, New York: Routledge.

____ (1993) *Journals 1934-1955*, London: Methuen.

Brecht, B. *et al.* (1952) *Theaterarbeit*, Dresden: Dresdner Verlag.

Brook, P. (1972) *The Empty Space*, Harmondsworth: Penguin Books.

Chaikin, J. (1991) *The Presence of the Actor*, New York: Theatre Communications Group.

Esslin, M. (1970) *Brief Chronicles*, London: Temple Smith.

Fuegi, J. (1987) *Bertolt Brecht: Chaos According to Plan*, Cambridge: Cambridge University Press.

Honneger, G. and Schechter, J. (1986) 'An interview with Ekkehard Schall', *Theater*, Spring: 31-43.

Mitter, S. (1992) *Systems of Rehearsal*, London: Routledge.

Morley, M. (1977) *A Student's Guide to Brecht*, London: Heinemann.

Mumford, M. (1997) 'Showing the Gestus: a Study of Acting in Brecht's Theatre', unpublished PhD thesis, Bristol: University of Bristol.

Thomson, P. (1997) *Mother Courage and Her Children*, Cambridge: Cambridge University Press.

Thomson, P. and Sacks, G. (eds) (1994) The Cambridge Companion to Brecht, Cambridge: Cambridge University Press.

Toller, E. (1934) *I Was a German*, London: John Lane.

Völker, K. (1979) *Brecht: a Biography*, London: Marion Boyars.

Willett, J. (1964) *Brecht on Theatre*, London: Methuen.

Witt, H. (ed.) (1974) *Brecht as They Knew Him*, London: Lawrence and Wishart.

Chapter 8

조안 리틀우드
JOAN LITTLEWOOD

● ● ● **클라이브 바커**Clive Barker

배경The Context

조안 리틀우드는 여타의 많은 연출가들의 작업에 비해 이론화 작업을 멀리해 왔지만, 이것이 그녀의 작업 뒤에 이론적 배경이 전혀 없다는 뜻은 아니다. 안젤라 후르비츠Angela Hurwicz에게 브레히트Brecht가 리허설 동안 이론에 관한 이야기를 얼마나 나누었는지 물었을 때, 그녀는 '전혀.'라고 대답했다.[1] 또한 쿠르트 요스Kurt Jooss에게 라반Laban이 리허설 동안 얼마나 많은 이론을 언급했는지 묻자, 그 역시 '없다.'[2]라고 대답하였다. 출판을 통해 논리를 정연하게 한다는 것은 결정과 중재의 유일한 장소인 무대 위에서 일어나는 일을 직접적으로 언급할 때만이 적절한 것이다. 피터 브룩Peter Brook은 연극에 대한 상당량의 자기 견해를 출판했지만, 많은 부분이 독자에게 영감을 불러일으킬 미사여구로 채워져 있다. 그러나 이것이 리허설에서 브룩이 어떻게 작업하는지에 대해서는 확실한 암시를 주지는 못한다.[3] 아마도 그와 작업한 배우들의 증언과 일화에 대한 참고가 이를 위해서 훨씬 가치 있을 것이다.

리틀우드의 이론은 인터뷰와 선언문, 그리고 함께 작업했던 배우의 기억과 일화 등에서 단편들로 남아 있다. 이 장에서 서술할 위와 같은 다큐멘터리는 색다르고 주관적인 시선으로 조심스럽게 탐구되어져야 할 것이다.[4] 누가 무엇을 보고, 어떻게 해석될 수 있는지는 이들이 작업할 때 임한 태도와 함께 어떠한 수단과 재료를 바탕으로 전후 맥락을 해석했는지에 달려 있다. 전 단원이었던 마가렛 워커Margaret Walker에 의해 초석이 마련된 런던의 이스트 15 액팅 스쿨East 15 Acting School의 학생 편람은 대체로 시어터 워크숍Theatre Workshop을 '도전적인 레퍼토리와 연극의 적절성, 배우와 관객의 관계, 그리고 그들 관객의 사회적 근간들을 다루었다'고 언급한다. 이스트 15East 15는 '결코 기록 또는 성문화되거나 시스템화 되지 않은 작업의 방법을 고수하는 것'을 원칙으로 설립되었다.

리틀우드는 시스템화 되는 어떠한 메소드나 작업 방법의 존재를 거부하였다.[5] 어떤 것이 기록되지 않는다는 것은 곧 잊히는 것을 의미한다. 작업의 방법과 이론적 배경의 출판을 꺼려한 불행한 결과는 그녀가 어쩌다 맞아떨어진 딜레탕트(아마추어)로 여겨지게 했으나 이것은 진실과 거리가 멀다. 극단의 초창기에, 각 공연 다음날에는 상세하게 분석된 긴 노트가 벽보로 붙여졌다. 노트에 관한 어떤 것도 소홀히 다뤄지지 않았다. 집중에 대한 사소한 실수나 유지해야 하는 것에 대한 실패, 진부한 표현은 결코 느슨해지지 않는 매의 눈으로 경고를 받았다.[6] 내 경험에 비추어 볼 때, 그녀와 함께 어느 시기이든 작업을 해본 배우라면 그녀가 의도하는 미적 감각과 테크닉의 명확한 논증을 결코 의심하지 않을 것이라고 확신한다. 리처드 해리스Richard Harris는 기록하기를, '연극 학교에서 공부한 모든 시간보다 그녀와 함께 했던 한나절을 통해 더 많은 것을 배울 수 있었다.'[7] 나는 리틀우드가 이론적인 수립을 거절하는 것이 모순이라고 보지 않는다. 행동을 대신하는 말에는 언제나 깊은 불신이 분명히 자리하고 있다. '우리는 그들이 말하는 것을 알고 있지만 그들이 행한 것에 대해서는 어떠한가?[8] 이 질문은 연극을 창조하는 모든 과정뿐 아니라, 희곡의 한 장면에 대한 분석에도 적용된다. 리틀우드는 그녀가 가진 연극적 견해를 얼마 안 되는 성명에서 다음과 같이 언급했다.

나는 연출가 혹은 디자이너, 배우, 작가에 이르기까지 그 누구의 우월성도 믿지 않는다. 극장의 소란스런 예술은 공동 작업을 통해서 살아남거나 혹은 사라진다. . . . 한 사람의 생각이나 상상만으로는 연극이 어떻게 만들어질지 예견할 수 없다. 작가의 시詩 안에서 결정되어진 신체적이고 지적인 모든 자극들이 극단에 의해 공유되고, 마임과 토론 그리고 정확한 문법을 이루는 음악, 즉 대사와 연합된 움직임과의 통합이 철저히 시험되어야만 어떠한 연극이 완성될 수 있을지 예견할 수 있다.[9]

이 절묘한 연극에 관한 미사여구는 연극을 만드는 과정에 관한 질문들, 리틀우드의 극장 설립에 관한 문제들, 그리고 그녀의 작업방식을 명백하게 설명할 수 있는 실마리를 제공한 다는 점에서 충분히 고려할 가치가 있다. 무엇보다도 독단적이고 형식적이며 인위적인 방법에서 벗어나 각기 다른 재능, 기술과 정신을 가진 예술가 그룹과 협력적으로 작업하며 앙상블의 필요성과 그 힘에 대한 요구를 하고 있다는 점이 중요하다.

그녀는 독재적 접근을 받아들이지 않았다. 또한 자신의 서재에 앉아 무대그림과 안무를 계산하면서 몇 개의 병정과 세트 모델을 보며 작업을 하는 '천재적' 연출가의 개념을 경멸하며 내던졌다. 이들이 배우를 연출한다는 의미는 리허설 첫 날부터 미리 생각한 지시를 따르게 하는 것일 뿐이다. 이러한 접근법에 기초한 연극은 17명이 모여 한 사람의 상상을 보여주는 결과를 낳는다. 18명의 상상력과 함께 한다면 얼마나 더욱 강력할 것인가! 부연하자면 관습적인 연극 연습의 모델로서 클래식 오케스트라에 반대하며, 리틀우드는 재즈악단 jazz combo으로 시어터 워크숍의 작업을 분류했다. 위의 인용은 심포니 오케스트라를 연주하는 것보다 위대한 재즈를 창조하는 것이 더 어렵다는 이해에 바탕을 둔 것으로, 이러한 창조에는 형태와 구조, 스타일과 유연성 그리고 기교에 관한 더 엄격한 연구가 요구된다.

그림 8.1 제임스 골드먼(James Goldman) 작, 〈데이 마이트 비 자이언트〉(*They Might Be Giants*, 1961)를 위한 리허설 에서 패니 카비(Fanny Carby)를 지도하는 리틀우드 (Source: The Theatre Workshop Archive)

진지하게 연극을 다루며 조직적인 훈련을 넘어서 상상력에 대한 믿음을 가진 누군가에게 영국 연극계는 끊임없이 의심의 눈초리를 보내왔다. 리틀우드가 활약하던 시기에 가장 영향력 있는 비평가였던 케네스 타이넌Kenneth Tynan은 영국의 연출가들은 배우들을 두려워하는 것 같다고 말하곤 했다. 이는 결코 리틀우드에게는 해당되지 않는 말이다.

배경Background

시어터 워크숍Theater Workshop은 조안 리틀우드Joan Littlewood와 이완 맥콜Ewan MacColl에 의해 연합된 일련의 극단들을 선두에 두며 조직되었다.[10] 이 극단들의 주요 특징은 사회 참여적이고 공공연하게 정치적이었다. 이들은 당시 영국 극장이 접하기 힘들었던 1920-30년대 유럽 본토에서 벌어지고 있는 풍부한 연극적 실험을 감행했다. 이 책의 상당 부분은 미국을 포함해 연극의 새로운 운동에 영향을 끼친 예술가들을 다루고 있다.[11] 개인적 접촉과 열성적인 공부를 통해 극단들은 서로의 영향을 흡수하고 받아들였다.

이들은 새로운 무대 및 조명 기술들과 함께, 연극 제작과 극단을 연구하는 창조적인 도구로써 앙상블의 개념을 다루었다. 코포나 스타니슬랍스키, 메이어홀드와 같은 선구자들에 의해 이끌어진 극단들은 당시 손에 넣을 수 있는 재료들과 실제적인 재창조와 실험을 통해 연극의 역사를 끊임없이 연구했다. 리틀우드/맥콜 극단의 후기로 접어든 1930년대에는 전쟁이 도래했는데, 이 시기에 극단은 공연 역사를 위해 체계적인 연구에 착수했다. 각 배우에게 시대나 스타일이 할당되어 노트나 강의를 준비하도록 했으며, 자신이 이해한 것들을 사람들과 소통하며 나누었다. 이러한 모든 것은 리틀우드와 맥콜의 개인적 연구와는 별개로 이루어졌다.[12]

이들은 미학과 연극의 철학을 탐색했으며 이는 점차 아래의 내용을 기반으로 두각을 나타내기 시작했다:

1 당대의 사회적 이슈를 인식하고, 그런 의미에서 정치적인 공연이 되어야 한다.
2 연극적 언어는 노동자들이 이해할 수 있게 그러나, 필요할 때는 시詩처럼 단순하며 내포되어 있는 아이디어를 반영할 수 있는 언어이어야 한다.
3 움직임은 표현적이며 유연한 형태여야 한다. 연기에 있어서 수준 높은 기량과 기술이 요구된다.
4 공연은 기술적으로 수준 높은 음향과 조명이 필요하다.[13]

시어터 워크숍 작업의 주요 특징들은 캐릭터의 내적 진실을 창조하기 위한 스타니슬랍스키적인 테크닉들과 공연에서 표현적인 기술을 구조화한 루돌프 라반Ludolf Laban[14]의 작업을 결합하여 구성되었다. 여기에 덧붙여 조명을 극적인 방법으로 사용했다. 연출된 조명을 통해 잘 짜인 장면의 단위를 연출할 수 있었고, 종종 3차원적으로 무대 위를 색칠하며 분위기와 무드를 창조했으며 전체적인 공간을 행위의 범위에서 명확하게 구분하거나 관계 짓게 함으로써 재구조화했다. 이런 점들은 어둡거나 단조로운 조명을 사용하며 이차원적으로 그려진 무대에 의존한 대다수의 영국 연극의 실정과 상반되는 것이었다. 부드럽고 다양한 렌턴(조명등)을 사용하는 1950-60년대의 경향과는 다르게, 시어터 워크숍은 렌턴을 드문드문 사용하며 그림자와 어둠 역시 조명 공간으로써 중요한 환경으로 참여시켰다. 레벨과 램프를 사용하고 종종, 비계도 세웠다. 또한 공연을 위한 보조적 공간을 만들기 위해 무대 윙과 무대 천장을 개방했다. 이는 관객과 다양한 관계의 형태로써 배우를 돌출시키는 주요한 의도를 나타내는 무대 활용 방법이었으며, 프로시니엄 아치의 한계와 싸우며 동시에 그 효과를 밝혀내는 작업이라고 할 수 있다. 이러한 특징은 주요 개념이 스타일style로 도약한 것으로써, 1900년대 자연주의의 압박으로부터 벗어나기 위해 많은 연극인들과 이론가가 고민했던 주제이기도 하다.

리틀우드와 맥콜의 연구는 토론과 실험의 두 가지 관점으로 특징지어진다. 초기 20세기의 많은 실험들은 더 넓은 관객층에게 접근하기 쉬운 대중적인 연극을 만드는 데 실마리를 제공해 줄 과거 연극들의 형태와 구조를 발견하는 데에 관심을 가졌다. 1946년 리틀우드와 맥콜이 시어터 워크숍을 시작했을 때, 그들의 성명서에는 노동자뿐 아니라 도둑, 건달, 실직자를 포함한 모든 청중들이 함께 즐겼던 셰익스피어, 몰리에르 등의 위대한 과거의 연극 유산을 인정하는 내용을 담고 있다. 모든 작품은 극적인 액션과 더불어 춤, 노래들이 뒤섞여 있었다. 시어터 워크숍은 극장의 엘리트주의적 개념을 끝내고, 넓고 다양한 계층이 쉽게 접근할 수 있는 고전작품의 공연 방식을 추구하였다.[15]

시어터 워크숍의 실험이 가진 두 번째 특징은 연극의 본질을 관객과 소통하는 수단으로써 스타일style을 정의하는 것이다.[16] 리처드 핀들레터Richard Findlater는 1953년에 쓴 글에서, 영국 극장의 스타일을 '우아한 자연주의'로 정의하며 당시의 극장이 중요한 혁신자들을 보여주지 않고, 단지 세상 군상들만을 보여준 것을 유감으로 생각했다.[17] 시어터 워크숍의 작업은 결코 연극의 한 장면이나 연극 전체에서 우아한 자연주의나 또는 일관된 스타일로 특성을 나타내지 않았다.

이것은 위에서 인용했듯 법석을 떠는 연극 예술이 살아남기 위해 무엇 때문에 그토록 자세하고 엄격한 테스트를 요구하는 지를 말해준다. 16세기 연극 〈패버샴의 아든Arden of Faversham〉을 공연하기 위해 중국 연극 기술에 포함되어 있던 작지만 인상적인 한 예를 들어보자. 극중 2막 2, 3장에서 악역 블랙 윌Black Will과 셰익백Shakebag은 토마스 아든Thomas Arden을 죽이기 위해 강 옆에 매복을 한다. 밤에 매복을 하여 이 계획은 실패하고, 악인들의 계획이 뒤틀린다. 분명히 엘리자베스 시대 연극에서 이 장면들은 무대를 환히 밝힌 채 눈에 보이는 배우가 마치 어둠 속에 있는 것처럼 연기하는 것으로 많은 희극성이 유발됐다. 현대 무대 기술은 이런 스타일적인 연기를 불필요하게 만들었으며 현대적 재창조를 하면서 많은 재미를 잃었다.

〈어둠 속에서의 결투The Fight in the Dark〉는 〈교차로 여인숙The Inn at the Cross-roads〉과 〈가을 강을 건너며Crossing the Autumn River〉의 두 개의 경극에 있는 장면을 합친 것인데, 리틀우드는 강 한복판에 있는 두 개의 (존재하지 않는) 배로 장면을 무대화했다. 과거의 위대한 연극 속에서는 배우가 공간과 캐릭터의 이중 변형을 할 수 있어야 했다. 무대디자이너의 존재는 배우로부터 이 역할을 빼앗아 가버린다. 디자이너는 무대의 실제공간을 세트 위 가상공간으로 변형시키고 이 공간 앞에서 배우는 인물을 창조하게 된다. 이러한 분리는 배우의 상상력과 신체의 테크닉의 사용을 제한한다. 리틀우드의 배우에게로 되돌아온 공간의 변형은 그녀의 작품 〈오, 사랑스런 전쟁이여!Oh, What a Lovely War!〉에서 그 정점을 이루고 있다.

그림 8.2 헨리 채프먼(Henny Chapman)의 〈유 원트 올웨이스 비 온 탑〉(You Won't Always Be On Top)
(Source: Photo by V. J. Spinner by permission of The Theater Workshop Archive)

이와 같은 접근에서 볼 때, 작품은 각기 다른 스타일의 장면으로 이루어진 몽타주에 의해 특징지어지며, 어떤 작품도 결코 같은 방법으로 접근할 수 없었으므로 각각의 공연은 본질적인 연극의 특징들과 가치들로 평가받게 된다. 공통된 점은 대본을 개작하고 그 대본의 숨겨진 연극성을 밝히는 열린 기간*opening period*을 가진다는 점이다. 난해한 고전 대본들은 분석하는 데 오랜 시간이 걸렸다. 당대의 연극은 타이밍과 반어적인 특성 혹은 사회적 행동*gests*을 밝혀내기 위해 다른 배우들 혹은 여러 남녀의 쌍들이 연속해서 대사의 한 줄이나 구절을 말하면서 종종 실험의 대상이 되었다. 이런 모든 경우에서도 사회적 배경은 동시에 탐구되었다. 배우들은 리허설을 위해 책과 자료들을 가져와 이를 통해 얻은 통찰력을 토론으로 함께 공유했다.[18]

종종 이러한 이해는 활동적이고 탐구적인 무대를 자극했다. 브렌던 비언Brendan Behan의 작품 〈사형수*The Quare Fellow*〉에서, 배우들은 오랜 시간 동안 극장의 천장 주위를 걸어다녔다. 죄수는 계속적으로 입을 오물거리며 지껄여댔으며 간수는 이를 알아들으려고 애썼다. 〈인질*The Hostage*〉이라는 작품에서는 브렌던 비언이 직접 그의 친구에게 말하는 이야기와 노래로 시작했으며 그가 떠난 이후 계속해서 남겨진 녹음은 사람들을 즐겁게 하며 파티 분위기를 고조시켰다. 〈오, 사랑스런 전쟁이여!*Oh, What a Lovely War!*〉의 경우 최종 대본은 배우 자신의 연구가 리허설에서 형태를 갖추게 될 때까지, 어느 것도 최종일 수 없었다.[19]

리허설의 초기 단계에서 게임과 즉흥의 사용은 단순한 일은 아니었지만, 작품을 만드는 데는 많은 기능을 담당했다. 어떤 경우에는 대본에도 적용됐으며 대사에 활력을 불어넣었다. 배우의 일반적인 대사 외우기 숙제는 시어터 워크숍에서는 찾아 볼 수 없었다. 배우들은 리허설 기간 동안 집합적으로 대사를 익혔다.[20] 행동과 대사는 서로 분리될 수 없을 만큼 통합되었다. 당시 대부분의 연극에서 꼭 필요했던 프롬프터는 시어터 워크숍에서는 찾아볼 수 없었다. 동작과 행동이 통합된 대본이라면 배우의 연기가 '건조'할 수 있는 가능성은 매우 희박하다. 만약 건조한 연기가 됐다면, 장면이 문제없이 나아가기 위해 상대 배우들이 모두가 공유한 이해를 바탕으로 즉흥적으로 장면을 이끌 수 있다는 것이 자명했다.

리틀우드의 작업 중에서 배우와 함께 했던 게임과 즉흥의 중요성에 관한 가장 확실한 예는 실제로는 올리지 못했던 뷔흐너Büchner 작 〈당톤의 죽음*Danton's Death*〉에서 잘 나타난다.[21] 1835년에 쓰인 희곡이지만 20세기 초까지 공연된 적이 없었고, 작가는 무대화가 실제로 가능할 때를 기다리고 있었다. 작품은 파리 거리에서 우글거리는 혁명폭도의 장면을 담고 있었다. 리허설 초기단계에서 바닥에 사각형으로 줄이 그어지고 배우들은 아이들이 즐겨하는 '메두사의 뗏목The Raft of the Medusa'이라는 놀이를 했다. 적도부근에서 충분한 구명선도 없이 침몰하는 배(메두사)에서 살아남기 위해 생존자들은 상어가 있는 배 밖으로 약자들을 밀어내며 몸부림쳤다.

게임에서 모든 사람은 사각형 안으로 들어가기 위해 최후의 승리자인 한 사람이 남을 때까지 서로 밀어내야만 한다. 사각형 바깥 땅에 닿은 사람은 탈락한다. 이 게임은 리틀우드가 새로운 규칙을 내놓기 전까지 수일 동안 행해졌다. 첫 번째 새로운 규칙으로는 뗏목이 바다에 떠있는 시간이었는데 적도부근에서 5일, 10일, 2주 등이다. 각 단계에서 행동하는 에너지는 점차 쇠퇴해졌으며 동작은 차분해지고 가벼워졌다. 다음으로, 낭만주의 화가 제리코Géricault가 그린 「메두사의 뗏목The Raft of the Medusa」의 복사본을 가져와서 배우들로 하여금 이 그림에서 나타나는 스타일에 따라 게임을 할 수 있도록 했다. 마침내, 바다의 사각형을 없애고 배우들이 거리로 옮겨가면서 공연 양식이 확립된다. 하나의 단순한 게임으로부터 시대적 양식을 포함한 복잡한 해답은 거리 장면의 상연을 통해 진화했다.

그림 8.3 브렌던 비언(Brendan Behan)작 〈인질〉(The Hostage), 파리 페스티벌 Théâtre des Nations Festival, Paris, 리틀우드 제작 (Source: Clive Barker collection)

게임과 즉흥은 리틀우드가 시간, 무게, 방향, 흐름과 같은 특질들을 탐구할 수 있었던 하나의 실험실이 되었다. 이는 라반이 모든 움직임을 묘사했던 특질이기도 하다. 또한 공연의 리드미컬한 패턴을 구축하는 과정이기도 했다. 공연을 관람하거나 또는 참여했던 나의 기억을 더듬어 보자면, 위에서 언급한 것과 마찬가지로 공연은 마치 재즈 앙상블을 이루는 배우 개인마다의 리듬이 뒤섞여 완성된다는 점이다. 프롬프터의 존재와 무관한 공연의 흐름을 수행하는 것, 바로 이것이 리드미컬한 앙상블 연기이다.

리허설 테크닉Rehearsal Technique

이러한 작업 방식의 유용성은 대부분은 바로 그녀가 리허설에서 보여준 특별한 능력에 달려 있다. 연구와 경험을 바탕으로 한 연출력과 자질은 별도로 하더라도, 그녀는 다른 어떤 배우들보다 빠르게 결정짓는 능력을 가지고 있었다. 연습에서 그녀는 언제나 즉흥의 방향이 계속해서 발전하도록 변화시킬 수 있었고, 이는 배우들에게 압박감을 덜어주고 그들을 재빠르게 인지할 수 있는 상황으로 이끌며 리허설이 끝날 때까지 어느 어디로 튈지 모른 채 상상하도록 만들었다. 이를 위해서는 순수하고 믿음이 있는 특별한 타입의 배우를 필요로 했으며 이것은 많은 배우들이 왜 그녀의 연출에 대응하지 못하고 일찍 떠났는지를 말해주기도 한다.

어느 누구도 그녀가 올드 빅Old Vic 극장 근처에 가는 것을 기억하는 사람이 없음에도 불구하고, 리틀우드는 시어터 워크숍이 'Old Vic Acting 빅토리아식 연기 (올드 빅 극장시절의 연기)' 혹은 '과거형 연기'라고 묘사되는 것에 질색하였다. 이를 이유로, 그녀는 예술학교에서 훈련된 배우에 대해서 좋은 생각을 갖고 있지 않았다.[22] 다른 극단들의 작업에서는 흔히 동료 간의 조화에 큰 가치를 두지 않거나, 각자 연습한 배우들이 다른 동료들로부터 자유롭게 독자적으로 연기하며, 연출가에게 전체의 그럴 듯한 모양새를 만들기 위해 안무하듯이 역할의 구성을 의지했다. 이것은 일종의 미리 예상할 수 있는 과정이다. 이것은 모두 예전 상황에서 작업해왔던 매너리즘과 장치 및 효과들을 통합시켜 미리 계산된 것으로써 이후에 연습과 공연에서 다시 반복된다. 이것은 어느 정도는 실력 없는 연출가의 간섭으로부터 배우들을 구제해주는 장치이기도 하다. '각자 숙제하기'로 알려진 이러한 방식으로 영국의 배우들은 아주 오랜 기간 동안 자신의 공연에 대한 책임을 받아들이는데 익숙해져왔다.

재즈와 같은 앙상블에서 연기하는 이들에게 이러한 방법은 주로 처치 곤란한 배우들로 분류될 수 있는 방식이다. 연습은 인위적이고 마치 공장에서와 같은 절차로 바뀐다. 움직임을 연습하고, 이후 각각의 배우들은 각자 하려고 하는 것에 대해 다른 배우는 고려하지 않은 채, 그러나 보통 합의하는 방향으로 끄덕이면서, 그들이 하려고 하는 것에 대해 설명을 해줄 수 있는 인과 법칙으로 이루어진 극도로 단순화된 대사를 만든다. 그리고 난 후 이 대사를 외우고, 이후의 연습에서 배우들은 마지막에 '그만하면 될 때'까지 움직임과 행동을 다듬는다. 그러고 나서 공연은 고정되고 이러한 고정은 각 공연에서 변함없이 반복되어야 했다.

이런 과정에서는 대안을 탐색하고 장면에 대한 새로운 접근을 모색할 여지가 없다. 모든 공연들은 통제된 '표준의' 한계 안에 갇혀 있으며 배우가 배역의 심리적이거나 병적인 혹은 창조성 있는 극단적인 표현을 탐구할 수 없다. 공연의 목적이 고정된 공연물의 과거의 리얼리티를 동일하게 반복하는 것이기 때문에 현재에 일어나는 모든 것들은 무시된다. 벽이 무너져도, 무시한다. 관객석에서 소란이 벌어져도, 무관심을 유지한다. 리얼리티란 과거를 기억하고, 회복하고, 반복하는 것에 지나지 않는다. 이것은 '과거형 연기'를 양산하는 것이다. 이것은 공간에 무감한 연기이며, 몸의 균형을 바꾸고 신체적 감각을 지배하는 인식을 키우는 미세하지만 중요한 골반의 움직임을 억제하는 것과 같으며, 각자의 세계에 갇혀 자신을 둘러싸고 있는 배우들과의 정확한 시선접촉을 피해버리는 것과 마찬가지이다.

이것은 시어터 워크숍에서의 과정과 정반대를 이루는 것이다. 공연팀이 인위적인 대사가 아닌 총체적인 대사를 가져야 하는 것은 이제는 명백한 일이다. B에다 A를 더하는 데는 문제가 없으나 지속적으로 도전하고, 변화시키며 A를 발전시켜야 한다. 이러한 리틀우드의 작업 방식은 모든 연습은 공연처럼 보이고, 모든 공연은 연습처럼 보인다고 알려진 메이어홀드Meyerhold의 작업과 유사하다. 어떠한 경우에 있어서도 시어터 워크숍의 공연은 고정된 적이 없었다.

시어터 워크숍에서는 결과를 예측하는 시도나 혹은 배우의 방어적이고 회피적인 주장, 즉 '난 그렇게 느끼지 않아요!'라고 말할 만한 장치를 시도하게 내버려두지 않는다. 그런 말에는 적어도 '빌어먹을 넌 여기에 느끼려고 있는 것이 아니라, 넌 무언가를 하려고 있는 거야, 제길!'23로 응수할 것이다. 이 방식을 따른 경험 있는 배우들은 다른 곳에서는 결코 오르지 못할 공연의 경지에 도달하였다. 연극학교에서 교육받은 배우들보다 자발적인 초보자들이 더 나았다. 시어터 워크숍에 들어가기 위해서는 오디션을 보지 않고, 바bar 또는 보일러 인부로 일자리를 구해야 한다는 소문이 퍼지기도 했다.

앙상블을 창조하며 미리 형성된 의도나 행동을 억제하는 것은 배우 자신을 깨뜨리는 과정으로 이어졌다. 이것은 단지 하려고 하는 것을 미리 계획한 배우들이나 혹은 그렇지 않은 배우에 관한 문제가 아니라, 탐구하는데 어느 정도 한계를 두며 미지의 바다로 항해 하는 것을 미루는 모든 배우들의 문제였다. 억제하고자 하는 의식적 통제를 포기할 수 있는 자신감과 배우들의 믿음에 달려 있는 이 과정은 쉽지 않았다.[24] 잠재의식에 의한 직관적인 행동은 의식적인 통제에 의해 과도하게 무시되며, 결국 불가피하게 상투적인 공연을 낳는다.

가끔은 배우가 연기에 있어 다른 방식을 선택할 수 있는 유연성을 위해 자기 방어를 부수는 과감한 과정도 필요하다. 성적으로 확신이 없었고 경험이 전무했으며 동성애 공포증이 뿌리 깊은 사회적 배경을 가진 나에게 리틀우드는 무대 위에서 여성성을 표현하도록 요구했다. 나는 죽기보다 싫었지만, 이 경험은 다른 것들과 함께 나의 방어적인 억제들을 뚫고 나아갔다. 시어터 워크숍에서 제작한 〈에드워드 II세〉는 크나큰 고통이긴 했지만 당시에는 대체적으로 동정과 관용을 기대할 수 없었던 그의 숨겨진 동성애를 직면하도록 하는 과정을 통해 완성되었다.

가끔 이 과정은 부정을 통한 방법via negativa을 통해 끊임없는 행동의 반복을 낳았다. 끝없이 하나의 행동을 반복하는 것은 단정적인 거절을 의미하는 것처럼 보였다. 리틀우드와 작업해본 사람이라면 누구나 대사 한 줄을 몇 번이고, 각각의 배우에게 돌아가면서 타당한 억양과 시기, 강조가 나타날 때까지 반복해서 했던 경험을 떠올리곤 움찔할 것이다. 하나의 단위는 모든 배우들이 '뭘 해야 할지 모르겠다. 내가 갖고 있던 생각을 다 소진해버렸다. 아, 젠장.'이라고 생각할 수 있을 때까지 끊임없이 계속되었다. 의식적인 의도가 없는 바로 이때, 배우는 무대에 등장하여 간결하게 그것을 해낼 것이다. 이것은 거의 변함없이 정확했으며, 비로소 아무런 지적 없이 받아들여졌다.[25]

위에서 약술한 과정들에 더하여, 리틀우드는 때때로 프랑스 용어인 siffleuse(휘슬 부는 사람)로 알려진 독일식 테크닉에 의지하곤 했다. 배우가 각자 움직일 때마다 뒤에 프롬터가 따라붙어 배우가 의식적으로 대사를 떠올리기 전에 대사의 반을 미리 이야기한다. 배우는 상황을 탐구하기 위해 자유로울 뿐만 아니라, 대사를 기억해야 하는 것으로부터 자유롭다. 그러나 동시에 프롬터를 통해 어떻게 대사를 말해야 되는지에 대해 기능적인 의사소통의 방법으로 익힐 수 있게 된다. 휘슬 부는 사람의 사용은 우리에게 자연스러운 생각과 말의 상호 교환 과정을 회복시킨다. 부정을 통한 방법via negativa의 사용과 휘슬 부는 사람의 기능적 간섭은 잠재의식의 행위를 방해하는 스스로 자초한 억압과 대본의 압박을 제거시킨다.

앙상블을 위한 코치나 트레이너로서의 연출가의 작업은 배우가 미리 예상하는 것을 더 하는 것보다는 진짜가 되기 위해 장애물을 제거 또는 정련하는 것이다. 여기서 연출은 명령하기보다는 조종하는 자이다.[26] 극단이 이러한 훈련을 리허설 기간 동안 수행했다는 점을 주목해야 한다. 그 목적은 단순히 악기를 조율하는 것을 넘어서 첫째는 배우가 본능적으로 연기할 수 있는 조건을 만들어 연습의 시작에 즈음하여 훌륭한 조율의 과정으로써 상호교감을 통해 대체로 스타니슬랍스키와 라반에 기반을 둔 언어를 확립하기 위해서였다.

후기의 연습들Later Rehearsals

리틀우드의 특별한 재능 중 하나는 작업을 위해 희곡을 분석하는 능력이었다. 나는 그녀가 매주 초반에 그 주를 위한 자세한 연습 스케줄을 공표하며, 연습의 마지막이 20분을 넘지 않게 하는 것을 알고 있었다. 여기서 그녀는 문제를 가진 단위, 다시 말해 이후의 행동 대부분이 그 문제에 달려 있는 특정한 하나의 단위를 직감했다. 이것은 브레히트가 생각했던 이전의 모든 행위들을 모으고 다시 여기에서부터 뒤따르는 미래의 행위를 이끄는 마디 점 nodal point의 개념과 관련이 있을 것이다. 그녀의 이러한 지각력을 분석하기는 어렵지만, 특이하게도 성공적인 판단의 문제로 남아 있다.

리허설은 일반적으로 위에서 언급했던 단위들과 함께 이어졌다. 의도와 동기를 찾기 위해 중심이 되는 단위들을 찾게 된다. 변화들은 배우들을 위한 라반의 움직임에 의해서 탐구되었다. 문제의 해결을 위해 자주 사용하던 방법은 의도적으로 배우에게 대사나 움직임의 단위를 노래나 춤으로 신체화 하는 것이었다. 단위들은 종종 라반에서 연상된 또 다른 개념들로써 표현되었는데, 댄스 마임dance mine이 그것이다. 행위를 만드는 것은 점차 크기가 커지고, 연기를 춤으로 변환시킬 수 있는 리듬이 강조되었다. 그 반대의 과정을 통해 춤을 연기로 바꾸는 것도 가능하다.

〈오, 사랑스런 전쟁이여!Oh, What a Lovely War!〉에서는 죽은 이들의 매장을 묘사하는 장면이 있는데 언제나처럼 희곡을 표현하는 데 있어 행위는 중국 연극의 유행을 좇아 진짜 시체와 묘지를 재현하여 그럴 듯하게 보이려는 시도 없이 그려졌다. 행위가 진행되면서, 음악이 흘러나오기 시작하고 움직임은 점차 해골이 된 동료를 위해 땅을 파면서 노래와 춤에까지 영역을 확대했다. 노래는 '지옥의 벨이 울리네, 딸랑딸랑The Bells of Hell Go Ting-a-ling-a-ling'이었다. 마지막에는 음악은 사라지고 다시 움직임은 더욱 사실적이며, 처음에 시작했듯 마임적 재현으로 돌아왔다. 몇 편의 로렐과 하디Laurel and Hardy의 영화에서도 이 테크닉이 사용되었다.[27] 사실주의 테크닉에 머무르는 것을 거부했던 그녀의 이러한 연출적 특질은 감동적이었으며, 다양한 양식적 테크닉에의 광범위한 사용을 보여주었다.

리허설을 통해서 대위법counterpoint을 연구했으며 배우들은 자신들이 무대에 적용한 것들을 잘 인식하도록 했다. 희곡이 만들어 놓은 주어진 환경, 즉 아주 명확한 의도와 감정적인 분위기들이 만들어졌을 때, 배우들은 다른 정보를 이용하여 이를 보완하거나 혹은 부인해 보았다. 이 방법에는 배우의 태도와 움직임에 대안적인 시각과 주된 연기에 대한 해석 등을 제공하는 동료 배우의 끊임없는 제안이 함께했다. 무대는 각자 구분되지만 가치, 희망, 야망, 공포와 판단으로 충만한 각자의 삶을 지속하는 일관성 있는 캐릭터들로 채워졌다.

무대 위에서 단역은 존재하지 않았다.[28] 인위적이고 일차적인 연극 만들기에 대한 반항의 의미로써 시어터 워크숍은 무대의 구석구석을 역동적이고 살아 있을 수 있도록 풍성한 연극 구조의 제작에 힘썼다. 이런 방법으로 매 공연에서는 계속해서 새로운 것들을 찾을 수 있었다. 콘서트에서 각자의 삶을 연주하는 수많은 사람들이 있듯 어떠한 공연도 세세한 것까지 똑같을 수는 없었지만 각각의 공연은 언제나 공통의 이해와 목적, 그리고 리드미컬한 테크닉을 기반으로 하고 있었다. 이러한 상호의존과 대등관계는 자의식을 뛰어넘게 한다. 만약 연극의 목적이 어떠한 일이 벌어지도록 강제적으로 만드는 것이 아니라 그렇게 되도록 허용하는 것이라면, 리틀우드의 믿음대로, 이 테크닉은 지속적으로 그러한 상태를 얻기 위해 분투했다고 할 수 있다. 시어터 워크숍의 대표 배우라고 할 수 있는 해리 H. 코베Harry H. Corbett는 자신의 꿈은 '자신을 윙에서 무대로 이끄는 단 하나의 동기를 가질 수 있는 공연을 하는 것'이었다고 말한 적이 있다. 그런 면에서 그는 오직 다른 배우들에 대한 반응으로 연기하기를 원했다. 무분별한 행위들과 아무도 대답하지 않는 질문들이 쌓여 있는 무대 위의 세계에서, 시어터 워크숍은 연극의 이러한 이상理想에 접근했다. 물질적, 재정적으로 풍요롭지 못했지만, '가난한 연극'(그로토프스키Grotowski와 바르바Barba가 배우라는 원천을 총체적으로 사용하는 연극을 가리키는 용어)의 의미에서 보자면, 시어터 워크숍은 다채롭고 풍요로운 극단이었다.[29]

이러한 작업 방식의 저변에 깔린 원칙은, 첫째로 무대에 오르는 것은 오직 배우이므로 모든 것은 배우로부터 비롯되어야 한다는 것이다. 두 번째는 무대 위의 연기는 배우가 리허설에서 무엇을 해왔는가에 의해 결정된다는 것이다. 무대에서 배우는 단지 연기할 뿐이다. 그러나 모든 배우가 같은 방식 혹은 같은 폭만큼 준비하지는 않는다. 한 대화에서 리틀우드는 배우는 드레스 리허설에서 연습되었던 문과 다른 방향으로 들어갈 수 있어야 한다고 말한 적이 있다. 만약 이것이 불가능하다면 그들은 극장에 있어서는 안 된다. 즉 그들이 연습에서 공연의 재료를 연구하지 않았다면, 어떠한 방법으로도 의미 있게 연기할 수 있는 길은 없다.

이에 대한 위험 부담이 하나 있다. 어느 특정한 시점에서, 첫 공연의 압박과 당연한 귀결인 관객의 존재는 만약 배우들이 이 시점까지 공연 전체를 아우르고 있지 않다면, 공연을 함께 이끌어 가기 위한 연출가의 지시가 불가피하다. 사실 이렇게 되면 많은 부분에서 결말의 느슨함과 전체적인 일관성의 결여 등을 낳는다. 그 시점에서 연출은 집으로 발길을 돌려야 한다. 인위적인 연극에서는 연출가가 리허설 첫날부터 집으로 향하기 시작한다. 이 시점을 첫 공연이 있기 3, 4일 전으로 최대한 늦추는 것이 리틀우드의 특징이다. 여기에는 비난도 있었다. 이러한 과정을 이해하지 못하는 배우들은 그녀가 마지막에 가서 그 전에 어떻게 했든 관계없이 원하는 대로 공연을 만든다고 불평했다. 그러나 비평가들은 주요한 구성력과 공연의 이미지들을 칭찬했다. 여기에 반박은 존재하지 않았다. 독재적인 연출 방법을 되도록 늦추는 그녀의 방식은 공연을 기술적으로 일관성 있는 형태로 만들 수 있다는 믿음과, 무대 행위를 짜는데 있어 빠른 변화와 이를 활용할 수 있는 그녀의 능력에 기초한 것이었다. 그러나 그렇게 늦은 시점까지 복잡한 과정을 지나지 않았다면 그들을 하나로 이끌거나 연출하는 일은 불가능했을 것이다.

공연Performance

시어터 워크숍의 공연을 하나로 특징짓는다면 그것은 가공할 만한 에너지이다. 공연 에너지에는 두 가지 종류가 있다. 하나는 공연자가 공연을 팔기 위해 나갈 때, 공연의 질과 재료, 본질에 상관없이 뿜어져 나오는 에너지이다. '성공하기 위해 무대 위로 걸어가지 말라. 실패를 준비하며 나가면 너는 성공할 것이다.'라고 지시했던 리틀우드는 이러한 에너지와 강하게 맞섰다. 이는 이제까지 작업해온 재료들을 포함해 연습 동안 준비한 것들, 그리고 다른 배우들을 신뢰하는 것과 관련이 있다. 또한 높은 수준의 위험을 포함하고 있으며 시어터 워크숍은 언제나 위험을 장려했다. '효율efficiency은 곧 죽음이다'라는 경고가 종종 주어지곤 했다.

시어터 워크숍을 결정짓는 에너지는 리허설 동안 수반되는 과정들과 맺어진 약속으로부터 나오는 내부 에너지이다. 이것은 관객의 참여를 밀어내는 외부적 에너지보다 더 큰 관객의 반응을 이끌어낸다. 행위의 단위에는 언제나 계속적으로 겹치는 부분이 존재하기 마련이다. 하나의 단위가 끝나기 전에 언제나 다음이 시작된다. 대화를 이루는 대사의 많은 부분에는 대사 전체가 말해지기 전에, 이미 그 생각을 짐작할 수 있는 지점이 있었다. 이 부분은 다음 행동을 촉발시키는 방아쇠 역할을 하며 대화가 중첩된다. 배우들은 말하기 이전에 그들의 행동과 반응을 시작했다.

이는 행위의 흐름을 유지시키며 배우의 집중과 자극 에너지를 부각시키면서 관객을 계속해서 극에 참여시켰다. 배우들에게 앙상블에서 종종 나타나는 편안한 상태는 결코 허락되지 않았다. 이 상태가 되면 배우들은 '친해'진다: 개인적인 관계들이 무대로 잘못 들어서게 되고 갈등을 완화시켜 버린다.

그림 8.4 브렌던 비언(Brendan Behan)의 작품 〈사형수〉(*The Quare Fellow*), 리틀우드 제작
(source: Photo by V. J. Spinner by permission of The Theatre Workshop Archive)

켄트 바커Kent Barker는 '모든 배우들은 당신을 사랑한다. 그리고 그들은 당신을 싫어해야만 한다'는 리틀우드의 말을 상기한다. 시어터 워크숍은 편안한 곳이 아니었다. 배우들에게는 종종 자기만족과 현 상태에 안주하는 것을 막기 위해 거짓과 모략과 같은 가짜의 의견들이 제공되었다. 이곳은 하워드 구니Howard Goorney는 말하길, 한 주를 머물고도 그 경험에 대해 한 권의 책을 쓸 수 있는 유일한 곳이었다.

｜ 노트

1 그녀는 또한 낯설게 하기(*Verfremdung*)라는 용어를 베를린 앙상블(Berliner Ensemble) 시절 단 한번 들어보았다고 한다. Margaret Eddershaw (1994) 'Actors in Brecht', in Thomson and Sacks (eds), *The Cambridge Companion to Brecht*, Cambridge: Cambridge University Press.

2 요스(Jooss)는 존 호드슨 (John Hodgson)과의 인터뷰 중 이런 이야기를 했다. 이 기록은 헐 대학의 연극학과 (Department of Drama, University of Hull)에서 비디오로 발행되었다.

3 Graham Ley (1993) 'The Rhetoric of Theory: the Role of Metaphor in Brook's *The Empty Space*', *New Theatre Quarterly* 35 (August): 246.

4 필자는 조안 리틀우드와 함께 무대 감독, 기술 감독, 그리고 배우로서 1955년에서 1973년까지 3~4년의 기간 동안 함께 작업하였다. 공식적인 수업 프로그램이 존재하지 않은 때였다. 배움의 시작이 어디서부터였는지는 밝히기 쉬우나, 몇 년의 시간이 지난 후에, 경험과 배운 것들로부터 발전의 근원을 구분 짓는다는 것은 매우 어려운 일이다.

5 내 경험에 비추어 볼 때 리틀우드와 이완 맥콜(Ewan MacColl)과의 끈끈한 관계에는 그들이 가진 천재성의 폄하에 대한 너그러움과 함께 충분한 명성을 얻지 못한 것에 대한 거의 편집증에 가까운 분개가 뒤섞여 있었다. 이러한 전면적인 부정은 반신반의해야 할 것이다. 이러한 변증법적 양면(兩面)은 그들의 자서전들을 통해서 확인할 수 있다. *Joan's Story* (1994) London: Methuen, *Journeyman* (1990) London: Sidgwick and Jackson.

6 이 장에 소개된 대부분의 내용은 다음의 책에서 좀 더 자세히 진술되어 있다. H. Goorney (1981) *The Theatre Workshop Story*, London: Eyre Methuen, pp. 173-75.

7 Stated in BBC2 TV Programme on Littlewood, 1996.

8 조안 리틀우드와의 대화에서 인용함.

9 Quoted in Charles Marowitz (1965) 'Littlewood Pays a Dividend', in *The Encore Reader*, London: Methuen University Paperbacks, p. 230. 그는 인용의 출처에 관해서는 밝히지 않았다.

10 시어터 워크숍의 역사는 다음의 3개의 주요 저서를 참고했다: Joan Littlewood (1994) *Joan's Story*, London: Methuen; Howard Goorney's *The Theatre Workshop Story*, London: Eyre Methuen; Ewan MacColl (1990) *Journeyman*, London: Sidgwick and Jackson. 정치 연극을 다룬 초기 극단들에 관해서는 다음의 책에서 찾아볼 수 있다. Goorney and MacColl (eds) (1986) *Agit-Prop to Theatre Workshop*, Manchester: Manchester University Press and Samuel, MacColl and Cosgrove (eds) (1985) *Theatres of the Left* 1880-1935, London: Routledge and Kegan Paul.

11 Derek Paget (1995) 'Theatre Workshop, Moussinac and the European Connection', *New Theatre Quarterly* XI, Part 3 (43), August.

12 Rosalie Williams in Goorney, *The Theatre Workshop Story*, p. 20.

13 Goorney, p. 8.

14 Rudolf Laban (1960) *The Mastery of Movement*, London: Macdonald and Evans; Rudolf Laban (1975) *Modern Educational Dance*, London: Macdonald and Evans; also Jean Newlove (1993)

Laban for Actors and Dancers, London: Nick Hern Books.

15 Goorney, pp. 41-42.

16 시어터 워크숍을 이렇게 특징지을 수 있는 것은 처음으로 이를 언급한 앨버트 헌트(Albert Hunt) 덕택이다.

17 Richard Findlater (1953) *The Unholy Trade*, London: Gollancz, p. 81.

18 <네덜란드 창부>(*The Dutch Courtesan*)에 대한 연구는 엘리자베스시대 암흑기에 관한 교육을 위한 것이었다.

19 Derek Paget (1990) 'Oh, What a Lovely War!: The Texts and Their Context', *New Theatre Quarterly* VI, Part 3 (23), August: 244.

20 브라이언 머피(Brian Murphy)는 인터뷰에서 회고하기를, 시어터 워크숍을 떠나 레퍼토리에서 작업할 당시 무척 당황스러웠으며 그는 이전에 해본 적이 없었던 '혼자 대사 외우기'를 해야 한다는 것을 이때 깨달았다고 진술했다.

21 리허설 도중, 시어터 69(Theatre 69)에서 보다 이른 날짜에 같은 공연을 올릴 계획이 있다는 것을 알게 되었다. 극은 오직 훈련을 위한 것이었고, 실제로 올릴 의도는 없었다는 의혹이 있었지만 프로덕션은 취소되었다.

22 1950년과 60년대의 배우들은 지금보다 정형화되어 있었으며, 부자연스러우며 냉정한 경향이 있었다. 리틀우드가 연출을 포기할 때 즈음, 그녀의 방식에 적응할 배우들이 등장하기 시작했다는 것은 아이러니하다. 오늘날에는 그녀가 원하는 배우들을 찾는데 아무런 문제가 없었을 것이다.

23 여기서 리틀우드는 텍스트, 액션, 감정(the text; the action; the emotions)에 관한 프랑스 연출가 루이 주베(Louis Jouvet)의 의견과 일치하고 있다는 점을 알 수 있다.

24 Keith Johnstone's (1981) book, *Impro*, London: Methuen, 배우의 창의성을 막는 다양한 카테고리들이 소개되어 있다.

25 <인질>(*The Hostage*)을 위한 연습에서, 나는 나의 연기에 충분히 만족하며 침착을 유지했다. 이른 아침 극장에 도착했을 때, 리틀우드가 지나가자 나는 '안녕, 조안'하고 인사를 건넸다. 그녀는 멈춰 서서 쏘아보며 혹독하게 '너는 머리가 빈 빗자루일 뿐 아무것도 아니야.'라고 말하곤 가버렸다. 나는 정신적 충격의 상태로 연습에 들어갔지만, 동시에 그녀가 의도하고 원하던 상태를 위한 준비가 되어 있었다.

26 참조 2번에서 언급한 비디오 인터뷰에서 요스(Jooss)는 라반과의 작업에서, 배경 이론에 대한 토론을 한 적이 없었으며 댄서 내부에 '공간'을 만들어내지 않는 어떠한 움직임도 거부되었다고 말한 바 있다. 공간을 채우는 것이 '무엇이든' 간에 이것은 '진실'된 것이다. 오직 인간만이 행위를 창조할 수 있다. 라반을 잘 알고 있었던 리틀우드가 직접 이 개념을 차용했는지는 모르지만, 이러한 순서의 일부가 시어터 워크숍의 리허설을 특징지었다고 말 할 수 있다.

27 이 테크닉은 대중 코미디 분야에서도 다양하게 존재한다. 다음의 영국 코미디 쇼에서도 찾아볼 수 있다. Morecambe and Wise prepare breakfast to the music of 'The Stripper'

28 대위법을 통해 얻어진 공연의 구조와, 모순을 비롯한 뒤섞인 스토리 라인은 'the slag'이라는 배우 그룹의 작업으로 만들어졌다. 그룹의 멤버로서 그들과 함께 몇 해를 보낼 수 있었다는 점이 나는 매우 자랑스럽다.

29 Goorney, p. 175.

참고문헌

Bradby, D. and Williams, D. (1988) *Directors' Theatre*, Basingstoke: Macmillan.

Goorney, Howard (1981) *The Theatre Workshop Story*, London: Eyre Methuen.

Goorney, H. and MacColl, E. (eds) (1986) *Agit-Prop to Theatre Workshop*, Manchester: Manchester University Press.

Laban, Rudolf (1960) *The Mastery of Movement*, London: Macdonald and Evans.

____ (1975) *Modern Educational Dance*, third edition, London: Macdonald and Evans.

Leach, Robert (2006) *Theatre Workshop: Joan Littlewood and the Making of Modern British Theatre*, Exeter: University of Exeter Press.

Littlewood, Joan (1994) *Joan's Story*, London: Methuen.

MacColl, Ewan (1990) *Journeyman*, London: Sidgwick and Jackson.

____ (2008) *Plays 1*, London: Methuen.

Marowitz, C., Milne, T. and Hale, O. (eds) (1965) *The Encore Reader*, London: Methuen.

Newlove, Jean (1993) *Laban for Actors and Dancers*, London: Nick Hern Books.

Paget, Derek (1990) '*Oh What a Lovely War!*: The Texts and Their Context', *New Theatre Quarterly*, VI, Part 3, 23, August: 244-60.

____ (1993) 'The Rhetoric of Theory: The Role of Metaphor in Brook's *The Empty Space*', *New Theatre Quarterly*, 35, August: 246-54.

____ (1995) 'Theatre Workshop, Moussinac and the European Connection', *New Theatre Quarterly*, XI, Part 3, 43, August: 211-24.

Samuel, R., MacColl, E. and Cosgrove, S. (eds) (1985) *Theatres of the Left 1880-1935*, London: Routledge and Kegan Paul.

Thomson, P. and Sacks, G. (eds) (1994) *The Cambridge Companion to Brecht*, Cambridge: Cambridge University Press.

Chapter 9

스트라스버그, 애들러, 마이즈너: 메소드 연기
STRASBERG, ADLER AND MEISNER: METHOD ACTING

● ● ● 데이비드 크래스너David Krasner

메소드 연기는 미국에서 가장 대중적이고 논란이 많은 연기 접근법이다. 해럴드 클러먼Harold Clurman에 따르면 일반적으로 말하는 '메소드'는 "스타니슬랍스키 메소드 Stanislavsky Method"의 약어이다. 클러먼은 덧붙이기를, '메소드' 자체는 '역할로써 작업에 배우들을 사용하기 위한 테크닉일 뿐만 아니라 배우들을 훈련시키는 수단'이다(1994: 369). 스타니슬랍스키 시스템과 마찬가지로 메소드 연기는 배우가 더 큰 설득력과 느낌, 깊이에 도달하도록 배우를 돕기 위한 의도를 가지고 연기 훈련, 리허설 테크닉과 작업과정을 정리한 것이다. 메소드는 역할을 이해하고 효과적으로 연기할 목적으로 스타니슬랍스키 테크닉과 그의 제자 예브게니 박탄고프Eugene Vakhtangov의 작업을 결합한 것이다.

메소드 연기의 발전에 공헌했던 많은 교사, 연출, 배우들이 있음에도 불구하고, 세 명의 메소드 연기 선생이 이의 성공의 기준을 만든 것으로 인정된다: 리 스트라스버그Lee Straberg(1901-82), 스텔라 애들러Stella Adler(1901-92), 샌포드 마이즈너Sanford Meisner(1905-97)가 그들이다.[1] 그들은 1930년대 그룹 시어터Group Theater에서 함께 작업했지만, 각자 메소드의 다른 면을 강조했다. 이 에세이를 통해 나는 우선 메소드를 개략적으로 소개하고, 그러고 나서 이 세 명의 메소드 연기교사들의 이론, 훈련, 공헌을 다루고자 한다. 덧붙여서 메소드 훈련의 다양성을 제시하면서 세 선생들의 차이점에 조금 더 관심을 가질 것이다ー 스트라스버그가 강조한 점은 심리적인 것에, 애들러는 사회적인 것, 마이즈너는 행동적인 것에 있다. 더욱이 이 세 명의 선생들은 결과보다 과정, 즉 상업적인 공연을 장려하기보다는 연기 기술을 가르치는 데 있었기 때문에 연출을 넘어 교육을 강조하려는 경향이 있었다.[2] 이런 관점에서 나는 특정한 공연보다는 메소드의 이론과 훈련에 집중할 것이다.[3] 우선 메소드의 역사와 이론에 대한 간단한 개략이다.

메소드의 소개Introduction to the Method

미국의 메소드는 미국 연극 실험실American Laboratory Theater에서 시작했다. 1923부터 1926까지 스타니슬랍스키의 망명한 제자인 리처드 볼레슬라프스키Richard Boleslavsky와 마리아 우스펜스카야Maria Ouspenskaya는 이곳에서 연기 수업을 진행하며 새로운 연기 기술을 미국의 배우들에게 소개했다.[4] 1923과 1924년에 모스크바 예술극장은 미국을 방문했고 이로 인해 보강된 수업들은 미국 배우들에게 분명한 '메소드'를 창조하는 작업의 새로운 방식을 소개했다. 스타니슬랍스키의 시스템과 마찬가지로 메소드는 깊이를 가지는 인간 존재로서의 배우, 공연에서 쉽게 이해할 수 있는 것 이상의 의미를 발생시키는 복잡하고 심리적인 존재로서의 배우, 그 양자를 추구했다. 볼레슬라프스키와 우스펜스카야의 제자인 해럴드 클러먼Harold Clurman과 라 스트라스버그Lee Strasberg는 셔릴 크로포드Cheryl Crawford와 함께 1925년 시어터 길드Theater Guild에서 만났는데, 이들의 연합은 그룹 시어터Group Theatre를 낳았다(1931-40).[5] 그룹The Group(그룹 시어터를 일컬음: 역주)은 새로운 미국의 연극들을 제작하는데 공헌한 배우들의 모임을 둘러싸고 통합되었고, 스타니슬랍스키의 시스템으로부터 나온 양식으로 이를 공연하였다. 더욱이 그룹은 사회적 저항, 도덕적, 윤리적 개념과 정치적 행동주의를 강조하는 연극에 전념했다. 그러므로 '메소드 연기'는 연기 기술에 대한 스타니슬랍스키를 강조하며 가져온 기술로써 등장했고, 역할에 대한 작업에서 있어서 개인의 인생과 정치적 이상으로부터 구축해 나가는 배우의 작업을 강조했다.

메소드 연기는 그룹의 연습과 공연에 대한 유일한 접근방식이었다. 이것은 그 당시 미국 연극의 연기 시스템과 상당히 구별되는 실제와 이론적인 기초를 갖춘 극단을 탄생시키며 앙상블 기술과 그룹 배우들에 의해 계발된 집단적인 연습과정으로부터 발전했다. 배우의 '내적인 삶inner life'에 대한 스타니슬랍스키와 박탄코프의 작업은 그룹 작업 과정의 일부분이었다. 스타시스템 대신에 앙상블 작업이 강조되었다. 즉 오직 영감에 의존하기보다는 그룹의 배우들은 구체적인 감정과 행동을 불러내기 위해 훈련되었다. 매너리즘 대신에 그룹의 배우들은 겸손하고 자연스러운 무대에서의 침착성을 발전시켰다. 과장된 연극성 대신에 그룹의 배우들은 공연에서 진짜의 행동을 강조했다. 그룹의 배우이자 선생인 로버트 루이스Robert Lewis는 무대 위에서 진짜의 행동은 '실제로 경험되어야 하지만, 예술적으로 조절되고, 표현하는 특정한 인물과 장면의 주위환경 그리고 공연 되어지는 작품과 작가의 선택된 양식을 위해 정확하게 사용되어야 한다'고 설명하였다(1958: 99). 그룹에 있어서 감정과 느낌을 '나타내는 것'은 실제로 '느낀' 경험들에 의해 대체된다. 즉 영감과 기술은 '상호간에 배타적인 것이 아니다'(Smith 1990: 38). 그리고 배우들은 자신의 역할의 삶을 관찰하고 살아봄으로써 자신의 역할을 경험했다. 스텔라 애들러의 말에 따르면 '그룹 시어터는 미국의 연극을 완전히 바꿔놓은 연기의 기준을 만드는데 기여하였다'(1976: 512).

메소드 선생들은 미국 실험 극단American Laboratory Theatre, 그룹 시어터Group Theatre 그리고 이디쉬 극장Yiddish Theater에서의 그들의 공동 작업에 의해 영향을 받았다.6 1950, 60년 대에 스트라스버그(액터스 스튜디오Actors Studio에서),7 애들러(스텔라 애들러 예술학교 Stella Adler Conservatory에서), 마이즈너(네이버후드 플레이하우스Neighborhood Playhouse에서)는 각자 스타니슬랍스키 시스템의 정통 후예임을 주장하면서 그들의 접근법을 강조하기 위해 스타니슬랍스키와 박탄고프의 다양한 무대 작업을 이용하며 각자의 메소드 버전을 발전시켰다. 이들 셋은 강조하는 문제들이 약간 갈라지긴 하지만, 대략적으로 메소드 연기에 본질적인 10가지 원칙에 대해서 합의했다:

1 배우는 무대 위의 모든 말과 행동, 관계를 정당화해야 한다. 배우는 움직이면서 동시에 말하지만, 모든 것은 동기motivation를 최대한 강조하기 위한 연습을 통해 이루어진다.
2 인물의 동기를 찾을 때, 배우들은 목적, 행동, 의도를 조사한다. 배우들은 무대 위의 모든 행동을 야기하는 인물의 초목적super-objective 또는 '축spine'을 발견한다.
3 인물의 초목적은 절박해야 한다. 즉 모든 행동과 목적은 즉시성('얼마나 목적을 절실히 원하는가, 그리고 만약 당신이 그것을 달성하지 않는다면 결과적으로 무슨 일이 벌어질 것인가?')을 가져야 한다. 이것은 그 목적을 어렵게 달성하기 위한 '장애물'을 만드는 것을 포함한다. 절박함은 이완과 집중, 목적의 창조적 선택choices으로부터 나타나야 한다.
4 그 목적을 위해서, 배우는 인물의 행동을 유발하는 서브텍스트subtext 혹은 사고 과정들

을 만든다. 대본 안의 모든 말에는 숨어 있는 뜻이 있으며, 작가가 쓴 말을 돕는 비언어적 근거로 정보를 제공한다. 작가가 쓴 말들은 표면적인 청사진으로 작용한다. 다시 말해, 서브텍스트는 역할의 내부 정의를 제공한다.

5 역할의 서브텍스트를 찾으면서 배우는 일반화를 거부하고 대신 대본의 구체적인 **주어진 환경**given circumstances을 강조한다. 그것은 인물의 행동과 삶 그리고 다른 인물과 상황에 관계하는 방식을 결정짓는 시대적 양식과 사회적 유행을 포함하는 모든 것을 일컫는다.

6 주어진 환경을 밝혀내면서, 배우는 마치as if 그들이 연극의 상황에서 살고 있는 것처럼 행동한다. 그렇게 하는 동안 배우는 말 속에 내재해 있는 흥미로운 생각들로 살을 붙여 텍스트를 강화시킬 수 있는 창조적인 선택들을 상세하게 다루면서 그들의 상상력에 초점을 맞추어야 한다.

7 진실한 행동에 대한 강조, 즉 느낌들을 결코 '설명'해서는 안 된다. 차라리 배우는 자신의 열정과 감정으로부터 작업을 해야 하는데, 종종 메소드 연기를 '안에서 밖으로'의 작업이라고 언급되기도 한다. 메소드 연기 연출자이자 그룹 시어터의 초기 멤버인 엘리아 카잔Elia Kazan은 박탄코프의 이론[8]을 세우면서 다음과 같이 썼다. 메소드 배우에게 있어서 무대 위의 경험은 외적인 모방에 의해서 제시되는 것이 아니라 실제적이어야 한다. 배우는 자기가 연기하고 있는 인물이 겪고 있는 것을 겪어야 한다. 감정은 척하는 것이 아니라 사실이어야 한다. 이것은 지시되는 것이 아니라 벌어져야 하는 것이다 (1988: 143).

8 실재 느낌을 경험하기 위하여, 마치 그 사건이 현재 실제로 무대 위에서 일어나고 있는 것처럼 말하고 들으면서 배우는 매 순간moment to moment을 **충동**impulse적으로 작업한다. 메소드 연기에서 인물칭조는 고정되어 있는 것이 아니라, 무대 위의 사건에 유연하고 즉발적으로 반응하는 것이다. 스트라스버그는 다음과 같이 설명한다.

> 배우는 자기가 무대에 나가서 뭘 하려고 하는지 알고 있어야 함에도 불구하고 여전히 그것이 처음으로 일어나는 것처럼 보이게 해야 한다. 이것은 신체, 목소리, 표현의 모든 면이 충동적으로 자연적인 변화를 따라야 한다는 것을 의미한다. 배우는 반복하지만 충동의 강도는 날마다 변하는 것이 당연하다. (1965: 167)

9 리허설은 극적인 대본을 가지고 즉흥하는 것을 필요로 한다―지브리쉬gibberish(스트라스버그), 바꾸어 말하기(애들러), 반복훈련(마이즈너)―이는 배우의 개인적인 해석과

탐구를 장려하면서 배우로 하여금 말에 대한 의존으로부터 자유롭게 한다.

10 마지막으로 배우는 역할을 개인화 하는데, 즉 자기 자신으로부터, 자기의 감정적, 심리
    적 혹은 상상의 사실성으로부터 역할과 관련되는 기억, 삶의 경험과 관찰한 시각적인
    면을 동원해서 끄집어낸다.

이 마지막 요소는 로버트 브루스타인Robert Brustein으로부터 비판을 받았는데, 그는 메소드
배우는 자신의 안에 있는 그들의 관심을 반영하면서 '일반적으로 역할마다 똑같은 인물, 자
기 자신의 성격으로 알아볼 수 있을 정도로 비슷한 인물을 보여준다'고 불평했다. 부루스타
인에게 있어서 이 '주관적이고 자전적인 접근방법은 가장 두드러진 미국 연기 방법을 반영
하고 있는데, 지금의 용어인 '개인화'와 '사적인 순간'과 같은 문구를 포함한다. 이는 자기
자신의 정신적인 역사를 조사하는 것과 관련된 기술을 의미한다'(1973: 1). 여기에서 부르스
타인이 깨닫지 못한 것은 그 자아가 정지되거나 고정된 것이 아니라, 발전한다는 것이다.
다른 말로 하면 인간은 그 자신을 계속적으로 재창조한다는 것이다. 그 자아는 새로운 관
계에 들어감에 의해서 변화한다. 그리고 배우는 각각 연속적인 인물화를 위해 새로운 생각
들을 가져와야 한다. 게다가 그 자아는 인물탐구에 있어서 절대로 제외될 수 없다. 즉, 텍
스트분석에 개인적 경험과 삶의 관찰을 부여하는 것은 반드시 모순된 작업의 과정은 아니
다. 메소드에 대한 브루스타인의 관점은 주제를 다룬 많은 학술적 저술에서 오해의 소지가
있는 의견임에도 불구하고 일반적이다.9 다음으로, 나는 그런 실수들을 피할 뿐 아니라, 다
양성과 폭넓은 적용 가능성을 밝혀주는 메소드의 세 가지 기본적인 접근방법을 규정하고
자 한다. 여기에 쓰인 세 개의 접근방법은 그룹 시어터에서의 경험에서 생성된 것이지만,
각각의 구체적인 특징에 따른 것이다.

리 스트라스버그Lee Strasberg

진실과 감정: 공개적으로 자신을 사용하기Truth and Emotion: Using the Self in Public

연기하는 인간은 살아 있는 인간이다. (Strasberg 1965: 78)

그림 9.1 액터스 스튜디오(The Actors Studio)에서 수업 중 장면 지도를 하는 리 스트라스버그(Lee Strasberg)
(Source: Photo © Leonard McCombe/Time Life Pictures/Getty Images)

리 스트라스버그는 그룹 시어터의 창립멤버였다. 이후 1937년에 그는 그룹을 탈퇴했고, 선생이자 연출자로 활동했다. 1949년에 그는 액터스 스튜디오Actors Studio의 이사직을 맡았다. 스튜디오의 설립자가 아님에도 불구하고 그는 결과적으로 그 학교와 동일시되었다. 메소드 연기라는 용어 자체는 스트라스버그와 액터스 스튜디오와 가장 밀접하게 연관되어 있다.

스트라스버그는 연기에 대한 몇 가지 접근법을 계발했지만 그 중 세 가지 점이 두드러진다. 이완, 집중력, 정서적 기억이 그것이다. 스트라스버그에게 있어서 기본적인 효과는 '이완과 집중'의 과정을 통해 '배우의 내적인 능력의 훈련'으로 지도되어야 한다는 것이다(1987: 116). 이완과 집중력의 이 이중적인 과정은 배우들을 개인화하게 만드는데, 스트라스버그의 학생인 킴 스탠리Kim Stanley는 이를 '당신이 사용할 수 있는 당신 안에 있는 것'을 발견하는 것이라고 설명한다(quoted in Gussow 1982).

스트라스버그의 메소드 이론은 '구체적으로 적용될 수 있도록 일련의 법칙이 아닌 과정'에 입각한 것이다(Hull 1985: 18). 스트라스버그에게 있어 역할로 들어가는 하나의 길은 없다. 각각 연구하고 해결해야 하는 각자의 문제가 있다. 그러나 무엇보다도, 배우는 '자기 자신으로부터 창조할 수 있는' 사람이라고 스트라스버그는 설명한다(1965: 81). 이를 위해 배우는

'무의식과 잠재의식에 호소'할 수 있어야 한다. 창조성의 상태에 이르는 것은 '배우를 무의식적으로 흔들어놓는 어떤 존재'를 요구한다(1965: 82). 스트라스버그는 그의 가르침의 주요 내용을 다음과 같이 정의한다.

> 배우가 이완하고 집중하는 것을 배운다고 합시다. 그는 자신의 상상력을 불러일으키는 것을 배웁니다. 이것은 자기가 하고 있는 것에 대한 현실성과 논리에 있어서의 신뢰입니다. 그러나 우리는 이를 위한 배우의 표현이 약하다는 것을 발견합니다. 종종 우리는 밖으로 나올 수 없는 내면에서 무언가 일어나고 있는 것을 봅니다-얼굴을 찌푸리는 것, 눈을 찌푸리는 것-감정은 허용되지 않고 있습니다. 때로 배우는 울고 싶지만 울 수 없을 때를 느끼는데, 그는 눈물이 흐르도록 근육을 이완시킬 수 없습니다. 이러한 상태는 감정 표현을 하지 못하게 만들어져 왔습니다. 나는 배우의 표현에서 느끼는 모든 문제에 대해 경험했던 것을 말하려고 합니다. (1964: 123)

스트라스버그에게 있어 표현을 자유롭게 하는 것은 이완, 집중과 함께 시작한다. 데이비드 가필드David Garfield는 이완을 쉽게 하기 위해 '스트라스버그가 배우를 의자에 앉게 하고, 원한다면 잠에 빠질 수 있는 자세를 취하게 하는 것'을 관찰한다(1980: 169). 쉽지는 않지만 배우는 관객 앞에서 이완해야만 한다. 특히 중요한 것은 펠덴크라이스Feldenkrais 실습가들의 주요 관심부분인 턱의 이완이다.[10] 이완이 증대하고 감정이 요동한다고 느낌에 따라 배우는 '감정이 차단되지 않게 만들기 위해서 목을 열고 소리가 가슴 깊은 곳에서 나오게 한다'(1980: 168). 배우는 계속해서 소리를 내며 긴장 완화를 돕고 창조적 표현을 자유롭게 한다.

집중력을 계발하는데 있어서, 스트라스버그는 일련의 감각기억 연습을 강조한다. 감각 기억은 그 감각들의 자극이다(촉각, 미각, 후각, 청각, 시각). 배우는 삶 속에서 중요한 사건을 회상하고 감촉, 맛, 시각적인 것 등의 감각적인 요소만을 기억하려고 노력한다. 감각을 상기하는 능력은 더욱 더 직감적인 인식과 경험을 하게 하면서 마음보다는 신체를 자극한다.

감각기억 연습에서, 배우는 상상의 대상을 다루는 것으로 시작한다. 배우들은 커피 마시기, 면도하기 혹은 다른 일상 활동을 재창조한다.[11] 요점은 그 행동을 마임하는 것이 아니라 그 경험에 깔려 있는 심리적인 동기를 찾는 것이다. 가필드는 이 점에 대해서 분명히 했다: '배우가 무대 위에서 만들어야 하는 대상을 상상할 수 있는 범위는 무한하다. 그것은 물리적인 대상, 전체적인 감각, 정신적 혹은 환상적인 대상, 상황, 사건, 관계들, 그리고 다른 인물들을 포함한다.' 가필드는 주장하기를, 만약에 배우가 역할에 대한 책임을 다하려 한다면, '배우는 가장 간단한 감각기억 작업에 충분히 훈련받아야 한다'(1980: 170). 그가 말하는 '충분한 훈련'이라는 것은 배우가 단순히 사물을 창조하는 것이 아니라 사물에 개인적인 역사를 부여하는 것을 의미한다. 예를 들어 배우가 유리잔을 잡는다면, 그 유리잔은 단순히 사물이 아니라 애인이나 친구에게서 받은 선물이다. 배우는 애인이 어떻게 그 유리잔을 선물로 주었는지를 상기하고 그러는 동안, 그 감각을 통해 시간, 날씨, 애인의 신발 색깔 등을 기억한다.

　　스트라스버그의 사적인 순간에 있어서, 배우는 교실안의 관객 앞에서 그들의 '사적인 순간들'을 산다. 사적인 순간은 말 그대로 사적으로 하는 행동의 공연이다. 덕 머스턴Doug Moston에 따르면, 이는 1956년과 1957년에 스트라스버그에 의해 계발되었는데, '배우들이 관객에 의해 관찰되는 동안 진실로 사적인 형태로 행동할 수 있는 능력을 만드는데 도움을 주기 위해서 계발되었다'(1993: 93). 대중 앞에 사적으로 있다는 것에서, 배우는 거리낌이 없어진다. 포스터 허쉬Foster Hirsch는 사적인 순간은 공연이라기보다는 연습이기 때문에 '그것은 배우가 대본이나. . . . 관객에 대한 의무로부터 벗어나게 해준다'(1884: 136). 스트라스버그가 말하듯 사적인 경험으로부터의 작업에서 배우는 '우리 앞에 앉기 위해, 아로마 향을 맡으며, 신체적인 어떤 것도 하지 않고 오직 당신이 집중하는 것에만 초점을 맞추기 위해' 자유롭다(quoted in Hirsch 1984: 137). 사적인 순간은 또한 배우가 그렇지 않으면 공유할 수 없는 느낌들을 경험할 수 있게 해준다. 스트라스버그는 목소리가 단조로운 여배우의 예를 든다. 그녀가 사적인 순간을 사는 동안 그는 그녀가 혼자 있을 때 음악연주를 즐기면서 마음껏 춤을 추는 것을 발견했다. 그러고 나서 그는 그 여배우에게 좋아하는 음악을 연주하고 무대 위에서 격렬하게 춤을 추게 하였다. 그 경험에 대해 그는 다음과 같이 설명한다:

　　이것은 당신의 머리카락을 쭈뼛 서게 할 것입니다. 당신은 이 여성이 이 정도의 반응과 표현을 지니고 있었다고 절대 생각하지 못했을 것입니다. 우리는 그녀가 그렇게 하도록 만들었고, 이는 효과가 있었으며, 이 순간 이후 그녀의 목소리와 행동에 변화가 생겼습니다. 우리는 사적인 순간을 사용하면서 일종의 장애를 뛰어넘었습니다. (1964: 125)

스트라스버그에게 있어 가장 논쟁의 여지가 있는 훈련은 스타니슬랍스키의 파블로프 훈련[12]에 대한 초기 작업과 공연을 위한 정서에 대한 박탄코프의 작업,[13] 그리고 심리학자 테오뒬 리보Théodule Ribot[14]의 작업을 혼합하여 계발한 정서적 기억affective memory이다. 이것의 목적은 무대 위에서 감정을 해방시키는 것이다. 스트라스버그는 설명하기를:

> 정서적 기억의 기본은 감정의 불러오기가 아니라, 무대 위에서 배우의 감정이 정말로 진짜여서는 안 된다는 것이다. 그것은 항상 기억된 감정이어야 한다. 지금 바로 일어난 감정은 조절할 수가 없다−무슨 일이 일어날지 모르고, 배우는 이를 항상 유지하고 반복할 수 없다. 기억된 감정은 배우가 창조하고 반복할 수 있는 것이다: 숨 가쁘지 않은 채로. (1964: 132)

스트라스버그에게 있어, 정서적 기억은 '배우의 사실성을 이루는 근본 요소이다'(1964: 131). 특별히, 그 감정은 스트라스버그가 단지 '문법적인', 혹은 지시되었거나, 대본에 대한 해석이라기보다 한 사람의 몸과 마음에 깊이 배어든 과거에서 나온다(1964: 131; 1965: 112). 에드워드 이스티Edward Easty는 다음과 같이 설명한다.

> 감정적인 경험의 '레퍼토리'를 갖게 되면 배우는 인물에게 필요한 욕구를 적절한 때에 불러낼 수 있다. '레퍼토리'가 많으면 많을수록 배우는 더 많은 창조적 자원을 가지고 더욱 광범위한 역할을 연기할 수 있다. (1981: 45−46)

이것은 보통 작품의 환경에 적합한 감정을 찾으려는 시도로 시작되지만, 스트라스버그가 '경험의 감정적 가치는 변할 수도 있다'고 설명한 것처럼, 그 감정은 이후로는 다소 다른 형태에서도 나타날 수 있다. 어쨌든 '많은 정서기억을 시도함으로써 배우는 점차로 영구적인 기억창고를 획득하고, 그것들을 계속 사용함으로써 더 쉽게 불러올 수 있게 된다'(1965: 111). 로버트 루이스는 다음과 같이 주장한다. 정서적 기억에서, 당신이 상기하고 있는 사건에서 끄집어낸 감정은 당신이 연습을 반복하는 동안 성질이나 양 혹은 그 둘 다가 약간 달라진다(1980: 126). 이것은 기대될 뿐만 아니라 환영을 받기까지 한다. 왜냐하면 사건에 대한 당신의 느낌들은 점진적으로 바뀌게 되고, 당신의 감정 또한 따라서 발전할 것이기 때문이다. 사실상 그것들은 당신이 연습을 할 때마다 미묘하게 변할 것이다. 그 중요성은 배우가 감정적으로 유용하게 계속적으로 그리고 표현적으로 느낌과 열정에 반응하도록 준비되었다는 사실에 있다.

정서적 기억에서 배우는 완전히 이완된다. 그러고 나서 그 배우는 상기하려고 애쓴다.

루이스는 이를 묘사하기를, '당신이 생각하는 당신의 과거에 있는 어떤 사건은 장면의 문제를 위해 유용한 어떤 느낌을 자극할 수도 있다. 먼 과거일수록 더 할 수 있다'(1980: 126). 여기서 중요한 말은 '문제'이다, 왜냐하면 배우는 장면에서 요구하는 감정에 어렵게 따라가기 때문이다. 배우는 감정을 강요하려고 애쓰지 않는다. 차라리, 그 때 일어났던 모든 상황을 기억함으로써 그 사건을 회상한다: 냄새, 맛, 시각적인 것, 소리, 촉감. 배우가 그 감정에 불을 붙이는 것은 감각의 기억에 달려 있다.

웬디 스미스Wendy Smith는 정서적 기억에 대한 자세한 설명을 제공한다. 배우는 요구되는 감정이 생겼던 자신이 경험한 한 사건에 집중한다. 그러나:

> 배우는 그 느낌을 직접적으로 상기하려고 애쓰는 것이 아니라, 차라리 그것을 둘러싼 감각적인 인상을 재再경험하려고 애쓴다. 그 일이 일어났던 장소의 크기, 벽의 색깔, 시설의 구조, 시간, 사람들이 어떻게 치장하고 있었는지, 그들이 어떻게 보였는지 등이다. 그리고 나서 배우는 그 순간의 신체적인 사실성을 가능한 한 정확하게 재창조하는 데 집중하면서 사건의 완전한 연결을 검토했다. 한 상황이 적절히 강화되면, 거의 예외 없이 그 감정이 현재로 물밀듯 밀려왔다. 배우는 이제 정확한 느낌을 가지고 장면을 연기할 수 있었다. (1990: 38)

스트라스버그는 설명하기를, '정서적 기억 사용에 능숙한 배우는 현재에 더 살아 있기 시작한다'(quoted in Hirsch 1984: 141).

정서적 기억은 배우가 역할을 하는데 도움을 주는 열정을 불러내는 그야말로 단순한 하나의 방법이다. 콜린 카운셀Colin Counsell이 그랬던 것처럼, 단지 장면에 있는 '슬프고' 혹은 불행한 사건에 효과적인 것이 아니다(1996: 58). 오히려 이것은 장면의 사건과 관련된 모든 감정들을 불러일으키는 하나의 방법이다. 또한 모든 메소드 배우가 정서적 기억을 연기하도록 요구받지도 않는다. 많은 경우에 액터스 스튜디오에 있지만 어떠한 것으로도 억압되지 않은 배우들에게는 이것을 사용하지 않도록 권했다. 더욱이 정서적 기억의 에피소드에서 발전시킨 그 느낌들은 그 배우를 놀라게 할 수도 있으며(당신이 올 것이라고 생각했을 때 웃을 수도 있다), 이것은 매우 중요하다ㅡ배우는 장면의 사건에 반응함에 있어서 진짜의, 본래적인 그리고 즉발적인 감각이나 느낌을 창조했다.

스트라스버그는 감정에 대한 작업이 행동이나 인물화를 희생시켜서는 안 된다고 주장했다. 정서적 기억에 대한 작업은 영화(거기에서 사용될 수도 있음에도 불구하고)를 위해서가 아니라 일주일에도 몇 번이고 그 감정으로 되돌아갈 필요가 있는 연극을 위해 고안되었다. 그가 말하는 것처럼, 공연을 반복하기 위해서 '당신은 감정적 기억을 해야 한다. 그렇지 않으면 단지 껍데기만 반복할 뿐이다'(1976: 549).

스트라스버그는 배우로부터 강한 느낌들을 가지고 올 수 있는 무대 위 사실성을 추구했다. 정서적 기억에 대한 비평은 이 목적을 거의 이해하지 못한다. 이것은 훈련과 연습에서 사용하기 위한 훈련이다. 다른 말로 하면, 이것은 배우가 정확한 느낌을 유발시키는 감정적 출발을 찾도록 해주는 연습 테크닉이다. 리처드 혼비Richard Hornby는 메소드 배우들은 '빠르고 격렬한, 들어가고 빠지는 행동의 흐름이 있는 작품 뒤에서 꾸물거리려 한다'고 비평한다(1992: 183). 그러나 일단 배우가 그 감정을 불러냈던 기억과 합류하면 느낌들은 자연스럽게 빠지고 들어가는 흐름의 일부분이 된다. 디드로Diderot처럼 스트라스버그는 배우가 한결같은 감정의 강도를 반복하고 한두 번의 연습이나 공연 이후에도 '고갈되지' 않을 수 있는 것에 관심이 있었다. 스트라스버그는 다음과 같이 연습의 목적을 요약한다:

정서적 기억은 무대 위에서 다시 체험하기 위한 기본 재료이다. 그러므로 무대 위의 진짜 경험을 창조하기 위해서도 기본이 된다. 배우가 매 공연마다 반복하는 것은 연습에서 훈련된 단순히 말과 동작이 아니라 기억된 감정이다. 그는 사고와 감각의 기억을 통해서 이 감정에 도달한다. (1987: 113)

데이비드 가필드David Garfield는 주장하기를, 정서적 기억은 '결코 스트라스버그 마음대로 한 것이 아니다. 이것은 상상의 자극에 반응하며 진짜 경험을 창조하는 것이라는 그의 연기 개념에 절대적으로 필요한 것이다'(1980: 175). 덧붙이기를, 이 목적은 '배우, 연출 또는 작품이 요구하는 어떤 양식에서도 현실성을 창조하기 위한 것이다'(1980: 181). 비슷한 선상에서 스티브 바인버그Steve Vineberg는 우리에게 다음과 같은 내용을 고려하길 권한다. '방법이 무엇이든 간에 모든 메소드 선생들의 목적은 무대 위에 진짜 감정을 만드는 것이지만, 스트라스버그의 학생들은 결과적으로 자신의 느낌을 재촉해서 밀어내는 감정주의를 연기한다고 비난받았다.' 그의 수업에서 나온 느낌에 대한 스트라스버그의 강조가 공연보다는 집단 치료처럼 나타나기는 하지만, 바인버그는 그가 광신자가 아니라는 데 초점을 맞췄다.

그는 말하기를, 스트라스버그는 '종종 과장된 감정의 표시로 긴장을 예로 들었고, 그의 이완 훈련은 그것과의 싸움이었다'(1991: 109).[15]

스타니슬랍스키의 이론을 가르치는 선생이자 자신의 연기 이론의 개척자라는 지속적인 업적에도 불구하고, 그는 제대로 인정받지 못했다. 로버트 고든Robert Gordon의 연기 연구에서는 그를 반대하는 많은 예 중 하나를 인용하며 '충실한 스타니슬랍스키 시스템'을 배신하는 행위로 스트라스버그를 비난한다(Gordon 2006: 4). 고든은 스트라스버그의 메소드가 예술 창조에 있어 "'자연의 법칙"을 발견하기 위한 스타니슬랍스키의 노력과 거의 유사성이 없다고 보았다'(77). 이러한 생각은 연기 분석의 역사에 팽배해왔다(참조 Hornby, Brustein, Counsell, Harrop 외 다른 이들). 그러나 이것은 부정확하다. 연기에 대한 그의 업적은 다면적이며 스타니슬랍스키와 나란히 맞닿아 있다. 마크 고든Marc Gordon은 스타니슬랍스키와 스트라스버그에 대한 에세이에서, 이 둘 사이의 복잡한 관계를 밝히고 있으며, 이들의 유사성에 대한 증거를 제공하며 몇 가지 예를 든다: 스트라스버그는 '감정은 조건적인 요소를 가지고 있다. 즉 열쇠는 방아쇠를 찾는 것이다. 스타니슬랍스키 역시, 배우에게 특정한 감정을 유발시킬 수 있는 적절한 유인책을 발견하였다'(in Krasner 2000: 53). 스트라스버그는 스타니슬랍스키가 '유인용 새decoys'라고 불렀던 감정의 '방아쇠' 또는 '유인책'을 찾고자 했다. 유인용 새는, 스타니슬랍스키가 말하길, '정서적 기억을 위한 정확한 자극이며 그들을 이끌어내는 되풀이 되는 감정이다.' 배우는 '반드시 무엇을 위해 어떤 자극들이 필요한지, 물 수 있는 옳은 미끼가 무엇인지 알아야 한다. 당신은 말하자면, 당신 심장의 정원사가 되어야 한다'(2008: 225).

1941년에 발표한 스트라스버그에 있어 중요하지만 자주 간과되었던 「연기와 배우 훈련」이라는 에세이에서는 다음과 같은 논평과 함께 몸, 마음 그리고 정서적 발전에 관한 현대적 관점에의 주의를 환기시키고 있다: '살아 있는 진짜의 배우는 반드시 무대 위에서 실제로 생각해야 한다. 즉 그는 그가 생각하는 것을 믿는 것뿐만 아니라, 그는 반드시 무언가를 하고 있어야 한다'(1941: 142). 진짜 행동한다는 것은 진짜 생각한다는 것을 뜻하며 장면과 주어진 상황에 관해 무언가를 한다는 의미이다. 바이올라 스폴린Viola Spolin처럼, 스트라스버그는 역할에 관한 진실한 행동을 찾는데 있어 관객의 승인을 바라는 배우의 욕망을 없애고자 했다. 덧붙여 그는 본능적이고 흥미진진한 대상을 만드는 데 있어 몸의 감각 장치(단순히 감정만이 아닌)들의 훈련을 강조했다. 그러므로 연기 수업에서의 작업은 '그들이 적절한 감각, 정서, 그리고 반응 모터를 깨울 수 있도록 마치 실제 삶에서와 같은 자극과 상상의 대상들을 만드는 훈련'(1941: 143-44)으로 이루어져야 한다. 스트라스버그는 역할 작업과 행동의 발전에 있어 동물 훈련을 강조한다―'우리는 그저 우리 자신일 수 없다'(1941: 154) 그는 말하길:"'행동"의 이용에 있어서, 3가지 단계가 필요하다: (1) 행동, 무엇을 하는가; (2) 동기, 왜 하는가; (3)적용, 주어진 환경 아래. 마지막 단계가 그 행위가 수행되어지는 형태를 결정한다'(1941: 161).

스트라스버그는 결코 목소리나 신체성, 대본 분석의 중요성을 부정하지 않았다. 그러나 그에게 있어 배우는 '공연한다'라는 생각을 없애고 믿을 수 있는 것을 찾아야 한다:

'나는 무언가를 하고 있다, 나는 연기한다'라는 생각이 얼마나 마음을 제멋대로 하게 할 수 있는지를 깨닫기는 어렵다. 언어적 형태나 습관에 집착하는 것이 얼마나 강하고 동물적인지를 깨닫기는 어렵다. 배우가 상투적인 것이 얼마나 자신을 옭아매는지를 인식하기는 어렵다. (1965: 212)

스트라스버그에게 있어 감정과 믿을 수 있는 행동에 대한 강조는 배우 훈련의 필수 과정이었다.

스텔라 애들러Stella Adler

상상, 주어진 환경 그리고 신체적 행동Imagination, Given Circumstances and Physical Action

당신의 삶은 당신이 아는 것에 대하여 100만 분의 1에 불과하다. 당신의 재능은 곧 당신의 상상에 있다. 나머지는 한 푼의 값어치도 없다. (Hirsch 1984: 214)

스텔라 애들러는 유대인 배우인 제이콥Jacob과 사라 애들러Sarah Adler의 작은 딸이었다. 이디시Yiddish 무대에서 아역 스타였던 그녀는 자라면서부터 자신의 재능을 익혔다. 그녀는 그룹 시어터의 오리지널 멤버였으며 1934년에 당시 남편인 해럴드 클러먼Harold Clurman과 함께 파리를 방문해 스타니슬랍스키와 만나 그의 가르침을 깊이 있게 탐색하였다. 1934년 이후로, 그녀는 메소드에 관한 기본 규칙들 에 관해서 스트라스버그와 절연하였다. 그녀는 무대 위에 계속해서 섰지만, 1950년 이후부터 미국에서 선두적인 선생으로 자리매김하였다.

애들러는 극의 주어진 환경, 배우의 상상력 그리고 신체적 행동들을 강조한다. 그녀는 '예술의 진실은 자신의 주어진 환경의 진실이다'라는 효과를 위해 스타니슬랍스키를 인용한다(1988: 31). 역할을 위해 자신에 의존하는 것이 중요하다고 인정하지만 영감의 원천이 오직 심리나 과거 경험(스트라스버그 처럼)에만 있지 않고, 극의 주어진 환경과 관련된 배우의 상상력에 있다고 보았다. 애들러는 다음과 같이 썼다:

극작가는 작품, 아이디어, 스타일, 갈등, 캐릭터 등을 제공한다. 캐릭터가 가진 삶의 배경은 작가가 설정한 사회적, 문화적, 정치적, 역사적 그리고 지리적인 상황으로 이루어져 있을 것이다. 캐릭터는 캐릭터의 시대와 상황의 틀에서 이해되어져야 한다. 적절한 기술의 사용을 통해, 배우는 캐릭터와 자신 사이에 사회적, 역사적 그리고 문화적 환경의 차이들을 알 수 것이다. 기술을 통해, 그는 이러한 다른 점들을 번역하고 이를 사용해 캐릭터에 도달할 것이다. (1964: 149)

상상은, 애들러가 말하길, '배우의 기술을 위한 원천으로써' 다루어질 수 있다(1964: 143). 그녀에게 무대에서 일어나는 99퍼센트의 사건들은 상상에서 이끌어진다. 왜냐하면 무대에서

당신은 절대 당신의 이름과 성격을 가지고 당신의 집 안에 있을 수 없다. 당신과 이야기하는 모든 사람은 작가의 상상에 의해 쓰였다. 당신이 발견하는 모든 상황은 상상속에 있을 것이다. 그러므로 모든 말과 행동은 배우의 상상에서부터 출발해야 한다. (1988: 17)

그림 9.2 스텔라 애들러 예술학교(Stella Adler Conservatory)에서 연기 지도를 하고 있는 스텔라 애들러
(Source: Photo © Marianne Barcellona/Time Life Pictures/Getty Images)

애들러는 배우들이 과거의 의식보다는 창조적 상상력에 집중하기를 바랐다. 이를 통해서, 그들은 그려내는 캐릭터들과 동감하여 과거를 창조하는데 최적의 효율을 기대할 수 있을 것이다. 애들러에게 상상은 양식적으로 비-사실주의 극과 더불어 고전극에 결정적인 역할을 한다. 시대나 양식화된 극에서 캐릭터의 삶을 이해하기 위해서 배우들은 폴 만Paul Mann이 부른 '배우-인류학자actor-anthropologist'(1964: 87)가 되어 읽고, 그림을 관찰하고, 건축을 연구하며 음악을 들어야만 한다.

애들러는 그러나, 캐릭터와 영감을 찾기 위한 단순한 장치를 거부했다. 배우에게 있어가장 중요한 것은 내면의 감정을 일으키는 이미지를 선택하는 것이다. 형식적인 선택들은 분석적으로 그럴듯하게 들리지만 배우들은 아무런 느낌이 없는 채로 남게 된다. 배우들은 지적으로 '옳은' 선택을 한다고 느끼지만 실제 공연은 따분하고 독창적이지 못하다. 배우는 이때 심장을 울릴 효율적인 결정을 하는 대신 감정을 '끌어올리려' 할 것이다. 역할과 쓰인 내용이 배우의 정서를 움직이거나 영감을 주지 못하면, 배우는 다른 곳을 찾아야 한다. 예를 들면 극이 스위스의 호수 근처 리조트에서 벌어진다고 하자. 하지만 배우들이 스위스 호수에 대한 어떠한 흥미나 감동을 찾을 수 없다면, 애들러는 '너의 호수를 모로코로 옮겨라'고 말한다. 이러한 방법으로 배우들은 '사실에서는 멀어진다. 왜냐하면 사실적인 것은 연기를 제한적이게 하고, 당신을 불구로 만들 것이기 때문이다'(quoted in Flint 1992). 다시 말해 극의 행동들과 말, 사건들이 배우에게 활기를 주지 못한다면 배우는 내면의 열정과 충동을 창조하면서 극의 사건과 연관된 다른 환경을 창조해야만 한다는 것이다.

애들러는 역할에 대한 공연자의 개인화Personalisation를 계발하기 위한 몇 가지 훈련을 고안한다. 예를 들어 배우가 식료품점의 과일을 묘사한다고 가정해보자. 애들러가 그랬듯이, 배우의 임무는 경험을 개인화하는 것이다:

나는 기막히게 좋고 큰 배를 보았지만 비싸보였다. 그리고 나서, 나는 길고 단 탐스러운 말라가Malaga 산 포도를 보았다. 거기에는 또한 크고 푸른 포도도 있었고 아직 어린 청포도도 있었다. 이것들은 1파운드로 먹을 수 있으며 아주 값이 싸다. (1988: 21)

애들러는 주어진 환경과 연관된 공연자의 창조성을 드러내면서, 주제에 관한 느낌과 열정을 이끌어내기를 원한다. 그녀는 텍스트를 다른 말로 바꾸는 것paraphrasing은 '배우 테크닉의 가장 기본'이라는 것에 확신을 가진다. 그녀는 의역이 '작가의 생각을 배우의 말로 바꾸어주며 그러므로 배우에게 속하게 만든다. 의역은 당신의 생각과 소리를 사용하도록 고무시키고 작가가 가진 권력과 같은 힘을 준다'(1988: 102)라고 설명한다. 의역을 통해서, 배우들은 자신들을 반응하게 하며 말하고 움직일 상상의 물체를 찾는다. '어떤 배우들은 숨어서 반응하지 않는다. 배우는 반드시 그들이 반응할 무언가를 의식적으로 가져야 한다. 당신의 선택이 곧 재능이다. 연기는 하나에서 열까지 딱딱한 말일 수 없다'(1988: 26).

스트라스버그가 개인의 삶을 재료로 삼아 캐릭터의 실현을 강조한 반면, 애들러는 배우의 영감은 극 자체의 세계로부터 와야 한다고 제안했다. 허쉬Hirsch는 애들러는 '학생들의 개인적인 삶보다 극의 주어진 환경을 탐구하도록'(1984: 215) 권고했다고 말한다. 그러나 애들러는 배우의 공연에서 내면의 믿음을 완전히 버리지는 않았다. 그녀가 말했듯이, '현대 연극의 목적은 연기가 아니라 당신 안에서 극의 진실을 찾고 이를 소통하는데 있다. 단순히 대사를 연기한다면, 당신의 연기는 죽은 것이다'(quoted in Hirsch 1984: 216). 당신이 있는 곳, 장소의 사실성과 왜 여기에 있는지는 배우로서 동기와 타당한 이유에 대한 기본적인 이해에 기여해야만 한다.

장면의 적절한 신체적 행동을 찾는 것 또한 배우에게 역할의 흥미로움을 발견하는데 도움을 준다. 애들러에게, '배우는 대사에 의존성을 버리고 극의 행동 편을 들어야 한다', 왜냐하면 행동이 '첫 번째이고 말은 이후에 따라오기 때문이다. 말은 행동으로부터 나온다'(1988: 115). 배우는 '행동의 신체화physicalisation of actions'를 통해 단어 아래에 숨어 있는 행위들을 찾아야 한다. 스타니슬랍스키의 후기 작업에서 차용한 신체적 행동의 방법 physical action은 적극적 행동과 실제 과제를 수행하는 데에서 끌어낸다. 덧붙여 배우는 반드시 행동의 용어를 구성하는 레퍼토리를 만들어야 한다. 그녀가 주장하듯이 행동은 무언가를 하는 것이다. 즉 이것은 끝이 있다. 이것은 주어진 환경에서 행해지는 것이다. 그리고 타당한 이유가 있다(1988: 38). 다시 말해 배우는 설득력 있게 행위들을 연기하면서 어떻게 내용을 개인화 할지 알아야 한다.

애들러는 또한 무대 위에서 행해지는 것과 말해지는 것에 대한 정당화를 강조했다. 그녀는 박탄고프가 말한 '본질로부터의 동요'를 차용했다. 배우는 여기서 '작가가 가리키는 행위들의 필요성을 깨닫는다―그들은 자연스럽게 저절로 이렇게 된다'(Vakhtangov 1955: 145). 배우는 박탄코프가 '장면의 진실scenic faith'(1955: 146-47)이라고 부른 작가적 관점의 타당성을 찾는다. 애들러는 박탄코프의 생각에 좀 더 상세한 설명을 제공한다:

타당한 이유는 대사에 있지 않다. 이것은 당신 안에 있다. 당신이 정당성을 갖고 선택해야만 하는 것이 당신을 뒤흔들어야만 한다. 이 결과로 행동과 감정을 경험할 것이다.

만약 당신이 타당한 이유를 선택하고 아무것도 경험하지 못한다면, 당신을 깨울 다른 것을 선택해야만 할 것이다. 당신의 재능은 당신이 타당한 선택을 얼마나 잘 하느냐로 이루어져 있다. 선택에 당신의 재능이 달려 있다. (1988: 48)

애들러와 스트라스버그가 강조한 점이 다르다고 할지라도, 이 둘은 연기를 예술로서 존중하고 자기 탐구(심리적이든 사회학적이든)와 진실한 행위에 대한 믿음을 공유했다. 스트라스버그에게, 연기의 본질은 심리적이다. 즉 재료들은 배우의 기억 속에 풍부하다. 애들러에게, 연기의 본질은 사회학적이다. 배우들은 극의 주어진 환경으로부터 이끌어낸다. 그러나 이 둘 모두에게서 배운 앨렌 버스틴Ellen Burstyn은 다음과 같이 논평한다: '스텔라는 상상을 강조하고 리(스트라스버그)는 사실성을 강조한다. 당신은 리의 '사실성'에 다가가기 위해 스텔라의 상상을 이용할 수 있다. 그들은 결과적으로 같은 것에 대해 이야기 하고 있다'(quoted in Flint 1992). 애들러에게 있어 연기의 블록을 쌓는 것은 상상 속에서 발견하는 것이며 극의 주어진 환경과 신체적 행동의 요구에 맞추어 배치하는 것이라고 할 수 있다.

그림 9.3 영화 〈더 맨〉(*The Men*)을 위해 양측 하지 마비 역할을
연습하고 있는 말론 브란도(Marlon Brando)
(Source: Photo by Ed Clark/Time Life Pictures/Getty Images)

그림 9.4 영화 〈욕망이라는 이름의 전차〉(*A Streetcar Named Desire*)에서 말론 브란도, 엘리아 카잔(Elia Kazan) 연출
(Source: Photo by Hulton Archive/Getty Images)

샌포드 마이즈너Sanford Meisner

행동, 관계 그리고 행동의 사실성Behaviour, Relationships and the Reality of Doing

연기의 기초는 행동의 사실성에 있다. (Meisner and Longwell 1987: 16)

샌포드 마이즈너는 그룹 시어터의 멤버이자 주요 배우이기도 하였다. 1930년대 중반에 그는 그룹이 가리키는 방향에 환멸을 느끼게 되었다. 1935년 그는 네이버후드 연극학교 Neighborhood Playhouse에 합류하였고, 다음해에 학교의 책임자가 되었다. 1936년부터 죽음에 이르기까지 마이즈너는 네이버후드 연극학교의 선봉에 서며 배우 훈련분야에서 중요한 학교로 발전시켰다.

마이즈너에게 연기란 행하는 것이다. 여기에서부터 역할의 다른 모든 측면이 발생한다. 그의 교실에는 다음과 같은 표지가 걸려 있었다: '생각하기 전에 행동하라', '1온스의 행위가

1파운드의 말보다 가치 있다'. 적극적 행동은 마이즈너 이론의 원초적인 재료이다. 그는 말하길:

> 내가 여기서 무엇을 말하는지에 대해 아무런 의문을 갖지 말라. 당신이 무언가를 한다면, 당신은 그것을 진짜로 하는 것이다! 오늘 아침 교실로 걸어 올라왔는가? 점프하지 않았는가? 당신은 깡충 뛰지 않았다. 그렇지 않은가? 발레의 피루엣을 하지는 않았는가? 당신은 사실 이 계단을 걸어 올라왔다. (Meisner and Longwell 1987: 17)

그림 9.5 샌포드 마이즈너(Sanford Meisner)
(Source: by permission of the Sanford Meisner Center)

래리 실버버그Larry Silverberg는 이 이론을 발전시켜 다음과 같이 설명한다: '당신이 무대 위에서 읽는다면, 진짜 읽는 것이다. 만약 먹는다면, 정말로 먹는 것이다. 그리고 무언가를 원한다면, 정말로 원하는 것이다. 그것을 얻으려고 하라. 추구하라. 당신이 그것을 성취할

때까지 멈추지 말라'. 마리아 우스펜스카야Maria Ouspenskaya가 말하듯이, '정말로 보라, 연기
하는 대신에 보는 것이다. 연기하지 말고, 하라'(1994: 3).

마이즈너는 정서적 기억이나 대리(극의 사건을 자신의 것으로 대체하는 것)를 완벽히
거부하지는 않았지만 그는 대리는 '숙제로써 행해져야 한다'고 했다(1964: 145). 내면의 감정
과 신체적 과제가 연출로부터 주어지고 역할의 형태가 리허설 동안 갖추어진다면, 배우는
강조할 부분이나 포커스의 미세한 변화를 허용하면서 자연스럽게 연기를 한다. 다시 말해
배우가 공연할 시점에 도달하면, 남은 것은 실제로 행동하기와 반응하기가 남은 것이다.

마이즈너에게 있어 연극은 그저 배우 내면의 삶의 청사진이다. 그는 말하길:

> 텍스트는 카누canoe와 같고 감정의 강 위에 떠 있는 것과 같다. 텍스트는 강 위를 부유
> 한다. 강물이 요동친다면, 말은 거친 강 위의 카누처럼 쏟아져 나올 것이다. 모든 것은
> 당신의 감정인, 강의 흐름에 달려 있다. 텍스트는 당신 감정 속 인물을 떠맡는다.
>
> (Meisner and Longwell 1987: 115)

마이즈너가 행동에 초점을 두는 것은 애들러의 신체적 행동에의 강조와 유사하지만, 반복
엑서사이즈를 도입함으로써 애들러로부터 벗어난다. 연습훈련으로써 반복은 상대배우와의
감지를 말로 나타내는 것을 요구한다. 다시 말해 한 배우는 아마도 '당신은 나를 쳐다보고
있어요'라고 말하며 시작할 것이다. 상대편도 '나는 당신을 쳐다보고 있어요'라고 대답할 것
이다. '쳐다보다'라는 구절은 12번쯤 되풀이 될 것이다. 그동안 죽, 각각의 배우는 상대 배
우의 행동을 '읽는다'. 배우들은 행동을 관찰해야만 하고 차례로, '당신의 충동이 [상대편의]
변화를 듣고, [반복되는] 대화 역시 바뀐다'(Meisner and Longwell 1987: 29-30).

배우들은 반복을 통해 확신을 얻고, 그들의 통찰력은 장면의 다른 구성원에 대한 존경
과 함께 깊어진다. 다시 말해, '당신은 나를 뚫어지게 쳐다보고 있다'고 말하는 대신에, 그들
은 응시 뒤에 숨어 있는 교묘한 속임수를 느끼기 시작한다. 이러한 통찰은 다음으로 '당신
은 나에게 화가 나있군요' 혹은 '당신은 나를 보고 웃고 있군요'라는 구절로 반영된다. 배우
들은 더 이상 표면적으로 상대배우에 대한 '재고 목록'을 만들지 않고 장면 파트너의 감정
과, 느낌, 생각들을 관찰한다.

배우들이 반복 훈련을 통해 좀 더 많은 경험을 할수록, 그들은 '문에서 노크하기'라는
시나리오를 즉흥하기 시작한다. 다음은 마이즈너의 '문에서 노크하기' 즉흥의 예이다. 배우
A는 '독립된 행위'를 하기로 한다. 이 행위는 (마임이 아닌) 긴급하고 특정한 실제의 수행과

제이다. 독립된 행위는 처음, 중간, 끝을 가지고 있으며 납득할 만한 이유를 가지고 있다. 예를 들면, 독립된 행위는 중요한 오디션을 위해 기타의 줄을 매는 작업일 수 있다. 배우는 늦었다. 기타의 줄은 부족하다. 배우는 기타의 현 작업을 하려했었지만, 그의 여자 친구가 사고가 나서 그가 그녀를 병원으로 옮겨야만 했다. 위급한 요소와 지각은 그에게 절박함과 격렬함을 더해준다.

배우 B는 배우 A가 독립된 행위를 하고 있는 방으로('문에서 노크하기')들어온다. 배우 B는 배우 A에게 '목적'이 있다. 예를 들어 배우 B가 배우 A의 아버지라고 상상한다. 배우 B는 아들이 의대를 떠나 음악가가 되는 것을 바라지 않는다. 아버지는 방안으로 들어와 절박하게 아들이 음악을 그만두고 학교로 돌아가도록 설득하려 애쓴다.

이러한 일반적인 극적 갈등을 다루는 마이즈너의 버전에서, 배우들은 주어진 환경을 논하지 않는다(그들이 이를 이해하고 공유하고 있어야 함에도 불구하고). 그들은 스토리에 대해 이야기 하지 않는 대신에 반복 훈련만을 사용한다. 이러한 방법으로, 배우들은 대화나 플롯 대신에 행위를 관찰할 수밖에 없게 된다. 이는 말보다는 앙상블의 상호작용과 교감을 조성한다. 시나리오와 플롯은 인위적이므로(일종의 아버지와 아들 관계의 연기), 마이즈너는 배우들이 대화의 숨은 내용, 즉 배우들 간의 케미스트리(화학반응)와 상황의 '사실성'(인간 행동)에 초점을 맞추길 바랐다. 만약 배우가 소리를 지른다면, 그것은 분명히 실재하는 것이고 모두가 듣고 관찰할 수 있는 무엇이다. 상대 배우는 소리 지르는 행동을 읽고 본능적으로 그에 반응한다. 행동을 읽는다는 것은 배우들로 하여금 인위적인 플롯보다는 장면의 파트너에 집중하게 한다. 결과적으로, 배우들은 자발적으로 반응하고, 앙상블로써 연기하며, 유기적으로 발생하는 행동을 '읽는다'.

이러한 반복 훈련에서, 마이즈너는 충동을 제련시키는 연습을 발견했다. 마이즈너에게 충동은 내부와 외부적 자극에 반응하는 것이다. 배우가 자극을 받으면, 그들은 상상과 개인적인 유대를 위해 이 자극을 이용한다. 배우는 자극에 대해 연기함으로써 반응하고, 미리 계획된 행위보다 자발적인 반응으로부터 진실되게 발생하는 '충동적인' 행위를 창조한다. 이러한 과정은 지적인 방해나 반응을 '생각'하거나 '곱씹어보지' 않고 행해져야 한다. 마이즈너가 지적하듯이, 훈련은 '모든 "머리"로 하는 작업'을 제거하며 '정신의 조작을 없애고 충동이 발생하는 곳에 도달'시킨다(Meisner and Longwell 1987: 36). 래리 실버버그Larry Silverberg는 마이즈너의 반복 훈련에서, 배우들은 속임수로써 이를 사용해서는 안 되며 오히려 '또 다른 인간과 완벽히 존재할 수 있는 방향'으로 나아갈 수 있도록 상대 배우와의 교감을 위한 시도로써 사용되어져야 한다고 설명한다. 그는 계속해서 반복의 목적은 '파트너와 완전히 유효하고 매 순간 진정으로 열려 있기 위함'이라고 설명한다(1994: 42-43).

많은 해설자들은 이 반복 훈련의 목적을 오해해왔다. 예를 들어 마이클 퀸Michael Quinn 은 마이즈너 버전의 메소드에 대해 '관객과 상대 배우 또는 연출자가 아닌 배우가 중심 주 제이며 다른 하나는 캐릭터이다'라며 논쟁을 벌였다. 퀸은 마이즈너의 교실에서 제기된 문 제는 배우들은 이미 쓰여 있는 허구 세계에 고정된 다른 이[캐릭터]에게 자신을 투영시키는 것을 가르치고 있다'고 주장했다(1995: 14).

그러나 이것은 오해이다. 왜냐하면 반복 훈련은 상대배우와의 관계를 구축시키기 때문 이다. 즉 '다른 이'는 장면의 파트너이지 캐릭터가 아니다. 다시 말해 마이즈너에게 캐릭터 의 창조는 유동적이며 자발적이다. '고정된' 성격구축보다, 공연은 장면의 파트너 또는 관 객과의 관계를 바탕으로 한다. 배우들은 다른 배우와의 관계를 연기하고 이를 위해 장면 파트너의 행동 또는, 관객에게 직접 말을 할 경우에는 관중에 대한 주의 깊은 관찰을 통해 서 한다. 만약 장면 파트너가 그들의 행동을 바꾼다면, 배우는 반드시 그들 자신의 행위를 다른 신호와 자극에 맞추어 조절해야 한다. 마이즈너는 배우들에게 '자신들이 캐릭터인 것 처럼' 작업하길 요구하지만, 이것이 고정되는 것을 의미하지는 않는다. 오히려 반복을 통해 자극된 동료 배우로부터 받은 충동들은 인간의 주고받음이 지속되는 실제 삶의 시험을 바 탕으로 다이내믹해진다. 반응은 그러므로 마이즈너의 반복 테크닉의 바탕이 된다고 할 수 있다.

마이즈너는 행동은 극의 플롯이나 캐릭터에 있지 않고 관계에 있다고 믿었다. 이를 위 하여 그는 반복 훈련을 강조했는데 왜냐하면 훈련은 배우로 하여금 '파트너를 사용하게' 하 기 때문이다. 이를 통해 파트너는 마음속에 예상한 캐릭터가 아닌, 무대 위에 현재 주어진 재료와 또 다른 사람(인간)의 삶으로부터 역할을 창조하도록 한다. 마이즈너는 스트라스버 그와 애들러보다도 더욱 행동과 반응의 재즈와 같은 분위기 안에서 즉각적인 주고받음을 창조하며 함께하는 행동ensemble behaviour을 강조했다. 마이즈너에게 액션을 수행한다는 것은 그러므로 퀸이 말했듯 '허구에 고정'되어진 것이 아닌 상관관계에 있으며 대화이자, 즉각적이고 자발적인 인간의 소통과 상호 영향을 위해 살아 있는 것이다.

윌리엄 워덴William Worthen 역시 그릇한 판단을 하며 다음과 같이 언급했다. '마이즈너 의 유명한 [반복] 훈련 . . . 배우들은 주어진 상황에서 오직 한 단어나 구절을 반복, 또 반복 하면서 즉흥한다'(1992: 61). 그러나 여기서 반복은 '주어진 상황'(애들러가 그랬을 법한)을 강 조하지 않고, 오히려 상황 안의 누군가와 같은 연기 파트너의 행동을 강조한다. 이것은 뚜렷한 차이인데, 왜냐하면 마이즈너의 반복 훈련은 애들러의 환경에 대한 강조와 대조적이며, 단지 주어진 상황보다는 살아 있는 관계들(무대 위의 실제 순간)의 결과로써 충동적인 행동을 촉진하기 때문이다.

마이즈너의 작업에서, '1온스의 행동은 1파운드의 말보다 값어치가 있다'. 반복 훈련은 장면의 파트너 혹은 관중의 행동을 읽어내기 위한 방법이다. 직접적으로 배우가 주의하는 것은 워덴이 암시하는 것처럼 '관객으로부터 우회'하지 않는다'(1992: 61). 오히려 관객은 장면의 파트너로 보일 것이다. 다시 말해 관객을 대함에 있어, 배우는 단독 공연을 하는 희극 배우처럼 관객을 상대한다: 청중의 반응과 웃음을 판단하고 배우의 충동에 따라서 대응한다.

마이즈너의 반복 훈련은 그의 메소드의 트레이드마크가 되어 즉각적인 반응을 유발시키는 데 도움을 준다. 리처드 브레스토프Richard Brestoff가 통찰하듯이: '마이즈너는 배우들 간의 연결이 장면에 생명을 불어넣으며 이러한 결합이 끊기면 연기는 그 특별한 특성과 힘을 잃고 만다는 것을 알고 있다'(1995: 129). 마이즈너가 강조한 배우들 간의 진실한 상호작용은 배우들에게 '상상의 환경에서 순간에서 순간으로, 자연스럽게 살게 하며 상대에게 성실하게 반응할 수 있도록 한다'(1995: 137). 마이즈너의 메소드에 대한 특정한 공헌은 배우들 간 자발적인 교감에의 강조에 있다.

결론: 도구로서의 메소드 연기Conclusion: Method Acting as a Tool

심리에의 강조(스트라스버그)이든, 사회학(애들러) 또는 즉발적인 행동(마이즈너)의 강조이든, 메소드 배우들은 공연이 가진 성격의 기저를 이루는 사실성을 추구한다. 메소드는 그 관점에 있어서 단일하지도 상호 배타적이지도 않다. 메소드의 한 측면이 다른 관점을 상쇄시키지 않는다. 정서적 기억, 대본의 주어진 환경과 반복은 함께 기능할 수도 있다. 즉 목소리, 화술, 동작은 통합된다. 그리고 대본 분석은 역할 작업에 꼭 필요하다. 적절히만 사용하면 메소드 연기는 배우가 확신과 자신감을 갖고 여러 단계에서 연기할 수 있게 해주는 총체적인 것이다.

미국 메소드 연기는 발전해왔고, 여전히 이것의 핵심 아이디어들은 활발하게 적용되고 있다. 시카고의 스테픈울프 극장Steppenwolf Theatre의 설립자이자 연출가인 게리 시나이즈 Gary Sinise는 무엇이 메소드 연기를 살아 있게 하는지 개인적인 의견을 통해 설명하고 있다.

나는 그들(관객)이 뒤로 기대어 있기보다 계속해서 앞으로 기울여 앉게 만들기 위해 노력한다. 왜냐하면 나는 이것이 최상의 경험이라고 느끼기 때문이다. 직감적으로 내부를 방망이 치게 하는 작품은 당신을 생각으로 곱씹게 만들 테지만, 그저 지적인 수준으로만 당신이 생각하도록 하는 연극은 당신을 마음 속 깊이 울리지는 못할 것이다. 나에게 있어 가장 기본적인 죄악은 지루함이다. (qtd in Smith 1996: 10, 14)

메소드 연기는 역동적인 감정 안에서 배우의 가능성의 영역을 탐구한다—시나이즈는 그것을 '직감적으로'라고 부른다. 이것은 배우들에게 그들 개인적인 경험, 상상력, 행동의 연구를 통해 역할 탐구를 위한 기회를 부여하며, 무대 위 장치의 책략들을 초월해버린다.

│ 노트

1 포에비 브랜드(Phoebe Brand), 우타 하겐(Uta Hagen), 로버트 루이스(Robert Lewis), 폴 만(Paul Mann) 소냐 무어(Sonia Moore)와 같은 연기 선생들 또한 미국 메소드 연기 학교에 중요한 영향을 끼쳤다.

2 스트라스버그의 주요 연출작은 1930년대 공연된 <코넬리 일가>(*The House of Connelly*), <맨 인 화이트>(*Men in White*), <조니 존슨>(*Johnny Johnson*), <클라이드 그리피스 사건>(*The Case of Clyde Griffiths*) 그리고 1960년대 공연된 <세자매>(*Three Sisters*)가 있다. 마이즈너는 1935년 <레프티를 기다리며>(*Waiting for Lefty*)의 연출을 도왔다. 그럼에도 불구하고, 스트라스버그, 애들러 그리고 마이즈너 모두 연출보다는 교육을 강조했다.

3 대체로 이 글에서 교사들은 개설된 그들의 학교들을 논할 때, 배우들이 그들의 재능을 연마하고 장면과 훈련을 연습하며 보통은 맡을 수 없는 배역들을 연기해볼 수 있는 보호구역으로 설명한다. 이러한 안전한 피난처는 배우들에게 쇼 비지니스의 상업주의로부터 탈피할 수 있는 기회가 되었다. 메소드 스쿨은 누군가 주장하듯, 프로덕션에 '반하는' 학교가 아니라 오히려 배우들의 출세 제일주의와 재능을 팔아야 하는 비지니스의 압박으로부터 탈피할 수 있는 장소들을 제공했다.

4 미국실험극장은 1923년 6월 제정지원을 했던 몇몇의 부유한 미국인들과 볼레슬라프스키(Boleslavsky)에 의해 설립되었다. 볼레슬라프스키는 1922년 미국으로 건너와 뉴욕의 프린세스 시어터(Princess Theatre)에서 모스크바예술극장(Moscow Art Theatre (MAT))의 배우 훈련 철학을 강의하기 시작했다. 미리엄(Miriam)과 허버트 스톡턴(Herbert Stockton)과 같은 예술 후원자들은 볼레슬라프스키에게 MAT 이론에 기초한 훈련 학교의 지도를 제의했고, 볼레슬라프스키는 그의 친구이자 동료인 마리아 우스펜스카야에게 도움을 요청했다. 실험실은 1923년 맥두갈 가(MacDougal Stree), 139번지에 문을 열었다. 자세한 이야기는 다음의 책을 참고하라. W.Smith (1990), pp. 14-15

5 시어터 길드(Theatre Guild)는 1915년 뉴욕의 워싱턴 스퀘어 플레이어즈(Washington Square Players)를 모태로 시작되었다. 관습적이지 않은 현대극 위주의 단막극을 상연하였으며 1919년 극작가 로렌스 랜너(Lawrence Langner)가 이를 시어터 길드로 탈바꿈시켰다. 1920년대 시어터 길드는 에른스트 톨러(Ernst Toller)의 표현주의 작품과 버나드 쇼(George Bernard Shaw), 엘머 라이스(Elmer Rice), 존 하워드 로우슨(John Howard Lawson), 그리고 시드니 하워드(Sidney Howard)의 작품을 상연하면서 유명해졌다. 1930년대까지 길드의 젊은 멤버들이 그룹 시어터에 참여하였고, 길드는 마침내 해산되었다.

6 이 장에서 다룰 내용은 아니지만 스트라스버그, 애들러 그리고 마이즈너 셋 모두 이디쉬 극장(Yiddish Theater)에 속해있었다는 것은 언급할 필요가 있다. 이디쉬 극장의 멜로드라마, 감정 그리고 사회적 논평에의 강조는 이 셋뿐 아니라 그룹 시어터 전반에 지워지지 않는 인상을 남겼다. 종종 이 중요성이 간과되었다.

7 액터스 스튜디오(Actors Studio)는 1947년에 엘리아 카잔(Elia Kazan), 로버트 루이스(Robert Lewis), 셔릴 크로포드(Cheryl Crawford)와 함께 공동 설립되었다.

8 박탄코프는 이러한 감정을 '본질로부터의 동요'라고 언급했다. 즉 박탄코프에게 있어 배우는 소위 '역할의 기질'이 아닌 자기 자신의 기질'로 무대 위에 서는 것이 필요했다. 마음속에 품은 상상이 아닌 반드시 자신으로부터 출발해야 하며 인물의 상황 안에 자신을 위치시켜야 한다(1955: 146).

9 훈련과 연구방법에 있어서, 미국 메소드의 접근방법은 논란과 갈등의 역사를 가지고 있지만 여기에는 충실한 지지자로 이루어진 최고의 배우들이 메소드를 자신들의 연기 테크닉이라고 말하는 존경스러운 배우명단이 존재한다. 반면에 메소드를 향한 계획적인 공격자들이 있기도 하다. 몇몇은 이 방법이 너무 감정에 집중되어 있다고 주장한다(Counsell, Harrop). 다른 이들은 이것의 심리에의 강조가 파괴적이라고 보면서(Hornby Richardson) 이는 스타니슬랍스키의 가르침에 위배되는 것이라고 생각한다(Brustein, Hornby). 다른 비평가들은 메소드는 방향이 없으며, 움직임 훈련을 피하면서 형편없는 발음과 엉성한 말하기 습관을 장려한다고 말한다. 이는 반주지(反主知)주의로 비난 받으며(Brustein 1958), 극적인 텍스트를 비판하는 평론계와 반대의 입장에 있으며(Hornby), 독단적인 접근방법으로(Richardson), 20세기 중반을 상징하는 '중간급 정도의 문화'로 취급되었다(Braudy, Conroy, Quinn).

10 Feldenkrais (1972), pp. 68-69.

11 감각 기억에 관한 논의는 다음의 책을 참고하라. Moston (1993), pp. 110-36.

12 파블로프는 조건 반사개념을 발견한 생리학자였다. 먹이를 주는 시간에 벨을 들은 개는 먹이가 치워진 후에 벨소리를 듣고 침을 계속 흘렸다. 파블로프는 그러므로 모든 동물은 자극이 주어졌을 때 조건반사 반응을 할 수 있다고 결론지었다.

13 스트라스버그는 박탄고프가 말한 '우리는 예술에서 문자 그대로의 실제의 감정을 사용하지 않는다. 오직 정서적 기억의 감정, 오직 기억된 감정만을 사용한다'(1965: 112)를 인용하고 있다.

14 리보(Ribot)는 프랑스 심리학자로, *La Psychologie des Sentiments* (1896), *Problèmes de Psychologie Affective* (1910)과 같은 저서가 있으며, 스타니슬랍스키에게 영향을 주었다.

15 바인버그(Vineberg)와 혼비(Hornby)는 영화 <대부 2>에서 하이먼 로스(Hyman Roth)를 그린 스트라스버그의 연기에 대해 전적으로 다른 논평을 내놓는다. 바인버그는 '감정의 낭비가 없는' 완벽하게 통제된 훌륭한 연기였다고 평가하지만(1991: 109), 혼비는 '그의 훌륭한 제자들이 연기했던 감정의 폭발'이 결핍된 '무표정'의 연기였다고 평가한다(1992: 174).

참고문헌

Adler, S. (1964) 'Interview: The Reality of Doing', interview by P. Gray, *Drama Review*, 9(1): 137-55.

____ (1976) 'Stella Adler', *Educational Theatre Journal*, 28(4): 506-12.

____ (1988) *The Technique of Acting*, Toronto, Ont.: Bantam Books.

Boleslavski, R. (1933) *Acting: The First Six Lesson*, New York: Theatre Arts Books.

Braudy, L. (1996) 'No Body's Perfect: Method Acting and the 50s Culture', *Michigan Quarterly Review*, 35(1): 191-215.

Brestoff, R. (1995) *The Great Acting Teachers and Their Methods*, Lyme, NH: Smith and Kraus.

Brustein, R. (1958) 'America's New Cultural Hero: Feelings Without Words', *Commentary*, 25: 123-29.

____ (1962) 'The Keynes of Times Square', *The New Republic*, 1 December: 28-30.

____ (1973) 'Are British Acorts Better Than Ours?', *New York Times*, 15 April: 2.1, 30.

Clurman, H. (1950) *The Fervent Years*, New York: Alfred A. Knopf.

____ (1994) *The Collected Works of Harold Clurman*, ed. M. Loggia and G. Young, New York: Applause.

Conroy, M. (1993) 'Acting Out: Method Acting, the National Culture, and the Middlebrow Disposition in Cold War America', *Criticism*, 35(2): 239-63.

Counsell, C. (1996) *Signs of Performance: An Introduction to Twentieth-Century Theatre*, London: Routledge.

Easty, E. (1981) *On Method Acting*, New York: Ivy Books.

Feldenkrais, M. (1972) *Awareness Through Movement*, New York: Harper and Row.

Flint, P. (1992) 'Obituary: Stella Adler', *New York Times*, 22 December: B10.

＿＿＿ (1997) 'Obituary: Sanford Meisner', *New York Times*, 4 February: C25.

Garfield, D. (1980) *A Player's Passion: The Story of the Actors Studio*, New York: Macmillan.

Gordon, M. (2000) 'Salvaging Strasberg at the Fin de siècle', in *Method Acting Reconsidered*, New York: St. Martin's Press, pp.43-60.

Gordon, R. (2006) *The Purpose of Playing: Modern Acting Theories in Perspective*, Ann Arbor: University of Michigan Press.

Gussow, M. (1982) 'Obituary: Lee Strasberg', *New York Times*, 18 February: D20.

Harrop, J. (1992) *Acting*, London: Routledge.

Hirsch, F. (1984) *A Method to Their Madness: The History of the Actors Studio*, New York: W.W. Norton.

Hornby, R. (1992) *The End of Acting: A Radical View*, New York: Applause.

Hull, S. (1985) *Strasberg's Method*, Woodbridge, CT: Ox Bow.

Kazan, E. (1988) *A Life*, New York: Alfred A. Knopf.

Krasner, D. (ed.) (2000) *Method Acting Reconsidered: Theory, Practice, Future*, New York: St. Martin's Press.

Lewis, R. (1958) *Method—or Madness?*, New York: Samuel French.

＿＿＿ (1980) *Advice to the Players*, New York: Theatre Communications Group.

Mann, P. (1964) 'Theory and Practice', interview by R. Schechner, *Drama Review*, 9(2): 84-96.

Meisner, S. (1964) 'Interview: The Reality of Doing', interview by P. Gray, *Drama Review*, 9(1): 136-55.

Meisner, S. and Longwell, D. (1987) *Meisner on Acting*, New York: Vintage.

Moston, D. (1993) *Coming to Terms with Acting*, New York: Drama Book.

Munk, E. (ed.) (1965) *Stanislavski and America*, New York: Hill and Wang.

Ouspenskaya, M. (1954) 'Self-Reliance and Ritual Renewal: Anti-theatrical Ideology in American Method Acting', *Journal of Dramatic Theory and Criticism*, 10(1): 5-20.

Richardson, D. (1988) *Acting Without Agony: An Alternative to the Method*, Boston, MA: Allyn and Bacon.

Silverberg, L. (1994) *The Sanford Meisner Approach*, New York: Smith and Kraus.

Smith, S. (1996) 'Hooked for Life', *Playbill*, 96(6): 10, 14.

Smith, W. (1990) *Real Life Drama: The Group Theatre and America, 1931-1940*. New York: Alfred A. Knopf.

Stanislavski, K. (2008) *An Actor's Work*, trans. J. Benedetti, London: Routledge.

Strasberg, L. (1941) 'Acting and the Training of the Actor', in J. Gassner (ed.), *Producing the Play*, New York: Dryden press, pp.128-62.

＿＿＿ (1964) 'Working with Live Material', interview by R. Schechner, *Drama Review*, 9(1): 117-35.

＿＿＿ (1965) *Strasberg at the Actors Studio: Tape-Recorded Session*, ed. R. Hethmon, New York: Theatre Communications Group.

＿＿＿ (1976) 'Lee Strasberg', *Educational Theatre Journal*, 28(4): 544-52.

＿＿＿ (1987) *A Dream of Passion: The Development of the Method*, New York: Plume.

Vakhtangov, E. (1955) 'Preparing for the Role', trans. B.E. Zakhava, in T. Cole (ed.), *Acting: A Handbook of the Stanislavski Method*, New York: Crown Paperback, pp.141-51.

Vineberg, S. (1991) *Method Actors: Three Generations of an American Acting Style*, New York: Schirmer.

Worthen, W. (1992) *Modern Drama and the Rhetoric of Theater*, Berkeley, CA: University of California Press.

Chapter 10

조셉 체이킨과 배우 훈련: 현존을 위한 가능성들
JOSEPH CHAIKIN AND ASPECTS OF ACTOR TRAINING: POSSIBILITIES RENDERED PRESENT

● ● ● 도린다 헐튼Dorinda Hulton

배우는 가능하다고 상상할 수 있는 모든 것에 민감해지도록 노력해야 한다.[1] 그러한 배우는 자신의 외부에서 그가 행하는 가장 친밀한 접촉에 의해서는 물론 내면 통합을 향한 충동에 의해서도 탄생한다. 배우로서 우리가 공연할 때 인간으로서 우리 또한 보이며, 공연은 우리 자신의 증언이 된다. 각 역할, 각 작품, 각 공연은 인간으로서 우리들을 변화시킨다. 배우는 삶에 대한 해답을 가지고 출발하는 것이 아니라 경험에 대한 무언의 질문을 가지고 출발한다. 작업과정에서 배우가 진전함에 따라 그 인간은 변모된다. 작업과정을 통해서 배우는 자신을 인도하며, 스스로를 재창조한다.

에누리는 없다. (Chaikin 1972: 5, 6)(체이킨 1995: 19)●

변화change**와 변형**transformation은 조셉 체이킨Joseph Chaikin의 삶과 작업에 있어서 중심에 서있다. 그는 배우로서 연극 경력을 시작했고, 이후 배우를 비롯해 연출가, 교사, 워크숍 리더와 작가로서의 길을 걷는다. 이 장은 1963년과 1973년 사이에 미국

● Chaikin, J. (1972) *The Presence of the Actor*, New York: Atheneum.의 번역서는 윤영선. 『배우의 현존』, 서울: 현대미학사, 1995.로 출판되었다.

연극에 중대한 영향을 끼친 오픈 시어터Open Theater와 함께 배우 훈련에 관한 그의 탐구를 주로 다루도록 한다.

배경The Context

체이킨은 1935년 뉴욕, 브룩클린에서 러시아 - 유대인 가정에서 태어났으며 그가 다녔던 드레이크 대학Drake University이 있는 아이오와 주의 디 모인Des Moines, Iowa에서 성장했다. 그는 학위를 마치기 전에 중퇴 했지만, 1972년에 이 대학에서 명예박사 학위를 수여받았다. 켄트 주립 대학Kent State University에서도 1990년에 똑같은 상을 그에게 수여하였다.[2]

1954년, 19세의 나이에 체이킨은 아이오와에서 뉴욕으로 건너와 철학을 공부했으며 할리퀸 플레이어스Harlequin Players라는 작은 극단을 공동 설립하여 그곳에서 배우와 연출가로서 작업하였다. 극단은 2년 동안 지속되었고 오케이시O'Casey, 피란델로Pirandello와 같은 작가들의 작품들을 공연하였다.

1957년, 체이킨은 펜실베니아에 있는 서머 스톡 컴퍼니summer stock company에서 전문 연기자로서 첫 직업을 갖게 되었는데 이는 한 마디로 협력적 작업 스타일과 완벽한 대조를 이루는 경험이었다고 요약할 수 있다. 회상하자면, 직업을 얻는다는 흥분이 가시기도 전에 그는 도착한 날 아침부터 하루 동안에 완벽하게 꽃이 핀 '인물화characterisation'를 따라 잡도록 요구받았다. 아침이 끝나갈 즈음에, 연출가는 만약에 그(체이킨)가 오후까지 더 재밌는 캐릭터를 잡아내지 못한다면, 역할을 바꾸겠다고 으름장을 놓았다. 그는 해내지 못했다─ 그리고 연출가는 다음날 아침까지 시간을 주었다. '우스꽝스러운 걸음걸이' 연습으로 밤을 새고 난 뒤, 그는 마침내 연출가가 보기에 이전보다 재미있는 무언가를 할 수 있었고, 직업을 유지할 수 있었다. 그러나 극단의 배우들은 그가 기록하기를, '서로 친하지 않았으며', 일주일의 리허설과 두 번의 공연에서, 다양한 '배신과 후회'의 역할들로 녹초가 되었다 (Kellman 1976: 18).

1957-1959년 사이, 체이킨은 뉴욕에 있는 사무실에서 시간제로 일했고 정기적으로 해고 당했으며, 웨이터로 일하거나 전문 극장에서 다수의 보잘 것 없는 일들을 했다. 이 기간 동안 그는 다양한 연기 선생들과 함께 공부했는데, 이들 대부분은 스타니슬랍스키의 초기 개념과 훈련에 바탕을 둔 배우 훈련 형식을 엄격하게 신봉했다. 이 접근법은 과거에 단단히 뿌리박혀 있었으며, 비록 그것이 미래의 영화 연기 발전에 중요하게 기여할 접근이었을

지언정, 이것이 어떠한 배우에서나 혹은 스타일, 시대에서 쓰인 모든 연극에도 적용될 수 있다는 주장은 체이킨에게는 다소 회의적으로 여겨졌다. 그는 스타니슬랍스키가 살아 있다면 '여전히 탐구하고 있었을 것'이라고 믿으며 '메소드'의 독단과 범위를 미리 정해버리는 작업 개념을 거부하였다(Chaikin 1972: 57, 58).

1959년, 체이킨은 유디트 말리나Judith Malina와 줄리앙 베크Julian Beck가 이끄는 리빙 시어터Living Theatre에 합류하게 된다. 극단은 피란델로Luigi Pirandello의 〈오늘밤 우리는 즉흥으로 공연한다Tonight we Improvise〉, 연극의 언어적 역할로써 말 이전의 요소들을 포함[3]하고 있는 폴 굿맨Paul Goodman의 〈어린 제자The Young Disciple〉와 같은 작품들을 공연하고 있었다. 리빙 시어터에서 체이킨의 첫 번째 역할은 폴 굿맨의 〈케이브The Cave〉에서 작은 역할이었지만, 그는 이를 통해 이보다 나은 역할들을 할 수 있을 것이라고 희망했다.

1962년까지 그는 유럽 순회공연에서 잭 겔버Jack Gelber의 〈커넥션The Connection〉에서 주요 배역을 연기하였으며, 이 경험은 그가 '마치 2류 스타처럼 매우 의기양양해졌다'고 느끼게 했다. 그들이 유럽에 있는 동안에, 베크는 그에게 브레히트의 〈남자는 남자다Man is Man〉에서 겔리 게이Galy Gay 역을 제안했다. 1924년에 쓰인 이 극은, 아일랜드 노동자가 하나의 인간 전투 기계로 변형하는 모습을 보여준다. 뉴욕으로 돌아온 후, 체이킨은 회상하기를:

> 동화 같은 이야기로 들리겠지만, 내가 변화하기 시작한 것은 겔리 게이Galy Gay를 연기하는 동안이었다. 거기서 나는 매일 밤, 관객을 기쁘게 하고, 유혹하고, 박수를 얻기 위하여 나의 모든 관심을 쏟았으며, 그리고 그것은 겔리 게이 자신이 순백하고 착한 인간에서 하나의 물건, 기계로 변형되는 과정 그 자체였다−하나의 아부 뒤에 또 다른 아부로 이어지는 아첨으로 인해. (Pasolli 1970: xiv)

역할을 연기하면서 체이킨은 배우, 캐릭터, 관객 그리고 연극과의 관계에서 다른 종류의 이해를 향해 자신 스스로가 움직이고 있는 것을 발견하였다. 그리고 이로부터 변화와 변형을 초래하는 연극의 힘에 대해 인식하게 된다. 여기서의 변형이란 관객 안에서의 사회적 변화를 위한 브레히트의 아젠다agenda에 더하여, 연기 과정 내에서 배우라는 개인의 변형을 말한다.

그것은 대부분 여러 날 밤 동안 연극의 대사를 생각하면서 나왔다. 그리고 대사를 말하

면서 . . . 관객을 향한 책임감과 직접적으로 관객에게 이야기하면서―이것은 전에는
전혀 할 필요가 없던 어떤 것이었다―나는 내가 믿지 않는 것을 관객에게 말하고 있다
는 것을 알게 되었고, 그리고 나서야 내가 말하고 있던 것을 믿게 되었다. (Chaikin 1972:
50, 51)

그림 10.1 조셉 체이킨(Joseph Chaikin), 브레히트의 〈남자는 남자다〉(*Man is Man*), 리빙 시어터(Living Theatre) (Photo: Karl Bissenger, 1962)

이와 관련된 변화가 대략 이 시기에 체이킨에게도 일어났다. 1961년 가을 러시아는 핵
실험을 다시 시작하였고 미국은 실험의 '재개를 고려'하고 있는 중이었다. 1962년 초에 케
네디 대통령은 핵실험 재개를 선언하였으며, 극단의 다른 회원들과 함께 체이킨은 평화를
위한 여성들의 파업에 깊게 관련하게 된다. 타임스퀘어 광장Times Square에서 일어난 시위
에서 체이킨은 다른 시위자와 함께 야경봉을 휘두르는 경찰의 공격을 받았으며, 체포되었
고 투옥되었다. 〈남자는 남자다*Man is Man*〉 공연의 리허설은 평화를 위한 두 번째 대중 시
위 준비를 겨냥하기 위해 시작되었으며, 공연 시작 한 달 후에는 쿠바 하늘을 비행하고 있
던 미국 스파이 비행기가 미사일 공격을 받으면서, 뜨거웠던 냉전이 점차 수그러들었다.
스스로 정치에는 관심이 없다고 생각하던 체이킨은 이전에는 우습다고 생각했던 리빙 시

어터의 정치적 관점이 사실상, 매우 필요하다고 인정하게 되었다(Tytell 1997: 176). 그는 또한, 배우들, 연출가들과 작가들과 함께 하는 공동작업 과정 즉 앙상블 경험에의 탐구를 '간절히 갈망'했다.

이 시기에 뉴욕의 연기 교사였던 놀라 칠턴Nola Chilton은 부조리 작가들의 비사실주의적 상상력을 이용하여 배우를 준비시키기 위한 방법들을 실험하고 있었다. 체이킨은 이 그룹의 단원이었으며, 1962년 칠턴이 이스라엘로 떠난 후 함께 작업하던 다른 단원들은 실험을 계속하기로 결정했다.

1963년, 체이킨은 이러한 17명의 젊은 배우들을 비롯한 4명의 작가들과 함께 오픈 시어터Open Theater를 공동 창립하였다. 사람들은 드나들며 참여했지만, 극단은 뉴욕에서 10년이 넘는 기간 동안 배우들, 작가들, 교사들, 연출가들, 음악인들, 시각 예술인들과 지식인들이 모여 연극의 실습들과 생각들, 이들의 사회적 관계에 대해 의견을 나누는 하나의 포럼forum으로써 존재하였다. 현상학적 심리학자인 렝R. D.Laing을 비롯한 다양한 비평가들—고든 로고프Gordon Rogoff, 리처드 길먼Richard Gilman, 그리고 수잔 손탁Susan Sontag—또한 참여하여 연극 이론, 회화와 극단의 독특한 실험들에 대해 이야기를 나누었다.[4] 이러한 실험과 탐구들은 미국의 정치적, 사회적 변동기에 베트남 전쟁에 의해 무너지고 파괴된 미국의 정체성을 재정의 하던 60년대에 뉴욕에서 번창했던 왕성한 아방가르드 운동의 일부분이었다.[5]

오픈 시어터는 미국에서 공동 창작으로 알려진 첫 번째 그룹이었으며, 이미 존재하는 대본을 해석하기보다는 작가나 드라마투르기와 함께 배우가 공연을 위한 재료를 만들고 탐구하는데 있어 중심 역할을 담당하며 4개의 주요 프로젝트를 이끌었다. 체이킨은 각 프로젝트의 연출자였으며, 다양한 환경에서 광범위하게 공연했다.

그러나 그룹은, 하나의 워크숍 형태로써 출발했는데, 다시 말해 공연을 제작하는 극단이라기보다는 하나의 실험실이며, 연극에 관한 연구 단체였다. 그 출발부터 극단의 정체성은 공연을 위한 새로운 언어 탐구를 향한 하나의 공동 위원회였다고 할 수 있다: 자연주의 또는 심리학적인 동기에 근거를 두는 것이 아닌, 오히려 주어진 공식보다는 상상할 수 있는 가능성들 위에서, 대답보다는 질문에 기반을 둔 절충적이고 포괄적이며 혁신적인 언어를 탐구하기 위한 것이었다.

그림 10.2 (왼쪽에서 오른쪽으로) 신시아 해리스(Cynthia Harris), 샤미 체이킨(Shami Chaikin), 티나 셰퍼드(Tina Shepard), 짐 바르보자(Jim Barbosa), 론 파버(Ron Faber), 랄프 리(Ralph Lee), 피터 말로니(Peter Maloney), 〈뱀〉(*The Serpent*), 1967–1969년, 오픈 시어터 (Photo: Freddie Tornberg)

체이킨의 책 『배우의 현존*The Presence of the Actor*』은 1972년에 출판되었다. 여기서 그는 연기에 대한 수많은 가설들과 배우 훈련에 대해 질문하지만 쉬운 해답들을 주거나 확실하게 공식화하지 않는다. 책은 창조를 향한 꿈과 희망, 소망, 모험, 그리고 도전으로 가득차 있다.

『배우의 현존』은 한 권의 책이다: 연대순으로 정리되어 있지 않으며, 비선형의 구조와 권위적이지 않은 말투는 독자들로 하여금 그것(연극)에 있어 본질적으로 다른 부분들 사이에서 관계들을 만들고 모순을 허용하도록 한다. 책은 체이킨이 말하기를, 그 자신에 대한 몇 가지 단계에 대하여 쓰인 기록들로 이루어져 있다. 여기서 그리고 그가 쓴 다른 글들에서 그는 자신의 사상과 개념들로 의사소통을 하기 위하여, 종종 '장소'와 '공간'에 대한 은유 또는 이미지들을 찾는다. 예를 들면 그는 영토, 지역, 천체, 유기, 추방, 점령 그리고 거주에 대하여 이야기한다.

중요한 이미지는 '불타고 있는 집'이다.

그는 배우에게,

불타고 있는 집을 상상해보라:

1 당신은 화재가 난 집에 살고 있다. 당신이 불타고 있는 집에서 도망가려 할 때 심지
   어 당신의 옷도 새까맣게 타버렸다.
2 당신은 이웃이며 당신의 집 또한 불에 탈지도 모른다.
3 당신은 여전히 타고 있는 옷을 입고 빌딩 밖으로 뛰어 나오는 사람을 본 화재를 목
   격한 행인이다.
4 당신은 화재가 난 집에 대한 정보를 얻기 위해 파견된 방송기자이다.
5 당신은 화재가 난 집 이야기를 다루는 방송기자의 라디오 보도를 듣고 있다.

(Chaikin 1972: 9, 10)(체이킨 1995: 22)

체이킨은 '집'의 이미지를 찾는데, 내가 이해하기로는, 연기과정 안에서 배우가 반응할 수
있는 가능성에서부터 색다른 시각을 제공하기 위한 하나의 방법으로써 그 이미지를 찾는
다.[6] 그 집의 내부는 모든 것이 정해져 있어야 하며 각각이 유효해야 하는 '거실'이다; '다락
방', 추억이 저장되어 있는 장소; '지하실', 개인적 공간, 아무도 통로를 알 수 없는 장소.
집 외부는 목격자가 화재를 보는 장소이자 '하늘'과 '별들'이 있다.[7]
    체이킨은 이 훈련으로부터 무수한 변화들과 함께 다양한 훈련들을 발전시켰으며 이러
한 '공간들spaces' 사이 또는 그 안에서 여행하며 '거주inhabiting'하는 수단을 제공한다. 그리
고 그것은 '내부'와 '외부' 사이의 관계 안에서 존재하며, 내가 이해한 바대로, 이것은 '경험
에 대한 말없는 질문'의 시작이 되는 지점이다.
    그러나 책『배우의 현존』에서, 체이킨은 훈련에 대해 설명하는 것에 반대를 표출하고
훈련을 상세히 기록하는 '요리책들recipe-books'에 대해 저항한다. 훈련을 설명할 수 없다는
그의 주장은 '내용'과 '구조'의 차이에서 비롯한다. 훈련은 '구조에 대한 동의'를 바탕으로 하
며, 구조는 설명할 수 있는 반면, 내용은 '내부의 영토internal territory'와 관련되었으며, 말로
옮길 수 없다. 왜냐하면 이는 특별한 사람들 사이에서, 특별한 시간에, 그리고 특별한 사
회·정치적 분위기 안에서 이루어진 끄집어낼 수 없는 곳에 있기 때문이다.
    여기에서 체이킨의 주장은 '메소드' 연기 선생들과 함께 한 그의 훈련에 대해 적극적으
로 거부하는 것으로 읽힐 수 있으며, 메소드의 보편적인 적용에 대한 생각에 대해 거부하

는 것이기도 하다. 체이킨이 회의적으로 보는 이러한 접근법은 수많은 스타니슬랍스키 초기 훈련들에 근거를 두고 있으며, 독단적인 코드code로 변형되었다. 아래는 이러한 코드의 주요 특징들에 대한 체이킨의 인식들이 기록되어 있으며 이것은 그가 대항했던 배우 훈련의 종류를 나타내고 있다.

1   목적, 행동과 장애물에 대한 원리. 이러한 테크닉은 배우에게 그의 캐릭터와 환경으로부터 (a) 희곡 안에서 그의 전반적인 목적, (b) 이러한 목적을 획득하기 위한 극적인 행동, (c) 이를 가로막고 있는 장애물 들을 끌어내는데 도움을 준다. 즉 그는 모든 장면의 중심에 있는 극적인 충돌을 발견할 수 있도록 배운다. . . .

2   감각적 주의집중과 정서적 기억. 여기에서 집중과 이완이 강조된다. 대본은 무시되고 배우는 오직 그 순간에 그가 느낀 것을 보여주도록 강요받는다. 심리요법처럼 보이는 즉흥연기가 자유롭게 사용된다. . . .

3   대본의 논리적 분석. 극의 모든 순간이 캐릭터와 상황 등에 의해서 분석되고 기록 된다. 그리고 이 분석이 끝나면 그것을 연기하는 배우, 연출가, 관객 등과 상관없이 그것은 고정되어 버린다.

4   영감. 이것을 강조하는 선생은 직접적인 비평을 사용하는 것이 아니라 일종의 영적인 수혈을 통해 배우에게 '영감'을 주려한다. (Chaikin 1972: 43, 44)

이러한 특징들 중 어떤 것도 '연극적 이벤트'를 만드는데 있어서 작가와 연출가들과 함께 협력하고자 하는 창조적인 배우에 대한 생각은 다루고 있지 않다. 모든 것(네 번째를 제외하고)은 작가가 텍스트를 쓰고 배우가 해석하는 것으로 추정하고 있다.

리빙 시어터에서의 배우 시절 체이킨은 브레이트의 낯설게 하기verfremdungseffskt의 견해에 관심을 갖게 되었으며, 그 시대 미국 배우들 사이에서 혼돈을 일으키던 '분리'의 개념과 '관심을 갖지 않는 것' 사이에 관한 인식에 흥미를 느끼게 되었다. 또한 오픈 시어터에서의 작업에서 '연극적 이벤트'를 만드는 데 있어 서로 협력할 수 있는 배우뿐만 아니라, 그들이 참여하고 있는 전체의 연극 사건에 대하여 관심을 가지는 배우들에 대한 개념에 흥미를 느꼈다(Chaikin 1972: 38). '나의 관심은 이미지들을 연극적 이벤트로 만드는 것이며, 단순히 나와 나의 공동작업자들에게 의미 있는 것들을 시작하는 것이다; 그리고 동시에 연극 비평가들, 흥행 수익, 부동산, 그리고 조건부의 대중들에 속한 연극을 단념하는 것이다'(Chaikin 1972: 3).

체이킨과 그의 협력자들은 이러한 의지를 현실화시키기 위해 시스템의 형태를 갖추지 않고 그들의 연구를 개인적이고 문화적인 역사 안에 위치시켰으며, 다른 환경의 범위 안에 있는 외면적인 구성(훈련의 형식 안에 있는)에 대한 적용에 있어 신중했다.

미리 준비된 시스템은 모두 실패한다. 어떤 시기에 누군가 혹은 어떤 그룹에게 중요한 과정이 되는 경우를 제외하고는, 그것들을 적용하면서 바로 실패한다. 과정은 역동적이며, 작업하는 동안 이것은 진화한다. 시스템은 기초적인 계획으로써 동료들의 관심을 끌기 위한 규칙들일 뿐이다. 우리는 서로에게서 실마리들을 얻을 수 있다. 그러나 서로를 발견하고 그 과정을 모방하지 않는 한, 우리가 가진 문화와 감각과 미학이 우리를 전혀 새로운 표현으로 인도할 것이다. 미학이 시스템을 개조하는 것이다.[8] (Chaikin 1972: 21)

오픈 시어터가 탐구한 몇 가지 훈련들은 워크숍에 참여한 다른 멤버나 방문 교사들에 의해 극단으로 흡수되었으며, 많은 경우에 있어 앞에서 언급했듯이, 체이킨은 이에 대한 수많은 변형을 통해 훈련을 발전시켰다. 다음 장에서 설명할 세 가지의 구조는 그 실마리를 찾기 위한 시도이며 바라건대, 이들이 서로 밀접한 관계로써 전체적인 훈련의 일견을 제공할 것이라고 믿는다. 이러한 연구는 각각의 훈련에서의 역동성과 특정한 주요 아이디어에 대한 전문가로서의 이해, 전해 내려온 유산, 혁신과 발전에 대한 질문들이 길잡이가 되었다.[9]

훈련Exercises

계승 – 색깔 훈련Inheritance – the Colours Exercise

앞서 말했듯 극단은 초기 실험에서 캐릭터의 '비-사실주의'적 접근을 실험하는 훈련들을 시도했다. 한 예로 이와 관련된 훈련 중 놀라 칠턴 워크숍Nola Chilton's workshop에서의 훈련을 간단히 요약하면 다음과 같다.

배우는–몸으로 그리고/혹은 소리로–색깔의 명칭 혹은 다른 이미지의 단어나 구절에 즉각적으로 반응한다. 이 반응은 순간적이고, 생각 없이 본능적으로 한다.[10]

이 훈련을 이루고 있는 고유한 두 가지 핵심은—다른 연습법도 비슷하게—체이킨에 의해 계발되었으며, 앞으로 이루어질 연구들의 중심이 된다. 첫 번째는 배우가 훈련할 때 뇌로 생각하지 않고non-cerebral, 충동적인 행동과 단어에서 나타내는 이미지(때로 상당히 추상적인)에 반응할 수 있다는 가능성에 있다. 그러나 '지적知的이지 않은non-cerebral'과 '충동적 impulsive'이라는 용어들은 제한할 필요가 있다. 비록 이 용어들이 계획된 반응이라기보다는 즉각적이라는 것을 뜻하고 있지만, 이러한 반응들이 이미지나 기억들, '내적 영역과 관련이 없어도 된다는 것을 암시하는 것은 아니다. 그리고 체이킨의 사고로는 이 '내적 영역'은 '사실주의적' 연기 접근의 관념에 속박되지 않는다.

『배우의 현존』에서 체이킨은 배우의 '충동'에 관한 세 가지의 자원source에 대해 이야기 하는데: 첫째로는 '이성적 연상reasoned association'—예를 들면 배우가 바깥을 보기 위하여 창문을 향해 움직인다;—두 번째는 '외부적인 요구'를 인지하면서 행동하는 것이다—'그에게 유익하기 위하여' 소리를 낸다; 세 번째는—내 생각에 이것은 체이킨이 계발한 훈련들과 가장 관련이 깊은 것이다—배우가 소리 그리고/또는 움직임을 만들기 위해서 '내적 고취 inner prompting'와 '연상associations'에 반응하는 것이다. 이러한 '내적 고취'와 '연상'에 대해서 체이킨은 다음과 같이 묻는다.

> 공연할 때 배우는 자신의 어느 부분으로부터 이러한 연상들을 끌어내는 것일까? 극중 인물, 관객 그리고 그 자신의 이미지에 관한 아이디어와 정보로부터 끌어내는 것일까? '육체 기억body memory'으로부터 끌어내는가? 해방된 의식으로부터, 아니면 자기일상에서 개인적 안전을 위해 필요한 의식으로부터 자신의 충동을 끌어내는가? 보편적인 인간의 근원으로부터, 아니면 현대 부르주아적인 자아로부터 끌어내는가? (Chaikin 1972: 8, 9)
> (체이킨 1995: 22)

'색깔' 훈련의 두 번째 핵심은 배우가 훈련을 통해 관념들, 목적들, 사람의 일부분, 사람의 투영에 관한 '극중 인물화characterization'에 참여할 수 있다는 가능성에 있다. 체이킨은 '극중 인물에 대한 질문에서 이 두 번째 실현가능성을 다음과 같이 지적한다:

> 당신이 나를 볼 때 당신은 누구를 보고 있는가?
> 내가 당신을 바라볼 때 내가 누구를 보고 있다고 당신은 생각하는가?
> 어떤 자가 볼 수 없는 것은 누구라고 혹은 무엇이라고 당신은 생각하는가?—그것은 여

전히 당신인가?

당신을 공적으로 묘사하기 위해 어떤 정보의 일부가 사용되는가?

각각의 정보는 당신을 설명할 가치를 가지고 있는가?

인식과 평가에 관한 어떤 체계가 그 가치를 결정하는가?

아직 살아보지 않은 당신 자신의 일부분이 있다고 말하겠는가?

무엇이 그러한 삶의 일부분을 야기시키는가? (Chaikin 1972: 16, 17)

이러한 질문들은 사실주의 안에 박혀 있는 텍스트에 이미 존재하는 '주어진 환경'에 대한 스타니슬랍스키의 질문과는 아이러니한 대조를 보인다. 체이킨의 질문은 주어지지 않은 것 그리고, 알려지지 않은 것에 관한 것이다—보이는 것만큼 보이지 않는. 일관성 있는 감각보다는, 초목적super-objective으로부터 유래한 이 질문들은 본질적으로 인물에 대한 수많은 모순된 시각들을 생산하고 있다. 이 인물들은 내향적인 혹은 외향적인 사람으로 인식되어질지도 모른다. '캐릭터'라고 하는 단일하고 분리된 개념의 부재를 강조하며 이러한 의문들은 분리와 분열을 암시하고 있다.

혁신 – 소리와 움직임 훈련Innovation – the Sound and Movement Exercise

체이킨은 연극 전체에 관여하며 협력적인 창조 가능성을 지닌 배우들뿐만 아니라, 새로운 공연 언어를 만드는 방법에 관심이 있었다. 이는 주어진 사실주의 대본에 적합한 사회적 행동의 모델로서 제한된 것이 아닌, 사회 속에서 '분열된 자아'로서의 감각의 반영을 뜻한다.[11]

또한 인간이란 무엇인가에 관해 금지되고, 잊혀지고, 숨겨진 영역에 목소리를 부여하는 수단으로써 언어에 관심이 있었으며, 관객이 가진 동일한 영역들에 이야기를 거는 것에도 흥미를 가졌다. 이런 시도 속에서, 소리와 움직임의 이미지는 '말로 옮길 수 없는' 내적 영역이 소통될 수 있는 잠재적 수단이 되며 체이킨은 이를 위한 어휘 개발을 위한 일련의 주요 훈련들을 내놓았다. '소리와 움직임 훈련'도 이 중 하나이다.[12]

배우들은 예를 들어, 동그랗게 앉아서 각자 소리를 만들고, 다음 배우에게 넘긴 후 소리를 바꾼다. 동작도 마찬가지이다. 즉 원주위로 다시 넘기면서 동작을 반복하고 그것을 넘기기 전에 다시 바꾼다. 다음에는 동작을 하면서 나오는 소리가 덧붙여지며, 관련된 기술이 계발된다. 예상할 수 있는 '하나-둘' 리듬의 소리와 움직임은 더욱 생생해지고 복잡해진다.

구조가 발전하는 동안, 배우는 원으로 서거나, 혹은 두 줄로 서로를 마주보고 서서 시작한다. 소리와 움직임은 원 혹은 두 줄 사이를 가로질러 전달된다. 각 배우는 공간으로 소리와 움직임을 발산하고, 형태를 바꾼다.

변화의 과정과 변형은 배우가 소리와 움직임과 함께 일종의 연상된 관계를 인지하거나, 발견할 때까지 지속한다. 교대로 형태를 바꾸는 것은 마침내 소리와 움직임이 더 이상 변형이 없이 명확하게 반복될 때까지 계속된다. 배우에 의해 발견되거나 인식된 '내적' 이미지 혹은 연상된 관계는 결과적으로 추상적이며 역동적인 '외적' 형태―소리와 움직임의 이미지―로 번역되었다.

배우는 소리와 움직임 안에서 '내적' 이미지와 '외적' 형태를 유지하면서, 원 혹은 맞은편에 있는 다른 배우 쪽을 향해 움직인다. 몇 초 동안 두 배우는 소리와 움직임을 동시에 반복한다―첫 번째 배우는 그 이미지를 '주고' 두 번째 배우는 이를 '받는다.' 다음으로, 두 번째 배우는 공간을 향해 움직이며 과정을 계속해 나간다. 소리와 움직임의 형태는 바꾸는 것이 허용되고―형태가 바뀜에 따라 새로운 연상이 떠오른다―차례로 또 다른 소리와 움직임의 이미지가 가진 리듬과 역동성이 결정된다―차례로 다른 배우에게 전달되고 받는다―계속해서 모든 단원들을 통해―잠재적으로 마지막 이미지는 이전에 했던 모든 형태의 자취를 나타낸다.

훈련은 함께 작업하는 배우를 위해 일련의 연상에 도움을 줄 테마를 사용함으로써 더 발전시킬 수 있다. 이러한 계발 안에는, 배우가 '내적' 연상들의 끊임없는 변화들과 동시에 상대 배우에 의해 주어지는 다른 '외적' 연상들도 다뤄야 하는 복잡한 요소가 있다. 자극과 반응은 어디에서 시작하고 끝나는지 불확실하며, 자극이나 반응이 배우의 '내면'에 있는지 '외면'에 있는지 또한 불명확하다. 이것은 중요한 지점이다: 변화와 변형의 과정 안에서 본질적으로 이 둘 사이에는 대화가 있고 흐름이 있다. '아무도 당신에게 안에서 밖으로―또는 밖에서 안으로 가라고 말할 수 없다. 이것은 하나의 둥근 원이다'(Blumenthal 1981: 56).

두 번째로 중요한 대화는 '소리와 움직임 훈련'에서 발생한다. 이 두 번째 대화는 몸과 정신 사이, 훈련의 중심에서―바로 변화와 변형의 과정 안에서―가장 명확하게 볼 수 있다. 이 과정을 하는 동안 배우가 소리와 움직임을 공간으로 내보낼 때, 이를 바꿀 수 있도록 하려면 다음에 무엇이 일어날지 모르는 순간에 배우는 정신적으로나 육체적으로 '미리 판단'하게 된다. 이런 경우에, 사람과 아직까지는 불완전한 이미지 사이의 정렬은 변형의 과정에서 매 순간마다 살아 있지 않은 듯 감지된다.

그러나 그와 동시에, 배우가 특별한 종류의 균형 또는 대화의 변화를 허용하면 몸과 마음 사이에서 나타나는 형태와 이미지를 듣고 보는 가운데, 점차적으로 정렬(동일선상)에 이르게 된다. 이런 경우 변화와 변형 과정의 매 순간마다 '현존'을 인지할 수 있다. 이러한 '현존'의 특성은 배우 '자신'의 독특함보다는 이미지와 함께 움직이는 배우에게서 더 많이 나타난다. 이미지는, 실제로, 현존을 위한 '가능성'이 된다.

훈련은 하나의 것 또는 다른 것을 위하여 늘 반복하는 한 형태이다. . . . 어떤 훈련들은 신체를 유연하게 하기 위해서 혹은 소리의 범위를 넓히기 위해서 이루어진다. . . . 대부분의 연습은 연습 그 자체보다 어떤 것을 계발하기 위하여 실행된다. 많은 워크숍 상황에서 불충분하게 훈련된 채 남아 있는 것은 행위 그 자체를 행하는 것이다－현재에서 공연하는 행동－즉 그 자체의 행위를. (Joseph Chaikin archives)

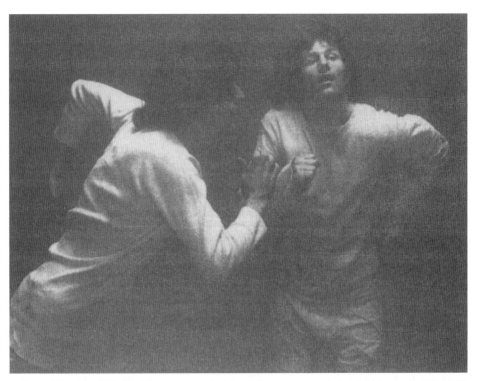

그림 10.3 (왼쪽에서 오른쪽) 폴 지멧(Paul Zimet), 레이먼드 배리(Raymond Barry), 〈터미널〉(*Terminal*), 오픈 시어터 (1969~1971) (Photo: Max Waldman)

그러므로 '소리와 움직임 훈련'에서 첫째는 '내부'와 '외부' 사이에, 둘째는 몸과 정신 사이에서 서로 연관된 대화가 이루어진다. 이러한 대화들이 전체 훈련의 내용과 구조를 결정한다.

지나가는 말로, 훈련에는 육체적인 탐구를 야기하는 훈련과 '생각'과 '느낌'이 그 출발이 되는 훈련이 있으며, 둘 사이에는 때때로 양극성이 존재한다. 내 생각에 '소리와 움직임 훈련'에서는 둘 사이에서 매우 역동적인 훈련이 이루어지지는 않지만, 하나의 흐름이 존재한다. 여기에는 또한, 때때로, 무지의 상태에서 스스로 이루어지는 배우의 육체적인 탐구와 연출가의 지식에 상응하는 상태 사이에 만들어지는 연상 작용이 있다. 물론 배우가 역설적으로 육체의 탐구 또한 야기시키는 '합의된 구조' 뒤에 숨어 있는 추론을 이해하는 것은 지극히 가능한 일이다. 확실히 체이킨은 '연구하는 극단'과의 작업 과정을 통해, 배우와 연출가에게 영감靈感의 지점이 되는 의도를 가진 '무지ignorance'의 개념을 이해하고 있었다.

마침내 발전된 두 요소가 체이킨의 혁신적인 구조를 완성시킨다. 이들은 훈련 전체에서 또한 중심적으로 연결되며, 체이킨은 앙상블의 기본 원칙으로 이 두 요소를 정의한다: 공감empathy 그리고 리듬rhythm이 바로 그것이다(Chaikin 1972: 59).

이 두 요소는 두 배우가 동시에 소리와 움직임을 훈련하는 동안 가장 확실하게 나타난다. 서로 공유한 게슈탈트gestalt(형태: 역주) 외에도, 둘 사이의 소리와 움직임의 형태 안에서, 이번에는 공감과 리듬의 관계가 존재하고 있다. 그러므로 이런 순간의 목적은 다른 배우의 소리와 움직임의 외적인 형태를 단순히 모방하는 것이 아니라 같은 내적 리듬과 에너지를 공유하기 위한 것이며, 이는 또한 같은 신체적 활동kinetic과 심리적psychic 공간의 공유를 뜻한다.

발전 – 코드(화음) 훈련Development – the Chord Exercise

이러한 리듬과 공감의 원칙들에 대한 탐구는 무수한 훈련의 변화로 발전하게 되며 체이킨이 계발한 다른 훈련들의 밑바탕이 되었다. 한 예로 '화음chord' 훈련을 간략히 개요한다.[13]

배우들은 원으로 서거나 혹은 안쪽으로 머리를 향하고 등을 대고 누워서 시작한다. 집단의 소리는 점차적으로 서로에게 공유된다―숨소리로 시작하고, 허밍으로 변형되고, 다음엔 하모니와 다른 리듬을 유도하는 리듬counter-rhythm으로 발전할 수 있는 코드(화음)로 노래한다. 다음번에는 각 배우가 전체 그룹 형태에 맞춰가면서 움직임도 포함시킨다.

이 훈련은 다른 훈련과 마찬가지로, 경쟁보다는 즉흥 과정을 밝히고 공유하며 온화함이라는 '내쫓겨진 감정exiled emotion'을 불러낸다. 이들의 패턴과 역동성, 그리고 강도(세기)를 탐험한 리듬은 소리와 움직임을 형성하기 위하여 기술적으로 강요하지 않는다. 오히려 배우로 하여금 공동의 소리를 주의 깊게 듣고, 만들어지는 혼합된 형태를 주의 깊게 관찰하며 그들의 에너지를 다른 이들의 참여에 반응하거나 보태는 방식으로 사용하게 하는 데에 그 목적이 있다.

'소리와 움직임 훈련'과 '화음 훈련' 모두는 앙상블 실습을 발전시키는데 관심이 있었던 극단들에 의해 만들어진 훈련 프로그램이다. 이 훈련은 오픈 시어터의 초기 프로그램들(공연)과 리빙 시어터의 1964년 작 〈신비극과 소품들Mysteries and Smaller Pieces〉에도 포함되어 있었다. 그러나 두 훈련의 공연적 특성은 다른 훈련과 마찬가지로 참가자들이 관련된 기술 및 훈련의 역동성과 그 목적에 대하여 이해하는 것에 주로 의존하고 있다. '화음'은 베트남 전쟁에 반대하는 시위자들에게 쓰였고, 일종의 오픈 시어터의 표상으로 반전주의자의 성명이 되었다.

공연Performance

다음은 1963년 오픈 시어터의 첫 공연 프로그램 북에 쓰인 일부 내용이다.

오늘밤 당신은 오픈 시어터 작업의 한 면面를 관람하게 될 것 입니다. 배우, 음악가, 극작가, 연출가로 구성된 우리는 기존의 현대 연극의 경향에 대한 불만족으로 모인 그룹입니다. 오늘을 위한 연극을 추구합니다. 공연 단체로써가 아닌, 자신의 목소리를 발견하려고 노력하려는 집단으로써 무대 위의 특정한 관점들을 탐구합니다. 이 워크숍의 확립된 근본 취지는:

(1) 배우들이 민감하게 앙상블을 이룰 수 있는 상황을 창조한다.
(2) 오직 살아 있는 연극이 되기 위한 구체적인 힘을 탐구한다.
(3) 추상과 환상의 연극으로 전념한다. (행동과 심리적인 동기의 연극에 대립하여)
(4) 결정적인 요인으로써의 자본에서 벗어나 예술가가 자신의 표현을 찾는 방법을 발견한다. (Open Theater archives 1963)

오픈 시어터의 초기 공연은 훈련과 단막극, 정치적 스케치들, 그리고 즉흥들로 구성되어 있었다. 예를 들면 소리와 움직임의 작업, '내부' 경험은 '외부' 행동으로 나타날 때 병치되거나 생략되어 표현되었다. 사실 공연의 구조와 내용은 과정과 결과, 연기와 현실의 차이를 묻는 혼합된 프로그램들로 구성되어 있었다.

　　1963년에서 1973년 사이 후기 공동 작업의 결과로 체이킨은 공연이나 공연을 위한 소재로 사용할 수 있는 즉흥 훈련을 지속적으로 계발했다. 이러한 탐구는 다른 워크숍 단원들과 연출가, 방문교사들에 의한 아이디어와 실습, 기술들로 인해 더욱 상호 보완되어 갔다. 한 예로 1967년 그로토프스키의 방문은 신체와 목소리의 즉흥을 위해 기본으로 사용되는 하타 요가Hatha Yoga에서 채용한 '고양이cat'라고 알려진 자세와 결합된 훈련을 낳았다. '고양이' 또는 '소리와 움직임 훈련'과 같은 비언어 훈련을 통해 노출되는 순간들은 선택되어지고 줄어들거나 리드미컬하게 작곡되고 대본의 단편들과 관련되어 병치되며, 종종 더 발전하여 연출자인 체이킨과 함께 작가나 드라마트루기에 의해 편집되어 그 형태를 갖추게 된다.[14]

그림 10.4 (왼쪽에서부터) 티나 셰퍼드(Tina Shepard), 폴 지멧(Paul Zimet), 조 안 슈미드만(Jo Ann Schmidman), 〈변신극〉(*The Mutation Show*), 오픈 시어터(1971) (Photo: Howard Gans and Claude Furones)

1963년부터 1973년까지 극단의 작가로 활동했던 장-클로드 반 이탈리Jean-Claude van Itallie는 다음과 같이 기록했다. '작업을 통해서 꿈, 신화, 환상, 시, 의식, 그리고 사회적 이슈에 대한 대립이 강조되었다.' 이 극단은 '간략히 말하면: 상상, 시간의 심원한 삶, 그리고 무대 위의 진실한 자원資源들에 전념하는 연극. . .'이었다고 할 수 있다(Fundamentals of Open Theater, Open Theater archives).

다음으로, 나는 공연을 위한 소재의 발생 과정과 체이킨에 의해 발전된 두 개의 훈련의 개요를 통해 '내용'에 관하여 잠시 들여다보려 한다. 이러한 훈련들은 소리와 움직임의 훈련이 말과 결합하여 발전하는 형태들로 볼 수 있을 것이다.

공연을 위한 재료 — 표상 훈련Generating Material for Performance — the Emblems Exercise

각 배우는 돌아가면서 자기 자신에 관한 이야기나, 연구를 하면서 발견한 이야기를 한 가지씩 한다. 스토리텔러로서의 배우는 이야기 속에서 자신이 원하는 만큼 주관적일 수 있다. 그리고 자신이 발견한 것과 같은 만남의 지점으로 관객을 끌어들이는 것이 배우의 목표이다. 이야기는 '말, 소리들, 움직임, 그리고 침묵'으로 이루어진다. 각자의 이야기를 하고 나면 스토리텔러와 워크숍에 참여한 관객은 이 이야기에 대한 표상emblems이 되는 순간을 찾으려고 노력했다(Chaikin 1972: 116).

사실 경제적인 본성으로써의 '표상'은 — 취사선택 하는 과정에서 — 심상을 통해 특별한 혹은 자서전적인 스스로의 원천을 초월할 수 있는 공연을 만들어냈다.

1970년 여름 그의 노트에서 체이킨은 여배우 티나 세퍼드Tina Shepard 가 말한 이야기와 관련해 이러한 과정의 한 예를 보여주고 있다. 극단의 초기에 새로운 작업인 〈터미널 Terminal〉을 위한 연습에서, 한 배우가 죽음, 죽어감에 대한 주제와 이러한 경험을 위장하는 여러 방법들을 구축해온 사회에 대해 인식하는 방법, 이 둘에 대한 반응을 그 출발점으로 놓았다. 세퍼드의 이야기는 암으로 죽어가는 그녀의 어머니에 관한 것이었는데 어머니에게 '좋아 보여요' 혹은 '좀 더 나아지셨네요'라고 말하는 것에 대한 어려움에 관한 것이었다. 이 이야기의 어딘가에서 다음과 같은 대사가 있었다. '저는 당신을 보아요'(어머니에게 말한다) '하지만, 당신이 죽어가고 있는 것을 보고 있지 않아요'(워크숍 관객에게 말한다). 이 이야기는 말할 때마다 길어졌지만, 이 두 구절과 배우가 사용했던 '숨기기와 들어내기'의 특별한 제스처가 이야기에 대한 '표상'으로써 결합되고 선택되었다. 이러한 '표상'은, 그러므로 이야기 전체를 나타내는 상징이라기보다, 그 안에서 본질을 이루는 부분에 대한 표현적이고 직설적인 이미지라고 할 수 있다(Chaikin 1972: 108, 109).

이 같은 구별은 인물, 행동 혹은 장소의 '표상'에 대한 개념으로 적용될 수 있다. 한 예로, 체이킨에 의해 발전된 '캐릭터'를 발생시키는 수단으로써 캐릭터의 '표상'을 호흡에서 발견할 수 있다. 이 과정에서, 배우는 에너지의 감각을 공급하는, 혹은 이야기 안에서 특별한 순간에 인물의 내적 리듬을 공급하는 숨소리로 시작한다. 이 에너지와 리듬은, 다음엔 몸으로 흡수되어, 스스로 움직임의 방법이나 제스처로 변한다.

체이킨의 '표상'의 개념에 대한 영감은 중국 고대 극장의 표의문자로부터 파생되었는데, 특별한 제스처의 사용을 통해 캐릭터는 형태의 언어에 친숙한 관객에게 즉각 인지될 수 있다는 것이다. 한 예로 죽음의 캐릭터는 장면으로 들어갈 때마다 그의 팔을 흔든다−물론 이와 같은 예에서 팔을 흔드는 것은 사실주의 연극에서 뜻하는 대표적인 '캐릭터'로써의 존재가 아니다(Pasolli 1970: 90, 91).

그림 10.5 (왼쪽에서부터) 티나 셰퍼드(Tina Shepard), 샤미 체이킨(Shami Chaikin), 톰 릴라드
(Tom Lillard), 〈몽유병〉(*Nightwalk*), 오픈 시터어(1972–1973) (Photo: Donald Cooper)

체이킨은 '표상'을 다음과 같이 정의했다:

왕관은 왕의 표상이다. 창살은 감옥의 표상이다. 만약 연기의 표상적인 부분이 연기 속에 살고 있는 배우에 의해서 공연된다면, 전체의 연기가 빠짐없이 보였을 때 존재할 수 있는 것을 넘어서는 울림이 있을 것이다. 관객은 공연되는 연기의 일부분이 되어 연기를 완성시킨다. 표상은 배우와 관객을 위한 만남의 지점이 된다. (Chaikin 1972: 113)(체이킨 1995: 126)

공연을 위한 재료 – 즉흥변주 훈련Generating Material for Performance – the Jamming Exercise

공연을 위한 재료와 관련된 방법들은 '즉흥변주jamming'로 알려진 '표상' 작업의 계발을 통해 탐구되었다. 체이킨이 『배우의 현존』에서 말하듯이, 이 용어는 재즈의 즉흥변주를 하는 연주회에서 유래했다.

'즉흥변주'에서 배우는 주제를 사용해 몸으로, 소리로, 또한 시작점과 되돌아오는 지점의 기본으로써 '표상'의 의도와 의미를 가지고 즉흥을 한다. '리듬과 함께, 구절을 암기하거나 거기서 벗어나면서, 때로는 제스처만을 사용하고, 때로는 전체를 하나의 순수한 소리로 바꾸기도 한다'(Chaikin 1972: 116).

체이킨은 1967-69년 사이에 만들어진 〈뱀Seppent〉을 위한 작업에서, 여배우 조이스 아론Joyce Aaron과 함께 이 훈련을 실험하였다.

이 작품은 배우로 하여금 창세기로부터 문화적으로 상속된 일부분으로 이해된 결백, 그리고 죄와 책임들에 관한 가정假定에 대해 대답하고 질문하게 한다. 배우가 사용한 '표상' 안에서의 말들은 다음과 같다: '나에게 주어졌던 것은 다루기 어려웠다.' 즉흥변주에서, 이들은 다음과 같이 되었다: '무엇-주어진 것-주어진-주어진 것?-주어진-것은 무엇?-나에게?-나에게 주어진 것은 나에게 주어진 것이었다-했다-불가-불가능했다. . . . ': What was – what was given – was given – what was given? – given to – was what? – to me? – what was given to me was given to me – was – was impo – was impossible. . . .

체이킨은 '표상' 안에서 다른 연상된 감각을 일종의 '묵상' 혹은 '확장된 연구'로 '즉흥변주'를 설명했다. 확실히 탐구 도중에 배우는 때때로 마음속에서 '쉬면서 이미지가 스스로 움직이게' 할 필요가 있다. 이런 과정을 통해 탐구의 행로를 이끄는 '표상' 안에서의 의미와 그 발전을 형성하고 이를 의식적으로 인지하는 것 사이의 대화가 이루어진다(Chaikin 1972: 116, 117).

체이킨의 연출로 오픈 시어터가 시도한 대표적인 네 가지의 공동 작업은 다음과 같다. 〈뱀 *The Serpent*〉(1967-69)(장-클로테 반 이탈리Jean-Claude van Itallie작), 〈터미널*Terminal*〉(1969-71) (수잔 얀코비치Susan Yankowitz 작 / 공동연출 로버타 스클러Roberta Sklar), 〈변신극*The Mutation Show*〉(1971)(작가 없음),15 〈몽유병*Nightwalk*〉(1972-73)(드라마트루기 미라 라파로위치Mira Rafalowicz / 장-클로드 반 이탈리Jean-Claude van Itallie, 샘 쉐퍼드Sam Shepard, 미간 테리Megan Terry 공동작).

이러한 네 개의 '연극적 이벤트'는 유럽, 중동, 북아프리카와 아메리카의 극장, 대학, 감옥 등에서 공연되었다. 각 공연은 비선형 구조였으며, 음악과 유머가 섞여 있었다. 본질적으로 각 공연은 많이 다른 시각에서 바라본 중심 주제를 탐구했고, 함축적이었으며, 개인적이고 사회적인, 그리고 정치적인 변화의 요구에 따른 배우와 관객과의 인식으로 초대하였다.

이러한 '연극적 이벤트'에서의 관객과의 대화는 일련의 통역translation으로써 이해될 수 있을 것이다. 연결 고리들 또는 배우에 의해 발견된 '내부' 이미지는 다이내믹한 '외부'의 형태로 옮겨진다―소리 움직임과 말들에서 나타나는 이미지와 같이―이것은 관객에 의해 '읽혀'지고, 연결 고리 혹은 '내부'의 심상으로 다시 돌아간다. 사실주의 연극에서 말하는 캐릭터 간 대화는 사실상 존재하지 않고, 대부분 직접적으로 언급된다.

오픈 시어터의 마지막 작이기도 했던 〈몽유병〉은 1973년 12월, 산타 바바라의 캘리포니아 대학University of California에서 공연되었다.

작품은 사회 내에서의 단절과 전체로의 갈망을 담고 있었다. 마지막 이미지에서 배우 레이먼드 배리Raymond Barry는 관객과 마주보며, 분리되거나 연결되는 에너지를 동시적으로 암시하기 위해 오른팔을 떨면서 움직였다. 현존과 부재의 감각은 말이나 그 사이의 침묵에 내재되어 있다.

> 그 자신 그리고 그녀 자신 그리고 그녀 자신 그리고 그 자신
> 그리고 우리 사이에 존재한다.
> 그 자신 그리고 그녀 자신 그리고 그녀 자신 그리고 그 자신
> 그리고 우리 사이에 존재한다.
> 각자 스스로 또 다른 각자 스스로, 각자 스스로 또 다른 각자 스스로
> 우리들 사이에 존재한다. (Malpede 1974: 150)

네 작품 모두 처음 공연의 프로그램에서 명백히 규정한 오픈 시어터의 목표를 완전히 드러 낸 시도였다. 그러나 극단의 추동력은 연구 집단이 되기 위해 '탐구하는 것'이었다. 그리고 체이킨은 비록 오픈 시어터*Open Theater*라는 공공 포럼으로써 공동의 언어를 발견했지만, 흥행 집단이 되지 않은 채 그들이 할 수 있는 한은 이를 해왔다고 생각했다.

1973년 오픈 시어터는 해체되었다. 해체되기 1년 전, 체이킨에게 해체를 예감할 명확한 이유가 생겼다. 1974년 심장절개수술을 위해 병원에 입원하였으며 회복할 수 있을지 확실 치 않았다. 이후 몇 번의 심장 수술과 1984년 실어증에도 불구하고 체이킨은 '상속된' 연극 작업을 해석하고 더 나아간 조사와 공동 작업들에도 참여했다.16

체이킨은 이 책의 초판初版이 발행되었을 때 아직 생존하고 있었으며, 여전히 작업 중이 었다. 그는 2003년 세상을 떠났다.

제 2판을 위한 후기 - 완벽한 사람 훈련
Post Script to the Second Edition – the Perfect People Exercise

1983년 『공연 예술 저널*Performing Arts Journal*』에 출간된 윌리엄 코코 William Coco와의 인터뷰 에서, 그의 심장 수술 이후 실어증이 발생하기 직전—체이킨은 자신이 열정의 '요로要路, the main artery'라고 칭한 '상냥함'과 '애도'와 같은 '내쫓겨진 감정들'을 되돌아보았다. 그리고 그는 이러한 열정을 그가 끝까지 놓지 않았던 정확한 표현력과 관련지었다. 과제는 결국 '내부'와 '외부'의 관계를 탐구하고 찾는 것이었으며, 훈련들이 진화해 감에 따라 이러한 표현 언어를 위한 길이 그 흔적으로 남아 있었다. '소리와 움직임 훈련'과 같은 구조들이 캐릭터의 '내면' 을 표현하는 방법을 제공했다면, 마지막 진화 과정의 예시들은 캐릭터의 '외부'를 보여주는 전형이었다고 할 수 있을 것이다. 이것은 '완벽한 사람perfect people'이라고 불렸으며, 바이 올라 스폴린Viola Spolin의 '전체의 일부parts of a whole'와 같은 훈련과 같이, 차례로, 배우들 이 발명된 기계의 관련된 부분들을 구현하는 일련의 기계적 훈련들로 발전되었다.

'완벽한 사람'으로부터 발전한 첫 번째 즉흥은 서로 말할 때 오직 슬로건(구호)이나 상 투적 문구를 사용하는 것이었는데 광고에서 볼 수 있는 2차원적인 캐릭터들을 생산해냈다. 이들은 대중매체가 사람들로 하여금 어떻게 보여야만 하는지에 대해 어떤 영향을 미치는가 에 관한 풍자적 의식을 반영하기 위한 것이었다. 즉 이러한 '완벽한 사람'들이 소위 완벽함 이 유지되어야만 하는 이상한 상황들로 이루어진 입체적인 공간에 놓였을 때, 사회적 논평 의 한 단면과 유머가 소개되었다. 여기에서 좀 더 나아가 '눈에 띄지 않는 행동들'로 발전되 었는데, 예를 들면 한 배우가 완벽함이 요구되는 상황에서 말로는 '완전함'을 유지하고 있는 동시에 한편으로는 사회적으로 받아들여지지 않는 '불완전한' 제스처를 행하는 것이다. 예를 들어 즉흥을 통해 교회 미사에 참석하고 있는 올바른 시민들을 그리다가, 예배 의식 도중에-말로 계속되는-이러한 '올바른 시민들은' 동시에 외설적인 방법으로 서로를 애무하기 시작한다.[17]

1984년 뇌졸중 이후, 그는 장애인과 함께 작업하면서 말에 대한 재발견을 통해 다수의 작품을 남겼다. 자신의 장애, 자신이 가진 '불완전성'은 그를 또 다른 '장소', '또 다른 공간'에 배치시켰다.

이제, 나는 실어증 환자다,-

나는-'다른 어떤 것'.

나는 이해-한다. 더-상-처-받-기-쉬움에-관해서. . .

정상正常이란 무엇인가?

누가 기준을 정하는가?[18]

체이킨은 끊임없이 질문하고 변화하면서, 그가 가능하다고 상상할 수 있는 모든 것에 대해 '생생하게 살아 있기 위한 노력'을 지속했다. 그에게 일어난 일들을 이야기하기 위해 지난 날을 회고하며 그는 마치 배우가 관객에게 말하듯 이렇게 말했다. '나는 별에 대해 생각한다. 지는 별이 아닌 뜨는 별을.'[19] 이 책의 초판을 위한 글쓰기가 한창인 1998년 여름, 그는 뉴욕에서 12명의 배우와 4명의 연출가들을 위해 〈쇼에서부터 쉐퍼드까지From Shaw to Shepard〉라는 전문인 수업을 하고 있었다. 다음 해에는 사무엘 베케트의 〈게임의 종말 Endgame〉을 뉴욕에서 연출했다.

체이킨은 베케트의 작품을 수년 동안 연출해왔으며, 베케트가 사망한 1989년이 되기 직전에 자신의 마지막 시를 베게트에게 헌정했다(Knowlson 1997: 703).

'말은 무엇인가'라는 제목의 시는 아래와 같이 끝맺는다:

힐끗-

힐끗 보려-

힐끗 볼-

희미한 무엇을 넘어 저 멀리-

희미한 무엇을 넘어 저 멀리 힐끗 볼 어리석음-

무엇－

무엇을－

말은 무엇인가－

무엇이 말인가 (Joseph Chaikin archives)

책『배우의 현존』에서, 체이킨은 스타니슬랍스키가 다른 사람의 작품을 연출한 반면 브레
히트는 자신의 작품을 연출한 것에 주목했다. 그는 또한 공연을 위한 새로운 언어를 찾고
'말과 소리 및 움직임의 심상 사이에서 또 다른 가능한 관계를 탐구하는 데 있어 그 자신이
'극작'에 관한 20세기의 이론과 실습에 도전해왔다는 것을 수용하고 인정했을 것이다.

　　더욱이 배우 훈련에 있어서 협동적인 연구와 탐구는－결코 시스템으로 되는 것을 바라
지 않았음에도 불구하고－창조적인 과정과 그 속에 있는 변형과 변화의 중심에 배우를 위
치시켰다. 21세기를 시작하는 시점에서, 공연 만들기를 위한 이론과 실습들은 익숙해 보인
다. 그의 영향이 없었다면 이런 친숙함을 기대할 수 있었을까?

｜노트

1　그의 책『배우의 현존』(*The Presence of the Actor*) 서문에서, 체이킨은 '배우'를 말하는 데 있어서 '그'를 사용
　하고 있는데, 이는 여성, 남성 모두를 의미한다(Chaikin 1972: x).
2　체이킨은 평생공로상을 포함해 6개의 오비(Obie)상을 수상했다. 그 외에도 아래와 같은 상을 수상하였다. the
　Drama Desk Award, the Vernon Rice Award, the Brandeis University Award for Distinguished Actors,
　the New England Theatre Conference Award, the Edwin Booth Award, two Guggenheim fellowships &
　grants (목록 출처: Christine McBurney-Coen, Joseph Chaikin archives, Kent State University).
3　아르또(Antonin Artaud)의 이론들에 영향을 받은 리빙 시어터는 1960년대 말, 많은 비난을 받기도 했지만
　당시의 문화적 실험들로 유명해졌다.
4　여기에 참여한 멤버는 조이스 아론(Joyce Aaron)을 포함해 각기 다른 시점에서 아래와 같다.
　actress; James Barbosa, actor; Shami Chaikin, actress; John Dillon, production manager; Brenda
　Dixon, actress; Ron Faber, actor; Gwen Fabricant, designer; Peter Feldman, director; Rhea
　Gaisner, workshop director and assistant director; Jayne Haynes, actress; Jean-Claude van Itallie,
　playwright; Ralph Lee, actor; Tom Lillard, actor; Ellen Maddow, actress and musician; Peter
　Maloney actor; Howard Meyer, electrician; Richard Peaslee, actor; Marianne de Pury, composer,
　musician and administrator; Mira Rafalowicz, dramaturg; Mark Samuels, actor; Jo Ann
　Schmidman, actress; Sidney Schubert Walter, actress; Tina Shepard, actress; Roberta Sklar,
　co-director; Megan Terry, playwright and director; Barbara Vann, actress; Stan Walden, actor; Lee
　Worley, actress and workshop director; Susan Yankowitz, playwright; and Paul Zimet, actor.
5　이러한 움직임은 피터 브룩(Peter Brook)과 예지 그로토프스키(Jerzy Grotowski)가 이끌었던 유럽에서의 실
　험들과 함께 일어났다. 그리고 어느 정도까지는, 그들의 생각과 실습 사이에서 대서양을 건너는 상호교류가 이
　루어졌다. 체이킨은 브룩과 1966년 미국에서 협력하였고, 1967년에는 그로토프스키가 오픈 시어터와 함께
　작업하기 위해 미국으로 건너왔다(Pasolli 1970: 97, 114). 1968년에는 파리에 있는 브룩의 극단으로 체이킨

6   체이킨은 또한 관객과 '관계' 맺는 방법 혹은 다양한 가능성들을 탐구하기 위한 훈련들을 계발했다. '헌신을 위한 첫 단계는 선택이다, 당신과 또 다른 사람과의 접촉의 순간에 바짝 가까이 다가붙으며...'(Chaikin 1972: 143).

7   이 이미지는 흩어진 조각들로부터 종합한 것이다(Chaikin 1972)

8   캐릭터를 재현하는 대체 방법을 찾는 경우, 체이킨은 극단이 자체적으로 훈련을 계발하기를 제안한다(Chaikin 1972: 17).

9   이 장에 포함된 훈련들에 대한 설명과 내재되어 있는 역동성에 대한 분석은 체이킨의 훈련 구조의 적용을 비롯해 다른 전문가들과의 접촉을 통해 이루어진 개인적인 실습에서 파생되었다. 출판된 출처들은 참고 목록에 인용되어 있으며, 미출판물들은 켄트 대학(Kent State University)의 조셉 체이킨과 오픈 시어터 기록 보관소 (Joseph Chaikin and Open Theater archives)에 소장되어 있다. 다양한 여러 훈련에 대한 개략은 다음의 책에서 찾아볼 수 있다. *A Book on the Open Theatre* by Robert Pasolli. *Joseph Chaikin* by Eileen Blumenthal.

10 '색깔' 훈련에 대한 개요는 켄트 대학의 조셉 체이킨과 오픈 시어터 기록 보관소에 보관된 날짜가 없는 무기명 원고에 기초하고 있다.

11 이 용어는 로날드 랭(R.D. Laing)의 『분열된 자아』(*The Divided Self*)의 책 제목을 나타낸다. 이 장에서 논의할 내용은 아니지만, 상세히 들여다보면 로달드 랭과 체이킨이 가졌던 생각과 실습들 사이에서 흥미로운 유사점들을 발견할 수 있을 것이다.

12 이 훈련의 개요는 초기 단계에서 '오픈 시어터에 의해 계발된 '소리-그리고-움직임 훈련'(The Sound-and-Movement Exercise)에서 피터 펠드먼(Peter Feldman)의 설명에 기초하고 있다. 이 글에서 펠트먼은(1963년과 1970년 사이 오픈 시어터의 연출자이자 공동 설립자) 이 훈련과 스타니슬랍스키의 '만약 내가(as if)'의 연관성에 대해 논하고 있다.

13 '코드' 훈련에 움직임을 포함시킬 수 있다는 가능성은 에일린 블루멘탈(Eileen Blumenthal)이 언급한 바 있다 (Blumenthal 1981: 74).

14 이러한 계발, 편집, 구성의 과정은 복잡했으며, 작품에 따라 종종 문제가 되었다. 에일린 블루멘탈(Eileen Blumenthal)의 책 『조셉 체이킨』(*Joseph Chaikin*)에서 이에 관한 생생한 기록들을 확인할 수 있다.

15 『변신극』(*The Mutation Show*)은 작가의 작품으로 인정받지 못했다. 그러나 두 명의 전속 작가들(W.E.R. La Farge, John Stoltenberg)이 작품을 위한 탐구에 기여하였다.

16 체이킨의 공동 작업에는 다음과 같은 작품들이 있다.
    샘 세퍼드(Sam Shepard)와 함께한 *Tongues and Savage/Love* (Daniels 1994). 스티브 켄트(Steve Kent) 와 함께 각색한 베케트의 *Texts for Nothing* (Chaikin 1981) 아랍과 이스라엘 배우들과 함께한 *Imagining the Other* (Joseph Chaikin archives) 희곡 작가인 미라 라팔로위즈(Mira Rafalowicz), 빌 하트(Bill Hart) 와 함께한 <윈터 프로젝트>(*The Winter Project*). 마지막 그룹은 1976-1982년 사이 몇 개월 동안 5개의 '진행 중인 작품(worksin-progress)'을 선보였다. 에일린 블루멘탈(Eileen Blumenthal)의 기록(Joseph Chaikin documents)에서 1981년까지의 이러한 연구들과 그의 다른 작업들을 찾아볼 수 있다.

17 '완벽한 사람' 훈련에 관한 개요는 수잔 퍼머로이(Susan Pomeroys)의 체이킨과의 대화를 기록한 미출간 노트 (1966-67)에 기초한 것이다. 에일린 블루멘탈 역시 대중이 가진 캐릭터의 '겉면'(oursides)에 대해 언급하고 있다. 기업총수의 부인들이 부당하게 착취한 자치주(州)의 토속 음식에 관해 수다를 떤다던지, <여행자와 난민 들>(*Tourists and Refugees*)이라는 작품에서 월 스트리트 비즈니스맨을 '완벽한 사람'의 변종된 후손으로 표현하는 식이다(여행자와 난민들은 '집'과 '노숙자'를 다룬 <윈터 프로젝트>(*The Winter Project*)로부터 탄생한 작품이다. 이 역시 에일린의 기록(Joseph Chaikin)에서 찾을 수 있다).

18 이것은 1989년 뉴욕 시청에서 있었던 실어증 협회(the Aphasic Society)에서 체이킨의 연설의 일부이다 (Joseph Chaikin archives).

19 1998년 여름, 대화에서.

| 참고문헌

Context

Chaikin, J. (1964) 'The Open Theatre', interview by R. Schechner, *Tulane Drama Review*, 9(2): 191-97.

____ (1968) 'The Actor's Involvement: Notes on Brecht', interview by Erika Munk, *The Drama Review*, 12(2): 147-51.

____ (1969) 'Chaikin Fragments', *The Drama Review*, 13(3): 145-47.

____ (1970) 'The Context of Performance', in T. Cole and H.K. Chinoy (eds), *Actors on Acting*, New York: Crown.

____ (1972) *The Presence of the Actor*, New York: Atheneum.

____ (1974) 'Notes on Acting Time and Repetition', in K. Malpede (ed.), *Three Works by the Open Theater*, New York: Draman Book Specialists/Publishers.

____ (1977) 'Joseph Chaikin', interview by Andrzej Bonarski, *Performing Arts Journal*, 1, (3): 117-23.

Coco, W. (ed.) (1983) 'The Open Theatre (1963-73) Looking Back', *Performing Arts Journal*, 7(3): 25-48.

Kellman, A. (1976) 'Joseph Chaikin the Actor', *The Drama Review*, 20(3): 17-26.

Mitter, S. (1992) *Systems of Rehearsal*, London: Routledge.

Schechner, R. (1969) 'An Interview with Joseph Chaikin', *The Drama Review*, 13(3): 141-44.

Shank, T. (1982) *American Alternative Theatre*, London: Macmillan.

Tytell, J. (1997) *The Living Theatre*, London: Methuen.

Exercises

Blumenthal, E. (1981) *Joseph Chaikin*, Cambridge: Cambridge University Press.

Feldman, P. (1977) 'The Sound and Movement Exercise as Developed by the Open Theatre' (interview by Peter Hulton), in P. Hulton (ed.), Arts Archives, Theatre Papers: No 1, The First Series (1977-78), Exeter: Arts Documentation Unit.

Hulton, P. (1977) 'From Action to Theatre Image', in P.Hulton (ed.), *Arts Archives*, Theatre Papers: No 2, The Second Series (1979-80), Exeter: Arts Documentation Unit.

James, W. (1977) 'What is and Emotion?', in P. Hulton (ed.), *Arts Archives*, Theatre Papers: No 5, The First Series (1977-78), Exeter: Arts Documentation Unit.

Laing, R.D. (1959) *The Divided Self*, London: Tavistock Publications.

Meckler, N. (1994/95) *Ways of Physicalising Thoughts, Feelings and Text*, in Peter Hulton (ed.), Arts Archives, Exeter: Arts Documentation Unit.

Pasolli, R. (1970) *A Book on the Open Theatre*, New York: Avon Books.

Performance

Beckett, S. (1974) *Texts for Nothing*, London: Calder and Boyars.

Chaikin, J. (1981) 'Continuing Work', (interview by Peter Hulton), in P. Hulton (ed.), *Arts Archives*, Theatre Papers: No 1, The Fourth Series (1983-84), Exeter: Arts Documentation Unit.

Daniels, B. (ed.) (1994) *Joseph Chaikin and Sam Shepard: Letters and Texts, 1972-1984*, New York: Theatre Communications Group.

Dillon, J. (1972) 'The Development of Performance material in the Open Theatre', manuscript, Open Theater archives.

Itallie, J-C. van (1966) 'Playwright at Work: Off Off-Broadway', *Tulane Drama Review*, 10: 154-58.

Knowlson, J. (1997) *Damned to Fame*, London: Bloomsbury.

Malpede, K. (ed.) (1974) *Three Works by the Open Theater*, New York: Drama Book Specialists/Publishers.

The Open Theater (1969) *The Serpent*, New York: Atheneum.

Yankowitz, S. (1997) '1969 Terminal 1996: an Ensemble Work', *Performing Arts Journal* 19(3): 80-106.

[N.Y. 10023-7498] Videotapes of performances referred to in this chapter may be viewed in the Theatre on Film and Tape Archive, at the New York Public Library for the Performing Arts, New York.

The Joseph Chaikin archives and the Open Theater archives are housed in the University Libraries Department of Special Collections and Archives at Kent State University, Ohio.

Chapter 11

피터 브룩: 투명성과 보이지 않는 네트워크
PETER BROOK: TRANSPARENCY AND THE INVISIBLE NETWORK

● ● ● 로나 마셜 & 데이비드 윌리엄스Lorna Marshall and David Williams

이 장을 통해 주로 다룰 내용은 배우의 준비 작업에 관한 피터 브룩Peter Brook의 개념 전개에 윤곽을 그려보는 것이다. 우리가 살펴볼 것은 그의 극단에서 공연을 위해 중요한 관련된 두 가지의 특질의 계발이다: 그가 '투명성'이라고 부르는 개방성과 즉시성의 상태, 그리고 '보이지 않는 네트워크'라고 부르는 연결성과 반응성의 상태가 그것이다. 앞으로 보게 되겠지만, 이 둘은 다 내적인 것과 외적인 것의 단계들로 받아들여지며 탐구된다. 자신과 타인, 배우와 캐릭터, 공연자와 관객의 관계에서와 마찬가지로 브룩에게 있어서 내적인 움직임과 외적인 행동은 서로 역동적 관계 안에서 살아 있어야만 한다.

배경The Context

연출자로서 그의 비범한 제작 경력은 제2차 세계대전이 끝난 시점부터 반세기를 경과해 70편 이상의 연극과 오페라, 그리고 12편의 영화를 포함한다. 여기서는 그의 이러한 광범위한 작업을 세 단계의 시기로 나누어 살펴보는 것이 용이하겠지만 사실 이러한 수사학적인 '분할'은 부득이하게 간소화되는 것을 피할 수 없는 면이 있다.

첫 번째 시기(1945~63)는 폭넓은 공연 환경, 형태와 양식에 있어 브룩이 전문적 견습생으로 보낸 기간이다. 22살에 그는 이미 코번트 가든에 있는 로열 오페라 하우스Royal Opera House, Covent Garden에서 연출직을 맡고 있었다. 이후 브룩은 38살이 된 1963년까지 9편의 셰익스피어의 작품과 7개의 주요 오페라들을 포함해 40편이 넘는 작품을 연출하였다. 주요 작품으로는 로열 셰익스피어 컴퍼니RSC: Royal Shakespeare Company에서의 〈사랑의 헛수고 Love's Labour's Lost〉(1946)와 살바도르 달리Salvador Dali가 디자인한 〈슈트라우스의 살로메 Strauss's Salomé〉(1949), 로렌스 올리비에Laurence Olivier와 비비안 리Vivien Leigh가 함께한 〈타이터스 앤드로니커스Titus Andronicus〉(1955), 그리고 폴 스코필드Paul Scofield와 함께한 소박한 부조리극 〈리어왕King Lear〉(1962) 등이 있다.

그는 비록 고전극 연출가로서 이름을 날렸지만, 주요한 20세기의 유럽 작가들―콕토 Cocteau, 사르트르Sartre, 아누이Anouilh, 주네Genet, 듀렌마트Durenmatt―과 영향력 있는 현대 작가들―엘리엇Eliot과 밀러Miller를 포함해서―의 작품들, 게다가 명백히 상업적인 프로젝트들, 코미디와 뮤지컬, 텔레비전 드라마까지도 동시에 다루었다. 브룩이 거쳐 간 궤도를 살펴보면 경험의 모순된 배열 속에서 탐험을 통해 복잡하고, 구성에 있어 진실을 찾으려는 노력을 반영하는 것을 볼 수 있다. 되돌아보면, 그는 이 시기를 몽환적 장식과 조형의 현실 도피의 미학에 의해 형성된 '이미지들의 연극'시기라고 언급했다. 즉 연극에서 무대의 세계는 객석으로부터 완전히 분리되어 있었으며, 연출가의 '비전'만이 전능하다.

두 번째 시기(1964~70)는 재검토, 성숙과 적극적인 탐험의 시기로 구성된다. 브룩은 기존의 과정들과 당대의 연극형식들―짧아지고 관습적인―즉, 그가 '죽어 있다'라고 비난한 연극들에 대한 불만이 점차 증가되었다(Brook 1968: 11-46). 좀 더 정확하게 당대의 현실성을 반영할 수 있는 연극 언어에 대한 연구를 통해 그는 모든 단계에서 현재의 연극적 위상에 대해 질문하며 경직된('deadly' 죽어 있는) 과정을 거부하면서, 구조적 문제의 핵심으로 돌아갔다:

극장, 배우들, 비평가들, 그리고 대중들은 삐걱대면서도 결코 멈추지 않는 기계 속에 맞물려 있다. 거기에는 항상 새로운 시즌이 있고, 우리는 너무나 바빠서 전체구조를 가늠할 수 있게 해주는 결정적인 의문들을 흔히 간과해 버리고 넘어간다. 도대체 연극은 왜 하는가? 무엇을 위해서? 그것은 낡은 유물이나 기이한 관습처럼 시대착오적인 것이거나 진작 폐기처분해야 마땅한 것이 아닌가? 어째서 우리는 갈채를 보내고 무엇에 열광하는가? 우리의 삶 속에 올바른 자리를 차지하고 있는가? 그것은 어떤 기능을 가질 수 있는가? 어떤 기여를 할 수 있는가? 탐구 가능한 영역은 무엇인가? 그것이 지닌 고유한 자산은 무엇인가? (Brook 1968: 44)(브룩 1989: 60) •

이 시기를 브룩은 '혼란의 연극'(Trewin 1971: 199)으로 특징지으며, 연속으로 놀라운 작품들을 선보이며 결실을 맺는다. 그의 관점과 진행방식의 변화는 RSC의 후원 아래 찰스 모로위츠 Charles Marowits와 공동 연출한 실험적인 작품 속에서 명백해진다. 초기에 공개적으로 작업과 정을 보여주었던 이 실험적인 연구를 1964년에 앙투안 아르또Antonin Artaud를 위한 오마주로 '잔혹 연극'이라고 칭했다. 이 연구는 페터 바이스Peter Weiss의 〈마라 사드Marat/Sade〉(1964)의 성공, 베트남 전쟁에 대한 집합적 반응으로 기획된 애매한 타이틀의 〈US〉(1966), 그리고 시인 테드 휴즈Ted Hughes에 의해 각색되고 합창의 형식을 띤 제의적인 〈오이디푸스 Oedipus〉(1968)에서 그 정점에 달했다.

이러한 변화의 과정은 또한 앙상블을 이루는 배우의 중요성에 대한 인식 증대로 특징 지을 수 있다. 배우의 창조성은 셰익스피어와 같은 다면적인 연극 형태를 찾는 것을 포함 해서 기존의 일반적인 실습들과 창조적 지배단체들의 안주에 맞선 도전에 산파와 같은 역 할을 한다. 브룩은 엘리자베스 시대의 드라마투르기를 자신의 모델로 택했다. 특히 희비극 에서의 장치의 이동, 살아 있는 언어, 그리고 형태들의 단순명쾌함에 탄복했다. 셰익스피어 는 그가 '살아 있는'1이라고 부른 '거침'과 '성스러움'의 융합에 있어서 원형原型이 되었다. 이 러한 브룩의 연구는 RSC와 함께한 마지막 작품에서 희곡을 완전히 분해한 〈한여름 밤의 꿈Midsummer Night's Dream〉(1970)에서 최고점에 이른다. 브룩과 그의 아크로바틱 배우들은 초기 작업에서 나타난 대립의 논조와 참혹함을 무대와 객석을 재결합하여 눈부신 곡예로 변형시키며 이를 위한 대립적 이미지를 창조해냈다.

되돌아보면, 1960년대는 배우 훈련에 관한 그의 개념을 발전시킨 시기였다. 그는 못마 땅한 심리적 행동주의로부터 배우들을 몰아내기 위해 즉흥적인 기술에 대해 상세한 설명 을 이용하곤 했다. 배우들은 출발을 위한 다른 에너지들을 찾기 시작했으며 브룩은 이를 통해 배우들이 지닌 창조적 탁월함을 발견할 수 있었다. '연출에게 있어서 자신이 원하는 결과에 대한 생각을 버리고 대신에, 배우의 진실한 충동을 일으킬 에너지의 근원의 발견하 는 데는 많은 시간이 걸린다'(Brook 1998: 83).

• Brook, Peter (1968) *The Empty Space*, Harmondsworth: Penguin.의 번역서는 김선 옮김. 『빈 공간』, 서 울: 오늘의시민서당 43, 1989.로 출판되었다.

그림 11.1 피터 브룩(Peter Brook): 미국 농아인 극단(American Theater of the Deaf)과 함께한 스틱 엑서사이즈(Stick exercise). 파리(Paris, 1971) (Source: Photo, CICT)

브룩의 목적은 창조 과정의 모든 요소에 반응하는 도구로써 배우들의 능력을 확장시키는 것이었다. 이 때문에 결국 그는 영국의 상업 극단에서 나와 프랑스에서 새로운 기반을 마련했다.

세 번째 시기는 1970년대부터 파리의 CIRTInternatoinal Center for Theatre Research에서 이루어진 국제적 그룹들과 함께한 작업들로 구성된다. 작업의 초점은 밀실 속 개인적인 탐구로부터 넓은 세상―이란, 아프리카, 미국 등을 여행하면서―과의 연극적 소통에 대한 탐험에까지 걸쳐졌으며, 작품 〈그 사람The Man Who〉(1993)을 위해 신경학적 무질서로 이루어진 판타지적인 내부 풍경을 위한 시도로까지 이어졌다. 중요한 작업으로는 이란의 페르세폴리스 Persepolis 묘비에서 공연한 〈오가스트Orghast〉(1971), 〈아테네의 티몬Timon of Athene's〉(1974), 콜린 턴불Colin Turnbull의 우간다 부족 소멸의 인류학적 연구를 각색한 〈The Ik〉(1975-6), 20세기 수피즘Sufi 시를 재연한 〈새들의 회의Conference of the Birds〉(1979), 〈카르멘의 비극La

Tragédie de Carmen〉(1981), 힌두의 서사시를 9시간 동안 공연한 〈마하바라타*The Mahabharata*〉 (1985-8), 아프리카 출신 배우 소티귀 쿠야트Sotigui Kouyate가 프로스페로Prospero 역을 맡아 스파르타식 계몽주의 무대를 선보인 셰익스피어의 〈템페스트*The Tempest*〉(1990), 영국의 젊은 흑인배우 에드리안 레스터Adrian Lester가 감각적이고 육감적인 햄릿을 연기한 〈햄릿의 비극*The Tragedy of Hamlet*〉(2000) 등이 있다.2

　　브룩이 거의 40여 년간 함께한 그의 단체에 속한 배우이자 협력자들에게서 봐온 것은 무엇이며, 또 이들에게 요구한 것은 무엇이었을까? 그리고 그들이 함께 만들어낸 공연의 특징과 반복되는 충동들은 무엇일까?

　　간단히 말해서, CIRT와 함께한 브룩의 작업은 다음과 같은 이상理想에의 끊임없는 추구였다고 할 수 있다.

1　내적 충동의 궤도를 분명히 하는 배우 능력의 계발, 이러한 충동들은 분명하고 즉각성 −'투명성transparency'(Brook 1998:224)−을 가진 외적인 형태로 이송된다. 그리고 간결하고 경제적인 형태인 '정수distillation'를 찾는다(ibid.).

2　'여러 사람과 같이 이야기하는 이야기꾼'처럼 배우들을 앙상블의 일차적인 창조 원료로써 인식한다. 그러므로 배우들은 브룩이 '가벼움lightness'이라고 부르는 구체화된 변형 능력에 반응하기 위해 열려 있어야 한다.3

3　배우들의 준비 과정을 위한 열쇠로써 즉흥의 극단적인 실용주의를 사용한다. 이와 관련해, 상이한 공연환경과 관객들과의 직접적인 경험이 중요하다. 작업과정은 종종 비전통적인 장소에서 낯선 관객에게 시연한다(학교나 병원, 감옥 등). 이러한 경험은 습관적인 반응을 하는 불안정한 배우들을 겨냥하고, 다른 에너지의 특질에 대해 열려 있도록 하는 데 목적이 있다.

4　구조에 대한 완벽한 필요성, 형태가 배우에게 자유를 줄 수 있다는 확신, 구조와 대본은 서로를 지지하며 얽혀진 상호 보완적인 요소이다.

5　'자산연구'로써의 탐구. 발전 과정과 개인적인 계발, 그 안에서 연극은 잠재성과 그 수단을 의미하지만 거의 배타적인 결과는 나오지 않는다. 다른 말로 하면 연극을 뛰어넘는 수단으로써의 연극, 제임스 힐먼James Hillman이 칭한 '영혼'을 흔드는 연극 만들기.

6　긍정적 '상기하기'로써의 연극의 행위(Brook 1998: 225), 신화의 이야기나 우화가 지금, 여기에서 현실화되듯이 '공유된 경험 안에서, 모든 다양성 속에서, 공동체를 재결합하기' (Brook 1978:7)

궁극적으로 파리의 부프 뒤 노르Bouffes du Nord 극장에 기반을 둔 브룩의 모든 작업은 연극의 '즉시성(죽어 있지 않은)'을 찾으려는 욕구에 의해 이끌리게 되었으며 이러한 욕구를 채우고 뒷받침하기 위해 다양한 훈련과 연습 방법들이 계발되었다. 브룩의 작업을 위해서는 끊임없이 열려 있음을 이해하는 것이 필수적이다. 그는 마음속에 하나의 형태나 스타일을 갖고 있지 않으며 미리 준비된 바람직한 결말을 그리지도 않는다. 더욱이 그는 표면적인 형태와 이들을 구성하는 근원적인 과정과 깔려 있는 충동들 사이, 즉 다시 말해 '수단'과 '의미' 사이의 불안정성으로 종종 되돌아오곤 했다.

그의 모든 작품에는 두 가지 서로 밀접한 다른 면을 갖는다고 그는 말한다. 먼저 외적인 미장센은 공연자의 신체적 조건에서부터 드러나는, 문맥적으로 결정된 형태로 이루어져야 한다. 두 번째, 이미지들의 이러한 특별한 패턴 아래에는 '본질적인 의미'가 없어지지 않은 채 다른 형태나 패턴들로 떠오르게 할 수 있는 관계의 '비가시망invisible network', 즉 빙산의 일각과 같은 '숨은 뜻'이 놓여 있다(Brook 1998: 151-2). 연극적 소통의 모든 면들을 채우고 발생시키는 '비가시망invisible network'의 협동적 '흐름weaving'과 같이, 브룩의 배우를 위한 준비과정은 이러한 비유의 렌즈를 통해 살펴보는 것이 유익할 것이다.

훈련Exercises

준비Preparation

브룩의 작업에서 배우의 준비 과정의 중요성을 고려할 때 적절한 훈련은 필수적이다. 그러나 센터의 접근방법을 살펴볼 때 '준비'가 '훈련'보다는 더 유용한 표현이다. 브룩은 철저하게 기술을 발전시켜 그 자신의 특별한 양식을 위해 '형성된' 배우의 계발에 속박 받지 않는다. 일반적으로 브룩의 배우들은 특별한 연극 문화 안에서 수년간 훈련해온 특출한 경력을 가진 채 단체에 들어온다. 예를 들면 일본의 노, 발리의 토팽, 아프리카의 스토리텔링과 춤, 영국이나 폴란드의 고전극 등으로 모두 다양한 환경에서 광범위하게 공연되었던 '충분히 훈련'한 경력을 가지고 있다. 그들의 몸과 감성, 소리들은 이미 다양한 연극 만들기에 어떻게 반응해야 하는지 알고 있었다.

동시에 CIRT의 모든 작품들은 배우의 기술을 더욱 확장시키는 신체와 소리 작업을 포함한다. 때때로 특정 신체, 소리 작업 양식에서 훈련의 형태를 취한다(예를 들어 타이취Tai Chi). 또 다른 시기에서의 접근법은 낯설다. 센터의 초기에 브룩은 종종 특별한 지각능력을 가지고 있는 그룹을 만났는데(예를 들어, 미국 농아인 극단American Theater of the Deaf과 같은) 보통은 어린아이들로 구성된 청각자애인 공연자와 청각장애인 관객들이었다. 그들의 섬세한 촉각과 시각적인 민감함의 상호작용은 다른 어떤 전통적인 '전문가' 훈련보다 유익하다는 것을 깨닫게 됐다. 덧붙여서 개별 작업에서 공연자들은 그룹 안에 있는 전문가의 지도 아래 적절한 훈련체계를 접하기도 한다. 예를 들어 CIRT의 공연자인 알랑 마하트하 Alain Maratrat는 동남아시아 무예에 대한 그의 광범위한 지식을 마하바라타 공연에 전수했는데 여기에는 카타칼리나 칼라리파이야투와 같은 인도의 남부 무예의 형태를 포함한다.

그림 11.2 피터 브룩이 연출한 셰익스피어의 〈템페스트〉(*La Tempête*, 1990), 페르디낭(Ferdinand); 켄 이즐랑(Ken Higelin)이 '보이지 않는 영혼들'(invisible spirits)로 일어난 열대지방의 낙원을 탐험하고 있다. 피에르 라캉 (Pierre Lacan), 타파 수다나(Tapa Sudana), 바카리 상가레(Bakary Sangare) (아리엘Ariel). (Source: Photo, Gilles Abegg)

그러나 브룩 '훈련'의 주요 추진력은 또 다른 방향에 있다. 준비 작업을 통해서 배우들은 반응성과 개방성, 그룹의 동료로서 작용할 수 있는 능력을 키우는 것이 절대적인 의무이다. 초기 훈련은 연극적 경험의 깊이와 배움의 계속되는 과정에서의 전문성을 위한 자기 훈련의 측면에서 유익하다. 그러나 브룩과 함께 이들은 그것이 서구 자연주의의 '심리적 진실'이든 아니면 아시아 전통형식의 성문화된 제스처이든 문화화된 연극적 전통을 이루는 바탕이 되는, 혹은 이를 뛰어넘는 작업에 초대받는다. 브룩의 과정들은 그로토프스키의 '부정을 통해서via negativa'와 닮아 있다. 다시 말해 잠재적이고 '본질적인' 추구를 위해 습관과 이미 알고 있는 것들을 벗겨내기를 요구한다.

브룩이 생각하는 이상적인 배우에 대한 개념은 자기를 조정하는 기술을 넘어 '투명성'이라고 부르는 일종의 정신과 신체의 통합으로 옮겨갔다. 존재의 매순간, 미세한 부분까지 살아 있으며 그들은 '문화적 형태의 뿌리에 언제나 숨어 있는 코드와 충동을 몸을 통해서 들을 수 있는 능력'을 지녔다(Brook 1998: 167). 투명성의 순간, 지각이 사라지지 않고 있는 특정한 순간에 배우들은 말 노래, 춤의 '영혼' 또는 '삶'을 나타내는 현장인 동시에 전달자가 된다. 브룩은 '삶'이 연극적 형태의 아래에 존재한다고 믿는다. 투명성의 순간에, 삶은 그들을 말하고, 노래하고, 춤추게 한다. 그러므로 배우들은 다음과 같을 필요가 있다.

보이지 않는 곳에 남아 있을 진실들을 전달하는 도구가 될 필요가 있다. 이러한 진실들은 우리 안의 깊은 곳이나 우리 밖의 아주 먼 곳에서부터 나타난다. 우리가 하는 준비는 완성된 준비의 일부분일 뿐이다. 몸은 반드시 민감하게 준비되어 있어야 한다. 그러나 신체 준비가 다는 아니다. 목소리는 열려 있고, 자유로워야 한다. 감정은 열려 있고, 자유로워야 한다. 지성은 민첩해야 한다. 이러한 모든 것이 준비되어야 한다. 자연 그대로의 진동들은 매우 쉽게 올 수 있고, 오직 어려움을 통해 좋은 진동을 찾을 수 있다. 우리가 추구하는 삶은 일련의 습관들을 깨는 것이다. 말하는 습관, 아마도 모든 언어에 의해 만들어진 습관을 말이다. (Brook 1987: 107)

예를 들어 브룩은 국제적으로 명성 있는 펠던크라이스Feldenkrais 선생인 모니카 파뉴Monika Pagneux를 〈엑상프로방스의 돈 지오바니Don Giovannni in Aix-en-Provence〉(1998) 공연을 위해 초청했다. 어린 배우들이 벨 칸토(19세기 오페라 스타일: 역주)의 습관에서 벗어나도록 개개인을 자극시키며, 협력적인 재치와 경제성, 유동적인 열려 있음과 통합을 격려하기 위해서였다.

브룩의 훈련에 있어 출발점은 반응성에 있다. 단순하고 직접적인 방식으로 어떠한 물질을 감지하고 함께 연기할 수 있는 능력, 이 '물질'은 배우의 내부에서 일어나거나, 다른 공연자와의 관계에서 혹은 대본 자체의 요소로써 외부에서 주어지는 충동일 수 있다. 공연자들은 세 부분으로 이루어진 주의집중을 계발하고 훈련한다: 내적 충동으로, 동료 공연자에게로 그리고 공간으로. 브룩에게 있어서 초기의 이런 '반응 능력'은 지적인 분석이나 토론 보다는 몸과 직관적인 지성을 통해 신체적으로 계발된다. 배우의 준비는 서구문화에서의 몸과 마음의 추정된 관계를 재조정하고, 데카르트 학파의 이원론과 '의미하는 것'의 전통적인 접근을 뒤집는 것이다.

> 배우들이 지적인 토론으로 작업을 시작하는 것은 잘못된 생각이다. 이론적인 생각은 직관의 재능보다 강력한 발견의 도구가 되지 못한다. 몸을 통해 이해한 직관의 가능성은 많은 다양한 방법을 통해 자극되고 계발된다. 만약 이것이 일어난다면 그날은 마음 편하게 그것의 진짜 역할을 연기할 수 있는 휴식의 순간이 올 것이다. 그리고 나서야 텍스트의 분석과 토론이 제 위치를 찾을 것이다. (Brook 1993: 108)

처음에는 신체에 경험의 매개자와 지식의 보고로써 특권이 주어지지만, 궁극적으로 이상적 상태는 배우의 모든 가능한 통로-신체, 지성, 정서적 능력-가 개방되고, 상호 연결되며 활성화되는 지점까지 계발되어 있는 것을 말한다(Brook 1987: 232). 그리하여 연구와 훈련은 '연결 통로의 청소'를 구성한다(Brook 1973). '조화로운 발전'의 구르제프Gurdjieff's의 시스템에 서처럼, 브룩의 작업에서 개인의 발전은 신체, 생각, 감정 등의 세 가지 중심에서의 동시 작업에 기인한다. 이러한 내적 연결망이 활성화되면, 브룩이 위에서 언급한 좀 더 넓은 '연 결망'인 다른 것들을 향한 개방과 연결이 허용된다.

〈비밀은 없다There Are No Secrets〉에서 브룩은 〈템페스트The Tempest〉에 관한 준비과정을 언급하고 있다. 그룹은 익숙한 파리에서 철수하여 아비뇽에 있는 격리된 연습공간으로 옮겼다. 처음 10일 동안은 대본을 완전히 무시하고, 배우들은 그룹게임과 즉흥을 통해 신체와 목소리를 준비했다. 그 유일한 목적은 '분리된 개인이 민감하고 활기 넘치는 팀으로 같이 하기 위해, 손, 귀, 마주보기 등의 빠른 반응성을 계발하는 것이었다'(Brook 1993: 107).

이러한 활동들은 현대 극장에서 종종 행해지듯 '실제' 공연에 들어가기에 앞서 하는 준비 훈련이라기보다는 직관의 근육들과 상상력을 훈련하는 동안 자발성 및 반응성과 공동성이 확대되는 것을 지향한다.

연습에서, 이러한 활동들은 여러 가지 다른 형태를 취한다: 신체나 목소리의 주고받음에 열중하는 배우들 사이에서 대화를 이끌어가기; 청각과 공간적인 리듬, 대조적 리듬, 대위법을 포함한 집단적 훈련; 개개의 행동이 집합적 이미지를 만들어내고 유지하는 합창 연습; 공, 옷, 문, 상자들, 막대기 등의 간단한 대상에 주위를 집중하는 즉흥 훈련 등이다. 브룩은 준비 훈련을 운동팀의 훈련과 비교 한다: '연기팀은 더 나아가야 한다; 신체뿐만 아니라, 사고와 감정도 모두 극 속에서 조화를 이루어야 한다'(ibid.).

여기서의 '조율'은 오케스트라적인 비유이다. 이것은 개인(각 악기들)이 다른 개인(오케스트라적 집합)에게 기여할 필요가 있는 듣고 반응하기의 특징을 나타낸다. 역설적으로 개별적인 부분을 뛰어넘는 전체적인 것에 대한 인식－운동선수를 넘어선 팀－은 좀 더 깊은 '개별성'과 '우리 자신보다 훨씬 풍부한 집단적인 상상력의 투영'에서 솟아나는 자기인식을 가능하게 한다(Brook 1998: 183).

책『보이지 않는 배우*The Invisible Actor*』에서 요시 오이다*Yoshi Oida*는 '비가시망*invisible network*'을 지지하고 있는 에너지의 순환에 집중할 수 있는 훈련 하나를 설명한다. 두 사람이 한 손을 사용해서 대화를 시도한다. 각각은 상대방이 제공한 신체적인 충동에 귀 기울이고 손을 사용해 직접적이고 즉각적으로 이에 반응한다. 그는 지적하기를, 이렇게 조정된 손 언어는 '신호 언어나 몸짓 놀이'처럼 해석된 코드와는 아무런 관련이 없어야 한다:

> 대신에, 당신은 한 손을 통해 당신의 완전한 존재에 집중하려고 한다. 이것은 이상한 동물이 또 다른 종류의 이상한 동물과 의사소통을 하는 꼴이다. 당신이 이 창조물의 진짜 삶을 찾았을 때, 다른 동물과의 실제적이고 다양한 관계를 계발할 수 있다. 이것을 보고 있는 것은 대단히 흥미롭다. (Oida 1997: 75-6)

그 목적은 고립된 한 부분으로 신체의 충분한 민감성과 표현성을 밀집시키는 것이다. 오이다는 이러한 깊은 집중이 자칫 진부해 보이는 상호작용의 중요성을 깨닫게 해준다고 설명한다. 연결이 성립되면, 두 손 사이의 공간은 작고, 힘 있는 움직임에 의해 생명력을 얻는다. '드라마'는 이러한 '삶의 형태들' 사이의 접점의 격동에서 발생되고, 그들의 특별한 특성들을 줄이거나 정제되면서 확장된다.

> 흥미로운 것은 주고받음이다. '연기'는 각 배우의 손에 있지 않다. 두 손 사이의 공간에 있다. 이러한 종류의 연기는 서술적이지도, 심리적이지도 않으며 감정도 아니다. 그러나 그 밖의 무언가, 좀 더 근본적인 무언가가 있다. 그게 무엇인지 정확히 설명하기는 매우 어렵다. (Oida 1997: 76)

그러므로 이런 미세한 단계에서 이러한 훈련은 집중(안으로－자기 손을 향해)과 개방성(밖으로－상대의 손을 향해)을 자극한다. 동시에 이것은 한자리에 모인 사람들 전체와 궁극적으로는 관객들과 함께 미시적인 단계에서 요구되는 주고받음의 성질을 반영한다. 이러한 네트워크는 배우 자신과, 상대배우, 앙상블, 관객석까지 뻗어나간다.

이 같은 훈련은 특정한 맥락을 위해 다시 만들어질 수 있으며, 또 그래야만 하는 것에 주의해야 한다. 주고받음은 텍스트에 존재하는 소리에 대한 즉흥적 반응으로써 독점적으로 목소리의 교환이 될 수 있다. 또는 소리와 함께 하든 아니든 신체의 어느 부분일 수도 있다. 훈련을 정의하는 고정된 표현도, 변하지 않는 '기술상자'도 없다. 여기서 중요한 것은 주고받음이며, 미묘한 반향이다—이는 변화의 즐거움을 부추긴다:

> 당신은 지적인 능력보다 더 깊은 차원에서 작업해야 한다. 결론적으로, 당신이 '주고받
> 을' 때마다 반응하기 위해 당신의 안에서 무언가가 변화한다. 매순간마다 당신은 바뀌
> 고, 반응한다. 이렇게 소리와 움직임이 변하듯이 당신의 내면은 끊임없이 달라진다.
>
> (Oida 1997: 78-9)

텍스트에 반응하기|Responding to Text

앙상블 감각이 생겨나기 시작하고, 개별 '악기들'이 '조율'되어 서로 '연주'할 수 있게 되면 그룹은 언어로 돌아간다. 종종 습관적인 반응들에 얽매여서 단어들은 '죽어 있는' 상태가 될 수 있으며, 소통에 있어 즉시성을 저해할 수 있다. 브룩이 배우를 준비시키는 단계에서는 그들이 사용하는 언어를 모든 측면에서 재점검하는 과정을 포함하고 있다.

여타의 내적인 반응을 촉발하기 위한 외적인 자극제처럼, 텍스트들은 표면적인 내용이나 의미들이 지적으로 탐험되기보다는 첫 단계에서 신체적으로, 그리고 감성적으로 탐험되고 '이해되기' 위한 재료로써 다루어진다. 이러한 맥락에서 브룩이 자신의 배우들로부터 추구하는 반응의 양태들은 지적인 이해를 구하거나 문제의 단어들과 감정에 동화되는 개인의 능력과는 거의 연관이 없다. 그가 추구하는 것은 세상 혹은 풍경의 특별한 지형을 포착하는 것과 같이 좀 더 기본적인 것이다. 이러한 맥락에서 바라보는 브룩의 강연은 줄곧 인내심을 요하는 섬세한 생리학적 발견을 묘사하고 있다. 예를 들어 소리에 관해서, 그는 배우들이 탐험해야 할 수많은 동굴이 있는 산과 같다고 말한 적이 있다. 혹은 새로운 언어를 다루는 것은 맹인이 나비를 찾는 것과 같아야 한다고 얘기한 적이 있다(Smith 1972: 76,130).

브룩은 배우들이 현재에 존재하는 문화적 형식 혹은 표현을 다룰 때에도, 배우들로 하여금 그 언어가 지닌 더욱더 깊은 반향에 섬세하게 접근함으로써 언어 속에 내재되어 있는 요소들을 발굴해내기를 바랐다. 배우들은 독특한 형식들을 관통하는 에너지-'음악'-의 질감과 특성들을 맛보도록 초대된다. 그리고 이 '음악'이 그들의 내적 풍경에 어떻게 영향을 미치는지에 대한 방식에 귀를 기울이도록 이끌어진다. 〈템페스트*The Tempest*〉를 준비하

는 과정에서 브룩의 설명으로 돌아가 보면,

> 며칠이 지난 후 우리들의 연구는 단어에 대한 연구를 포함했다. 그리고 한 단어에서 시작해서 단어의 무리, 그리고 마침내 영어와 불어로 형성된 독립적인 구절로 나아갔다. 번역가를 포함한 팀원 모두들에게 셰익스피어적인 글쓰기가 지닌 독특한 성질에 대한 진실성을 갖기 위해서였다. (Brook 1993: 108)

진실로 브룩은 비록 배우들이 단어와 연관된 의미들을 이해하지 못하더라도 주어진 텍스트에 온전하게 반응할 수 있다고 믿었다. 1970년대 초반에 이러한 믿음은 페르세폴리스 Persepolis에서 공연한 〈오가스트Orghast〉에서 축적된 언어 작업의 중추가 되었다. 브룩은 자신의 다문화적 집단의 의무는 이미 현존하는 공유된 언어가 가진 예측할 수 있는 교감을 피하는 것에 있다고 보았다.

> ICTR의 첫 해 작업의 주제는 소리의 구조를 연구하는 것이었다. 우리들의 목적은 살아 있는 표현을 구성하는 요소들을 충분히 발견하는 데에 있었다. 이를 위해서는 연극의 기본적인 소통체계의 틀에서 벗어나 작업해야만 했다. 우리는 공유된 말과 제스처, 참조들, 언어들, 속어들, 문화적 또는 하위 문화적 이미지를 통해 소통하는 원칙들을 버려야만 했다. (Brook 1987: 108)

〈오가스트Orghast〉를 준비하면서 배우들은 처음에 욕설에 내재된 소리의 질감을 가지고 실험하였다. 하지만, 머지않아 배우들은 단순한 소리의 축적으로 구성된 그들만의 언어를 창조하는 단계로 나아갔다. 오이다Oida는 다음과 같이 설명한다:

> 우리는 다양한 언어들 속에 존재하는 단어들을 가지고 재미있는 소리를 창조하기 위해서 그들을 혼합시켰다. 예를 들어 'Bashta hondo stoflock madai zutto'와 같은 형태가 있다. 즉흥의 상황에 따라 이 문장에 의미를 창조해야만 했다. (당신이 말하는 단어의 언어적 의미를 명백하게 모르는) 파트너와 작업하면서, 우리는 말하고자 하는 바를 억양의 사용과 의도의 명백함을 이용해서 소통해야 했다. 우리는 이러한 언어 창조를 위하여 상당한 시간을 쏟아 부었다. . . . (Oida 1992: 47)

결과적으로, 그들은 한때는 단어들과 문법을 통하여 명백한 의미를 지니고 있었지만 이 집단에 속한 모든 배우들에게 알려지지 않았던 '죽은' 언어를 가지고 실험하게 되었다. 그들의 훈련 중 하나는 고대 희랍어를 사용하는 것과 연관되어 있었는데 학자들은 이 의미를 알고 있지만, 그것이 화술에서 사용되는 정확한 표현은 아직 추측으로만 남아 있다. 브룩은 어떻게 고대 희랍어의 한 문구가 일반적인 언어적/구성적인 분절로 나뉘지 않은 채 하나의 단위로 배우에게 주어졌는지에 대해 설명한다. 새롭게 대면하게 된 언어처럼 이 '알지 못함'의 '소중함'(Brook 1998: 168)은 그것이 지닌 음악적 잠재성을 통해서 탐구되어야 했다. '그것은 운문으로나 혹은 독립된 단어로도 나눠지지 않았다. 그것은 그 당시 초기에 원본에 쓰여 있듯이 단순히 문자들의 긴 나열이었다. 배우들은 언어의 파편들과 맞닥뜨렸다: ELELEUELELEUUPOMAUSFAKELOSKAIFREE-NOPLEGEIS'(Brook 1987: 108).

배우들은 언어의 더욱 더 깊은 층위를 자신만의 직관적인 예리함과 지식으로 해독하면서 이 언어의 파편을 '마치 모래 속에 묻혀 있는 알려지지 않은 유물과 우연히 마주치는 고고학자'처럼 접근하도록 유도되었다:

> 배우의 진정한 과학적 도구는 그가 어떠한 진실을 깨닫도록 해주는, 그리하여 진실과 거짓을 분별케 해주는 고도로 발달된 감성적인 능력이다. 배우들은 그들의 혀로 그리스 문자들을 맛보고 그들의 감수성으로 그 문자들을 훑어보는 능력을 가지고 극 속으로 들어간다. 문자의 흐름에 숨겨진 리듬들은 차차 자신의 모습을 드러내기 시작했다. 점차 숨어 있던 감정의 파도가 물결치기 시작했고, 문장을 형성하기 시작했다. 배우들은 그 문자들을 가지고 증폭된 힘과 확신으로 발화하는 자신을 발견하게 되었다. 결국 모든 배우들은 단어의 의미를 알고 있을 때보다 더욱더 단어 자체가 지닌 깊고 풍요로운 의미들을 가지고 연기할 수 있게 되었다. (Ibid.: 108)

브룩의 언어적 모델은 음악적이다. 이는 '수단'과 '의미'가 확고하게 섞여 있는 감각의 소통 매체이다. 브룩에게 있어서 이러한 음악은 그 자체로 번역이 불가능한 언어를 스스로 충분히 표현한다. 이는 지성보다 앞서고 감성적이며 신체에 기초한다. 그리고 잠재적인 이중문화의 형태를 띤다.

내부에서/외부에서Inside/Outside

브룩은 그가 바라보는 연기 과정에 있어서 중요한 요소를 우리에게 익숙한 약칭略稱으로 설명하려고 노력했다. '안에서-밖으로' 그리고, '밖에서-안으로' 이루어지는 연기가 그것이다. 물론, 이 두 가지 용어가 연기에 있어 창조성을 이루는 두 가지 접근을 설명하는데 종종 사용되기는 하지만, 브룩에게 있어서 이 둘은 분리될 수 없으며 상호 보완적이다.

1990년대 초 센터의 작업에 대한 공개포럼에서, 그는 서로 다르지만 상호 연관된 접근들을 간단하고 직접적인 방법으로 수행하고 경험하기 위해 소개했다. 무엇보다도 그들은 그들 자신의 내적 충동들을 외적인 행동으로 반응하도록 요청받았다.

아무런 생각도 하지 말고, 오른팔을 움직여서 팔이 아무대로나 가게 하라. 내가 신호를 주면, 멈춰라. 가라! 이제 그 자리에서 동작을 유지하라! 바꾸거나 발전시키지 말고 당신이 표현하고 있는 것이 무엇인지 느끼려고 해보라. 어떠한 종류의 느낌이 신체의 태도로부터 발하지 않을 수 없다는 것을 깨달으라. 나는 여러분 모두를 보고 있다. 그리고 무언가를 이야기하려고 시도하지 않더라도, 무언가를 말하려고 애쓰지 않더라도 단지 원하는 장소에 팔이 가도록 놔두기만 하더라도, 당신들 각각은 뭔가를 표현하고 있는 것이다. (Brook 1993: 68)

움직임은 의식하고 있는 지적인 의지나 구성없이 발생된다. 물론 그것들은 그들의 본래적이고, 위치를 차지하기 위한 개별적인 참여자들의 '선택된' 감각 속에 있다. 일단 이 움직임이 외부적으로 결정된 순간에 정지되면, 참가자들은 이 태도를 탐구하도록 독려된다. 그들은 마치 영화의 정지화면처럼 그것의 표현적인 특수성과 정보를 가진 울림과 관념의 '감각'에 인도된다. 어떠한 제스처도 중립적이거나 비어 있을 수 없으며, 브룩은 제안하기를, 각각의 '태도'는 단어-'dis-position'(배치)-의 양날의 감각 속에서 드러난다. 각각은 내적, 외적으로 다양한 방식으로 읽혀질 수 있을 것이다.

브룩은, 계획하지 않은 팔 움직임이 특별한 순간에 멈춰지는 정확히 같은 시작점을 가지게 된 후 조금은 다른 실험을 제안한다.

정지된 움직임에서 자세를 바꾸지 말고, 손과 팔, 어깨, 눈 주위의 근육과의 관계를 느껴본다. 이 모든 것은 의미를 가지고 있다. 좀 더 발전시켜 최소한의 조정을 통해 움직임을 완성시켜본다. 신체의 완전성으로 가기 위해 무언가가 스스로 조그마한 변형을 하고 있다. 그리하여 더욱 통일되고 표현적인 자세로 완성되어진다. (Brook 1993: 68)

여기서 강조점은 처음에는 신체적으로, 이후 인식적으로 부분과 전체 사이의 관계를 감지하는 것에 있다. 우연히 형성된 자세에서 '의미'를 가진 형태로 변형하기 위한 노력은 의지와 상상을 통한 아주 작은 조정에 의해 가능한 것이다. 이러한 구성적 정제 과정에서 사용된 인식은 감각적이며 내적이다. 즉 그 순간에 '의미'는 생겨나고, '내적인 것'이 '외적인 것'으로 바뀐다.

이 지점에서 브룩은 다시 한 번 연습의 시작으로 돌아간다.

당신이 스스로 움직임을 만드는 대신, 내가 만들 수 있게 해본다. 당신 앞에 손을 놓고, 손바닥이 밖으로 향하도록 펴라. 당신이 원하기 때문이 아니라 내가 요구하기 때문에 하는 것이다. 당신은 어디로 가게 될지 모르는 채로 나의 지시에 의해 움직이도록 되어 있다. 이제는 반대로의 즉흥인 셈이다. 처음에는 당신의 선택대로 제스처를 만들었지만 이제는 요구된 것을 행하고 있다. 지적이고 분석적인 측면에서 '이것이 무슨 뜻일까?'를 생각하지 말고 그저 움직임을 행한다. 그렇지 않으면 당신은 여전히 외부에 남아 있게 될 것이다. 이 행동이 당신에게 무엇을 불러일으키는지 느껴보라. (Brook 1993: 69)

여기서 신체적인 태도는 외부에서부터 결정되어 내적으로 투사된다. 참가자들은 개념적인 인식을 해독하거나 강요하려는 노력 없이 생겨난 내적 연관성을 '듣고' 경험하도록 인도된다. 즉 '외적인 것'이 '내적인 것'을 바꾼다. 그러나 일단 반향(공명)이 생겨나고, '듣고' 받아들여지면, 외적인 신체적 자세에 영향을 미치는 신선한 상상력의 반응이 배우 안에서 생겨난다.

브룩이 설명하듯이, 이 내적인 것과 외적인 것의 연결이 에너지의 자유로운 순환의 열린 순간을 구성한다. 다시 말해 투명성의 순간이다.

당신이 이전에 만들었던 자유로운 움직임과는 다른 무언가가 외부적으로 당신에게 주어진다. 그러나 그것을 전체적으로 바라본다면 결국 같다. 그것은 당신 것이 되고, 당신이 그것이 된다. . . . 진정한 배우는 외부적(행동)으로 오는 것과 내부적(충동)으로 나오는 것이 완전히 섞이는 그 순간에 실제적인 자유가 일어난다는 것을 알고 있다. (Brook 1993: 69)

그림 11.3 피터브룩(Peter Brook): 마하바라타(Le Mahabharata), 파리 뷔페 뒤 노르 극장(Bouffes du Nord, Paris) (1985). (Source: Photo, Michel Dieuzaide)
참조: 활쏘기 대회. 대나무 막대기가 무기로 사용되어 공간을 다이내믹하게 구성하고 있다. 배우 겸 스토리텔러들은 완전한 획일(劃一)보다는 공간의 깊이를 이루는 활력을 공급하고 있다.

인식하기와 받아들이기는 이제 소극적이기보다 적극적이고, 창조적이 된다. 내적/외적, 주관적/객관적 그리고 구조/자유는 이제 서로 배타적이 아니라 능동적으로 공존한다. 종종 많은 관습적인 연기가 감정에 동작을 덧붙이거나 혹은 반대로 동작에 감정을 입히는 반면에, 브룩은 감정과 움직임이 분리될 수 없는 동시적인 연결 상태를 추구한다. 만약 연기가 '볼 수 없는' 것을 볼 수 있도록 만드는 과정으로 이루어진다면, 내적인 것과 외적인 것의 교환은 두 가지 방식으로 계속적일 필요가 있다.

프로덕션Production

내부적이면서 외부적이고 보이지 않으면서 보이는 의도된 혼동은 〈마라/사드Marat/Sade〉에서부터 〈그 사람The Man Who〉을 비롯한 이후 작품들을 위한 초석礎石을 이룬다. 예를 들어 〈The Ik〉 공연을 위해 단원들은 기록 사진들에 기록된 대로 Ik 부족(우간다 북부 고산족: 역주)들의 자세를 모방했다. 이 자세들은 신체적 형태에서 제공된 정보를 잘 '듣고' 한 배우가 고심하여 세부적으로 재창조한 형태이다. 나머지 배우들이 이를 관찰하고 교정해주면 그 배우는 즉각적으로 사진에서 포착된 것에 선행하는 또는 그 뒤에 따라오는 행동이나 움직임을 즉흥적으로 표현한다. 이 고도로 훈련된 '밖에서부터 안으로outside-in'의 형태를 통해 사진의 정확한 정지된 한 순간이 연속된 프레임의 한 토막으로 빠져 나오게 되는 곳에서, 배우들은 내부적인 반응들과 그에 대한 반향들을 개인의 전기傳記적 경험의 한계를 뛰어넘어 접근할 수 있었다. 브룩은 다음과 같이 말한다:

이것은 보통 '자유로운 즉흥free improvisation'을 통에서 알 수 있는 것과는 큰 격차가 있었다. 우리는 이것에 유럽, 미국, 일본, 아프리카 배우들이 굶주리는 사람—우리 중 누구도 경험해 보지 않아서 상상이나 기억으로 도달할 수 없는 신체적인 상태—을 연기하는데 아주 직접적으로 이해시켜줄 무언가가 있다는 것을 깨달았다. (Brook 1987:135)

한편, 〈새들의 회의Conference of the Birds〉를 제작할 때는 우화의 재빠른 술책을 실제로 나타내는 이야기로 용이하게 변환하기 위해 발리의 토팽 가면들을 사용했다. 이 독특한 가면들을 브룩은 배우들이 자신의 충동들을 구체화하고 명확히 하는 데 도움을 줄 수 있는 본질적 형태의 원형적 표현들이라고 보았다. Ik 부족의 생리학적 태도에 관한 초기 연구를 확장하면서 배우들은 마치 발리의 공연자들처럼 적절한 거리를 두고 가면들을 면밀히 조사하고, 조작하게 된다. 그리고 나서 가면을 쓰는 순간, 배우들은 그들 자신의 얼굴 표현을 가면의 인상에 맞추어 조정한다. 이러한 방식으로 배우들은 '아주 강하고 본질적인 형태의 얼굴'과 친밀한 접촉을 꾀하게 된다(Brook 1981: 63). 역설적이게도 이러한 가면들을 브룩은 우리를 발가벗기는 '반anti' 가면이라고 인식했는데, 이는 '영혼의 초상화, 좀처럼 당신이 보기 힘든 사진이자 . . . 완벽하고 민감한 내적 삶의 반향을 이루는 외적인 표피'를 제공한다고 생각했다(Brook 1987: 62). 내적인 움직임을 자극하기 위하여 쓰이는 모든 외적인 자극과 마찬가지로 이러한 가면들은 잠재적으로는 그것을 쓴 사람들의 이해를 전환시켜 주는 요인임과 동시에 회로와 흐름에서 불협화음을 증폭시켜주는 '거짓말 탐지기'이기도 하다.

가면은 항상 쌍방향으로 소통한다. 그것은 메시지를 안으로 보내기도 하고, 메시지를 밖으로 투영하기도 한다. 그것은 메아리의 법칙에 의하여 작동한다. 메아리의 공간이 완벽하다면 들어오는 소리와 나가는 소리들은 서로에 대한 반향이다. 반향실echo-chamber과 소리 간에는 완벽한 관계가 성립된다. 하지만 관계가 완벽하지 않다면, 그것은 마치 뒤틀어진 거울과 같다. (ibid.: 63)

〈그 사람The Man Who〉의 제작을 준비하는 중에서도 같은 과정이 적용되었다. 파리에 있는 병원의 환자들을 직접 관찰하고 접촉함으로써 프로젝트와 관련된 작은 공동 작업팀은 특정한 신경학적 상태에 대한 세부적인 생리학적 인상들을 발전시켰다. 내적 상태의 외적인 형태들을 세부적으로 모방하면서 배우들의 상상력이 발동되었다. 최근 브룩의 연습에 있어서의 핵심적인 요소－내적/외적, 투명성, 증류, 즉시성, 보이지 않는 네트워크－에 대한 적절한 요약으로 보이는 그 프로덕션의 첫 공개 시연회에서 브룩은 한 순간을 다음과 같이 묘사했다.

> 그 순간은 우리가 공통의 기반을 구축하기 위하여 관객 앞에서 한 켤레의 신발을 카펫 위에 올려놓았을 때, 우리가 아프리카에서 시도해 오던 것과의 연관성을 발견했다고 느낀 순간 다가왔다. 〈그 사람The Man Who〉에서는 한 켤레의 신발이 탁자, 양초, 그리고 하나의 성냥갑으로 대치되었다. 요시 오이다Yoshi Oida는 탁자에 다가와서 특별한 집중을 가지고 양초에 불을 붙인 다음 오랜 시간 동안 그 불꽃을 바라보았다. 그러고 나서 그는 훅 불어서 그것을 끄고 다른 성냥을 집어 들어 양초를 켜고, 다시 불어서 껐다. 그가 한 번 더 시작할 때, 나는 관객 안에서 긴장도가 상승하는 것을 느낄 수 있었다. 관객들은 단순한 동작 안에서 명백하게 표현된 것 이상의 것을 느낄 수 있었다. . . . 관객들은 무엇이 진행되고 있는지를 직접적으로 이해했다. (Brook 1998: 223–24)

마지막으로 '공동 작업자'로써의 배우라는 개념으로 돌아가자. 우리는 이미 배우의 준비 중 일부분이 어떻게 동료배우들을 향한 민감성을 증폭시키는데 집중될 수 있는가를 살펴보았다. 이러한 '조율'은 앙상블 안에서 스토리텔러들로 하여금 그들에게 필요로 하는 것을 충족시키기 위한 능력 향상에 도움을 준다. 오이다는 〈마하바라타Mahabharata〉에서의 스토리텔링에 관한 집단주의적 윤리와 연습을 묘사하기 위하여 브룩의 스포츠와 관련된 은유를 사용한다:

> 〈새들의 회의Conference of the Birds〉에서처럼 우리는 한 팀의 스토리텔러였다. . . . 브룩은 그가 원하는 것을 우리에게 이해시키고자 축구의 이미지를 사용했다. 연극은 스물두 명의 운동선수와 하나의 공이 있는 축구경기와 같은데, 그 공은 스토리가 된다. 우리는 모두 같은 팀에 있으므로 누가 어떤 역할을 하든 혹은 중간에 역할을 바꾸는 것은 문제가 되지 않는다. 우리는 다 같이 공연 동안 하나의 공, 즉 하나의 이야기를 들려주

었다. 이야기를 계속하기 위해서, 당신의 장면에 도달했을 때 당신은 공을 받을 준비가 되어 있어야 한다. (Oida 1992: 172)[4]

그러나 '공을 받아야 한다'는 의무는 훈련, 리허설, 심지어는 무대 위에서만 국한되지 않는다. 오이다는 또한 〈마하바라타〉 공연 동안 배우들이 무엇 때문에 그들의 의상실을 떠나 있었는지를 설명한다. 의상실에 머무르는 대신 배우들은 무대 양쪽 끝에 서서 그들의 등장 전에 펼쳐지는 장면들을 보고 듣고 있다. 이러한 방식으로 그들은 연극 안에서 '공'을 계속 유지시키기 위한 등장과 그들의 연기를 어떻게 조정해야 하는지 감지할 수 있었다(Oida 1992: 173). 따라서 '눈에 보이지 않는 네트워크'와의 연결을 위한 필요성은 심지어 무대 밖에서의 배우의 태도에까지 영향을 미쳤다.

그러므로 이러한 내면과 외면간의 역동적인 관계를 뜻하는 개념('투명성')이 창작 과정의 많은 다른 단계에서 자신을 드러내 있음을 알 수 있다. 이는 개별적인 배우가 그들 자신의 자극과 다른 이들의 자극에 민감해지는 단계에서부터 텍스트가 가지는 숨겨진 층을 드러내는 방법론에 이르기까지, 그리고 배우가 단순히 개인적인 전기(傳記)의 수준이 아닌 역할로 변환하는 것을 가능하게끔 하는 과정까지 이른다. 이것은 또한 리허설과 공연에서 도구와 예술적 형태의 특정한 선택에도 영향을 미친다. 예를 들면 가면들은 '투명성'과 '보이지 않는 네트워크'와 관련된 브룩의 제안을 정확하게 상연하는 데 유용하다. 이러한 개념들이 그의 극단 공연의 모든 측면에 배어드는 방식은 곧 브룩이 가지는 실용주의의 독특한 성격이다. 개념들은 오로지 실용성이라는 측면에서만 허용된다. 그리고 대개의 경우 브룩에게 있어 그러한 개념들은 강요되기보다는 작업 과정으로부터 발생한다.

| 노트

1 그는 '거친 연극'(rough theatre)과 '성스러운 연극'(holy theatre)의 자세한 특성과 프리즘을 이루는 이 둘의 결합을 '즉각성의 연극'(immediate theatre)이라고 불렀다. 이에 대한 자세한 설명은 브룩의 책을 참고하기 바란다. Brook(1968).

2 1970년대 이후 CIRT의 작업에 대한 좀 더 자세한 설명은 다음의 책들을 참고하기 바란다. Banu(1991), Hunt and Reeves(1995), Williams(1992), Todd and Lecat(2003), Kustow(2005).

3 1986년에 이루어진 대화에서, 브룩은 이 '가벼움'에 관해 배우 모리스 베니추(Maurice Bénichou)의 예를 들며 배우의 가장 칭송할만한 자질에 대해 언급한 적이 있다. 이 자질은 '깃털처럼 가볍지는 않지만 새처럼 가벼워야 한다'는 폴 발레리(Paul Valéry)의 설명으로 이해될 수 있을 것이다. 다시 말해 배우는 상연하기 위한 실질적인 무게, 즉 중력을 인식하고 지탱할 수 있어야 한다. 항상 현재에 존재하고 있으며, 우리를 극의 세계로 인도하는 수행과 하나 되어 있어야 한다. 자신감 있게 놀 수 있는 가벼움과 함께 이것은 거추장스럽거나 소모되지 않으며 오히려 다음으로 도약하기 위해 '자유로울' 수 있어야 한다.

4   공연에서의 이러한 스토리텔링 모델작업을 분석하기 위해서는 다음을 책을 참조하라. David Williams
     (1991), pp. 117-92.

| 참고문헌

Banu, Georges (1991) *Peter Brook, de Timon d'Athènes à La Tempête*, Paris: Flammarion.
Brook, Peter (1968) *The Empty Space*, Harmondsworth: Penguin.
____ (1973) 'Brook at the Brooklyn Academy of Music', workshop sessions transcribed by Sally
     Gardner, September-October, unpublished, unpaginated, CICT archives.
____ (1978) 'Lettre à une étudiante anglaise', in Shakespeare, *Timon d'Athènes* (adapted by
     Jean-Claude Carrière, 1974), Paris: CICT.
____ (1981) 'Lie and Glorious Adjective', *Parabola*, 6(3) (August).
____ (1987) *The Shifting Point*, London: Methuen.
____ (1993) *There Are No Secrets: Thoughts on Acting and Theatre*, London: Methuen.
____ (1998) *Threads of Time: A Memoir*, London: Methuen.
Hunt, Albert and Reeves, Geoffrey (1995) *Peter Brook*, Cambridge: Cambridge University Press.
Kustow, Michael (2005) *Peter Brook: A Biography*, London: Bloomsbury.
Oida, Yoshi, with marshall, Lorna (1992) *An Actor Adrift*, London: Methuen.
____ (1997) *The Invisible Actor*, London: Methuen.
Smith, A.C.H. (1972) *Orghast at Persepolis*, London: Eyre Methuen.
Todd, Andrew and Lecat, Jean-Guy (2003) *The Open Circle: Peter Brook's Theatre Environments*, New
     York: Palgrave Macmillan.
Trewin, John C. (1971) *Peter Brook: A Biography*, London: Macdonald.
Williams, David (ed.) (1992) Peter Book: A Theatrical Casebook, London: Methuen.
____ (ed.) (1991) *Peter Brook and the Mahabharata: Critical Perspectives*, London and New York:
     Routledge.

Chapter 12

그로토프스키의 배우를 향한 비전: 접촉을 위한 탐구
GROTOWSKI'S VISION OF THE ACTOR: THE SEARCH FOR CONTACT

● ● ● 리사 월포드Lisa Wolford

예지 그로토프스키 Jerzy Grotowski는 과거 30여 년에 걸친 실험 연극과 배우 훈련 기술의 발달에 있어 가장 영향력 있는 인물로 꼽힌다. 연극 실험실Laboratory Theatre의 작품을 관람하였거나, 그의 지속적인 견습생 혹은 극단 소속의 배우였던 이들은 비교적 소수였지만 이들이 발전시킨 공연 훈련의 테크닉은 출판뿐만 아니라 워크숍, 공연물, 그리고 강의를 통해 전 세계로 넓게 퍼져나갔다. 피터 브룩Peter Brook이 주지하듯이 '안타깝게도 이러한 극단적인 유포는 언제나 자격을 갖춘 사람들을 통해서 이뤄지는 않았으며, 그로 토프스키라는 이름과 함께—마치 롤링 스톤rolling stone과 마찬가지로—자신들과 연관시키 며, 온갖 혼란과 쓸데없는 오해들을 접붙여 왔다'(in Schechner and Wolford 1997: 379). 좀 더 신랄한 어조로, 토머스 리처즈Thomas Richards는 다음과 같이 말한다.

많은 사람들이 그로토프스키와 5일의 기간 동안 함께 공부했던 누군가—예를 들면 25 년 전에—가 이끈 '그로토프스키 워크숍'을 경험했다. 당연히 이 '강사들'은 종종 심각한 과실과 오해를 전달한다. 그로토프스키의 연구는 사람들이 바닥에 몸을 던진다거나 소 리를 지르고, 거짓 혹은 가짜 카타르시스 경험을 하는 난폭하고 구조가 없는 무언가로 잘못 해석되어 왔는지도 모른다. 전통과의 그리고 스타니슬랍스키와 그의 연결지점은 완전히 잊혀지거나 혹은 고려되지 않았을 위험이 있다. (Richards 1995: 4)

브룩과 리처즈가 언급한 이 현상은 심각한 암시를 담고 있으며, 필자는 그릇된 보급에 기인한 꾸며댄 말들에 관한 이와 같은 단언에 동의하는 바이다.

그림 12.1 예지 그로토프스키(Jerzy Grotowski), 시카고, 4월(1995)
(Source: Photo, Panco Colladetti)

그로토프스키의 작업 중 연극 실험실Laboratory Theatre과 함께한 실험적인 면과 몇 가지 극단의 미학(즉, 극단적인 배우의 신체적 작업, 반 자연주의 스타일의 상연 또는 그룹 프로덕션의 제의적인 면)은 실제로 리처즈가 주장하듯이 스타니슬랍스키의 작업에 관해 그로토프스키가 행한 실습을 경시하는 효과를 가져왔다. '많은 사람들에게' 그로토프스키가 주지하듯이 '테크닉과 미학을 구분 짓는 것은 어렵다'(1980: 121).

자연주의 연극의 교리 또는 신조에 반한 반항의 세대는 두 연출가의 작업 모두 광범위한 연극 스타일과 미학 환경에 적용될 수 있는 구체적인 원리 위에 기초하고 있었음을 인식하지 못한 채 러시아 대가의 접근법과 그로토프스키 접근법 사이에 그릇된 길잡이를 창출했다. 실제로 전 생애를 통해 그로토프스키는 미학의 차이를 넘어선 각각의 프로젝트 안에서의 연속과 합류점을 강조하며, 스타니슬랍스키가 그의 작업에 주요한 영향을 끼쳤음을 인정했다. 그가 이야기하기를, 학생으로서 그는 스타니슬랍스키에 '빠져있었으며', 그의 가르침이 '창조의 모든 문을 여는 열쇠'가 됨을 확신했다(Grotowski 1980: 193). 그로토프스키의 연기 트레이닝에서 중심 요소는 스타니슬랍스키와 마찬가지로, 배우가 무대 위에서 좀 더 진실되게 살 수 있도록 돕고자 하는 노력에 있다; 두 연출가의 스타일의 차이는 그 '진실'이 어떻게 미학적 틀 안에서 가장 잘 표현될 수 있는지에 대한 각각의 이해에 기인한다.

메이어홀드Vsevolod Meyerhold의 작업에서 또한 영향을 받은 그로토프스키는 자연주의 연극이 좀 더 심오한 일상의 진실을 모호하게 만들면서 매일의 사회적 존재의 표면만을 흉내 것을 강조하고 있다는 메이어홀드의 생각에 동의했다. 그로토프스키의 성문화된 신체 트레이닝 메소드들의 결합은 스타니슬랍스키보다는 메이어홀드로부터 영향을 받았다고 할 수 있는 반면 그의 '총체적 연기total acting'에의 강조, 그리고 역할의 틀 안에서 내면의 삶의 가장 미묘한 뉘앙스의 발달로 배우들을 이끈 점은 러시아 구조주의 연극의 원리들과는 거의 관련이 없다고 할 수 있다.

그로토프스키가 모스크바 예술극장에 있는 미국 교육시설에서 연출을 공부할 때, 그의 스승 유리 자바드스키Yuri Zavadsky는 종종 젊은 그로토프스키의 연출 방법과 그가 기억하는 스타니슬랍스키의 특징에는 예리한 공통점이 있다고 말하곤 했다. 그로토프스키 또한 신체 행동이 배우의 작업에 기초적 교리가 된다는 불후의 발견에 관한 스타니슬랍스키의 작업에 강한 확신이 있었다. 스타니슬랍스키가 좀 더 오래 살았다면, 그가 중요한 발견을 넘어선 연구를 이어갔을 것이라고 그로토프스키는 보았다. 또한 어떤 의미에서는, 자신의 연구가 세상을 떠남으로써 방해받았던 시점으로부터 진화해온 스타니슬랍스키가 했을 연구의 연장으로 보일 수 있음을 암시했다.[1]

각각의 프로젝트의 분명한 상이점에도 불구하고 어떻게 그로토프스키의 연극적, 탈연극적 작업에 끼친 스타니슬랍스키의 영향을 추적해볼 수 있을 것인가? 무엇이 그로토프스키의 배우 훈련에 있어 주요한 특징인가? 그의 작업의 다양한 단계를 통틀어 어떤 요소들이 일관성을 가지고 있는가?[2] 얀 코트Jan Kott는 다음과 같이 묻는다. 그로토프스키의 방법론을 다른 미학과 이데올로기적 목표를 가진 연극에서도 적용하는 것이 가능할 것인가?(in Schechner and Wolford 1997: 135). 어떠한 범위에서 그로토프스키와 그의 협력자들이 발전시킨 배우 트레이닝과 방법론이 연극 실험실의 미학과는 전혀 다른 공연 형태 혹은 자연주의 연극에서 통합될 수 있을 것인가? 이러한 의문들이 바로 이번 장에서 설명할 쟁점을 이루고 있다.

특정한 신체와 보컬 훈련 기술에 대한 자세한 설명에 초점을 맞추기보다, 필자는 그의 연극 실습을 이해하기 위해 기초가 되는 공연의 접근 원리에 내재된 근본원리들을 살펴보고자 한다. 이러한 접근은 아래의 이유에서 기인한다. 첫째, 신체나 보컬 트레이닝의 기술에 관한 설명은 이미 그의 저서 『가난한 연극*Towards a Poor Theatre*』에 기술되어 있다. 더구나 그의 책이 출판된 이래로 그로토프스키는 신체와 보컬 훈련의 기술에 신중을 기하기 시작했다. 왜냐하면 이것이 마치 '창조성을 위한 비법'으로 비춰지면서 이러한 테크닉들을 맹목적으로 숭배하려는 경향을 목격했기 때문이다. 훈련은 단지 거짓 없는 창조성을 위한 준비를 돕는다고 말하며 그는 신체 트레이닝 테크닉을 그 자체로 가치가 있다고 믿으려는 경향과 역할의 전후 상황에 자신들을 충분히 증여하지 않아도 되는 '면제'의 기술로 이용하려는 '유혹'에 대해 경고했다. 신체 훈련은 배우의 몸을 악기로써 준비하는데 도움을 줄 수 있다. 그리고 특히 배우가 특정한 한계들(즉 체력의 한계, 힘 또는 유연성)에 전념하게 하는 것과 관련이 있다. 그러나 실제로 공연에서 그들을 드러내 보이는 작업에 있어 배우가 충분히 수행할 수 있느냐에 대한 문제에는 미치지 못한다. 그로토프스키는 '배우를 위한 훈련에서, 개인의 정직한 연기를 피하는 것을 허용하는 거짓된 만족을 쉽게 찾을 수 있다'고 경고한다(1980: 196). 의도하지 않는 '비결'을 제공하는 것을 피하기 위해 나는 이러한 훈련들을 '어떻게 할 것인가'에 대한 암시로 해석될 오해의 소지가 있는 연극 실험실의 훈련 요소들에 관한 언급은 삼갈 것이다.

그로토프스키는 자신의 창조 작업을 통틀어서 배우들에게 '각 경우에 따라 이미 만들어진 메소드들'에 대한 경고를 잊지 않았다. 그는 이것이 창조적 충동을 억누르며 연기를 전형적인 형태로 이끌 수 있다고 단언했다(Grotowski 1975: 185).

그로토프스키는 이러한 메소드의 효용뿐 아니라 쉬운 해결과 비결을 향한 욕망 뒤에 숨어 있는 충동에 대해서도 의심을 늦추지 않았다:

우리는 수단을 학습하기를 원한다: 어떻게 공연할 것인가? 어떻게 하면 '무엇' 또는 '누군가'가 되기 위한 가장 그럴듯한 시늉을 할 수 것인가? . . . 그러나 만약 누군가 어떻게 할지 배운다면, 그는 자신을 드러내지 않을 것이다. 그는 오직 기술만을 드러낼 것이다. 누군가 우리의 일련의 메소드 또는 다른 어떤 메소드의 결과로 얻어진 수단을 찾는다면, 그는 그것을 그 자신의 의심이나 공포를 제거하는데 쓰기보다는 해답이 될 수 있는 연기를 회피할 수 있는, 안전한 천국인 피난처를 찾기 위해 행할 것이다. (Schechner and Wolford 1997: 218)

그로토프스키는 특히 스타니슬랍스키만이 정확히 메소드라고 말할 수 있는 체계적이고 정밀한 공연 트레이닝으로의 접근법을 발전시켰다고 주장하면서 자신의 작업과 관련된 '메소드'가 존재할 것이라는 가설을 계속해서 부인해왔다(Grotowski 1975: 174).

나만의 시스템을 구축한다는 것은 환상이었으며 창조성에 열쇠가 되는 이상적인 시스템이란 존재하지 않는다는 결론에 도달했을 때, '메소드'라는 말은 내 안에서 그 의미가 바뀌었다. . . . 거기에는 각자의 대답이 있는 도전이 존재한다. 삶의 경험은 질문에서 나오고 그 대답은 진실한 창조 안에 있다. 그것은 자신을 감추지 않고 거짓말 하지 않음으로써 시작된다. 그렇다면 메소드-시스템의 의미에서-는 존재하지 않는다. 그것은 도전이나 도발로써만 표현될 수 있다. (Grotowski 1980: 193)

연극 실험실의 훈련 테크닉에 관한 논의에서 제니퍼 구미에가Jennifer Kumiega는 '그로토프스키 메소드라는 이름에 어울리는 '메소드'란 정해지거나 보편적인 메소드가 전혀 없다는 것이라고 할 수 있다'라고 제안한다. 남아 있는 것은 테크닉과 윤리만이 존재한다. '테크닉은 메소드의 세부 항목이라고 볼 수 있다. 이는 실행 가능한 훈련들, 즉 특정한 조합에서 메소드라고 증명되는 결과들을 낳는다. 윤리들은 테크닉의 사용을 알려준다. . . . '(Kumiega 1985: 111). 그녀는 그로토프스키의 공연에 대한 접근을 이해하는데 있어 '윤리, 즉 이러한 테크닉이 발견되고 연구되며 공연되는 태도야말로 가장 중요한 요소라고 결론짓는다(ibid.: 112).

필자를 비롯해 그로토프스키와 함께 작업했던 가까운 동료들은 구미에가의 지령에 담긴 지혜에 대해 확신한다. 나는 성문화된 실습을 받아들이기보다는 그로토프스키의 작업의 기초적 교리와 특질에서 영감을 받아 자신의 실습을 발전시키는 편이 예술가들에게 훨씬 생산적일 것이라고 믿는다. 그로토프스키의 배우를 향한 비전과 배우 훈련에 대한 접근법에 관한 나의 논의는 주로 연극 실험실에서의 그의 작업에 초점을 맞추는 반면 또한, 몇 해 동안 캘리포니아-얼바인 대학University of California-Irvine에서 그의 객관 연극Objective Drama프로그램에 참여했던(1989-92) 배우로서의 나의 경험과 이탈리아 폰테드라Pontedera(1986-1999)[3]에 있는 예지 그로토프스키와 토머스 리처즈 워크 센터Workcenter of Jerzy Grotowski and Thomas Richards

에서의 연구와 관찰 결과를 바탕으로 하고 있다. 나는 그로토프스키와 그의 동료들에 의해 계발된 특정한 신체 트레이닝의 기초 원리들에 집중하기로 했다. 발성에 관한 접근법 또한 매우 중요하지만 이것은 신체 훈련의 논의에 포함되기보다는 독립적으로 다루어야 할 매우 복잡한 주제이다. 또한 그로토프스키의 후기 단계에서 노래의 중요성은 그의 창작 활동 단계인 '공연 연극Theatre of Productions'과 관련되므로 여기서 발성을 독립적으로 논하는 데는 무리가 있다.[4]

가난한 연극: 배우의 예술Poor Theatre: The Art of the Actor

그로토프스키의 창작 실습이 일생을 통해 많은 변화를 겪었음에도 불구하고, 그가 강조한 배우 기술의 근본 원리들에 관한 체계적인 연구는 지속되었다. 그의 저서 『가난한 연극 Towards a Poor Theatre』에서 그는 보어 연구소Bohr Institute(1975: 95-9)와 같은 하나의 공연 연구소, 즉 예술적 창조성을 지배하는 원리들을 탐구하는 포럼의 필요성을 표현한 바 있다. 창조를 위한 교리의 발견 가능성―그가 불가피하게 쓸모없다고 주장했던―을 전면 거부하는 반면, 그는 배우로 하여금 마구잡이식 영감을 기다리지 않으면서 걸림돌을 제거하기 위한 공연 트레이닝의 방법론을 추구하며 창조 과정의 계몽에 관한 의지를 표명했다.

그로토프스키가 1959년 폴란드 오폴레Opole에 세운 연극 실험실Theatre Laboratorium은 배우와 관객의 만남을 연극적 교류의 핵심으로 강조한 특유의 공연 스타일로 세상에 알려지기 시작했다. 영화나 다른 매체들로 인한 연극의 침식을 예견하며 그는 새로운 미디어와 경쟁하기보다는 연극은 재현의 형식과는 구별되는 '배우의 현존'과 '살아 있는 유기체와의 친밀'을 강조함으로써 살아남을 수 있다고 주장했다(Grotowski 1975: 41). '도벽의 연극 kleptomaniac theatre'이라고 표현한 많은 인공물과 공연예술이 무차별적으로 결합된 결점 투성이의 연극을 거부하며, 그와 동료들은 자율적인 의상, 분장, 무대장치와 조명의 의존도를 최소한으로 하는 연극 미학을 발전시켰다(Grotowski 1975: 15-53).

자신의 삶(즉 배우 활동과 관계없는 무엇을 재현하는)을 가진 인공물의 제거는 배우를 가장 기본이 되는 확실한 주체로 이끈다. 훈련된 몸짓을 통해, 배우는 마룻바닥을 바다로, 테이블을 고백의 장소로, 그리고 하나의 철 조각을 생기 넘치는 파트너 등으로 변형시킨다. 배우가 만들어내는 것이 아닌 음악(라이브 또는 녹음된 음악)을 제거해버리면 공연은 목소리와 물체가 부딪치는 소리로 이루어진 오케스트레이션을 통해 그 자체

로 음악이 된다. (1975: 21)[5]

배우를 연극적 이벤트의 중심에 놓는 그로토프스키의 연극에서 공연자들은 관객을 넘어선 비범한 연기를 펼치도록 요구받았다. 그는 일상생활의 평범함만을 다루는 연극이나 일상의 행위를 재연하는 배우의 작업에는 관심이 없었으며, 일생에서 일어나는 일의 90퍼센트는 훌륭한 예술이 될 재료가 아니라고 말했다. 이와 같이 사실주의 대본을 그럴듯하게 읽는 능력, 또는 사회적 행동을 모방하는 능력은 그에게 있어서 배우의 기술을 위한 척도가될 수 없었다. '만약 배우의 몸이−보통의 사람이 할 수 있는 것들을 설명하는 것에 그친다면−성스러운 연기를 기꺼이 수행할 수 있는 악기가 될 수 없다'(Grotowski 1975: 33).[6]

그로토프스키의 연극에서 그려지는 배우는 성스러우며, 자신의 투영과 무장해제를 위해 일상의 가면을 벗어 던질 수 있는 엄청난 훈련과 능력이 요구되는 '세속적 성인'이다. '가난한 연극'은 물질적 성과나 널리 알려지는 대중의 인식 등의 기대와는 상관없이 배우의 심리적 신체적 극한을 요구했다; 결과적으로 이러한 작업에 흥미가 있던 이들은 위와 같은 기대와는 다른 요소들에 의해 동기부여를 받는다. 그로토프스키의 공연의 핵심은 '총체적 연기total act'의 개념이다. 이는 공연을 이루는 악보와 역에 대한 기술적 요구들을 초월할 수 있는 배우의 역할이 정점에 달하는 것을 말한다. 역설적으로 이 순간은 개인적인 동시에 우주적 진실의 깊은 뜻을 드러낸다. 이것은 자기-희생의 연기이다. 관객을 가장 비밀스럽고 본질적인 순간으로 이끌며 허용 불가능한 진실을 밝혀낸다. '총체적 연기'를 설명하는 그로토프스키의 언어는 매우 은유적이다; 그것은 완전한 자신, 즉 누군가를 사랑할 때 온전한 자신을 주는 것과 같이, 신뢰와 함께 자신 안의 깊은 친밀함을 주는 것이다(1975: 38). 이러한 연기는 의도를 가질 수 없고, 기술적 재주를 써서 완성할 수 없으며, 수동적인 준비의 상태에 있는 명예로운 상태에서만 도달할 수 있다.[7]

연극 실험실의 배우들은 자신들을 허구의 역할이 가진 주어진 환경에 위치시키거나 흔히 알려진 캐릭터에 관한 질문들에는 관심이 없었다. '그로토프스키는 역할을 넘어선 본인에게 특권을 주었다. 왜냐하면 그 역할은 자기-폭로(드러냄)의 본질적인 도구였기 때문이다'(Auslander 1997: 64). 극 형식의 텍스트에서 그려진 캐릭터의 초상을 그려내는 일로 염려하는 대신, 연극 실험실의 배우들은 자신의 삶에서 가장 깊고 비밀스러운 경험으로 이끄는 공공연한 증언의 형식을 구성했다. 이러한 드러냄의 연기는 보는 사람으로 하여금 자극받고 고무될 수 있도록 형성된다.

만일 배우가 자신을 도전의 장소에 내놓고 공공연하게 다른 사람들에게 도전을 행한다든가 또는 극단적인 신성모독을 통해 일상적인 가면을 내던지며 자신을 드러낸다면, 그는 관객들로 하여금 동일한 자기 - 관통 과정에 몸을 맡기도록 할 수 있습니다. 만일 배우가 단지 자신의 육체를 전시하지 않고, 그것을 전멸시키고 불태워서 모든 정신적 충동에 반응하는 모든 저항으로부터 자유롭게 된다면, 그 때 배우는 자신의 육체를 파는 것이 아니라 그것을 희생물로 바치는 것이 됩니다. 배우는 속죄의 몸짓을 반복하는 것이죠. 이때 배우는 신성함에 가까워집니다. (Grotowski 1975: 34)(그로토프스키 1997: 44) •

'공연의 목적은 정서적 상태의 이미지와 교류하는 것이 아니라 보는 이로 하여금 예시로써 자기 응시의 상태를 생산하기 위함이었다'(Auslander1997: 25). 자기희생과 경계를 넘어서며 관객이 재생산 할 수 없는 '마술적인 연기'를 완성함으로써, 배우는 공연에서 밝혀지는 진실에 대항하는 그/그녀를 판단하기 위해 관객을 초대하는 대리인이 될 수 있다(Grotowski 1975: 41). 그는 이것이야말로 살아 있는 공연이 가진 유일하며 공유될 수 있는 본질이며, 고대 그리스 연극의 특성과 다르지 않은 카타르시스의 과정을 유도한다고 보았다.[8]

배우와 관객 사이의 교감에 대한 관심에도 불구하고, 그로토프스키는 배우로 하여금 대중의 비위를 맞춰 식사를 제공하는 '대중 친화성publicotropism'으로부터 거리두기를 원했다. 이러한 '시시덕거림'은 배우의 폭로(드러냄)를 교태와 매춘으로 변형시킨다고 주장했다. 그는 관객을 배우 작업의 출발점으로 놓지 않으면서도 그 존재를 무시해서도 안 된다고 주장했는데 왜냐하면 이것이 자신의 작업 기반에 어느 정도의 기만을 주입할 수 있기 때문이다(1975: 181). 토머스 리처즈는 연극 실험실의 프로덕션에서 캐릭터는 상대적인 방어를 위한 친숙한 과정을 탐험 하는 것으로부터 배우를 보호할 수 있는 '공공의 스크린'으로 작용했다고 제안한다(Richards 1995: 108). 배우의 증언, 즉 총체연기total act는 관객의 앞에 보이고 그들의 존재 안에서 완성되지만 결코 그들을 위함이 아니다. 그로토프스키가 말하는 연극적 교류의 중심은 그러므로 본질적으로 역설적이며, 현존과 부재의 복합적인 변증법에 기초한다. 왜냐하면 배우와 관객은 장막veil의 중재를 통해 서로 간접적으로 감지하기 때문이다.

• Grotowski, Jerzy (1975) *Towards a Poor Theatre*, London: Methuen. First published Denmark, 1968. by Odin Teatrets Forlag.의 번역서는 고승길 옮김. 『가난한 연극』, 서울: 교보문고, 1997.로 출판되었다.

심리신체 트레이닝Psychophysical Training

그로토프스키는 스타니슬랍스키의 유산 중 가장 기릴만한 업적은 배우가 공연작업 외에 매일의 훈련과 더불어 전문 교육이 필요하다고 강조한 점이라고 주장했다(Kumiega 1985: 110). 그로토프스키는 일관되게 이 명령을 지지했으며 배우에게 그의 지휘 아래 규칙적인 신체와 보컬 트레이닝을 요구했다. 특정 역할(특정한 무대 작업을 위해 배우가 곡예나 춤을 연습하는 것 등)의 계발에 노력하기보다는 이러한 트레이닝이 형성하는 매일의 수행이 스타니슬랍스키가 강조했던 '자신과의 작업'의 한 형태를 형성하며 배우 능력의 기초 단계의 계발을 도왔다. 그가 행한 신체와 보컬 훈련은 배우가 어떻게 해야 할지-예를 들면 어떻게 신체적으로 탁월한 기량을 가질 수 있는지-에 관심이 있기보다 유제니오 바르바 Eugenio Barba가 배우의 작업에서 전-표현단계pre-expressive level라고 설명한 것에 기여했다. '무언가를 재현하기 이전에 공연자로서 마땅히'(Barba 1995: 105) 준비해야 할 단계를 뜻한다. 트레이닝은 배우의 신체 및 수용 능력을 강화하는 역할을 하지만, 또한 지속적으로 개인의 능력의 한계에 대체하는 체화된 헌신으로써의 가치를 지니고 있다.

그림 12.2 연극 실험실(Teatr Laboratorium 13 Rzędów, Opole)(1964) 렌느나 메레츠카(Rena Mirecka), 지그문트 몰리크(Zygmunt Molik) (Source: Photo, Ryszard Cieslak. Courtesy of the Archive of the Grotowski Institute)

그림 12.3 연극 실험실(Teatr Laboratorium 13 Rzędów, Opole)(1964) 렌느나 메레츠카(Rena Mirecka), 안드레 쿨릭
(Andrzej (Gaston) Kulig) (Source: Photo, Ryszard Cieslak, Courtesy of the Archive of the Grotowski Institute)

그로토프스키는 배우로 하여금 '온갖 수단' 혹은 기술들의 수집을 추구하는 어떠한 형태의 훈련도 단호히 거절했다:

나는 배우의 총체(總體)를 발전시킬 수 있다는 다양한 훈련들로 이뤄진 트레이닝을 믿지 않습니다; 마치 배우가 한 손으로는 발음 레슨을 받으며 다른 한편으로는 발성법 레슨과 아크로바틱 또는 체조, 펜싱, 클래식과 현대 무용, 그리고 팬터마임, 그리고 이러한 모든 것이 함께 그의 표현을 풍부하게 해줄 것이라는 훈련을 말입니다. 이러한 훈련 철학은 매우 인기가 있습니다. 거의 모든 곳에서 이것이 창조적인 배우로서 준비하는 데 열쇠가 되리라고 믿지만 그들은 절대적으로 잘못 생각하고 있습니다. . . . 배우는 춤출 수 있습니다, 이것은 사실입니다. 그는 상당히 훈련된 무용의 움직임을 의미하는 클래식이나 현대 무용을 출 수 있습니다. 그래서 만약 그가 무대 위에서 춤을 춰야 한다면, 출 수 있을 것입니다; 그는 자신의 춤을 추지 않을 것입니다, 그는 다른 누군가에 의해 지시된 안무를 출 것입니다. 결국에는 . . . 그는 팬터마임의 한 부분이나, 걷는 법, 즉 팬터마임의 몸짓들을 어떻게 만드는지를 배웁니다. 그래서 만약 프로덕션 안에서 그와 같은 요소가 있다면, 이것을 이용할 수 있습니다. 그러나 이러한 방법으로는 전혀 자신의 것이 아닌 다른 영역에서 오는, 즉 창조적 결과물이 아닌 것들만 사용하게

됩니다. (Grotowski 1979: 7)

그로토프스키는 배우가 이러한 훈련을 하게 되면 기교나 기술을 발휘하겠지만, 그들의 공연은 언제나 살아 숨 쉬는 충동에서부터 떨어져 있게 된다고 주장했다. 그로토프스키가 말하는 충동이란 신체 행동과 같이 눈에 보이며, 배우의 내면에서 탄생하여 표면 밖으로 연장하는 살아 있는 행동의 씨앗을 말한다. "'In/Pulse"—내면으로부터 뻗어진 진동이다. 충동이 신체 행동보다 언제나 선행한다. 충동: 몸 안에서 이미 생긴, 여전히 아직까지는 보이지 않는 신체 행동과 같다'(quoted in Richards 1995: 94).

그는 연극 실험실 작업에 대한 깊은 오해는 배우의 신체적 측면만을 위한 무언가, 즉 훈련의 모음집과 관련된 그룹 트레이닝이라고 생각하는 경향에 있다고 주장했다. 그는 오히려 심리신체psychophysical를 말하기 위함이 적절하다고 제안했는데 왜냐하면 배우의 상상력과, 이와 관련된 수용능력, 충동에의 반응, 공간에서 극명히 현존하는지 여부—예를 들면 자신의 파트너와의 교류로부터 출발한 공간—또는 배우의 기억으로부터의 발산 등이 목적인 그의 지휘 아래 작업이 이뤄졌기 때문이다. 연극 실험실의 훈련이 실제로 힘, 민첩성, 지구력, 유연성 및 명확한 표현 등의 신체적 능력을 계발하는 역할을 하지만, 동시에 트레이닝의 목적은 좀 더 미묘한 목표에 향해 있었다. 그로토프스키는 자신의 훈련 방법론을 부정의 길via negative이라고 하는 제거의 과정을 통해 설명했다. 배우에게 일련의 기술들을 제공하는 교육 프로그램과는 달리, 그로토프스키의 방법론의 목적은 움직임, 호흡, 그리고 가장 중요하게는 인간적 접촉과 관련된 모든 방해물들을 제거하고자 했다(Grotowski 1975: 177). 스타니슬랍스키와 마찬가지로, 그는 무대 위에서의 진실과 유기성을 발견하는 제 1의 경로로써 파트너와의 교류를 강조했다. '아무것도 하지 말라[관객을 위해서]', 스타니슬랍스키가 조언했듯이, '오직 파트너를 위해서 모든 것을 행하라. 연기를 잘하고 있는지, 당신 파트너의 반응을 통해 점검하라'(Toporkov 1979: 86).

비록 연극 실험실의 배우 훈련을 신체적으로 힘든 곡예운동으로 해석할 수 있을지라도, 작업의 근본 목표는 '근육의 계발이나 육체적 완벽주의가 아닌 몸의 저항들을 소멸시키기 위한 끊임없는 연구 과정에 있었다'(Grotowski 1975: 114). 배우의 외부적 신체적 수용 능력—예를 들어 곡예의 성문화된 움직임의 실행—에 초점을 맞추기보다 연극 실험실에 의해 계발된 훈련의 형태는 배우의 충동에의 반응이나 신체적 또는 심리적 방해물을 제거하려는 의도를 가지고 있었다. 그리하여 살아 있는 충동의 싹틈과 신체적 행동의 징후manifestation를 방해하는 장애물이 없도록 하기 위함이다.

자신을 투영시키는 임무를 수행하는 배우, 즉 자신의 가장 깊숙한 내면을 희생하며 드러낼 수 있는 배우는 아무리 조그마한 충동에도 확실히 자기를 나타낼 수 있어야 합니다. 그는 꿈과 현실 사이의 경계를 넘나들며 흔들거리는 충동들을 소리와 움직임을 통해 표현할 수 있어야 합니다. (Grotowski 1975: 35)(그로토프스키, 1997: 45)

신체 훈련Corporal Exercises

그로토프스키와 그의 동료들은 그들 작업의 특징으로 알려진 훈련구조의 계발에 있어서, 이미 존재하는 심리신체 훈련과 배우 훈련의 메소드로부터 영감을 얻었다. 그로토프스키는 스타니슬랍스키의 신체적 행동physical action, 메이어홀드의 생체역학biomechanics, 박탄코프Vakhtangov 및 듈랭Dullin의 시스템과 함께 풍성한 실습 계발을 이룬 델사르트Delsarte 시스템을 인용했다. 그는 카타칼리, 베이징 오페라와 노 연극의 교육 방법에 의해 영감을 받았음을 인정했는데 결국 서양 배우들이 적절하게 정리된 연습을 시도하기보다는 엄격한 훈련 윤리의 한 모델로서 아시아 연극 관행을 살펴봄으로써 더 나은 무대 연기를 할 수 있다는 결론에 도달했다. 연극 실험실의 배우들은 또한 그들의 훈련의 일환으로 하타 요가Hatha Yoga를 실험했지만, 요가 자세가 배우의 작업과는 맞지 않는 자기 성찰의 자세를 낳는다는 것을 발견했다. 그들은 그러나 '특정한 요가 자세는 척추의 자연스런 반응에 도움을 줍니다. 그것은 하나의 몸이 우주에 자연스럽게 반응하는데 있어서 확신을 갖게 합니다. 그렇다면 왜 그것을 없애겠습니까? 그저 그들의 모든 흐름을 도전해 보는 겁니다'(Grotowski 1975: 208).[9]

하타 요가의 구성요소를 연습하는 동안 동료와의 상호작용에 반응하며 외부 자극에 충실하게 함으로써, 그로토프스키는 배우들의 초점을 전통적 요가의 내부를 향한 초점으로부터 밖으로 향하게(배우의 작업에 좀 더 적합한)하여 역동적으로 움직일 수 있도록 하였다. 요가 자세를 출발점으로, 그와 그의 동료는 코쁘렐corporels이라고 알려진 일련의 훈련을 계발했다. 이러한 신체 훈련들은 머리로 서기, 어깨로 서기, 굴리기, 재주넘기, 뛰기 등 척추의 유연성을 계발시키고 배우들로 하여금 몸의 균형감각을 테스트해 볼 수 있는 연습들로 이루어져 있었다. 이러한 신체 훈련의 주된 목적은 배우가 자신이 가진 유기체에 대한 신뢰 감각을 되찾을 수 있도록 하기 위함이었다.

이미 성취해야 할 것이 있고 이것은 당신을 넘어서 있습니다. 이를 행하는데 있어 자신을 막지 마십시오. 신체 훈련의 간단한 구르기조차도 ─ 제한된 영역 내에서 확실하게 해내야 하며 여전히 위험한, 고통의 가능성과 함께하는─오직 필요한 것은 위험을 감수하는 것으로부터 당신을 막지 않는 것입니다. 신체 훈련은 자신을 뛰어넘기 위한 토대입니다. 참여자들을 위해, 그것은 거의 불가능해야 함에도 불구하고, 그것들을 할 수 있어야만 합니다. 그는 그것들을 할 수 있어야만 합니다. 나는 이중의 의미로 말합니다. 한편으로는 그들은 그것을 하는데 있어 불가능하게 보여야 하고 또한 그는 그것을 행하는데 자신을 막지 않아야 합니다; 다른 한편으로는, 의도적으로 이를 행하는 것이 가능해야 합니다; 겉으로 나타남에도 불구하고 할 수 있어야만 합니다. 여기에서 자신의 신뢰의 발견이 시작됩니다. (Grotowski 1979: 16)

신체 훈련은 연극실험실의 훈련에서뿐만 아니라 그로토프스키의 후반 연구 단계에서도 또한 중요하다. 객관 연극Objective Drama의 참여자들은 재주넘기, 머리로 서기, 어깨로 서기 등 『가난한 연극』에 서술된 것과 비슷한 훈련들을 연습했다. 시작단계에서, 우리는 머리로 서기와 어깨로 서기를 정확한 자세로 수행하는 법을 배웠다. 일단 자세를 찾을 수 있게 되면, 몸의 균형의 한계를 실험하며 척추를 이리 저리 움직여 보았다. 한 단계 더 나아가서, 우리는 선택된 신체적 훈련의 몇 가지 요소들을 시작으로 자세의 정확성을 유지한 채 일련의 흐름과 하나의 유기체 상태를 찾으려고 노력하며 파트너와 비언어 '대화', 즉 즉흥 시퀀스를 창조하도록 고무되었다. 매일의 훈련 구조는 이러한 시퀀스를 낳았다. 1992년 폰테드라 워크센터Pontedera Workcenter에서 토머스 리처즈가 진행한 연구팀의 훈련을 지켜봤을 때, 나는 신체 훈련의 경계에서 구성된 좀 더 신체성이 요구되는 시퀀스를 관찰했다; 이 경우에 또한 시퀀스의 자세는 연구팀 안에서 즉흥 대화의 한 타입으로 편입되었다.

자신 밖에서 파트너와의 접촉을 유지하는 것에의 강조, 그것이 공간 안에서 육체적으로 현존하는 것이든(즉 연기 파트너로서) 혹은 배우의 기억으로부터 상기된 것이든 이것은 그로토프스키나 그의 동료들에 의해 계발된 심리신체 테크닉에서 지속적인 중심이 되어왔다. 그로토프스키의 객관 연극Objective Drama 단계에 이루어진 트레이닝 구조에서 참여자는 각각의 배우가 가진 특정한 한계들에 관한 몇 가지 개인 훈련을 계발한다.[10] 훈련은 시작 단계에서 워크리더work leader의 감독 아래 기술적인 수준에서 참가자 개개인으로 출발한다. 참여자들이 훈련의 기본 구조를 수행할 수 있게 되면, 우리는 트레이닝의 부분들을 연결하는 연관 악보score를 계발하도록 지도받았다. 그리고 이러한 연관들을 계발하기 위해 우리는 트레이닝을 수행했다. 이러한 연결고리들은 방 안에 있는 물체나 이미지, 사람들, 또는 특정한 기억과 연관될 수 있다. 훈련 도중에도, 그로토프스키는 배우에게 정확한 이미지(그것이 실제이던 상상이던지 간에)와 작업하는 아주 세세한 훈련까지도 정당화할 필요성이 있다고 조언했다(Grotowski 1975: 103).

예를 들어 내 자신의 트레이닝 구조의 한 부분은 복부 강화를 위한 윗몸 일으키기와 연관이 있었다. 이 훈련의 기계적 반복을 피하기 위해, 예를 들면 내가 무엇에 도달하려고 하는지, 움직임의 동기가 무엇인지 즉 왜 바닥으로부터 몸을 일으키는 동작을 하는지에 대해 매번 지각하도록 지도받았다. 이러한 연결고리들은 '일반적인' 것이 아닌 최대한 구체적이어야 했다. 훈련의 외부적 구조는 그대로 유지한 채 연결의 흐름에 관련된 즉흥들은 그룹의 구성원 사이의 상호 작용으로써 고무되었다. 특징적으로, 참여자들은 공간에서 다른 배우와의 접촉에 의해 영향 받을 수 있도록 자신의 음색이나 움직임의 템포나 리듬으로 소위 즉흥 '대화'가 이뤄질 수 있도록 조정한다. 그러나 참여자들은 이러한 모든 상황에서, 개별화된 트레이닝 구조를 유지해야 했고 각각의 훈련을 수행하기 위한 최상의 노력과 집중력을 가지고 수행해야 했다.

균형을 비롯한 신체적 훈련의 다른 측면과의 싸움-단순한 '머리로 서기'의 동작에서 알맞은 균형을 찾는데 하루의 노력이 요구되었던-이 필요했던 한 사람으로서 나는 파트너와의 연결 작업이야말로 내가 무엇을 할 수 있고 또는 할 수 없는지에 대한 선입견을 뛰어 넘으며 무언가를 완성할 수 있는 '나 자신을 막지 않는' 가장 훌륭한 방법임을 발견했다. 나의 관심이 파트너와의 상호 작용으로 이동할 때, 자신을 넘어선 어려운 작업이라고 느끼는 나의 선입견이 사라지는 것을 발견했다. '당신은 넘어지지 않을 것입니다. 만약 당신을 인도하는 것이 당신의 진정한 자연 그대로의 본질이라면'(Grotowski 1979: 17). 종잡을 수 없는 내 마음을 따르는 대신 타인과의 연결은 나의 본질의 지시를 따르는데 있어 필수불가결한 것이었다.

진정한 행동과 반응이 남아 있는 한 다른 종류의 파트너(동물, 자연의 힘)와의 대화에서도 유사한 과정이 발생할 수 있다. 적어도 내 경험에 비추어보면, 기억 또는 상상의 자극과 상호 작용을 할 때 두서없는 목소리를 따라 하게 되는 경향이 점점 강해지는 것을 관찰했다-여기에는 마치 가상 시나리오를 쓰는 작가의 정교함이나 영화에서의 작업과 같이 재생하면서 이미지와 기억들을 조작하려는 의식적 의도가 있을 수 있다. 기억과 이미지를 통해 작업하는 목적은 이러한 방식으로 그들을 밖으로-내부 투사의 형식으로써-표출하는 것이 아니라, 오히려 다음에 어떠한 것이 나올지에 대한 처방이나 예상을 할 수 없는 상태에 도달하기 위함이었다.

그림 12.4 연극 실험실(Teatr Laboratorium 13 Rzędów, Opole)(1964) 렌느나 메레츠카(Rena Mirecka) (Source: Photo, Zygmunt Samosiuk, Courtesy of the Archive of the Grotowski Institute)

조형훈련Plastiques

연극 실험실의 트레이닝을 결정짓는 구조에서 즉흥성의 강조는 플라스티끄Plastiques라는 훈련에서 전형적으로 보인다. 플라스티끄는 여타의 신체 훈련보다는 육체적으로 덜 힘들며, 척추에서부터 나오는 움직임과 신체 주변을 향해 바깥쪽으로 뻗어가는 움직임의 정확성과 세부 움직임에 초점을 맞추고 있다. 달크로즈Dalcroze, 델사르트Delsarte와 유럽의 다른 배우 트레이닝 시스템들의 영향을 받아 시퀀스는 정밀한 주의를 요하는 상대적으로 정리된 움직임으로 구성되어 있다. 예를 들면 척추에서 시작되어 갑작스런 몸통의 움직임으로 드러나기 또는 손목과 손을 회전하는 특정한 방법 등이 있다.

일단 조형造型의 세부 사항이 완성되면, 배우는 시퀀스와 관련된 즉흥, 즉 연기 파트너 또는 다른 외부 자극에 대한 반응등과 같은 자발적인 접촉 또는 대화하기가 장려되었다. 그로토프스키는 이러한 작업의 과정은 배우가 정확한 디테일을 정하고 암기한 뒤, 이러한 디테일들을 변형시킬 방법을 찾는 것을 요구한다고 설명했다—좀 더 살아 있을 수 있도록, 그리하여 이들이 기계적이고 계산적이 아닌 자발적이고 유기有機적일 수 있도록—이는 정리된 프레임 안에서 개인 충동의 재발견을 통해서 이루어질 수 있다. 이를 위해서 배우는 다른 시퀀스 안에서 여러 요소들을 결합할 수 있어야 했다. 이것은 미리 계획된 방법이 아닝, 그들이 가진 '몸'이 지시하는 흐름을 통해 순서와 리듬이 바뀔 수 있도록 하기 위함이다.

'기억은 몸의 나머지 부분으로부터 독립적이다. 사실 적어도 배우들에게는—이것은 다른 무엇이다. 몸은 기억을 가지고 있지 않다. 그 자체가 기억이다. 당신이 해야 할 것은 몸-기억body-memory의 차단을 해제하는 것이다'(Grotowski 1979: 13). 그는 만약 배우가 의식적으로 마치 마스터에 의해 움직이는 꼭두각시처럼 몸을 다루며 플라스티끄를 수행한다면 몸-기억의 발견이 불가능하다고 설명했다. 그러나 배우가 조형이 가진 리듬과 시퀀스를 의식적으로 조정하지 않으면서 정확한 세부사항들을 유지한다면, '마치 공기에서부터 이 자세한 항목들을 취한다면' 몸-기억을 일깨우는 것이 가능하다.

> 이것이 바로 몸의 기억body-memory과 몸의 삶body-life 자체를 드러내는 방식입니다. 세부사항은 존재하지만, 그들은 존재를 능가하며 몸의 삶의 충동 단계에 도달합니다. . . . 리듬과 순서는 순차적으로 변화되고 몸의 삶은 세부사항들을 '씹어 삼킵니다.' 이것은 저절로 일어나며, 여전히 외부의 정밀함 안에 존재하지만 마치 안으로부터, 생명의 충동으로부터 폭발하듯이 일어납니다. . . . 우리는 씨앗을 뿌렸고 세부 사항의 강둑 사이에서 이제 '우리 삶의 강'이 흐릅니다. 즉흥성과 훈련은 동시에 존재합니다. 이것은 명확합니다. (Grotowski 1979: 13-14)

자발성과 훈련의 개념은 사실 서로 모순되기보다는 그로토프스키의 작업의 중심 원리 안에서 서로를 보강해주고 있다. 이것은 그의 훈련 작업과 연관될 뿐만 아니라 공연에서 배우의 역할 안에서도 볼 수 있다. 그는 이 원리를conjunctio oppositorum, 즉 '정반대의 결합'으로 설명하며 배우의 성립된 구조의 숙달능력—공연을 위한 일련의 악보 또는 정리된 움직임의 시퀀스 등 세부 훈련 안에서 정해진 것들을 완성시키는 능력—은 역설적이게도 자유를 허락한다고 주장했다. 성립된 구조의 현존 없이는, 배우의 작업은 빠르게 혼란으로 치달을 수 있다고 경고하였다; 배우에게 훈련과 정확한 규율이 없다면 진정으로 창조적일 수 없다. 특히 조형 훈련의 외부 구조와 정확한 세부 훈련을 유지하는 능력은 배우들 사이에서 시험의 도구임과 동시에 계발의 도구가 된다. 일단 조형 훈련의 개별 요소들이 충분히 숙달되고 나면—배우에게 거의 무의식적으로까지 충분히 흡수된 후에야—배우들은 정해진 세부 훈련의 틀 안에서 나타날 수 있는 삶의 흐름을 위해 그들 밖의 무엇과의 접촉을 하기 위한 주의를 돌리기 시작한다.

유사한 활동이 공연하는 배우의 작업에서도 적용된다. 바실리 토포코프Vasily Toporkov

는 스타니슬랍스키의 후기 작업에서 발견된 '비밀'은 바로 '각각의 논리와 시퀀스를 통한 신체 행동physical action의 정확한 수행을 통해서 가장 복잡한 감정과 정서적 경험들의 깊은 곳을 꿰뚫을 수 있다'는 것이라고 기록했다(Toporkov 1979: 87). 그로토프스키는 동선blocking 또는 동작gesture이 아닌 신체적 행동의 레벨에서 정확한 악보의 계발을 강조했다. 그는 '움직임movement과 신체적 행동physical action은 서로 혼동하기 쉽다'고 설명한다.

> 내가 만약 문을 향해 걸어가면, 이것은 행동이 아닌 움직임입니다. 그러나 내가 '당신의 바보 같은 질문'에 논쟁하기 위해 이 학회를 해산하겠다는 위협을 하기 위해 문 쪽으로 걸어간다면, 이것은 그저 움직임이 아닌 행동의 한 순환이 될 것입니다. 이 작은 행동의 주기는 당신의 반응을 인식하는 나의 방식, 즉 당신과의 접촉과 관련이 될 것입니다. 예를 들면 내가 문으로 걸어갈 때 나의 일부는 당신을 향해 '견제하는 눈'(또는 귀를 열고)을 유지하며 나의 위협이 작용하는지 살필 것입니다. 즉 이것은 움직임이 아니라, 걷기에 관련된 좀 더 복잡한 그 무엇이 될 것입니다. 많은 연출가와 배우가 행하는 실수는 움직임의 상황에서 단순히 나타나는 작은 행동들의 모든 순환(행동들, 반응들, 접촉의 시점들) 대신 움직임만을 결정하려 한다는 것입니다. (quoted in Richards 1995: 76, 필자에 의한 강조)

신체적 행동은 걷기 같은 단순한 사실로만 이뤄지지 않는다. 이것은 단순한 활동이지만 왜/누구를 향해 걷는지에 대한 배우의 의식 안에 있다; 움직임 자체는 그저 명분이나 수단일 뿐이다. 공연에서 역할을 구축하는데 있어서 배우는 움직임의 시퀀스(즉 동선)만으로 짜는 것이 아니라 파트너와의 접촉과 관련되어 구성되어야 한다. 이 악보는 충분히 기억될 수 있도록 정확하게 만들어야 하며 또한 흡수되어야 한다; 한번 정하면 이것은 (연출가의 중재를 통한 의식적인 선택 외에는) 버려지거나 변경되어서는 안 된다. 하지만 이러한 구조 안에서 배우는 파트너와의 접촉에서 일어나는 삶의 흐름의 변화를 발견해야만 한다. 그로토프스키는 종종 배우의 악보를 삶의 흐름을 담고 안내하는 강둑에 비유하곤 했다: 살아 있는 충동들의 순환이라고 말이다.

결론Conclusion

좀 더 구체적으로, 그로토프스키와 그의 동료들에 의해 계발된 트레이닝에서 필요로 하는 것은 배우가 자신의 신체능력의 강화(힘, 유연성, 민첩성 및 제스처의 명확성)뿐만 아니라 그/그녀 전숲존재로 하여금 트레이닝으로의 참여를 불러일으키는 연상과 상상의 능력이 중요하게 요구된다. 그로토프스키의 지휘 아래 발전된 심리신체 작업의 형태에서는 모든 의미에서 배우에게 오직 몸의 훈련뿐 아니라 접촉을 위한 반응과 수용 능력의 훈련이 허용된다. 몸 안에서 일어나는 미묘한 충동을 투과시키는 수용 능력－이러한 충동을 막힘없이 표현하는 능력－그리고 연기 파트너와의 유기적 접촉, 즉 살아 있음을 유지하는 감각 등이 그로토프스키가 바라보는 배우의 기술에서 중심부를 차지한다.

후기 작업을 기록한 노트에서 '공연자는 유기체 덩어리, 즉 스포츠적인 근육의 조직체를 계발하는 것이 아닌 섬세함까지 도달할 수 있는 에너지의 변형과 순환을 위한 유기체적 채널을 계발시켜야 한다'고 그는 쓰고 있다(in Schechner and Wolford 1997: 376). 좀 더 실용적인 견지에서, 그는 종종 연기는 반응reacting하는 것이며 가장 기초적인 행동은 보기와 듣기라고 말했다. '보여주는' 것이 아닌－적극적으로 정직하게 충분히－정말로 듣기를 말한다. 이러한 성명statement은 특별히 혁신적이거나 유일하지 않다. 이것은 스타니슬랍스키나 박탄코프의 가르침을 아는 사람들에게는 누구나 친숙하며, 이러한 성명이 이를 덜 중요하거나 덜 진실하게 만들지도 않는다. 이는 가장 기초적인 원리이며, 다른 어떠한 미학이나 연극 스타일에서도 그 효험을 한정할 수 없다. 만약 내가 캘리포니아에서 공부한 그로토프스키의 학생으로서 또는 그의 이탈리아에 있는 워크센터 연구팀의 참관인으로서 배운 가장 근본적인 본질을 몇 단어로 함축하여 전달한다면 다음과 같은 말이 제일 먼저 떠오를 것이다: 배우가 자신 밖의 누군가 또는 무엇과 관련되어 살아 있을 수 있는 필수불가결한 필요성.

그는 좀 더 광범위한 관객에게 소용될 수 있도록 자신의 테크닉과 연기 기술의 접근법들을 단기간의 워크숍이나 간행물을 통해 널리 보급하기보다는 충분한 견습 기간과 교류의 형태를 통해 예술(또는 예술을 넘어선) 수업을 위해 선택된 개인과 좀 더 친숙한 방법으로 작업하기를 선호했다. 리처즈Richards는 그로토프스키가 '수단으로써의 예술' 작업에서 매우 중요한 협력자라고 설명한 인물이며 1985년부터 그가 세상을 떠난 1999년 1월 14일까지 함께 체계적으로 친밀하게 작업했던 인물이다. 마리오 비아지니Mario Biagini 역시 그로토프스키 후반 작업에서 중요한 인물로 떠오르고 있으며, 1986년 폰테드라 워크센터 Pontedera Workcenter 설립 초기부터 오랜 기간 동안 함께 작업했던 인물이다. 그로토프스키의 일생을 통한 연구는 모두 그들의 후원 아래 발전되고 있다. 비록 리처즈와 비아지니의 연구는 쉽사리 '연극'의 범주 안에 한정되지 않더라도, 적어도 그 용어는 현대의 서양 어법에서 이해되고 있다. 나는 그들이 계속하는 작업이 지금의 공연 전문가들과 연극 예술가들에게 가치 있는 통찰력을 줄 것이라고 믿는다. 그 영향력의 원천이 관습적인 연극 양식의 우세에 가려 거의 보이지 않은 채 남아 있더라도 말이다.

그로토프스키는 종종 주역의 6선 성형(六線 星形: 특히 정삼각형 두 개를 거꾸로 겹쳐 놓은 형태: 역주) '우물'에 빗대어 워크센터에서의 은둔 작업과 상대적으로 널리 알려졌던 '재현의 예술Art of presentation'이라고 부른 그의 작업과의 관계를 설명했다. '우물은 잘 파면 깨끗한 물이 고인다. 그러나 누군가 이 우물에서 물을 긷지 않으면 물고기가 그곳에서 살게 될 것이고 물은 썩고 말 것이다'(in Richards 1995: 134). 그로토프스키는 그 세대에서 쉽게 볼 수 없는 탁월한 지혜와 업적을 가진 예술가이자 스승이었다. 하지만 그가 말한 우물 속 살아 있는 물은 그의 탄생 이전 수많은 세대를 거쳐 그의 죽음을 넘어서까지 계속해서 생존할 것이다.

| 노트

1 그로토프스키의 에세이와 더불어, 다음의 책은 그와 스타니슬랍스키의 실습의 연관성에 대한 자세한 설명을 제공한다. 'Reply to Stanislavski', Thomas Richards' 1995 book, *At Work with Grotowski on Physical Actions.*

2 그로토프스키의 다양한 작업 단계(가난한 연극, 파라연극, 원천의 연극, 객관 연극과 수단으로써의 예술)에 관한 종합적인 분석은 다음의 책을 참조하라. Schechner and Wolford 1997.

3 그로토프스키의 실습의 최종 단계는 배우의 기술에 관한 새로운 강조라고 특징지을 수 있는데, 이 연구의 결과들은 어떠한 의미에서도 연극 실습의 전통적 형태들을 연구한 전문가들에게 그 의미가 퇴색하지 않는다. 그로토프스키의 탐구의 궁극적 단계에 대한 자세한 설명은 다음의 책을 참고하라. Schechner and Wolford 1997: 365.453.

4 수단으로써의 예술(Art as vehicle) 작업에서 발성에 관한 자세한 쟁점들에 관한 논의는 다음 책 전장(全長)을 참조하라. *The Edge-Point of Performance* (Richards 1997).

5 연극 실험실 프로덕션의 무대는 장식용 혹은 분위기 창출을 위한 기능 보다는 공연 이벤트와 관람자간의 특정한 관계를 제시하는 방향으로 사용되었다; 그로토프스키의 잘 알려진 공연들은 배우와 관객간의 다른 종류의 공간 관계를 창조하며 관객에게 각 공연을 접근하는 시각이나 관점을 제시하면서 은유적으로, 관찰자에게 '배역'을 맡긴다. 말로(Marlowe)의 <포스터스 박사>(*Doctor Faustus*)를 보러 온 관객은 예를 들어, 공연의 주요 액션이 벌어지는 장소의 테이블 양 옆에 은유적으로 배치되었다. <불굴의 왕자>(*The Constant Prince*)를 위한 무대 디자인은 마치 외과 수술의 참관자를 암시하듯 관객으로 하여금 높은 곳에서 아래를 내려다보도록 위치시켰다. 좀 더 자세한 설명은 <가난한 연극>(*Towards a Poor Theatre*)을 참고하라.

6 그로토프스키의 초기 작업을 소비에트 사실주의와 자연주의적 공연 스타일이 지배적이었던 연극 시스템의 문맥 안에서 역사적으로 살펴보는 것이 유용할 것이다. 스타니슬랍스키가 배우 훈련에 관한 그의 접근법을 계발시킬 즈음, 배우의 몸이 무대 위에 '일상의 삶'을 설득력 있게 재현할 수 있다는 생각 자체가 다소 혁명적이었다.

7 리처즈의 저서(1995)에 부록으로 수록된 에세이에서, 그로토프스키는 실험 극단의 작품을 통틀어 리자드 시슬렉(Ryszard Cieslak)이 연기한 <불굴의 왕자>(*The Constant Prince*)야말로 '총체적 연기'의 정수라고 인정한다 (Richards 1995: 122-24). 그의 연기에 대해서는 다음의 책을 참고하라. Schechner and Wolford 1997: 116-68 *passim.*

8 오슬랜더의 에세이 "'성스러운 연극"과 카타르시스 "Holy Theatre" and Catharsis' (reprinted in a collected volume *From Acting to Performance* 1997)는 그로토프스키의 '가난한 연극' 시기와 그의 후기 연극 작업에서 배우와 관객 사이의 카타르시스를 이루는 다이내믹한 접근에 대한 통찰을 제공한다.

9 <가난한 연극>(*Towards a Poor Theatre*)에 소개된 고양이 자세(Grotowski 1975: 103)는 신체 훈련의 전형을 보여주고 있으며, 실험 극단의 배우들에 의해 계발된 훈련 중에서 가장 널리 알려지고 자주 모방되는 훈련이다.

10 이 프로그램에 참여할 당시, 훈련 구조는 6개의 개인 훈련과 전체가 합동으로 수행하는(신체 훈련과 함께 달리기와 걷기 훈련들) 몇 가지의 활동들로 구성되어 있었다; 프로그램 초기 단계들에서 훈련구조는 다양했다.

| 참고문헌

Auslander, Philip (1997) *From Acting to Performance*, London and New York: Routledge.

Barba, Eugenio (1995) *The Paper Canoe*, London and New York: Routledge.

Grotowski, Jerzy (1975) *Towards a Poor Theatre*, London: Methuen. First published Denmark, 1968 by Odin Teatrets Forlag.

___ (1979) 'Exercises', originally published in *Dialog* (unpublished translation from French and Italian by James Slowiak).

___ (1980) 'Risposta a Stanislavskij', trans. Carla Pollastrelli, in Fabrizio Cruciani and Celia Falletti (eds), *Stanislavskij: L'attore creativo*, Florence: La casa Usher.

Kumiega, Jennifer (1985) *The Theatre of Grotowski*, London: Methuen.

Richards, Thomas (1995) *At Works with Grotowski on Physical Action*, New York and London: Routledge.

___ (1997) *The Edge-Point of Performance*, Pontedera, Italy: Documentation Series of the Workcenter of Jerzy Grotowski.

Schechner, Richard and Wolford, Lisa (1997) *The Grotowski Sourcebook*, New York and London: Routledge.

Toporkov, Vasily (1979) *Stanislavski in Rehearsal: The Final Years*, trans. Christine Edwards, New York: Theatre Arts Books.

Chapter 13

자크 르콕, 모니카 빠뉴, 필립 골리에:
놀이, 가벼움 그리고 반항을 위한 훈련
JACQUES LECOQ, MONIKA PAGNEUX, PHILIPPE GAULIER:
TRAINING FOR PLAY, LIGHTNESS AND DISOBEDIENCE

● ● ● **사이먼 머레이**Simon Murray

나는 놀이를 예술의 한 형태로 본다.
―허버트 리드(Sir Herbert Read): 시인, 군인이자 예술 평론가이며 무정부주의자, 1893-1968

배경The Context

메소드 연기Method acting의 틀거리 안에서 스트라스버그Strasberg, 애

들러Adler 그리고 마이즈너Meisner에 관한 데이비드 크래스너David Krasner의 글을 제외하고,
이 에세이는 책에서 3명의 현대 연극 교육자를 한꺼번에 다루는 유일한 장이다. 동시에 이
글은 필자를 포함한 독자에게 동기, 타당한 이유 및 방법론에 대한 의문을 끄집어낼 것이다.

이 3명은 연극 역사의 문맥에서 각자 자신의 견해를 정당화하고 있으며, 2000년 이후
10년 동안, 이유 없는 오랜 침묵 끝에 르콕Lecoq이 직접 집필하거나 또는 그에 관한 다른
이들의 글들이 출판되기 시작했다. 빠뉴Pagneux와 골리에Gaulier의 교육을 다룬 글들은 많
이 보이지 않다가, 특이하게도 2006년부터 3년의 기간 동안 출판물이 봇물처럼 터지기 시

작했으며 아래에는 그에 관한 내용을 확인하고 있다.

　스타라스버그, 애들러와 마이즈너와는 달리, 이 세 명은 각각 그들의 가르침을 '메소드'로 표현되는 것을 맹렬히 거부할 것이며, 모두 그들의 작업을 공동의 '시스템' 또는 '테크닉'이라고 묶는 것에 경악할 것이 틀림없다. 역설적이게도 르콕, 골리에 그리고 빠뉴를 통합하는 원칙 중의 하나는 '메소드'에 대한 거부라고 할 수 있다. 아마도 어떤 이들은 이들 교육이 가진 생생함, 다시 말해 목적들과 전술들, 영향들 및 역동성에 대한 강조들을 끄집어내고 이를 교류하는데 있어 학술적 글쓰기가 가진 능력에 대해 회의적일 것이다. 그럼에도 불구하고 그의 책－『움직이는 몸The Moving Body』(2000), 『움직임과 몸짓의 연극Theatre of Movement and Gesture』(2006)－에서 르콕은 시적이고 사색적으로 그의 가르침에 대해 기술했다. 그는 또한 (사이먼 맥버니Simon McBurney와 함께) 자신의 전체 프로젝트의 중심인 움직임 연구를 위한 실험실(LEM)[1]에 깔려 있는 핵심에 관한 책을 사망 시점인 1999년에 준비하고 있었다. 골리에 역시 희극집bouffon plays(2008a)과 그의 가르침과 연극 철학에 관한 소크라테스식 탐구를 알맞게 제목으로 표현한 『괴롭히는 자The Tormentor』(2007), '글쓰기, 상상과 연극handwriting, the imaginary and the theatre'(Editions Filmiko website)에 관한 우아한 출판물인 『문자 혹은 아닌Letter or No Letter』(2008b), 그리고 소설 『좌 또는 우Left or Right』(2008c)를 포함한 몇 권의 책을 출간했다. 골리에는 말하기를 『문자 혹은 아닌』은 '나의 예술적 증거이다. 나는 상상과 연극이라는 주제에 대해 이토록 엄밀해본 적이 없다'(Editions Filmiko website)고 단언했다. 셋 중에 오직 빠뉴의 경우만 연극 작업에 관한 출판물이 존재하지 않으며 어떠한 방식으로든 이것을 기록하는 것을 허락하지 않았다. 아나벨 아든Annabel Arden[2]은 다음과 같이 기록한다:

　모니카는 글이나 사진, 그녀의 작업이 어느 방식으로든 기록되는 것을 원하지 않았다. 그녀의 작업은 제자들의 작업에, 그리고 어떻게 이들이 이를 발전시키고 각자의 작업으로 전달되는지에 이미 존재하고 있다고 주장했다. (Arden 2008)

그러나 결국에는 출판물을 수집하는 네덜란드 연극 아티스트인 로 헤거Loes Hegger에 의해 변화를 맞이하게 된다. 빠뉴는 그와 함께 자신의 작업 사진 이미지의 출판을 준비했다. 르콕에 관한 글쓰기를 하면서 하나의 틀 안에서 빠뉴와 골리에를 함께 이야기하는 것은 축하할 일이자 기쁨의 작업이다. 훌륭한 레드 와인 한잔, 아니, 세 잔을 즐기면서 그들 사이의 대화를 상상해보는 장난기 많은 실험이다: 침묵의 대화, 회상들, 웃음, 산발적 비애, 가벼움, (가짜의?) 분개, 의견 충돌, 수다 그리고 깊은 절박함의 순간. 향수를 향한 유혹과 찌푸림에

얼룩진 감상벽, 언제나 새로운 발견의 시험과 공유를 위한 모던한 위트와 해결, 미래를 생각하고 '새로운 시각과 (또 다른) 일탈의 각도'(Gaulier, 2007: 165)를 상상해보는 실험 말이다.

20세기 중 30년이 넘는 기간 동안 다양한 현상들에서 그들의 '유사성'이 드러나는 것을 볼 때 이 세 명을 묶는 것은 당연한 일이다. 골리에와 빠뉴는 모두 르콕의 제자였으며 1980년 각자의 기관을 설립하기 위해 떠나기 전까지 르콕 학교의 교사였다. 그리고 컴플리시티 Complicite(최근의 극단 콤플리시떼Theatre de Complicité까지)[3]의 다수 멤버와 주류, 시각/신체 연극 '프린지'의 모든 분야에서 수많은 공연자, 예술가들을 비롯한 연극 창작자들이 1970년대 이후 이 세 명의 선생들과 훈련을 했으며 이들 세 명의 가르침이 집중, 강조, 전후 맥락 그리고 교육학적 접근에 있어 서로 상이함에도 불구하고, 동시에 상호 보완적이며 서로를 향상시킨다는 점을 경험해왔다.

이러한 점에서, 나는 또렷한 신체성과 주위를 기울이는 공연자를 준비하기 위한 그들의 집착, 열망, 전략들에서 나타나는 서로 간의 연관성과 우연적 대화들을 간략히 제시해보고자 한다. 이러한 공통된 특징들을 현대의 배우 훈련과 연극 창작을 위한 특정한 패러다임-'메소드'와는 혼동되어서는 안 될-으로 활용하는 것은 매우 흥미로운 일이 아닐 수 없다. 이것은 스타니슬랍스키식과 메소드 스쿨의 접근법과는 반대 입장에서 자연주의와 사실주의의 관습을 두드러지게 넘어선-혹은 이외의-연극 만들기의 노고를 포용하는 패러다임이 될 것이다. 각각의 교육이 가진 풍부한 복잡성을 수평으로 펼쳐 보이려는 위험에도 불구하고, 이 에세이에서는 르콕, 골리에 그리고 빠뉴가 서구의 배우 훈련의 주류를 이루는 무거운 전통으로부터 상당히 벗어나 현대 연극을 창작하거나 상상하기 위한 준비 방법을 제시했음을 시사한다.

컴플리시티의 공동 창립자이자 공연자/연출가인 아나벨 아든Annabel Arden은 연극 '작업'에 대한 그들의 공통된 몰두로부터 르콕, 골리에 그리고 빠뉴를 다소 다르게 분류할 수 있다고 제안한다. 그녀는 이 개요의 대표적 성질은 인정하면서도, 르콕의 주된 관계는 곧 '우주universe'(연극의 우주 그리고 연극이 부분을 이루는 세계)에, 골리에는 공연자와 관객과의 역동성에, 그리고 빠뉴는 잠재적 예술가인 배우 개인의 특별함에 있다고 제안한다. 물론, 아든이 말하듯이, 이러한 일정한 한도는 투과성의 여지가 다분하며 분석적 틀을 구성하지는 않지만, 그럼에도 불구하고 연극 교사로서 이들의 특색과 성향을 그려나가기 위한 유익한 나침반이 된다.

'역사', '놀이가 가진 가벼움' 그리고 '교육학적 국제주의, 실습과 과정'으로 분류되는 세 개의 부문에서 나는 르콕과 빠뉴, 골리에의 교육에서 보이는 성향과, 몰두, 전략들을 추적

하면서도 이들의 핵심과 뉘앙스가 가진 차이의 구분을 시도할 것이다. '놀이가 가진 가벼움'에서 나는 이 세 명의 가르침에서 볼 수 있는 상징적이고 실제적인 몇 가지 훈련들로 예를 들고자 한다.

역사|Histories

자크 르콕Jacques Lecoq(1921-1999), 모니카 빠뉴Monika Pagneux(1927-) 그리고 필립 골리에 Philippe Gaulier(1943-)는 서로 22년 사이의 격차를 두고, 2차 대전의 대재앙이 있었던 20세기 중반, 전후 유럽의 풍경과 기억 속에 수반된 흉터와 각인된 자국을 가진 채 태어났다. 1939년에 르콕은 18세의 청년이었으며 빠뉴는 12세, 그리고 골리에는 1945년에 2살 무렵으로 전쟁 직후 태어난 아이였다. 골리에와 르콕은 유럽에서 자랐으며 빠뉴는 '보수적이고 별난 지방 상류층의 프로이센 지주계급출신의 가정'(Arden 2008)에서 태어나, 1945년 독일 적군이 가족 영지를 점령하자 어머니와 여동생과 함께 베를린으로 이주했다. 이러한 특별한 시간적 공간적 환경은 불가피하게 전후 유럽 연극의 재건을 위한 이 세 명의 가르침에 있어 특정한 성격을 형성하는 '시각에 관한 기질에 영향을 끼칠 수밖에 없었다. 국제주의는 어름어름 혹은 암암리에 그들의 가르침으로 옹호되었고 이를 전달하기 위한 구조는 감성적으로, 문화적이고 정치적으로 이 시기와 장소에 자리 잡고 있었다. 그러므로 골리에와 르콕이 사용한 은유에서-예를 들면 그가 행진하는 파시스트의 발을 연상시키는 배우의 '무거움'에 대해 비난할 때, 학생들에게 서술적인 자극을 주기 위해 여행들, 해산, 발근拔根, uprooting, 그리고 실향민들을 비유적으로 들 때에도 역시 그러하다. 중립 마스크 수업 중 르콕이 '이별을 고하기'에서 나타나는 몸짓의 역동성을 표현하기 위한 학생을 찾는 것은 단순한 감정이나 개인적 관계들이 아닌 전쟁, 억류, 실종 그리고 이민이 낳은 분리된 문화적 사회적 상태에 뿌리를 두고 있는 것이다.

　　1956년 파리에 자신의 학교를 세우기 전 자크 르콕의 전문인으로서의 삶은 자전적으로 자신의 책 『움직이는 몸The Moving Body』(2000)과 타 저자인 『머레이Murray』(2003), 『프로스트와 야로우Frost and Yarrow』(2007) 등의 책을 통해 기록되어 있다. 소년과 청년기의 르콕은 노동문화 협회Association Travail et Culture(TEC)에서 공연자로 참여하기 전까지, 스포츠 물리치료사가 되기 위해 훈련생과 선생으로서 활발하게 스포츠에 열중하고 있었다. TEC는 프랑스 레지스탕스 운동의 문화적 가교 역할을 하고 있었으며, 전쟁 직후에는 프랑스의 사회적, 문화적 그리고 정신적 재건을 도왔다. 르콕은 그가 참여한 공연에 대해 다음과 같이 기록했다.

전쟁 포로의 귀환을 축하하기 위해 샤르트르Chartres(프랑스 북부: 역주)에서 공연했으며
. . . 그르노블Grenoble(프랑스 동남부: 역주)에서는 두 개의 큰 축하 공연에 참여했다: 하나
는 도시의 해방과 다른 하나는 노동절 축제에서 마침내 해방된 자들의 업적을 기리기
위해서였다. (Lecoq 1987: 108)

1948년 르콕은 이탈리아를 여행했으며 이곳에서 이탈리아 연극의 떠오르는 신인들과 작업
할 기회를 맞이한다. 처음에는 파두아Padua에서 가면 제작자인 아므레토 사르토리Amleto
Sartori와 그의 아들 도나토Donato와 협력을 시작했는데 이는 이후 연구와 파리 스쿨에서의
가르침에 영속적인 영향을 끼쳤다. 1951년 르콕은 밀라노Milan의 피콜로 극장Piccolo Theatre
으로 옮겨 파울루 그라시Paulo Grassi, 지오르지오 스트렐레르Giorgio Strehler 그리고 다리오
포Dario Fo와 함께 작업했다. 피콜로 극장에서 그는 가면 공연자와 교사로서 그의 기술을
계발시켰으며 확고한 반-파시스트 이데올로기와 함께 노동자 계층의 관객들에게 다가가며
대중 극장 운동에 참여했다.

그림 13.1 파리에 있는 그의 국제 학교(International school)에서 학생들과 함께 있는
르콕(Lecoq) (Source: École Internationale de Théâtre Jacques Lecoq)

르콕은 1956년 파리로 돌아와 자신의 첫 번째 학교를 열었고 1976년까지 불만족스러운 교실들을 전전하였다. 그의 아내 페이Fay와 함께 그는 10구에 있는 생 드니 변두리 57번가 57 Rue du Faubourg Saint Denis에 있는 '르 센트럴Le Central'을 발견한다. 아름다웠지만 다 허물어져가는 복싱 체육관이었던 '르 센트럴'은 마르셀 카르네Marcel Carné의 영화 〈파리의 황혼Air de Paris〉(1954)의 영감이 되었으며 '1930년대 인민전선의 추억'(Bradby 2002a)이 담긴 장소이기도 했다. 1999년 사망할 때까지, 르콕은—사업 동반자이자 아내였던 페이와 그의 가르침을 받은 교사들과 함께—이곳을 오늘날까지 현존하는 세계적인 명성을 가진 학교로 변모시켰다.4 학생들과 선생들 중에는 또한, 모니카 빠뉴Monika Pagneux(1963-1979)와 필립 골리에Philippe Gaulier(1968-1979)가 있었다.

모니카 빠뉴의 작업 생애 역시 진한 공명을 가지고 있으나 그 둘레는 가족을 제외하고는 가까운 친구들과 작업 파트너들에게 한한다. 컴플리시티의 창립 멤버인 아나벨 아든이 그녀의 친구 중 한 명으로 몇몇 오페라에서 움직임 연출자로서 빠뉴와 함께 작업하였다. 아든은 어떻게 처음 빠뉴가 베를린 연극 학교Berlin theatre school의 디자인 학과에서 의상제작자이자 디자이너로서 연수를 받게 되었는지 증언한다. 의상제작은 그녀의 어머니가 말하듯이 '손으로 할 수 있는 무언가'였으므로 유용했지만(Arden 2008), 그녀의 열정은 연극과 춤에 있었고 학교의 교사였던 마가렛 디에츠Margaret Dietz를 통해, 그녀는 마리 비그만 댄스 컴퍼니Mary Wigman's dance company의 일원이 되었다. 관례상, 빠뉴의 작업을 이루는 주된 영향들은 르콕과 이스라엘 출신의 움직임 전문가이자 이론가인 펠던크라이스Moshe Feldenkrais(비록 그녀가 펠던크라이스를 1975년 이후에 처음으로 접했다고 할지라도)라고 할 수 있다. 아든은 그러나, 빠뉴의 작업이 '특히 앙상블과 함께하는 그녀의 구성 작업은 펠던크라이스보다는 비그만의 영향이 크다. . . . 사실 유럽 내륙지역 전체를 아우르는 움직임 전통은 그녀가 파리에 오기 이미 오래전에 그녀 안에 흡수되어 있었다'(ibid.)고 기록한다.

베를린에서부터, 빠뉴는 비그만의 극단에서 춤을 추었고 스위스 라퍼스빌Rapperswil에서 크니 서커스단Cirque Knie(스위스 국립서커스단)과 작업하며 한 시즌을 보낸 후 1950년대 초 파리로 건너오게 된다. 르콕과의 친분은 1963년 학교의 초창기 시절로 거슬러 올라가며, 그녀는 1979년까지 이곳에 머무른다. 1970년대에 그녀는 부프 드 노르 극장Bouffes du Nord의 피터 브룩Peter Brook이 이끈 국제연극연구소International Centre for Theatre Research(CIRT)의 다수의 작품에서 움직임 연출을 맡았다. 1980년 그녀와 필립 골리에는 르콕을 떠나 알프레드 드 비니rue Alfred de Vigny 거리에 있는 샹젤리제 뒤편 17구의 지하 스튜디오에 자신들의 연극 교육 학교École de Formation Théâtrale를 설립했다. 이곳에서 1987년까지 골리에와 빠뉴는 때에 따라 4-5주의 통합 프로그램으로 이루어진 수업을 오전과 오후에 가르쳤다. 1988년 이후부터 빠뉴는 전 세계적인 워크숍을 이끌었으며 컴플리시테에서 다양한 작품을 위해 움직임 연출자로서 협력하였다. 간단한 약력만으로도 그녀의 가르침을 비롯해 극단과 예술가들과의 공동 작업을 이끌어온 50여년 경험의 풍부함을 엿볼 수 있다.

필립 골리에는 1943년 점령된 파리에서 '자정이 되기 5분 전'에 태어났으며 (www.ecolephilippegaulier.com), 25살 때부터 자크 르콕 학교에서 2년 동안 수학하였다. 르콕의 학교는 아직 르 센트럴Le Central로 옮기기 전이었으며 캥티니rue de la Quintinie 거리에

그림 13.2 일본에서 학생들의 작업을 관찰하는 골리에(Gaulier)
(Source: Private collection of Philippe Gaulier)

있는 항공 기구를 제조하던 산업 건물에 위치하고 있었다. 파리는 급진적으로 국제 학생들의 반란과 노동자들의 약속된 폭동의 상징적인 심장부가 되었다가, 일순간에 자본주의 제도의 전복을 위한 중심부로 탈바꿈했다. 사태는 소르본과 낭테르 대학들보다 르콕의 학교에서 더 크게 번져갔다. 르콕과 골리에 역시 학생들의 열망에 대해 상당한 동조를 하고 있었으며, 그들의 더 큰 자치권을 위해 이후 학교의 커리큘럼을 특색 짓는 요소 중의 하나인 주간 독자 과정autocours을 도입하게 된다. '스스로 가르쳐야' 한다는 학생들의 요구에 따라, 르콕은 일주일에 한 번씩 자신들의 지도 교수들을 평론하는 학생들로 이루어진 작은 그룹을 만들었다. 여기에서 기술들, 재치 그리고 즉흥이나 앙상블 작업을 위한 도전들이 커리큘럼의 구성요소로써 발전하였고 연습되었다. 선생이나 동료 혹은 친구로서 골리에를 만나본 사람이라면, 무정부주의적인 영혼과 함께 1968년의 기질이 계속해서 그의 작업에 깊이 묻어나는 것을 알 수 있을 것이다.

학생으로서 르콕과의 인연이 끝날 즈음 골리에는 광대, 연출자, 작가로서 작업을 계속하는 반면, 학교에서 교육 팀의 멤버가 되었다. 1970년에 그는 피에르 바이랜드Pierre Byland과 함께 바이랜드-골리에 극단Compagnie Byland-Gaulier을 형성하여 광대 콤비 극의 아이콘인 〈접시들Les Assiettes〉을 집필했다. 1970년대 초반에서 중반까지 골리에와 바이랜드는 300회가 넘게 〈접시들〉을 공연했으며 이 동안 '적어도 60,000개의 접시'를 깨뜨렸다. 앞에서 보았듯이 1980년 이후 빠뉴와 골리에는 자신들의 학교를 열어 7년 동안 극, 광대, 소극, 멜로드라마, 중립/캐릭터 마스크, 비극, 연출과 교육학에 관한 짧은 워크숍들을 진행했다. 1987년 골리에와 빠뉴는 그들의 과정을 통합하는 것을 중단했지만, 골리에는 알프레드 드 비니 거리에 있는 지하 스튜디오에서 워크숍 프로그램을 계속했다. 1991년에는 잉글랜드 예술 위원회Arts Council of England의 초청을 받아 영국 해협을 건너 11년 동안 북부 런던 세 곳에 그의 학교를 배치해 운영하였다. 2002년, 골리에는 파리로 돌아와 자신이 태어난 도시에 학교를 다시 열었으며 현재 그의 스튜디오는 파리 교외에 있는 소Sceaux에 있다. 다소 구슬프게도, 골리에는 그의 웹사이트에서 '런던에서, 학교는 행복했다. 나도 마찬가지였다.'라고 진술하고 있다. 그는 영어를 즐기며 재미의 원천이 되는 기이함과 가르침의 재료가 되는 참고문헌들, 개인적인 일화들을 풍부하게 발견했다.

1980년대 이후 골리에의 작업은 그의 학교를 포함한 세계적인 워크숍과 집필(시와 극), 연출과 사진에 관한 정력적인 교육 프로그램과 함께 혼합되어 발전해왔다.[5]

그림 13.3 빠뉴(Pagneux), 스페인에서 워크숍 (Source: Personal collection of Annabel Arden)

놀이가 가진 가벼움The Lightness of Play

놀이는 어린이의 발달을 이루는 최상의 단계이다. (Friedrich Froebel, cited in Sutton-Smith 1997: 131)

깨물기는 단지 깨물기 놀이일 뿐
그리고 부줌은
나비에 불과하다 (after Lewis Carroll)

. . .

(놀이)는 가장 신비스러운 변화들을 가져올 수 있다 (Sutton-Smith 1997: 1 and 139)

놀이는 아마도 르콕, 빠뉴 그리고 골리에와 그 외의 교사들의 가르침에서 사용되는 어휘 중 가장 중요한 '조건'일 것이다. 단순하게 이것은 우리 모두가 분명히 이해할 수 있는 명사이자 동사이다. '가서 놀아라'라는 말을 들었을 때 허락되는 순서를 우리는 알고 있다. 우리는 본능적으로 '놀이'에 초대되었을 때 이 활동에서 허락되고 금지되는 행위의 종류에 대해 알고 있다고 생각한다. 놀이는 즉각적이며, 모순으로 가득 차 있는 여러 개의 층과 창조적 긴장들을 가지고 있다.

이 세 명은 각각, 모두 이러한 복합성을 표현하는 단어를 활용하고 있다. 다음에서는 놀이를 이용해 그들의 가르침 중 가장 상징적인 전략들과 특색들을 살펴보고자 한다. 첫 번째로 그들이 각자 놀이에 대한 이해를 어떻게 정의하고 있는지 살펴보고, 두 번째로는 특히 가벼움에 대한 탐구에 초점을 맞추어 그들 사이의 공통된 어조와 성향에 대해 검토해보고자 한다.

극의 발동기|The motors of play*

두 명의 인물이 지나간다, 둘의 눈이 마주치고 멈춰 선다. 그리고 침묵의 극적인 상황이 이 만남에서부터 발생한다. 그때 세 번째 사람이 도착하고 이 둘을 관찰한다. 그 다음엔 이 셋을 관찰히는 네 번째 인물이 나타난다. (Lecoq 2000: 33)

책 『움직이는 몸The Moving Body』(2000)에서 자크 르콕은 다수의 서로 다른 방식에서 놀이play와 재현reply을 사용한다. 몇몇의 문맥에서 '놀기'는 '연기하기' 또는 '공연하기'와 동의어이지만, 그는 또한 놀이를 행동과 내적행동을 통해 표현되고 찾을 수 있는 특징으로써 사용한다. 파리 학교의 초창기 2년 과정의 학생들은 침묵으로 이루어진 재현reply의 즉흥 훈련을 배우게 된다:

재현reply은 가장 단순한 방법으로 살아 있는 경험을 소생시키는 방법이다. 전이(轉移, transposition)와 과장을 피하면서, 현실과 학생 자신의 심리에 가장 정직한 채로 관찰자에 대해 생각하지 않으며, 학생들은 하나의 단순한 상황을 불러낸다: 교실, 시장, 병원, 지하철. 놀이(연기)는 자연스레 뒤따라온다. (ibid.: 29)

이러한 문맥에서, 재현은 관객이나 공간 상황, 연기 기술 또는 연극적 장르에 영향을 받지 않은 행위의 증류물이다. 여기서 르콕은 솔직한 행동들과 시나리오에 수반된 움직임의 역동성과 리듬에 주의를 기울이는 학생들에 흥미를 느끼고 있다. 이후 중립 마스크를 통해, 학생들은 주위의 공간과 대상들에 자신을 열고 배우와 연극 창작자가 되기 위한 여행의 첫 발을 떼게 된다. 재현은 침묵 속에서 연기하게 되지만 마임mime의 따분한 개념과는 관련이 없으며, 행동이 언어를 예시한다는 르콕의 중심 과제와 중요한 연관이 있다. 그는 '무언극의 도입은 학생들로 하여금 말은 침묵에서부터 태어난다는 연극의 기본 법칙을 발견하게 한다'고 말한다(Ibid.: 35).

몸짓은 지식에 선행先行한다
몸짓은 생각에 선행한다
몸짓은 언어에 선행한다 (Felner 1985: 150)

놀이와 재현의 이러한 사용을 넘어서, 르콕은 극을 위한 좀 더 미묘하고 복잡한 표현과 결부시키는데 이것은−앞으로 우리가 보게 될−골리에와 빠뉴의 가르침에도 드러나게 된다. 여기서, 틀림없이, 우리는 르콕의 전체 프로젝트의 기본이 되는 공연자의 행동과 상호작용의 '구동 모터' 또는 성향, 즉 근본적인 역동성을 위한 무언가에 다다르게 된다. 교육학에 대한 르콕의 다양한 집필을 살펴볼 때 놀이는 창작의 추진 요인driver이 됨이 명백해진다. 놀기 위한 성향이나 능력 없는 배우/공연자가 단순한 해설자이기보다 창작자가 되는 것이 불가능하다. 창조적인 것과 반대의 의미로 분석적인 배우에 관한 분류는 엄격하거나 융통성이 없다는 뜻이 아니다. 르콕은 이것이 신체적이거나 말해지거나 혹은 음악적이거나 심상적imagistic이거나에 상관없이 대상의 (공동)저자-제작자가 되는 공연 모델을 제안한다. 르콕에게 있어 창조적 공연자는 일반적으로 비극, 멜로드라마, 광대 또는 희극 등에서 특별하게 요구되는 체화된 이해를 바탕으로 어떠한 조건에서도 놀 수 있는 성향/기질을 습득하는 것이다. 컴플리시티Complicite와 같은 극단에서 극에 포괄적으로 접근할 수 있는 배우, 극의 언어와 어휘를 습득하고 르콕이 개방성disponibilité[6]이라고 부른 너그러움과 열려 있음, 창작의 영혼을 가지고 연습할 배우에게 의지하는 것도 이 때문이다.

『움직이는 몸The Moving Body』에서 볼 수 있듯이 2학년 과정에서 르콕은 다른 종류의 극 형식에서 놀이의 발동기motor들을 조사하며 종종 '연극의 보편적인 법칙'에 대해 이야기한다. 그가 의미하는 '보편적인 법칙'에 관해 철저히 검토할 공간이 없으므로 그 대신, 그는 텍스트나 문맥에 상관없이 이용해야 하는 이른바 비극 공연에 반드시 필수적인 몇 가지 명제를 예로 든다. 그리고 그에게 이러한 명제들은 추상적이거나 학구적인 규칙들이 아니다. 이것은 역동성, 리듬 그리고 질문의 형식 안에서 깊이 체화된 움직임의 법칙들과 관련이 있다.

우리는 극을 움직이는 발동기를 발견하고자 노력한다. . . . 그리하여 창조적 작업에 영감을 줄 수 있도록 . . . 배우가 충분히 놀 때 나타나는 연극의 출현을 촉진시킬 수

있도록. 이는 움직임의 연극이며, 그 중에서도 상상의 연극이다. (Lecoq 2000: 98)

즉 비극 공연에는 통제할 수 없는 운명의 밀고 당기기에 대한 배우의 고유 감각적 kinaesthetic 이해의 계발이 필요하다. 여기서 비극의 영웅과 관련된 코러스들의 리드미컬한 역동성은 이러한 극적인 영역 안에서 작업하는 배우라면 반드시 숙달해야만 하는 과제이다. 르콕은 비극 공연에 있어 세월이 흘러도 변하지 않는 엄격한 정식을 세우려고 하지 않았다. 오히려 이 형태를 체화하는, 역사적으로 뿌리를 둔 일련의 구동 모터는 반드시 배우, 작가 그리고 연출가에 의해 선택되어진 어떠한 문맥에서든지 적용되어 변환되어야 한다고 생각했다.

밀고 당기기: 코러스(합창단)의 소리에서 나타나는 비극의 다이내믹
Pulling and Pushing: the Dynamics of Tragedy in the Choral Voice

더 이상 개인으로서 말하지 않는 곳에서 경험하는 합창의 소리.
당신은 말해지고 있다—누군가 당신을 통해 말한다. 짝을 이루어서 서로 마주보고 선다. 한 명이 합창의 텍스트를 말하기 시작한다. 잠시 후, 다른 한 명이 파트너의 말을 받아 역시 말하기 시작한다. 짧은 순간에, 당신은 같은 리듬, 억양과 볼륨으로 함께 텍스트를 말하게 된다. 하나의 소리가 된다.

(Murray 2003: 145)

여기에는 필립 골리에가 지지하지 않을 법한 놀이에 관한 몇 가지 명제들이 있다. 빠뉴나 르콕과는 다른, 놀이의 즐거움에 대한 매혹을 제안한다는 면에서 놀이는 그의 가르침의 순간순간 번져나간다. 이것은 놀이의 탓으로 돌리는 각각의 중요성에 대한 등급 매기기가 아니라, 한편으로는 연기와 연극 만들기 안에서 놀이를 표현하고 위치시키는 다른 면들을 구분해보고, 다른 한편으로는 살아 있는 이벤트를 구축하는 공연자와 관찰자 사이의 파트너십에 대한 골리에의 몰두와 심취를 확인하기 위해서이다.

1980년 이후 그가 빠뉴와 함께 작업하기 시작했을 때, 골리에는 '되는 대로'가 아니라 일련의 4·5주의 코스로 이루어진 커리큘럼을 언제나 염두하고 있었다. 전체 과정 패키지에 참여한 학생들에게, Le jeu(놀이)가 첫 번째 주기이며 이후에 따르는 모든 것에 뒷받침이 될 골리에의 철학에 있어 핵심을 이루고 있다. 놀이는 학생들에게 연기의 발판과 어휘를 습득하게 하는 기회를 제공한다. 여기서 학생들은 그의 모든 교육 과정에서 골리에가 사용하는 기본 용어인 공모complicité, 정점fixed point, 장조와 단조에서 놀이하기와 무엇보다도 놀이의 즐거움에 대해 체화하는 법을 배운다. 그는 설명하기를:

왜 '놀이'와 함께 시작하는가? 왜냐하면 '놀이'－게임과 유희－는 모든 것: 배우가 되기 위한 열망과 즐거움의 근본이다. 연극에서 놀이는 사람과 동물이 하는 달리기, 뛰어오르기, 싸움 즉 카우보이 놀이, 인디언 놀이, 군인 놀이, 의사 놀이 그리고 인형 놀이 등과 똑같다. (Philippe Gaulier: www.ecolephilippegaulier.com)

그의 책 『괴롭히는 자*The Tormentor*』(2007)의 '진실은 상상의 즐거움을 없앤다Truth kills the joy of imagining' 장에서, 그는 자연에 관한 즐거움과 놀이에 대해 설명한다:

나는 부활절 시기에 당신을 둘러싸고 폭발하는 자연의 움직임에 대해 말하고 있는 것이다. 브리즈번 근교에서 실컷 달리기를 하고, 성교하며, 즐거움에 히힝 울며 놀고 있는 수백 마리의 야생마를 본적이 있는가? 그들은 놀이를 한다. . . . 삶과, 자연, 섹스 그리고 빛을 발견하기 위해 모두가 놀이를 한다. 놀이는 숨쉬기나 웃음의 기능과 같이 필수적이다. (Gaulier 2007: 193)

중요하게도, 르콕이 중립 마스크 작업을 통해서 했던 것과 마찬가지로, 골리에는 학생들을 자극시키기 위해 그가 찾고자 노력했던 인간의 특성들을 포착하고 설명하기 위해 자연을 예로 든 비유와 은유로 돌아온다. 또한 놀이의 즐거움이 근본적으로 행동에 관한 것이며, 대리agency와 움직임에 관한 것이라는 것을 주목해야 한다. 이것은 내심內心 혹은 심리에 관한 것이거나 수동성과 관련이 없다.

　골리에에게 있어－르콕과 빠뉴와 함께－놀이는 체화된 것이며, 감성적인 기질－심리학적이라는 용어의 통상적인 의미가 아닌－을 말한다고 할지라도, 이것은 분명히 심리-신체적psycho-physical이다.

'스카프 게임'The 'Game of the Scarf'

두 명의 배우가 바지 뒤편 윗부분에 스카프를 밀어 넣는다. 게임은 이리저리 피해가며 상대의 스카프를 차지하려고 하는 것이다. 교사는 한명의 학생을 지목해 장조(Major)의 리듬으로 놀게 한다. 다른 학생은 이 리듬을 따라한다. 두 명의 학생은 스카프를 차지할 수 있으며 한명이 리듬을 정하고 다른 쪽은 따라하면서 계속 진행한다. 한 학생이 스카프를 차지하면 교사는 '멈춤'을 외친다: 정점(fixed point). 학생들은 서로 본다. 이긴 학생이 장조의 리듬으로 놀며 기쁨을 보여준다. 패배자는 단조의 리듬에 있다. (Gaulier 2007: 207)

놀이를 가로막는 장애물들은 신체의 근육계보다는 심리에 있다: 너무 열심히(너무 세게, 과도하게 방해하며) 노력하려는 학생들−걱정하거나, 심적으로 불안정하거나 뻣뻣하고, 그리고 믿지 못해 얼어 있는−은 놀이하는데 어려움을 겪을 것이다. 마찬가지로 관용과 개방성이 부족하며 성급하고 거친 공격을 하는 자기-중심적인 공연자는 과다한 자신감에 시달리며 역시 놀이하기가 불가능하다는 것을 발견할 것이다. 더욱 중요하게, 아마도 역할 또는 캐릭터와 배우 사이의 과도한 동일시over-identification는 공연자로 하여금 무대에 서기 더욱 힘들게 만들 것이다. 여기서 골리에의 단어 사용은 자전거 체인 또는 끈이나 밧줄에 빗대어 이야기하는 '놀이'를 극찬하며 약간 달라진다. 다시 말해 배우는 느슨한 부분, 캐릭터와 공연자를 잇는 연결의 힘이 이완된 곳을 발견해야만 한다는 것이다. 이를 발견하기 위해 자아는 성공하겠다는 배우의 욕망을 느슨하게 할 필요가 있다. 역할과 공연자를 잇는 몇 군데 느슨한 체인을 돌리면서 배우는 발견을 위해 열려 있는 채로 개방성disponible에 머물게 될 것이며 그러므로 끊임없이 그 대상과 공연에 있어 창조적일 수 있을 것이다. 호주 출신의 공연 제작자이자 선생인 배리 랭Barry Laing[7]은 이를 아래와 같이 설명한다:

이는 공연자가 '너무 많이 아는 것'에 대해 그가 거칠게 반대하고 항의한 부분이다. . . . 골리에는 공연자의 '자신/에고'가 . . . 종종 가정과 판단들을 '정상화'시켜버리는 흔적들과 일반적으로 인정되는 연상들과 함께 너무 텍스트 혹은 과제와 '동일시'되어버린다고 추정했다. 이것은 설득력이 있다. . . . . (Laing 2002: 171)

마지막으로 우리는, 익살스러운(농담조) 게임−놀이의 재미−이 골리에의 수업을 통해 체화되며 교육되었다는 것을 주목할 필요가 있다. 어떤 학생과도 그의 관계는 장난스러운 도발과, 계속되는 놀림, 종종 생략적인 '일탈의 각도'를 통해 탐구되었다. 얼어버린 듯한 행동이나 반응에 대해 기를 죽이는 축약된 일축−'좋아bien, 다음suivant'−을 당하는 희생자 쪽에서 보면, 학생들은 즐거움이 수반되는 익살스러운 농담을 감지하는데 실패하고 말 것이다. 그러나 골리에의 언어(말 또는 집필되는)는 언제나 흥분과 놀이에의 충동으로 가득 차 있다. 여기서 골리에의 . . . . 인 척 하기의 즐거움pleasure of pretending과−허구와 상상의 놀이−그가 진리 추구가 가진 횡포tyranny라고 여기는 것 사이에 강한 연관성이 있다. 이처럼, 골리에는 르콕과 마찬가지로 자신의 가르침을(그가 열망하는 연극 또한) 진리와 정직함을 향한 복음주의적 추구와 심리학적 연기 접근법과 거리를 두고 있다.

골리에는 우리에게 다음과 같이 역설한다.

느끼지 않고 느끼는 척 상상하는 것을 즐겨라. 거짓말의 즐거움은 당신의 거짓에 진실의 표면을 가져다 줄 것이다. 당신은 신뢰받을 것이다. 연극에서 진짜가 아닌 진실not-real truth보다 진짜 진리를 추구하는 사람은 광적인 설교자이자 실제로 멍청한 자들이다. 얼마나 안타까운 일인가! 진실은 상상하는 즐거움을 없애버린다. (Gaulier 2007: 196)

'장미꽃 주위를 돌자(영국민요: 역주)'에서 안티고네까지From 'Ring o' Roses' to Antigone

1987년 여름 필립 골리에는 런던에서 '비극' 워크숍을 개최했다. 컴플리시테 극단 멤버들과 나를 포함한 전문 연극 제작자들이 참여했다. 두 개의 작은 그룹들(남성과 여성)이 서로 손을 잡고 원형으로 껑충껑충 뛰며 '장미꽃 주위를 돌자'를 부른다. 한 그룹이 시작하고 골리에가 주는 신호를 정점(定點, fixed point)으로 멈춘다; 다른 한 그룹이 율동적으로 충동을 이어받아 대위법으로 계속되는 리듬을 시작한다. 이는 다른 신호, 즉 노래가 『리어 왕』, 『안티고네』, 『맥베드』와 같은 텍스트로 대체되는 신호가 있을 때까지 계속된다. 남자 그룹이 여자 그룹을 둘러싸고, 이제 단단하게 뭉쳐진다. 여성은 한 사람씩 뒤에 있는 남성에게 돌아서고 『안티고네』의 대사를 또렷이 말하기 시작한다.

모니카 빠뉴는 자주-그리고 일부는 분류하기를-'움직임 선생'으로 묘사되어 왔다. 그리고 문자 그대로의 의미에서 진실이 아닌 것은 아니지만, 이 별칭은 그녀의 작업 과정과 교육학적 전략들에 대한 좀 더 깊고 미묘한 명제를 충분히 설명해주지 못한다. 1993-1995년 사이 배리 랭Barry Laing은 컴플리시테 멤버로서 골리에, 빠뉴와 함께 '훈련'했다. 랭은 이 두 명의 선생 모두 아래와 같은 방법을 제공했음을 시사한다:

훈련 모음collection을 바라보는 방법과 공연을 제작하는 전략들 . . . 메소드들이라기보다는 공연자의 특성에 따라 충분히 불이행 될 수 있는 원리들. . . . (Laing 2002: 147)

1986-7년 파리에서 빠뉴와 골리에와 훈련했던 1년간의 경험을 통해, 위에서 말한 랭의 목가적인 '바라보는 방법'은 학생들에게 '집중의 질quality'을 만들고 육성했던 빠뉴의 가르침에 대한 인식을 통해 좀 더 보충될 수 있을 것이다. 이것은 바로 그들 자신의 몸(그러나 자애적自愛的이거나 자기 지시적self-referential이지 않은)과 물질세계와의 만남, 그리고 다른 몸들과의 계속되는 상호 작용에 주의를 기울이는 것을 말한다. 만약 골리에가 집중하는 지점이 학생-공연자의 관객과의 참여complicité-라고 한다면, 빠뉴의 관심은 전체 교실을 구성하는 멤버(또는 배우)들의 가벼운-그러나 충분히 꽉 차있는-놀이의 즐거움을 통해 서

로 다른 팔과 다리의 극미한 관계로부터 경험상으로 축적되는 아치arc를 좇는다고 할 수 있다.

시퀀스와 움직임의 흐름The Sequence and Flow of Movement

등을 대고 누워서 무릎을 '회복' 자세처럼 올린다. 오른팔은 되도록 곧게 머리 위로 바닥에 놓는다. 오른 팔꿈치는 바닥에 붙여서 팔이 약간 구부러져 있게 한다. 오른 팔꿈치를 바닥에서 떼어 손의 움직임을 표현한다. 팔꿈치를 땅으로부터 좀 더 높이 올려서 손이 따라가게 한다-손가락 끝은 바닥으로부터 가장 나중에 떨어진다. 이제 팔을 더 높이 올려서 물결(wave) 움직임을 찾는다-어깨뼈가 움직이기 시작한다-그리고 몸 전체에 반영되는 파도 모양의 기복(起伏)을 만들어낸다. (Exercise from a class with Monika Pagneux, 1987)

빠뉴의 수업은 몸으로 시작해서 몸으로 끝난다. 그녀는 펠덴크라이스Moshe Feldenkrais의 작업으로부터 전해 내려온 움직임 훈련들로 구성된 정교한 포트폴리오를 적용하며, 어떻게 움직임이 몸 전체를 통해 여행하는지 탐구하기 시작한다. '몸의 경제Economy of movement'라는 용어는 그녀가 학생들에게 추구했던 것을 매우 딱딱하게 말하는 듯 보이지만 그녀의 교육철학의 한 부분을 말해주고 있기도 하다. E. M. 포스터E. M. Forster의 격언인 '단지 연결하라Only connect'는 하나의 물질적 번역이 학생들과 배우들에게 심리적 근육의 장애물과 마주치지 않고 불필요한 노력을 피하면서 왜곡되지 않는 몸을 통해 움직임 여행을 지속하려는 훈련 속에서 그녀가 찾고자 했던 것을 포착해 줄지도 모른다. 처음에는 학생들로 하여금 이를테면, 손목, 손가락들 그리고 팔을 내리는 동작, 또는 어깨의 움직임, 반대 벽 쪽을 향해 오른손이 들려 있을 때 척추와 골반 사이들에서 놀이의 아주 작은 가능성들을 발견하도록 한다. 그리하여 아주 단순한 단계에서, 그녀의 가르침의 범위 안에서 '놀이'는 움직임이나 유연함-그러나 특별한 연기 테크닉을 배우거나 기교를 요하는 것이 아닌-과 동일시된다. 아나벨 아든 Annabel Arden은 특정한 움직임을 탐구할 당시의 경험에 대해 빠뉴의 해설을 아래와 같이 표현한다:

내가 팔을 들면 나는 새끼발가락의 움직임을 느낄 수 있다. 모든 것이 함께 참여한다. 부분들을 함께 놓자, 누가 누구를 잡아당기는가? 내 눈꺼풀들이 내 뺨을, 내 뺨이 내 턱, 내 목, 내 어깨, 내 갈비뼈, 내 요추, 내 골반, 내 무릎을 리드한다. 나는 몸을 돌린다! (Arden 2008)

여기서 그녀는 놀이의 다음 단계를 위해 몸을 준비하고 있다고 말할 수도 있다. 즉 이후 앙상블과 공동 실습들을 통해 실험할 개방성을 찾기 위한 육체적 접근법을 말한다. 이 단계는 르콕의 중립 마스크 작업과도 유사한 점이 있다. 빠뉴의 가르침이―지금까지 중립 마스크가 가면을 쓴 자로 하여금 대상 또는 자연과 언어 이전의, 전前 문화적인[8] 관계를 재발견하게 하듯이―중립 마스크와의 효과적 작업을 위해 필요한 반응성과 유동성을 준비하도록 가르친다고 말할 수도 있을 것이다. 아든은 그녀의 가르침 이면에 존재하고 있는 목적을 다음과 같이 명확히 한다:

> 그녀는 배우를 '훈련'할 수 있다는 것―그녀에 대한 특정한 순종과 그들이 특정한 기술들과 함께 졸업한다는 것을 함축하는―에 대해 의심쩍어했다. 빠뉴는 그녀가 학생들을 변형deforming시킨다기보다 형성form시킨다고 말한다. . . . 그리고 훈련에 의해 얻을 수 있는 '배우의 몸'은 존재하지 않는다고 강조한다. 차라리, 각 개인은 이를 통해 기대하지 않았던 부분들, 숨겨진 음역의 표현을 허용하기 위해 그들 자신의 특정한 몸을 탐구해야만 한다. (Arden 2008)

배우 자신의 몸으로 출발하는 이러한 훈련들은 연결된 다른 목적에도 영향을 미치는데, 바로 주의 집중하는 힘을 훈련하는 것이다. 신비화하거나 형이상학적 미사여구 없이, 빠뉴는 몸이 좀 더 날렵하게 그들 자신에게 뿐만 아니라 주위를 둘러싸고 있는 물질세계 혹은 인간의 영속적인 자극에 반응할 수 있는 환경을 확립하고 있다. 이러한 훈련들은 학생들로 하여금 발전하는 또 다른 단계에서의 연극적 놀이를 위해 관대하고 즉각적인 민첩성을 낳는다. 또한 빠뉴에게 이러한 주의 집중은 진위 여부에 있어 가공의 고정된 중심으로 향하는, '안으로inward'를 겨냥하고 있지 않다는 점을 놓치지 않아야 할 것이다. 대신에 배리 랭이 설명하듯, 공연자는 '텍스트의 "캐릭터", 즉 감정과 움직임의 충분한 역동성들로부터 동시에 "가까이 혹은 멀리"―겉보기에 "불가능"해 보이는 상태에 동의하며, 텍스트, 감정 또는 움직임 자체와 너무 가깝게 동일시하지 않기로 약속하는 것이다(Laing 2002: 174).

　타인의 집필을 통해 빠뉴의 작업이 서술되는 것은 매우 드문 일이지만, 이를 통해 그녀의 작업은 오랜 경력을 거쳐 다른 영향들에 대한 간간한 끄덕임과 함께 펠덴크라이스의 작업에 단단히 뿌리박혀 묘사되어 있다. 아든은 그러나 빠뉴가 펠덴크라이스의 영향을 받기 이전에 마리 비그만Mary Wigman과 함께 춤을 추었고 이미 르콕과 함께 교육을 시작했었음을 지적하며 사실 빠뉴의 가르침은 코러스 작업과 비그만에 의해 실습되고 탐구되었던 몸의 음악성과 연극적 표현성이 중심이 되어 왔다고 주장한다. 아든은 몸의 음악성을 통해 다른 세계와의 관계를 연결 짓는 빠뉴의 열정을 설명하기 위해 비그만을 인용하기를,

> 학생들로 하여금 그들이 매일의 삶이 가진 다사다난함을 깨어 있는 눈으로 바라보고 흡수하게 가르쳐라. . . . 그들을 큰 차원에서 생각할 수 있도록. 공간적 관계spatial relationships는 편협한 한계들을 용인하지 않는다. (Wigman 1966: 107/111)

빠뉴의 교육은 일반적으로 비그만과 함께했던 초기 경험들에 영향을 받은 앙상블 훈련들을 통해 배우의 몸에서 일어나는 일련의 움직임의 미묘한 디테일 사이를 여행한다. 그녀의 교육 철학 어디에도 기교에 대한 관심은 없다. 대신에 모든 행위들은 머리를 다른 쪽으로 돌리거나 다리를 올리는 펠덴크라이스 훈련 혹은 20명의 학생들이 리드미컬한 박수, 찬송, 혹은 타악소리를 총합總合하며 즐겁게 음악적으로 단순한 안무 형태를 그려내는 일련의 움직임을 통한 '감각 깨우기'(Arden 2008)에 초점이 맞추어져 있다. 모든 면에서 훈련은 그 과정 안에서 공연으로 작은 발걸음을 떼며 동시에 '가까이 그리고 멀리' 존재하고 있다. 이는 종착역 없는 여행이다. 작고 큰 '춤'을 통해서, 유연하게 움직이는 팔 다리의 미세한 놀이를 통해, 그리고 조심스럽게 음악적으로 함께 움직이는 20개의 몸이 이루어내는 협연의 즐거움을 통해, 무언가로 되어가는 즐거움의 여행이다.

발에 대한 이해Understanding Feet

> 평소처럼 서보자. 바닥과 맞닿아 있는 발의 위치를 '표시하고' 느껴보자. 그리고 압력이 가해지는 어느 한 지점에 주목하자. 마음의 x-ray를 그려보자. 각 발의 좌표에 집중해보자. 종이 위에 접촉된 지점의 음영과 함께 압점(pressure point)을 표시하면서 발을 그려본다. 다른 학생과 종이를 교환하면서 그려져 있는 데로 서보도록 한다. 새로운 자세가 발과 골반, 등, 어깨와 머리 등에 어떤 영향을 끼치는지 인식한다. (Exercise from a class with Monika Pagneux, 1987)

르콕, 골리에 그리고 빠뉴가 그들의 가르침에서 놀이를 어떻게 활용했는지를 되돌아보면서 이 에세이에서 중요하게 살펴보고자 하는 것은 그들이 교육을 통해 영감을 주고 건설하고자 했던 연극에 관한 각자의 상상에 근본적인 그들의 성향과 기질이 어떠한 영향을 끼쳤는지를 놓치지 않는 것이다. 복잡하지만 아주 흔한 놀이의 짜임, 가벼움이라는 특징은 성공적인 연극의 결과물이자 조건으로써 세 사람 모두에게서 나타난다. 여기서 나는 르콕, 골리에

그리고 빠뉴의 작업의 귀결과 가벼움의 철학에 대해 간단히 검토해 보고자 한다.

골리에에게 가벼움이란 배우가 어떻게 그/그녀 자신들을 공연의 대상과 관련해서 공간과 오브제들로, 움직임으로, 대사와 소리들로, 동료 배우들에게로－결국은－관객들에게로 안내하며 이끌 수 있는지에 있어서 긴요한 특징이자 질감이다. 그는 특히 공연의 순간 instant에 심취했다: 스타일이나 장르에 상관없이 맹렬함이 결여된 순간을 없애고 삶으로 승화시켜 날아오르는 질감의 결합. 골리에는 예를 들면 그가 놀거나, 기쁘거나 또는 격정에 휩싸이는 것만큼 가벼움을 적용한다. 가벼움이 추구하는 것은 바로, 비행이 가능하고 중력과 무게가 잠시라도 무시될 수 있는 환경을 창조해내는 교육학계의 이카루스Icarus인 골리에 자신이다. 이것은 또한 수행적 광합성으로써의 가벼움의 생성 가능성에 관한 것이며, 그는 여기서 지성과 학문적 분석이 창조적 놀이의 가능성을 불가능하게 하고 폐쇄시키는 듯 보이는 영역을 표시하고 있는 것이다. 그는 '배우의 창조적 놀이는 가벼움 속에서 발생한다. 회한과 뉘우침의 동굴에서 피난처를 찾는 것은 끔찍한 일이다'라고 단호히 주장한다 (Gaulier cited in Wright 1990: 8). 우리는 『새천년을 위한 여섯 가지 메모Six Memos for the New Millennium』의 저자인 이탈로 칼비노Italo Calvino가 책에서 루크레티우스Lucretius(로마의 시인, 철학자: 역주)를 찬양하며 인용한 것을 통해 가벼움에 대한 골리에의 해석에 빛을 더할 수 있을 것이다. '나의 주요 관심사는 우리를 참패로 몰아넣는 것으로부터 사건(문제)의 무게를 막는 것에 있다'(ibid.: 8). 칼비노는 계속해서 다음과 같이 말한다:

새로운 밀레니엄의 상서로운 이미지 하나를 꼽으라면, 나는 시인이자 철학자[카발칸티 Cavalcanti(이탈리아의 시인, 철학자: 역주)]가 가벼움의 비밀을 간직한 채 그의 중력을 내보이며 세상의 무게 위로 자신을 들어 올리는 갑작스러운 날렵한 도약을 꼽을 것이다. (Ibid.: 12)

리차드 라스킨Richard Raskin은 골리에가 공연 순간에 추구했던 이러한 특질을 함축하며 칼비노에게 있어 가벼움이란 무엇인지에 대해 시적으로 요약한다:

칼비노에게 가벼움이란 유동성, 영혼의 민첩성, 세계에 대한 지식, 미묘함, 다양성, 있는 그대로의 불안정성, 공중부양과 자유와 같은 재산들과 동일시된다. 상대적으로, 무거움이란 무력함, 불투명함, 경직, 게으름, 밀도, 견고함과 삶의 참패와 연결된다. (Raskin 2004: 104)

그러므로 골리에에게, 가벼움, 즐거움과 놀이는 상호 의존적인 특색들이자 기질이다. 이들은 모두 배우들을 다음과 같은 상태로 초대하는 골리에 교육의 핵심을 이루고 있다:

- 텍스트, 스타일과 장르에 상관없이 공연 행위 안에서의 즐거움을 발견하기 위하여
- 텍스트를 선회하며, 재미있게 그리고 관대한 결례와 함께 간접적인 흘낏 보기를 통해 그 무게를 가볍게 하기 위하여.
- 캐릭터로 향한 공연자의 정력을 느슨하게 하고 이완시키기 위해, 연결된 거리를 발견하기 위해, 너무 많이 알거나 너무 열심히 하려고 하는 것을 피하기 위하여

랭Lang은 골리에의 실습에서 이러한 가벼움, 선회, 즐거움의 중요성을 다음과 같이 축약한다:

> 공연자의 즐거움은—별개의 것으로, '캐릭터'와 반대의 입장일 필요 없이—가벼움의 전략들과 놀이 모두를 포함한다. 골리에는 넌지시 이것은 하려고 하던 전술에 불만족스러워하는 것과는 반대되는 것에 가깝다고 시사한다. 이러한 가벼움과 즐거움은 그 다음에 텍스트, 캐릭터, 그리고 장면의 '안무'로 연결되며 이어진다. (Laing 2002: 171)

빠뉴에게 있어 초점은 위에서 설명한 많은 원리들의 체화된 번역이라고 말할 수 있다. 그녀에게 가벼움의 중요성은 골리에보다 결코 덜하지 않으며 중심은 아나벨 아든이 칭하듯 '몸이 중심이 되었을 때 오는 가벼움과 함께 애쓰지 않고 움직이는 것에 대한 재미'(2008)에 대한 탐구에 있다. 여기서 가벼움은 행동과 노력이 완벽한 균형과 하모니를 이룰 때 가능한 운동 감각적이고 경험적인 조건이다. 그러나 다른 움직임 교사들과 달리, 이러한 특성의 추구는 빠뉴에게 있어 단순히 최고의 유연함과 경제적인 파트너십을 찾는 몸과 근육계의 '기계적인' 달성을 말하는 것이 아니다. 이것은 또한—그리고 오직—각 학생, 각 배우들의 특이한 인간성을 인정함으로써 발생하는 것이다. 그러므로 가벼움은 심신心身, psychophysical적 바탕이며, 좁게는 신체적인 것과 함께 전후 맥락과 관련된 차원에서 가질 수 있는 자질이다.

아든은 르콕 학교에서 빠뉴가 어떻게 아크로바틱을 수업했는지 설명하며 이후에 공중제비, 옆으로 혹은 뒤로 재주넘기와 같은 기교에 전혀 관심이 없었음을 지적한다. 처음에 비슷한 능력을 가진 학생들끼리 짝지은 후, 그녀는 신체적으로 노련한 학생과 그렇지 않은 학생으로 짝짓는다. 이러한 단계에서 능숙한 학생은 파트너가 하는 아주 기초적인 옆으로 재주넘기를 따라할 수밖에 없다. 이 순간이 가장 흥미진진한 공연적 역동성이 발생하는 지

점이다. 아든은 이에 대해 다음과 같이 설명한다:

> 처음에는, 기술이 부족한 학생이 발전할 것이고, 두 번째에는 재능 많은 곡예사가 움직임에서 새로운 표현성과 인간성을 발견할 것이다. 세 번째로는 가능한 즉흥 대화와 관계가 생겨나면서 그 둘 사이에서 서로의 차이점에 내재되어 있는 역동성을 보여주며 장면이 펼쳐진다. 장면은 모두 연극 그 자체였다―이것이 바로 숨겨진 비밀이었다.
> (Arden 2008)

그러므로 빠뉴에게 있어 가벼움은 몸에서부터 탄생하며, 몸이 가진 능력이자 경제적인 움직임을 자진해서 받아들이는 것이며, 공간에서 반응성과 유동성을 함께 가진 채 극―극과 공연자, 극과 텍스트, 오브제, 극과 상상 그리고―마침내는―관객과 공모complicité하는―문맥 안에서 충분히 실현되는 것을 뜻한다.

동물원 여행A Trip to the Zoo

1986년 초가을, 골리에가 빠뉴와 함께 '놀이'(Le Jeu)를 하고 있을 때, 모든 학생들은 파리 동물원에 방문하라는 요구를 받는다. 여기에서 우리는 큰 맹수들이―코끼리, 코뿔소, 하마, 기린, 곰, 들소, 그리고 사자―공간에서 움직이는 방법을 주의 깊게 관찰했다. 주목해야할 점은 경이롭게도, 이러한 거대한 동물들이 그들의 이동을 섬세함, 가벼움 그리고―분명히―남의 눈을 신경 쓰지 않는 정확성을 가지고 완성시킨다는 것이었다.

르콕은 골리에와 빠뉴가 자신들의 교육학 담론에서 다뤘던 방식으로 가벼움을 '정의'하지는 않았던 것처럼 보인다; 그럼에도 불구하고 이것은 그 가르침 모든 면에 깔려 있는 무언의 조건 혹은 가정과 다름없었다. 행동과 촉각의 가벼움은 중립 마스크 작업에서 빠질 수 없는 특성이다. 이 작업은 학교 과정을 통한 학생들의 여정에서 만들어지며 르콕은 말하기를, '이러한 본질적인 것들은 나의 가르침 방식의 핵심 요소가 되는 마스크와 함께 할 때 일어난다'(Lecoq 2000: 36). 중립 마스크9에 대한 심도 있는 탐구나 문화적 기원에 대한 토론을 할 시점은 아니지만, '중립 마스크는 공연을 하는 방법이 아닌 공연을 이해하는 방법이다'라는 것을 파악하는 것은 중요하다(Eldredge and Huston 1995: 127). 만약 '이해하는 것'을 통해서 우리가 신체적이고 체화된 성향(인지적이지만은 않은)을 추정해 본다면, 이것은 내가 상상하기에, 르콕이 동의했을 법한 주장이다. 르콕의 커리큘럼에서 중립마스크의 역할은 골리에의 첫 과정의 'Le Jeu'(놀이)와 비슷한 점이 있다. 골리에가 시퀀스 후반에 중립 마스크 과정을 넣으면서 둘은 학생들로 하여금 자신을 자연, 대상, 물질의 세계로 열어 놓을 수 있도록 초대한다. 중립 마스크와 함께하는 르콕의 작업은 설명과 민감화의 과정이며, 배우의 몸과 마음을 지식knowledge에 의한 무게weight 없이 세계적 경험으로 부활시킨다. 르콕에게 있어 이것은 달성될 수 있는 목표라기보다 발견과 상상을 위해 스스로 발견하게 하는 전술이 된다. '물론' 그는 말한다. '완벽한, 전 세계적인 보편성이란 존재하지 않는다, 이는 단지 '유혹temptation'일 뿐이다(Lecoq 2000: 20).

깨우기|Waking up

르콕과 골리에에게 깨우기는 학생들이 마스크와 함께 수행해야 할 첫 번째 훈련이다. 그리고 여기에서 빠뉴의 가벼움과 부드러운 움직임은 이를 위한 수단이 되며, 어떠한 동작이든지 체화된 특성이 된다. 르콕은 다음과 같이 과제를 설명한다:

> 바닥에 누운 이완된 휴식의 상태에서, 나는 학생들에게 '처음으로 깨워보자'라고 요구한다. 마스크가 깨면, 무엇을 할 수 있을까? 어떻게 움직일까? (Lecoq 2000: 39)

르콕은 엄밀한 의미의 '가벼움'이라는 용어 대신 학생들에게 몸을 '자유롭게 하기' 혹은 '자유를 주기'라는 다양한 표현들을 사용한 것으로 보인다. 이것은 학생들로 하여금 개방적이고 '발견과 열림, 받아들이기 위한 자유'-말하자면 중립 마스크를 통해 구축된-이다 (Ibid.:38).

세 명에서 보이는 가벼움을 향한 성향은 골리에가 배우들로 하여금 '뉘우침과 회한의 동굴에서 피난처를 찾는 것'을 금지했던 것과 유사하게, 르콕의 코멘트에서 그 단서를 찾을 수 있다.

> 재미를 느끼는 것은 필수이며 학교는 행복한 곳이다. 무대로 걸어가기 위한 최선의 방법에 대해 스스로 묻는 고통스러운 자기-성찰은 우리에게 해당되지 않는다: 즐거움과 함께 추구되어도 충분하다. (Ibid.: 65)

교육학으로써의 국제주의, 실습과 과정
Internationalism as Pedagogy, Practice and Process

셋 중 최고령자(르콕)와 최연소자(골리에)의 22년의 나이 차이에도 불구하고 앞서 말했듯이 이들은 제 2차 대전 직후의 유럽에서 성장했다. 격렬하게, 하지만 다른 방식으로, 이 시대와 공간은 그들의 가르침에서 정치적 문화적 윤곽을 그려내고 있다. 르콕의 사망 바로 전인 1999년 다리오 포Dario Fo와의 만남은 장 노엘 로이Jean-Noël Roy와 장 가브리엘 카라소Jean-Gabriel Carasso가 녹화한 필름을 통해 기록되어 있으며 이를 통해 우리는 전후 유럽의 젊은 연극 제작자로서 나눈 그들의 대화를 목격할 수 있다.

> DF(다리오 포): 그 때 우리는 매우 중요한 현상의 시기를 겪고 있었습니다. 엄청난 재개 再開, renewal의 시기를 살고 있었죠. 우리는 모든 것을 던져버려야 했고 다시 구축해 야만 했습니다. 세계는 전부 다시 짜여야 했습니다.
>
> JL(자크 르콕): 더 이상의 규범들은 없었죠. 더 이상의 규칙들은 없었습니다. 우리는 다 시 게임을 만들어야 했죠-새로운 규칙들을 찾아야만했죠. (Roy and Carasso 2006)

이 대화가 특별히 보여주는 것은 낙관론이다. 파시즘을 물리치고, 예술가들은 그들의 창작 실습의 규칙들을 새로 발명하기 위해 자신들이 권한을 가져야만 했다. 정치적 스펙트럼의 좌파에 확고히 서 있는 르콕과 포에게 이것은 허무주의를 부정하고 재개 프로젝트에서 중요한 역할을 가진 연극에의 전념과 헌신을 의미하는 것이다. 포보다는 공공연한 실습이 다소 적었다고 하더라도 이것은 거의 50년 동안 르콕의 가르침에 있어 흔들림 없이 중심을 차지하고 있었다. 르콕의 정치적 급진주의는 그의 가르침 어디에도 표현되어 있지 않지만 다양하게 연결된 가닥들에서, 그리고 수 십 년이 지나면서 학교의 실습에서도 점점 더 확실하게 그 윤곽이 드러나기 시작했다. 우리는 이것을 다음과 같이 요약할 수 있다:

• 국제적 실험의 장場인 학교: 함께하는 연극 만들기에서 서로 다른 문화들 간의 차이점과 공통성을 설립하기 위해 함께 놀 수 있는 시련의 장.
• 계발, 공동 작업의 강화와 헌신 그리고 다른 전략들을 포함한 자기 학습을 통한 앙상블
• 각 학생들의 특별한 특성들과 독특함에 대한 세심한 배려: 도전적이어야 하나 주의집중에 있어서 하고 싶은 대로 그저 놔두는 지나친 관대함이 아닌.

- 비판적으로 그러나 반성하며 기꺼이 움직이기, 시대성을 알기: '학생들은 종종 모순적이다. 우리는 그들이 말하는 것을 지나치게 귀 기울이지 않고 들어야만 한다'(Lecoq 2000: 23).
- 창의적인, 그러나 가능성의 놀이터를 구축하는 연극 훈련에 대한 헌신: 극기 훈련이라기보다는 바우하우스와 같은.

그림 13.4 무라카미(Haruki Murakami)의 단편소설에서 영감을 얻은 컴플리시티 극단 작품 〈꼬끼리가 사라졌다〉(*The Elephant Vanishes*), 연출 사이먼 맥버니 Simon McBurney, 영국(2003)
(Source: Photo, Tsukasa Aoki, courtesy of Setagaya Public Theatre)

르콕, 골리에 그리고 빠뉴는 언제나 그들의 작업 과정에서 나타나는 다양한 문화와 국적들의 혼합을 즐겼다. 어느 단계에서 이러한 다양성은 작업을 위한 풍부한 재료-유머와 함께, 소리와 발성의 억양을 통해, 그리고 제스처, 액션, 움직임을 통해-를 제공한다. 세 사람 모두 학생들이 교실로 가져오는 하나의 구별되는 특성들 사이의 복잡성과 긴장 그리고 그들의 '보편성'과 특이성들을 탐구하고 항해한다. 골리에는 특히 국가가 가진 전형적인 이미지를 불러들이며 배우들을 불안정하게 하고 이미 세워진 균형을 깨트리기 위해 사용한다. 그러나 동시에 그들의 특이한 성격이 이미 자신들을 넘어선 다른 특성에 뿌리박고 있다는 것을 적용하며 그들을 안심시키기도 한다.

세 인물 모두에게는 급진주의적 성향과 사고방식 모두가 존재하며, 좀 더 두드러지게 그들의 특정한 코스들은: 예를 들면 멜로드라마, 광대극, 희극, 그리고 비극의 문맥 안에서 이들의 가르침을 구성하는 날실과 씨실로 연결되어 있다.

골리에의 가르침에서 이는 특히 희극과 광대극에서 관습을 거스르는 가능성을 통해 드러난다. 골리에와 르콕에게 광대는, 단지 짜증날 정도로 앙증맞은 빨간 코를 한 '인물'이 아니라, 규칙과 안정의 편안을 맹렬히 비난하고 전도顚倒하는 반대 특성을 가진 인물이다. (그의 학교의 초창기에) 서커스 광대의 모델들이 연극에서 제한된 가능성을 가지고 있었다는 결론을 내리는 데 있어, 르콕—그리고 이후—골리에는 사무엘 베게트Samuel Beckett와 그들 자신을 나란히 하며, 20세기 후반의 광대의 모습을 바라보는데 있어 절망적으로 희망에 찬, 그러나 영구적으로 반체제 생존자를 나타내는 완벽한 매개체로써 찾는다. 사무엘 베게트가 그가 저술한 『워스트워드 호Worstward Ho』에서 서명한 '늘 시도했다. 늘 실패했다. 괜찮아, 괜찮아. 다시 시도하자. 다시 실패하자. 더욱 더 잘 실패하자.Ever tried. Ever failed. No matter. Try again. Fail again. Fail better'(Beckett 1983: 7-8)의 문구가 아마도 르콕과 골리에의 광대 수업을 듣는 학생들에게 가장 명확한 명령이 될 수 있을 것이다.

이견의 여지가 있긴 하지만 이것은 골리에의 무정부주의적 영혼으로 가득한 희극의 체제전복적인 특성이라고 할 수 있다; 즐거움, 가벼움과 웃음을 프로젝트의 중심에 가지면서 동시에 도전적이며 종종 비꼬려는 감각이 그것이다. 골리에의 가르침이 르콕의 커리큘럼에서 비롯되었다고 하더라도 20년의 세월이 지나오면서 그는 자신의 스승보다 이를 더욱 강요하였다. 희극에 관한 그의 집필을 통해 골리에는 정치적 열정과 분노를 종종 유머로 변장한 채 그 자신을 드러내고 있음을 알 수 있다:

어릿광대는 그들의 '순수한 마음'이 게토(빈민가)로 향하는 길을 보여주는 사람들(아프거나, 장애가 있거나, 정신이 이상하거나, 게이, 창녀, 마녀 등)이다. 이러한 '순수한 마음'은 가끔씩 마을을 따라 이들을 행진하게 하여 그들의 추함과 기형이 전염병이나 콜레라를 내쫓을 수 있도록 했다. 고골(괴물 석상)도 마찬가지의 숙명이 주어졌: 교회에 반대하는 악마의 연이은 공격들을 물리치기 위해서이다. 광대는 언제나 강제 수용소를 가리켜 보이던 버러지 같은 녀석들을 패러디한다. 앞으로도 언제나 그럴 것이다.

(Gaulier 2008a: 9)

전쟁을 겪기에는 너무 어린 나이였음에도 불구하고 골리에는 전쟁 직후의 세대였으며, 위에 보이듯 광대의 공연적 틀을 구성하는 그의 관점은 추방당한 자에 대한 연민을 나타내는 '피 흘리는 심장' 이상이었으며, 홀로코스트와 파시즘의 발화 안에서 맥락을 같이 하며 그 근본을 이루고 있다. 이 논점의 시작에서 밝혔듯이 골리에의 가벼움에 대한 거의 강박적인 집착은 파시스트의 부츠에 짓밟힌 어두움과 무게로 규정하기 어려운 대조적인 힘으로 표현되며 의미가 부여된다.

빠뉴는 르콕보다 6년 후에 태어났다. 히틀러가 등장한 1930년대 바이마르 공화국에서 유년기를 보낸다는 것이 무엇을 각인시키는지 추측할 수 있을 것이다. 전후 프랑스의 젊은 댄서로서 Le Maison des Jeunes(청년의 집)에 있는 국제 청년 연극 기관에서 남편과 함께 했던 빠뉴의 작업은 노동 문화 협회Association Travail et Culture에서의 르콕과 마찬가지로 젊은 노동 계급을 위한 예술 활동을 개설하는데 헌신했다. '미시적 수준에서 그녀의 정치세계를 살았다. . . . 그룹이 그녀의 일이었고 그룹이 핵심이었다'(Arden 2008). 넛붙여 아든은 여기에서 앙상블, 공동 작업과 공동 프로세스의 깊은 정치적 역동성에 대해 언급한다. 정규 수업 중 빠뉴는 미리 알리지 않은 한두 명의 결석으로 인해 깊은 불쾌감을 느꼈을 것이다 -'우리는 당신의 부재를 느꼈습니다. 우리는 당신이 그리웠습니다'(Pagneux cited by Arden 2008)-통제와 훈련 때문이 아니라 이러한 부재는 그룹 내에서 미묘하고 복잡한 화학작용을 일으키며 방해를 하기 때문이다. 셋 모두는 각 학생들이 제공하는-또는 거부하는-것에 대해 알맞게 조절된 눈과 귀를 가지고 있었으나 빠뉴는 특히 아든이 말한 '좀 더 섬세하고, 숨겨진, 사람들에게서 완전히 이상한 . . . 종종 배우들이 자신이 가지고 있는 줄도 모르는 사람들의 여린 특성들'(ibid.)을 물색했다. 그러나 학생 개인의 몸에 대한 대단한 집중과 개방성에 대한 그녀의 탐구는 치료상의 이유나 혹은 학생들을 기쁘게 해주기 위해서가 아니다. 이것은 연극의 공연과 제작에서 공동 작업을 위해 공연하는 몸을 조율하고 심리신체적인 민감화를 위한 방법이다. 피터 브룩Peter Brook과 협력자이자 배우인 요시 오이다Yoshi Oida는 이를 다음과 같이 설명한다:

흥미로운 것은 교환이다. '연기'는 각 배우의 손안에 있는 것이 아니다. 이것은 두 손사이 공간에 존재한다. . . . 당신이 '교환'하는 매 순간의 결과로써, 당신 내면의 무언가의 반응으로써 변화가 일어난다. 순간에서 순간으로 당신은 바뀌고 반응한다. (Oida 1997: 76)

이 에세이는 자크 르콕, 모니카 빠뉴 그리고 필립 골리에의 60여년이 넘는 기간 동안의 연극 제작과 교육을 특징짓는 훈련의 가능성들에 대한 지도를 그려내고자 시도하였다. 이러한 교육학의 중요성은 수천 명의 공연자들과 연극 제작자들 그리고 한명 내지는 이들 세 명의 선생들을 포함한 다른 이들에 의해 '형성된' 뚜렷한 특징을 가졌던 다른 예술가들의 작업을 통해서 세계 연극에 그 자국을 남겼다. 함께 또는 따로, 르콕, 빠뉴 그리고 골리에는 '메소드' 패러다임을 비롯해 '시스템'과 그에 수반되는 심리에의 집착과 동기: 서구에서 지배적이었던—그러나 검증되지 않은—패러다임과는 다른 '훈련'의 대안 모델을 제안했다. 이것은 훈련이지만, 부분적으로는 '훈련되지 않기' 위한 것이며, 개인으로의 정교한 집중의 창조적 긴장 혹은 역설을 찬양하는 훈련이다. 이는 연극이 하나부터 열까지 공동의 실습이며, 우애의 실습이자, 앙상블의 실습이라는 믿음과 함께한다.

가짜는 진짜를 위한 드레스 리허설이 아닐까? 당연하지! 진짜보다 가짜가 덜 지루하니까. 대부분 그렇다. (Gaulier 2008b: 5)

| 노트

1   LEM은 파리 대학(Paris School)에서 계속 이어지고 있으며, 2년제 과정과는 분리되어 있다. 학교 안팎의 학생들에게 모두 열려 있는 LEM은 실험적인 원근 도법과 공연자들의 몸과의 관계에 몰두하고 있다. LEM에 대한 자세한 설명은 다음의 책을 참고하기 바란다. Lecoq (2000: 155-57), Murray (2003: 86-91).
2   특히 모니카 빠뉴의 작업에 대한 설명을 포함하여 이번 에세이에 상당한 도움을 제공한 아나벨 아든(Annabel Arden)에게 감사를 표한다.   이는 2008년 아나벨에 의해 집필된 르콕, 골리에, 빠뉴에 관한 미출판 에세이와 2009년 그녀와 내가 가진 전화 인터뷰에 근거한 것이다.
3   컴플리시티(Complicite)[최근의 극단 콤플리시떼(Theatre de Complicité)]는 1983년 사이먼 맥버니(Simon McBurney), 아나벨 아든(Annabel Arden)과 마르셀로 매그니(Marcello Magni)에 의해 창단되었다. 맥버니와 매그니는 르콕 스쿨에서 함께 2년 동안 공부했으며 맥버니는 또한 아든과 함께 캠브리지 대학(Cambridge University) 학생이었다.
4   르콕 학교의 커리큘럼에 관한 좀 더 자세한 사항은 다음의 책에서 찾아볼 수 있다. Lecoq (2000), Murray (2003).
5   1988년 필립 골리에는 'Gargoyles and Bouffons'라는 공공 사진 전시회를 가진 바 있다.
6   르콕이 의미한 개방성(disponibilité)과 컴플리시티(complicité)에 관한 자세한 설명은 다음의 책을 참고하기 바란다. Murray (2003:65-70), Murray and Keefe (2007: 146-47).
7   조언과 더불어 필립 골리에, 모니카 빠뉴의 가르침에 관한 통찰과 특히 '가벼움'에 관해 이탈로 칼비노(Italo Calvino)를 소개해준 배리 랭(Barry Laing)에게 감사를 표한다. 이 에세이에서 인용한 배리의 말들은 그의 미출판본 박사 논문(2002)에서 인용한 것이지만 흥미 있는 독자들께서는 다음과 같은 그의 에세이를 참고 하기 바란다. 'A Horse Throwing its Rider' in D. Fenton, L. Mercer and J. Robson (forthcoming 2009) *Live Research: Narratives of Practice-Led Research in Performance*, Brisbane, Australia: Postpressed.
8   '언어-이전의' 혹은 '전(前)-문화적인' 이라는 표현은 이 에세이에서 다룰 수 없는 논쟁거리가 많은 용어이다. 그러나 나의 책 *Jacques Lecoq* (2003)에서 르콕이 '전 언어적'인 상태를 성취할 수 있는 현상이라고 믿는 실재론자라고 자신을 착각하고 있지는 않다고 논의한 바 있다. 오히려, 중립마스크는 학생들에게 발견을 위한 체험적인 도구였으며 완전한 '중립'은 당연히 '유혹'적인 신화에 가깝다는 점 또한 논의한 바 있다.
9   중립 마스크 교육에 관한 자세한 사항은 다음의 책을 참고하기 바란다. Lecoq (2000: 36-45), Murray (2003: 72-78), Eldredge and Huston (1995: 121-28)

* 에세이 안에서 훈련과 뒤 따르는 7개의 훈련은 각기 다른 서체(font)로 소개되고 있다. 이들은 세 개의 주제 아래 각 교육 실습의 '짤막한 묘사'를 나타낸다.

| 참고문헌

Arden, Annabel (2008) Unpublished essay and interview with author.

Beckett, Samuel (1983) *Worstward Ho*. London: Calder.

Bradby, David (2002a) Unpublished interview with author, London, 23 May.

Bradby, David and Delgado, Maria (2002b) *The Paris Jigsaw: Internationalism and the City's Stages*, Manchester: Manchester University Press.

Calvino, Italo (1988) *Six Memos for the Nest Millenium*, Cambridge, MA: Harvard University Press.

Chamberlain Franc and Yarrow, Ralph (eds) (2002) *Jacques Lecoq and the British Theatre*, London: Routledge.

Eldredge, Sears A. and Huston, Hollis W. (1995[1978]) 'Actor Training in the Neutral Mask', in Philip B. Zarrilli (ed.) *Acting (Re)Considered*, London: Routledge.

Felner, Myra (1985) *Apostles of Silence: The Modern Mimes*, Cranberry and London: Associated University Press.

Frost, Anthony and Yarrow, Ralph (2007) *Improvisation in Drama*, Basingstoke: Palgrave Macmillan,

Gaulier, Philippe (2007) *The Tormentor*, Paris: Éditions Filmiko.

____ (2008a) *Bouffon Plays*, Paris: Éditions Filmiko.

____ (2008b) *Lettre ou pas lettre*, Paris: Éditions Filmiko.

____ (2008c) *Left and Right*, Paris: Éditions Filmiko.

Laing, Barry (2002) 'Rapture: Excursions in Little Tyrannies and Bigger Lies', unpublished PhD thesis, Melbourne, Australia: Victoria University.

Lecoq, Jacques (1987) *Le Théâtre du Geste*, Paris: Bordas (unpublished translation by Gill Kester 2002).

____ (2000), The Moving Body, London: Methuen.

____ (2006), Theatre of Movement and Gesture, ed. David Bradby, London: Routledge.

Murray, Simon (2003) Jacques Lecoq, London: Routledge.

Murray, Simon and Keefe, John, (2007), Physical Theatres: A Critical Introduction, London: Routledge.

Oida, Yoshi (1997) The Invisible Actor, London: Methuen.

Raskin, Richard (2004) 'Italo Calvino and Inevitability in Storytelling', *Danish Journal of Film Studies*, POV no.18, December: 103-8.

Read, Herbert (1944) *Education ghrough Art*, London: Faber and Faber.

Sutton-Smith, Brian (1997) *The Ambiguity of Play*, Cambridge, MA and London: Harvard University Press.

Wigman, Mary (1966) *The Language of Dance*, trans. Walter Sorrell, London: MacDonald and Evans.

Wright, John (1990) 'Philippe Gaulier: Genius or Egotist', *Total Theatre*, Winter, London: Mime Action Group, pp.8-9.

Chapter 14

바르바와 함께 훈련하기: 연기의 원리들, 전-표현적 단계 그리고 '개인적인 온도'
TRAINING WITH EUGENIO BARBA: ACTING PRINCIPLES, THE PRE-EXPRESSIVE AND 'PERSONAL TEMPERATURE'

● ● ● 이안 왓슨Ian Watson

배경The Context

오딘 극단Odin Teatret의 연출가인 유제니오 바르바

Eugenio Barba는 연구자이자 이론가, 그리고 교사로서 좀 더 사색적인 기술들을 예술가들의 창조력과 결합하는 몇 안 되는 연극인 중의 하나이다. 그가 처음 오딘을 세운 1964년 이래로, 그는 친숙한 스튜디오 작품에서부터 거대한 야외극까지 60개가 넘는 독창적인 작품들을 만들어왔다. 그는 처음으로 서유럽에서 정부의 지원을 받는 연극 실험실Nordisk Teaterlaboratorium(NTL)을 세웠으며 여기에는 공연 연구와는 별도로, 출판사, 영화와 비디오 기록 보관소, 그리고 공연을 위한 시설을 갖추고 있었다. 그는 또한 동양의 전통과 서양의 현대극의 연관성을 조사하기 위해 1979년에 세운 국제연극인류학교International School of Theatre Anthropology(ISTA)의 학장이기도 하다. 바르바는 자신의 실제적인 성과에 덧붙여 배우 훈련, 드라마투르기, 공연과 연극 사회학을 망라하는 많은 글과 책을 출판했다. 그는 출간물 외에도 유럽과 북부, 라틴 아메리카와 아시아에서 자신의 작업의 이론적이고 실제적인 측면을 가르치거나 강의해왔다. 또한 그는 『드라마 리뷰TDR: The Drama Review』와 『뉴 시어터 쿼터리New Theatre Quarterly』와 같은 저널의 고문이자 편집 자문위원이며 통찰력 있는 연극 연구과 예술적 성과로 수많은 국제적인 상을 수상하기도 했다. 그는 명예박사를 포함해(다음과 같은 대학에서: Universities of Aarhus, Ayacucho, Bologna, Havana, Warsaw and the Estonian Academy of Music and Theatre) 몬트리올 대학University of Montreal에서 공로상the 'Reconnaissance de merité scientifique' an award을, 덴마크 왕립학교Danish Royal Academy of Science and Letters 상을 수상했으며, 코펜하겐 대학University of Copenhagen에서 피란델로 국제상Pirandello International Prize과 소니상Sonning Prize을 수상했다.

다양한 면에서 바르바의 흔적은 문화적 다원주의를 반영한다. 그는 청년의 시기에 노르웨이에 정착한 이탈리아인이었으며, 그를 아시아의 다양한 곳에 데려다 준 노르웨이 상선Norwegian Merchant Marine의 전前회원이기도 했다. 그는 1960년대 초 폴란드에서 그로토프스키Jerzy Grotowski와 처음으로 연극을 공부했으며 이후 노르웨이의 오슬로에서 오딘 극단을 세웠고 극단과 함께 2년 이내에 덴마크 홀스테브로Holstebro로 이주하였다. 그의 극단과 작업 방식의 원 모델 중의 하나는 그가 폴란드에서 거주할 당시 방문한 인도의 체루트루디Cheruthuruthy에 있는 카타칼리Kathakali 학교이다. 오딘은 수년간 다양한 국적을 가진 배우들로 구성되어 왔는데, 대부분은 모국어를 사용하지 않고 리허설과 공연에서 크리올어Creole를 사용한다; 반면 극단이 고향에 상주하는 것은 드물다. 왜냐하면 바르바와 함께 광범위하게 특히, 유럽과 라틴 아메리카로 투어를 하기 때문이다. 바르바는 또한 발리, 일본, 인도, 그리고 브라질에서 ISTA의 다양한 모임에 참여한 예술가들과 작업하기 위해 상당한 시간을 보낸다. 그가 가진 공간에 대한 감각은 국가적 경계에 한정되어 있기보다는 '나의 신체가 곧 나의 국가다'(1988a: 293)라고 말할 정도로 유형有形, corporeal적이다. 그러나 국가적 정체성을 찾기 위한 삶 전체에 걸친 도전에도 불구하고, 그는 자신의 연극적 유산을 가족성으로 보았으며, 그 자신을 현대 서구 연극의 '아버지'인 스타니슬랍스키Stanislavksy의 후손으로 여겼다(1988a: 292).

그의 주장과는 별도로, 그의 연극적 혈통은 스타니슬랍스키보다는 메이어홀드Meyerhold에 좀 더 가깝다. 당연히, 스타니슬랍스키는 세기 초반에 배우의 예술에 관한 주요 연구를 이끌었다. 그러나 바르바는 스타니슬랍스키 시스템(심리적 사실주의)의 기초를 거부했으며, 일상생활을 고무하는 무대보다는 연극 언어 자체를 탐구하는 쪽을 택했다. 그는 작가의 시각에 대한 해석보다는 미장센mise en scène이 우위를 차지하는 연극을 계발시켜왔다. 여기서 장면의 우연한 연관성은 단편적 몽타주 표현을 위해 거부되었으며, 배우/관객의 관계와 공연 장소는 역시 각 작품에 맞게 조정되었다. 이러한 모든 생각들은 스타니슬랍스키보다는 메이어홀드와 좀 더 관련이 있다.

그의 유럽적 전통과 그가 칭한 그로토프스키와의 '연극적 견습 기간의 시기'(1986: 239)에도 불구하고, 바르바는 언제나 동양에 매료되어 있었다. 이러한 매혹은 젊은 시절 아시아 종교에 대한 관심으로부터 시작되었으며, 카타칼리를 관람한 이후 연극으로까지 이어졌다. 바르바는 이렇게 매료된 근원은 현존presence에 대한 이해에 있다고 주장한다. 당신이 무대 위 두 배우를 바라볼 때, 그들의 연극적 형식과 친숙하지 않으며 그들이 말하는 것을 이해하지 못한다 할지라도 한사람은 전혀 흥미롭지 않은데 비해 유독 다른 한사람에게서 눈을 떼지 못하는 이유가 무엇인가?(1985a: 12). 질문의 답을 위한 그의 탐구는 오늘날을 포함한 대부분의 공연 연구에 뿌리 박혀 있다. 경계에 대한 지속적인 거부에 발맞추어 그의 연구는 스타니슬랍스키Stanislavsky, 메이어홀드Meyerhold, 아이젠슈타인Eisenstein, 드크루Decroux 등과 그의 멘토인 그로토프스키Grotowski와 같은 현대 유럽 연극의 아이콘들뿐만 아니라 아시아 공연자들, 그리고 카타칼리Kathakali, 노Noh, 온나가타Onnogata, 바롱Barong, 루크마니데비Rukmani Devi, 메란방Mei Lanfang, 제아미Zeami, 그리고 나탸샤스트라Natyashastra 등을 포함한다(1988b: 126; 1995: 42). 바르바의 전문가적 정체성은 연극적 수개 국어의 사용polyglot이라고 할 수 있다.

그의 전문가적 정체성의 폭은 훈련 접근법에서 가장 명확하게 드러나며 연극에 관한 시각에서 중심을 차지한다. 훈련은 그의 전체 미학을 결정짓는 중요한 바탕이 된다: 훈련은 그의 독특하고 극적인 리허설 과정을 형성한다. 즉 이것이 바로 그의 주요 작품—스튜디오를 비롯한 극장 공연과 야외 거리극 스타일의 근본이 된다. 그리고 지금 이루어지는 훈련에 대한 오딘의 연구 방향은 바르바의 다음 작품을 제시한다.

오딘이 형성된 이래 훈련은 연극을 향한 접근법에 있어 바르바의 본질적인 요인이었다. 그룹의 초기 작업들은 완전히 훈련에만 몰두했으며, 배우들은 이때부터 훈련을 계속해왔다. 이는 신체와 발성으로 나뉘어져 있었는데 왜냐하면 바르바는 하나가 또 다른 하나를 지배하는 것을 막기 위해 신체와 발성의 리듬이 독립적으로 탐구되어져야 한다고 믿기 때문이다.

초기 훈련에 관한 그의 생각에 영향을 끼친 중요한 한 가지는 오딘을 결성하기 직전 그로토프스키의 조교수로 함께 작업한 그의 경력이다. 폴란드에서 머물던 시절, 그로토프스키는 지금은 유명해진 '가난한 연극'을 위한 훈련과 연구 프로그램을 시작하고 있었다. 이는 개인적 심금心琴을 울리는 연극의 세계로 바르바를 안내했다. 바르바의 교육적 배경은 훈련과 권위가 모두 중요한 나폴리의 육군사관학교에서 형성되었다. 이 시기에 그는 이러한 교육 방법에 저항했으나, 배우들과 함께 한 그로토프스키의 연구와 인도에 방문했을 당시 카타칼리 아카데미에서 그 결과가 반영되는 것을 목격할 수 있었다. 노르웨이에서 초보 극단을 만들었을 때, 그는 공식적인 연극 훈련이 부족하다는 것을 잘 알고 있었다; 그의 어린 배우들이 가진 한계 또한 잘 인식하고 있었다. 전문적으로 훈련이 되어 있는 그로토프스키의 공연자들과는 달리, 그의 배우들은 오슬로의 국립 연극 학교로부터 거절당한 고등학교 학생들이었다. 그들은 훈련이 필요했다. 그러나 이를 제공할 만한 배경이 없었다. 그러나 그는 경험을 통해 어떠한 미학과 훈련이 성취를 이끌어낼 수 있는지를 지켜봐왔다. 그리하여 폴란드와 인도에서의 모델들과 함께, 그는 새로운 극단을 결성하면서 나폴리에서의 자신의 경험을 여과시켜 강도 높은 훈련 요법을 만들어냈다. 이러한 요법은 처음에 기술의 습득에 초점이 맞추어져 있었으며 이후에는 연구 도구로써 진화했다.

불행히도 바르바와 그의 배우들은 기초적인 연극 기술뿐만 아니라 교사들에게 줄 급료 또한 부족했다. 이러한 난관은 그의 미래 행보를 결정하는데 중요한 역할을 했는데 교사들에게 지급할 형편이 안 되었기 때문에 배우들은 스스로 교육을 했다. 기술을 가진 멤버들은 아무리 기초적인 것일지라도 이를 타인에게 가르쳤다. 그러므로 점차적으로, 그룹 본래의 구성원들은 연속적인 훈련으로 형성된 몸의 기술들을 발달시킬 수 있었고, 새로운 배우들이 참여할 때마다 가르칠 수 있게 되었다.

하지만 그룹의 훈련은 설명이 암시하는 것만큼 밀폐되어 있지는 않았다. 왜냐하면 몇 가지 외부적 요소들이 수년에 걸친 계발에 기여해왔기 때문이다. 홀스테브로로 이주한 이후 바르바는 그가 조직한 워크숍을 통해 오딘 배우들에게 그로토프스키Grotowski, 리자르드 시슬렉Ryszard Cieslak, 에티엔 드크루Etienne Decroux, 장 루이 바로Jean-Louis Barrault, 그리고 다리오 포Dario Fo 등을 비롯한 서양의 연출가 및 공연자들과 또한 노能 배우인 히사오Hisao, 간제 히데오Hideo Kanze, 교겐Kyogen의 배우인 마노죠 나무라Mannojo Namura, 그리고 오디시Odissi 무용수인 산죽타 파니그라히Sanjukta Panigrahi와 같은 동양의 대가들을 소개했다. 이러한 접촉과 더불어 베오그라드Belgrade(1976)와 베르가모Bergamo(1977)에서 열린 세 번째 연극 모임에서 배우들은 카타칼리Kathakali, 노Noh, 그리고 토펭Topeng 등과 같은 아시아 공연자들이 이끄는 워크숍에 참여하기도 했다; 또한 유사한 모임들에서, 오딘과 비슷한 여타의 그룹들은 그들의 작업을 시연해 보이고 훈련에 대한 자신들의 접근법에 대해 토론하기도 했다. 적어도 멤버 중 한명은 부토Butoh(Watson and colleagues, 2000: 78) 또는 다양한 브라질의 칸돔블레Brazilian Candomblé(사실 극단의 멤버인 아우구스트 오몰루Augusto Omolú는 전통 칸돔블레에 뿌리를 둔 브라질 현대 무용가이기도 했다)를 배우는 한편, 동양의 대가인 선생들의 범위를 확장시켜 일본 무용Nihon Buyo 공연자인 가츠꼬 아주마Katsuko Azuma를 비롯해 다양한 발리 공연자 및 선생들을 포함시켰다. 그로토프스키와 같은 몇 가지 분명한 예들을 제외하고는 이러한 경험들이 바르바의 훈련 계발과 직접적인 연관이 있다고 말하기는 어렵지만, 오딘의 현재 훈련과 동양 연극의 상호 관련성을 고려해볼 때 초기의 이러한 동양 대가들에 대한 노출이 바르바와 그의 그룹에 상당한 영향을 끼쳤음에는 분명하다.

이러한 진화에 있어 중요한 특징은 그 중심이 기술 지향적인 훈련으로부터 공연 연구의 형식으로써의 훈련으로 이동하는 점차적인 변화에 있다. 홀스테브로에서 오딘 극단의 초창기에는 새로운 배우들이 참여하거나 기존의 배우가 떠나는 커다란 변환을 맞이했다. 그러나 극단이 안정화되고 새로운 배우의 참여를 중단시키자 기본적인 기술에 대한 교육이 덜 중요해졌다. 독학하는 전통과 더불어 배우들은 바르바의 지도 아래 자신들의 훈련 프로그램을 계발하는데 주력했다. 공연자들은 기술을 축적하는데 연연해하지 않고 가능성과 한계를 실험하는데 관심을 쏟았다. 바르바에게 있어 훈련은 배우 개개인에 의해 모양을 갖추고 창조된 형태로 이루어졌다.

훈련Training1

바르바에 따르면, 훈련은:

> . . . 자기-정의의 과정, 신체적 반응을 통해 서로 떼어놓을 수 없음을 증명하는 자기-훈련의 과정이다. 이것은 계산할 수 있는 어떤 것이 아니다―예를 들면, 구부리거나 재주넘기―말로는 설명하기 어렵거나 혹은 평범한 것일지라도 그 자신의 작업에 대한 개인적 정당화는 생리학적으로 인지할 수 있으며, 관찰자에게 명백하게 보인다. (1986: 56)

훈련 자체는 바르바의 훈련에서 배우가 이를 어떻게 사용할지보다 덜 중요했으므로, 그는 규범적인 신체 연습이나 초보 배우들이 공연을 위해서 숙달할 시스템된 정보 등은 계발하지 않았다. 이런 이유에서, 그의 훈련 방법을 이해하기 위한 한 가지 방법은 그들이 어떻게 오딘 극단에서 30년이 넘는 시간동안 이를 발전시켜왔는지 살펴보는 것이다. 훈련에 대한 이해를 형성한 것도, 훈련의 접근방법에 뿌리를 둔 리허설 방법론을 깨닫게 된 것도, 그리고 그가 자신의 주요 연극 작품들을 만들며 연출했던 것도 모두 배우와 함께 작업한 결과였다.

1960년대 초 바르바가 오딘의 배우들과 함께 작업을 시작했을 때, 그의 트레이닝은 공동으로 이뤄지는 것이었다. 배우들은 함께 훈련했고 모두가 같이 기본적인 아크로바틱, 체조, 팬터마임 기술, 그리고 발성 테크닉 등을 배웠다. 그러나 이러한 공동 훈련의 기간 동안에도 바르바는 자신의 훈련 방법론의 특질이 무엇이 될지 이미 세워놓고 있었다: 그는 말에 대한 어떤 인습적인 것도 가르치지 않았다. 바르바가 훈련을 목격하고 그들의 노력을 이끄는 동안 배우들은 서로 알고 있는 것들을 가르쳤다.[2]

이 시기에 바르바는 훈련 과정에서 개인 리듬의 중요성을 깨닫게 된다. 이러한 깨달음은 연습에 있어 점차적인 변화를 가져오게 했는데, 바로 훈련의 기술로부터 배우 개인의 속도와 리듬으로 그 역점을 옮겨간 것이다(Barba 1979: 65). 이러한 변화가 바르바의 머릿속에서 일어날 즈음, 배우들은 바르바가 마침내는 구성 훈련composition exercises이라고 칭한 훈련을 만들 재료들을 탐구하기 시작했다.

그림 14.1 바르바: 1970년대 초 오딘 극단(Odin Teatret)에서의 훈련 (Source: Odin Teatret)

바르바의 스승인 그로토프스키에게서 다소 차용된 구성composition은 몸 구르기 또는 물구나무서기와 같은 특정한 연습들로 이루어져 있지는 않다. 사실상, 어떤 종류의 움직임도 이에 포함될 수 있다. 왜냐하면 초점은 움직임 그 자체가 아니라 움직이는 동안 신체 요소들을 조합함으로써 만들어진 신체적 기호(표의문자)에 있기 때문이다.

이러한 상형문자들은 순수하게 기술적인 단계에서 그들의 원천을 가질 수 있다. 이것은 마치 몸을 나누어서 내적인 긴장을 표현하기 위해 반은 빠르게 움직이고 다른 반은 느리게 움직이는 것과 같다. 또는 발아에서부터 만개해서 죽을 때까지 공간에서 움직이는 성장하는 꽃의 이미지를 사용하는 것처럼 정신적 연상에 대한 신체적 표현을 포함할 수도 있다. 오딘 극단의 배우 중의 하나인 토르게이르 베탈Torgeir Wethal은 이를 아래와 같이 설명한다:

이러한 연습과 함께 살아 있기 위해 당신은 내면의 일련의 행동의 시퀀스를 따라간다. 당신은 특정한 장소에서 완벽히 개인적인 상황 안에 놓여 있으며 동시에 당신은 정확하고 견고하게 연습을 행하고 있다. 내면의 움직이는 영상은 연습의 세부사항, 리듬, 템포에 커다란 영향을 준다. (Christoffersen 1993: 49)

그림 14.2 바르바: 오딘 극단(Odin Teatret) 훈련 세션 (Source: Photo, Christoph Falke, courtesy of Odin Teatret)

훈련을 구성하는데 있어서 배우는 임무를 정확하게 수행하기보다는 근육 긴장의 균형과 또는 심리-신체적 결합에 집중한다. 이러한 개념들은 결과보다는 과정을 강조하는데 다시 말해, 특별한 기술을 배우기보다는 훈련을 하는 것에 중점을 둔다.

훈련에 관한 생각의 전환으로 즉흥이 더욱 사용되었다. 바르바는 첫 작품인 〈새들의 친구Ornitofilene〉(1965년 초연)를 위한 연습에서부터 공연을 발전시키기 위한 즉흥을 사용해 왔다. 그러나 극단이 설립된 지 거의 10년 후인 1972년 〈내 아버지의 집Min Fars Hus〉(1972)을 만들 때까지 이러한 즉흥들은 연습보다는 쓰인 대본에 근거하고 있었다. 〈내 아버지의 집〉은 바르바와 그의 배우들이 시작부터 미장센mise en scène을 통해 리허설 기간 동안 발전시켜 완성한 첫 번째 작품이었다. 이러한 공연 계발에는 그 일생과 작업이 작품의 영감이 된 도스토옙스키Dostoyevsky에 관한 전기적 문학적 자료들의 탐구와 허구의 언어 창작을 포함하고 있었다. 바르바와 동료들은 작품을 위해 러시아어가 가진 음성의 질감을 기반으로 발성 훈련을 이용해 느슨하게 언어를 계발하기 시작했다. 이러한 언어적 탐구들과 함께, 극단은 도스토옙스키의 삶에서 일어난 사건들에 대한 반응과 연상에 기초한 즉흥에서부터 신체적 악보score를 만들어냈다.

당시 그룹의 훈련에서 구성에 강조를 한 결과, 미장센은 역동적인 신체성과 오페라와 같은 소리 악보의 조합으로 이루어졌다. 이 악보는 마술을 위한 주문들, 노래와 대화 등 관객으로 하여금 의미론적인 내용보다는 음악성에 초점을 둘 수 있는 모든 언어로 구성되었다. 배우의 삶과 도스토옙스키의 경험이 평행선상에서 뿌리를 두고 있는 이 작업은 깊이 개인적이고 사실주의와는 거리가 먼 오딘의 초기 작품들을 만들어냈다.

〈내 아버지의 집〉에서 즉흥에 대한 강조는 창조적 책임을 전적으로 공연자와 연출가에게 두었는데 그 이유는 연습을 이끌 단일하고 응집된 하나의 문학적 재료가 존재하지 않았기 때문이다. 즉흥의 사용에 있어서 이러한 변화는 구성 과정의 집중과 리듬에 있어서 개별성에 대한 강조가 결합된 훈련으로 다시 되돌아가게 했다. 다 같이 새로운 형태의 훈련을 만들게 한 것이다.

공연의 막바지 연습에서 여배우 이벤 나겔 라스무센Iben Nagel Rasmussen은 자신의 훈련을 계발하기 시작했다. 이 훈련은 즉흥으로 하는 일련의 신체와 목소리 연습으로 이루어졌는데, 이는 그녀가 자신의 기술과 한계에 대한 최선의 도전이라고 느끼는 것들이었다. 이 시기에는 단체 훈련을 계속하고 있었음에도 불구하고 그녀의 실험은 무시되지 않았으며 그녀와 바르바를 포함한 동료 배우들 간에 상당한 토의가 있었다. 바르바는 점차적으로 모든 사람들이 자신의 훈련을 계발하도록 장려했으며 결과적으로 단체 훈련은 모두 포기했다. 배우들은 이제 각자, 그러나 다른 사람들이 하나의 방에서 비슷한 연구를 하고 있다는 지지 아래 자기에게 중요한 것이라고 느끼는 것들을 탐구했다.

오딘의 훈련에 이러한 변화가 진행되는 동안 바르바는 전통적인 동양의 공연 형식에서 발견되는 현존의 원리와 서양 배우들과의 관련성에 대한 연구를 체계적으로 하기 시작했다(1986: 115). 이러한 비교 연구를 통해서 그는 배우의 당당한 무대 존재감에 기여할 수 있는 동양 형식의 바탕 요소를 두 가지로 개념화했다. 공연자의 반사적인 일상 반응들을 깨뜨리기 위하여 고안된 습득된 신체 기술의 이용과, 공연을 하는 동안에 에너지의 이용을 말해주는 원칙들의 성문화가 그것이다.

일상생활에서 우리의 신체적 행동은 계속된 반복으로 인해 대부분 무의식적이다. 우리의 몸은 상대적으로 복잡한 일을 해내는 방법을 '알고' 있다. 이를테면 걸으면서 계단 오르기를 할 때, 자주 하는 행동이기 때문에 이를 위한 다양한 근육의 조절을 생각 없이 행한다. 반면, 카타칼리와 노와 같은 동양의 전통적인 형식에서 몸은 특히 발과 다리의 자세를 통해서 의도적으로 왜곡된다. 카타칼리 공연자는 발바닥의 가장자리로 서면서 다리를 벌린 채 열린 자세를 취하며, 노에서 배우들은 골반을 잠그고 무릎을 구부린 채 척추의 선을 바꾸고 무게를 분산시킨다.

이러한 '왜곡'은 바르바가 탈-일상적extra-daily 기술이라고 언급한 일상과는 다른 공연 행동의 양태를 만드는 습득된 기술을 구성한다. 바르바에 따르면 이러한 탈-일상적 기술은 공연을 하는 동안 배우 존재감의 주요 원천이 되는데 왜냐하면 이것은 개인의 표현에 앞서 배우의 에너지가 작용하는 전-표현적인pre-expressive 단계를 만들기 때문이다(1986: 119-20).

전통적 동양 연희에 있어서 개인적 표현은 엄격하게 성문화되어 있으며 하나의 형식마다 매우 다양하다. 바르바는 연구를 통해 이러한 차이에도 불구하고 그 기호들은 신체의 에너지 사용을 규정하는 비슷한 원칙들을 결합한다는 것을 밝혀냈다. 무대 위에서 역동성을 만들기 위해 반대편 신체의 긴장들을 사용하는 원칙들이나, 공간을 통해 확장되는 에너지(즉, 움직임)와 시간을 통해 확장되는 에너지(즉, 역학적 관성) 간의 균형, 그리고 공연 동안 근육의 긴장을 변화하기 위하여 왜곡된 균형을 사용하는 것 등이다. 왜곡된 균형의 한 예가 바르바의 요점을 분명히 할 수 있을 것이다. 노能 또는 오디시odissi, 발리 무용 공연 Balinese dance drama에서 공연자들은 그들의 공연 에너지를 확보하기 위해 불안정한 균형을 사용한다. 골반을 꽉 잠그고 무릎은 구부린 채 배우는 발을 올리지 않고 미끄러지듯이 무대를 가로질러 걷는다. 이것은 척추의 정상적인 자세를 바꾸고 균형의 중심을 변형하며 몸이 한 개의 통桶으로 움직이게 한다. 이 모든 것은 균형의 새로운 지점을 발견하기 위하여 공연자의 상체와 하체에서 반대되는 긴장을 만들게 한다. 오디시 춤에서 주요한 구성요소인 '트리방기tribangi'는 춤꾼에게 마치 골반에서 몸통, 목까지 S자를 그리듯이 몸을 조절할 것을 요구한다. 척추 곡선을 왜곡하는 이 자세는 공연자의 균형에 영향을 주며 신체 중량과 중력의 중심과 발 사이의 정상적인 관계를 변형시킨다. 비슷하게, 발리의 여러 춤극 형식에서 공연자는 발바닥은 아래로 미는 동시에 발끝은 위로 올려 바닥과의 접촉을 줄인다. 이를 보상하기 위해 춤꾼은 걸음은 넓히고 무릎을 구부리면서 중력의 중심과 척추의 정상적인 자세를 변형시킨다. 이러한 조절들은 근력의 단계를 확장시키며 오디시 춤과 노能에서의 유사한 왜곡과 마찬가지로 신체적인 상태를 안정적이거나 정적이기보다는 역동적이게 만든다.

마임과 발레와 같이 비슷하게 만들어진 몇몇 서구 형식에 대한 지식을 통해서 바르바는 동양 공연의 많은 원칙들이 서양의 대응물에 의해 공유되고 있다는 것을 깨달았다. 예를 들어 반대되는 신체의 긴장에 대한 원칙은 마임의 주요 요소이고, 정상적인 균형을 변형시키는 것은 발레의 기본 요소이다. 더 나아가 그는 오딘 배우들의 개별적인 훈련을 지켜보면서 그들이 비슷한 원칙들을 수행하고 있다는 것을 깨달았다(1995: 6).

그림 14.3 XIII ISTA 참여자를 위해 발리 전통 춤의 원리들을 훈련시키는 와얀 바와(I Wayan Bawa), 스페인, 세비야(2004)
(Source: Photo, Fiora Bemporad, courtesy of Odin Teatret)

바르바는 오딘에서 그의 발견들이 작업에 끼친 영향과 개인적인 훈련 방법의 계발을 이끈 배우들과의 토론들을 결합하여 연구 결과를 출판하기 시작했다. 여기서 그의 강조점은 신체적인 표현에 중점을 둔 구성으로부터 수행적인 행동을 강조하는 원칙들, 즉 전-표현적인 원천을 탐구하는 것으로 서서히 바뀌었다. 오늘날 바르바에게 훈련이란 한 여배우가 설명하듯이, '원칙들의 적용에 의해 만들어진 즉흥이다'(Carreri 1985). 한 단원이 말해주는 또 다른 예를 통해 이것이 무엇을 의미하는 것인지를 명확히 알 수 있다:

물구나무로 서기 위해서는 잠시 균형의 지점을 찾으면서 균형을 깼다가 정상적인 자세로 돌아오기 위해 손, 다리, 머리의 위치와 신체 무게의 조절을 빠르게 변환시킬 수 있는 특별한 기술을 연마해야 한다. 물구나무 동작은 습득해야 할 기술이며 동시에, 이에 전제된 원리는 걷기, 앉기 등 필요한 작업수행[소도구]를 이용함을 포함한 다양한 상황에 적용될 수 있다는 것이다. (Wethal 1985)

바르바의 훈련 시스템은 기술을 연마하기보다는 이러한 것과 비슷한 원칙들을 탐구하는데 중점을 둔다. 1980년대 초 내가 오딘에서 관찰한 전형적인 훈련 과정을 고찰해보면:

방 안에는 여자 셋, 남자 둘 이렇게 다섯 배우가 있는데, 각자 따로 연습하고 있다. 간단한 스트레칭으로 웜업한 후 배우들은 개별적으로 작업하기 시작했다. 여배우 1은 접이식 의자에 앉아 있다. 그녀는 오른팔을 몸을 가로질러 움직이고 나서 왼팔을 움직인다. 그녀는 머리를 오른쪽에서 왼쪽으로 움직이고 나서 위, 아래로 움직인다. 모든 동작들은 느리고, 정확했으며 약간의 포즈를 갖은 후 끝이 난다. 그녀는 접이식 의자에서 일어나고, 앉고, 다시 일어나서 이번엔 위, 아래로 몇 번 더 반복한다. 이렇게 행동하는 동안 그녀의 몸통은 척추의 곡선이나 가슴, 허리의 구분이 없이 하나의 단위로 움직이는 것처럼 보인다.

반면에 남자배우 1은 방 뒤편으로 가서 탭 댄스tap dance 형태로 발을 끌듯이 움직이기 시작한다. 그는 고전 발레 동작을 하듯 두 팔을 올려서 몇 바퀴를 돈다. 그는 팔을 아래로 하고 간단한 춤처럼 보이는 움직임을 시작한다. 상반신은 춤을 추지 않는 것처럼 보인다. 그는 갑자기 멈춰 서서 어깨로 서는 자세를 몇 번 한 후 똑바로 선 자세로 되돌아온다. 그는 재빠르게 어깨서기를 하지만 대단한 조절 능력을 가지고 정확하게 행한다. 그는 한 번 더 간단한 춤 형태로 돌아왔다가 이따금 처음에 했던 탭 댄스의 발 끌기를 하면서 방 주위로 움직인다.

여기에서는 확실하게 동일시 할 수 있는 기술들을 습득하고 있지 않다. 배우들은 연극에서 따온 장면을 하지도 않고, 인물을 탐구하는 것 같지도 않다. 그리고 사람들이 방안에 함께 있음에도 불구하고, 각자 자기 자신의 작업에 집중한다. 관심은 다른 곳에 있다. 접이식 의자를 가지고 작업한 여배우가 그 과정이 끝난 후 그녀의 작업에 대해 설명해 주었듯이, 그 날 훈련을 하는 동안 그녀는 동시에 몇 가지의 원칙을 가지고 작업을 했다. 눈을 통해 모든 움직임을 이끌고, 몸을 다양한 부분으로 분할하며 한 번에 하나의 부분만을 움직이며 작업하는 것이다. 아무렇게나 하는 것처럼 보인 움직임들은 사실상 의식적으로 선택된 원칙들에 의해 엄격하게 감독되고 있었다.

훈련과 공연Training and Performance

바르바의 오딘 극단 배우들이 오늘날까지 훈련을 계속하며 대부분이 그와 함께 20년이 넘게 작업을 함께 해오고 있다는 사실은 연극을 이해하는 바르바의 개념에 있어 공연과 훈련 사이의 수많은 연결 고리들을 제시한다.

　바르바에게 훈련의 한 측면은 신체적 연습과 평행하다. 에어로빅이 새로운 기술을 계속 배울 필요 없이 신체 단련을 유지하는 계속되는 과정이듯이, 바르바에게 훈련이란 공연을 위한 준비 과정에서 배우의 표현 수단을 훈련시키는 매일의 운동이다.

　그러나 이것은 기나긴 전체의 이야기를 풀어내기에 너무나 짧은 설명일 뿐이다. 왜냐하면 매일의 훈련 요법은 오직 신체 악기를 조율하는 것을 넘어서는 파생결과를 가지고 있기 때문이다. 바르바가 기술을 습득하는 수단으로써의 훈련을 거부한다고 할지라도, 이것은 새로운 기술들을 계발하는 직접적인 방법으로 이어진다. 유사하게, 이것은 배우의 신체적 정신적 훈련을 유지하는데 중요한 역할을 하며 또한, 그들이 이미 습득한 기술들을 연마하는 수단이 되기도 한다. 더불어 바르바가 작품을 창조하는 다소 특이한 방식을 위해 오딘 극단의 배우들을 준비시키며 그룹 안에서 사회적 응집력과 개인의 계발을 위한 원천이 된다.

　오늘날 오딘 극단에서 기술 습득 훈련의 두 번째 역할은 연기 원칙들에 관한 바르바의 주안점에서 기인한다. 공연자들은 더 이상 새로운 체조 연습이나 베이징 오페라의 고음을 내는 노래를 숙달하는 데 관심을 가지지 않고, 연기의 원리들을 숙달하는 방법에 대한 탐구를 계속한다. 이러한 연구들은 그들이 작업하는 원칙들에 충실하면서, 신체나 발성의 문제(예를 들면, 특별한 낙하를 어떻게 조절할 것인지 혹은 거리극에 적절한 최상의 발성을 어떻게 사용할 것인지)에 대한 해결책을 고안하는 것을 포함한다. 이러한 문제 해결은 종종 배우의 기술을 확장시키는데 왜냐하면 그들의 해결책은 빈번하게 끊임없이 증가하는 신체와 발성 테크닉들의 반복을 요구하기 때문이다. 물론 이러한 확장이 그들의 연구에서 주요 관심사는 아니다.

수련은 바르바에게 있어 훈련의 중요한 요소이다. 오딘과 바르바의 형성 시기에, 이 수련은 바르바 자신에 의해 고안되었다. 그러나 개인 훈련이 점차 중요해지자 수련의 책임은 배우들에게로 옮겨졌고 그들은 매일의 훈련의 내용과 스케줄에 대한 책임을 졌다. 매일의 수련의 가장 명백한 목적은 앞서 말한 바와 같이, 배우의 공연을 위한 컨디셔닝conditioning을 유지하기 위함이다. 오딘 배우들은 공연을 위한 신체와 발성 악기를 준비하기 위해 몸과 소리를 꾸준히 훈련한다. 바르바는 이러한 준비가 오직 직접적으로 표현을 위한 것만은 아니라고 주장하는데 왜냐하면 계속되는 훈련은 또한 배우의 전-표현적인 단계를 여는 데 도움을 주기 때문이다. 이러한 전-표현 단계는 훈련에서 배우가 사용하는 기본 원리들의 숙달에 기초한다. 예를 들면 매일의 균형과 중력의 중심을 변형하기, 또는 몸의 대립되는 긴장을 조절하기 등이다. 이것은 또한 동양의 전통 공연을 위한 훈련에서 몸의 해체와 복원에 기초한다고 말할 수 있을 것이다. 즉 일상의 활동과 화술과는 다른 신체와 발성 문법을 발견하기 위한 행위의 일상적 패턴을 없애는 훈련의 사용을 말한다(Barba 1986: 115-22).

훈련은 전-표현적인 그리고 표현적 기술들만을 계발시키는 것이 아니라 리허설 과정을 위해 배우들을 준비시킨다. 오딘의 새로운 작품들은 보통 리허설에서 탐구된 텍스트의 조각 또는 주제들을 좀 더 발전시킨 형태에서부터 출발한다. 이러한 탐구들은 예외 없이 배우 개인의 즉흥에 뿌리를 두고 있는데, 이러한 즉흥은 바르바에 의해 늘려지거나 단축되고, 변경되거나 혹은 마지막 작품을 구성하는 다른 장면들에서 하나의 몽타주를 발전시키기 위해 다른 방식으로 결합된다.[3]

새로운 작업을 만드는데 있어 즉흥의 사용은 훈련에서 즉흥의 사용과 직접적인 관련이 있다. 훈련에서, 즉흥은 매일의 작업의 필수불가결한 요소이다. 반면 드라마투르기에서, 마지막 작품의 몽타주가 정해지고 매 공연마다 반복된다 할지라도 즉흥은 공연에서 날것의 재료를 제공한다. 배우들은 훈련 동안에 이 재료를 계발시키지는 않지만, 스튜디오 안에서의 연구를 통해 새로운 작품을 만들기 위한 즉흥의 어휘와 문법을 구축한다. 카레리Carreri

는 설명하기를 '나는 반응하기 위해, 새로운 공연을 위한 요구에 응하기 위해 훈련을 계속했다'(1985).

바르바에게 훈련은 표현을 위한 조사와 연습의 방법인 것인 동시에 정신 상태를 위한 조절의 형식이다(1985b: 15; 1985c). 개인의 훈련을 계발시키는 과정(자기-수련, 연구, 그리고 구체적인 신체와 발성 과제들)은 현재 일어나고 있는 것에 대한 태도를 드러낸다. 배우들은 그러므로, 오직 연습을 통해서가 아닌 정신적 수련의 과정을 통해서 신체와 발성의 가능성들을 탐구한다. 오딘에서는 거의 매일 배우들이 스튜디오에 들어갈 때 미리 정해진 시간이 있으며 한 시간 혹은 그 이상 작업을 한다. 이 시간동안 이들의 마음과 몸은 현재 작업하는 원리들을 탐구하며 직접적으로 즉흥 기술들을 계발시킨다. 즉 배우들의 정신은 매일 현재의 작업과 다음 공연을 위한 잠재적인 암시에 초점이 맞추어져 있다. 바르바는 훈련 과정을 이루고 있는 이러한 정신적 초점 역시 신체와 발성 훈련이 된다고 주장하는데 왜냐하면 이러한 연습들이 신체적 일상을 만들면서 매일의 정신적 참여가 지적인 수련을 구축하기 때문이다. 몸과 마음은 동등하게 참여한다.

훈련에 대한 바르바의 접근법을 구성하는 정신적, 신체적 요소와는 별도로, 여기에는 중요한 개인적 효과가 결부되어 있다. 각자의 훈련에 책임이 있는 오딘의 배우들에게 바르바가 가진 목표 중의 하나는 특정한 훈련이나 선생에게 의존하지 않고 자신의 훈련을 창조하면서 자주적이길 바라는 것이다. 이러한 과정을 통해, 배우는 그가 '개인적인 온도 personal temperature'라고 말한 것에 대한 발견을 시도한다. 즉 자신의 리듬, 자신의 한계와 능력, 그리고 공연자로서 자신의 독특한 무엇에 대한 발견이다(Barba 1988a: 298). 그러므로 새로운 작품을 위한 출발에서, 그들은 스타니슬랍스키의 배우가 할 법한 연출가적 상상 혹은 텍스트의 해석을 위한 습득된 테크닉만을 적용시키지 않으며 오히려, 바르바에 의해 제시된 주제와 그들 자신의 '개인적 온도' 사이의 관계 탐구를 위한 즉흥을 사용한다.

이 '개인적 온도'는 바르바에게 미장센을 위한 중요한 요소가 되는데 이는 공연 동안 배우와 역할 사이에 양분된 긴장에 기인한다. 바르바는 공연은 전적으로 극의 허구적 세계 혹은 그것을 묘사하는 배우의 경험으로 이루어지지 않는다고 주장한다. 공연은 그가 해부학적 연극이라고 부르는 이 둘 사이의 변증법이다: '행위들의 외부적 표면과 이의 내면적 부분들'(1986: 112) 사이의 관계가 모든 작품의 핵심이 되는 연극을 뜻한다.

바르바의 연극에서, 배우는 허구적 악보(리허설 기간에 결정된 신체와 발성의 전달을 매 공연에서 반복하는 것)만을 그려내는 것뿐만 아니라, 이것(악보)과의 만남 또한 드러낸다. 그로토프스키의 주연 배우였던 리자드 시슬렉Ryszard Cieslak이 리처드 셰크너Richard

Schechner와의 인터뷰에서 이 과정에 대해 이야기하면서, 아크로폴리스Akropolis 공연 당시 악보와 배우로서 이와의 만남을 유리잔에 담긴 양초라는 은유를 빗대어 설명했다:

> 악보는 타고 있는 양초를 담고 있는 유리잔과 같다. 유리는 단단하고 당신이 의지할 수 있는 것은 이 곳 뿐이다. 잔은 불꽃을 담고 있으며 불꽃을 안내하지만 불꽃은 아니다. 불꽃은 매일 밤 나의 내면의 과정이다. 불꽃은 악보를 비춰주는 존재이자 관객들이 악보를 통해서 꿰뚫는 것이다. (Schechner 1977: 19)

악보는 똑같이 남아 있지만, 불꽃은 어떻게 매 공연마다 다양할 수 있는지에 대해 시슬렉은 설명을 계속한다.

악보와 만났을 때 불꽃의 다양성은 공연에 관한 바르바의 접근법을 이루는 몇 몇 요소에 기인하고 있다: 작품에 대한 관객의 반응, 공연과 무대 위 사건에 관한 배우의 신체-정서적 반응들, 그리고 특정한 행동들에 대한 배우의 개인적 연관성 그리고/또는 리허설 기간 동안 그의 동료들과 계발한 작업에서의 상황들이 그것이다. 이러한 변화(즉 불꽃)와 악보 사이의 긴장들은 해부학적 연극을 실현시키는 수단이 되는데 왜냐하면 악보는 내면의 과정들을 내보이기 위한 배우의 분투에 맞서는 구조화된 저항('행위들의 외부적 표면')을 제공하기 때문이다:

> 공연은 촘촘히 짜진 그물망이다. 우리는 예측하지 못한 순간들, 과거와 우리의 경험의 단편들을 해방시키기 위해 그물을 뚫고 나아가야만 한다.
>
> 매일 밤 배우들은 이 그물과 싸운다. 매일 밤 그들은 해체하기 위해 자신들을 드러냄으로 배우로서 관객에게 둘러 싸여 있게 만듦으로써 이 단단한 철 구조를 파기하기 위해 노력한다.
>
> 증언에 반하는 공연의 저항은 극의 형식을 변화시키고 배우의 연습된 제스처를 즉흥적인 반응으로 이끄는 몸짓으로 변화하게 만든다.
>
> 이는 개인적 경험들이 다른 이에게 도달할 수 있는 이러한 반대되는 힘들의 수렴convergence을 통해서 실현된다. . . . (Barba 1986: 181)

이 집합점convergence에 바르바의 독특한 훈련의 출발점이 있다. 이것은 각 배우들이 매일 힘과 한계를 마주하며 그 자신들을 '이 그물망과 씨름'하게 준비시키는 스튜디오에서 일어난다.

이 씨름은 그럼에도 불구하고, 사회적 행위이다; 배우는 관객을 위해 매 공연동안 드라마투르기에 참여한다. 그러나 이 참여는 정서적이어야 한다. 즉 이것은 관객들에게 '정서적 반응들을 이끌어낼 수 있는 능력'을 가져야 한다(Barba 1997: 130). 이러한 유효성은 여타의 바르바의 연극처럼 훈련에 있다. 이것은 바르바가 일컬은 관객 안에서 지각의 변화를 발생시키는 단순한 몸짓이나 움직임들과는 대조적인 '진짜 행위들'을 수행하는 배우의 개인적 능력에 달려 있다(ibid.: 128). 바르바에게 진짜 행위란 '몸 전체의 긴장을 변화'(ibid.: 128) 시키는 것을 의미하는데 왜냐하면 이들은 모두 척추로부터 기인하기 때문이다: '손을 움직이는 것은 팔꿈치가 아니다. 팔을 움직이는 것은 어깨가 아니다. 오히려 각각의 역동적인 충동은 몸통에 뿌리를 두고 있다'(ibid.: 128). 이러한 역동적인 충동들은 각 배우들의 훈련법의 기초를 형성하는 원칙들로부터 배우게 된다.

각양각색의 문화와 다른 선생들로부터 영감을 받은 개성화된 훈련에의 강조는 오딘 배우들을 필연적으로 다양한 기술과 테크닉들로 이끌었다. 여타의 그룹의 배우들이 그의 훈련 개념을 수용하기로 결정하였다면 그 결과들은 당연히 비슷한 다양성으로 나타날 것이다. 그러나 바르바의 훈련이 가진 의도에 비해서 기술이 그렇게 중요하지 않다는 것을 이해해야만 한다. 1980년대 초 오딘 극단에 종사했던 윌리엄 퍼리몬드William Farrimond는 극단에 대해 기록하기를, '기술이 아닌 오직 원칙들만이 존재할 뿐이다. . . . 이를 통해 전체 그룹에게 공통된 원리의 발자국을 찾아낸다'(1982: 92). 바르바의 훈련은 어떻게 공연 원리들과 전-표현성 그리고 개인의 창조력이 작품에 함께 할 수 있는지에 관심이 있다. 연구와 훈련의 방향에 대한 강조는 훈련과, 리허설, 그리고 공연이 서로 불가분의 관계 속에 얽혀 있는 끊임없는 부활과 성장의 순환을 불러일으킨다.

노트

1 지면의 한계로, 여기서는 오직 바르바의 신체 훈련만을 논한다. 발성 훈련에 관한 정보는 다음의 책을 참고 하기 바란다. Watson, 1995: 63-68.
2 소리 훈련은 여기서 다소 제외된다. 바르바는 그로토프스키의 기초 공명 소리 훈련을 오딘 초기 시절에 가르쳤다. 그러나 기초를 한번 터득한 후, 배우들은 처음의 가르침을 바탕으로 각자의 발성 훈련을 계발했다.
3 리허설과 극적 구성방법에 관한 좀 더 자세한 설명과 논의는 다음의 책을 참고하기 바란다. Watson, 1995: 73-103.

참고문헌

Barba, Eugenio (1979) *The Floating Islands*, Holstebro, Denmark: Odin Teatret Forlag.
___ (1985a) 'Interview with Gautam Dasgupta', *Performing Arts Journal*, 3(2): 8-18.

____ (1985b) *The Dilated Body*, Rome: Zeami Libre.

____ (1985c) Interview with the author, Nordisk Teaterlaboratorium, Holstebro, September 5.

____ (1986) *Beyond the Floating Islands*, New York: Performing Arts Journal Publications.

____ (1988a) 'The Way of Refusal: The Theatre's Body in Life,' *New Theatre Quarterly*, 4(16): 291-99.

____ (1988b) 'Eurasian Theatre', *The Drama Review*, 32(3) (T119): 126-30.

____ (1995) *The Paper Canoe*, London and New York: Routledge.

____ (1997) 'An Amulet Made of Memory: The Significance of Exercises in the Actor's Dramaturgy', *The Drama Review*, 41(4) (T156), 127-32.

Carreri, Roberta (1985) Interview with the author, Nordisk Teaterlaboratorium, Holstebro, Denmark, 26 August.

Christoffersen, E.E. (1993) *The Actor's Way*, London and New York: Routledge.

Farrimond, W. (1981) 'Actor Education: An Interdisciplinary Approach—An Analysis of the Training and Performance Principles Applied by Eugenio Barba and the Actors of the Odin Teatret in 1981', PhD dissertation, Copenhagen: University of Copenhagen.

Schechner, R. (1977) *Essays in Performance Theory: 1970-1976*, New York: Drama Book Specialists.

Watson, I. (1995) *Towards a Third Theatre: Eugenio Barba and the Odin Teatret*, London and New York: Routledge.

Watson, I. and colleagues (2002) *Negotiating Cultures: Eugenio Barba and the Intercultural Debate*, Manchester: Manchester University Press.

Wethal, T. (1985) Interview with the author, Nordisk Teaterlaboratorium, Holstebro, Denmark, 2 September.

Chapter 15

아리안 므누슈킨과 태양극단:
역사를 각색하기, 은유로써의 연극, 기표記標로써의 배우
ARIANE MNOUCHKINE AND THE THÉÂTRE DU SOLEIL: THEATRICALISING HISTORY, THE THEATRE AS METAPHOR, THE ACTOR AS SIGNIFIER

● ● ● **헬렌 리차드슨**Helen E. Richardson

> 나는 연극이 정치적이고, 역사적이고, 성스러우며, 동시대적이고 신화적이어야 한다고 생각한다. 작품에 따라 차지하는 비율이 다를 뿐이다.[1]

배경The Context

아리안 므누슈킨은 무대 위에서 끊임없이 서사적 세계를 창조해 왔다. 역사와 인간 열정의 불굴의 순간에 대해 격렬하고 생존을 위한, 그러나 가능한 양심에 따라 행동한 개인의 투쟁에 초점을 맞출 때는 좀 더 친밀했다. 므누슈킨의 무대 이미지들은 극장에 어울리기보다는 아이젠슈타인Eisenstein과 쿠라사와Kurasawa와 같은 영화계 거장들의 힘을 환기시킨다. 그녀는 지난 45년 동안 가장 인기 있는 아방가르드 연극들을 만들어내면서 많은 대중들에게 영감의 대상이 되어 왔다. 므누슈킨은 작업을 통해 사회적으로 연관이 있고 설득력 있는 주제들을 연구하는 동시에 전통적으로 대중적인 연극 형식들에서 발견되는 공연자와 관객 사이의 역동적인 상호 작용의 재생산을 추구해왔다. 극단은 모든 이들로 하여금 확장된 글로벌 연극가족, 즉 태양극단Théâtre du Soleil의 일원이 될 수 있도록 공동체의식을 유발시키는 배우와 대중 사이의 관계를 발전시키기 위해 노력해왔다.

　태양극단의 비전은 곧 아리안 므누슈킨의 생각이었지만, 이 단체troupe의 추동력은 노동자들의 공동사업체로서 1964년 설립된 공연단체적 기반으로부터 생성된다. 행정담당이든 테크니션 혹은 공연자이건 관계없이 단체 내의 모든 사람은 같은 임금을 받는다. 오랜 시간 동안 배우들은 소품과 무대세트의 제작을 돕는 것뿐 아니라 식사를 요리하고 극단을 운영하는 데 집단적으로 참여해 왔다. 작품에 따라 그들은 휴식 시간 동안 관객들에게 식사와 다과를 제공하면서 극장 내 매점에서 판매를 하기도 한다.

그림 15.1 2005년 아프가니스탄 카불 워크숍에서의 므누슈킨(Mnouchkine)
(Source: Photo, Virginie le Cöent)

연극에서 역할들은 므누슈킨이 정하지 않는다. 대신에 배우 각각은 자신들이 관심 있는 역할이 무엇이든 그 역할을 맡게 될 가능성이 있다. 일정 기간 동안, 어떤 배우가 어떤 역할에 가장 적합한지는 모두에게 명백해진다. '스타' 시스템은 엄격히 회피되었지만, 어떤 배우들은 그들의 노력과 재능을 통해 지속적으로 주요한 역할을 얻게 될 수도 있다. 배우들은 종종 한 작품 안에서 여러 개의 역할을 할 뿐더러, 다른 배우들의 역할 창조에 기여하기도 한다. 공동 창작의 경우에 있어 배우들은 등장인물과 텍스트의 발전에 기여한다. 므누슈킨은 동양의 전통적 접근법에서 제자가 선생을 따라하는 훈련에서 볼 수 있는 '겸손한 모방을 통한 교육법'의 존재를 믿고 있다(Féral 2001:73). 배우들은 모든 연습에 참여하며, 그들이 무대에 있지 않을 때는 다른 배우들의 노력으로부터 배우기 위해 집중해서 그들의 작업을 지켜본다. 태양극단의 공연 장소로 들어오는 순간, 관객들은 의상을 걸친 배우들이 거울 속으로 그들의 캐릭터를 바라보거나, 동료 배우들 혹은 관객들 중 가족 구성원들과 교감하며 관객들과 공연자들 사이의 직접적인 연결고리를 만드는 것을 볼 수 있다.

무엇보다 중요한 공연단troupe의 목표는 영화나 텔레비전과 거의 넘을 수 없는 경쟁에 직면해 있는 상황에서 생존 가능하고 사회적 연관이 있으며 대중적인 연극을 창작하기 위함이었다. 이의 계발을 통해, 극단은 므누슈킨의 영감 및 지도와 더불어 꼬메디아델라르테 commedia dell'arte의 가면극에서부터 인형극, 고대 그리스 연극 및 셰익스피어, 경극, 일본의 가부키와 분라쿠, 인도의 바라트나트얌과 카타칼리, 발리의 토펭과 같은 아시아의 전통 형식들에 이르기까지 가장 잘 알려진 대중적 연극의 형식들에 대해 조사하며 이들을 작업에 포함시켜왔다. 또한 작가 엘렌 식수Hélène Cixous와 공동 작업을 통해 아이스킬로스, 에우리피데스, 셰익스피어, 몰리에르의 텍스트들을 분석해 왔다.

아리안 므누슈킨은 국제적 연극 제작자로서, 공연단과 함께 그녀가 창작한 연극을 주목하지 않을 수 없다. 그녀는 프랑스 언론이 말하듯 부드러운 목소리와 철의 손을 가지고 짙고 숯 많은 은백색의 머릿결을 휘날리며 사명감으로 똘똘 뭉쳐 극단 운영 사업에 몰두한다. 그녀의 의지력과 개성의 힘, 이상주의, 실용주의 그리고 미장센을 위한 천재성은 태양극단을 고무하는 활력의 중요한 원천이 되어왔다. 극단의 터전인 까르뚜슈리Cartoucherie[2]의 방문자들은 므누슈킨이 한꺼번에 여러 장소에서 눈에 띄는 것을 알 수 있을 것이다. 므누슈킨은 극단(약 40여 명의 단원)을 지도하고 운영하는 것 외에도 관객과의 직접적 관계에도 아주 깊게 관여한다. 공연 전 박스오피스에서 티켓을 판매하는 곳에서도 그녀를 볼 수 있으며, 공연 시간에는 문을 열고 대중들을 환영하며 자리로 안내한다. 종종 매진되는 공연장에서 모든 사람들이 앉을 수 있는 장소를 찾는 것도 바로 그녀이다. 휴식시간에는 매점에서 다과를 제공하거나 수년 동안 태양극단을 보기 위해 온 방문객들을 맞이하기도 한다. 공연 후 대담 중에 므누슈킨은 그녀가 그러하듯 관객들이 스스로를 '세계 시민들world citizens'이라고 생각하도록 요구할 준비가 되어 있다. 국제 난민들의 운명과 세계 빈민자들, 그리고 현재의 정치적 사건들에 대해 이야기하면서 그녀는 관객들에게 공동의 사회적 연대로써의 연극의 중요성에 대하여 상기시킬 것이다. 또한 아르또Artaud, 브레히트Brecht, 꼬포Copeau, 뒬랭Dullin, 주베Jouvet, 메이어홀드 Meyerhold, 그리고 장 빌라르Jean Vilar와 같은 연극계 거장들의 성과와 그들의 유산을 지속해 나가야 할 필요성에 대하여 이야기할 것이다. 관객들이 퇴장할 때도 그녀는 세계 각지에서 온 관객들과 대화를 나눌 수 있도록 공연 후 오래도록 머무른다.

므누슈킨은 공연을 인간이 처한 상황을 목격하기 위한 포럼으로써 다양한 지역과 다른 시대의 연극을 탐험하는 데 관심을 보이며 스스로를 세계 시민으로서 정한 역할에 능숙하다. 그녀의 연극 윤리를 뒷받침하는 필수적인 특징들은 전 세계적 비전, 즉 모든 복잡함과 다양성 가운데서도 인류를 껴안아 보듬는 것으로써의 연극의 사명에 대한 신념; 연극이 정치적 차이를 만들 수 있다는 생각; 집단적 창작의 원리에 대한 약속; 연극은 아름다울 뿐 아니라 의미 있는 예술적 경험이어야 한다는 강력한 미적 감각; 실험하고 끊임없이 혁신하고자 하는 욕망; 그리고 그녀의 앙상블과 관객들로부터 최선을 기대하는 철저함에 대한 헌신 등으로 이루어져 있다. 물씬 풍기는 강력한 존재감에도 불구하고, 므누슈킨은 배우, 디자이너, 극작가, 테크니션 그리고 행정가들 또한 집단적 책임감과 비전을 갖는 유토피아적 공동체 건설을 위해 작품에서 능동적인 협력 창작자가 되어줄 것을 요구한다.

므누슈킨의 작업은 태양극단의 역사와 함께 여러 생애를 거쳐 왔다. 1961년 연극 연출의 첫 작업인 앙리 보쇼Henri Bauchau의 〈징기스 칸Genghis Khan〉부터 1970년 그녀의 가장 뛰어난 작품으로 평가받는 프랑스 혁명에 관한 〈1789〉, 더 최근작으로 국제 난민들에 관한 이야기인 〈숙소Le Caravansérai〉(2003)와 자연 학대로 야기된 인간 삶의 이동과 파괴를 비유한 작품 〈제방의 북소리Tambours sur la Digue〉(1999)까지 므누슈킨은 자신의 비전을 실현하기 위해 다양한 형식들을 사용해 왔다. 그녀는 그러나, 역사를 큰 틀로 보고 그 안에서 '사람들'의 역할에 초점을 맞춘다. 공동 창작물인 1789는 소작농에서부터 혁명적 리더인 마라 Marat에 이르기까지 프랑스 혁명에 참가한 사람들의 관점에서 혁명에 대한 이야기를 다루고 있다. 작품을 통하여 의미심장하게 울려 퍼지는 것은 그 자리에 있었던 사람들, 다시 말해 18세기 바스티유 감옥의 쟁취로 최고점에 달하고 있는 집단적인 파리 시민들의 목소리이다.

므누슈킨은 1939년 3월, 유태계 러시아인 망명자이자 유명한 영화 제작자인 알렉산드르 므누슈킨Alexandre Mnouchkine과 영국 출신 여배우인 준 하넨June Hannen 사이에서 제2차 세계대전 발발 하루 전 파리에서 태어났다. 그녀의 가족은 전쟁 기간 중에 프랑스 보르도 지역으로 숨었지만, 그녀의 조부모들은 파리에 머무르기로 결정했고 결국 고발되어 강제수용소에서 목숨을 잃었다. 이 사건은 그녀에게 큰 충격을 안겨주었다. 그리고 그녀로 하여금 도덕적 의무가 삶과 죽음을 결정짓는 때, 즉 역사적으로 도전적인 시대에서 개인과 공동체의 역할에 대해 전 생애를 걸쳐 고민하게 한다.

므누슈킨은 아버지가 제작자로 일했던 영화 세트장에서 자랐으며 전쟁 이후 프랑스에서 영화가 풍성히 꽃을 피운 시대로부터 영향을 받았다. 하지만 그녀는 자신의 비전을 추구할 자유를 선호하며, 영화계의 상업적 압박을 넘어 연극을 선택했다. 그녀는 이탈리아의 조지 스트렐러Giorgi Strehler, 프랑스의 플랑숑Roger Planchon 등과 같은 브레히트 계열 감독들의 작품뿐만 아니라, 파리에 있는 국립극장Theatre des Nations에서 보았던 카타칼리 및 경극과 같은 동양 연극으로부터 강하게 영향을 받는다. 1959년 소르본 대학의 심리학과 학생이었던 므누슈킨은 전통적인 대학 연극 조직에 대한 반작용으로 플랑숑의 지지를 받으며 ATEPthe Theatre Assocation for Students of Paris를 창설했다. 사르트르Sartre는 ATEP에 처음 연설자로 초청받은 인사 가운데 한 명이었으며, 단체는 쥬네Genet의 작업을 후원했다. 1962년 므누슈킨은 1년간의 휴식을 갖기로 결정했으며 아시아로 여행을 떠났다. 이 여행은 그녀에게 이후 창작 작업들을 통해 점차 울려 퍼지게 될 깊은 인상을 남겼다.

므누슈킨의 여정은 대부분 연극을 이루는 토대를 구성하는 원천들을 찾는데 있었다. 브룩과 그로토프스키, 바르바를 포함하여 동시대를 살았던 많은 연극인들과 마찬가지로 그녀는 아르또에게 영향 받았으며, 연극의 기원과 동양적 영감을 통해 연극이 새로운 활력을 찾기 바랐다. 므누슈킨에게 있어 연극은 다른 무엇보다도 총체적 연극성으로 특징지을 수 있는 형식을 통해 사람들에 관한, 사람들에 의한 이야기를 하는 것이다. 음악과 텍스트, 인물, 춤, 관객 그리고 장소가 한데 통합되는 전통적 아시아 연극에서 종종 찾을 수 있듯 공연의 이벤트는 희곡 내에 담겨진 역사적 사건 만큼이나 기억될 수 있는 것이어야 했다. 그녀에게 공간은 다른 무엇보다 중요한 요소이며, 작품을 위한 적절한 연극적 공간을 상상할 수 없다는 이유로 제작을 포기한 적도 있다. 그녀에게 있어서 '각각의 공연은 그에 맞는 세트를 갖는다'(Miller 2007: 103-4). 제작이 어떤 형식을 택할지를 안 이후에야 그녀는 이야기를 시작할 수 있다.

태양극단 내에서 배우들의 발전을 이해하기 위해서는 이 공연단의 끊임없이 진화하는 형식 계발의 역사를 고려해야 한다. 극도의 연극조로 나타나는 하나의 미학이 공연단의 작업을 특징짓고 있음에도 불구하고, 각각의 작품들은 그 자신의 독특한 특징과 준비 과정을 가지고 있다. 므누슈킨은 훈련에 있어 하나의 접근만을 제안하지 않는다. 태양극단에서는 가면 작업이 배우들의 형성에 있어 바탕이 됨에도 불구하고, 거의 모든 작품들이 공연에서 실제 가면을 사용하지 않고 '가면화된' 배우들의 개념을 사용한다. 그녀는 배우들에게 영감을 주기 위해 사용하는 기본적인 어휘를 가지고 있기는 하지만, 의식적으로 하나의 방법론을 실행하지는 않는다. 므누슈킨은 때때로 티베트의 전통 무용 또는 인도의 바라트나트얌에서부터 한국의 사물놀이까지 새로운 창작 작업에 통합시킬 형식 안에서 배우들을 훈련시키기 위해 전문가들에게 의존하기도 한다.

1964년 므누슈킨이 태양극단의 초연 작품인 고리끼Gorki의 〈중산층Le Petit Bourgeoisie〉을 연출할 당시 단원들은 그들 자신의 부르주아적 태생과 마주하려고 노력하였다. 스타니슬랍스키의 〈역할창조Creating a Role〉를 손에 쥐고서, 므누슈킨은 배우들이 자신들의 동기 부여를 찾을 것을 요구했다. 어떤 배우들은 그녀가 무엇을 하고 있는지 모른다고 불평하면서 리허설 과정을 그만두었다. 므누슈킨이 그들에게 무엇을 할지를 알려주지 않았기 때문이다. 프랑스의 19세기 소설 〈프라카스 장군Le Captain Fracasse〉을 각색한 17세기 순회 연극단에 관한 이야기인 그녀의 두 번째 작품에서는 배우들로 하여금 광범위한 즉흥과 꼬메디아델라르테를 탐구하도록 했다. 이러한 접근 방식은 므누슈킨에 잘 맞았으며, 이때부터 대중적 연극 형식에 대한 연구를 계속하는 동시에 배우들의 적극적 참여를 추구하였다.

공연단의 돌파구가 된 작품은 1967년에 선보인 영국 극작가 아널드 웨스커Arnold Wesker의 작품으로, 런던의 대형 레스토랑에서 일하는 소외된 식당 노동자들의 이야기인 〈부엌The Kitchen〉이었다. 므누슈킨은 그 시기에 미국의 군 감옥소에 관한 이야기인 리빙시어터Living Theatre의 〈구금실The Brig〉을 파리에서 관람하였다. 그녀는 감옥 안에서 미국 해병대에게 요구되는 종교적 의례들에 관한 리빙시어터의 극화 방식에 감동했고 자신의 작품에서도 이와 같은 본능적 억압감을 표현하기 위해 노력했다. 배우들은 실제 레스토랑에서 일하며 역할에 대한 연구를 계속했고, 므누슈킨은 르콕 스쿨Lecoq school의 수업에 참여하면서 리빙 시어터의 훈련들에 근거한 엄격한 훈련 방법을 고안해냈다. 그녀는 배우들이 레스토랑의 키친에서 가속화한 리듬과 보조를 맞추기 위해 빠른 속도로 움직여야 하는 자극적인 안무를 창작했고 배우들은 공중에서 깬 큰 접시를 던지고 받아야했다.[3] 이 작품은 큰 인기를 모았고 관객 중에는 배우들의 작업에 대한 신빙성을 증언했던 레스토랑 조합원들도 있었다.

이어 1968년에는 〈한여름 밤의 꿈A Midsummer Night's Dream〉을 선보였다. 양피지가 깔린 무대 위에서, 배우 겸 무용수들은 숲의 정령들의 악몽 같은 세계를 기어가거나 굴러 떨어지며 움직였다. 기계공들이 제공하는 유일한 위안의 장소는 미쳐가는 세상에서 희망을 약속한 그들의 기술과 협동 정신의 헌신(아무리 그것이 순진한 일일지라도)을 통해 제공되었다. 1968년 5월, 학생들은 프랑스 연극 제작자들에게 더욱 더 직접적인 정치적 행위를 위해 연극을 포기해야 하는지에 관한 심각한 질문을 던지며 봉기했다. 오랜 논쟁 후에, 태양극단은 〈한여름 밤의 꿈〉에 나오는 기계공들로 특징지을 수 있는 장인정신의 행로를 취했으며 그들의 작업에 대한 헌신을 계속해 나갔다.

공연단의 다음 작품은 그 출발점으로 광대의 형식을 취한 〈광대The Clowns〉였다. 작품은 현대의 삶 속에서 그날그날의 도전을 배우들이 각자 자신만의 광대 캐릭터를 창조하며 탐구했다. 수 시간 동안 이어진 즉흥이 계발되었지만 므누슈킨은 결국 4시간으로 줄여 편집하였다. 〈광대들The Clowns〉(1969-70)은 내부적으로나 외부적으로 공연단의 어려웠던 시간들을 드러냈다. 1968년 5월 혁명은 깊은 불만을 남긴 채 정치적 실패를 맞이했다. 〈광대들The Clowns〉에서의 배우들의 작업은 개별적으로 자신들의 캐릭터에 초점이 맞춰져 있었고, 이는 공연단의 집단적 속성에 부담을 주는 개인적 소외감으로 이끌었다. 게다가 많은 배우들이 폭넓은 신체적 형식을 요구하는 어려운 과제에 좌절하며 공연단을 떠났다.

공연단 내의 문제들과 직면해 므누슈킨은 극단 전체의 열정을 사로잡을 만한 방향을 찾기 위해 분투하였다. 그 결과는 〈1789〉, 〈혁명은 오로지 행복의 완성에서 멈추어야만 한다The Revolution Must Only Stop at the Perfection of Happiness〉였다. 이 작품은 아직 실현되지 않은 사회적 변화의 시작으로 프랑스 혁명을 보여주었다. 주제는 공연단이 가진 비전의 회복을 고무했을 뿐 아니라, 여전히 1968년 5월의 실패에 정면으로 맞서기 위해 노력하고 있었던 프랑스의 관객들을 끌어들였다. 이 기간 동안 태양극단은 카르투슈리Cartoucherie의 오래된 화약고를 얻을 수 있었는데, 이는 명목상의 요금만으로 지방 정부로부터 임대하여 이후 계속해서 거주해온 공연단의 집인 셈이다.

태양극단은 작품 〈1793〉(1972)을 통해 혁명에 대한 탐구를 계속하였으며, 이후에는 꼬메디아델라르테의 형식과 가면들을 사용하면서 동시대 역사로 관심을 옮겼다. 〈황금시대 L'Age d'Or〉(1975)에서는 프랑스에 거주하는 망명자들의 상황을 이야기하는 여러 장면들을 담아냈다. 등장인물들은 구두쇠 판타로네Pantalone와 하인 아를레퀴노Arlequino와 같은 전통적 꼬메디아commedia에 바탕을 두면서, 탐욕스러운 계약사업자 볼피Volpis와 가난한 망명 노동자 압달라Abdallah로 변형되었다.

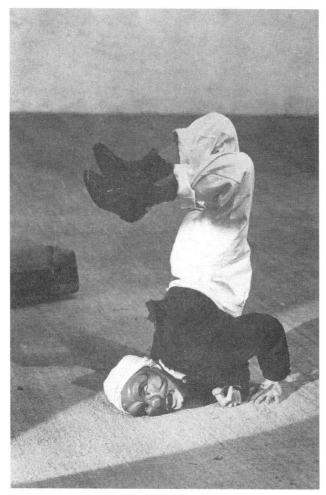

그림 15.2 태양극단의 〈황금시대〉(*L'Age d'Or*), 노동자들의 기숙사에서 잠든 압 달라(Abdallah) 역의 필립 코베(Philippe Caubére)
(Source: Photo. Paul Jenewein)

〈황금시대〉 이후에 므누슈킨은 영화 프로젝트인 〈몰리에르*Molière*〉(1977)에 착수하면서 공연단의 방향에 초점을 다시 맞추었고, 이 프로젝트를 통해 몰리에르의 재판과 시련, 승리 에 대한 이야기를 다루었다. 이는 공연단의 창립 10주년을 맞이하면서 곧 태양극단 역사에 대한 우화와 풍자가 되었다. 현재에서 새로운 형식들을 창조하기 위해서 오랜 연극적 형식 들을 탐험했던 것처럼 므누슈킨은 더 의식적으로 연극 예술가로서의 그녀의 여행을 정의 하기 시작했다. 그녀가 말한 대로 '학교에 돌아가듯 배움의 자세로', 곧 현재에 대한 이야기 를 더 효과적으로 말하는 방법을 찾기 위한 준비로써 몰리에르, 셰익스피어 또는 그리스 비극 등 과거의 연극 형식들을 정기적으로 탐구했다.

태양극단이 10년 동안 중대한 성공을 이루었음에도 불구하고, 프랑스의 비평가들은 계속해서 회의적 입장을 보였다. 극단의 집단적 협동이 화려한 연극성으로 충만함에도 불구하고 텍스트를 약하게 만든다고 공격한 것이다. 므누슈킨은 카르투슈리로 재능 있는 작가들이 오기를 바랐지만, 현재까지도 나타나지 않았다. 다음 작품인 〈메피스토Mephisto〉(1979)에서 므누슈킨은 클라우스 만Klaus Mann(토마스 만Thomas Mann의 아들)의 소설 〈메피스토 Mephisto〉를 각색함으로써 극작을 시도했고, 히틀러의 집권과 뒤따랐던 비극적 결과들에 직면한 독일 배우들의 다양한 선택에 초점을 맞추었다.

〈메피스토〉 이후, 므누슈킨은 캄보디아와 크메르 루즈Khmer Rouge(1975-1979까지 캄보디아를 통치한 급진적 공산주의 세력: 역주)에 의한 황폐화에 관한 희곡을 쓰고자 시도했다. 하지만, 자신의 글쓰기가 영화적 사실주의에 기울여져 있음을 알게 되었고, 셰익스피어의 작품들로 눈을 돌렸다. 이를 통해 그녀는 셰익스피어가 어떻게 역사를 다루었으며 메타포metaphor를 구축하였는지에 관한 드라마투르기적 천재성을 이해할 수 있을 것이라고 기대했다. 므누슈킨은 야심차게 〈리처드 2세Richard II〉, 〈헨리 4세Henry IV, Part 1 and 2〉 그리고 〈십이야Twelfth Night〉를 공연할 방법을 찾고 있었다. 〈리처드 2세〉를 위해 수개월에 걸친 진부한 즉흥 리허설을 거친 후에, 므누슈킨은 쿠라사와Kurasawa의 영화 〈가게무샤Kagemusha〉를 접하게 된다. 그녀는 배우들에게 셰익스피어의 언어 및 드라마투르기에 대한 연극성을 표현할 방법으로써 아시아 연극의 형식을 고려하도록 지시했다. 공간 및 연기 스타일에 관한 적절한 형식 추구는 그녀가 어떻게 중세 영국의 계층 사회를 최선으로 표현할 수 있을지를 안내해주는 계기가 되었고 제기된 질문 중 하나는 '왕이 어떻게 걷는가?'였다. 셰익스피어와는 별도로 브레히트적인 눈으로 보았을 때, 봉건 영국의 세계를 봉건 일본의 세계로 뒤바꾸며 극단은 두 세계에서 암시된 인물들의 게스투스gestus와 정치적 힘의 의식을 발견할 수 있었다. 셰익스피어 작품들의 공연 미학은 엘리자베스 시대와 특히 일본 전통 및 인도의 공연으로부터 차용한 동양적 연극 스타일의 혼성체로 이루어졌다.

셰익스피어의 작품들은 므누슈킨의 미장센 접근에 있어서 불필요한 공간을 모두 제거하고 배우들의 연극적 기교를 강조한 새로운 시대의 시작으로 볼 수 있다. 자신의 텍스트를 발전시키는 것으로부터 해방되어, 태양극단의 배우들은 므누슈킨이 선사한 아름다운 빈 공간에서 아르또가 주창한 '심장으로 뛰는 운동선수athlete of the heart'를 실현하도록 독려 받는다. 이때부터 므누슈킨은 무대 위에서 신성함의 재현이 가진 중요성을 발견하기 시작한다. 이것이 바로 아르또에게 영감을 준 전통적 아시아 연극의 특징이었다. 므누슈킨에게 있어서, 동양의 우수성은 연극적 형식과 배우들에게 제공되는 훈련 방법이었고, 반면에 서양의 우수성은 드라마투르기와 이를 텍스트를 통해 강조하는 것이다(Féral 1998: 39).

> 아시아 연극이 나에게 흥미를 주는 것은 배우들이 곧 메타포의 창조자라는 것이다. 그들의 예술은 인간의 내부를 이야기하는 열정으로 구성된다. . . . 배우들의 목표는 석류열매처럼 인간을 열어 보이는 것이다. 내부를 그저 열어 보이는 것이 아니라 내부의 것을 그려내며 그것을 기호, 모형, 움직임, 리듬으로 바꾸어 놓는 것이다. (Williams 1999: 87)

동양 연극으로의 탐험은 배우들로 하여금 은유적이고 형이상학적인 공간에 서 있게 하며, 한 시대와 공간에서 행동하는 캐릭터뿐만 아니라, 인류의 역사에 대한 집단적이고 신성한 드라마에 참여하는 상징으로써 기호이며, 동시에 기호를 표현하는 자가 되는 연극성 theatricality의 발전으로 이끌었다. 이것은 배우가 두 단계로 읽혀지는 제스처를 계발하도록 했는데, 이는 무대 동작으로 하나와 좀 더 깊은 단계에서는 은유적이며 상징적이 되는 것을 말한다. 이와 같은 예는 그녀의 작품 〈리처드 2세〉를 통해 드러났는데, 볼링부르크가의 헨리가 그의 어릴 적 친구이자 경쟁자인 리처드 2세(헨리의 심복들에 의해 살해된)를 끌어안는 순간이었다. 마치 피에타pietà의 이미지를 불러일으키며 권력의 제단에서 리처드의 희생을 상징하는 이와 같은 모습들은 단순한 무대 위 동작이라기보다는 도식적인 이미지와 더불어 상징적인 액션을 제시한다. 므누슈킨은 그녀의 작품 〈앵디아드L'Indiade〉(1987)에서 인도와 파키스탄의 분리 시대에 서로를 죽인 힌두인과 무슬림들의 시체를 치우기 위해 무대 위에 등장한 손수레를 통해 다시 한 번 피에타의 이미지를 상기시킨다. 손수레 안에는 방금 전 무슬림을 죽인 힌두인의 시체가 놓여 있다. 힌두인의 몸은 무슬림 옆에 나란히 놓인다. 그의 살해자와 더불어 피에타를 이루면서, 이 행위는 그들 서로의 운명과 형이상학적 존재를 반영하는 메타포를 창조한다. 그들이 같은 묘지에 안장되기 위해 벗겨질 때, 배우들이 창조하는 이미지는 폭력의 허무함에 대한 비판이자 동시에 죽음을 통해 알 수 있었던 그들의 공동 운명에 대한 성스러운 친밀감을 반영한다.

세익스피어 작품 제작 기간 동안 므누슈킨은 알제리 출신의 페미니스트 작가인 엘렌 식수Hélène Cixous와 친분을 맺었다. 므누슈킨은 그녀에게 극단과 함께 캄보디아에 관한 희곡을 쓸 의향이 있는지 물었다. 식수는 동의하였고 다른 연극들 가운데서 〈캄보디아의 왕, 노로돔 시아누크의 불완전한 역사L'Histoire terrible maisincahevée de Norodom Sihanouk, roi du Cambodge〉(1985), 〈앵디아드 혹은 그들의 꿈의 인도L'Indiadeou l'Inde de leursrêves〉(1987) 그리고 〈제방의 북소리Tambours sur la Digue〉(1999) 등을 포함한 긴 기간의 협력 작업을 시작했

그림 15.3 조르주 비고(Georges Bigot), 존 아놀드(John Arnold) 및 모리스 뒤로지에(Maurice Durozier)가 출연한 태양
극단 작품 셰익스피어의 〈헨리 4세〉(*Henry IV*, Part I)(1984) (Source: Magnum photos, photo, Martine Franck)

다. 식수는 므누슈킨의 미장센에 극도의 연극성hyper-theatricality을 완성시키며 태양극단의
텍스트에 풍부한 서정성을 가져다주었다. 므누슈킨과 식수는 극단주의자들의 이데올로기,
즉 인간 양심의 붕괴를 야기한 권력과 탐욕에의 투쟁에 의해 휩쓸려갔던 역사적 시기를
탐험하면서 4시간에서 8시간까지 이르는 서사시 형식을 띤 동시대 도덕극을 구축하였다.
창조적 과정은 식수와 므누슈킨 및 배우들과의 협업을 포함했다. 식수가 자신의 희곡을 리
허설에 가져가면 배우들은 인물과 텍스트에 관한 즉흥을 시도했으며, 므누슈킨이 궁극적으
로 최종의 텍스트와 미장센을 결정하는 동안 식수는 다시 이를 자신의 시적인 언어로 바꾸
어 놓았다. 이 시기 동안 므누슈킨은 제방의 북소리 공연을 위해 무대 위의 사람 인형들을
창조하기 위한 모델로써 분라쿠를 포함한 여러 형식들을 가지고 실험을 계속해 나갔는데
배우들은 분라쿠 인형들처럼 의상을 입고 자신들이 마치 인형인 듯 다른 배우들에 의해
조정되도록 했다. 그녀는 〈시아누크*Sihanouk*〉(1985)와 그리고 〈뜻하지 않은 각성의 밤들*Et
soundains des nuits d'éveil*〉(1997)에서 가면 작업에 대한 탐구를 계속했으며, 위기에 있는 공동
체의 의식적 표현으로써의 연극을 철저히 조사하며 '배움의 자세로 돌아가기 위해' 아이스
킬로스의 〈오레스테이아*The Oresteia*〉(1990-92) 및 에우리피데스의 〈아울리스의 이피게네이
아*Iphigenia at Aulis*〉(1990)를 무대에 올렸다. 이 시기에 춤과 음악은 작업을 위해 새로운 차원

에서 중요한 요소가 되었으며 배우들은 인물을 구현하고 텍스트를 창작하면서 복합적 신체 무용들을 배우고 인형 및 동물들을 재창조하거나 드럼의 마스터가 되는 등 최고의 신체적 기교와 연극적 참여에 도전했다.

최근의 작품들에서 므누슈킨은 배우들이 참여한 공동 텍스트의 창작으로 돌아왔다. 〈마지막 카라반의 숙소Le Dernier Caravansérail〉(2003)에서는 정치 · 경제적 억압에서부터 피신한 수백만의 오늘날 난민들의 운명에 대해 환기시켰다. 반면에 〈하루살이들Les Ephémères〉(2007)은 개인적 · 정치적 역경에 직면한 사람들의 사적인 삶과 그날그날의 투쟁에 대해 초점을 맞추었다. 두 작품에서는 므누슈킨의 영화적 접근을 통해 고안된 새로운 형식의 원근법을 이용했다. 그녀는 세상의 한 부분에서 다른 부분으로 끊임없이 이동하는 인물들의 틀을 잡고 재빨리 그들의 배경을 구축할 필요를 느꼈다. 배우들은 실험을 통해 해결점을 찾았다: 역사와 사람들의 삶의 이동이라는 몽타주를 창조하며 인물과 처한 환경을 위해 다른 배우들에 의해 등퇴장하는 바퀴 달린 플랫폼을 만들어 무대 위에서 이동시켰다. 이를 통해 므누슈킨은 한편으로는 세계적 정치에 의해, 다른 한편으로는 점점 증가하는 물질주의 및 탈개인주의적 세계에 의해 점령당한 시들어진 인간애 속에서 개인들의 이야기를 담아내기 위해 노력한 듯 보인다. 〈마지막 카라반의 숙소〉의 이야기의 구성이 망명자들과의 많은 인터뷰뿐 아니라 배우들의 개인적 경험 및 독서와 연구로부터 나왔던 반면에, 〈하루살이들〉

사진 15.4 태양극단의 〈마지막 카라반의 숙소〉(Le Dernier Caravansérail Part II, 2005)
(Source: Magnum photos, photo, Martine Franck)

은 좀 더 직접적으로 극단 구성원들의 개인적 경험에 바탕을 두고 있다. 두 작품은 다른 이들의 관심 위에 위태하게 의존하고 있는 수많은 황폐한 삶들이 이루는 수많은 이미지를 남긴다. 희망은 폭풍을 거슬러 날고 있는 외로운 갈매기 혹은 조용히 앉아 다른 사람의 이야기를 기꺼이 듣고 싶어 하는 개인들로 상징된다.

훈련The Training

나는 스스로에게 '어떤 테크닉을 사용해야 하는가?'라고 묻지 않는다. 돌이켜 생각해보면, 나에게 메소드가 없다고 믿고 난 이후 근본적으로 거기에는 한 가지가 존재했다는 것을 깨달았다. 〈밤에도 태양Au soleilmême la nuit〉[4]을 보면서, 나는 스스로에게 말했다. 기본적으로 메소드는 존재한다. 그러나 내가 의식하지 못할 뿐이다. 메소드는 다름 아닌 바로 각각의 순간들, 내가 거기에 있으며 '자 이제 떠나자.'라고 말하는 찰나의 모험들이다.[5]

므누슈킨의 방법론은 미지의 세계 가장자리에 존재하는 배우들의 창조적 잠재성에 대한 순간의 요구 및 직관적 이해에 바탕을 둔다. 그녀가 무대를 보고 있을 때는 무엇을 원하는지를 알고 있지만, 그것을 드러내기 위해서는 배우들에게 의존해야만 한다. 본질적으로 므누슈킨은 상황을 제안하고, 배우들은 그들의 상상력과 더불어 기꺼이 연기하고자 하는 자발성으로 응답한다. 므누슈킨의 천재성은 배우들에게 영감을 주고 알아보며, 육성하고, 그들이 만든 의미 있는 선택들을 구체화하는 재능에 있다. 이러한 창작 방법은 배우들에게 매우 부담이 클 수밖에 없는데 왜냐하면 그들로 하여금 므누슈킨이 안내하는 영역에서 발을 헛디딜 수 있는 탐구 여정으로의 아낌없는 참여를 요구하기 때문이다. 그녀가 가장 즐겨 반복했던 말들 가운데 하나는 배우가 선입견 없는 세상으로 들어오기 위해서 개방성과 자발적 마음을 가진 어린 아이가 되어야 한다는 것이다. 하지만 이 아이는 또한 창의성이 상당히 풍부해야 하며, 신체와 언어를 통해 이야기하는 강력한 능력을 보여주면서 자신만의 특별한 상상력을 가지고 빈 공간을 채울 수 있어야 한다.

창작을 위한 므누슈킨의 접근법은 장면들을 통해서 이루어진다. 그녀는 이미지들과 소리로 가득 찬 분위기를 만듦으로써 배우들에게 자신들의 여행을 시작하게 한다. 배우들이 셰익스피어의 〈헨리 4세〉에 대해 보다 더 접근이 용이한 방법을 찾도록 격려하면서, 므누슈킨은 구체적인 세계를 주문처럼 불러낸다. '한 마을을 상상해보라, 이 높은 고원에서, 히말라야 산맥의 경계에서, 흙의 흔적 끝에서, 마을이 눈으로 차단되기 직전 이 역사의 마지막 순간을 위한 놀이와 캐러밴(이동 주택: 역주) 정류소들을 상상하라. . . . (Double Page 1984).
므누슈킨은 배우들에게 영감을 주기 위해 구체적 그림과 사진들, 서술적 이야기들을 제공
할 것이다. 1978년부터 극단과 함께 해온 상주 음악가·작곡가이자 므누슈킨의 오랜 협력
자인 장 자끄 르메트르Jean Jacques Lemêtre는 등장인물 각각을 위한 주제와 스토리를 따라
흐르는 적절하고 역동적인 분위기를 만들어 내며 배우들이 무대 위에 발을 올려놓는 순간
부터 음악 반주를 제공할 것이다. 르메트르는 때때로 세계 각국의 3백여 점의 다른 악기들
과 여러 명의 보조 음악인들과 함께 배우들의 즉흥적인 동작들을 따라 음악을 즉흥으로
연주하고 악기를 조정하면서 모든 리허설에 참여한다. 그의 음악적 즉흥은 배우들의 더 나
아간 선택에 차례로 다시 영감을 준다. 공연 전까지 음악과 배우들의 동작들은 전체적으로
통합되며, 그 결과 작품은 줄곧 성공을 거둔다. 즉흥 리허설 기간 동안의 이와 같은 라이브
음악과 동작과의 통합은 므누슈킨의 메소드에 있어 근본적 측면을 이루고 있으며 작업의
성공에 있어 중요한 열쇠가 된다. 므누슈킨은 배우들이 찾고 구현해야만 하는 정서적 상태
êtats의 일련의 변화와 진화를 통해 드라마적 인물에 접근할 수 있음을 신뢰한다. 음악은
등장인물들의 동작을 따라 배우들을 움직이면서 이동시키고 또 상태를 유지하도록 도우면
서, 등장인물의 정서적 상태를 찾는데 뒷받침한다.

    므누슈킨에게 있어서 의상은 음악과 마찬가지로 무대 위의 등장인물과 동작에 대한 감
각적 경험을 창조하는 데 바탕이 된다.

    의상은 배우들의 제2의 피부이며, 등장인물의 유일한 거죽이다. 의상을 입는 것은 기쁨,
    변장, 행렬, 탈바꿈 등 한 사람의 어린 시절을 재발견하는 것이다. 배우들이 다른 사람
    이 되는 것은 의상 덕분이다. (Féral 1998: 33)

리허설 기간 동안 배우들은 외출복을 입고 무대에 들어올 수 없다. 처음부터 의상을 만들
기 위한 여러 재료들을 이용하며, 배우들은 어떤 등장인물이던지 간에 자신들의 의상을 즉
흥적으로 창조한다. 개별 리허설은 배우들이 등장인물로 스스로를 변신시킬 수 있는 여러
천과 의상 품목들을 제공하는 의상 디자이너와 보조들의 도움과 함께 스스로를 '위장'하는
것으로부터 시작한다. 시간이 지나면서 므누슈킨과 의상 디자이너(리허설에 참여한)와의
협력을 통해 종합적인 의상 스타일이 계발된다. 배우들은 리허설 기간 동안 의상을 입고
있으며, 그날 장면을 연기하지 않더라도 언제나 무대 위로 등장할 준비가 되어 있다.

. . . 연극은 제스처의 비유, 언어의 비유이다, 그리고 . . . 배우가 감정, 기억, 상태 또는 열정을 바꿔놓을 때 아름다운 것이다. 배우가 그것을 공연, 즉 기호, 동작으로 바꿔놓지 않는다면 그 누구도 순수한 열정을 보지 못한다. (Williams 1999: 102)

리허설 초기에 배우들은 돌아가면서 다른 등장인물들을 읽어 내려가는 한 번의 텍스트 읽기 과정을 거친다. 이후 그들은 대본을 들고 바로 움직이며 동작을 즉흥으로 해보며 대사를 숙지한다. 리허설에서 두 그룹으로 나뉜 배우들은 같은 장면을 연습한 후 전체 그룹 앞에서 시연한다. 배우들은 연습에서 어떠한 역할이든 지원할 수 있다. 므누슈킨은 배우들에 의한 역할의 심리화psychologizing에 반대하며, 배우들이 등장인물의 내적 그리고 외적 충돌들을 나타내는 외부적 동작과 정서적 상태를 찾는데 있어 등장인물의 극화theatricalisation에 집중하도록 상기시킨다. 므누슈킨은 순수하게 개인적인 문제보다는 도덕적 및 사회적 의무에 직면한 인물의 선택에 관심이 있다. 그녀의 가장 최근의 작업에서, 리얼리즘과 극화 사이의 경계는 그날그날을 살아가는 위기에 처한 동시대인들의 이야기를 시작하면서 사라져 버렸다. 혹자는 인물의 한 유형을 제안하는 데 있어, 현실주의적 세부사항들을 찾는 동시에 하나의 타입을 제시하는 연극성theatricality으로 밀어 넣는데 공을 들였던 영화감독 장 르노아르Jean Renoir의 작업과 므누슈킨의 최근의 노력들을 비교할지 모른다. 태양극단의 가면들은 배우들이 그것을 가지고 연습하지 않을 때도 영감을 주기 위해 그들과 가까이 있다. 동작들의 범위가 큼에도 불구하고, 기교를 부리는 연기는 곧바로 배우들의 경청, 동작의 단순화, 정확함과 진실함을 유지하기 위한 므누슈킨의 요구에 의해 신속히 제거된다.

등장인물들은 나타났다가 사라지고 또 다시 나타나며, 배우들은 한 작품에서 다양한 역할을 맡는데 그 이유는 므누슈킨이 역사와 그 흐름 안에서의 인물들의 사회적 행동을 강조하는 서사적 구조를 통해 이야기하기 때문이다. 최근 작품에서 관객들은 한 지점에서 세상의 다른 지점으로 이끌려진다. 그러므로 이야기는 다른 장소, 시간 그리고 사람들 사이에서 끊임없이 이동한다. 하지만 이것이 등장인물에 대한 배우들의 묘사가 일반화되었다고 말하는 것은 아니다. 므누슈킨은 구체성specificity에 관하여 철저하다. 마치 훌륭한 가면이 마지막 미세한 부분까지 공들인 작업으로 완성되어지는 것과 마찬가지이다. 배우의 제스처는 동작일 뿐만 아니라 전 세계적인 이미지를 불러일으키는 기호가 된다. 〈황금시대〉에서 배우 필립 코베르Philippe Caubére는 이미 잠들어 있는 노동자로 꽉 차있는 한 방에서 누울 장소를 찾아야만 하는 이주 노동자를 연기했다. 널따란 빈 공간으로 표현된 가득찬 방은 배우들의 상상이자 더 나다가 관객들의 상상 속에 있다: 어깨로 지탱해 구르는 동안

발이 머리 쪽으로 떨어지는 배우의 움직임을 통해 우리는 그 방이 실제로 얼마나 꽉 차 있는지 충분히 이해할 수 있다(그림 15.2 참조).

가면 작업Mask Work

> 나는 가면이 배우를 숨기는 것이 아니라 스스로를 숨기는 것이라고 생각한다. 사실상, 그 것은 아무것도 숨기지 않으며 드러낼 뿐이다. 그것은 영혼의 확대경이자 영혼을 들여다보 는 눈이다. . . . 불현듯, 연극의 모든 법칙들은 거기에, 가면과 함께 있다. (Féral 1998: 29)

태양극단에서 므누슈킨의 배우 훈련은 가면 작업에 기초하고 있다. 그녀는 1960년대에 르 콕Lecoq학교에서 수학 했으며 그곳에서 가면은 '거짓말하지 않으며, 행동의 진실 및 연극 성theatricality의 본질은 가면 속에 있는 배우들을 관찰함으로써 알 수 있다는 것을 터득했 다. 가면 작업은 그녀가 극단에 새로운 배우들을 선발하는 틀이기도 하다. 대략 매 2년마다 므누슈킨은 2~8백여 명의 배우들이 참여하는 가면 워크숍을 개최한다.[6] 워크숍은 저항 Resistance 또는 점령Occupation 등과 같은 주제를 갖는다. 워크숍 첫날에 므누슈킨은 가면 없이 하는 다양한 환경들: 예를 들면 유산에 대한 분쟁, 장례식 전의 아침, 열정이 폭발하는 아이스링크에서의 하루, 경찰이 사람들이 유효한 티켓을 가지고 있는지 점검하기 위해 승 차하는 순간의 대중교통 버스의 상황 등을 포함해 처음에는 두 명의 배우와 함께, 이후 더 큰 그룹으로 옮겨가며 즉흥극을 시작한다. 그녀는 배우들 각각에게 그들의 동작들을 비밀 로 부여하면서, 강력한 정서적 상태를 위한 분위기를 만들기 위해 홀스트Holst의 〈행성 Symphony of the Planets〉과 같은 몇 개의 녹음된 음악과 함께 즉흥극을 시작한다. 즉흥극의 목적은 인물의 l'état(상태 또는 내부적 풍경)에 기초한 강하고도 명쾌한 동작들을 찾기 위 해서이다. 즉흥극이 시작하는 순간부터 므누슈킨은 동작의 선, 무대를 가로질러 나아가는 내적 리듬, 즉 'musique interieur', 장면의 분위기 등을 포함한 인물의 상태를 보기를 원한다. 그녀는 인물의 내적 사고 과정보다는 움직임과 발성의 질quality이 가진 감각 세계를 통해 반영되는 인물의 상태에 관심을 둔다. 이것이 내적 삶이 없다는 것을 의미하지는 않는다; 반대로 내적 삶은 공연을 통한 배우의 연극성을 통해 증명된다. 사실적 접근이 배우들에게 인물의 감정을 내면화하도록 요구하는 반면, 므누슈킨은 배우에게 인물의 내적 세계를 표 면화하도록 요청한다. 그녀는 또한 배우에게 설명보다는 l'état(상태)에 집중할 것을 요구하 며, 행위들은 인물의 상태에 대한 배우의 이해력의 결과로 나타난다: '배우는 받아들인다. 조사하거나 찾지 않는다. 받아들이기 위해 기다린다. 그는 유효하기 위한 수용의 상태에 있다. 그는 기다린다'(Féral 1998: 26).

즉흥극은 30초 동안 짧게 이어질 수도 있다. 그녀는 배우들이 그 순간에 존재하지 않으면 최종적으로 '멈춰!'라고 소리칠 것이다. 존재하기 위해 많은 동작들이 필연적인 것은 아니다. 우리가 한 사람을 바라볼 때, 인물에 삶을 불어 넣었는지 아니면 여전히 강한 자의식으로 휩싸인 배우의 존재를 느끼고 있는지는 분명히 알 수 있다. 즉흥극 이후에 므누슈킨은 배우들에게 스스로를 비평하도록 한다. 그녀는 그들이 그 순간에 있었는지, 동료 배우들에 대해 수용적이었는지 등을 묻는다. 또한 배우들이 자신의 인물을 발견하기 위해서는 다른 인물들의 동작들을 관찰하고 들음으로써 가능하다는 것을 강조한다. 동시에 배우가 자신의 동작을 취득하기 위해 동료 배우에게 매달리는 기생물이 되지 않도록 주의하라고 말한다. 배우는 한 그룹의 일부임과 동시에 한 개인으로서 공간에 발을 들여놓을 용기가 있어야 한다. 므누슈킨은 배우에게 '음악이 아닌 소음이 들린다'고 논평하며 각 인물의 '내부의 음악'을 찾았는지 집요하게 묻는다. 므누슈킨에게 있어 각 인물은 등장에서 분명히 구별되는 자신만의 리듬과 라이트모티프leitmotif(반복적으로 나타나는 주제: 역주)를 가지고 있다. '인물은 당신이 등장하는 순간부터 존재했는가? 당신은 행동에 대하여 생각하지 않고 무언가를 해야만 한다. 인물은 어떠한 상태였는가? 동작들은 명확했었는가? 만약 당신이 설명적이라면, 당신은 연극을 죽인 것이다.'

며칠간의 워크숍 이후 므누슈킨은 가면을 사용하기 시작한다. 태양극단에는 꼬메디아 델라르테 및 발리의 희극 전통 가면을 아우르는 광범위한 나무 가면 소장품들이 있다. 여기에는 가면의 대가인 살토리Sartori와 함께 수학한 에르하르트Erhard Stiefel가 만든 가면들도 포함되어 있다. 에르하르트는 학생 시절 르콕 스쿨에서 므누슈킨과 수학한 이후 그녀와 함께 작업해왔으며 이 가면들은 최상의 품질들로, 존재 자체가 거부할 수 없는 가면의 아름다움을 발하며 배우들의 참여를 불러일으킨다. 므누슈킨은 가면 작업의 규칙을 보여준다. 배우는 가면을 존중해야 한다. '가면과 함께할 때 양보해야 하는 것은 바로 당신이다.' 가면은 코 위나 눈을 통해서가 아닌 얼굴 면 위에 조심스럽게 위치해야 하고, 가면의 얼굴을 아래로 두어서는 안 된다. 가면을 관찰함으로써 배우는 '인물과 겸손하고 사랑스러운 만남을 찾아야 한다.' 관찰이 끝나고 친숙해진 하나의 가면을 선택한 후에는 가면을 위한 적합한 의상을 찾는다. 가면 작업의 경우, 의상이 주는 변장을 완벽하게 수행해야 한다. 피부, 머리카락, 팔, 다리, 손 그리고 발은 사실주의에 암시를 피하며 완벽한 연극적 효과를 창조하기 위해 가려져야 한다. 배우들에게는 극단의 과거 작품들로부터 존재하는 정교한 의상들뿐 아니라 터번, 벨트, 레깅스 등을 만들기 위한 길고 아름다운 천이 제공된다.

므누슈킨은 배우 개개인들에게 그들이 끌리는 가면을 선택하도록 요청하고 배우들이 의상을 입고 거울을 통해 가면을 쓴 인물을 바라보는 것을 유심히 관찰한다. 만약 그들의 접촉이 끊긴다면 인물을 점검하기 위해 거울은 항상 거기에 있어야 한다. 방 안은 조용하다. 태양극단의 배우들은 주위에 존재하며 초보 배우들이 의상을 입는 것을 돕는다. 배우가 준비가 되고 무대 위에 오른 이후에, 므누슈킨은 질문과 지시를 통해 인물과 관계를 맺기 시작한다: 당신은 어디서 왔는가? 가족이 있는가? 직업은 무엇인가? 어디로 가고 있는가? 당신이 원하는 것을 나에게 보여 달라 등이다. 며칠 동안의 개별 작업 이후, 배우들은 므누슈킨이 제안하는 주제와 함께 작업할 4~8명으로 이루어진 배우 그룹을 만든다. 배우들은 그룹별로 자리를 뜨고 함께 작업할 가면들에 기초해서 시나리오와 인물들을 계발한다. 주제는 저항Resistance이다.

그룹의 지원자들: 배우들은 그들의 시나리오를 시도하고자 무대 위로 나간다. 므누슈킨은 가로막으며 '그렇게 많은 준비를 하고서 어떻게 당신은 거리를 걸어 내려가듯 무대 위를 오르는가? 나는 연극을 사랑하고 연극을 원한다! 나가! 다음! 가면의 공포는 마치 신이 내려올 때 느끼는 것과 같은 유익한 두려움이다.'

그녀는 몇 가지 요점을 만들기 시작한다:

- 한 사람이 무대 위에 등장할 때, 이는 마치 또 다른 대륙에 들어서는 것과 마찬가지이며 일상의 언어, 상스러움과 평범함이 사용될 수 없는 항해를 시작한다는 것을 기억하라.
- 당신의 가면 또는 다른 이의 가면을 건들지 마라. 그렇지 않으면 당신은 마법을 깨버리고 말 것이다.
- 관객과 함께 가면을 공유해라. 가면과의 작업은 배우가 대중과 직접적 접촉을 구축할 때 배우의 정면성을 요한다.
- 가면은 거짓말하지 않는다. 가면은 모든 계략을 드러낸다. 그것은 사실주의가 아닌 진실을 요한다.
- 배우는 무대 위로 입장하기 전에 가면의 감정 상태가 무엇인지 물어야 한다.
- 연극을 창작할 때 아이가 되는 것이 중요하다. '아이는 노는 행위를 사랑한다. 가면들의 존재는 우리가 놀이하는 것을 잊지 않도록 한다.'

한 그룹은 레지스탕스의 회원들이 증오하는 침입자의 동상을 날려버리기 위해 다이너마이트를 설치하는 장면을 고안했다. 폭탄이 설치되자마자 (가면을 쓰지 않은) 두 연인이 그들의 밀회를 즐기며 동상 아래 도착한다. 그들은 서로 사랑하고 서로에게 푹 빠져 있다. 레지스탕스의 회원들은 어느 누구도 죽이지 않고 단지 동상만을 폭파하길 원하며 극도의 불안한 상태에 있다. 그들은 주의를 끌지 않도록 애쓰며 젊은 커플들에게 해가 되지 않도록 폭탄을 망가뜨리기로 결정한다. 커플이 떠나고 그들은 폭탄을 다시 설치한다. 폭탄이 막 폭발할 때 즈음, 커플이 다시 돌아온다. 좌절감이 고조되었으나 선택은 다시 폭탄을 해체하는 것으로 정해진다. 연인은 자신들이 다른 이들에게 끼친 영향을 의식하지 못한 채 퇴장한다.

므누슈킨은 그룹을 칭찬한다. 시나리오는 강렬한 선택들과 더불어 간단했다. 배우들은 그룹의 리듬을 확립했다. 그들은 개별 인물들의 라이트모티프를 유지했다. 배우들은 관계를 만들기 위해 필수적인 정면성을 유지하면서 그들의 가면을 관객들과 공유했다. 의상은 신중히 완성되었고 인물의 선이 분명히 그려졌다.

배우들은 그 순간에 있었고 서로에게 열려 있었으며, 동작들을 탁하게 만들지 않았다. '사람은 한 번에 단지 한 동작만을 행할 수 있다.' 제스처들은 군더더기 없이 구체적이고 경제적이었다. 배우들은 동작 안에서 쉴 곳과 멈출 곳을 찾아냈고, 이는 장면의 리듬을 이루었다. 배우 각각은 최대치를 얻기 위해 어떻게 최소치를 할지를 이해했다. 그들은 인물들의 육체성과 감정적 상태들에 전념함으로써 가면 작업에서 요구하는 강렬한 에너지를 보여주었다. 므누슈킨은 그룹에게 몇 가지 구체적인 요점을 설명한다.

- 멈춤이 없이 리듬이 있을 수 없고, 형식은 리듬을 만든다. 음악 악보에서처럼, 리듬을 느끼기 위해선 쉼과 멈춤이 있어야만 한다.
- 자신을 설명하지 말고, 그가 되라.
- 끝마칠 시간을 내어라. 당신의 동작을 완성하고, 동작들이 아주 빠르게 번갈아 행해지더라도 당신은 단지 한 번에 한 가지 동작을 할 수 있음을 기억하라.
- 작품 안에서 아이처럼 되는 것이 등장인물을 어린애 취급하는 것은 아니다.
- 당신의 인물을 기괴하고 추한 생명체로 만들지 마라. 모든 생명체 안에는 아름다움이 있다.
- 모놀로그는 이 형식의 연극에서는 존재하지 않는다. 그것이 관객일지라도 항상 누군가에게 말하고 있다.
- 당신의 전체 인물 속으로 체화될 수 있는 가면의 디자인을 찾아라. 스스로에게 나의 동작들과 나의 의상들이 가면의 디자인을 완성하고 있는지 등을 물어라.
- 이 가면들은 완전한 존재들이다: 모순되는 것을 찾아라. 당신 아래에 있는 먼지를 볼

수 없다면 태양의 광선도 볼 수 없다.

- 당신이 존경하는 사람의 작품을 모방하는 겸손함을 가져라. 하지만 이것은 외부가 아닌 내부로부터의 모방하는 문제이다.

므누슈킨의 배우 훈련이 작품마다 다름에도 불구하고, 리허설에서 그녀는 가면 워크숍에서 강조했던 것과 똑같이 일관된 충고를 잊지 않는다. 훈련 과정에서 배우들의 공헌 또한 중요하다. 어떤 경우에 배우들은 예를 들어 인도, 발리, 한국 등의 연극 대가들과 함께하는 공식 훈련에 참여하도록 세계 각지로 여행할 수 있는 보조금을 받고 그들이 배운 것들을 가져오기도 한다.[7]

리허설 및 공연 기간 중에 배우들은 동작과 발성에 적합한 훈련을 위해 다른 배우가 이끄는 준비 운동을 한다. 준비 운동은 각 작품을 위해 설정되고, 작품의 필요에 따른 구체적인 연습들을 포함한다. 예를 들면 배우들은 최근 작품에서 무대 위와 밖에서 (세트와 배우를 옮기는) 바퀴 달린 플랫폼을 힘들이지 않고 밀어야만 했다. 크게 부풀어진 공을 사용한 게임들이 필요한 상체의 힘을 기르는 데 도움을 주고자 고안되었다. 셰익스피어 연극을 위해서 배우들은 체력 관리를 위해 하루에 5마일을 뛰어야 했다. 배우들이 리듬의 중요성에 대해 더 잘 알 수 있도록 설계된 게임 또한 훈련의 일부분이다. 요가는 준비 운동의 기초 요소이다. 리허설 동안 배우들이 즉흥극에 어려움을 겪는다면 므누슈킨은 배우들을 다시 집중시키기 위해 하루를 보낼지 모른다. 그녀는 한 장면을 택한 후 르메트르가 만든 음악 반주를 틀어놓고 배우들에게 말을 사용하지 않고 동작으로 이야기하기를 요구할 것이다. 리허설은 평균 6개월 기간이며, 리허설에서 창안한 것들의 대부분은 므누슈킨이 정확한 제스처와 미장센을 찾기 위해 버려진다.

작품 1789The Production of 1789

〈1789〉의 창작 과정은 므누슈킨이 특히 새로운 작품을 창작할 때 접근 방식의 기본 원칙을 드러낸다. 〈1789〉는 역사에 대한 배우들의 집중적인 연구를 요했다. 이는 독서와 강의, 프랑스 혁명에 대한 유명한 영화감상(그들의 역사에서 이 중추적 운동에 대한 프랑스인들의 이해를 도운)을 포함했다. 작품의 공간은 '사람들'이 그 시대의 민중극과 만나고 혁명에 대한 최신 뉴스를 들었던 18세기 파리의 야외 시장일 것이라고 결정하고, 극단은 인형극, 꼬메디아, 마임 그리고 아크로바틱을 포함해 18세기 프랑스의 거리극과 관련한 다양한 민중

극의 형식들을 탐구하면서 4개월간의 폭넓은 즉흥극을 이끌어갔다. 매 리허설에서 극단은 수 개의 그룹으로 나뉘어서 프랑스 혁명의 서곡이 되는 비슷한 사건에 대해 작업을 한다. 그러고 나서 그룹들은 전체 앞에서 각자의 버전을 시연하고 이 중 최고의 즉흥극은 유지, 확대, 개선시킨다. 최종 작품은 1789년에 프랑스 혁명의 중요한 순간들을 보여주는 서사적 내러티브로 구성되었다. 공연을 창작하는 과정 중에 므누슈킨은 메이어홀드의 작품에 몰두하기 시작했다. 그녀는 제한이 없는 연극 공간에 대한 그의 개념과 그가 극찬한 풍물 장터의 연극에 영감을 받았다. 극단은 서민들의 시장을 배경으로 다양한 연희자들이 넓은 나무 단에서 공연했던 18세기의 야외극을 복제한 무대를 고안했다.

관객은 무대가 둘러싼 이벤트의 중심에 있는 열린 공간에 서 있거나, 넓은 공간을 내려보며 (계단의) 수직면에 앉을 수 있었다. 때때로 같은 동작이 모든 단platform에서 이뤄지고, 다른 때는 배우들이 단에서 다음 단으로 이동하거나 군중 속으로 내려가며, 행위는 관객들 주위에서 일어났다. 관객들 또한 연극의 행위들로 통합되며, 그들 주변에 펼쳐진 혁명의 이야기를 지켜보는 1789년에 있는 파리의 시민이 된다. 그들에게 직접 말을 거는 혁명의 리더를 연기한 배우들과 함께 관객은 시대의 거대한 논쟁에 참여하게 된다. 그들은 익살스러운 인형극 및 꼬메디아 해학극에서 풍자된 왕과 여왕을 관람하며 왕족의 모자람에 비웃고 야유를 보냈다; 관객들은 거기에 있었던 사람들과 함께 바스티유의 함락을 축하했다; 라파이에트 후작Marquis de Lafayette은 그들을 총으로 위협하며 혁명은 끝이 났으며 집으로 갈 시간이라고 외친다; 그리고 시민 마라Marat는 연극의 끝에서, 부르주아들이 폐쇄된 상자 안에 '사람들'을 가두며 혁명을 차지하자 모두에게 싸움을 계속할 것을 촉구한다. 관객들이 열린 공간을 가로질러 지그재그 행진을 하며 혁명의 희열에 빠져 있을 때, 배우들은 종종 대중의 관심을 연극 행위로 가져오고자 고투한다. 태양극단은 밀라노의 피꼴로 극장Piccolo Theatre에서 큰 환호 속에 문을 열었고, 이는 파리Paris 시가 개방된 시장 공간인 레 알Les Halles에서의 공연 요청을 거절한 직후였다. 작품 〈1789〉는 3년의 시간 동안 프랑스에서 베를린, 런던 그리고 베오그라드까지 거의 삼십만의 관객들 앞에서 상연되었다. 1973년에는 영화로 만들어지기도 했다.

연출자로서의 작업과 배우와 함께 하는 작업 사이를 묶는 통합 전문가인 므누슈킨은 배우들이 현재의 이야기에 생기를 불어넣을 수 있도록 영감을 주기 위해 동서양의 민중극 전통으로부터 비롯한 다양한 형식의 배우 훈련으로 거슬러 올라간다. 므누슈킨과 그녀의 극단은, 변형의 무게를 떠맡으며 - 성스러움 안에서 목격되듯이 - 민중극에서 경험한 것과 같이 관객들과 직접적 관계를 맺기 위해 끊임없이 노력한다. 이와 같은 '심혼心魂을 기울인'

연극을 표명하기 위해서, 므누슈킨은 마치 선견지명이 있는 아이가 역사의 심오한 운동에 기대치 않게 직면하듯 각 배우와 관객 구성원이 참여하는 최상의 헌신을 요구한다.

노트

1 <마지막 카라만의 숙소>(*Le Denier Caravansérail*, 2003) 리허설 중 아리안 므누슈킨이 한 말로, 프랑수와 즈(Françoise Lauwaert)에 의해 기록된 인용문이다. 아래 태양극단의 역사와 다양한 글들을 소개하는 웹사이트를 참조하기 바란다.
www.lebacausoleil.com/SPIP/article.php3?id_article = 284.
위는 태양극단 웹사이트(www.lebacausoleil.com) 중 일부분이다.
2 파리 동쪽 주변의 부아 드벵셴(Bois de Vincennes) 지역에 위치하고 있다.
3 Mnouchkine, 'Le Théâtre du Soleil ou La Quête de Bonheur', in Marie Louise Bablet and Denis Bablet (eds), *Diapolivre 1*, Paris: CNRS, p. 8.
4 A documentary on Mnouchkine's Afghanistan workshop by Eric Darmon and Catherine Vilpoux.
5 See www.lebacausoleil.com/SPIP/article.php3?id_article=284.
6 워크숍에 관한 설명과 예는 마스크 워크샵(1988년 4월 카르투슈리 Cartoucherie) 기록으로부터 인용된 것이다.
7 리허설에 관한 자세한 사항들은 2008년 7월 14일에 이루어진 태양극단의 배우인 두치오(Duccio Bellugi-Vannuccini)와의 인터뷰로부터 인용되었다.

참고문헌

Bablet, Denis and Bablet, Marie-Louise (1979) *Le Théâtre du Soleil, ou la quête de la bonheur* (*Diapolivre 1*) Ivry, Paris: Center National de la Recherche Scientifique. Including 84 slides, 1 sound disc, 2 booklets.

Bablet, Denis and Jacquot, Jean (eds) (1977) *Les Voies de la Création Théatrale 5*, Paris: Editions du Centre National de la Recherche Scientifique.

Bellugi-Vannuccini, Duccio (2006) 'A Sun Rises in Afghanistan: An Actor's View,' *Theater*, 36: 78-81.

Bradby, David and Williams, David (1988) *Director's Theatre*, New York: St. Martin's Press.

Bryant-Bertail, Sarah (1994) 'Gender, Empire and Body Politic as Mise en Scène: Mnouchkine's "Les Atrides"', *Theate Journal*, 46(1): 1-30.

Champagne, Lena and Kourilsky, Franise (1975) 'Political Theatre in France since 1968', *The Drama Review*, 19(2) 43-52.

Cixous, Hélène (2004) *Selected Plays of Hélène Cixous*, London: Routledge.

Copfermann, Emile (1971) 'Entretiens avec Ariane Mnouchkine et le Soleil: Différent — Le Théâtre du Soleil,' *Travail Théatral*, Lausanne (La Cité): 3-33.

Delgado, Maria and Heritage, Paul (eds) (1996) *In Contact with the Gods? Directors Talk Theatre*, New York: St. Martin's Press.

Donahue, Thomas J. (1991) 'Mnouchkine, Vilar and Copeau: Popular Theater and Paradox,' *Modern Language Studies*, 21(4): 31-42.

Double Page (1984), *Les Conseils d'Arane Aux Comédiens Pendant Les Répetitions de Henry IV*, photographs by Martine Franck, *Double Page*, 32, Paris: Editions SNEP.

Féral, Josette (1998) *Trajectoires du Soleil: autour d'Ariane Mnouchkine*, Paris: Editions théâtrales.

___ (2001) *Dresser un monument à l'éphémère: Rencontres avec Ariane Mnouchkine*, Paris: Editions théâtrales.

Féral, Josette and Husemoller, Anna (1989) 'Mnouchkine's Workshop at the Soleil: A Lesson in Theatre,' *The Drama Review*, 33(4): 77-87.

Féral, Josette, Husemoller, Anna and Mnouchkine, Ariane (1989) 'Building up the Muscle', *The Drama Review*, 33(4): 88-97.

Kiernander, Adrian (1993) *Ariane Mnouchkine and the Théâtre du Soleil*, New York: Cambridge University Press.

Kirkland, Christopher D. (1975) 'Théâtre du Soleil: The Golden Age, First Draft,' *The Drama Review*, 19(2): 53-60.

Meineck, Peter W. (2006) 'Ancient Drama Illuminated by Contemporary Stagecraft: Some Thoughts on the Use of Mask and 'Ekkylema' in Ariane Mnouchkine's 'Le Dernier Caravansérail' and Sophocles' "Ajax"', *The American Journal of Philology*, 127(3): 453-60.

Miller, Judith G. (2007) *Ariane Mnouchkine*, London: Routledge.

Mnouchkine, Ariane (1979) *Méphisto, le roman d'une carrière*, Paris: Solin/Théâtre du Soleil.

____ (1990) 'Méphisto', trans. Timberlake Wertenbaker in *Theatre and Politics: An International Anthology*, New York: Ubu Repertory Theatre Publications, 361-469.

Picon-Vallin, Beatrice (2000) 'Le Soleil, de Soudain des nuits d'éveil à Tambours sur la digue: Les longs cheminements de la troupe du Soleil', *Théâtre Publique*, 152: 4-13.

Richardson, Helen (1990) 'The Théâtre du Soleil and the Quest for Popular Theatre in the Twentieth Century,' PhD dissertation, Berkeley, CA: The University of California, Berkeley.

Scheie, Timothy (1994) 'Body Trouble: Corporeal Presence and Performative Identity in Cixous's and Mnouchkine's "L'Indiade ou l'Inde de leurs reves"', *Theatre Journal*, 46(1): 31-44.

Théâtre du Soleil (1971a) *1789: La révolution doit s'arrêter à la perfection du bonheur*, Paris: Stock.

____ (1971b) '1789', trans. Alexander Trocchi, *Gambit*, 5(20): 5-52.

Wehle, Philippa (2005) 'Theatre du Soleil: Dramatic Response to the Global Refugee Crisis', *PAJ: A Journal of Performance and Art*, 27(2): 80-86.

Williams, David (ed.) (1999) *Collaborative theatre: the Théâtre du Soleil sourcebook*, London: Routledge.

Video and filmography

Bellugi-Vannuccini, Duccio, Sabido, Sergio Canto and Chevallier, Philippe (2006) *Un soleil à Kaboul . . . ou plutôt deux*, Paris: Bel Air Media/Théâtre du Soleil/Bell-Canto-Laï/Voltaire Production.

Darmon, Eric and Vilpoux, Catherine with Mnouchkine, Ariane (1995) *Au Soleil Même la nuit*, Paris: Agat Films/La Sept ARTE/ Théâtre du Soleil.

Mnouchkine, Ariane (1974) *1789*, Paris: les Films Ariane.

____ (1976-77) *Molière ou la vie d'un hônette homme*, Paris: Les Films du Soleil de la Nuit/Claude Lelouche: DVD, Paris: Bel Aire Classiques/SCEREN-CNDP.

____ / Théâtre du Soleil (1989) *La Nuit Miraculeuse*, dialogues by Hélène Cixous, Paris: France Telecom/ La mission du Bicentenaire/et at.

____ (2002) *Tambours sur la digue: Sous forme de pièce ancienne pour marionettes joué par des acteurs*, Paris: Le Théâtre du Soleil/ARTE France/ Bel Air Media.

____ (2006) *Le Dernier Caravansérail* (Odyssées), Paris: Bel Air Classiques/ SCEREN-CNDP.

Vilpoux, Catherine (1999) *Film d'après La Ville Parjure ou le réveil des Erinyes*, Paris: Vidéo de Poche/Le Théâtre du Soleil.

Zitzerman, Bernard (2009) *Les Ephémères*, Paris: Arte Editions/Bel Air Classiques.

Websites

www.theatre-du-soleil.fr/
www.lebacausoleil.com/

Chapter 16

브워지미에쉬 스타니에프스키:
가르지에니체와 귀화歸化 배우
WŁODZIMIERZ STANIEWSKI:
GARDZIENICE AND THE NATURALISED ACTOR

● ● ● **앨리슨 호지**Alison Hodge

배경The Context

연극 훈련 센터인 '가르지에니체Gardzienice'는 몇 안 되는 공연을 제작했다— 30년 이상의 기간 동안 7개의 작품을 공연했을 뿐이다.[1] 그러나 그들은 이 폴란드 그룹을 국제 연극계의 선두에 올려놓았다. 리차드 쉐크너Richard Schechner는 가르지에니체를 '세계에서 하나뿐인' 가장 중요하게 실험적이며 지역사회에 기반을 둔 공연집단으로 인정했다.[2]

1989년 가르지에니체의 영국 순회공연에 대한 소개에서 리처드 고프Richard Gough와 주디 크리스티Judy Christie는 '생애에 걸친 프로젝트Life Project와 맞먹는 예술적 시도를 추구하는 비범한 극단 중의 하나'(Gough and Christie 1989: 3)라고 묘사했으며, 수잔 손탁Susan Sontag은 이들을 '오늘날 세계 어느 곳에서도 작업할 수 있는 몇 안 되는 극단 중 하나'[3]라고 소개했다.

가르지에니체의 설립자이자 예술 감독인 브워지미에쉬 스타니에프스키Włodzimierz Staniewski는 이 추상적인 '생애에 걸친 프로젝트Life Project'[4]의 주요 설계자이다. 그는 1977

년 그룹이 활동을 시작한 이후 토착 공동체 및 부락민들과의 탐험으로부터 강도 높은 예술적 프로그램을 이끌어왔다. 극단의 고향인 폴란드 동쪽 시골에서 이루어지는 국제적 심포지엄, 건물 복원, 작업에 대한 시연, 강연 투어, 그리고 연극 실습 아카데미는 극단의 계속되는 예술적 연구 및 훈련과 밀접한 관련이 있다. 궁극적으로 이러한 모든 활동들은 특별한 노래 연극song theater을 만들고자하는 주요 목적을 뒷받침해주고 있다.

스타니에프스키 작업의 이념적인 토대는 도시적인 환경을 거부하며 지방의 환경을 선호하는 '새롭고, 자연스러운 연극의 환경'을 추구하는 것이라고 할 수 있다. 1979년의 그의 연설에서 스타니에프스키는 배우에게 요구되는 확실한 필요 조항들을 개설했다.

- 도시를 떠나기: 단순히 극장 건물을 떠나는 것이 아니라, 도시를 떠나기
- 다른 이에게 자기 소개하기: '판에 박힌 행동'에 의해 정의되지 않으며 형식화된 반응이나 전형적인 가치의 규모, 전통적인 평가에 의해 한정되지 않은 새로운 관객, 소비자와 만나기
- 새로운 공간 들어가기: 극장 공간으로 알려지지 않은 곳이나, 유기된 장소에 들어가기. 공간에 대해서 이야기하자면, 나는 딱딱한 법칙이나 종교의식에 의해 요새화된 또 다른 '닫힌 원circle'을 말하는 것이 아니다. 다른 어떠한 무대를 의미하는 것도 아니다. 내가 의미하는 공간이란 하나의 영역이며 그 영역에 묶여 있는 하늘과 땅의 실체인 것이다. 나는 또한 배경이나 자연에 대한 게으른 시적인 고찰에는 관심이 없다. 나의 관심은 이러한 실체들이 마침내 연극 안에서 살아 있는 참가자가 되는 것에 있다.[5]

그는 시골의 환경들과 그곳에서 살고 있는 토착민들과의 공존 관계에 주안점을 두면서, 배우가 작업하는 직접적인 환경이 연극 만들기에서 으뜸가는 원천이자 역동적인 파트너로서 중요하다는 사실을 인정하고 있다.

리듬과 자연 환경의 감성을 배우와 재-통합시킴으로써, 스타니에프스키는 20세기 후기와 21세기 초반에 사로잡혀있던 생태학적 관심에 경각심을 불러일으켰다: 중요한 것은 공간이다−생태학적 소리인 공간의 형식들과 조건들을 찾아내고 창조해내는 것 . . . "Ecos" 그리스어에서는 집을 의미하며 나는 창조라는 것을 장소의 영혼과의 대화로 이해한다 *genius loci.*[6] 연극업에 종사하는 사람을 비롯한 관객은 인간 경험의 총체에 대한 재인식을 요구하는 감각적이고 상호적인 관계의 본질을 더 이상 무시할 수 없다고 스타니에프스키는 굳게 믿고 있다:

모든 감각기관으로 흡수할 수 있는 방법들을 인식할 것. 이것은 우리가 하는 교육의 일부분도 아니며 교육될 수 있는 것도 아니다. 이는 가장 기본적인 인간의 관계가 점점 활기가 없어지고, 스포츠와 같이 변하며 매우 진부해지는 결과를 낳는다. 그리하여 이러한 축소와 모든 거세castration 속에서 우리가 두려워하는 것은 무엇인가? 우리는 자연과, 동물과 유사해지는 것을 두려워하고 있는가? . . . 왜 우리는 감각을 가지고 있으며 흡수될 수 있다는 것을 무서워하는가? . . . 모든 것으로부터, 세계로부터 우리 자신을 고립시키려는 자포자기의 생각이 의미하는 것은 무엇인가? (Staniewski 1993: 16)

그림 16.1 뉴욕 컬럼비아 대학에서 마스터 클래스 수업중인 브워지미에쉬 스타니에프스키(Włodzimierz Staniewski)
(Source: Gardzienice Theatre Archive, photo, Maciej Znamierowski)

환원주의적이며 고립되는 현대 서구의 삶의 경향에 저항하며 스타니에프스키는 우화적인 노래극을 만들어냈다; 모든 감각을 참여시키는, 몸과 텍스트가 공간속에 울림으로 존재하는 다성음악polyphony 사운드가 그것이다. 가르지에니체에 있는 극단의 근거지에서 관객들은 저녁 공연의 레퍼토리에 초대된다. 각 공연은 복원된 건물 안팎에서 이루어진다. 그날 저녁은 서로의 대화 속에서 예전 혹은 새로운 공연들로 채워지고 관객들은 횃불 빛을 따라 걸으며 이동한다. 이러한 전체 이벤트('Cosmos'라고 알려진)는 단순히 공연과의 만남뿐 아니라 작업이 만들어지는 자연 환경의 중요성을 기반으로 한다.

가르지에니체가 강조하는 특별한 상호 참여의 상관적인 조화는 자연과의 친밀함, 공동체 의식과 선조와의 관계 유지를 통해 장소와 전통, 사람들 사이의 끊임없는 대화를 확인할 수 있는 토착문화에서 쉽게 찾아볼 수 있다. 빠르게 사라져가는 전통과 함께 살며 작업하는 것을 선택함으로써 스타니에프스키는 사물의 근원들로부터 '고대의, 잊혀지고, 숨겨진' 전형적인 패턴들, 행동의 단편斷片, 노래, 음악, 리듬과 제스처를 직접 습득하는 배우의 가치를 알아보았다.[7]

이 작업이 연극에 어떤 도움이 될까? 나는 이것이 학구적인 방식이 아닌 근원과의 접촉을 통하여 연극과 예술을 가르친다고 믿는다, 그것이 가르치는 것은 다음과 같다:

- 빛을 보는 법
- 제스처의 진실
- 음악
- 연기에서의 진실
- 겉으로 보기에 부자연스러운 것은 자연스러운 것이며, 무례하고, 부도덕적으로 보이는 것이 사실은 진실하며 심오한 것이라는 것.[8]

가르지에니체의 연극 생태학에서 서구 고전의 인간중심주의적 배우의 이미지는 그가 언급한 '생태 중심eco-centricity'[9]으로 대체된다. 여기서 배우는 더 이상 무대 중심에 있지 않고 연극적 이벤트에 생기를 불어넣고 활기를 주는 모든 상호관계의 과정에 동반자로서 존재한다. 이는 스타니에프스키의 'Ecos'[10]를 위한 탐구에서 전형적인 예가 된다. 이는 배우가 강력한 신체적 그리고 발성 테크닉을 사용하여 은유적이고 긴급하며 격정적인 본능의 공연 언어를 만들어내며 고대와 전통적 실습들과 재결합할 수 있는 상태를 말한다. 그러므로 필립 아르누Philip Arnoult가 이들의 작업을 '제의적이며 종교적 경험에 가깝다'라고 묘사하는 것은 그리 놀라운 일이 아니다(Strausbaugh 1986: 30).

폴란드 출신의 교수이자 비평가인 레섹 콜란키에비츠Leszek Kolankiewicz는 가르지에니체의 스타일을 *ethno-oratorio*(민족적 성가극: 역주)로 일컬으며, 중세 야외극 초기 공연들과 결부시킨다:

유럽 연극은 두 번 태어났다: 고대와 중세, 모두 음악의 영혼으로부터 출발한 시기이다. 이 두 시기의 진짜 배경은 민요에 있다. 가르지에니체의 공연은 우리에게 성사극Mystery play이 음악의 영혼으로부터 어떻게 태어났는지 보여주고 있다.[11]

스타니에프스키가 훈련에서 강조하는 음악music과 음악성musicality은 극단의 철저한 공연 테크닉에 있어 중요한 요소가 된다. 이것은 생태학, 토착화, 고대 및 상호관계적 동화의 중심 주제에 음악성의 진보적 적용을 통해 이루어진다. 스타니에프스키는 음악성이야말로 연극과 깊이 있는 정신적인 관계를 가진다고 믿는다:

> 우리의 감각과 기억에 관한 훈련을 해야만 합니다. 그리하여 음악성이 '신성함'과 함께 세계 속에서 소통하는 하나의 방법이 될 수 있도록 해야 합니다. 나의 과정에는 3단계가 있습니다: 첫 번째는 우리의 지각의 지평을 넓히는 것이고, 두 번째는 우리의 연습에 어떻게 음악성을 도입하고 흡수시킬 것인가를 찾는 것이며, 마지막으로 세 번째는 공연 안에서 이것의 뼈대를 어떻게 구축할 것인가입니다. (Staniewski with Hodge: 2004)

기원과 영향Origins and Influences

탈(脫)-도시화De-urbanisation

탈도시화脫都市化는 20세기 배우 훈련의 역사 속에서 중요한 부분을 차지하고 있다. 스타니슬랍스키Stanislavsky, 박탄코프Vakhtangov, 코포Copeau와 브룩Brook은 모두 어느 시점에서 그들의 작업을 위해 시골의 은신처를 찾았다. 70년대 초반에는 그로토프스키 또한 그의 훈련의 초점을 브로츠와프Wrocław라는 도시에서 폴란드 시골마을인 브제진카Brzezinka로 이동시켰다. 그는 바로 여기서 참여연극 프로젝트paratheatrical project 시리즈를 시작하였다. 그것은 연극에서 벗어나 참여자 간의 의사소통과 교환에 의미를 둔, 보다 제의화祭儀化된 과정이었다. 여기에서 그로토프스키는 단순하고 비연극적인 만남을 통하여 배우와 관객의 구별을 없애려고 노력했다: '연극의 본성'을 탐구하면서 . . . 우리는 이의 본질이 사람들 사이의 직접적인 접촉에 있다는 결론에 도달하였다(Kolankiewicz 1977: 24). 이 '직접적인 접촉'의 질적인 가치는 그로토프스키가 지속적으로 벗어던지려고 노력했던 사회적 가면을 벗을 수 있는 능력에 달려 있었다. 시골 환경은 이러한 상호적인 작업을 자극하였고 그 결과, 한 참가자의 이야기대로, '도시로부터 가져온 방어적인 태도, 감각의 둔화, 그리고 무관심 등의 습관은 서서히 사라졌다. . . . 대신 점차로 우리는 서로 간에 민감해지고, 지속적이고 실체적인, 따뜻한 존재감을 느끼게 되었다'(Kolankiewicz 1979, quoted in Kumiega 1987: 172–73).

브워지미에쉬 스타니에프스키는 1971년에 그로토프스키를 만났고, 그의 참여 연극 작업의 핵심적인 협력자였다. 1975년 그는 토마쉬 라도비츠Tomasz Rodowicz[12]와 함께 가르지에니체라는 동쪽 마을에 자신의 그룹을 만들기 위해 연극 실험실Laboratory Theatre을 떠난다. 그들은 몇 명의 협력자들을 모집했다. 대부분 대학을 졸업한 사람들이었고, 가르지에니체의 마을에 버려진 16세기 예배당에서 작업을 시작했다.[13]

작업을 하는 환경의 중요성에 대한 스타니에프스키의 이해는 전前 협력자들의 탈도시화 보다도 확연히 깊어졌다. 그에게는 사회적 환경, 즉 동쪽 마을과 원주민들이 우선적 관심거리였다. 그룹은 조용한 시골에서 자신들을 고립시키지 않았으며 대신에 연극작업과 함께 직접 이 지방 사람들을 만났다. 스타니에프스키의 분명한 바람은 연극을 만드는 것이었다: '내게는 제의와 의식들의 변화 그 이상을 함유하며 공연을 위한 자체의 수행적 구성을 가지고 무언가를 만드는 것이 매우 중요한 문제였다. . . . ' (Staniewski 1987: 159).

탐험과 회합Expeditions and Gatherings

스타니에프스키, 라도비츠와 동료들은 지역의 다양한 공동체의 흔적을 찾으며 폴란드의 동부와 남동부 변두리 시골을 여행했다. 지배적인 카톨릭 교회들이 변두리의 로마Roma, 벨로러시안Belorussian, 렘코Lemko, 그리고 유대인 전통의 발자취와 우크라이나Ukrainian 문화들과 공존하고 있었다. 이곳은 연장자들이 보유하고 있는 스토리들과 노래들이 풍부한 지역이었다. 이러한 시골 공동사회의 대부분은 젊은이들이 도회지로 이주함에 따라 소멸하기 직전의 상태였다.

고립되어 있던 지역을 여행하며 리허설과 훈련을 하면서, 가르지에니체는 그들의 첫 공연 〈스펙타클 비에초르니Spektakl Wierczorny〉(1977)(저녁 공연: 역주)ㅡ라벨라이스Rabelais의 『가르강튀아와 팡타그뤼엘Gargantua and Pantagruel』이라는 소설을 원작으로 한ㅡ를 여행 도중한 마을에서 상연하였다. 공연이 끝나고 나서 그룹은 관객들이 남아 있는 것을 보았다. 그리고 몇 사람이 노래하기 시작했다: "노래는 교류를 위해 가장 넓게 열린 소통 채널이다. 우리는 확실하게 양식적인 '상象'이 나타나는 것을 보았다. 우리는 우리가 언제나 존재해 왔던 전통과 직면하는 것을 목격할 수 있었다"(Staniewski 1987: 141). 이러한 응답은 연극에 대한 이상을 고취시켰다. 그것은 바로 그룹과 마을 사람들 간의 회합이다. 이러한 회합은 종종 예술적 기교를 볼 수 있다는 기대와 함께 붐비며 노래, 미신, 춤, 의식, 그리고 구전 동화가 상연되거나 구연될 수 있는 만남의 장이 되었다. 가르지에니체 또한 이를 노래했고, 그들의 단편작들을 선사했다. 스타니에프스키에게 회합은 여전히 배우나 연출자에게 가치 있는 통찰을 제공한다. 왜냐하면 여기에는 '드라마를 이루는 기본 원칙들과 골격을 담고 있으며, 엄청난 연극성과 활기를 가지고 있기 때문이다'(Staniewski with Hodge 2004: 54). 연출가가 저녁 공연에서 이루어지는 대화의 가속도를 효과적으로 구축하는 것을 습득하는 동안, 배우는 본능적으로 독창성과 극작 기술을 가지고 이벤트에 반응해야 한다. 초기 탐험에서, 회합은 단지 의사소통의 형태가 아니라 '정해진 사회 집단 거주지의 저류底流, undercurrent 문화를 일깨우는 방식이었다'(Gough and Christie 1989: 14).

이러한 만남들은 공연에서 배우의 신체성에 영감을 주었으며 이것은 단순한 복제에 의한 것이 아니었다. '나는 단순히 그들의 춤에서 전체를 아우르는 주제를 찾지 않는다. 그러나 무언가 특별히 열광시키는 제스처들—머리 숙여 인사를 한다든지, 그들의 몸을 통해 중요한 표현인 듯 보이는 손의 움직임—등이 주제의 대상이 된다'(Taranienko 1997: 133). 가르지에니체의 주연배우인 마리우쉬 고와이Mariusz Gołaj는 제스처들은 그들의 심리적 내용이나 단순한 복제를 통해 탐구되어지지 않는다는 점을 강조한다:

나는 복제를 믿지 않는다. 왜냐하면 마을 사람들이 정확히 어떠한 감성을 가지고 있는지 모르기 때문이다. 대부분, 그들은 춤을 출줄 알고, 제스처를 어떻게 사용하는지 알고 있다. 그리고 이것들을 무덤덤하게 행한다. 이것이 바로 그것이 가진 힘이기도 하다.[14]

미하일 바흐찐Mikhail Bakhtin

가르지에니체 프로젝트는 40년 이상 공산주의의 지배를 경험한 폴란드의 정치적 상황 속에서 조직되었다. 정부의 문화 프로그램은 사회주의 리얼리즘을 장려하였으며, 민속 문화 중에서 불온한 부분을 삭제하여 시골(지방) 문화의 이상화를 부추겼다. 정부 당국은 많은 시골지역의 다양성(그리고 빈곤)을 보이지 않게 만드는 균등한 버전의 농민의 삶을 찬양했다.

가르지에니체의 초기 탐험은, 특히 미하일 바흐찐Mikhail Bakhtin과 그의 스탈린주의[15]의 독재적인 정세 속에서 발전된 축제carnival와 그로테스크 사실주의의 이론에 영향을 받았다. 바흐찐의 축제에 대한 찬양은—사회적 질서의 역逆행이며, 문화의 고층高層과 저층에 대한 역동적인 반항으로, 솔직한 신체적 표현이자 정치적 사회적 억압으로부터의 해방을 의미하는—가르지에니체 그룹의 정치적인 환경 속에 메아리쳤으며, 그리고 그것은 그들의 첫 번째 공연, 〈스펙타클 비에초르니*Spektakl Wiercxorny*〉에서 라블레Rabelais의 텍스트를 통하여 직접적으로 연구되었다.

바흐찐은 이후 작품에도 영향을 주었는데, 예를 들면 그로테스크한 몸의 원칙을 모델로 한 이미지와 사운드를 담고 있는 작품이 그것이다. 가르지에니체의 독창적인 세 번째 작품 〈아바쿰*Avvakum*〉[16]은 러시아의 전통적인 도해법iconography, 圖解法(의미를 가지는 도상을 비교하고 분류하는 미술사 연구방법: 역주)을 사용하면서 반대와 대조를 통해 직접적으로 묘사되며 이는 배우 자신의 신체 안에서 통합된다. 그 효과는 관객으로 하여금 수수께끼를 풀도록 유도하며 희곡보다는 신체를 해독하도록 하는 이미지 내부의 애매모호함에 있다. 할리나 필리포비츠Halina Filopowicz는 공연 안에서 그려지는 현실에 대해 다음과 같이 인정한다:

. . . 전적으로 문제적이며, 구축하고 다시 부숴버리는 계속되는 과정 속에서 현존하는 것이다. 이러한 유동적인 드라마적 구조는 통제하기에는 무한대로 가변적이며 변형적이므로 인간 본질의 관점을 반영한다. 그러므로 대충의 또는 두서없는 드라마투르기가 실패할 수 있는 지점에서 성공한다. 이미지들의 강박적인 흐름은 작업에서 영속성과 종결을 없애버리는 계속적이고 변화무쌍한 변형의 과정이다. (Filopowicz 1987: 153)

폴란드 낭만주의Polish Romanticism

자연과 문화를 통한 감각성과의 재결합의 중요성을 강조하는 스타니에프스키의 믿음은 또한 폴란드의 선두적인 낭만주의 시인이자 추방당한 극작가 아담 미츠키에비치Adam Mickiewicz에게서 영향 받은 바가 크다. 미츠키에비치의 민족적인 작업에서 그는 조국의 문화적 정체성을 소생시킨 원천이라고 여기는 고대 슬라브 민족Slavic folk 문화를 찬양했다. 20세기를 통틀어 폴란드에서는 당시 유행하던 문화의 흐름이던 낭만주의의 정신에 흠뻑 젖어 있었다. 이는 문학과 예술적 관심을 넘어 자유와 정체성의 이상을 상세히 설명하는 정치적, 철학적인 운동과 이상주의에까지 영향을 미쳤다. 억압의 시대를 경험한 여타의 폴란드 낭만주의 예술가들과 마찬가지로, 스타니에프스키는 정체성의 문제를 그의 작업의 핵심요소로 인정한다: '어떻게 정체성을 찾을 것인가? 내가 선택한 재료는 나의 영혼과 정신, 나의 사람들과 배경에 관한 〈유산〉을 탐험하는데 있다'(Staniewski with Hodge 2004: 106).

가르지에니체의 연극은 두 가지의 폴란드 정치 현실에 걸쳐 있다: 1989년 소비에트가 이끄는 공산주의는 서구 모델을 기반으로 한 정치적 민주주의에 길을 내주었으나 작업의 사상적인 바탕이나 생태학적 연극의 이념은 그대로 남아 있었다. 스타니에프스키의 연극은 계속해서 그가 계몽적인 교감을 찾는 역사적 시기들에 대한 철학적 문화적 사상들과 현대의 삶과의 대화를 통해 '시대적 성향'을 규정짓고자 한다.

이러한 풍부한 융합—'환경적이고, 역사적이고 문화적인, 낭만주의가 가진 감성의 반향과 당시의 억압적인 정치적 명령에 대한 바흐찐식 파괴'—은 가르지에니체의 공연 미학의 틀을 제공하였다. 공연에서 배우들은 연극적 언어에 능숙한 기술자들과 다름없었다; 이것은 극도의 발성과 신체적 표현, 에너지와 기술을 통해 실현되었으며 또한 가치와 미학, 작업의 원리들이 내포된 배우 훈련이기도 했다.

훈련The Training

'우리가 하는 훈련은 열려 있다; 우리에게 규범적인 체계를 수용한다는 의미의 메소드란 없다'(Staniewski 1987: 153). 스타니에프스키는 훈련에 대한 정해진 접근을 피했다. 각각의 새로운 면은 새로운 공연을 계발하는 것을 돕는다. 스타니에프스키의 예비적 아이디어들; 주제, 리듬, 노래, 대본들은—탐험을 통해 얻어진 것들을 포함해서—훈련을 통해 이루어진다: '훈련은 단순히 배우가 역할을 준비하는 것을 돕는 것이 아니다. 그것은 다양하게 적용될 수 있는데, 예를 들어 몇몇의 아크로바틱 연습은 연기를 돕기 위해 역할의 일부분이 될 수 있다'(Taranienko 1997: 131).

훈련의 유연성에도 불구하고 두 개의 기본적인 원칙이 일관되게 적용된다. 배우의 신체와 목소리 테크닉에 대한 복잡한 관계를 포함하는 음악성musicality과 감지의 특별한 방법인 상호관계mutuality가 그것이다.

음악성Musicality

스타니에프스키는 음악성을 아르모니아 문디harmonia mundi라고 하는 '피타고라스의 개념과 일치하는 음악'을 위한 특별한 감感이라고 정의한다: '지구는 음악적이고, 음악성을 가지며 자연의 모든 부분은 음악적일 수 있다고 확신한다'(Staniewski 1993: 11). 그는 음악성을 자신의 연극에서 가장 중요한 원천으로 간주한다: '우리의 연극 연습에 있는 모든 것은 음악성에서 시작해서 음악성으로 끝난다'(Staniewski 1993: 31). 음악성은 정신적인 의미를 가지며, 삶의 본래적인 힘과 그 시작은 소리이며, 결과적으로 소리와 정신은 아주 밀접하게 연결되어 있다고 그는 믿는다.

'천체(구)의 보이지 않는 조화'라는 피타고라스의 우주론적 관점(이후의 르네상스의 관점)과 근접한 이 제안은 가르지에니체의 작업이 반복적으로 회귀하는 개념이다. 스타니에 프스키는 가르지에니체 배우들이 예민하게 자연 환경의 음악성에 도달할 수 있다면, 자연 세계의 본질적인 소리의 언어 안에 있는 자신들을 발견할 것이라고 제안한다. 이것은 그들을 반응re-act하게 할 것이다: 이는 가르지에니체의 '귀화naturalised, 歸化' 공연에 필요 불가결한 반응성을 찾기 위해서이다. 반응의 이러한 직관적이고 본능적인 과정들은 가르지에니체 활동의 모든 측면에서 언급된다:

> 나는 본능과 직관을 믿는다. 곧 우리는 그것들을 잊을 것이다. 그것들이 우리 자연의 일부분이라는 것을 잊을 것이다. 우리는 이미 이들을 위한 초-자연적para-natura, 초-정신적para-psychical과 같은 철학적 용어를 찾으며 인간 본성으로부터 이들을 소외시킴으로써 우리의 근원과 연결된 탯줄을 끊는다. 그러나 나는 본능과 직관은 실제적이며, 또한 그것들은 음악성 없이는 존재할 수 없다고 믿는다. (Staniewski 1993: 11)

배우들은 자연의 소리를 모방하고자 시도하지 않는다. 몸과 의식의 상태를 표현하는 그들 본래의 리드미컬한 소리와 동작들을 찾을 뿐이다. 그 소리와 동작들은 각자의 작업을 이끌 수 있는 내적 멜로디를 찾으면서 음악적 소절의 정확한 가속도와 함께 반복해서 연습된다.

공연을 이해하는 이러한 방식의 창조적인 잠재력은 더 나아가 다른 문화들에서 찾을 수 있는 관련된 기술의 발견을 통해서 확증을 얻었다. 가르지에니체는 사미족Sami 사람들의 고유한 목소리 기술로 유명한 라플란드Lapland로 몇 차례 여행을 떠났다:

> 요이커Yoikers(사미족의 민요를 부르는 사람: 역주)는 목소리를 가지고 표현하는 아주 특별한 방식을 갖고 있다. 그들은 노래한다고 표현하지 않고 요이킹Yoiking(사미족이 노래 혹은 찬송하는 전통적인 스타일: 역주)하고 있다고 말한다. 보통 우리가 노래를 할 때, 우리는 무언가에 대해서 노래한다. 그들은 '무언가를 요이킹yoiking'한다고 말한다. . . . 당신은 내 앞에 앉고 나는 당신에게 요이크Yoik를 시도할 수 있다. 이것은 내가 당신에 대해서 즉흥으로 노래하거나 당신을 묘사하려 한다는 의미가 아니다. 내 생각에 이것은 나는 당신을

읽고 있다는 뜻이다. 이것은 당신을 읽는 특별한 방식이다. 그 안에서 나는 당신에 대해 생각하고 있는 것이 아니라 당신의 모습, 당신의 부드러움 혹은 딱딱함, 당신의 높이, 당신의 떨림을 느끼기 위해 노력하는 것이다. (Staniewski 1993: 14)

살아 있는 현상으로 여겨지는 전통적인 노래는 구전으로 반복을 통해서 배운다. 배우들은 온 몸을 써서 노래하는 특별한 방법을 배우는데 이것은 움직임과 제스처가 흔히 노래를 강화시키는 사미족과 같은 토착민과의 만남의 영향이다. 마리우스 고와이Mariusz Gołaj는 파트너십의 중요성을 강조한다: '당신이 항상 누군가와 함께 노래하고 있다면, 당신은 목소리에서, 리듬에서, 목소리의 색깔에서 함께 조화를 이루어야만 한다.' 노래하기는 배우 기술의 기본을 형성한다; 노래는 움직임을 만들고 따라서 배우가 자신의 기술을 계발하는 기회를 제공한다. 고와이는 계속해서 설명하기를, '당신은 꿈이 아닌 구체적인(현실의) 상황에 의해 지배받는다. 즉 그것은 음악, 공간에 있어서 당신의 위치, 파트너와 에너지와의 관계를 통해서 얻어진다.'

훈련은 호흡 패턴과 배우 개인의 소리(한숨, 울음, 고함), 웃음에 바탕을 둔 리드미컬한 훈련, 애도와 같은 종교적 발성의 전통과 같은 소리 현상들에 대한 탐구를 통해 더욱 확장된다. 배우들은 화성, 다성음악polyphony과, 응답송가와 불협화음, 리듬과 대위법을 탐구한다. 작업은 배우의 반응성으로 이어진다. 예를 들면 (번갈아 부르는) 교송交誦식 대화는 배우들이 목소리의 자극을 통해 각기 다른 사람에게 반응하는 특별한 파트너십과 관련이 있다. 질문들은 다양한 톤으로 던져진다. 이것은 '성난, 동정적인, 위급한' 상황과 같이 파트너로 하여금 필히 반응하도록 강요하거나 혹은 '대답을 할 수밖에 없는 상황으로' 유도할 수 있는 정확한 방식으로 행해진다. 스타니에프스키는 더 깊고 더 정확한 질문일수록 대답은 명확해진다고 주장한다.

상호관계Mutuality

대답에 대한 의무—강요적이지 않고, 역동적인 음악적 반응과 상호작용을 일으키는—는 가르지에니체의 두 번째 열쇠가 되는 원칙인 상호관계Mutuality와 밀접하게 관련되어 있다. 이는 가르지에니체의 활동의 모든 면에서 실행되며 배우가 작업하고 있는 환경을 인식하는 것을 토대로 파트너를 감지하고 흡수하고 대화하는 방법이다. 마르틴 부버Martin Buber[17]의 '나 와 너 and thou' 철학을 연상시키는 이러한 상호주관적인 과정은 오직 심리적인 만남이 아니라 상대의 온전한 전체를 다각적인 측면에서 흡수하기 위한 시도이다. 파트너와 친밀한 관계를 맺음으로써 배우는 음악성, 공간, 접촉, 제스처, 소리, 숨, 리듬 그리고 에너지를 통해 언어를 뛰어넘는 미묘한 소통의 방법을 계발시킨다. 이러한 상호성은 가르지에니체의 훈련 과정이 하나의 시스템화 되는 것을 방해한다: '훈련은, 내가 알기로는 살아 있는 두 존재의 상호관계가 필수적이다. 이것은 에너지, 온기를 공유하고 있다. . . . 이것으로부터 어떻게 메소드나 카탈로그를 만드는 것이 가능할 수 있겠는가? (Staniewski 1987: 153)

척추The spine

그럼에도 불구하고 몇몇의 가르지에니체 훈련들은 영구적 성격을 띠는데 특히 척추의 사용이 그러하다. 폴란드 구어체에서 척추spine는 'the cross 십자(가)'라고 불린다. 이것은 신체의 가장 중요한 부분 중의 하나이며, 토대로 여겨진다. 스타니에프스키는 척추야말로 기본적인 인간 에너지의 원천이라고 생각한다:

> 우리는 삶의 강도와 힘이 척추에 있다는 것을 알고 있다. 척추와 함께 하는 작업은 신체와 정신의 에너지를 이완시킨다. . . . 명치가 노출되었을 때의 자세는 호기심과 유혹의 태도이다. 이것은 도전이며 준비이고, 행동의 시작과 끝이다. 한 배우가 다른 배우와 협력하는 동안 파트너와 대화를 하는 데에 있어서 척추의 중요성은 의심할 여지가 없다. 이것은 특정한 상태를 불러낸다. 척추의 사용 없이 상대와 함께 하는 배우의 작업은 불가능하다; 즉 파트너십이 있을 수 없으며 오직 모방만 있을 뿐이다; 오직 시늉에 불과할 뿐이다. (Taranienko 1997: 149)

훈련은 종종 준비운동과 척추로 관심을 집중하는 일련의 훈련으로 시작한다. 비틀기와 돌기들은 이어지는 아크로바틱 작업을 더 용이하게 하기 위해 탐구된다. 파트너십 작업을 하는 동안 척추는 전신을 위한 움직임의 근원이 되고 이것은 전체적인 신체적 참여를 요구한다. 배우는 사전에 형성된 자기 이미지에 대해 도전하고 이를 분해하면서 종종 낯선 초점으로 의사 전달하기가 강요된다. 척추의 유연성은 율동적으로 흐르는 아크로바틱 연습을 통해 지속되며 가르지에니체 배우들로 하여금 그들의 공연 이미지와 함께 극한의 신체성을 충분히 탐구할 수 있게 한다. 뿐만 아니라 스타니에프스키는 척추의 문화적 의미에 관심을 갖는다:

우리는 소위 알렉산더 원칙Alexander Principle이라고 부르는 것으로 출발했지만, 진짜 흥미로운 것들은 우리가 아바쿰Avvakum을 작업하는 동안 도해법iconography을 연구할 때 나타나기 시작했다. . . . 전체적인 러시아인의 도상에서 보면 인간의 프로필은 '십자'의 그림으로 축약된다. 만약 우리가 (성화 속에 있는) 그들의 의복으로부터 표현된 형상을 '벌거벗겨' 본다면, 십자로 표시된 그들의 신체만이 남을 것이다. (Taranienko 1997: 147)

아크로바틱Acrobatics

스타니에프스키에게 있어 아크로바틱 훈련은 근육 만들기나 유연성, 힘을 위한 것만은 아니다. 구체적인 훈련을 완성하는 것에 만족하는 것도 아니다. 이것은 그룹 전체의 에너지를 강화시기기 위해서이다. 그 안에서 배우는 다른 배우들과 신체적 접촉을 확고히 하면서 경험된 상호관계를 통해 신체 만들기를 충분히 계발할 수 있다. 아크로바틱은 여러 다른 상황에서 실내 혹은 가르지에니체의 초원에서, 이른 아침이나 늦은 오후 혹은 늦은 저녁 연습을 통해 훈련된다. 환경의 변화는 훈련의 성격을 변화시킨다.

　이 훈련은 스타니에프스키의 공연을 위해 필수적인 본능적이고 직관적인 반응을 조절하고 있는 배우에게 유용한 정보를 제공한다. 배우들은 매 연습마다 다른 경험을 한다. 움직임은 같지만 거기에는 새로운 관계, 새로운 척추, 신체 무게, 하루의 시간이 있으며, 배우가 가지고 오는 적지 않은 개인적 환경이 있다. 그 모든 것은 만들어진 접촉의 성질을 알려준다. 훈련은 흔히 더 작은 요소로 쪼개진다. 예를 들어 물구나무서기로 시작하려는 배우의 개시 순간은 이를 받쳐주는 상대와 그 움직임을 실행하기 전에 여러 번 연습이 되었을 것이다. 이것이 제일 중요한 행동의 특질이며 동기이나―실행은 두 번째이다.

도움Assistance

아크로바틱 움직임들은 추가적으로 도움이 필요한 순간들이나 신체의 영역을 찾고 있는 3번째 혹은 4번째 배우에 의해 도움을 받는다. 도움은 훈련에서 중요한 요소이며 상호관계의 개념을 강화한다: 즉, 현재의 행동을 살아 있게 만드는 데 필수적이다. 파트너를 돕는 것에 본능적으로 반응하면서, 안전을 확립하고 동시에 그 행동의 완성을 돕는다. 여기서 생겨나는 행위와 의도 모두가 공연 안에서 깊은 공명을 만들어낸다.

그림 16.2 땅 위에서 브워지미에쉬 스타니에프스키와 함께 하는 아침 훈련: 마리우쉬 고와이(Mariusz Gołaj), 연극실습 아카데미(Academy for Theatre Practices) 멤버들(2009)

(Source: Gardzienice Theatre Archive, photo, Agnieszka Mendel)

그림 16.3 땅 위에서 마리우쉬 고와이(Mariusz Gołaj)와 함께하는 아침 훈련: 연극실습 아카데미(Academy for Theatre Practices) 멤버들(2009) (Source: Gardzienice Theatre Archive, photo, Agnieszka Mendel)

야간 달리기|Night Running

모든 훈련들은 공존하는 상호관계와 음악성의 원칙에서 나온다. 그 가치를 가장 잘 드러내주는 훈련은 바로 야간 달리기이다. 이것은 스타니에프스키에 의해 도입되었으며 그 후 계속해서 시금석으로 남아 있다.

야간 달리기는 숲까지 분필로 그려진 길을 따라 정확한 리듬으로 발로 땅을 찍으며 진행된다. 그룹은 앞이나 혹은 뒤에 있는 사람들로부터 시작된 리듬을 확고히 지키면서 지도자 뒤에서 때때로 완전한 암흑 속에 무리지어 있다. 땅은 울퉁불퉁하고 보이지 않는 가지나 통나무들이 길을 막을 지도 모른다. 이러한 상황에서 배우들은 그들의 팔로 서로를 도우면서 달린다. 몸이 점차 더워지면서 숨이 차고, 숨소리가 들리기 시작한다. 배우들은 발로 호흡소리를 맞추며 리듬을 탄다. 집단 전체를 맴도는 에너지와 유기적 리듬(흔히 즐길 수 있는)은 풍경이 바뀜에 따라 재빠르게 반응한다. 야간 달리기는 한 시간 혹은 그 이상 이어질 수 있다.

> 야간에 다른 사람과 함께 달릴 때, 당신은 공통의 리듬, 대화로써의 리듬, 옆에 있는 사람, 오른쪽 혹은 왼쪽에 있는 사람, 앞이나 뒤에 있는 사람과의 관계를 위한 리듬을 찾는다. 당신이 달릴 때, 음악의 오스티나토ostinato[어떤 일정한 음형(音型)을 동일 성부(聲部)에서 반복하는 것: 역쥐에서처럼 계속되는 리듬, 지속적인 호흡과 반복을 통해 특정한 역동성을 찾는다. 그리고 당신의 내적 자아가 다소 확장되면서 성장하고 있는 것을 느끼게 된다.
>
> (Staniewski 1993: 24)

아크로바틱과 도움 연습에서처럼, 이러한 상황 속에는 위험과 안전의 요소 둘 다를 가지고 있다. 몇몇 사람은 처음에 야간 환경의 낯선 경험, 쓰러질 가능성 등의 극복을 요하는 신경적 과민을 일으킬 수 있다. 이것은 참여자간의 세심함을 발생시키면서 서로 조심함과 그룹 안에서 유지되는 신체적 접촉을 통해 대항할 수 있다. '특별한 상호관계는 달리는 도중에 발생하는 일종의 현상이다. . . . 다른 사람에 대한 당신의 관계는 매우 강렬하다; 즉 매우 친밀한 관계에 있다는 것을 느낀다'(Staniewski 1993: 24).

동시에 마을의 숲에서 하는 달리기는 배우들을 자연 요소와 직접적으로 접촉하게 한다. 반면 시각의 축소는 다른 감각을 상당히 높여준다. 고와이Golaj는 그 경험을 다음과 같이 쓰고 있다:

당신은 감각을 통해서 자연을 경험한다. 어둡고, 길을 볼 수 없다. . . . 바람을 느낄 수 있고 숨소리를 들을 수 있으며 파트너의 몸을 만질 수 있다. 이것은 그룹을 통합하며 여러 가지로 적용될 수 있는 풍부한 경험이다. 자연을 다루고 있지만, 동시에 자연의 일부라는 느낌을 갖는다.

스타니에프스키에게 있어 훈련은 '귀화시키는naturalizing' 과정을 검토하는 기회로 작용한다. 처음부터 음악은 달리기를 위한 구조에 도입되어 있다. 그 다음에 신체 동작과 장면들이 따라온다. 달리기에 이러한 요소들을 합류시키는 것이 불가능했을 때, 잠시 멈춤의 시간을 갖는다. 스타니에프스키는 리드미컬화되는 작업, 즉 공연의 재료가 자연으로부터의 자극에 의해 어떻게 직접적으로 영향을 받는지를 간파하는 방법을 위해 이를 발견해냈다. 그는 배우들이 밀폐된 연습 공간에서는 가능하지 않았을 법한 발견이 이러한 연습 형태를 통해서 가능할 것이라고 믿는다: '달리기는 갑자기 노래와 함께 믿을 수 없는 맥박을 일으킨다. . . . 스스로 당신은 횡격막을 끌어올리고 목구멍을 열고 있다—이것은 자연스럽게 일어난다. 인위적인 방법을 사용할 필요가 없다. 당신은 자연스럽게 자신을 열고 있는 것이다. . . .'

야간 달리기가 공연 연습보다 먼저 진행된다면, 이것은 '신체를 깨우고' 호흡은 두 경험 사이의 구체적이고 청각적인 연결통로를 제공한다. 이어지는 공연 연습에서 행동은 각각의 움직임을 뒷받침하는 날숨에 의해 뚜렷해진, 리듬의 상호관계를 통해 성취된다. 행동들은 배우의 음악적이고 정확한 호흡의 언어를 통해 명확해 진다.

야간 달리기는 공연 연습을 위한 배우의 준비를 위해서만 유일하게 작용하는 것은 아니다. 더 깊은 단계에서, 이것은 가르지에니체 훈련의 기본적인 유용성을 포함하고 있는 실존적 가치와 같다. 스타니에프스키는 이것이 배우의 인식을 계발하는 데 도움을 준다고 믿는다:

당신의 인식의 문은 열려 있다, 그리고 이러한 방법으로 당신은 당신을 둘러싸고 있는 많은 것들과 상대할 수 있다. 생리학적으로, 감각은 더 날카롭게 반응하고 있으며, 피가 더 강하게 돌고 있다는 것을 통해 이를 설명할 수 있다. (Staniewski 1993: 25)

이것은 스타니에프스키 작업에 있어 중심 과제를 드러낸다: 아르모니아 문디harmonia mundi (세계적 조화: 역주)에 가까이 접근하는 것이다:

이것은 아르또가 증식된 배우, 즉 스스로 여러 존재로 변형할 수 있는 배우, 한 번에 또 동시에 여러 실제들을 다룰 수 있는 원자화된 배우에 대해 말했던 방식과 비슷하다. 나는 이것이 가능하다고 믿는다. (Staniewski 1993: 25)

예술가를 만드는 자연의 생리적 영향에 대한 아르또의 생각은 1930년대 그의 멕시코 여행에서 보다 더 확실해졌다. 멕시코 시티에서 그가 했던 연설에서 그는 다음과 같이 선언했다:

사람이라는 유기체는 자연이라는 유기체 안에서 조화를 이루며 자연을 지배한다. 그리고 과학과 시詩가 단일하며 동일한 이상, 이것은 과학자의 몫인 것과 마찬가지로 시인과 예술가의 몫이기도 하다. (Artaud 1976:373)

멕시코를 방문하는 동안, 아르또는 외진 시에라 마드레Sierra Madre 지방의 타라우마라Tarahumara 족을 방문했다. 아르또는 잘 알려진 타라우마라 부족의 달리기를 단순히 목격하기보다 그 풍경과 사람들 사이의 강렬한 조화에 감탄했으며, 그것은 스타니에프스키의 방문에 의해 확인되었다.[18]

나의 여행은 . . . 나에게 아르또의 유산이 가진 진실을 확인시켰다. 이것은 마술과 같은 현실의 경험이다. 타라우마라 인디언족의 땅은 아르또의 서술이 정확한 묘사라고 여겨질 만큼 음악적 시나리오를 가지고 있다. (Taranienko 1997: 143)

스타니에프스키는 타라우마라의 전통적인 라라 무리rara-muri 달리기에 참가하기 위해 초대받았다. 달리기는 타라우마라 부족의 일상생활의 일부분이며 한번에 12km를 달릴 수 있고 16시간 이상 지속될 수 있다. 두 팀으로 나뉘는 주된 참가자들은 횃불로 길을 비추며 밤새 달린다.

그들은 맨발로 달린다. 골짜기를 따라 아래로, 돌길을 따라 위로 꽤 높이 달린다. 그러고 나서 8자 모양의 형태로 둥글게 돌아 원형으로 돌아온다. 달리기는 삶의 한 방식이 될 수 있다는 것을 의미했다. . . . 달리는 동안 삶은 가장 충만해 진다. (Staniewski 1993: 23)

야기시키는 배우The Causing Actor

유형체有形體, material body의 표현적 가능성에 대한 가르지에니체의 몰두는 배우로 하여금 심리적 충동보다는 행동으로부터 얻은 공연 미학의 달성을 이끈다. 여기에서 관심은 배우 안에서 소위 '내면의, 개인적 정서들' 안에서 탐구될 무엇이 아닌 외부의 자극과 관련한 신체적 행동들과 직접적인 발성을 통해 무엇이 성취될 것인가에 있다. 스타니에프스키는 배우의 공연을 기본적으로 '사실들'에 기초한다고 설명한다.

> 나는 사실들을 야기시키는 배우에 대해 관심이 있다. '배우'라는 말 대신 '원인 제공자' 라는 단어를 선호한다. . . . 폴란드에서 미성년 불량배를 뜻하는 스프라브차sprawca는 무엇인가를 행한 자이며, 일상에서 벗어나는 그 무엇인가를 야기시키는 자이다. . . .
>
> (Staniewski 1993: 25-26)

스타니에프스키의 '야기시키는' 배우는 파트너(혹은 앙상블)에게 노래, 말 또는 행동을 통한 반응을 유발시키거나 질문을 유도한다. 신체적으로 배우는 '악보musical score와 비슷한 행동의 실행을 구축해야 한다. . . . 인물화를 위한 열쇠는 하나의 특유한 제스처나 특정한 행동을 통해서이다'(Staniewski 2008). 이러한 행동의 상징적인 패턴을 찾기 위해서 배우는 매일의 삶에서뿐만 아니라 각 공연에서 선택된 특정한 도상연구iconography를 참고한다. '야기시키는' 결과들(행동과 말과 노래 사이에서 전환되는)은 스타니에프스키가 '연출기법의 푸가dramaturgical fugue'라고 묘사하곤 했던 사건들과 함께 상호보완적인 주제들로 짜인 하나의 캐릭터에 의해 창조된다.

연기의 모델은 스타니슬랍스키Stanislavsky보다는 메이어홀드Meyerhold 편에 가깝다. 가르지에니체 배우의 도상학적이며 리드미컬화되어 야기시키는 연속적인 사건들은 메이어홀드의 템포-리듬에 의해 창출된 표면적이고 성문화된 행동들을 상기시킨다. 스타니에프스키에게 있어 '진실'은 자기반성의 시도나 매일의 삶에 대한 충실한 묘사 보다는 우화적인 연극언어 그 자체, 그 속에서 추구된다:

> . . . 원인이 되는 순간은 두 명의 파트너 중 처음 한 명이 두 번째 사람을 위해 온전히 행동할 때 나타난다. 고해성사를 받는 사제에게 고해성사를 하려는 자(계급을 떠나)가 있을 때, 연인에게 사랑하는 이가 있을 때, 괴롭히는 자에게 당하는 자가 있을 때, 전사에게 적이나 동맹자가 있을 때, 거지에게 후원자가 있을 때 등이다. 나는 '나 자신'이

되려고 노력하지 않는다. 왜냐하면 . . . 나는 '그와 함께 있거나 그를 향해 있기 때문이다. (Staniewski 2008)

각 배우와 함께하는 그의 개인적인 작업을 통해 스타니에프스키는 서두르지 않고 공연을 구성할 텍스트와 노래를 비롯한 복잡한 이미지의 층들과 훈련을 통합시킨다. 이러한 친밀한 과정 안에서 그는 배우의 파트너로서 행동한다; 도전적이고, 고무적이며, 질책하거나 질문을 던진다. 극단의 오랜 멤버였던 요안나 홀츠그레비르Joanna Holcgreber[19]는 의도적인 도전을 담고 있는 그의 리허설 과정을 아래와 같이 설명한다:

그는 배우에게 창조할 여지를 준다. . . . 그는 배우에게 어떻게 공연해야 할지 보여주지 않는다. 물론 절박한 순간에는(매우 드문 경우이지만) 그 자신이 몇 가지 행동들을 하기도 하는데 이것은 굉장히 놀랍다. 다시 말해 그는 많은 것들을 할 수 있지만 배우를 그의 생각을 실현시켜주는 도구로 다루기 원하지 않는다는 뜻이다. . . . 그는 배우들에게 그들이 사용할 수 있는 도구들을 제안하는 '이정표'를 제공하며 배우들을 이끈다; 이후에는 매우 요구가 많아지며 몹시 비판적으로 깨닫지 못했던 배우 자신의 가능성을 사용할 수 있도록 부추긴다. 과제들은 처음에는 언제나 너무 어렵거나 실현 불가능해 보인다.[20]

도해법圖解法, Iconography

작업이 진행됨에 따라서 문화적 역사적 연구도 확장된다. 스타니에프스키는 배우들이 그들 자신의 문화가 지닌 독특성을 가지고 출발할 필요가 있지만 이후 더욱 넓은 범위로 그들의 작업을 확장시켜야 한다는 점을 인식했다:

오래되고 잊혀진 . . . 어떻게든 보편성을 지닌 것들에 관하여. 그러므로 당신은 자신의 문화를 초월할 수 있는 능력을 지녀야 한다. 만약 누군가 '나는 스웨덴 사람이야. 그리고 그게 바로 나지!'라고 한다면, 그는 오늘이라는 범위 속에 제한되는 일 외에 아무 일도 할 수 없을 것이라는 뜻이다. 이는 단지, 오늘의 복제, 진부한 문구 외에는 아무 의미도 없다. 이상적으로 나는 그 한계를 뛰어넘으려 한다. 단순히 자신의 문화를 초월해서 뿐만 아니라, 성별조차 초월함으로써. 진정한 '연기 표출'은 남자가 그가 지닌 남성적 조건과 가정의 한계를 뛰어넘어 여체의 신비로움에 도달을 때 가능해지는 것이다.

하지만 이는 당연히 여성의 영혼과 당신을 동일화시킬 때만 가능한 일이다. 반대의 경우 역시 마찬가지이다. 이것은 대단한 발견이 아니다. 왜냐하면 동양 연극과 고대 희랍 연극에서는 이미 널리 알려진 오래된 지식이기 때문이다. 하지만 오늘날 이에 도달하기는 극히 어렵다. (Staniewski with Hodge 2004: 96)

배우가 자신의 문화를 초월할 수 있는 방법 중 하나는 타 문화의 철학과 문화적 주제들에 대한 이해를 통해서이다. 가르지에니체에게 특정한 역사적 시간은 새로운 훈련을 위한 청각적, 시각적 재료가 된다. 여기에는 4개의 중요한 시기가 있다. 토착 유럽(브뤼헬Brueghel 과 샤갈Chagall의 영향을 포함해서), 러시아 정통파, 중세 시대, 그리고 마침내 고대 그리스 (특히 4-6 B.C 꽃병에 그려진 도해법) 시기가 그것이다. 각각 새로운 공연 시대를 통해 몸의 역동성을 바꾸면서, 가르지에니체의 배우들은 효과적으로 이를 재구성한다. 이것은 각각의 새로운 음악적 환경과 조화를 이루는 신체훈련에 기초를 둔 전형적인 실습 과정이다.

공연Performance

1990년대 중반 이후 가르지에니체의 공연은 살아 있는 재료에서부터 역사적인 것으로 그 방향이 바뀐다. 스타니에프스키는 고대 그리스 문화에 대한 실제적 연구를 통해 서양 연극의 뿌리를 '발굴'하기 위한 예술 프로그램을 이끌어왔다. 그는 이러한 과정을 '연극 인류학'이라고 지칭했다. 극단은 음악과 제스처의 오래된 형식들을 되살렸으며 고전 텍스트들과 짜 맞추었다. 그러나 생태학과 토착성의 기준은 이를 조직하는데 있어 여전히 중요한 열쇠가 되었다; 음악의 낡은 파편들은 살아 있는 후쿨Hucul과 펠로폰네소스Peloponneisian 문화들과 혼합시켰으며 각 공연은 계속해서 발전의 특정한 과정을 통해 '귀화'되었다.

　　3부작으로 이루어진 스타니에프스키의 가장 최근작에서는 그리스 비극을 위한 중심 요소로 음악과 춤을 재도입하였다. 그는 연극적 에세이들로써 『메타모르포세스Metamorphoses』, 『엘렉트라Elektra』, 『아울리스의 이피게네이아Iphigenia at Aulis』를 꼽는다. 각 공연은 고고학적이고 유기적인 과정으로 관객들이 좇아올 수 있도록 스타니에프스키와 극단이 제공하는 실제적이고 이론적인 틀에 의해 소개된다. 예를 들어 꽃병에 그려진 작품들과 부합하는 제스처들로 이루어진 표현 언어의 계발은 원래의 꽃병의 이미지가 배우 뒤에서 영상으로 투영됨과 동시에 음악적 요소가 소개되면서 더욱 견고해진다. 스타니에프스키는 가장 최근의 몸짓(제스처) 작업의 계발을 케이로노미아cheironomia(동작과 제스처를 의미하는 그리스 어휘: 역주)21라고 일컫는다. 공연에서 각 제스처는 몸 전체를 사용했으며 배우들이 서로 유동적으로 움직임에 따라 소리와 호흡, 말이 간간이 삽입되었다.

『아울리스의 이피게네이아Iphigenia at Aulis』에서, 집합적인 몸은 사건과 행위를 채우는 케이로노미아를 연기한다. 이들은 서로 다른 에너지와 리듬을 가질 수 있다: 각각의 캐릭터를 향해 공격적으로, 때로는 도발적으로 그려진다. 이들의 기능은 주제를 위한 줄거리나, 감성 또는 위기의 순간들을 더욱 강화시킬 수 있을 뿐만 아니라 개개의 캐릭터를 뒷받침한다. 케이로노미아는『엘렉트라』와『아울리스의 이피게네이아』와 이들로부터 발생한 각 캐릭터 작업을 뒷받침하는 새로운 공연 언어의 기반이 되었다. 홀츠그레비르Holcgreber는 '도해법을 통한 훈련과 이미지들과의 오랜 교류는 배우들에게 몸과 함께 하는 사고를 창조했다'고 인정한다.

그림 16.4 고대 그리스 꽃병의 이미지들과 관련한 케이로노미아(cheironomia) 테크닉을 연기하는 요안나 홀츠그레비르(Joanna Holcgreber)
(Source: Gardzienice Theatre Archive, photo, Piotr Znamierowski)

텍스트의 나열, 이러한 일련의 몸짓의 시퀀스 안에서의 소리와 몸은 강력한 힘을 발휘했다. 야나 시스토바리-자리피Yana Sistovari-Zarifi는 이들의 복잡성을 인정한다: '이러한 몸짓의 알파벳은 단순히 말 - 이미지 - 움직임 - 소리의 교환이 아니라 육체와 영혼에서부터 뿌리를 둔 황홀한 언어이다.'[22]

공연은 긴 시간동안 그들을 둘러싸고 있는 과정들에 의해 '귀화'된다. 그리스 희곡과 함께한 최근작에서, 텍스트는 이전보다 좀 더 중요한 역할을 맡았다.『아울리스의 이피게네이아』에서 마리우쉬 고와이Mariusz Gołaj는 아가멤논Agamemnon을 연기한다.[23] 그는 스타니에프스키와 함께한 주제와 관련된 토론과, 에우리피데스Euripides의 텍스트에서 나타난 아가멤논의 연설과 행동들, 이미지, 인물의 심리상태에 관한 자세한 분석과 상징적 행위들을 찾고 개인화하는 자세한 과정에 대해 설명한다. 그는 '사실 모든 장면을 위한, 모든 구절과 모든 침묵의 순간들의 의미들, 이미지들, 형식들'을 찾는다. 고와이Gołaj는 역할을 연기하는 배우의 3가지 주요 방향을 강조한다: 텍스트, 파트너와의 작업 그리고 스타니에프스키에 의해 주어진 과제들이다. 중요한 것은 작업의 결과는 언제나 열려 있다는 감각에 있다.

작업은 미완결이며 언제나 브워덱Włodek(스타니에프스키를 일컬음: 역주)과 파트너들에 의해 고무되어진다. 개인화와 정서들, 이미지, 몸짓들과 제스처들을 발동시키며-음악적, 율동적 그리고 운동 감각적 문장들의 연속으로 가공되는 인간의 감정들로 이루어진 수세기들을 기념하는 일인 것이다. 인물에 대한 작업이자 역할에 대한 작업이며 표현의 효과를 목표로 완벽히 훈련되어진 작업이다.

여러모로 가르지에니체 배우의 양식화 과정은 일본의 노 연극과 비슷하다. 공연은 잠재적으로 반대되는 두 가지 형태에 기초한다. 그것은 노래와 춤의 서정성과 캐릭터 타입의 실재성이다. 움직임의 유동성은 인물 만들기를 보완한다. 가르지에니체에게 있어 인물은 정확한 리듬과 도상학적 반복을 통해, 노래 속의 '삶의 생명선'을 통해 드러난다. 마리우쉬 고와이는 종종 초기 그의 역할을 이해하는 것이 리듬을 통해 가능하다는 것을 인정한다-음악과 밀접하게 연결되는 몸짓을 가진 전통 문화의 반영을 통해서이다. 인물 감정의 전개는 움직임의 정확성으로부터 나온다. 그러나 그는 절대로 감정 안에서 자신을 완전히 잃어버리지 않는다: '우리는 스스로를 다른 부분들로 나눌 수 있다. 일부분은 과제[인물]를 수용할 수 있고, 또 다른 부분은 거리를 두거나 혹은 조절을 할 수 있다. 그리고 묻는다-"내가 지금 무엇을 하고 있는가?"

그림 16.5 에우리피데스(Euripides)의 〈아울리스의 이피게네이아〉(*Iphigenia at Aulis*, 2007)
(Source: Gardzienice Theatre Archive, Photo, Piotr Znamierowski)

　　궁극적으로 이것은 음악도, 다층적 공연 대본도, 근본적으로 관계하고 있는 배우의 해석도 아닌, 이러한 모든 것에 대한 상호 연결이다. 스타니에프스키는 다음과 같이 강조한다: '이슈나 과제, 주제는 쓰여 있거나 말해진 것뿐만이 아니다. 이것은 몸과 음악, 척추를 가지고 음악과 함께 전체 세계를 창조하는 방식 그 자체이다.' 이는 연극의 영역은 심리적이거나 언어적인 것보다는 물질적인 영역이라고 인식한 아르또Artaud를 연상시킨다. 아르또는 이 논쟁이 간단한 비교에 근거하는 것은 아니라고 말하며 이를 조심스럽게 주장했다:

　　연극에서 물질적 언어가 단어의 표현만큼 심리적 문제의 해결에 도달할 수 있는지를 파악하는 것은 중요하지 않다. 마찬가지로 물질적 언어가 단어만큼 감정이나 정열을 표현할 수 있는가에 관한 문제도 중요하지 않다. 중요한 문제는 사고와 지성의 영역에서 단어들이 다룰 수 없는 태도가 있는지, 그리고 제스처와 공간 속의 언어에 참여하는 모든 것들이 단어보다 더 정확한 표현에 도달할 수 있는지 파악하는 일이다. (Artaud 1974: 52)(아르또 2000: 107) •

가르지에니체의 작업에서 만들어진 언어는 배우의 '열려 있는 인식의 문'을 요구하는 특별

• Artaud, Antonin (1974) *The Theatre and its Double*, London: Calder and Boyars의 번역서는 박형섭 옮김, 『잔혹연극론』(서울: 현대미학사, 2000)으로 출판되었다.

한 존재의 상태에 입각한 것이다. 배우는 잘 조절된 본능적인 반응의 상태를 찾아야만 한다. 스타니에프스키는 배우의 인식 과정을 '심장'의 지성에 빗대어 설명한다. 공연 안에서, 가르지에니체 배우들은 동시적으로 많은 현존의 실제들을 다루기 위하여 복합적인 현존의 상태에 도달하는 것을 목표로 한다. 인식의 이러한 형태는 아르또가 이상적으로 도달하려고 했던 공연 의식의 고양된 상태를 현실화하기 위하여 (디드로의 역설Diderot's paradox에서 확인된) 배우의 이중 의식의 개념을 능가하는 것이다.

가르지에니체의 작업은 스타니에프스키가 믿듯 현대 서구 문화의 환원주의적 경향을 거부하는 연극 형태의 실현이다. 비평가들은 이 작업이 배우에게는 본능적인 과정과 다시 연결시키며 관객에게는 단지 지성이 아닌 모든 감각을 통해서 그 작업을 경험하도록 초대한다는 것을 발견했다. 또 다른 이들은 가르지에니체의 매일의 삶과의 재접촉, 배우들과 그들을 둘러싼 환경과의 재접촉 그리고 공연에서 초월성과 다시 접촉하는 실존성을 깨달았다.

| 노트

1   *An Evening Performance* (Spektakl Wielczorny) 1997, *Sorcery* (Gusła) 1981, *The Life of Archpriest Avvakum* 1983, *Carmina Burana* 1990, *Metamorphoses or The Golden Ass* (According to Lucius Apuleius) 1997, *Elektra by Euripides* 2002, *Iphigenia at Aulis* by Euripides 2007.

2   See Paul Allain 1997: back cover.

3   See Włodzimierz Staniewski with Alison Hodge (2004): 1.

4   스타니에프스키(Włodzimierz Staniewski)는 1950년 폴란드 바르도(Bardo, Poland)에서 태어났다. 크라쿠프 대학(Kraków University)에서 인문학을 전공했으며 명성 있는 학생극단인 Teatr STU.에서 배우로 활동했다. 1977년 가르지에니체 연극 단체를 만들기 위해 떠나기 전까지 1970-1976년에 그로토프스키와 함께 연극실험실의 참여연극 프로젝트(paratheatrical project)를 공동 작업하였다.

5   이는 1979년 불가리아 소피아(Sofia, Bulgaria)에서 열린 세계공연예술협의회(International Theatre Institute)에서 있었던 그의 연설이다.

6   '생태학과 관련한 연극 실습'(Theatre Practices in Relation to Ecology by Staniewski): 1991년 9월 폴란드 가르지에니체에서 열린 국제 연극 심포지움(International Theatre Symposium) 미 출판 학술지에서 발췌.

7   스타니에프스키의 연설 '폐허의 연극'(Theatre of the Ruins): 1996년 6월 가르지에니체에서 열린 국제 훈련 워크숍(international training workshop)에서 발췌.

8   1979년 불가리아에서 있었던 스타니에프스키의 연설에서의 두 번째 발췌.

9   DVD (2004) *Gardzienice Practicing the Humanities*.

10 Ecos: 그리스어 *Oikos*에서 따온 말로 거주, 집(고향), 장소 또는 세계를 의미한다.

11 1998는 바르샤바(Warsaw)에서 있었던 국제 연극회(International Theatre Meetings)에서 레섹 콜란키에비츠(Leszek Kolankiewicz)의 연설 'On Gardzienice' 중.

12 공동 설립자인 토마쉬 라도비츠(Tomasz Rodowicz)는 극단의 초창기부터 주연배우로 활약했으며, 음악적 연구와 첫 번째 그룹을 창시하는데 있어 스타니에프스키와 가까운 공동 협력자였다. 그는 2004년 가르지에니체를 떠났으며 지금은 Theatre Association Chorea를 이끌고 있다.

13 비공식 초기 앙상블은 다음과 같은 사람들로 구성되었다:
브워지미에쉬 스타니에프스키(Włodzimierz Staniewski), 토마쉬 라도비츠(Tomasz Rodowicz), 얀 타바카 (Jan Tabaka), 반다 브루벨(Wanda Wróbel), 발데마르 시도르(Waldemar Sidor), 얀 베르나드(Jan Bernad), 헨릭 안드루쉬코(Henryk Andruszko).

14 마리우쉬 고와이(Mariusz Gołaj)로부터의 모든 인용문은 저자와의 인터뷰[겐트(Ghent), 7월, 1998]에서 발췌된 것이다.

15 See Mikhail Bakhtin's seminal work: *Rabelais and His World*, 1965, trans. Hélène Iswolsky, Cambridge, MA: MIT Press.

16 <아바쿰>(*Avvakum*)은 러시아의 사제인 아바쿰의 삶을 바탕으로 그려진 극이다. 그의 자서전은 17세기 러시아 문학의 걸작 중의 하나로 손꼽힌다.

17 마르틴 부버(Martin Buber, 1878-1965)는 오스트리아 태생으로 만남의 철학을 설명한 하시디즘 신학자 (Hasidic theologian)이다.

18 스타니에프스키는 1987년 타라우마라(Tarahumara) 인디언부족을 방문하였다. 달리기 의식의 참여는 피터 홀튼(Peter Hulton)과 함께한 인터뷰를 통해 충분히 논의되어 있다(Arts Archives 1993).

19 요안나 홀츠그레비르(Joanna Holcgreber)는 1995년 이래로 가르지에니체의 핵심멤버였다.

20 요안나 홀츠그레비르 (Joanna Holcgreber)와의 개인적인 인터뷰는 2009년 4월 이루어졌다.

21 케이로노미아(cheironomia), 이집트 상형문제에 그려진 고대 예술 이후.

22 야나 시스토바리-자리피(Yana Sistovari-Zarifi)의 다음과 같은 출간물로부터 발췌. 'Staniewski's Secret Alphabet of Gestures —Dance, Body and Metaphysics', to be published in 2010 in Fiona Macintosh(ed.), *The Ancient Dancer in the Modern World: Responses to Greek and Roman Dance*, Oxford University Press.

23 아가멤논(Agamemnon) 역할에 관한 마리우쉬 고와이(Mariusz Gołaj)의 설명은 2009년 4월 진행된 개인적인 인터뷰에서 인용하였다.

참고문헌

Allain, Paul (1997) *Gardzienice: Polish Theatre in Transition*, London: Harewood Academic Publishers.

Artaud, Antonin (1974) 'Oriental and Western Theatre', in *The Theatre and its Double*, London: Calder and Boyars, pp.50-54.

____ (1976) 'Artaud in Mexico', in s. Sontag (ed.), *Selected Writings*, New York: Farrar, Straus and Giroux.

Bakhtin, Mikhail (1965) *Rabelais and His World*, trans. Hélène Iswolsky, Cambridge, MA: MIT Press.

Filipowicz, Halina (1987) 'Gardzienice: A Polish Expedition to Baltimore', *The Drama Review*, 113(1): 137-63.

Gough, Richard and Christie, Judy (eds) (1989) Gardzienice Theatre Association booklet, to accompany 1989 UK and Ireland tour, Cardiff: Centre for Performance Research.

Hunt, A. (1993) 'An Introduction', in *Gardzienice, Poland*, Włodzimierz Staniewski, in conversation with Peter Hulton, ed. Dorinda Hulton, Exter: Arts Archives, Arts Documentation Unit.

Kolankiewiczm, L. (1978) 'On the Road to Active Culture', trans. B. Taborski, unpublished collection of paprs, Wrocław: Instytut Laboratorium.

____ (1977) 'What's up at Grotowski's?' in *The Theatre in Poland*, 5-6: 24-25.

Kumiega, J. (1989) *The Theatre of Grotowski*, London and New York: Methuen.

Mickiewicz, Adam (1986) 'Lectures on Slavic Literature Given at the Collège de France', introd. and trans. Daniel Gerould, *The Drama Review*, 111(3): 92-97.

Sistovari-Zarifi, Y. (2010) 'Staniewski's Secret Alphabet of Gestures—Dance, Body and Metaphysics', in Fiona Macintosh (ed.), *The Ancient Dancer in the Modern World: Responses to Greek and Roman*

Dance, Oxford: Oxford University Press.

Staniewski, Włodzimierz (1987) 'Baltimore Interview with Richard Schechner', *The Drama Review*, 113(1): 137-63.

Staniewski, Włodzimierz (1993) *Gardzienice, Poland*, Włodzimierz Staniewski in conversation with Peter Hulton, ed. Dorinda Hulton, Exeter: Arts Archives, Arts Documentation Unit.

Staniewski, Włodzimierz with Hodge, Alison (2004) *Hidden Territories: The Theatre of Gardzienice*, book and CD-Rom, London and New York: Routledge.

Staniewski, Włodzimierz (2007) *Gardzienice: Pratising the Humanities, a Theatrical Essay*, DVD, Lublin: Gardzienice Archives.

Staniewski, Włodzimierz (2008) 'Obecno 뜻 aktora' ('The Presence of the Actor'), in Malgorzata Dziewulska (ed.) *VIth volume of lectures, in the Warsaw National Theatre*, Warsaw: National Theatre.

Strausbaugh, J. (1986) 'Feast of a Fest', *The Baltimore City Paper*, 6 June: 30.

Taranienko, Z. (1997) *Gardzienice: Praktyki Teatralne Włodzimierza Staniewskiego*, Lublin: Wydawnictwo Test (unpublished trans. A. Zubryzcka).

Zeami, Motokiyo (1984) *On the Art of the Nō Drama: The Major Treatises of Zeami*, introd. and trans. J. Thomas Rimer and Yamasaki Masakazu, Princeton, NJ: Princeton University Press.

Website

Gardzienice's website: www.gardzienice.art.pl

Chapter 17

앤 보가트와 시티 극단: 순간을 창작하기
ANNE BOGART AND SITI COMPANY: CREATING THE MOMENT

●●● 로이드 클리멘하가Royd Climenhaga

배경The Context

연출가 앤 보가트는 종종 그녀의 연극 경력의 시작을 이야기할 때 10대 시절 〈맥베스〉(1968)를 관람했을 때 일어난 변형變形, transformative의 순간을 떠올린다. 로드아일랜드 주 프로비넨스Providence의 트리니티 레퍼토리 극장Trinity Rep에서 아드리안 홀Adrian Hall이 예술 감독 재직 중에 만든 〈맥베스〉를 보며 정확히 무대 위에서 무엇이 일어나고 있는지 이해하지는 못했지만 배우들의 에너지와 집중력, 그리고 공들여 제작된 무대 등이 그녀를 작품에 빠져들기에 충분하게 했다. '연극은 무엇이 일어나는지를 이해하는 것이 아니다. 당신이 모르는 무언가와 만나는 것이다'(Bogart 2001c: 2). 다양한 경력을 통해서 그녀는 상연되는 작품을 소비하기보다는 관객이 공동으로 참여하는 행위를 위한 장arena으로써의 연극을 되찾기 위해 창작해 왔다.

보가트는 연출을 시작한 초기부터 창의적 계발 기술을 적용하기 시작했다. 1972년에 그녀는 바드 대학Bard College에 다니며 학위 논문 작품으로 대학생의 눈으로 바라본 이오네스코Ionesco 작품을 창작했고, 예지 그로토프스키Jerzy Grotowski의 생각과 기술을 탐구하는 전문 단체인 비아 극단Via Theatre에 참여했다. 졸업 이후에는 다운타운 연극 실험의 온상인 뉴욕으로 건너와 작업을 시작했다. 그녀는 리차드 쉐크너Richard Schechner가 지도했던 뉴욕 대학 드라마 학부(이후 공연 연구Performance Studies 학부가 됨)에서 석사 과정을 마친 이후, 대학에서 새롭게 결성된 실험 극단 윙Experimental Theatre Wing에서 강의를 시작하며 학생들과 함께 작품 안에서 실험적 테크닉들을 계발했다.

보가트는 이 시점에서 컨템포러리 독일 연극, 특히 피터 슈타인Peter Stein의 연극에 대한 치열한 관심의 시기를 거쳤다. 그녀는 연출을 위해 독일 아방가르드의 개념들에 관심이 있었고 결국 이 분야의 작업을 계속하기 위해 독일로 초청되었다. 하지만 유럽에 있는 동안, 그녀는 문득 미국인으로서의 그녀의 정체성에 관한 가치를 깨닫게 된다-단순히 출신 때문이 아닌, 그녀가 사고하고 움직이는 방식을 형성하는데 있어 국가가 어떠한 역할을 했는지에 대한 깨달음에 기인했다. 그녀는 뉴욕으로 돌아와, 여러 극장에서 일하면서 연극 및 뮤지컬을 급진적으로 각색해 연출했으며, 〈장소-특정적 연극site-specific theatrical events〉을 탐구하는 등 1980년대를 통틀어 독특한 비전의 연출가로 자리를 잡았다.

실험적 연출가로서 그녀의 명성에도 불구하고 보가트는 은퇴를 바라보던 아드리안 홀로부터 보다 전통적인 트리니티 레퍼토리 극장의 예술 감독직을 인계할 것을 요청받는다. 지방에 위치한 넓은 극장에서의 그녀의 첫 번째이자 유일무이한 시즌은 도심 연극계 출신의 여러 동료들과 함께 창작한 대담하고 인습 타파적인 작업들로 가득 찼으며, 이는 대부분 보수적인 후원자 층에게 필연적으로 소외감을 안겨주었다. 이사회와의 다툼 이후에 보가트는 떠날 것에 동의했지만, 이 혼란스러웠던 시기의 트라우마에도 불구하고 그녀는 이 시기를 연출 경력에 있어 본질을 밝히는 결정적 순간이라고 평가한다. 뉴욕과 더불어 지역의 평판 있는 극장에서의 작업 경험은 그녀를 예술적 가능성의 새로운 리그로 나아가게 할 발판을 마련했다.

새로운 기회들 가운데 그녀의 과거 관심사들을 하나로 모은 것은 다음과 같은 작업에서였다: 그녀는 장소-특정적 연극, 〈타인은 외국과 다름없다Another Person is a Foreign Country〉를 창작하기 위해 극작가 찰스 미Charles L. Mee 그리고 프로듀서 앤 햄버그Anne Hamburger[1]와 함께 작업했는데, 국외자 신분에 관한 이 야외극은 콜라주 구조에 대한 미Mee의 관심들과 비재현적 무대 상연에 대한 보가트의 생각을 짝지어 주었다. 작품은 맨해튼 어퍼 웨스트 사이드Upper West Side에 위치한 버려진 타워스 양로원owers Nursing Home의 황폐한 마당 주변에서 새로운 형식의 연극적 참여를 만들어내며 공연되었다. 혁신은 공간과 재료, 비-연극적 배경을 가진 대다수의 배우들인 맹인, 난쟁이, 여장 남자 또는 단순히 어느 날 우연히 리허설에 참여해 작품을 함께 하게 된 72세의 은퇴 거주자 등 현저히 다양한 '다름'의 자질을 가진 배우들의 선택에 켜켜이 쌓여 있었다. 연기자는 본질적으로 자신을 연기했다. 이것은 보가트가 그 지점까지 해체해 왔던 연극성의 본성을 탐구하기 위한 무대가 되었다. 그녀의 이후 작업의 대부분이 연극적 재현의 행위를 근본적으로 새롭게 생각할 정도는 아니었을지라도 이 작업의 특징들은 이후 경력을 통해 발전시키게 되는 여러 관심사들로 그녀를 안내했다.

이 '참여engagement'에 대한 개념은 보가트로 하여금 전통적인 연출의 관례와는 달리 시간과 공간의 조정 가능성을 상상하도록 이끌었다. 그녀의 작업에서 무대 공간은 말하는 장소라기보다는 열린 초대의 장으로 탈바꿈한다. 세상을 표현하는 것은 여전히 중요하지만 주안점은 표면상의 커뮤니케이션을 연출하기보다 관객들을 안으로 초대하는 것에 있다. 당신이 '모르는 무언가를 만날 수 있는' 환경을 만드는 것은 연출로 하여금 무대와 배우들과의 예비 작업 둘 다에서 전혀 다른 일련의 전술들을 요구한다. 스콧 커밍스Scott Cummings는 관찰하기를, '그녀는 리듬, 시각적 구성, 그리고 다른 공식의 원칙들을 예리하게 보는 눈과 함께 시간과 공간 안에서 신체의 움직임을 그려내는 안무가의 마음가짐으로 극을 연출한다'(Cummings 2006: 6).

시간과 공간에서의 배우의 능동적 신체적 조건에 대한 강조는 배우와 그들의 신체 간의 필수적 관계를 이끈다. 배우, 연출가이자 선생인 세실 오닐Cecil O'Neal은 주장하기를, '그녀의 배우들이 사용하는 신체적 유대감은 오늘날 젊은 사람들에게서 볼 수 있는 점점 확산되는 문제에 대한 해답이 된다. 그들은 단순히 자신들의 신체와 아무런 관련이 없다. 관능官能, sensuality은 없고 헛됨이 가득할 뿐이다'(qtd. in Anderson 2008: 81).

보가트는 연출 과정에서 뉴욕대학NYU의 메리 오버라이Mary Overlie가 계발한 뷰포인트The Viewpoints를 적용 및 활용해왔다. 연출 작업에서 이의 영향력을 넘어서 보가트 버전의 뷰포인트는 배우 훈련의 역동적인 기초를 위한 잠재적 가능성을 창조한다. 하나는 미국에서 대학원 연극 프로그램으로 끊임없이 확대되고 있으며, 다른 하나는 그 밖의 다른 곳에서 상당한 관심을 일으키고 있다. 여전히 뷰포인트는 작업이 의존하는 유일한 한쪽 다리인 셈이다.

1990년에 보가트는 연출가 타다시 스즈키Tadashi Suzuki[2]를 만나기 위해, 그리고 그의 작업을 보기 위해 일본을 방문할 것을 요청받았다. 그 무렵 스즈키는 새로운 국제적 연극 사업을 시작하기 위해 협력자를 찾고 있는 중이었다. 이 두 사람은 스즈키의 훈련 방법과 보가트의 접근법의 혼용이 운영의 원칙이 될 것, 그리고 결과적으로 배우들이 두 가지의 훈련 방식을 동등하게 따르는데 동의하였고 뉴욕 새러토가 스프링스Saratoga Springs에 있는

스키드모어 대학Skidmore College에 새러토가 국제 연극 연구소Saratoga International Theatre Institute(SITI)를 만들며 미국에 기반을 설립했다. 일본과 스키드모어에서 첫 작품들을 공연한 이후, 극단은 뉴욕시에 시티SITI 극단이라는 영구적 근거지를 세웠다.

훈련의 진행과 교육의 중요성이 이 극단의 형성에 내재해 있다. 보가트와 이전에 작업해 온 몇몇의 공연자들(스즈키의 훈련을 보가트에 의해 소개받은)을 제외하고, 대부분의 배우들은 스즈키의 엄격한 신체적 테크닉 안에서 훈련해 왔으며 이를 뷰포인트 훈련과 결합해왔다. 훈련에 대한 강조는 시티(SITI)의 성명 내에서 수립되어 있다:

- 과감한 새 작품들을 창작하기
- 이 작품들을 국내 및 국외에서 공연하고 투어하기
- 지속적으로 함께 훈련하기
- 독특하고 고도로 훈련된 예술가들을 구축하기 위한 연극 전문가들 및 학생들을 훈련하기
- 예술적 대화 및 문화 교류를 위한 기회를 만들기 (Bogart 2007: 44)

보가트와 그녀의 극단원들은 항상 배우들을 위한 지속적인 훈련의 결핍에 불신감을 표출한다. '무용수들은 바barre 훈련을 한다. 가수들은 그들의 음역을 연습한다. 음악가들은 훈련하지 않는 것에 대해 꿈꾸지 않을 것이다. 하지만 우리는 걸을 수 있고 말할 수 있기 때문에 연기할 수 있다고 생각한다'(Bogart 2001c: 15). 훈련은 현재에 무대 위에서의 인식과 존재를 만드는 수단이다. 이는 작업의 필수적인 부분이지만, 공연 자체와 혼동이 되어서는 안 된다. 시티SITI가 계발하는 연극들과 새로운 작업들은 그들이 공유하는 훈련에 의해서 뒷받침되지만, 각각의 작품은 무대에 올리는 동안 각자의 필요성을 고심한다. '훈련은 인물들, 상황들을 연기하고 새 형식들을 창작하는 것을 돕지만, 뷰포인트나 스즈키 스타일 내에서(그것이 무엇이던지 간에) 연극을 하는 것에 관한 것은 아니다'(Bogart 2001c: 16).

4년의 기간 동안 일본과 미국에서 함께 훈련하고 새 작품들을 공연한 이후에, 규모가 커진 극단은 투어를 시작했다. 또한 극단의 훈련과 통합을 발전시키기 위한 구체적인 가르침의 기회들을 만들었다. 1991년부터 1995년까지 새러토가 스프링스의 여름 프로그램은 스즈키 훈련, 뷰포인트 그리고 콤포지션 작업Composition work의 혼합 과정에 보가트 및 극단원들과 함께 하는 약 60명의 사람들이 참여하는 집중 훈련 프로그램으로 성장했다. 극단의 단원들은 또한 국내 도처의 다양한 학교들에서 가르치며 뉴욕, 로스앤젤레스 및 여러 곳에서 훈련 세션을 제공한다.

오늘날 시티SITI 극단은 투어와 새 작품, 여름 집중 훈련을 포함한 여러 훈련 기간 및 외부 작업을 계발하며 정신없이 바쁜 스케줄을 소화한다. 이와 같은 스케줄에도 불구하고, 그룹은 함께 작업하고 성장하기 위해 함께 모여 훈련에 집중할 시간으로 여름 집중 훈련을 조심스레 지킨다. 또한 몇몇 극단원들은 원천적인 스즈키 훈련과의 접촉을 재정립하기 위해 정기적으로 일본을 방문한다.

시티SITI 극단의 배우들은 자신들을 둘러싼 주변 세상을 향해 열려 있으며 창작 과정에 공헌하기 위해 훈련받는다. 정해진 목표를 부과하는 것을 경계하며, 보가트는 행동을 고려한 환경들을 만들기 위해 작업하고, 그리고 나서는 배우들에게 그 순간에 존재하고 그 안에서 살아 있기 위해 필요한 개방성을 부여한다. 이것이 바로 훈련의 핵심 부문이며 현존을 이루는 세세한 부분들에 대한 집중을 통해 성취된다. 많은 배우들은 '내가 그것을 느낀다면, 관객도 느낀다'라고 생각하며, 감정을 끌어내는 작업에 집중한다. 보가트의 말에 따르면, '나는 우리가 시달리고 있는 듯 보이는 스타니슬랍스키의 미국화된, 즉 오해된 버전에 점점 더 호전적으로 반감을 느낀다'(Bogart 2001a: 2). 보가트는 부분들에 집중하면서 무대 동작의 정확성, 강렬함 그리고 무대 행위의 중심으로부터 이끌어지는 정서적 요소를 선호한다. 그녀는 계속하기를,

나는 정서적 장소들로 배우들을 데려가지 않는다. 나는 여러 색색의 정서들이 일어날지 모르는 환경을 만들기 위해 노력한다. 만약 내가 정서들을 불러일으키도록 애쓴다면 환경의 가치를 떨어뜨리는 것이다. 그래서 나는 감정이 자유로울 수 있는 환경을 만들기 위해 노력한다. 리허설 중에 당신이 세세한 부분들에 집중한다면 상황들이 일어나기 시작한다. 요령은 무언가를 계속해서 행하는 것이다. 그리고 결국에 발생할 필요가 있는 감정들－장면을 가로지르는－은 당신이 그것을 발생토록 만들기 위해 분투하기 때문이 아닌 주변의 상황들에 집중하고 있기 때문에 드러난다. (Bogart 2001a: 5)

이와 같은 부분들에 대한 강조는 무대 위에서 일어나는 기본적 가정들을 묻는 광범위한 질문과 결합된다. 보가트는 (NYU에서의 초창기 공연 연구 프로그램의 형태인) 사회학 및 인류학에 대한 그녀의 연구가 사실상 최고의 연출 훈련이었다고 설명하며 '실재로 생각하기 위해, 우리가 어떻게 하면 될까? 대신에 우리가 무엇을 하고 있는가?'에 집중한다(Bogart 2001a: 4). 작업의 본질에 대한 탐험은 배우들이 무대 위에서 만드는 행위의 영향을 고려하는 만큼 리허설 중에 되풀이하여 나타나지만, 언제나 행위의 특수성과 그것이 무대 위에

존재하는 방법에 대한 동등하고 구체적인 질문에 근거를 둔다. '그것은 무엇인가? 그리고 그것은 정말로 무엇인가?'는 시티SITI 극단 작품들을 작업하는 배우의 공통 만트라mantra가 된다(Cummings, 2006: 226). 무엇이 이 순간을 창조하는 기초적 가정들이고 생성 조건들인가? 그리고 무엇이 무대 위에서 실제로 일어나고 있는가? 시티SITI 극단 훈련의 일부는 항상 이러한 단계의 탐험을 가능하게 하는 데 초점을 둔다.

보가트의 작업에서 좀 더 확장된 요소는 자발성과 순간에의 반응의 필요성이다. 그녀는 안무가인 요시코 쓰마Yoshiko Chuma[3]에게서 차용한 용어로 이를 설명한다. 요시코 쓰마는 특정한 한계를 설정한 다음 댄서들에게 돌아와 '1, 2, 3 - GO!'라고 외치며 그들을 쿡 찌른다(qtd. in Cummings, 2006: 235). 이는 동작의 필수적인 핵심에 도달하기 위해 지적인 반응을 우회함으로써, 설정된 조건들에 본능적으로 반응하기 위함이다. 최초의 반응은 계속적인 반응의 네트워크로 발전하면서 함께, 그리고 맞서 작업할 무언가를 창조한다.

극단과 함께 하는 보가트의 작업은 특수함과 개방성, 자발성과 영속성의 복잡한 균형이 요구된다. 리허설 중 무언가가 발견되면, 무대는 배우들의 능동적인 참여를 통해 활력을 얻으며 구체적이고 반복적인 순간으로 꼼꼼히 채워진다.

훈련The Training[4]

시티 극단의 훈련은 스즈키의 작업과 뷰포인트가 결합된 실습들을 수반한다. 두 훈련 모두 분리되어 있지만 의식과 존재의 상호 보완적인 지점에서 교차하고 있으며 어느 하나의 개별적인 훈련보다는 더 심오한 무언가를 창조하기 위해 결합한다. 콤포지션Composition은 이러한 토대를 기반으로 여름 집중 훈련의 참가자들과 함께 창조적 연습의 형태를 공연으로 발전시키며, 극단의 새로운 작품을 창조하는데 있어 실습을 계발한다.

보가트에게 훈련은 부분적으로 경험이 감추어 놓은 저장고에 다가가는 것에 관한 것이며 이와 연결 짓기 위한 방법들을 찾는 것이다. 그녀의 신념은 우리가 연극적 과거에서 찾아지는 보이지 않는 역사의 창조적 상속자라는 데 있다. '연극은 그 자체의 내부로 그 자신의 역사를 옮긴다. 모든 공연자들의 몸은 이전에 공연한 모든 몸을 포함한다'(Bogart 2007: 121). 공연에서의 각 순간은 개인적으로 그리고 집단적으로 깊이 흐르고 있던 과거 위에 세워지고 훈련은 또한 자신의 과거를 현재로 가져오며 집단적 앙상블과 함께 공유된 과거의 구축을 가능케 한다.

스즈키와 뷰포인트 훈련은 모두 집중과 인식의 중심으로써 배우를 강조한다. 당신은 그 순간 주변의 자극들에 반응하며, 자기 자신의 지각 인식(스즈키 훈련) 및 타인들과 주변의 세상과의 연결(뷰포인트 훈련)을 구축하기 위해 실습한다. 무대 위에서 살아 있는 느낌을 이끄는 것은 바로 다면적 가치를 가진 참여engagement이며, 이것은 힘들고 규칙적인 훈련으로부터 나온다. 궁극적으로 당신은 현재에 살아 있는, 다시 말해 현존을 위해 작업한다. 극단원인 레온 잉글스라드Leon Ingulsrud는 설명하기를,

> 의상, 극, 작품, 인물을 제거해 버린 후 여전히 배우들이 하고 있는 무언가, 즉 모든 장식을 벗겨낼 때조차 존재하고 있는 궁극적인 어떤 것이 있다. 일상의 삶과 구별되는, 인물의 행동에 의존하지 않는 '연기'라고 불리는 활동 안에는 에너지의 중심이 여전히 존재한다. (qtd. in Bond 2002: 247)

잉글스라드가 묘사한 에너지의 핵심은 개인의 인식과 그룹 간의 연계로부터 나온다. 특히 뷰포인트 훈련은 역동적인 그룹을 만들기 위한 책임과 열린 의식을 계발시킨다. 엘렌 로렌Ellen Lauren은 그녀가 뷰포인트로부터 얻은 것을 '타인과의 관계를 향해 연민을 가지고 작업하는 감각'으로 묘사한다(qtd. in Bond 2002: 249). 스즈키 훈련과 뷰포인트가 결합된 요소들은 그녀가 배우 개인으로서의 자신의 위치를 찾을 뿐 아니라, 협력에서의 상호 지원의 결합된 효과 안에서 완성에 도달하는 것을 돕는다.

스즈키 훈련Suzuki Training

스즈키 훈련은 땅과 배우의 관계로부터 출발한다. 세부적 훈련들은 배우의 발견을 돕고 움직임, 호흡, 그리고 공간에서의 위치와 생성되는 연결로써의 그들의 중심center과 함께 작업할 수 있도록 계발되었다. 대부분의 사람들은 스즈키의 작업을 강력한 에너지의 방출과 발바닥으로 마루를 치는 공명을 통해 땅과 신체를 연결하는 무거운 쿵쿵거림을 연상한다. 이는 분명 훈련에서 가장 역동적인 부분이긴 하지만 스즈키는 방출 전의 준비, 앉거나 서 있는 상태에서 유지되는 긴장, 바닥의 위치를 치는데 있어 동작의 신속성, 그리고 속도를 줄이거나 높이는 공간을 가로지르는 움직임과 동작에서의 조절된 긴장의 이완에도 똑같은 강조를 부여한다.

훈련은 노력뿐만 아니라 인식awareness과 배치placement에 관한 것이기도 하다. 움직임들 중 대부분이 육체적으로 힘들며, 힘을 가하는 만큼 통제를 요구하기 때문이 더욱 가중

된다. 각 훈련은 주어진 순간에 당신이 어디에 있고 누구이며, 그리고 당신의 신체 안에서 어떻게 존재하는지에 대한 개인적 평가가 된다. 기초적 훈련 #1, #2, #3 또는 #4 (에너지를 모으는 모든 재빠른 반응들과 방출하는 강력한 쿵쿵거림)을 위한 신체의 위치는 구체적이지만, 배우 자신의 신체에 맞게 설계되었다. 내가 차지한 위치는, 우리 모두가 도달하려는 이상적인 방향을 향해 움직이고 있음에도 불구하고 내 옆 사람과는 다르다. 선생들은 더 많은 연습을 통해 그 이상에 가까이 있을지 모르나 결코 완전하게 만날 수 없는 기준에 대항해 그들 역시 스스로를 실험하는 중이다. 당신은 완벽에 도달하지 않는다―그것에 더 가까이 가기 위해 끊임없이 분투할 뿐이다. 작업은 무언가를 달성하기 위해 현존하는 데 있으며, 성취하는 데 있지 않다.

그림 17.1 스즈키 트레이닝. 엘렌 로렌(Ellen Lauren), 스티븐 웨버(Stephen Webber), 윌 본드(Will Bond), 시티 컴퍼니(SITY Company) (Source: Photo, Michael Brosilow)

훈련은 이와 같은 쿵쿵거리는 자세들, 다양한 자세로 바닥을 가로지르는 걸음들, (가끔 극한의 순간에서 말하는 것을 포함해) 긴장을 유지한 자세로 서 있거나 앉아 있는 상태들, 바닥을 가로지르는 느린 움직임들, 그리고 서술적 훈련 안에서 이러한 동작들의 조합들로 구성되어 있다. 선생들은 정중하고 엄격한 환경을 유지하고, 훈련에 참여하는 사람은 종종 충분한 사전 설명조차 없이 재빨리 동작 안으로 뛰어든다. 움직임에 바로 참여하면서 서서히 이해하기 시작한다. 자신을 그 순간에 놓고, 자신의 몸 안에서 어떻게 있는지에 대해 대답할 것을 강요받는다. 훈련을 계속하면서 동시에 이러한 의식을 열어 놓기 위해서는 둘의 통합의 지점을 발견해야만 한다.

가장 간단한 훈련 중 하나는 사실상 훈련의 우아함과 아름다움을 얻기 위해 모든 단계에서 배우의 의식에 의존한다. 천천히 걷기Slow Cross는 무대의 다른 양쪽에 줄지어 서 있는 두 그룹으로 시작한다. 음악이 흘러나오기 시작하면서 당신은 하나의 그룹으로 무대를 가로질러 움직인다. 다른 한쪽 끝에 도착하기 전 무대 중앙에서 다른 그룹과 교차하게 되고 끝에 다다르면 되돌아 다시 원위치로 향한다. 공간을 가로질러 가는 느리고 지속적인 움직임을 유지하는 것과 목적지에 도달하기 위해 한 그룹으로 일제히 집단적으로 움직이는 것 모두 쉽지 않은 작업이다. 일본 연극의 유령의 이미지로부터 계발된 이러한 제한된 걷기는 유령과 유사한 진행 감각을 만듦으로써, 반대편 벽에 도착했을 때 마치 벽을 뚫고 쉽게 미끄러지듯 계속해 갈 수 있다고 느끼기 위한 것이다. 이를 얻기 위해 중력의 중심에 예민하게 반응하며 천천히 앞으로 움직이며 일직선을 그릴 수 있도록 신중히 작업할 필요가 있다. 느린 동작의 공유된 특성을 얻기 위해서 각 스텝을 통해 긴장을 유지하며, 무릎을 구부려 일관되고 부드러운 스텝으로 앞으로 나아간다. 일관된 동작의 가볍고 여린 특성을 유지하는 것이 거의 불가능하나 성공을 위한 가능성에 대해 스스로를 꾸준히 점검하고 이상에 더 가까이 가기 위해 끊임없이 노력한다. 당신은 몸과 함께 작업하면서 동시에 바닥을 가로질러가는 진행을 모니터하기 위해 객관성의 정도를 유지해야 한다.

그 모든 것들이 충분히 도전적이지만, 훈련이 가진 진정한 우아함과 아름다움은 통합된 동작의 특성에서 나온다. 그 순간에 있는 자신의 존재에 대한 인식에 집중하면서 동시에 주변에서 이를 끊임없이 지켜볼 필요가 있으며, 이를 통해 공간을 가로지르는 움직임은 가능한 그룹과 하나가 되게 한다. 목표는 바닥을 가로질러 펴지는 안개의 층처럼 하나의 라인을 창조하며 무대 정중앙에서 당신을 향해 다가오는 유령의 또 다른 라인과 함께 교차되는 것이다. 그룹은 계속해서 반대편 쪽을 향해 진행하고 등 뒤에서 돌고 있는 또 다른 그룹과 함께 제자리를 향해 몸을 돌린다. 그룹에 자신을 송두리째 맡기고 무대와 그 뒤를 가로지르는 거침없는 움직임과 함께 하나가 되는 것은 가장 단순하지만 가장 심오한 협력의 동작이다. 이 훈련의 명백한 단순함은 관련한 신체의 존재, 인식 그리고 표현 등의 기념비적인 행위를 착각하게 만든다. 확신을 갖고 실행될 때, 공동의 현존의 행위에 완벽히 내맡겨진 배우들을 바라보는 것은 아름답다. 이 경우에 연기는 말 그대로 행하는 것이다. 그러나 이는 연기 자체에 대해 당신이 노력하는 투자investment 자체일 뿐 관객에게 특정한 영향을 끼치고자 달성하는 그 무엇이 아니다.

그림 17.2 스즈키 트레이닝. 바니 오핸론(Barney O'Hanlon) 스티븐 웨버(Stephen
Webber), 윌 본드(Will Bond), 시티 컴퍼니(SITY Company)
(Source: Photo, Michael Brosilow)

뷰포인트는 마찬가지로 스즈키 훈련만큼 순간에 머무는 것과 집중을 위해 훈련할 것을 요구하지만, 열린 인식과 공간 안의 타인(그리고 공간 그 자체)과의 상호작용에 더 강조를 둔다. 여기서 훈련은 고정된 연습 또는 신체 자세들보다는 시간과 공간 안에서 현재의 구체적 특성에 대한 자각을 깨우는 것과 좀 더 즉흥적 방법으로 이에 반응하는 것으로 이루어진다. 독립된 개인적 뷰포인트를 돕는 몇 가지 구체적인 연습들이 있지만, 대개의 목적은 여러 사람들과 함께 유지된 가능성들의 조화에 있다. 뷰포인트는 인물 관계들, 언어, 그리고 공연세계를 이루는 요소들과의 통합을 통해 계발되는 작품들과 더욱 직접적인 연관을 이끌어낼 수 있다.

메리 오버라이Mary Overlie는 훈련하고 공연을 계발하는 방법으로써의 뷰포인트를 1970년대 뉴욕 모던 댄스New York Modern Dance에서 무용수 및 안무가로서의 작업으로부터 끌어내어 처음으로 찾아낸 인물이다. 오버라이는 그녀가 공간Space, 이야기Story, 시간Time, 감정Emotion, 움직임 Movement, 모양Shape(SSTEMS)의 뷰포인트라 칭한 무용 연습의 여섯 가지 근본적 측면에 대해 설명했다. 그녀는 관객의 지각에 공연 창작의 기초를 두었다. '이 시스템의 첫 교리는 관객의 자각 능력이 공연의 구성을 위한 기초를 제공한다는 것이다. 이러한 분석에서 관객은 사회적 · 문화적 방식의 출연자를 의미하는 것이 아닌, 그들이 공연 상황으로 가져오는 지각의 잠재력에 의해 규정된다'(Overlie undated: 1). 오버라이는 그녀가 뉴욕에 있는 댄스스페이스 프로젝트Danspace project의 새 작품들을 위해 협업한 웬델 월러치Wendell Beavers와 함께 여섯 개 뷰포인트의 계발을 진행했으며, 또한 뉴욕 대학교의 실험 극단 윙 Experimental Theatre Wing에서 선생으로서 또 다른 전략들과 함께 실험을 계속했다.

티나 란다우Tina Landau[5]와 함께 작업하면서, 보가트는 여섯 개의 뷰포인트를 두 개의 카테고리로 나누어 아홉 개의 무대 현존의 공식적인 특질들로 확장하였다.

- 공간의 뷰포인트: 모양, 제스처(더 나아가 표현 및 행동적 제스처로 나뉘는), 건축, 공간적 관계 및 지형
- 시간의 뷰포인트: 템포, 지속 길이, 운동 감각적 반응 및 반복

이와 같은 다양한 인식의 지점들에 대한 고려가 끊임없이 유동적임에도 불구하고, 아홉 개의 기본 뷰포인트는 시티 극단의 훈련의 시작에서 가장 중요한 출발점들로 남아 있다.

뷰포인트 훈련의 시작 단계에서 당신이 발견하는 첫 번째는 단순히 반응하기 위해서

준비된 사고를 놓아버리기를 요구받는 정도이다. 다양한 인식들을 조율하면서 공간 안에서 타인과 함께 창조하는 연결을 경험하도록 자신을 내버려두는 것이다. 뷰포인트 작업에서는 '어떠한 일이 일어난다', 예견 없이, 당신은 어떤 것이 일어나도록 두고, 일어나는 것을 보고, 그리고 동시에 반응한다.

이것은 운동 감각적 반응, 즉 당신이 행동의 결과들을 논리적으로 분석할 기회를 갖기에 앞서 받아들이고 반응하는 적절한 동작을 느끼는 신체적 그리고 직관적 깨어남에 대한 뷰포인트의 주요 요소이다. 어떤 이가 옆으로 지나 걸어가고, 생각 없이, 당신은 뒤따른다, 공간을 가로지른 누군가가 앉으면 갑자기 돌아선다. 하지만 이 겉보기에는 관계없는 일련의 동작들 안에서, 본능적인 의도에 의한 작은 연극이 상연될 때까지 다음 동작을 이끄는 관계들이 형성된다. 공간과 시간 안에서 당신이 존재하는 공식적 조건 안에 놓인 반응의 단계가 바로 뷰포인트의 작동을 이끄는 엔진이다. 보가트가 말한 대로 '당신은 어떤 것이 일어나게 만들 수는 없다; 당신은 단지 어떤 것이 일어날 수 있는 환경들을 창조할 수 있을 뿐이다'(Bogart 2007: 54).

운동 감각적 인식을 분리시켜 보는 간단한 훈련은 다섯 또는 일곱 명으로 이루어진 공연자 그룹으로 이루어진다. 각 공연자들에게는 안에서 작업할 레인(길)과 함께 서기, 걷기, 쪼그려 앉기 등 일련의 간단한 동작들이 주어진다. 당신은 레인 안에서 출발하고, 멈추고, 웅크리며 앞뒤로 움직이지만, 의식을 열어 타인의 동작이 자신의 동작을 지시할 수 있도록 시도한다. 옳거나 잘못된 반응은 없지만 자신의 선택을 포기하도록 훈련하며 외부의 요소들이 경험의 환경을 명령하고 지시하도록 허용한다. 당신은 다음 레인에 있는 사람 또는 방을 가로질러 있는 어떤 이에게 반응할지 모른다. 그 결과 개인적으로 움직이고 있지만 동시에 역동적으로 상호작용하는 그룹이 만들어진다. 여기에는 개인의 뷰포인트를 분리시키며 동시에 열린 의식을 유지하기 위한 일련의 훈련들이 있다. 하나의 뷰포인트를 통해 친밀감을 쌓은 이후에, 인식의 다양한 단계를 조율할 때까지 또 하나, 그리고 또 하나를 더해 간다.

아홉 개의 뷰포인트를 위한 특정 어휘가 준비되면, 열린 뷰포인트 작업은 보통 단순하게 '5명!'이라 말하는 클래스 리더와 함께 시작한다. 스즈키 클래스에서와 마찬가지로 망설임은 없다, 당신은 작업의 일부가 되기 위해 벌떡 일어선다. 희망했던 다섯의 배우(경우에 따라 일곱 또는 아홉)에 들기 위해 상대와 다툰 후 서로, 그리고 공간 안의 건축 구조와 함께 공간적 관계를 확립한다. 시티 극단은 열린 뷰포인트에서 가끔 음악과 함께 작업한다. 음악이 동작을 좌지우지하지 않도록 하지만 그 존재와 분위기의 무게를 느끼고 이에 반응하면서 신중히 함께, 그리고 이에 맞서서 연기한다. 누군가는 공간을 가로질러 걷는 것에서부터 시작해 앉고, 몸으로 형태를 만들고 뛰어오른다. 그리고 그룹과의 확장되는 관계들과 함께 공간과 시간의 다양한 뷰포인트의 인식 과정에서 나오는 연쇄 반응을 시작한다. 당신은 반작용들과 상호작용들의 흐름에 휩쓸린다.

뷰포인트나 다른 연습 도중에 어디서 오는지 알 수 없는 일련의 가슴이 사무치는 순간들이 있다. 어떠한 경우에서도 당신은 자신의 외부 세계를 더 폭넓게 보기 위해 자신의 능력을 계발하고, 끊임없이 타인들과의 관계에 관심을 두고, 그리고 능동적 인식을 통해서 순간에 반응하기를 계속해 나간다. 이를 통해 몸에 깊이 밴 이러한 특성들은 리허설 과정과 궁극적으로는 공연으로 이끌어진다. 당신은 더욱 생생한 현존을 창조해 낸다.

마찬가지로 다른 사람의 작업을 보면서, 외부로부터 순간들을 찾으며, 그리고 세상과 관계 및 연결 등이 어떻게 표현되는지 관찰할 수 있는 시간을 가지는 것은 뷰포인트 수업에서 똑같이 중요하다. 이는 당신에게 신선하게 바라보는 시각과 분명치 않은 연결들을 손쉽게 인지하기 시작하도록 가르쳐 준다. 무대의 다양한 요소들의 정확성 및 그들이 함께 정해지는 방식에 집중하는 것은 당신 앞을 빠르게 지나쳐가는 세상을 바라볼 기회를 제공하며 시간의 진행을 늦추는 효과를 가진다. 당신은 반응을 통해 연기할 태세에 있으며 또한, 외부 또는 내부로부터 관객의 관점에서 그와 같은 연결들에 집중할 수 있다. 뷰포인트 연습은 당신의 모든 감각들과 인식을 통해 듣기 능력을 강화시킨다. 보가트는 '전숲 신체를 통한 듣기'로 이 특성을 묘사한다. 배우는 그들 주변의 세상과 방 안의 타인들과의 계속되는 역동적인 연결로 주의를 가져가고, 그 고조된 현존으로부터 어떠한 일/사건이 발생된다. 상황의 한 가운데서 모든 작업의 요소들은 전체로 의식하는 살아 있음으로 합쳐진다.

클래스 리더는 작업의 특정한 측면을 강조하거나 규제할 수 있고 새로운 요소들을 더할 수 있다. 몇 개의 의자들이 더해지거나 당신이 대사를 사용할 수 있다면 환경은 달라진다. 예를 들어 작품의 대사를 더할 때, 당신이 하려고 하는 몇 개의 대사들의 발언을 제한하는 것은 이들이 더욱 자발적인 끼어들기를 하도록 허용한다. 단순히 참가자들에게 이전의 선택들을 강요함으로써 어떤 대사의 사용에 수갑을 채우고 그들이 선택을 내리는 순간에 반응하지 못하게 하면 그 순간은 지나가버리고 자신도 모르게 발생하는 동작의 흐름에 올라탈 수 없다. 당신은 사건이 일어나게 내버려두기 보다는 행위에 영향을 미치기 위해 노력한다. 몇몇의 정해진 대사를 제한하는 것은 두 가지 옵션으로 그 결정을 끌어내린다. 말하거나 말하지 않거나 이 두 가지이다. 이것이 바로 당신이 완전히 전념할 수 있는 사건을 만들어내며 생각의 속도보다도 빠르게 일어날 수 있는 무언가이다.

뷰포인트를 가르치는 데 있어 시티 극단원들은 장면 계발을 위한 초점point of focus, 즉 알려진 바대로 '누가 햄릿인가'를 인식하는 중요성을 강조한다. 훈련이 발전하면서 누군가가 초점이 된다. 그들이 그 순간의 햄릿이다. 다른 사람들은 이를 인식하고, 초점이 이동하고 스포트라이트가 다른 누군가에게 떨어질 때까지 장면들을 지지하고 창조하면서 순간을 더해간다. 역동적인 에너지의 상호작용으로 친밀감을 형성하는 것은 무대 위에서 강렬한 순간들을 만들기 위해 매우 유용하다. 수년간 이 방식으로 함께 작업한 시티 극단과 같은 단체들은 무대 위에서 서로의 균형을 쉽게 찾을 수 있지만, 나는 뷰포인트 작업의 짧은 소개만으로도 앙상블을 확립할 수 있는 배우들의 잠재성이 증대되는 것을 관찰했다.

보가트와 시티 극단원들은 뷰포인트 훈련과 형식 그 자체가 내용물에 영향을 주도록 내버려두는데 있어 열린 의식을 강조한다. 내용은 요소들 및 공간 안에서 계발하는 행위에 대한 반응으로부터 나오며, 공간 및 시간의 다양한 공식적 측면에 의지한다. 웬델 비버 Wendell Beavers는 내가 참여했던 여름 집중 훈련동안 수업에 방문해 조금은 다른 관점을 제공했다. 즉 오버라이의 여섯 개의 뷰포인트 중 감정Emotion 및 이야기Story, 이 두 가지와 함께 작업하면서, 당신은 다른 각도에서 창조된 세계 속으로 들어간다. 당신 자신을 이야기와 감정에 맞추는 것은 위험한 영역이며, 반응을 조정하려는 시도들로 쉽게 빠질 수 있지만, 신중히 다루어진다면 그들은 또한 경험에 새로운 차원들을 더할 수 있다. 이러한 다른 뷰포인트를 알아내는 한 가지 중요한 구심점은 눈 맞춤eye contact이다. 보거나 또는 눈길을 돌리거나 바로 다시 보는 것은 즉각적인 관계와 임박한 이야기를 형성시킨다. 관계가 순간을 창조하면서 당신은 여전히 반응하고 있지만 이는 공식적인 하나의 요소들과는 다른 방향으로 당신을 데려갈 수 있다.

지능brain에 관한 시티 극단의 최근 작품인 〈당신은 누구인가Who Do You Think You Are〉의 작업 기간 동안, 보가트는 뷰포인트 워크숍 및 리허설에 저명한 신경 생리학자인 R. 그랜트 스티인 R. Grant Steen을 초청했다. 스티인은 이후에 다음과 같이 견해를 밝혔다. "무대 위에서 단지 내가 본 것은 신경세포가 뇌 기능에 어떻게 작용하는가이다"(qtd. in Anderson 2008: 82). 보가트는 즉시 신경세포에 대한 그녀 자신의 연구와 감각의 정보들이 지각의 경험 안에서 배열되기 위해 어떻게 시냅스(신경 접합부) 경로를 만들어내는지 연결시켰다. 보가트에 따르면 뷰포인트 훈련 과정에 들어가는 것은 당신의 현존에 새로운 방향을 제시하며 관객으로 하여금 연극적 의미의 패러다임의 이동에 참여할 수 있는 수단을 제공한다. 우리는 연극이 기능하는 방식들과 우리가 어떻게 살아 있는 현존을 통해 의미를 만드는가를 다시 정의하고 있다. 뷰포인트 훈련은 우리를 지각의 재-상상re-imagination 한가운데 위치시킨다.

스즈키 훈련과 뷰포인트가 보가트와 시티 극단의 작업을 지탱하는 두 개의 발이라고 한다면, 콤포지션Composition은 인정받는 스크립트나 계발 중인 새로운 작업에 생명을 가져다주는 과정을 구체화한다. 뷰포인트와 함께 콤포지션은 1960년대 그린위치 빌리지Greenwich Village의 공연 실험이 활발한 시기에 탄생했다. 보가트는 그녀의 콤포지션 작업에 대한 감각을 바드 대학Bard Colleage에 있는 스승인 아일린 패슬로프Aileen Passloff로부터 익혔는데 학제간의 무용/연극/공연의 활동적인 회원이자 비쥬얼 아티스트 및 음악가들과의 협동 작업으로 알려진 패슬로프는 1969년 바드Bard에 도착했을 당시 콤포지션 수업을 가르치기 시작했다. 10년 전 뉴 스쿨New School에서 가르친 존 케이지의 영향력 있는 콤포지션 수업들과 마찬가지로, 패슬로프는 수행적인 콤포지션을 '어떤 것들을 함께 놓는 것, 다른 것 다음에 하나의 것을 배열하는 것, 어떠한 형식을 취할 것인지 발견하기 위해 내용물을 듣는 것'으로 규정했다(qtd. in Cummings 2006: 126). 콤포지션 훈련들은 머지않아 더 넓은 작업의 기초를 탐험하는 새로운 공연 작품들을 창작하기 위해 구체적인 소품들에서부터 태도들 및 동작들까지 구성요소들의 목록을 통합하는 것으로 이루어진다. 보가트는 리허설에서 그녀의 출연진에게 연극과 관련한 몇몇의 구성요소를 주면서 짧막한 작품 만들기를 요구할 것이다. 작업할 시간은 20분이다. 여름 집중 훈련에서 우리는 작은 그룹을 이뤄 시티 극단의 다음 작품인 〈한여름 밤의 꿈A Midsummer Night's Dream〉에서 얻은 요소들을 바탕으로 작품을 창작할 일주일의 시간이 주어졌다.

　한 가지 콤포지션 훈련에 대해, 우리는 다음의 것들을 포함하도록 요청 받았다: 무대 뒤에서의 동작; 20초간의 정적; 15초간 최고 속도로 말하기; 15초간 동시적 일치 동작; 15초간의 웃기/울기; 대공황 시대 사진에 대한 언급시티 극단은 1930년대 미국의 더스트 보울 dustbowl(1930년대 주기적인 한발과 강풍으로 대규모의 모래바람이 일어난 사발 모양의 대초원지대: 역주)의 경험에 그 작업의 기초를 두고 있었다; 사랑의 방향 감각 상실; 아주 시끄러운 어떤 것; 수면 부족과의 싸움; 다섯 번의 중단들; 신체적 변화를 야기한 만남; 마법을 통한 충성의 중간쯤의 변화; 놀이 안에서의 놀이; 섹스; '신체적인 어떤 것' 없이 당나귀가 된 어떤 사람; 추적 장면; 뜨거운 늦은 밤의 생각; 그리고 달의 존재 등이다. 전체 작품은 기계공에서부터 요정들, 아테네인들 그리고 디렉터 퍽Puck(극 중 장난꾸러기 요정: 역주) 등의 역할들 사이를 움직이는 배우들과 함께 꿈의 구조를 띠어야 했다. 모든 텍스트는 셰익스피어 연극에서 따왔지만, 우리가 적합하다고 보는 어떤 방식으로 잘리거나 재편집될 수 있었다. 우리는 리허설을 하고 있었던 블랙박스형 극장을 사용했고, 작품은 최대 10분까지 허용했다.

20초간의 정적과 같은 적극적인 공식적 요소들의 대부분은 많은 콤포지션 훈련들로 되돌아왔다. 보가트는 이들이 무대 동작들을 묘사하고 흥미로운 선택들을 만드는 데 도움이 되고 있음을 발견했다. 원천 그 자체로부터 얻은 요소들은 종종 무엇이 적합한지를 찾는 하나의 수단이 된다. 인정받는 극이나 고려중인 새로운 아이디어에 대한 앙상블의 반응으로부터 이끌어진 다양한 재료들을 수집하는 일은 특정한 요소들이 상상의 문맥으로 이끄는 영향과 무게를 실험하고 검사할 기회를 만든다. 보가트는 그녀가 '악vice'이라 부르는 것을 통해 이 포함의 과정을 설명한다. 1980년대 텔레비전 범죄 드라마인 마이아미 바이스 Miami Vice를 제작하는 동안, 예술 감독은 요소들이 제작의 올바른 개념 안에서 작동했는지 Vice 또는 이들이 쇼가 구성되는 단단한 문체의 팔레트 범위 밖에 있는지not Vice 결정했다. 보가트에게 있어 연극적 세상은 유사한 판단 방법들을 통해 만들어지며, 콤포지션 훈련들은 부분적으로 무엇이 '악vice'이고 무엇이 아닌지를 결정하도록 돕는다.

하지만 생각은 단순하게 디자인적 고려를 넘어서 확장된다. 더스트 보울dustbowl에서 영감을 받은 〈한여름Midsummer〉 안에서, 1930년대의 슬픈 민요 발라드를 조용히 부르며 구석에 서있는 한 여인은 '악vice'일지도 모른다. 사악한 음향 효과 담당자가 위로부터 동작을 조종하듯 문을 열고 닫으며 공간을 가로지르는 무분별한 질주는 '악vice'일지도 모른다. 또는 둘 다 콤포지션 훈련의 맥락 안에서 작동할지 모르지만, 작품의 더 넓은 문맥에서는 적합하지 않을지 모른다. 만들어진 요소들은 계발 중인 작품 안에 광범위하게 부쳐질지도 모르지만, 대게 계발된 에너지는 리허설 안에서 다른 무언가를 창조하는데 기여하고 이것은 다시 형태를 바꾸어 최종 작품을 구체화한다. 이러한 방식으로 콤포지션 훈련들은 가까스로 감지할 수 있는 숨은 뜻으로 존재함에도 불구하고 최종적으로 작품에 강한 영향을 남긴다.

엄청나게 많은 동작들과 콤포지션 훈련에 있어, 제한된 시간이 배우들 및 감독들에게 작업을 제 시간에 끝내기 위해서 선택을 하고, 반응하고 움직이면서 더욱 직관의 단계에서 작업하게 한다고 보가트는 제안한다. 순간에의 완전한 헌신, 초점 그리고 의도는 스즈키 훈련으로부터 비롯되었을 것이다. 그러나 그 순간, 안에서 반응하고 창조하는 능력은 뷰포인트를 통해 도움을 받으며, 그와 같은 연습들을 환기시키는 형식으로 배치하는 창조적 도약은 콤포지션 작업으로부터 나온다. 이것은 미리 결정된 창조성이 아니라 위기에의 능동적 반응, 즉 1, 2, 3 - GO!의 또 다른 형식이라고 할 수 있다.

많은 시티 극단원들에게 있어서 훈련의 궁극적인 결과는 자신을 무대 위에 놓는 행위에 대한 확인이라고 할 수 있다. 현존을 위태롭게 하는 것은 맹신이다. 순간을 창조하는 데 있어 당신은 개인적 헌신과 더불어 끊임없는 점검이 필요하다. 톰 넬리스Tom Nelis는 특히 스즈키 훈련이 이 생각에 대해 고심한다고 주장한다. '당신이 무대 위에 서 있는 근본적인 이유는 당신이 무언가를 할 수 있기 이전에 먼저 알고 있어야만 하는 어떤 것이다'(qtd. in Bond 2002: 245). 당신은 개인적 동기 및 약속으로부터 무대 위에 자신의 존재를 세운다. 그러고 나서 관객들이 참여할지 모를 연결 통로를 창조하며 그들을 안으로 초대한다.

　뷰포인트와 스즈키 훈련의 조화는 연기 경험의 전체를 통합한다. 스즈키 훈련이 집중의 방향을 가리키며 영원永遠, eternal으로의 개인적 연결을 강조하는 반면에, 뷰포인트 작업은 의식을 열고 주변 세계의 역동적인 속도 및 그 세계에 있는 타인과의 연결 안에서 배우의 위치를 탐험하는 것이다. 두 가지 모두 많은 여타의 연기 기술들이 요구하는 감정적 상태들을 얻는 데 강조를 두는 것으로부터 배우를 자유롭게 하며 관객을 적극적 해석의 과정으로 끌어들인다.

　보가트는 이와 같은 더욱 능동적인 과정을 설명하는 방법으로써 공감을 위한 독일어 동사인 einfühlen을 참조한다. 'Ein-fühlen: to feel into.(누구/무엇의 기분/감정/입장이 되어 보다: 역주). 감정이입에 도달하기 위해 당신은 격정적으로 들어간다. 여기서 감정이입은 당신에게 발생하는 어떤 것이 아니다; 이것은 오히려 당신이 세상 속에서 취하는 행위이다. 자신을 다른 사람 또는 사건 속에 이입시키는 것이다'(Bogart 2007: 66). 보가트는 여기서 관객의 역할에 대해 말하고 있지만, 이 적극적인 '이입'이 일어날지 모르는 환경을 위해서 배우는 다른 방식으로 존재할 필요가 있다. 배우는 감정을 밖으로 전달하기보다는 차라리 관객을 안으로 초대하기 위해 연기한다.

　시티 극단의 콜라주와 같은 작품 〈밥라우셴버그어메리카bobrauschenbergamerica〉의 중간쯤에, 밥Bob의 엄마는 갑자기 미국의 국기 색으로 칠해진 뒷벽에서 나와서 '점심시간이다'라며 시간을 알린다. 밝고 우스꽝스러운 노래는 스피커를 통해 요란하게 울리고, 배우들 모두는 넘치는 활기 속으로 뛰어든다. 피크닉용 테이블과 구식의 뒤뜰 피크닉용 재료들을 가지고 나오면서 그녀는 옥수수, 마카로니 샐러드들을 계속해서 내온다. 그리고 또 각각의 접시를 숭배하듯 겸손한 느낌으로 내려놓는다. 이 정교한 안무로 짜인 일상 이후, 노래는 침묵 속에서 기름에 튀긴 치킨을 먹고 있는 앙상블을 남겨 놓은 채 갑자기 끝이 난다. 그들은 앨런Allen이 올려다보며 밤하늘을 가리키기 전까지 오랜 시간 동안 침묵 속에 앉아 있는다. 그는 닭다리 살로 나팔을 불며 '아세요? 시간보다 엄청나게 더 많은 공간이 있어요'라고 끝맺는다. 그가 시공의 난제들을 갈라놓자 그들 모두는 놀라서 올려다본다.

일상과 영원의 짝짓기는 작품의 기초가 된 예술가 로버트 라우셴버그Robert Rauschenberg의 작품과 아슬아슬하게 연결되어 있다. 작품은 문자 그대로의 의미에서 그의 삶에 대한 묘사라기보다 오히려 라우셴베르그 자신의 다방면에 걸친 결합들과 비슷한 상호접속의 드라마이다. 이 경우에 장엄하고 더욱 유창한 생각을 가능하게 하는 침묵 속에서, 긴장을 유지하는 순간에 뒤따르는 앙상블의 거대한 제스처는 관객을 비슷한 명상의 위치로 이끈다. 거만한 호언장담으로 미끄러짐 없이 이를 해내는 능력은 마치 피크닉 그 자체의 요소들이 리허설을 통한 콤포지션 연구 및 앙상블들의 탐구로부터 나온 것과 마찬가지로 훈련 안에서 보편적인 것과 특별한 것 사이에서 요소들의 짝짓기 및 끌어당기는 힘으로부터 나온다.

이러한 방식으로 관객이 참여하게 되면, 작품의 중심인 다양한 애정의 관계들에 나타난 일련의 흥미로운 독백들을 위한 길이 분명해지게 된다. 남자들과의 관계에서 무책임하다고 비난받는 수잔Susan이 '여자들에게는 어떠한지'에 대해 열정적 방어로 응답하기에 앞서, 그들은 쓸데없는 잡담과 가십성의 세부 사항들을 통해 관계의 본질에 대해 토론한다. 연설은 우습고도 가슴 아프지만, 이는 우리가 피크닉 진수성찬 중 큰 시트 케이크sheet cake[6]을 먹기 시작하는 인물을 볼 때 더욱 그러하다. 그녀는 점점 더 많은 케이크를 입 속에 잔뜩 집어넣으며 말하기 시작한다. 마지막에는 화가 나 무대를 떠나기 직전까지 케이크 전체를 먹어 치운다. 이것은 배우를 위한 역작力作의 순간이다. 그리고 우리는 그녀의 감정적 폭발만큼이나 신체적 성취에 깜짝 놀라 앉아 있다. 우리는 극적 구조의 더 직접적인 진입을 통해 인물의 감정적 특성과 생각에 맞추어진다. 상당 부분, 그 순간은 척하지 않는다. 그대로이다. 배우인 엘렌 로렌Ellen Lauren은 케이크를 먹고 이 독백을 보여주는 신체적 연기를 경험하고, 이는 수잔Susan이라는 인물과 우리와의 연결을 만드는 어떠한 꾸밈이라기보다 행위의 실제인 것이다. 그 과정은 훈련의 신체적 요구 및 순간 안에서 인식, 그리고 강력한 현존이 반영된 결과물이다.

잠시 후에, 극단원인 레온 잉글스라드Leon Ingulsrud가 연기한 할리 데이비슨 티셔츠를 입은 크고 거칠어 보이는 트럭 운전사인 필Phil the Trucker과 동료 단원인 아키코 아이자와Akiko Aizawa가 연기한 수영복 차림의 발랄한 미인인 필의 여자친구Phil's Girl는 플라스틱 방수포에 진과 베르무트 한 방울, 올리브 한 병을 이용해 미끄러지듯 흘러내리는 마르티니를 만들어 낸다. 이 어울리지 않는 커플은 일본어로 활발한 토론을 벌이면서, 함께 자리를 떠나기 이전까지 그들의 칵테일 속을 철벅거리고 돌아다니며 재밌는 시간을 갖는다. 대화는 무대 행위와 직접적인 관련은 없으며, 단지 이 특별한 무대 세계의 인상을 위해 합쳐지는 많은 이미지들 가운데 하나일 뿐이다.

그림 17.3 〈밥라우션버그어메리카〉(*bobrauschenbergamerica*), 엘렌 로렌(Ellen Lauren), 시티 극단(SITI company) (Source: Photo, Michael Brosilow)

공연 안에서, 이 순간은 놀랍고도 흥미로운 사실들을 보여준다; 이는 우리에게 구체적인 이야기를 하지 않는다. 그러나 이 두 인물들 사이에 있는 친밀감과 미묘함 그리고 그들의 관계가 우리 앞에서 벌어지는 다른 관계들과 어떻게 교차하는지에 대해 믿을 수 없는 느낌을 만들어낸다. 간단히 말하면, 이것은 우아하다. 이 인물이 일본어로 그렇게 쉽게 이야기를 나누는 것을 보는 것이 예상 밖이고 불필요해 보이기 때문에 더욱더 그러하다. 이 작은 대화는 관련 없어 보일지 몰라도 작품이 만들어지는 배경과 극단의 작업을 이루는 본질을 보여준다.

희곡은 찰스 미Charles L. Mee에 의해 표면상으로 쓰였지만, 사실상 긴 기간의 계발과 리허설을 통해 그가 전체 극단과 협력해 이를 기록했다고 말하는 것이 더 정확하다. 미Mee 는 이 역할을 연기하는 어떤 배우도 가식의 행위 안에서 그것을 수행할 것이라는 기대를 가지고 이 장면을 쓰지 않았다. 이 간단한 혼합은 틀림없이 각색된 리허설 안에서의 한 순간으로부터 나와 이후 작품 안으로 통합된 것이다.

배우 레온 잉글스라드Leon Ingulsrud는 미네소타에서 태어났지만 어린 나이에 일본으로 건너가 수년간 일본에서 유학해왔다. 그는 사실 일본어에 능통하고 리허설에서는 가끔 아이자와Aizawa를 위해 통역을 한다. 배우들은 이 순간을 위해 어떤 것을 지어내도록 요청받은 것이 아니라 단순히 연기를 했고, 그 실제 행위는 그것이 원래 가지는 의도의 밖에서 무게를 가지며 다시 작품 속으로 유입되었다. 이러한 방식에서, 이는 라우셴버그Rauschenberg가 종종 사용했던 재료들과 유사하다: 신선한 안목으로 버려진 항목들을 바라보고 새로운 문맥 안에서 재창조되는 가운데서 그들의 과거의 삶의 무게를 감당하도록 이끄는 것이다.

그림 17.4 〈밥라우션버그어메리카〉(bobrauschenbergamerica), 켈리 마우어(Kelly Mauer), 아키코 아이자와(Akiko Aizawa), 레온 잉글스라드(Lean Ingulsrud), SITI company. (source: photo, Michael Brosilow)

목표는 새로이 사물들을 보고 나서 그것을 작업의 구조 안에 엮을 수 있는 당신의 눈을 훈련하는 것이다. 작품의 연출자로서 보가트는 이러한 순간들을 위해서 그녀의 눈과 귀를 똑바로 열고 경계한다. 뜻밖의 잠재적 효과를 위해 표면을 넘어 바라보는 꿰뚫는 기술에 스스로를 훈련해 왔다. 배우들의 끊임없는 훈련은 항상 이러한 개방성 및 준비가 되어 있음에 대한 감각을 유지하도록 돕는다. 당신은 리허설 안에서 순간을 위한 준비가 되어 있어야 하고, 이를 선택할 준비가 되어 있어야 하며 이후 공연에서 이것과 함께 현존할 필요가 있다.

연극 그 자체는 관객 안에서 경이감을 열어주고, 이것은 시티 극단을 위한 운영 원칙이 되고 있다. 극단의 모든 작업에 대한 이와 같은 태도는 엄격한 구조에도 불구하고 눈이 휘둥그레질 자유로움으로 가득 차 있다. 이러한 경우 공연은 무대 위에서 무엇이 벌어지고 있는지, 즉 연필을 들어 올리는 중인지 혹은 대규모의 피크닉을 만드는 중인지 실제로 벌어지는 일에 주의를 요한다. 우리는 참조의 세계에 있지 않다, 이러한 행위들이 암시하는 것이 무엇일까를 고려하면서, 그러나 이것은 실제의 현존 안에서 순간 그 자체에 포착된 것이다.

더욱 생동감 있는 은유의 공간 안에 놓인 열린 접촉과 초점의 결합된 힘은 공연 환경을 집중과 참여의 장으로 고조시키며 강렬한 현존을 만들어낸다. 연극은 우리가 단순히 이야기를 듣는 것이 아니라 이벤트의 일부가 되기 위해 참여토록 하는 의례의 효능과 다시 연결된다. 텔레비전에서부터 영화, 인터넷까지 우리에게 어떤 것을 말하고, 어떤 것을 주려하며, 그리고 궁극적으로 어떤 것을 팔기 위해 전적으로 경쟁하는 이미지의 맹공격으로부터 연극이 생존하기 위해서는 그 활력을 되찾을 필요가 있다. 무대는 다른 종류의 참여를 위한 하나의 공간이 될 수 있다.

훈련의 행위는 당신을 주고받음의 이벤트에 현존하도록 준비시킨다. 당신은 관객에게 전달하기 위한 하나의 상품을 준비하는 것이 아니라, 그들이 공유할지 모르는 세계 안에 존재하는 하나의 방식을 만들어 내고 있는 중이다. 그들은 보가트가 말한 것처럼 당신 옆에서 나란히 느끼거나 또는 무대 위의 당신의 존재를 이입한다. 당신은 변화를 감안한, 즉 안으로 들어와 마침내 변형되도록 놔두기 위해서 관객을 유발시키고 동요시킬 환경을 만든다. 보가트의 연극 세계에서, 살아 있는 공연의 예술은 하나의 변형의 행위이다. 이는 배우가 다른 누군가가 되기 때문이 아니라 관객이 그들 자신의 관점을 바꾸도록, 농축된 활력의 시공간 안에서 예술가와 함께 바라보며 그들과 함께 변화를 수행하도록 도움받기 때문이다.

노트

1 앤 햄버그(Anne Hamburger)는 초기 보가트와의 협업에 바탕을 둔 장소-특정적 공연 극단 앙가르드아츠(En Garde Arts)을 설립하였다.
2 타다시 스즈키(1939-)는 토가(Toga)에서의 스즈키 극단(Suzuki Company) 작업을 통해 연출로서 국제적 명성을 얻었으며 노(能)와 가부키와 같은 일본 전통 공연 형식으로부터 파생된 신체 훈련 프로그램의 창시자로 가장 잘 알려져 있다.
3 요시코 쓰마는 공연 앙상블인 The School of Hard Knocks의 연출가로 작업하며 25년이 넘는 기간 동안 뉴욕의 실험적인 무용, 연극 그리고 공연계에 영향을 끼쳤다.
4 이 부분은 2003년 시티 극단의 여름 집중 훈련에서의 스즈키 훈련, 뷰포인트와 콤포지션, 그리고 뉴욕 SITI 스튜디오 훈련에 참여했던 나의 개인적인 경험에 바탕을 두고 있다. 또한 뷰포인트와 콤포지션 작업은 나의 교육과 연출 작업에도 통합되어 있다.
5 티나 란다우(Tina Landau, 1962-)는 1980년대에 보가트와 함께 그녀의 작업을 통해 뷰포인트를 더욱 발전시켰으며 계속해서 연출작업과 새로운 작품 창조에서 이에 대한 탐구를 계속하고 있다. 그녀는 스테픈울프 시어터 컴퍼니(The Steppenwolf Theatre Company)의 단원이다.
6 시트 케이크(sheet cake)는 직사각형의 단층 케이크를 말한다. 미국에서 규모가 큰 피크닉에서 볼 수 있는 흔한 케이크이다.

참고문헌

Anderson, Porter (1998) 'Approaches to Theatre Training' *American Theatre*, January: 31-34.
___ (2008) 'The Search for a SITI State', American Theatre, March: 24-27, 81-83.
Bogart, Anne (1995) 'Terror Disorientation and Difficulty', in Michael Bigelow Dixon and Joel A. Smith (eds.) *Anne Bogart: Viewpoints*, Lyme, NH: Smith and Kraus, pp.3-12.
___ (2001a) 'Balancing Acts: Anne Bogart and Kristin Linklater Debate the Current Trends in American Actor-Training', moderated by David Diamond, *American Theatre*, January, http://tcg.org/publications/at/2001/balancing.cfm: 8pp.
___ (2001b) *A Director Prepares: Seven Essays on Art and Theatre*, London: Routledge.
___ (2001c) 'Forty Years of Passion: Past TCG Board Presidents: Anne Bogart', *American Theatre*, July/August, http://tcg.org/publications/at/2001/bogart.cfm: 16pp.
___ (2006) 'The Role of the Audience', TCG National Conference 2006–Building Future Audiences, http://tcg.org/events/conference/2006/bogart.cfm: 13pp.
___ (2007) *And Then You Act: Making Art in an Unpredictable World*, London: Routledge.
Bogart, Anne and Landau, Tina (2005) *The Viewpoints Book: A Practical Guide to Viewpoints and Composition*, New York: TCG.
Bond, Will (comp.) (2002) 'SITI: Why We Train', in Nicole Potter (ed.), *Movement for Actors*, New York: Allworth, pp.243-51.
Cummings, Scott T. (2006) *Remaking American Theatre: Charles Mee, Anne Bogart and the SITI Company*, New York: Cambridge University Press.
Dixon, Michael Bigelow and Smith, Joel A. (eds) (1995) *Anne Bogart: Viewpoints*, Lyme, NH: Smith and Kraus.
Genzlinger, Neil (2003) 'A Collage of Sly Tricks in Honor of a Collagist', *The New York Times*, 16 October: B5.
Herrington, Joan (2000) 'Directing with the Viewpoints', *Theatre Topics*, 10(2): 155-68.
___ (2002) 'Breathing common Air: The SITI Company Creates *Cabin Pressure*', *The Drama Review*, 46(2): 122-44.
Lampe, Elke (1992) 'From the Battle to the Gift: The Directing of Anne Bogart', *The Drama Review*,

36(1): 14-47.

Landau, Tina (1995) 'Source-Work, the Viewpoints and Composition: What Are They?', in Michael Bigelow Dixon and Joel A. Smith (eds). *Anne Bogart: Viewpoints*, Lyme, NH: Smith and Krauss, pp.13-30.

Overlie, Mary (undated) 'Six View Points', unpublished manuscript (class handout): 3 pp.

Plagens, Peter (2003) 'Rauschenberg's American Beauties: A Life in Theatrical Collage', *The New York Times*, 12 October: F7.

Chapter 18

아우구스또 보알과 억압받는 자들의 연극
AUGUSTO BOAL AND THE THEATRE OF THE OPPRESSED

● ● ● **프랜시스 배비지**Francis Babbage

배경The Context

아우구스또 보알은 현재 전 세계에서 폭넓게 적용되고 있는 급진적 공연 테 크닉의 한 시스템인 억압받는 자들의 연극Theatre of the Oppressed으로 유명해졌다. 그의 작 업은 학계 프로그램 안에서 정규적으로 교육되고 있으며 오늘날 연극 과목의 강의 요강에 서는 아르또Artaud만큼이나 보알의 이름을 찾아볼 수 있다. 그러나 1970년대 중반 민중 연 극 운동을 확립하고 팽창시키려는 보알의 초창기 시도들은 '연극'은 '엘리트, 주로 유럽인, 그리고 극작가 등에 의해 전문적인 무대 위에 공손히 올리는 무엇'을 의미했던 배우 및 연 출가들의 거센 저항을 피할 수 없었다. 이후 그는 모국인 브라질을 떠나 포르투갈에서 망 명 생활을 하며 이미 실험을 시작했던 참여의 방법론preparatory methods을 체계화하였다.

동료 예술가들의 반응들에 좌절하며 보알은 다음과 같이 기록했다: '모든 사람들은 연 극을 할 수 있다. 배우들조차도!' 이것은 그가 이후에 인정했던 대로 '나(보알)에게 몇 가지 문제를 일으킨 문장'이다(Boal 2001: 320). 그도 놀라운 일이 아닌 것이 보알의 진술은 몇 가 지 함축적 의미를 갖는다. 그 중에는 연기에 대한 훈련 및 전문화가 필요하지 않다는 의미 를 포함해 전통적인 기술의 습득이 오히려 실제 연극을 만드는 개인의 능력을 적극적으로 방해할지 모른다는 암시가 담겨있다. 그의 주장은 물론 이보다 훨씬 더 많은 의미를 갖는다. 즉 이는 무엇보다도 모든 사람들은 연기할 능력과 권리를 가지고 있다는 보알의 확신을 반영하면서 결국은 예술의 민주화에 대해 논하고 있는 것이다. 여기서 '연기하는 것'은 두 가지의 중요한 의미를 가지는데, 하나는 연극적 의미에서 '연기'이고, 또 하나는 사회적 및 정치적으로 '행동'을 취한다는 의미에서이다.

반세기에 걸쳐 이루어진 그의 실습 대부분은 연극적 과정의 민주화에 집중되어왔다. 보알은 자신이 작업한 다양한 배경 및 문화들을 바탕으로 스스로 억압받는 자들의 연극의 '무기고the arsenal'라고 불렀던 굵직하고 튼튼한 메소드들을 계발시켰다. 이들은 개인 및 단체들을 사회적 관계 속에 활발히 참여하도록 하고, 연극의 과정을 비판적으로 바라보게 하며 더 나아가서는 사회 안에서 역동적이고 변형적인 그들의 잠재력을 인식하도록 독려한다(Boal 2002: 48).

다양한 표현을 통한 억압받는 자들의 연극은 사실상 전 세계적으로 대중 연극 실천에 커다란 영향을 끼쳤다. 이 현상은 다양한 방법들로 설명될 수 있다.

그림 18.1 아우구스또 보알(Augusto Boal, 2008) (photo: Hugh Hill)

첫째, 보알이 옹호하는 전략들은 이해하기 쉽게 디자인되었다. 둘째, 억압받는 자들의 연극 메소드들은 다양한 문화적 배경들 안에서 생산적이고, 이동 가능한 것으로 입증되었다. 그러나 이것이 이러한 메소드들 또한 각색되고 수정되며 비판받지 않았다는 것을 의미하지는 않는다. 셋째, 세계 도처에는 소속 멤버들과 연계된 그룹들을 통해 수많은 억압받는 자들의 연극 '센터들'이 있다.[1] 이는 이러한 실습이 닿지 않은 나라가 거의 없다는 것을 집합적으로 증명한다. 끝으로 여행과 가르침, 글쓰기 등에 대해 보알 자신이 왕성하게 전념하여 그의 작업이 세계 전역으로 전파되는 데 크게 기여하였다.

　1974년 급진적 연극에 관한 대표적 성명서인 『억압받는 자들의 연극Theatre of the Oppressed』 출판 뒤에도 보알은 그의 자서전인 『햄릿과 제빵사의 아들: 나의 연극과 정치 인생Hamlet and the Baker's Son: My Life in Theatre and Politics』(2001)을 포함해 그의 실습 계발에 관한 수많은 저서들을 내놓았다. 그는 수감자들 (그리고 교도관들), 심리치료사, 가정부, 병원 환자들, 로열 셰익스피어 극단 배우들, 빈민 지역 거주자들과 공장 노동자 등의 다양한 그룹들과 작업하며 전 세계에서 가르치고 강연하고 연출하였다. 그는 또한 수많은 상과 명예의 수상자이기도 했다. 유네스코 파블로 피카소 메달UNESCO Pablo Picasso Medal(1994); 네브레스카 대학the University of Nebraska과 런던의 퀸 메리 대학Queen Mary University of London의 명예박사 학위honorary doctorates(1996, 2001); 프린스 클라우스 어워드Prince Claus Award (2007)를 수상했으며, 2008년에는 평화와 민주주의Peace and Democracy 부문으로 크로스 보더 어워드Cross Border Award를 받았고, 노벨 평화상 후보에 오르기도 했다.[2]

　『억압받는 자들의 연극Theatre of the Oppressed』이 보알의 저서 중 학술계에서 영향이 가장 큰 책이라고 한다면 1992년에 초판된 『배우와 일반인을 위한 연기훈련Games for Actors and Non-Actors』은 연극인들에 의해 가장 폭넓게 채용된 책이라고 할 수 있다. 이 책의 제목은 우리를 이 장의 출발점으로 되돌아오게 한다: '배우'와 '일반인', 훈련과 비 훈련, 프로와 아마추어의 관계. 그의 초기 진술이 기존의 부르주아 연극과 그가 장려하는 대중 연극 사이의 긴장의 신호탄을 터뜨렸다고 할지라도 이 책의 제목은 '몇몇의 사람들이 연극을 만들지만 . . . 우리 모두는 연극이다'라는 그의 주장을 반영하듯 근본적으로는 대립적이지 않다.[3] 인간은 필연적으로 배우일 수밖에 없다, 우리는 행동하기 때문이다, 그리고 우리는 필연적으로 관객이다, 왜냐하면 우리는 또한 관찰하기 때문이다(Boal 2002: 15). 마찬가지로, 『배우와 일반인을 위한 연기훈련』에서는 억압받는 자들의 연극을 특징짓는 급진적인 마르크스주의적 분석의 작은 흔적들을 찾아볼 수 있다. 누군가는 보알이 처음의 다소 명백한 대항적 입장―미학과 사회적 개혁을 논의하는―으로부터 좀 더 열린 포괄적인 자세로 그 입장을 바꿨다고 추론할 수도 있을 것이다. 두 책의 집필 내용을 통해 보알의 억압받는 자들의 연극의 탄생 배경과 다양한 연극 실습으로의 확장, 그리고 그의 작업이 이후 어떻게 발전되었는지 그 진가를 살펴볼 수 있을 것이다.

보알은 1931년 포르투갈인 부모 아래 제툴리우 바르가스Getùlio Vargas의 전체주의 정부 체제the Estado Novo 아래에 있던 브라질의 리우 데 자네이로Rio de Janeiro에서 출생했다. 보알의 유년 시절과 청년기의 대부분은 정치적 격변기의 맥락 속에서 펼쳐진다. 지난 세기에 걸친 브라질의 역사는 일련의 독재 정부와 군사 통치 아래 있었으며 '민주주의'는 늘 일시적이고 위태로웠고 항상 이를 위해 싸워야했다. 보알은 언제나 좌파의 편에 섰으며 여러 해 동안 노동당(Partido dos Trabalhadores, PT)의 일원이었다. 그러나 1960년대 후반과 1970년대 초 브라질의 정치적 기후 아래 그는 특히나 군사 독재의 극우파의 정책에 정확히 반대되는 단체들과의 연합들로, 사실상 '투쟁자'가 되었다−혹은 이와 같이 여겨졌다(Boal 2001: 251). 이러한 계속된 긴장 속에서도 보알의 자서전은 행복한 유년기과 성년기를 그리고 있다. 염소 가족들에게 개를 흉내 내도록 구슬리거나, 형제들과 함께 올릴 희곡을 쓰거나, 또는 17세에 브라질 국립 대학 화학과에서 그의 과외 활동인 '문화 감독'의 역할에 온갖 에너지를 쏟아 붓는 것을 포함해서 연극은 언제나 그를 형성하는 요소로 작용했다(Boal 2001: 34, 75, 107).

몇 해 동안 보알은 화학과 연극을 동시에 좇았으나 뉴욕 컬럼비아 대학에서 마침내 연극이 우선순위를 차지했다. 보알은 1952년 화학 고등 과정과 더불어 특별히, 존 가스너John Gassner 밑에서 연출과 드라마투르기 과정을 듣기 위해 뉴욕으로 건너왔다. 연극 교육의 영향으로 그는 이곳에서의 학업을 이어나갔으며 이를 통해 얻은 경험과 교류들은 그의 미래 작업−1956년, 상 파울로의 원형극장São Paulo's Arena Theatre에서 호세 헤나투José Renato에 의해 임명된 극작가 및 연출직−을 결정짓는 데 중추적 역할을 했다.

뉴욕에서의 예술 체험은 시대를 반영하고 있었다. 사실주의가 미국 현대 연극에 커다란 영향력을 행사하고 있었으며 이는 아서 밀러Arthur Miller, 테네시 윌리엄스Tennessee Williams 등을 비롯한 여타 직가들의 새로운 희곡과 일반적인 프로덕션 스타일들을 통해 증명되고 있었다. 액터스 스튜디오Actors Studio에서의 리허설을 관람한 후, 보알은 리 스트라스버그Lee Strasberg 감독 하에 말린 극장Malin Theatre에 둥지를 틀었다. 그는 이미 스타니슬랍스키의 연기 이론들에 익숙했으며 메소드The Method가 실습으로 적용되는 실례를 관찰하는데 매료되었다. 보알의 이름은 현재 전통적 극적 사실주의와 거리가 먼, 참여와 대화의 연극과 사실상 동의어가 되어 있지만 그럼에도 불구하고 그는 스타니슬랍스키의 연구가 자신의 연극 인생의 '주춧돌'이 되었다고 강조했다:

배우로 하여금 자신의 내부를 들여다보며 인물의 생각과 감정을 찾도록 한 것은 그의 시스템화 된 메소드 덕택이다. 이런 의미에서 연출자의 주요 역할은 소크라테스가 그의 철학 방법론에서 그러했듯 산파maiêutic가 되는데 있다―철학자는 제자들로 하여금 그들이 모르게, 그들이 이미 알고 있는 것을 찾아내도록 반향을 유발하는 질문들을 통해 발견의 길을 열어주는 산파이다. 이것이야말로 배우로 하여금 인물을 탄생시킬 수 있도록 돕는 연극 연출자들의 이상적인 형태이다.[4] (Boal 2001: 147)

보알은 액터스 스튜디오에서의 관찰과 가스너의 지도로부터 많은 중요한 교훈을 이끌어냈다. 리허설을 대하는 훈련된 공연자들은 그들의 과제를 근본적으로 창조적이라고 이해하고 있었으며 이 사실에 그는 감명 받았다. 즉 배우들은 연출자에게 해결책을 기대하지 않았다. 보알은 원형극장에서 이러한 원리들을 모방하고자 분투하였는데 그의 말에 따르면 라틴 아메리카 출신 배우들의 시간을 엄수하는데 있어 좀 더 느긋한 태도를 취함을 감안할 때 이와 같은 원리를 세우는 데에는 적지 않은 노력이 필요했다(Boal 2001: 145). 그러나 보알은 그가 목격한 사실주의 작품의 '과잉들', 즉 무대를 꽉 채울 대표적 배경과 대도구들의 증대되는 사용, 그리고 배우들에게 대게는 보이지 않는 내부의 과정을 허락하는 대화 내에서의 아주 오래 끄는 포즈 등에 대해서는 비판적이었다. 메소드The Method의 적용은 '주관성의 비대'로 이어지도록 허용되어서는 안 되며 독자적이 아니라 항상 다른 사람과의 역동적인 상호관계 안에서, 연결되는 인물들과 더불어 현재 일어나는 행위로써, 연극에 대한 끊임없는 인식에 의해 조절되어야 한다고 그는 믿었다. 동등하게, 배우들은 관객들에 대한 그들의 책임을 잊어서는 결코 안 된다(Boal 2002: 38-39). 가스너와 마찬가지로, 보알은 드라마투르기의 모든 면에서 아이디어들이 동시대 삶의 맹목적인 모방에 의해 억눌려지지 않고 숨쉴 공간을 가졌던 '선택적' 현실주의를 선호했다.[5] 하지만 보드빌과 코미디 등과 같은 다른 장르들 또한 보알에게 영향을 주었으며, 그가 2년간 쓰고 연출한 연극들은 이러한 형식들과 함께 실험되었다.

15년 동안 작업한 아레나극장Arena에서의 보알의 예술적 공헌은 극장의 독특한 특성과 역사, 그리고 그가 경험한 뉴욕에서의 경험에 의해 형성되었다. 원형극장의 무대는 5평방미터로 어떤 방향에서도 관람이 가능했으며 그가 경험한 어떠한 무대보다 훨씬 작았다. 이는 (150명의) 관객들에게 아무것도 감출 수 없는 유난히 친근한 무대 공간이었다. 그와 같은 무대 위에서 '사실주의'는 선택적이어야만 했고, 동시에 부족한 예산은 대규모의 쇼로 높이 평가받고 있던 이웃 브라질레이루 극장Teatro Brasileiro de Comedia의 레퍼토리 같은 공연은 불가능하다는 것을 의미했다. 호세 헤나투José Renato의 지도 아래, 원형극장은 특혜를 받는 외국 수입품이 팽배한 당시 문화에 도전하는 브라질 희곡 작품 상연으로 명성을 얻어갔다.[6] 보알은 두 가지 방식으로 헤나투의 선례를 따랐다. 첫째, 그는 새로운 작품의 창작을 강화하기 위해 작가 그룹Writher's Group을 구성했다. 둘째, 그는 외국의 작품들을 원형극장의 무대에 올리면서도 독재 하에 동시대의 유사한 경험이라고 판단되는 요소들을 강조하며, '고전들의 국유화'의 국면을 이끌었다. 1962년에 큰 환호를 받기 시작한 마키아벨리 Machiavelli의 〈만드라골라Mandragora〉가 그 중 하나였다. 보알의 지도 아래 극단은 스타니슬랍스키의 원칙들을 광범위하게 적용했다; 상 파울로의 부르주아 연극의 스타 시스템—고정된 등장인물들에 대하여 배우들 각자의 매너리즘과 오토마티즘을 보강하기를 선호했던—과는 대조적으로, 성격 묘사에 있어 신선함과 '진실함'을 얻는 것을 목표로 하였다(Boal 2002: 33).

　　같은 기간 동안 보알은 열심히 브레히트를 읽고 연구하며 브라질 관객들과 정치적 주제들을 가지고 효과적으로 소통할 수 있는 연극적 언어를 모색했다. 그 연구로부터 나온 주요 작품은 보알과 과르니에리Gianfrancesco Guarnieri가 공동 집필하고, 로부Edu Lobo가 음악을 맡은 1965년 작품 〈아레나 콘타 줌비Arena Conta Zumbi〉였다. 〈줌비Zumbi〉는 브라질 역사로부터 폭정에 저항한 에피소드를 다시 이야기하고, 그에 따라 함축적으로 현재의 억압을 비난하면서 사실주의적 요소들과 브레히트의 거리두기를 결합했다. 작품은 대중적으로 큰 성공을 거두었고, 유사한 스타일로 원형극장의 '저항 뮤지컬' 시리즈가 시작되었다.[7] 〈줌비〉는 또한 배우들에게 새로운 것을 요구했다. 예컨대, 쇼는 관객들에게 전달되는 집단적 내레이션을 사용했고, 등장인물들 또한 개별 배우들 각각에게 할당되기보다 배우들 사이에서 전체적으로 공유되었으며, 마지막으로 음악의 사용 및 소극笑劇과 다큐멘터리, 멜로드라마를 오가는 스타일의 이동은 관객들의 참여를 끊임없이 유도하는 동시에 배우들을 어떠한 개별 장르로 '정형화'하는 것을 막았다. 유사한 기술들은 억압받는 자들의 연극에 있어 필수적이 되었다. 작품 〈줌비〉는 다른 사람들로 하여금 그것을 인식하고 도용하도록 하기 위해, 부분을 분명하고 '사실감 있게' 만들면서 자신의 역할, 즉 캐릭터를 기꺼이 내줄 수 있는 보알 식의 배우Boalian actor를 형성시키는데 기여했다.[8]

　　〈줌비〉는 스타일과 내용에서 급진적이었음에도 불구하고 계속 기정既定의 대중들을 위해 원형극장에서 무대화되었다. 보알의 자서전에는 가난한 사람들의 고통에 대해 직접적으로 말하고 그들이 봉기하도록 선동할 수 있는 대중 연극을 만드는 극단의 끈질긴 노력들이 상세히 열거된다. 이런 야망은 실제로 실습에서 실현하기 어렵다는 것이 증명되었다; 보알은 강의나 워크숍에서 종종 익살스럽고 또한 겸손하게 농민 관객들이 그들의 삶이 원형극장의 배우들에 의해 설명되는 것을 달가워하지 않았던 경험에 대해 이야기하며 만남의 오해들과 당혹감들을 되돌아보곤 했다.[9] 이와 같은 경험들은 당시 브라질의 급진적인 교육자였던 파울로 프레이리Paulo Freire가 이미 알고 있었던 부분을 보알을 포함한 그의 극단에게 가르쳐주는 계기가 되었다. 즉 '대중'은 그들 자신의 삶을 형성하는 환경에 대해 알고는 있지만, 단순히 그와 같은 조건들을 분석하고 그리하여 환경을 변형시키는 기술들이 부족한 똑똑한 사람들이라는 것이다.[10] 진정으로 대중 연극이 가져야 할 형태를 더 가깝게 그리고 덜 거만하게 탐구할 기회의 시기는 바로 보알이 1971년 투옥되고 고문당한 이후 추방되었을 때 찾아왔다.[11]

보알은 페루로 추방된 후, 혁명 정부가 수행한 국가적 문맹률 낮추기 캠페인에 참여하게 되었다. 캠페인의 방법들은 대게 프레이리Freire에게서 나왔고, 보알은 프레이리의 원리들을 차용해 공연에 이들을 적용한 연극적 가닥을 이끌었다. 농부들은 이미 '글을 읽고 쓸 줄 안다는'—단지 스페인어가 우세한 지역 안에서 읽거나 또는 쓸 수 없었다는—프레이리의 가정으로부터 보알은 인간 신체의 언어와 함께 출발했다. 신체는 이미 표현력이 있지만 더욱 그러하게 만들면서 중요하게는, 참가자들이 그들의 일과 지위에 따라 도입된 습관적 유형들을 '고의적으로 잊도록' 돕기 위해 설계된 훈련들을 이끌었다. 프레이리가 보알에게 유일하게 영향을 준 인물은 아니었다. 분명하지 않지만 그의 접근은 그가 브레히트와 스타니슬라브스키에 대해 알고 있었던 것에 의해 특징지어 진다. 브레히트는 배우와 관객들이 전에는 '자연스럽다'고 여겼던 것을 새롭고 비판적으로 바라보는 것을 가능케 만들기 위해 리허설과 작품 안에서 낯설게 하기defamiliarisation의 필요성을 강조했다. 스타니슬랍스키는 정서적 느낌의 온전한 표현을 요구했다. 하지만 보알이 다른 곳에서 쓰기를,

> 만일 도구에 해당되는 배우의 몸이 기계화되고 근육이 굳어 있어 본래 가능성의 70% 밖에 활용할 수 없다면, 어떻게 정서가 신체를 통해 자유롭게 표현될 수 있겠는가? (Boal 2002: 29)(보알 2010: 82) •

이러한 실험들에 따라 출간된 보알의 『억압받는 자들의 연극Theatre of the Oppressed』은 연기하기 위한 신체를 준비하고, 그것의 표현력을 확대하며, 궁극적으로는 대화체의 연극을 만들기 위해 사용된 상세한 일련의 기술들의 개요를 서술한다. 그 안에서 전통적으로 배우와 관객을 나누던 경계는 사라진다.[12] 예를 들어 동시적 드라마투르기Simultaneous

---

• Boal, A.(2002), *Games for Actors and Non-Actors*, trans. A. Jackson, second edition, London and New York: Routledge.의 번역서는 이효원 옮김. 『배우와 일반인을 위한 연기훈련』, 서울: 울력, 2010.으로 출판되었다.

Dramaturgy는 관객들이 제안한 장면들을 배우들이 즉흥적으로 연기하는 하나의 형식이다. 아마도 보알이 이용했던 가장 잘 알려진 기술인 토론 연극Forum Theater은 이를 제안하는 모든 사람들을 연기 안에 직접 개입하도록 초대함으로써 관객들을 더욱 참여하게 만든다. 또 다른 형식들로는, 그 날 보도가 된 뉴스에 따른 일련의 과정을 구성하며 신속히 생생한 대화체 공연으로 변형되는 신문 연극Newspaper Theatre과 자발적 반응들을 유발시키며 배우들임을 알지 못하게 한 채로 그들을 지켜보는 관객들 가운데서 논쟁을 하도록 고안된 보이지 않는 연극Invisible Theatre이 있다. 보이지 않는 연극은 대중 앞에서 미리 준비된 장면들을 재연함으로써 배우들이 긴급한 사회적 관심 이슈들로 관객의 주의를 끌게 만든다. 이러한 모든 형식들을 위한 구성요소들은 배우들에게 주제, 감정, 태도 등의 분명한 사실적 또는 상징적 표현을 구성하면서 이들을 비판적으로 분석하도록 하는 하나의 메소드인 이미지 연극Image Theatre를 위한 준비 훈련들이며 그 결과로 생겨나는 무대들이라고 할 수 있다.

페루에서의 새로운 실천 이후에, 보알은 자신이 작업했던 다양한 환경에 대응하여 억압받는 자들의 연극을 계속 확대하고 조정해 나갔다. 그는 1980년대 유럽을 여행하면서 욕망의 무지개Rainbow of Desires 또는 머릿속의 경찰Cop in the Head이라고 알려진 일련의 기술들을 계발했다. 방법들은 기존의 것들과 유사했지만, 그 적용은 표면상 드러내기 보다는 전형적으로 감춰지고 내면화된 억압들을 다루기 위해 고안된 새로운 치료적 차원을 갖고 있었다(Boal 1995). 그는 1986년 브라질로 돌아와(1979년의 개방abertura 또는 사면 이후) 억압받는 자들의 연극을 위한 센터Centre for Theatre of the Oppressed: CTO를 리오에 설립했다. 재정적으로 생존하기 위해 분투하면서, 룰라(이후에 브라질의 대통령이 된 루이스 이나시오 다 실바Luis Inacio da Silva)의 통치 하에 노동당의 증가하는 대중적 인기에 영향을 받아 씨티오 리오CTO-Rio는 1992년에 이 정당과 협력하게 된다.[13] 동맹이 이루어진 같은 해 보알은 의원vereador(councillor)으로 당선되었고, 보알은 그가 입법 연극Legislative Theatre이라 칭한 과정을 계발하였다. 기존의 억압받는 자들의 연극 방법을 사용하면서, 씨티오 리오CTO-Rio의 팀들은 보알을 통해 의회에 통고될 관심사들을 확인하기 위해 일하며 공동체들 및 소외 그룹들과 함께 시간을 보냈다. 몇몇은 궁극적으로 새로운 법률의 도입을 이끌었다(Boal 1998).

1990년대 중반 이래로 억압받는 자들의 연극은 진화하기 시작했다. 브라질의 교도소 체계와 관계를 맺는 일련의 프로젝트들과 '땅 없는 시골 노동자들의 운동Movement of Landless Rural Workers'을 지지하는 프로젝트들이 있었다. 2006년에 보알은 『억압받는 자의 미학*The Aesthetics of the Oppressed*』이라는 새로운 출판물을 내놓았다. 그의 가장 잘 알려진 연구를 의도적으로 상기시키는 제목의 이 책은 실제로 구체적 실험을 묘사한 하나의 이론적 작업이 되었다. 『억압받는 자의 미학』에서 보알은 일관되게 그의 작업을 뒷받침해 온 철학적 원칙들을 자세히 설명한다. 무엇보다 창조적 참여야말로 세상에 대한 다양한 가능성을 상상하기 위한 인간의 능력을 증가시키며, 더 나아가 이에 대한 격려는 이를 실천하기 위한 욕망을 자극한다고 주장한다. 이 같은 훈련 없이는, 동료와 관계를 맺으며 지각하는 우리의 두뇌와 방식은 '불투명해지고 굳어질 것'이다(Boal 2006: 28). 이와 같은 그의 분석은 억압받는 자들의 연극 종사자들이 필수적으로 항상 훈련 중에 있음을 암시한다. 배우와 '관객-배우Spectactor'(관객이 참가자가 되는 보알 연극의 핵심적인 개념)의 끊임없는 창조력과 대화의 참여는 지적, 감정적 그리고 신체적 유연성의 후퇴를 방지하기 위해 필수적이다.

보알이 배우들'조차도' 연극을 만들 수 있다고 선언했을 때, 그는 냉소적이거나 빈정대기보다는 차라리 고의적으로 도발적이었다고 할 수 있다. 그의 연설은 그가 가장 잘 아는 직업이 가진 특유의 모든 행동들, 열망 및 허영심 등을 유머러스하게 반영했다. 모든 인간들 가운데서 배우들은 스스로에 대해서 또는 타인들에게 이러한 잠재력을 나타내는 그들의 능력 안에서 가장 잘 변화할 수 있어야만 한다. 그러나 보알은 배우의 '예술'에 대한 추구가 반드시 이루어져야 하는 관객과의 연결보다도 우선하는 구속복strait jacket이 될 수도 있는 방법(뉴욕의 메소드)을 고집하는 배우들을 목격해 왔으며 미국과 브라질 모두에서, 이미 유명해진 페르소나를 반복적으로 무대에서 재공연하기 위해 고용되는 스타 시스템들을 주시했다. 동시에 배우들은 그들이 맡는 역할이 가진 사회적 함의에 민감해야 한다. 그러나 원형극장 그 자체는 그의 '혁명적' 드라마를 가장 필요로 한다고 믿었던 대중들과의 만남 속에서 이 같은 인식을 증명하는 데 실패하였다. 보알이 들려준 오늘날 유명한 일화중 하나는 소작농인 바르질리오Virgilio가 공연 중 배우들의 열정에 동요 되어 지주들에 대항하는 즉각적 봉기가 일어나는 중에 배우들을 동료 전사로 주장한 이야기이다. 이후 극단은 예술가로서, 그들이 개인적으로 관객들에게 촉구한 위험을 감수할 의도는 아니었다고 설명해야만 했다. 그것은 단지 하나의 연대적 의미의 공연이었다. 행동에 어떤 근거도 가지지 않았고, 배우들의 보안에 대한 어떤 위협도 초래하지 않았다(Boal 2001: 193-94; and 1995: 2-3). 그러나 이 같은 모든 좌절과 장애물들에도 불구하고, 보알은 '배우'를 가장 아름다운 직업이라고 주장한다: '배우는 오늘은 아인슈타인, 채플린 또는 간디가 될 수가 있고, 내일은 쓰레기 수거인, 무덤 파는 사람, 글 모르는 사회에서 버려진 사람 등이 될 수 있다.' 그는 계속하기를,

인간은 자신의 깊은 곳으로 뛰어 들어가서는 꿈도 꾸지 못한 인물들, 즉 인간의 구석진 곳에 수몰된 감춰진 잠재력들을 가지고 나올 수 있다. 배우가 된다는 것은 무의식의 압력솥 안에서 인물들의 감정이 차오르도록 일깨우며, 자신 속으로 뛰어듦에 몰두하는 것을 의미한다. 배우인 것은 아주 멋진 일이다. 우리 모두는 배우가 될 수 있다—단지 자신만의 인물을 연기하는 자들을 제외하고는. (Boal 2001: 321)

훈련 및 공연Training and Performance

여기서는 이러한 '자신 속으로 뛰어듦'을 구조화하고, 억압받는 자들의 연극 작업 내에서 공연으로 발전하기 위한 훈련과의 관계를 검토하기 위해 보알이 이용했던 몇 가지의 방법들을 개략하고자 한다. 보알의 주장들과 경험들뿐 아니라 세계의 다른 지역에서 이와 같은 기술들을 적용한 또 다른 전문가들의 공헌들 역시 다루고자 한다. 예술과 정치, 서로 함께 관계하는 방식에 일대 혁신을 일으킬 수 있는 운동으로써 연극 만들기 방식을 처음부터 가늠해 본다면 어쩌면 이러한 폭넓은 참고는 적절한—어쩌면 반드시 필요한 것처럼—듯 보인다.

어떤 의미에서, 억압받는 자들의 연극을 연습하기 위해 훈련은 필수적이지 않다. 보알의 작업은 모든 이가 '연극을 할' 수 있다는 원칙에 토대를 두며, 토론 연극과 같은 방법들은 관객들, 다시 말해서 보통은 '배우가 아닌 자들'로 간주되는 사람들을 자발적으로 공연에 참여하도록 초대한다. 하지만 이러한 이벤트들은 계획 하에 상연된다. 즉 이러한 책임을 맡은 사람들에게 작업이 효과적으로 수행되기 위해 적어도 몇 가지의 훈련이 요구된다. 방법들 사이에서 사전 준비의 정도는 물론 전문가에 따라 다양할 수밖에 없다. 설명의 적절한 정도는 몇 가지 이유들로 주장할 수 없다—특히 그렇게 하는 것은 보알이 늘 두었던 접근 및 포함에 대한 강조를 철회해 버리고 말 것이다. 결정적으로, 억압받는 자들의 연극이 아직은 대개 소외되거나 불우한 계층과 함께 실습되는 점을 고려하면, 이들의 대표자들이 훈련 프로그램들로의 광범위한 참여를 위한 자원을 갖는다는 것은 희박해 보인다.

훈련 중인 보알의 배우는 그와 직접 작업할 기회를 가졌을 것이다; 그는 그 분야에서 다른 전문가에게서도 아마 똑같이 가르침을 받았을 것이다. 또는 팔레스타인 아시타르 극장Ashtar Theatre의 단원들처럼 방법들 안에서의 지침으로써 보알의 책들 중 하나 혹은 몇 가지를 더 사용해 기본적으로 스스로 터득했을지 모른다. 과정들은 때때로 무료로 제공된다. 이러한 전략은 테리 오리어리Terry O'Leary와 같은 전문가들에게 집 없는 사람들과 함께 연극을 만드는 런던의 카드보드 시티즌Cardboard Citizens(영국의 노숙자 전문 극단: 역주)과의 작업을 함으로써 이 작업을 처음 접할 기회를 제공했다.[14] 하지만 억압받는 자들의 연극에서 기술들의 습득 및 개선이라고 정의되는 훈련은 전적으로 스튜디오 내지는 이와 동등한 곳에서 이루어질 수 없다. 여타의 참여 공연과 마찬가지로, 이는 필수적으로 관객들과의 관계를 통해 형성된다. 드러남의 순간들 또는 의식의 변형은 거의 예외 없이 관객배우들Spectactors의 반응을 통해서 온다: 작업을 지켜본 자들은 감탄하거나 또는 감동할지도 모른다. 그러나 더 중요하게는, 그들의 비판들과 개입들이 작업의 한계들 및 결점들을 드러낼 수 있으며 그렇게 함으로써 배우들에게 그들이 아직 배우지 못한 것들을 '가르친다.'

그림 18.2 카드보드 시티즌(Cardboard Citizens)(영국의 노숙자 전문 극단: 역주)에 의해 개최된 억압받는 자들의 연극 워크숍(Theatre of the Oppressed workshop), 2008년 2월 (Source: Photo, Hugh Hill)

훈련들Exercises

보알은 그가 사용했던 훈련들을 끊임없이 확대해나갔다: 새로운 기술을 고안하고, 기존의 것에 적용하며, 여행했을 때 마주치게 된 풍성한 게임과 의례들, 노래들로부터 마치 까치가 먹이를 저장하듯 이들을 수집했다. 게다가 씨티오-리오CTO-Rio와 파리에 있는 억압받는 자들의 연극 센터Théâtre de l'Opprimé 모두는 새로운 아이디어들이 나오는 집중 실험 기간

intensive laboratory sessions을 운영한다. 보알이 2002년 워크숍에서 참가자들에게 강조한 대로, '테크닉들은 난데없이 탄생하지 않는다.'[15] 보알의 많은 출판물 및 관련된 훈련 프로그램들이 여러 연습들과 테크닉들을 집합적으로 제공하고 있지만 지식의 법전으로써 이를 받아들이는 것은 그의 작업 정신과 모순된 병치일 것이다. 근본적인 철학을 시험해 보고 필요로 하는 곳에서 수정하거나 자신의 것을 첨가하는 것이 오히려 이에 부합된다.

그럼에도 불구하고 억압받는 자들의 연극 연습에는 근본적이라고 할 수 있는 다수의 단계별 교육 과정이 있다. 이들 가운데 첫 번째는 몸 알아가기Knowing the Body이다. 표현의 도구인 신체와 익숙해지고 습관들 및 기질에 대해 배우며 변할 수 있는 정도를 살펴야 한다. 이 단계의 연습들 중 몇 가지는 혼자 수행되지만, 보통은 짝을 짓거나 그룹으로 더 많이 이루어진다. 몇 가지는 게임의 형식을 취하면서 참가자들은 그들이 훈련의 과정에 참여하고 있다는 것을 거의 의식하지 못한다. 그러나 그 목적은 참가자들로 하여금 신체적 · 정신적으로, 그리고 궁극적으로는 정치적 수준에서 이해하고 점차적으로 '탈기계화하기' 위해서 일관성을 가진다. 이를 위해 근육들 및 감각들이 요구된다; 여전히 이 예비 단계에서 기억과 상상력, 그리고 정서들을 요하기도 한다. 보알의 수업 정신은 일반적으로 마음이 통하고 너그럽다. 이것이 작업을 힘들지 않게, 즉 쉽게 만들지는 않는다. 몇몇에게는 즐겁고 이해하기 쉬운 것이 모두에게는 그렇지 않을 수 있다. 위험 또는 성취를 위해 스트레스를 받기보다는 '어느 누구도 그들이 바라지 않는 것을 하도록 강요받지 않는다'는 것이 바로 억압받는 자들의 연극에서의 중요한 원칙이다(Boal 2002: 49).

밀치기|Pushing Against Each Other

이 연습은 훈련 과정 내에서 일반적으로 초기에—아마도 일주일 프로그램의 첫 날—수행되지만, 그룹의 정기적 준비운동 단계에서 유용하게 사용할 수 있다. 몸 알아가기 연습은 또한 '만져지는 것을 느끼기' 위해 고안된 테크닉의 한 분류에 포함되어 있다. 다시 말해 매일 사용하는 제한된 스펙트럼에 안주하기보다 감각의 능력들을 탐험하고 확대하도록 독려한다.

1 짝을 지어 서로 마주선다. 각각 상대의 어깨에 손을 올려놓는다. 바닥에는 사이에 (실재 또는 상상의) 선이 있다. 사용하는 힘을 점차로 늘리면서 밀기 시작한다. 목표는 당신의 모든 힘을 사용하면서, 동시에 서로 선을 넘지 않는 것이다. 이는 실습에서 적용되는 압력 및 저항의 정도 내에서 균형을 이뤄내야 하는 것을 의미한다.

2 변형. 이번에는 등을 맞댄 자세로 시작한다. 상대의 무게를 이용하며 맞댄 등을 유지한

다. 그 자세로 점차 내려가 완전히 바닥에 앉는다. 그리고 나서는 손을 이용하지 않고 다시 일어나 처음의 자세로 올라온다.

3 변형. 서로 마주 본 상태로 앉아 서로의 팔목을 붙잡는다. 발바닥은 땅 위에 평편하게 하고 무릎을 구부린다. 서로의 무게를 이용해 서고 처음 자세로 앉기를 반복한다. 이 변형의 마지막 단계는 '시소'로, 하나가 되어 앉고 서기를 반복하기보다 앉은 사람이 선 사람을 잡아당기고, 선 사람이 앉으면서 상대가 일어설 수 있도록 번갈아가며 한다.

4 변형. 3, 4명 혹은 그 이상. 원형으로 서서 상대의 팔목을 잡고 팔이 팽팽해지지 않을 만큼 벌리고 뒤로 물러나 선다. 3명이 서로의 무게로 균형을 맞추며 발바닥은 평편하게 디딘 채 원의 중심을 향해 몸을 기울인다. 그 다음에는 바깥쪽으로 몸을 기울인다. 언제나 그룹의 균형을 위해 서로의 무게를 절충하며 이루어질 수 있도록 한다.[16]

이 훈련은 어떠한 변형에서도 다양한 방법으로 검증된다. 첫째, 신체적 단계에서 처음에는 제한된 듯 보이는 일련의 움직임에도 불구하고 상당한 에너지의 확장이 요구된다. 즉 중심을 뻗고, 비틀고, 당기고 밀고 그리고 교환해야만 한다. 이것은 상당히 힘들 수 있지만 균형을 위해 수행해야 하기 때문에 누구도 각자 감당할 만큼 이상의 무게를 강요받지 않는다. 둘째, 이를 위해서는 훌륭한 소통이 필요하다. 이것은 파트너와의 어느 정도 조화에 도달하기 위한 신호에 몸으로 반응하며 말 없는 대화를 이어나가는 것과 마찬가지이다. 셋째, 여기에는 잠재적으로, 감정적으로 정서적인 면이 있다. 경험 있는 공연자들은 서로를 붙잡아야 하는 연습을 수행하는 것이 쉬울 수 있지만 '배우가 아닌' 참가자들에게 이것은 다른 문제이다. 이것은 아마도 처음으로 그룹의 멤버들이 서로를 잡고 눈을 마주치는 순간일 것이다. 또한 연습은 바닥으로 기울이거나 앉거나 서는 시도에서 성공하거나 실패할 때마다 웃음을 유발시킨다. 넷째, 이 훈련을 정치적으로 볼 수도 있다. 단순히 표면적으로 이것은 힘(권력)과 책임감의 이슈를 유발시킨다. 왜냐하면 참여자들로 하여금 바라는 결과를 달성하기 위해 민주적인 수행이 요구되기 때문이다. 이것은 준비 단계에서부터 공공연하게 억압과 힘의 주제들과 관련 있는 복잡한 테크닉에 이르기까지 어떠한 훈련도 워크숍 참여자들에 따라 다양한 방법으로 해체될 수 있다는 보알의 방법론에서 찾아볼 수 있는 특성이다. 보알은 단순히 '어땠나요?'라고 물을 것이다. 그리고 이러한 초대를 시작으로 상당히 긴 분석이 뒤따를 것이다. 토론과는 다른 신체적 작업이 끝난 시점에, 억압받는 자들의 연극 워크숍은 계속된 비평을 위한 기회들로 채워진다(훈련 도중에는 대화가 금지되어 있다). 여기서 원칙은 모든 단계에서 이 과정은 대화의 형식으로 이루어져야 한다는 것이다.

두 번째 훈련은 '표현력 있는 몸만들기'로 붙여진 단계의 일부이다. 이는 또한 보알에 의해 '이미지 게임Image game'이라고 정리되어 있다.

그림 18.3 카드보드 시티즌(Cardboard Citizens)(영국의 노숙자 전문 극단: 역주)에 의해 개최된 억압받는 자들의 연극 워크숍(Theatre of the Oppressed workshop), 2008년 2월 (Source: Photo, Hugh Hill)

동물Animals[17]

각 배우들에게 동물의 이름이 써진 종이를 나누어준다. 동물은 암수를 구별해 주고 배우들은 각 동물의 짝이 누군지 모르게 한다. 조커(협력자)의 신호에 따라 배우들은 동시에 각자의 동물을 연기한다. 방 주위를 움직이며 그들의 행동은 선택에 따라 사실적이거나 상징적 표현이 될 수도 있다. 한 가지 특징에만 한정되지 않고 각자의 동물의 다른 특징들로 범위를 넓혀간다. 꼬리, 날개, 머리의 동작, 천천히 혹은 빨리 걷는 모양, 앉기, 서기 또는 잠자기, 먹기 마시기, 적과 마주하기 등이다(이 훈련은 소리 없이 행하는데 그 이유는 소리를 첨가하면 탐구의 목적을 비껴가는 표현의 '지름길'을 제공하며 즉각적인 불협화음을 만들기 때문이다). 마침내 조커는 잠재적 짝을 찾아내도록 권유한다. 참가자는 방 안의 짝을 이미 추측했을지도 모른다, 어쨌든 적극적으로 다른 반쪽을 유혹하기 위해 문제의 동물의 특징으로 여길만한 '사랑의 장면'을 유혹적으로 연출하며 적극적으로 찾아 나선다. 짝이 지어지면 놀이의 공간을 떠나서, 말하지 않고 적절한 동물 울음소리(예를 들면 사자의 으르렁 또는 고양이의 야옹)로 서로의 정체를 밝힌다. 실수로 밝혀지면 다시 들어가 찾는다. 보알은 다음과 같이 덧붙인다.

> 조커는 다양한 종류의 동물들을 골고루 선택하도록 한다. 고양이과, 파충류, 어류, 큰 새, 작은 곤충 등. 동물 쌍에 인간의 남녀를 끼워 넣는 것도 좋은 생각이다. 의외로 관객들은 인간을 알아맞히지 못하는 경우가 빈번하다. (Boal 2002: 146)(보알 2010: 216)

조커는 한 쌍을 방 한가운데로 불러내어, 괜찮다면 그들이 만난 사랑의 장면을 다른 그룹이 보는 가운데 다시 한 번 보여주도록 청한다. 이러한 방법으로, 대부분 경험을 통한 훈련이 곧 공연이 된다.

'동물'(혹은 보알은 이를 종종 'gamesercises'로 이름 붙여 칭하곤 했다)은 직접 하거나 관찰하기에 매우 재미있으며 초기의 단순함이 쾌활한 아수라장으로 변해가는 여러 훈련들 중 하나이다. 방 안의 집합적 장면은 예외 없이 난잡해지고 익살스럽기까지 하며 이럴수록 보알은 이를 즐기는 듯 보인다. 한 워크숍 참가자가 그에게 왜 이렇게 다른, 때로는 '불가능해보이는' 것들을 한 번에 요구하느냐고 묻자 그는 단순히 답하기를, '왜냐하면 이것은 매우 연극적이기 때문이다. 그리고 나는 연극인이기 때문이다!'[18] 아름다움과 상상의 순간들은 '동물' 훈련에서 드러날 수 있지만 못지않게 중요한 것은 참가자들이 스스로 즐기는 것이다. 이 훈련의 목적은 참여자들로 하여금 공연에 대한 어색함을 극복하고 서로를 알도록 하는데 있다. 동시에 게임은 육체적으로 힘들 수 있는데 왜냐하면 이는 움직이면서 낯선 방법으로 교류해야 하기 때문이다. 여기에는 보알이 『억압받는 자들의 연극』에서 노동에 의해 각자에게 부과된 '육체의 소외'에 대해 논하며 설명하였듯이 정치적인 측면이 있을 수 있다.

> 간단한 실례를 통해 이 점을 뚜렷이 밝혀보기로 한다. 타이피스트의 근육 조직과 공장 야간경비원의 그것을 비교해보아라. 전자는 여자든 남자든 의자에 앉은 채로 일을 한다. 따라서 허리 아래 부분은 근무시간 중에는 일종의 받침대가 되는 한편 팔과 손가락은 활동적이다. 이와 반대로 경비원은 여덟 시간에 걸치는 근무 중에 끊임없이 걸어야 하며 따라서 보행을 원활하게 하는 근육 조직을 발달시킬 것이다. 양자의 신체는 각자가 맡은 일의 종류에 따라 달라지는 것이다.[19] (Boal 2000: 127)(보알 1992: 156) •

이미지 연극Image Theatre

이미지 연극은 보알이 억압받는 자들의 연극의 핵심 테크닉으로 칭한 용어라고 할 수 있다. 여기서 주제는 참가자들에 의해 식별된다. 그들의 정서, 경험 그리고 더 일반적으로는 사고 방식들이 시각적으로 표현된다. 이 작업은 종종 토론 연극과 같은 양식의 계발을 위한 시작 지점이 되지만 개별적인 메소드로 실습될 수도 있다. 이를 통해 공연을 만들어낼 수도 있고 또는 사색적인 탐구 과정의 기초로써 남아 있을 수도 있다.

종종 이미지 연극의 처음 단계는 스스로 혹은 다른 배우가 조각해 준 표현적 정지 동작으로부터 시작한다. 이것은 배우들이 주어진 주제의 해석 또는 상응하는 반응으로 이루어진 '갤러리'를 연상시키는 다양한 자세들이 나타낼 때까지 다른 정지 이미지, 또 다른 이미지들로 나란히 이어진다.

이 이미지는 일련의 단계들, 예를 들면 여러 번 반복되는 몸짓을 더하거나 공간을 가로지르는 움직임에 의해, 또는 첫 번째 배우가 '다음에 일어날' 것이라고 믿는 것을 보여주는 행위 혹은 미래의 이미지를 보여주는 것을 통해 활기를 띠게 된다.

그림 18.4 카드보드 시티즌(Cardboard Citizens)(영국의 노숙자 전문 극단: 역주)에 의해 개최된 억압받는 자들의 연극 워크숍(Theatre of the Oppressed workshop) 2008년 2월 (Source: Photo, Hugh Hill)

• Boal, A. (2000) *Theatre of the Oppressed*, trans. C.A. McBride, M.-O.L. McBride and E. Fryer, second edition, London: Pluto Press.의 초판 영역본에 대한 중역서는 민혜숙 옮김. 『민중연극론』, 서울: 창작과비평사, 1992으로 출판되었다.

배우는 이미지에 소리를 더하거나 이미지가 '말을 할 수 있다면' 했을 말들을 뱉어낼 수 있다. 때때로 보알은 이미지들에게-종종 동시에 몇몇의 배우들에게-계속해서 낮은 목소리로 이미지가 '생각할 법'한 독백을 하도록 요구할 것이다.

처음 단계에서 이미지 연극은 대게 비언어적이다. 보알은 시각적 이미지 창조와 애니 메이션의 역동성이 관습적인 토론보다도 좀 더 생산적이고 흥미로운 사실들을 드러내며 오해의 여지가 적다고 주장한다. 그는 종종 관객의 '탄생'에 관한 일화를 이야기하곤 한다. 페루의 한 마을Chacalayo에서 관객 중 한 명이었던 여성이 그녀의 지시를 무시했다고 배우 에게 격분한 일이었다. 결국은 이 여성이 자리에서 일어나 무대 위에서 직접 그녀가 의미 하던 바를 시연하자 비로소 이를 제대로 이해할 수 있었다(Boal 2001: 205-7). 이 이야기를 차치하고라도, 언어보다 행위가 필연적으로 덜 모호하다는 주장은 문제가 될 수 있다; 실제 로 메소드로써 이미지 연극의 풍부함은 대개 참여자들이 아주 단순한 그림(아래의 '무슨 이야기일까?'를 참조하라)으로부터 끌어낼 수 있는 '읽기'의 다양성으로부터 나온다. 훈련의 첫 단계에서부터 말을 사용하지 않는 것에 찬성하는 또 다른 주장이 있다: 예를 들어 참가 자들은 처음에는 다소 말로 표현하는 것이 분명치 않을 수 있다. 혹은 서로 다른 언어를 사용할 수도 있다. 그러나 아마도 좀 더 근본적으로 이러한 시작 방법은 행동의 중요성을 강조하며 동시에 참여자들로 하여금 무거운 대화형식의 '관습적' 연극을 그저 흉내 내는 경 향을 막고 더욱 진솔한 무대 위의 그들의 언어를 발견하는데 도움을 준다.

보알은 많은 훌륭한 이미지 연극 훈련들을 이용했지만, 위의 설명이 모든 것들을 말해 주는 원리들이다: 정지된 사진을 만들고, 애니메이션을 창조하며 본래의 것과 다른 이미지 들과 함께 놓였을 때 '읽혀'지는 양 쪽을 분석하는 것. 이 과정의 두 번째 중심 원리는 실제 Real, 이상Ideal 그리고 변화의Transitional 이미지 창조이다. 작업의 정치적 역동성이 여기서 뚜렷해진다. 첫째 한 명이 주제나 상황을 '있는 그대로' 혹은 참여자가 이해한 바대로 상황 이 가진 긴장과 억압을 드러내며 묘사한다. 다음은 이러한 갈등들이 극복된다면 어떤 그림 이 펼쳐질지에 관한 '이상적' 이미지가 보인다. 정치적인 면에서 가장 중요한 것은 변화 transition이다. 즉 우리가 원하는 방향으로 세계가 변화된다면 어떻게 될까? 이 세 개의 단 계는 순서대로 탐구되어질 필요는 없다. 예를 들어 배우들이 행복 또는 민주주의와 같은 주제에 관한 이미지를 혼자서 혹은 그룹으로 창조해보는 것으로 시작할 수 있을 것이다. 그리고 이를 통해 그들의 이상적 이미지를 그려낼 것이다. 그러고 나서 이를 뒤집거나 혹 은 이들을 방해하는 세력에 대해서 다시 한 번 이미지를 통해 탐구할 것이다. 모든 세 단계 는 필연적으로 대화체이다. 개인이 같은 방식으로 기존의 문제를 묘사하지 않는 것 이상으로 그룹이 '이상'적인 모습을 똑같이 공유할 수는 없을 것이다. 마찬가지로, 그룹이 집합적으로 실제와 이상의 이미지를 만든다 할지라도, 변화의 단계(들)은 각자에 의해 다르게 그려질 것이다.

이미지 연극 실습에 관한 실례를 통해 이 메소드가 어떻게 청중들 사이에서 논점을 드러내며 그 중요성이 분석되는데 사용되는지 살펴볼 수 있다.『억압받는 자들의 연극』에서 보알은, 한 페루 여인이 이미지를 구성해 오뚜쓰꼬Otuzco라는 그녀의 고향 마을에서 일어났던 사건을 표현했던 워크숍에 대해 설명한다. 오뚜쓰꼬에서는 반란 주모자(소작 농민)를 지주들이 광장으로 끌고 가서 만인이 보는 앞에서 그를 거세시켜 버린 일이 있었다. 그 젊은 여인은,

> 거세의 이미지를 구성했다. 참가자들 중의 한 사람을 마당에 세워놓고 또 한 사람이 그를 거세하는 시늉을 했으며 다른 한 사람은 여전히 거세당하는 사람을 뒤에서 붙잡고 있었다. 그렇게 한 다음 한쪽에다 무릎을 꿇고 기도하는 여자를, 다른 한쪽에는 손을 뒤로 묶인 채 무릎을 꿇은 남녀 다섯 사람을 배치했다. 그 젊은 여인은 거세당하고 있는 사람 뒤쪽에 힘과 폭력을 분명히 암시하는 자세를 취한 또 한 사람의 참가자를, 그 사람 뒤에는 죄수에게 무장한 채 총부리를 겨누고 있는 두 사람을 배치시켰다. (Boal 2000: 135-36)(보알 1992: 169)

평화로운 오뚜쓰꼬의 '이상'적 이미지에 동의하기는 어렵지 않았지만, 마을'변화'의 단계는 참가자들마다 다르게 그려지고 있었다. 예를 들면 혁명 정부를 신뢰했던 모든 참가자들은 뒤편에 있는 무장한 인물들에 집중하며 희생자에게 총을 겨누고 있는 그 두 사람을 변화시켜서 한가운데 서 있는 권력자나 거세 담당자들에게로 총부리를 들이대도록 했다. 한 젊은 여자는 먼저 무릎 꿇고 있는 사람들에게 가서 이미지 수정을 통해 그들을 해방시키고 그들을 괴롭히던 자들을 공격했다. 그녀에게 있어 '사회 변혁은 민중 전체에 의해 이루어지는 것이지 그들의 선도자의 힘만으로 되는 것이 아니다'. 일반적으로, 참가자들은 무릎을 꿇은 여자의 이미지는 조정하지 않았다. 보알은 그 그룹의 여성들이 특히나 '여자에게서 혁명적인 변화를 위한 잠재력을 간파하지 못했음'을 덧붙인다. 반대로 '좀 더 "해방"되었던' 리마 Lima 출신의 한 소녀는 이 인물부터 시작했다. 다시 말해, '다름 아닌 자기 자신을 나타내는 것이라고 생각한 바로 그 이미지를 바꾸는 것으로 시작했다'(Boal 2000: 136).

이러한 예를 통해 어떻게 이미지 연극의 초기 단계가 정교한 대화의 메소드로 발전할

수 있으며 하나의 정지 이미지가 애니메이션으로, 토론 연극의 장면으로 더욱 확장될 수 있는지가 명확히 드러난다. 억압받는 자들의 연극 방법론의 모든 훈련은 배우에게 수많은 훈련들과 복잡한 테크닉들의 진열품을 제공한다. 제안한 대로 이는 일반적으로 완전히 새로운 메소드들이라기보다 중심이 되는 참가자들에 따라 상이할 것이다. 보알은 브리질 노동자들과 만났을 때 느꼈던 배움에 대한 욕구에 대해 언급하면서, '어휘가 많아질수록, 생각의 가능성들은 더욱 커진다'고 강조했다(Boal 2001: 202). 이러한 철학이 그의 훈련에 깊이 뿌리 박혀 있다. 즉 보알의 배우들은 실습에서 미묘한 적용과 선별을 허용하는 다양한 버전으로 이루어진 일련의 테크닉을 습득한다. 이것은 아주 중요하다. 왜냐하면 억압받는 자들의 연극은 근본적으로 참여자들의 자발적 반응들, 즉 지적, 감성적, 적극적으로 신체적인 반응에 세심하게 대응할 수 있는 소통의 과정이기 때문이다. 참가자가 직접 청중에게 그들의 작업을 제안하는 것이 여기서 가장 중요할 수밖에 없다.

공연Performance

억압받는 자들의 연극 실습은 엄밀한 의미의 공연으로 귀결되지 않을 수도 있다. 예를 들어 보알의 욕망의 무지개Rainbow of Desires 테크닉은 대중 상연을 목적으로 설계되지 않았다; 이미지 연극 역시, 단순히 그룹 프로세스로써 수행될 수 있다. 토론 연극은 공연의 창작을 요구하지만 이것이 '목적'은 아니다. 보알은 토론에서 '좋은 해결책보다 좋은 논쟁을 만드는 것이 더 중요하다고 생각한다. 같은 원리로 관객 앞에서 상연되는 어떠한 연극도 이것이 발생시키는 반응, 그리고 행동들보다 중요하지 않다'고 주장했다(Boal 2002: 259). 토론 '연극'은 모델이 아닌 반대 모델anti-model로서 제공되며, 이것의 목적은 문제를 따로 떼어놓고 새로 만들기 위함이다. 보알은 수많은 이러한 연극들을 그의 저서들(특히 『배우와 일반인들을 위한 연기 훈련Games for Actors and Non-Actors』)에서 설명하고 있으며 누군가는 이러한 형태를 작가이자 전문가들의 책에서 본 대로 다양한 공동체들 앞에서 상연되고 그들과 함께 만드는 억압받는 자들의 연극 이벤트들로 이해할 수도 있다.[20] 이를 고려해서, 나는 어떤 하나의 토론 연극을 선별하기보다 좀 더 넓은 의미에서 공동체 그룹들과 함께 하는 억압 받는 자들의 연극 공연 안에 소속된 쟁점과 사안들을 살펴보고자 한다. 나는 보알의 배우들이 가져야할, 혹은 적어도 추구해야할 다양한 기술들에 관해 논의하며 만약 훈련이 어떠한 식으로든 제한된다면 벌어질 억압받는 연극의 실습의 '위험'에 대해 이야기고자 한다. 또한 조커Joker가-조력자 혹은 사회자를 뜻하는 보알의 개념-이러한 기능을 수행하기 위한 준비로 어떻게 '훈련'되어져야 하는지 역시 고려해보고자 한다.

억압받는 자들의 연극 공연에서, 배우는 지적인 관찰과 탐구 그리고 리허설에서의 분석 등에 기초해 확신과 에너지를 가진 채 역할을 효과적으로 연기한다. 배우는 즉흥 연주자와 같은 기술이 있어야 하는데 왜냐하면 관객의 자발적 개입에 대해 인물의 반응을 보여주어야 하기 때문이다. 더구나 그는 조력자나 중재자와 같은 능력을 계발시켜야 한다. 즉, 억압받는 자의 연극을 공연하는 사람이 조커가 될 확률은 적지만 그럼에도 불구하고 이 역할을 뒷받침해야만 한다. 조커와 마찬가지로, 그는 토론이 진행됨에 따라 주인공을 대체하기 위해 개입하는 사람들과 소통할 것이다. 역할로든 아니든 그의 반응들은 토론이 종료되지 않고 계속 진행될 수 있도록 이어진다. 더욱이 배우들은 보통 토론이 종결된 후에도 관객들과 함께 이야기하며 참여할 것이다. 이벤트가 한번 끝난 후 주제와 함께 비판적으로 남아 있을수록 세심함을 가진 수용력이 필수적이다. 만약 배우가 소심함으로 인해 어색하게 뒤로 물러난다면, 참여 과정을 통해 깨고자 했던 경계선이 다시 부활되어 버리고 말 것이다. 이 외에 토론 이벤트는 종종 공연 단체와 공동체와의 만남의 중간 지점에서, 일주일 이상의 기간 중 마지막 날의 일부로써 이뤄진다. 인도 서부 구자라트 주의 아마다바드 Ahmedabad, Gujarat의 '빈민가'에서 작업하는 민중 그룹인 비드아Vidya는 공연 이전에 다양한 방법으로 공동체 구성원들의 관심을 모을 수 있도록 적어도 7일 이상의 시간을 그 지역에서 보내는 것이 필수적이라는 것을 깨달았다. 그러므로 일주일 동안의 방문 스케줄은 다음과 같을 것이다: 도착과 공연에 관한 홍보(첫째 날); 단상 무대 가설과 몇 번의 토론 연극 상연(둘째 날); 공동체 구성원 방문과 반응 수집(셋째 날); 피드백을 통한 새로운 '촌극' 창작과 공연(넷째 날); 발전된 토론과 공동체간의 비공식적 평가(다섯째 날). 그룹은 또한 작업의 효과와 착수한 계획의 진행을 모니터하기 위해 한 달 후에 이 지역으로 종종 되돌아가기도 한다.[21] 다른 단체들은 이와 다르게 작업할 수도 있지만 비드아Vidya의 경우야말로 이러한 작업에서 공연에서 주어진 역할을 넘어선 배우의 책임감을 설명해준다.

의심할 여지없이, 배우와 청중과의 관계는 작업의 효과에 있어서 기초가 된다. 이 과정은 공연자와 관객이 같은 공동체—비드아Vidya의 경우처럼—에 속해 있을 때 좀 더 쉬워질 것이다. 왜냐하면 토론을 형성하는 사람들과 이에 반응하는 사람들이 가까울수록 연극이 정확히 심판받을 수 있기 때문이다. 문제는 보알이 발견했듯 배우들이 공동체의 현실을 제대로 이해하지 못하는 아웃사이더일 때 발생한다. 영국과 북아일랜드 운동권에서 작업해 온 빌 맥도넬Bill McDonnell은 이 논쟁을 한 단계 더 진전시킨다. 이 작업을 하는 사람들이 대화의 원리들과 이를 뒷받침하는 해방의 철학을 아는 것이 맥도넬에게 매우 중요하다. 이러한 인식의 부재는 그가 생각하기에, '이러한 방법들이 자동으로 지각과 의식으로 통역될 것이라는 기술적 방편에 대한 위험한 믿음'[22]으로 이어질 수 있다는 것이다. 이러한 테크닉을 실습하는 전문가들은 반드시, 그러므로 이를 그들 자신의 좌절과 욕망으로 적용시켜야만 한다. 보알이 말하는 억압은 다른 이들의 경험으로 간주될 수 없다. 멕도넬과 같이 억압받는 자들의 연극의 지도자이자, 비엔나Vienna에 기반을 둔 브리기트 프리츠Birgit Fritz는 이러한 효능의 문제를 '민주주의를 위한 강한 의지뿐만 아니라, 억압의 의미를 직접 경험하거나 혹은 억압을 위한 연민에 강한 의무감을 이상적으로 불러일으키는 배우-조력자에게로 돌린다. 그녀는 강조하기를, '당신이 겪을 준비가 되지 않은 것에 대해 타인에게 이를 요구할 수는 없다.'[23]

비평가들은 소외당하는 그룹이 참여하여 권력의 주제에 관해 공개적으로 씨름하는 이러한 실습이 말하고자 하는 심각한 문제들을 무심코 악화시킬 여지가 있다고 우려한다: 이는 주제에 관한 복잡한 특성들이 충분히 이해되지 않았거나 또는 참여자들의 경험에 맞추어 충분히 유동적이지 않은 테크닉들의 여파로 발생할 수 있다. 부르키나 파소Burkina Faso에 있는 부르키나베 극장 아틀리에Atelier Théâtre Bourkinabé를 담당하고 있는 프로스퍼 콤파레Prosper Kompaore는 인정하기를, 잘못된 토론은 관객을

무기력하게 만들고, 말할 것 없이, 좀 더 심각하게, 실패감을 맛보게 한다. . . . 잘못된 실습은 대중의 흥미를 잃게 만들고, 이용당했다고 느끼게 하며, 이들은 결과적으로 토론 연극에 적대적이 된다.[24]

이러한 위험 요소들은 훈련을 통해서, 그리고 확실하게 실습에 의해 줄어들 것이다. 이와 같은 상황을 만들지 않게 할 불가피할 실수(아마도 고통스러운)를 감수해야 한다는 뜻이다. 나와 이러한 문제에 대해 논의했던 전문가들은 경험 부족에 대한 지나친 걱정은 단순히 정체 상태의 결과를 낳는다는데 동의했다. 교전 지역 혹은 감옥에서 이러한 메소드들을 적용시켜왔던 제임스 톰슨James Thompson은 주장하기를, 작업의 윤리와 철학적 조율이 중요한 동시에 '위험은 가려낼 수 있는 것이 아니다.'[25] 남아시아와 아메리카, 중동의 소수 민족 그룹과 작업해온 조력자인 모지솔라 아데바요Mojisola Adebayo 역시 그와 견해를 같이 한다. 아바데요는 감시 하에 있는 주제들에 딸린 '위험'에 대해 강조하며: '경험 부족(또는 경험 있는) 전문가들이 다소 어설프게 나의 폭력을 살펴보는 과정을 이끈다고 할지라도 이것은 내가 실제로 경험했던 폭력보다 해로울 수는 없다.'[26]

메소드로써 억압받는 자들의 연극은 그 미흡함에 대한 보알의 발견과 테크닉 자체의

사용에 있어서 필요한 수정을 통해 더욱 견고해졌다고 말할 수 있을 것이다. 이 분야의 효과적인 실습은 함께 작업하는 공동체에게 귀 기울여 들을 수 있는 능력과 자발성에 달려 있다. 캐나다에 있는 헤드라인 시어터Headlines Theatre의 데이빗 다이아몬드David Diamond는 폭력, 자살, 인종차별과 약물 남용에 관한 그의 작업에 보알의 메소드를 적용시켜 왔다. 그는 강조하기를, 이 메소드는 결코 '신성한 계율'을 구성하지 않으며 그렇게 사용되어서도 안 된다.'[27] 보알 역시 이에 동의할 것이다. '억압받는 자들의 연극은 내가, 나의 집에서 발명한 것이 아니다. 또한 신으로부터 변경 불가능한 교리 문답서로 받아들인 것도 아니다. 이는 대중 관객들로부터 조금씩 이루어진 상호작용, 즉 대화 속에서 탄생한 것이다'(Boal 2001: 339). 아프리카 국가들에서 이루어진 작업을 통해, 제인 플라스토Jane Plastow는 토론 연극이 특히 때때로 생각보다 손쉽게 전이가 가능하지 않다는 것을 목격해왔다.

경우에 따라서, 나는 직선적인 토론은 그야말로 효과가 없다는 것을 알게 되었다. 왜냐하면 이것은 전통이나 공동체 정서 혹은 특정한 그룹들에게 너무 무례하고 직접적이며, 불분명하고 공손하지 않게 여겨지기 때문이다. 토론 . . . 은 어디에서건 변경되지 않은 채 효과적이기를 기대할 수 없다. 적어도 어떤 경우에 있어서는, 내가 알기로 종교계 인물은 산아제한에 관한 논쟁을 부도덕하다고 말하며 모두를 침묵하게 만들면서 단순히 토론을 종료시켜 버린다. 나는 억압받는 자들의 연극의 요소들을 다른 많은 것들 중에서 일부의 유용한 테크닉들로써 사용한다.[28]

그렇다면 어떻게 하면 배우들과 특히 조커들이 그들이 관계 맺는 공동체들에 귀 기울여 잘 들을 수 있을까? 보알은 이에 대한 지침서를 주로 조커의 수행에 관한 조항과 어떻게 토론 연극 이벤트가 잘 준비될 수 있는지에 대한 질문을 통해 제시하고 있다(Boal 2002: 253-76). 보알의 배우에게 매우 중요한 듣기라는 주제에 관해, 나는 제임스 톰슨과 함께 공유한 발전된 하나의 훈련을 설명하면서 결론짓고자 한다. 이를 이미지 연극으로 분류할 수도 있다. 그럼에도 불구하고 나는 보알 자신이 이 테크닉을 사용하는 것을 보지 못하였다. 즉 이는 창시자의 제안들을 뛰어넘어 이 작업의 적용과 계발이 널리 확장되었음을 강조해 준다.

무슨 이야기일까?What's the Story?[29]

무대 위에서 두 명의 배우가 한 명은 중앙에서 뒤돌아보고, 다른 한 명은 앞을 향해 관객이 두 사람을 함께 볼 수 있도록 약간 떨어져 선다. 그들은 아무것도 하지 않는다. 조

커가 묻는다: 무슨 이야기일까? 보는 사람들은 이 순간 두 인물 사이에 무슨 일이 일어날지 해석들을 내놓는다. 같은 과정이 두세 번 반복된다. 어느 순간 두 명의 배우가 나란히 선다; 혹은 아마도 청중의 제안에 따라 한 명이 외면할 수도, 무릎을 꿇을 수도 있다. 이 훈련의 핵심은 관찰자에 있으며 그들이 무엇을 '읽는가'에 있다. 무대 위에서 연기는 없다. 조커의 업무는 자신의 분석이나 생각들을 제시하는 것이 아니라 관객의 해석을 듣고 반응하는 것이다.

이는 가장 단순한 훈련이지만 의미하는 가능성들은 무제한적이다. 여기에 포함된 것은 이 실습에서 참여자의 지적, 감성적, 신체적 기회를 이끌어 내는 능력이야 말로 배우가 가져올 수 있는 가장 영향력 있는 기술이라는 것을 우리에게 상기시킨다.

주(註)Note on the Text

이 에세이는 2008년에 쓰여 졌다. 매우 유감스럽게도 아우구스또 보알은 2009년 5월 백혈병으로 인한 오랜 투병 끝에 사망했다. 모두가 그를 그리워할 테지만 보알이 남긴 업적은 계속해서 세계의 예술가들과 활동가들에게 영감을 줄 것이다.

감사Acknowledgments

억압받는 자들의 연극 메소드의 경험에 관한 질문에 뛰어난 통찰력으로 친절하게 대답해 주신 모지솔라 아데바요Mojisola Adebayo, 욜리사 달람바Yolisa Dalamba, 미셸 데코니Michele Decottignies, 데이빗 다이아몬드David Diamond, 브리기트 프리츠Birgit Fritz, 애드리언 잭슨Adrian Jackson, 프로스퍼 콤파레Prosper Kompaore, 프리츠 레치Fritz Letsch, 존 마틴John Martin, 빌 맥도넬Bill McDonnell, 더그 패터슨Doug Paterson, 제인 플라스토Jane Plastow, 제임스 톰슨James Thompson 그리고 팀 휠러Tim Wheeler에게 감사드린다. 그들의 소중한 견해들을 지면상 함께 담을 수 없어 유감스럽다. 또한 사진 복제를 허락해준 카드보드 시티즌Cardboard CitizenS과 휴 힐Hugh Hill에게도 깊은 감사를 표한다.
무엇보다도, 보알 그 자신에게 감사를 표하고 싶다: 그의 죽음을 개인적으로, 그리고 연극인으로서 애도한다.

| 노트

1　예) the Centro de Teatro do Oprimido in Rio (www.ctorio.org.br/), the Théâtre de l'Opprimé in Paris (www.theatredelopprime.fr/), the Centre for Theatre of the Oppressed and Applied Theatre

Arts in Los Angeles (www.ctoatala.org/home.html), and the Theatre of the Oppressed Laboratory in New York (www.toplab.org/). 위 목록이 종합적인 주소록은 아니다.

2　문화와 사회발전을 위한 프린스 클라우스 펀드(The Prince Claus Fund for Culture and Development)는 네덜란드에서 관리하는 국제기구이다. 평화와 민주주의를 위한 크로스 보더 어워드(The Cross Border Award for Peace and Democracy)는 아일랜드의 던다크 공과대학(Dundalk Institute of Technology)에서 수여한다.

3　이것은 '억압받는 자들의 워크숍' www.wwcd.org/action/Boal.html (2008년 7월 23일 접속) 에서 더그 패터슨(Doug Paterson)에 의해 인용된 것이다. 이것은 보알이 새로운 관객들에게 그의 작업을 소개할 때 주로 사용한 설명이다.

4　보알이 사용한 다소 애매한 용어인 산파(maiêutic)는 질문자가 상대의 생각을 분명히 하게 하기 위해, 특히 의식의 일깨움과 잠재적 이상과 믿음을 표현하기 위한 소크라테스식 문답법을 뜻한다.

5　동시대 미국의 연극 장면에 관한 더 많은 가스너의 분석을 위해서는 다음의 책을 참조하라. Gassner(1956).

6　라틴 아메리카 연극에 관한 원형극장의 공헌의 중요성은 George(1992)에서 자세히 논의된다.

7　Margaret Milleret(1987)은 작품과 이의 중요성에 대한 상세한 평가를 제공한다.

8　또한 작품 <줌비>(*Zumbi*)를 통해 보알은 관객들로 하여금 상연되는 갈등의 이면을 이해할 수 있도록 '조커 시스템'(Joker system)을 계발했다. '조커'는 나중에 억압받는 자들을 위한 연극 과정들의 조력자, 특별히 토론 연극을 위한 용어로 적용되어 왔다. 이 같은 단어의 두 가지 사용은 관계가 막연히 연결되지만, 포럼 연극의 조커는 관객들이 재료의 복잡성을 감상하는 것을 실제로 도우려 노력한다. 그렇지만 <줌비>와 연계하여 보알이 묘사한 정교한 구조는 현재에 적용되고 있는 부분은 아니다. 보알(2000: 167-90)을 참조하라.

9　보알은 카리스마 있는 스토리텔러였으며, 종종 일화들을 통해 질문에 대답하곤 했다. 정말 그것이 개인적인 것이건 민속 전통에서 차용한 것이건 간에, 생각들을 이해시키기 위한 이야기 전개는 그의 가르치는 방식의 특징이었다.

10　파울로 프레이리(Paulo Freire, 1921-97)는 급진주의적인 교육자로 국제적 명성을 얻은 브라질의 철학자이자 언어 전문가였다. 교사가 가진 지식의 예치를 기다리는 학생들, 즉 비어 있는 통장계좌로 간주하는 '저축' 교육 개념에 대한 공격으로 가장 잘 알려졌다. 보알은 그의 이론뿐 아니라 프레이리가 지지했던 민주적 교육 실습들에 의해 강하게 영향을 받았다.

11　보알의 체포 및 투옥과, 차후에 추방을 이끌었던 정치적 상황과 전말에 대해서는 보알(2001: 231-314)를 참조하라.

12　이는 책의 단지 일부분이다. 100쪽 이상을 차지하는 '부르주아' 연극의 분석에 관한 페루에서의 작업은 Babbage(2004: 35-65)를 참고하라.

13　룰라(Lula)는 2002년 브라질의 대통령에 당선되었고, 2003년 취임했다. 그는 2006년에 2011년까지 임기를 연장하며 대통령직에 재당선되었다.

14　작업에 대한 자세한 정보는 www.cardboardcitizens.org.uk를 참조하라.

15　워크숍은 카드보드 시티즌(Cardboard Citizens)(영국의 노숙자 전문 극단: 역주)에 의해 주관되고 보알이 진행한 '억압받는 자들의 연극의 새로운 테크닉'(New Techniques from the Theatre of the Oppressed)이었다. 2002년 3월 2-3일 런던의 이즐링턴 유니언 채플(Union Chapel in Islington, London)에서 개최되었다.

16　이 훈련의 자세한 설명은 Boal(2002: 58-61)에 설명되어 있다

17　이 훈련에 대해 가장 초기에 이루어진 설명은 보알의 책(2000: 130-31)에, 좀 더 긴 묘사는 또 다른 그의 책(2002: 145-46)에 기술되어 있다.

18　'억압받는 사람들의 연극에서 나온 놀이와 훈련의 새로운 시스템'(New Techniques from the Theatre of the Oppressed), in Boal (2002).

19　우리의 몸들이 '소원해졌다'는 보알의 주장은 잠재적으로 문제가 있다. 왜냐하면 이 용어 자체는 마치 우리가 되돌아가야할 자유, 혹은 육체적 하모니의 본래의 상태를 함축하고 있는 듯 보이기 때문이다. 그러나 그의 요점은 우리의 몸과 행동이 점차 우리의 일이 규정하는 형태를 띠게 되었다는데 있다.

20　최근의 예시를 포함하고 있는 책은 다음과 같다: Babbage(2004: 67-105); Chamberlain(2007); Mohan (2004); Paterson (2008); Szeman (2005).

21　Chamberlain (2007: 24-27).

22 McDonnell, email interview, 30 July 2008.

23 Fritz, email interview, 31 July 2008.

24 Kompaore, email interview, 18 July 2008. My translation from Kompaore's original French.

25 Thompson, telephone interview, 30 July 2008.

26 Adebayo, email interview, 15 August 2008.

27 Diamond, email interview, 16 July 2008.

28 Plastow, email interview, 17 July 2008.

29 이 훈련은 나의 설명에 기초한다. 톰슨이 이 훈련을 발명하지는 않았으며 보알이 이를 사용하는 것을 보지 못했다; 그러나 톰슨은 억압받는 자들의 연극의 '단체'에서 종종 이를 사용하는 배우들을 만났다. Thompson, telephone interview, 30 July 2008.

| 참고문헌

Babbage, F. (2004) *Augusto Boal*, London and New York: Routledge.

Boal, A. (1995) *The Rainbow of Desire: the Boal method of theatre and therapy*, trans. A. Jackson, London and New York: Routledge.

____ (1998) *Legislative Theatre: Using performance to make politics*, trans. A. Jackson, London and New York: Routledge.

____ (2000) *Theatre of the Oppressed*, trans. C.A. McBride, M.-O.L. McBride and E. Fryer, second edition, London: Pluto Press.

____ (2001) *Hamlet and the Baker's Son: My Life in Theatre and Politics*, trans. A. Jackson and C. Blaker, London and New York: Routledge.

____ (2002) *Games for Actors and Non-Actors*, trans. A. Jackson, second edition, London and New York: Routledge.

____ (2006) *The Aesthetics of the Oppressed*, trans. A. Jackson, London and New York: Routledge.

Chamberlain, F. (2007) 'Interview with John Martin', in F, Chamberlain (ed.), *Vidya: Theatre as Development*, special issue of *Seagull Theatre Quarterly*, 39: 18-34.

Cohen-Cruz, J. and Schutzman, M. (eds) (2006) *A Boal Companion: Dialogues on theatre and cultural politics*, London and New York: Routledge.

Freire, P. (1972) *Pedagogy of the Oppressed*, Harmondsworth: Penguin.

Gassner, J. (1956) *Form and Idea in Modern Theatre*, New York: Yale University Press.

George, D. (1992) *The Modern Brazilian Stage*, Austin: University of Texas Press.

Milleret, M. (1987) 'Acting into Action: Teatro Arena's *Zumbi*', *Latin American Theatre Review*, 21(1): 19-27.

Mohan, D. (2004) 'Reimagining Community: Scripting Power and Changing the Subject through Jana Sanskriti's Political Theatre in Rural North India', *Journal of Contemporary Ethnography*, 33(2): 178-217.

Paterson, D. (2008) 'Three Stories from the Trenches: The Theatre of the Oppressed in the Midst of War', *The Drama Review*, 52(1): 110-17.

Schutzman, M. and Cohen-Cruz, J. (eds) (1994) *Playing Boal: Theatre, Theraphy, Activism*, London and New York: Routledge.

Szeman, I. (2005) 'Lessons for Theatre of the Oppressed from a Romanian Orphanage', *New Theatre Quarterly*, 21(4): 340-57.

필자 소개Contributors

프랜시스 배비지Frances Babbage

셰필드대학교University of Sheffield 드라마학과 부교수로 석사과정MA in Theatre and Performance Studies의 책임을 맡고 있다. 저서로는 『아우구스또 보알*Augusto Boal*』(Routledge Performance Practitioners, 2004)이 있으며 편저서로는 『보알 없이 작업하기: 억압받는 자들의 연극에서의 탈선과 개발*Working Without Boal: Digressions and Developments in the Theatre of the Oppressed*』(Contemporary Theatre Review 3:1, 1995)이 있다. 정기적으로 보알의 실습으로부터 파생된 메소드를 사용하며 공연가로 활동해오고 있다. 그녀의 연구는 『쿼터리*New Theatre Quarterly*』, 『현대 연극과 비교 드라마*Modern Drama and Comparative Drama*』와 같은 저널에 출간되었다.

제인 볼드윈Jane Baldwin

보스턴 음악학교Boston Conservatory, USA.에서 모던 드라마, 연기, 연극과 문학 개론을 가르치고 있다. 배우이자 연출가로 활동해왔으며 현재 *A National Drama: Jean Gascon and the Canadian Theatre*를 집필중이다. 출간된 편저서와 글이 실린 저널을 다음과 같다.

편저서: *Michel Saint-Denis and the Shaping of the Modern Actor, Theatre: The Rediscovery of Style and Other Writings* (Routledge), *Vie et morts de la creation collective/Lives and Deaths of Collective Creation*, co-edited with Jean-Marc Larrue and Christiane Page (Vox Theatri)

저널: *Theatre Topics, L'Annuaire theatral, Theatre Notebook, Theatre History Studies*

클라이브 바커Clive Barker

1950년대에 로열 스트래트포드 이스트 극장Theatre Royal Stratford East에서 조안 리틀우드Joan Littlewood의 시어터 워크숍 컴퍼니Theatre Workshop company의 배우로 활동을 시작했다. 브렌던 비언 Brendan Behan의 〈인질*The Hostage*〉과 극단의 창작극 〈오, 사랑스런 전쟁이여!*Oh, What a Lovely War!* 〉에 출연했다. 작품 연출과 희곡 집필을 비롯해 라디오와 텔레비전 다큐멘터리에 출연하기도 했다. 1960년대 중반부터 버밍햄Birmingham university과 워윅대학Warwick University에서 강의해 왔다. 그의 배우 훈련 메소드와 이론은 *Theatre Games*(Methuen, 1977)에 소개되어 있으며 『쿼터리*New Theatre Quarterly*』(Cambridge University Press)의 공동편집자로 활동했다. 클라이브 바커는 2005년 사망했다.

샤론 마리 카르닉Sharon Marie Carnicke

연극 & 슬라브 민족학 교수이자 서던캘리포니아 대학교 연극학과School of Theatre, University of Southern California 학장이다. 그녀의 저서『스타니슬랍스키 인 포커스Stanislavsky in Focus』는 재판再版 되었다. 무대 위에서 전문 배우로서 활동했으며, 컬럼비아 대학Columbia University에서 러시아어 박사학 위를 받았다. 그녀의 연구와 교육은 연극 실습과 역사 연구를 아우른다. 널리 책을 출판한 작가로, 저서 로는 Reframing Screen Performance (with Cynthia Baron), The Theatrical Instinct (a study on the avant-garde director Nikolai Evreinov)를 비롯해『안톤 체홉의 갈매기Anton Chekhov's The Seagull』의 번역으로 케네디 센터 상Kennedy Center Award을 수상한 Chekhov: 4 Plays and 3 Jokes가 있다. 또한 러시아 발레Ballets Russes에서부터 푸에르 토리코Puerto Rico 마을 축제의 공연에 관한 다양한 기사들이 있다.

프랑 체임벌린Franc Chamberlain

아일랜드 코크 유니버시티 칼리지University College Cork, Ireland에서 드라마 & 연극학과에서 강의 를 하고 있으며, 영국 노샘프턴 대학University of Northampton, UK.의 공연 연구 & 창작 실습과목을 위한 초빙교수이다. 로우틀레지사社 공연 전문가 시리즈Routledge Performance Practitioners의 편집자이며『미 카엘 체홉Michael Chekhov』(Routledge, 2003)의 저자이다. Jacques Lecoq in the British Theatre (Routledge, 2002)(with Ralph Yarrow), A Decroux Companion (Routledge, 2008)(with Thomas Leabhart)과 같은 공동 편저 서가 있다. 그는 현재 새로운 개정판 Craig's On the Art of the Theatre (Routledge, 2008)을 집필중이다.

로이드 클리멘하가Royd Climenhaga

뉴욕시티에 있는 뉴 스쿨The New School University, New York City의 유진 랑 대학Eugene Lang College 교양학부에서 연극과 예술을 가르치고 있다. 그는 로우틀레지사社 공연 전문가 시리즈로 피나 바우쉬 Pina Bausch에 관한 책을 출간했으며 춤과 연극 사이의 교차점에 관해 집필하고 있다. 또한 휴 먼 컴퍼니 Human Company의 공동 예술 감독으로 새로운 신체극을 계발, 창작중이다.

앨리슨 호지Alison Hodge

1982년 스토리텔링 극단인 시어터 알리바이Theatre Alibi를 공동 설립한 후 전문 연출가로 활동해오고 있다. 가르지에니체 극단Gardzienice Theatre의 조연출이었으며, 브워지미에쉬 스타니에프스키Włodzimierz Staniewski와 함께『숨겨진 영역: 가르지에니체 연극Hidden Territories: the Theatre of Gardzienice』(Routledge, 2004)을 공동 저술했다. 국제 연극 리서치 컴퍼니인 〈퀵 앤 데드The Quick and the Dead〉와 런던 대학 로열 할로웨이 드라마 & 연극학부Department of Drama and Theatre, Royal Holloway College, University of London 내 에 있는 Reader in Theatre Practice의 이사직을 맡고 있다. www.alisonhodge.net

도린다 헐튼Dorinda Hulton

드라마 학부 부교수이며 프리랜서 연출가이자 드라마투르기로 활동하고 있다. 그녀의 연구와 전문 실습, 그리고 교육은 혁신적인 연극 제작과정에 그 중심이 있다. 2006년 유럽 페스티벌의 새로운 연극 분야에서 공연된 간문화Interdisciplinary Performance 공연에 사이프러스 에코 아츠Echo Arts, Cyprus와 함 께 드라마투르그로 참여했으며, 시어터 알리바이Theatre Alibi, UK.의 예술 자문으로 활동하고 있다. 출판 된 저서와 간행물은 다음과 같다.

저서: 'the creative actor' in *Theatre Praxis* (Macmillan)

저널: *Performance and Art Journal, Studies in Theatre and Performance*

DVD-ROM: The Open University, The Archive of Performances of Greek and Roman Drama, Oxford University.

데이비드 크래스너David Krasner(PhD)

에머슨 컬리지Emerson College 연기 프로그램의 학장이다. 배우이자 연출가이며 30년 동안 연기를 가르쳐왔다. 그는 8권의 책의 저자/편집자이며 미시건 대학University of Michigan 연극 시리즈 *Series Theater: Theory/Text/Performance*의 공동 편집자이기도 하다. 현재 연기, 실습과 이론, 그리고 모던 드라마의 역사에 관한 책(Blackwell Press)을 집필중이다.

로버트 리치Robert Leach

버밍햄 대학Birmingham University에서 드라마 및 연극 예술과목을, 에딘버러 대학Edinburgh University에서 영문학을 가르쳤다. 세르게이 트레차코프Sergei Tretyakov의 〈아이 원트 어 베이비*/ Want a Baby*〉를 우 니키트스키흐 보로트Teatr u Nikitskikh Vorot, Moscow 극장에서 상연하기 위해 연출하였다. 이는 원래 금지된 연극이었으나 이후 5년 동안 극단의 레퍼토리로 남았다. 저서로는 *Revolutionary Theatre* (Routledge), *Stanislavsky and Meyerhold* (Peter Lang), 그리고 2006년 올해의 연극 서적 최종후보자 명단에 올랐던 *Theatre Workshop: Joan Littlewood and the Making of Modern British Theatre* (Exeter University Press)가 있다.

로나 마셜Lorna Marshall

일본 연극(노能, 가부키 그리고 부토)과 신체 연극(자크 르콕Jacques Lecoq & 에티엔 드크루Etienne Decroux)을 훈련했다. 그녀는 로열 셰익스피어 컴퍼니Royal Shakespeare Company, 국립극장The National Theatre, 쉐어드 익스피리언스Shared Experience와 같은 극단과 함께 고전 드라마, 서커스, 오페라와 신체 연극을 아우르는 분야에서 활동해왔다. 라다RADA의 명예연구원이자 도쿄의 뉴 내셔널 시어터New National Theatre (Tokyo)의 훈련 고문으로 활동하고 있으며, 상하이 연극 아카데미Shanghai Theatre Academy의 객원 강사이기도 하다. 그녀는 요시 오이다Yoshi Oida와 오랜 협력자이며 몇 편의 작품제작을 도우며 그와 함께 『보이지 않는 배우*The Invisible Actor*』를 포함해 세 권의 책을 공동 저술했다. 저서로는 *The Body Speaks* (second edition, Methuen, 2008)가 있다.

사이먼 머레이Simon Murray

다팅톤 미술대학Dartington College of Art의 연극학과 학장을 지냈으며 현재 글래스고 대학University of Glasgow 연극학과 부교수이다. 특히 공동창작 분야에서 배우 및 연출가로 활동해왔다. 그는 필립 골리에Philippe Gaulier, 모니카 빠뉴Monika Pagneux와 1980년대 후반 파리에서 함께 훈련했다.

저서: *Jacques Lecoq* (Routledge, 2003)

공저서: *Physical Theatres: A Critical Introduction, Physical Theatres: A Critical Reader* (Routledge, 2007)(with John Keefe)

공편서: *Theatre, Dance and Performance Training*, Routledge(with Jonathan Pitches)

헬렌 리차드슨Helen E. Richardson

브루클린 칼리지Brooklyn College 부교수이며 캘리포니아 대학University of California at Berkeley에서 태양 극단Théâtre du Soleil 작업에 관한 연구로 연출 분야 박사학위를 받았다. 1991년부터 1994년까지 새로운 작업을 창조하는 국제 앙상블 배우들로 이루어진 암스테르담 상주 영어 연극 극단 스딸하우더레이Stalhouderij Theatre Company, Amsterdam's resident English-language theatre 극장의 예술 감독을 지냈다. 현재 뉴욕에 근거지를 둔 티야트로글로벌Tiyatroglobal의 예술 감독이다. 최근 극단은 여성 폭력 근절의 날을 맞아 새로운 작품 제작을 위해 유엔에 초청되었다.

존 루들린John Rudlin

엑시터 대학University of Exeter 드라마학과 부교수를 지냈다.

저서: *Jacques Copeau* (Cambridge University Press, 1986), *Commedia dell'Arte: An Actor's Handbook* (Routledge, 1994)

공동 번역 · 편집: *Copeau, Texts on Theatre* (Routledge, 1990)(with Norman Paul)

피터 톰슨Peter Thomson

엑시터 대학University of Exeter 드라마학과 명예교수이며, 『연극과 공연 연구*Studies in Theatre and Performance*』지紙의 편집장이다. 브레히트에 관한 그의 저서는 다음과 같다.

Brecht (Blackwell, 1981)(with Jan Needle), *Mother Courage and Her Children* (Cambridge University Press, 1997), *Shakespeare's Professional Career* (Cambridge University Press, 1992), *On Actors and Acting* (University of Exeter Press, 2000)

공편서: *The Cambridge Companion to Brecht* (revised edition Cambridge University Press, 2006)(with Glendyr Sacks).

이안 왓슨Ian Watson

러트거스 대학교 뉴어크 캠퍼스Rutgers University-Newark의 시각 공연예술 학부 학과장이자 연극프로그램 코디네이터로, 『쿼터리*New Theatre Quarterly*』지紙의 편집고문이다.

저서: *Towards a Third Theatre: Eugenio Barba and the Odin Teatret* (Routledge, 1993, 1995), *Negotiating Cultures: Eugenio Barba and the Intercultural Debate* (Manchester University Press, 2002)

편저서: *Performer Training Across Cultures* (Harwood/ Routledge, 2001)

저널: *The Drama Review, New Theatre Quarterly, The Latin American Theatre Review, Asian Theatre Journal, Latin American Theatre Review, Gestos*

데이비드 윌리엄스David Williams

다팅톤 미술대학Dartington College of Art을 거쳐 현재 런던 대학 로열 할로웨이Royal Holloway College, University of London의 드라마 & 연극학과 부교수이다. 오스트레일리아, 독일 그리고 영국에서 연극, 춤과 공간 둘 사이를 다룬 공연을 만들며 가르쳐왔다. 피터 브룩 센터Peter Brook's Centre, 태양 극단Théâtre du Soleil, 그리고 현대 연출가들에 대한 책을 출판하였다. 또한 *Performance Research* (Routledge), *Writings on Dance* (Melbourne, Australia)의 출판을 위한 편집에 참여하기도 하였다. 론 트윈 시어터Lone Twin Theatre에서 드라마투르그로 활동하고 있다.

리사 월포드 Lisa Wolford(지금은 리사 월포드 와일럼Lisa Wolford Wylam)

요크 대학York University in Toronto, Canada 대학원 과정의 이사이자 부교수이다. 저서로는『그로토
프스키의 객관 연극 연구*Grotowski's Objective Drama Research*』(1996)가 있으며 *The Grotowski Source
Book* (Routledge, 1998)(with Richard Schechner)을 공동 편집하였다. 그녀의 글은 *TDR*(The Drama
Review), *Slavic and Eastern European Performance, New Theatre Quarterly, Text and Performance Quarterly*
와 같은 저널에 출간되었다. 최근 *TDR*의 특별호 *Re-Reading Grotowski* (with Kris Salata)를 공동 편집하
였다. 현재 안토니오 아티사니Antonio Attisani 교수와 워크 센터의 부소장 마리오 비아지니Mario Biagini
와 함께 협력하여 그로토프스키와 워크센터Grotowski and the Workcenter에 관한 모음집을 완성시키고
있다.

김민채

중앙대학교 연극학과를 졸업하고 한국예술종합학교 연극원 연기과 예술전문사 과정 중 유학, 영국 엑시터 대학(Exeter University)의 연극실습 석사과정(M.F.A in Theater Practice)에서 「'매체로서의 예술로 정의되는 '배우': 2년간의 M.F.A 과정에서의 실습 경험을 바탕으로 한 심리/신체 연기 패러다임의 구현」에 관한 연구로 MFA학위를 받았다. 배우로 〈4.48 Psychosis〉, 〈Attempts on her life〉 외 다수의 작품에서 활동했으며, 한국예술종합학교 연극원 연기과에 출강하고 있다.

배우 훈련Actor Training

초판 2쇄 발행일 2021년 3월 15일
앨리슨 호지 편저
김민채 옮김

발행인 이성모
발행처 도서출판 동인
주 소 서울시 종로구 혜화로3길 5 118호
등 록 제1-1599호
TEL   (02) 765-7145 / FAX (02) 765-7165
E-mail dongin60@chol.com
I S B N 978-89-5506-757-6
정 가 28,000원

※ 잘못 만들어진 책은 바꿔 드립니다.